조직론

윤재풍

도서출판 대영문화사

머리말

이 책은 조직이론에 관한 저서로서, 특히 행정학·경영학 및 사회학을 공부하는 학생들이 기본적으로 읽어야 할 교과서로 제공하기 위해 저술한 것이다. 대학의 교과과정에 조직이론 과목을 편성해 가르치는 목적은 학생들이 그것을 배우고 익힘으로써 정부나 기업 및 사회의 조직 현상에 관한 전문적인 지식을 얻을 뿐만 아니라 그 지식을 실제의 조직관리와 발전에 응용하는 능력을 함양하는 데 있다고 생각한다. 학생들이 이러한 학습 목적을 효율적으로 달성하는 데 가장 필요한 것은 그 목적에 적절하고 충실하게 부합하는 교과서를 선정하는 데 있다고 할 것이다.

저자는 지난날 30여 년간 대학에서 행정학을 가르쳤다. 특히 조직이론과 인사행정론 과목을 주로 강의했다. 모든 교수가 다 그렇듯이 본인은 담당하는 과목을 강의하면서 학생들의 학습에 유용하고 적절한 교재를 제공하기 위해 글을 쓰고 기왕에 발간한 교재를 새롭게 다듬는 일에 나름대로 노력해 왔다고 생각한다. 단독으로 혹은 공동으로 몇 권의 저서를 냈으며, 외국의 저명한 학자들의 저서를 번역해 간행하기도 했다.

이 책은 저자가 지난 날 했던 강의와 저술 경험을 바탕으로 좀 더 체계적이고 균형잡힌 조직이론의 기본서를 내보고자 하는 의도의 소산이다.

저자는 조직이란 변화하는 환경 및 상황 속에 존재하며, 일정한 목표·구조·과정·기능 및 행태 등의 요소로 이뤄지는 개방 체제라고 인식하고, 그러한 인식에 근거해 책의 내용을 7편 27장의 체계로 구성했다.

제1편에서는 조직의 뜻, 특징, 이미지 및 이론의 전개를 개관했고, 제2편에서는 조직의 유형과 환경적 맥락을 다뤘으며, 제3편에서는 목표를 설정하고 추구하며 의사결정하는 행위 주체로서 조직의 모습을 살펴보고, 제4편에서는 조직의 구조를 설명했으며, 제5편에서는 조직의 과정과 행태를 다룸으로써 목표를 지향하는 인간의 협동체인 조직의 역동적인 과정, 행태 및 효

과성을 고찰하고, 제6편에서는 조직의 변화와 발전의 의의와 과정 및 방법을 다뤘다. 끝으로 제7편에서는 동서양의 정부 행정조직제도의 역사적 성립과 변화를 고찰했다. 여기에서 동양의 전통적인 제도의 유형과 서구에서 생성해 발전한 제도의 유형을 설명하고, 서양의 근대적인 제도가 일본·중국 및 한국에 어떻게 수용돼 발전해 왔는가를 고찰했다. 이 부분은 특히 행정학을 공부하는 학도들에게 다소간이라도 유용한 지식을 제공할 것으로 생각돼 이 책의 마지막 편에 부친 것이다.

이 책은 저자의 학문적 독창성을 드러내고자 하는 학술서가 아니라 학생들의 학습을 위한 교과서이므로 저자는 국내·외 여러 학자의 학설과 이론을 광범위하게 소개해 설명하되 그 내용이 반드시 균형을 유지하고 논리적인 체계를 갖추려고 노력했다.

이 책을 냄에 즈음하여 저자는 학문적 역량에 미거하지만 일생의 학문 여정에서 여러 큰 스승과 선배와 동학들이 베풀어 준 각별한 은혜를 입었음을 잊을 수 없다.

특히 고인이 된 박동서 선생님께서 생전에 본인을 학문의 길로 인도하고 도와주신 은혜에 감사하며, 팔순이 넘은 지금도 후학들에게 조직학 연구의 귀감을 보여 주고 격려하시는 조석준 선생님께 감사드린다. 또한 정성스럽게 원고를 타자하고 교정 일을 도와준 서울시립대학교 박사학위 과정의 김석윤·박형근 군, 미국 A&M대학 박사과정의 최명식 군, 원고 전부를 읽고 코멘트해 준 정우성 박사에게 마음 깊이 감사하며, 이 책의 초벌 원고의 많은 부분을 타자했을 뿐만 아니라 평소에 잡다한 문서 작성의 일을 도와주는 나의 막내딸 숙원에게 감사한다. 그리고 출판계의 어려움에도 이 책의 간행을 흔쾌히 승낙해 준 대영문화사 임춘환 사장님과 편집부 여러분께 감사드린다.

2014년 4월

윤재풍

차 례

제 2 편 조직의 유형과 환경적 맥락

제 3 편 목표와 의사결정

제 4 편 구조의 디자인

제 5 편 과정과 행태

제 6 편 변화와 발전

제 7 편 정부행정조직제도의 성립과 발전

제 1 편

조직이론의 이해

제 1 장

서 론

제 1 절 조직의 정의와 특징

1 조직의 정의

조직(組織, organization)은 인간의 활동과 생활의 중요한 수단이다. 세상의 어떤 사람이라도 조직을 떠나서 살기는 어렵다. 사회가 복잡해질수록 조직은 더욱 인간의 삶의 중심이 되고 있다. 인류의 역사, 그 중심에는 인간들이 만들어 관리 · 운영하는 조직들이 있었다. 인간 사회의 역사와 더불어 세상에는 정부 · 군대 · 기업 · 학교 · 정당 · 교회 및 교도소와 비정부기구(NGO) 같은 다양한 형태와 규모의 조직들이 발생하고 존재해 왔다. 지금도 한편에서는 기존의 조직들이 쇠퇴하고 소멸하며 다른 한편에서는 새로운 조직들이 생겨나고 성장하고 있다.

그러면 조직(organization)이란 무엇인가? 그것을 간단명료하게 정의하기는 어렵다. 세상에 존재하는 수많은 조직 중 어떤 조직을 대상으로 삼아 정의하며, 하나의 조직이라 하더라도 어떤 면에 초점을 맞춰 정의하느냐에 따라 그 내용이 달라진다. 그러나 여러 가지 조직이 지니는 일반적 특징에 비춰서 그 뜻을 규정하면, 조직이란 일정한 목표(goal) 및 목적을 달성하기 위해 의도적이며 체계적으로 배열(arrange) · 결합(combine) · 조정(coordination)돼 활동하는 인간의 집합체 혹은 인간의 협동적 행위 체제라고 말할 수 있다. 저명한 학자들이 조직에 관해 정의한 내용을 간단히 살펴보면 다음과 같다.

• 버나드(C. I. Barnard): 조직이란 공동의 목적을 달성하기 위해 인간들의 능력과 활동을

의도적으로 조정한 협동 체제(cooperative system)다(Barnard, 1938: 73).

• 에치오니(A. Etzioni): 조직은 특정한 목표를 추구하기 위해 의도적으로 구성되고 재구성된 사회적 단위다(Etzioni, 1964: 3).

• 로빈스(S. P. Robbins)와 저지(T. A. Judge): 조직이란 두 사람 이상으로 구성되고 의식적으로 조정된 사회적 단위(social unit)로서 공통된 목표 및 일련의 목표를 비교적 계속적으로 수행한다(Robbins & Judge, 2009: 40).

• 셀즈닉(P. Selznick): 조직은 계속적으로 환경에 적응하면서 공동의 목표를 달성하기 위해 공식적・비공식적 관계를 유지하는 사회적 구조다(Selznick, 1949).

2 조직의 특징

조직은 종류도 많고 존재하는 모습이나 활동도 다양하지만 공통적으로 지니고 있는 특징은 다음과 같다.

1) 달성하고자 하는 목표 및 목적의 존재

조직은 사람들이 협동해 달성하고자 하는 일정한 목표와 목적을 근거로 해서 성립한다. 특정한 목표를 공유하지 않은 사람들의 모임은 단순한 군중이거나 오합지졸이다.

2) 인간의 집합체

조직은 인간들의 집합체다. 그것은 빌딩이나 물리적 구조와 같은 사물(thing)의 집합체가 아니라 노동・지식・기술・가치관・성격 및 감정을 지닌 인간들의 집합체다.

3) 사회 체제의 구성 단위

개개의 조직은 거시적인 사회 체제(social system)를 구성하는 기본 단위(unit)이며, 사회의 하위 체제(subsystem)다. 조직을 구성하는 가장 기본적이고 미시적인 단위는 개개의 인간(individual)이다. 소수의 인간들이 집합해 집단(group)을 이루고 몇 개의 집단이 집합해 하나의 조직(organization)을 이룬다. 각각의 조직은 하나의 정체성을 가진 개별적・독립적인 실체인 동시에 전체 사회 체제를 구성하는 일정한 단위 및 하위 체제로 존재한다.

4) 체계화된 내부구조

조직은 체계화된 내부구조를 가진다. 조직은 자신을 상대적으로 다른 조직과 구분하는 경계 구획 안에서 구성 부분 간에 비교적 지속적이고 안정적인 일정한 행동 패턴을 갖는다. 다시 말하면, 조직은 수직적인 계층제구조, 수평적인 분업과 전문화, 공간적인 분산 체계, 역할과 권력 관계, 집권화와 분권화, 표준화와 공식화, 분화와 통합 등의 일정한 패턴을 이루는 내부구조를 가지고 있다. 이러한 구조는 구성원의 인격이 아니라 기능적 합리성에 근거해 이뤄진다.

5) 행동하는 체제이며 과정

조직은 행동하는 체제이며 과정이다. 조직은 사람들의 활동·역할 및 노력을 배열·연결·결합해 행동하는 체제이며 과정이다. 일정한 목표를 달성하기 위해 계획·집행·통제하고, 당면한 문제 해결을 위해 대안을 선택(의사결정)하고 수행하는 체제이며 과정이다(Simon, 1957: 102-103).

6) 조정 체제

조직은 공통된 목표의 달성을 향해 상호의존하며 상호작용하는 여러 개인과 집단의 노력 및 활동이 질서있게 결집되고 조화를 이루며 수행되도록 계획적·의도적으로 조정되는 체제다.

7) 환경 속에 존재하는 개방 체제

조직은 진공 속에 존재하지 않는다. 그 자신의 경계 밖에서 자신을 둘러싸고 있는 환경 속에 존재하며, 그러한 환경과 상호의존·상호작용하는 하나의 개방 체제(open system)다.

제 2 절 은유를 통해 본 조직의 이미지

1 은유(隱喩)와 사물의 이해

이와같이 조직에 관한 다양한 정의와 특징을 살펴보았지만 그것으로써 조직의 실체와 성격이 완전하게 이해되지는 않는다. 세상의 일이나 사물 혹은 개념은 그것이 지니는 이미지(image)를 파악함으로써 좀 더 적절하게 이해될 수 있다. 우리는 은유(metaphor)적 접근 방법을 사용해 일이나 사물 혹은 개념의 이미지를 파악할 수 있다. 은유적 방법이란 사물이나 개념을 어떤 상징적 의미를 함축하는 언어나 문장을 사용해 표현하는 것을 말한다. 다른 말로 표현하면, 어떤 사물이나 개념을 좀 더 명확한 묘사를 가능케 하는 다른 사물이나 개념을 통해 이해하고 경험하는 것, 혹은 우리가 지니고 있는 어떤 경험 요소에 비춰 다른 요소를 이해하는 것이다. 은유는 일반적으로 A는 B다(A is B) 혹은 A는 B와 같다(A is like B)라는 암시적 내지 명시적인 언명을 통해 이뤄진다. 예를 들면 "시간은 돈이다", "그 사람은 호랑이다" 혹은 "그 사람은 왕자와 같다"는 등의 은유는 우리가 접촉하는 대상의 세계를 생각하는 방식(a way of thinking), 바라보는 방식(a way of seeing) 혹은 설명하는 방식을 한정해 주며 문제 해결 방향의 결정에 영향을 미친다.

2 조직의 이미지(像)

은유를 통해 조직을 생각하고 바라보고 설명함으로써 우리는 조직의 정체와 이미지(image)를 분명하게 할 뿐만 아니라 조직이 안고 있는 문제에의 접근과 해결을 더욱 적실하게 할 수 있다. 모건(G. Morgan)은 조직을 ① 기계, ② 유기체, ③ 두뇌, ④ 문화, ⑤ 정치 체제, ⑥ 심리적 감옥, ⑦ 흐름(flux)과 변화의 체계, ⑧ 지배를 위한 도구라는 은유를 통해 그 이미지를 부각시키고 있다(Morgan, 1986). 모건의 조직 이미지에 관한 설명 중에서 다섯 가지를 선택하고 다른 학자들이 설명하는 것을 추가해 다음과 같이 살펴본다.

1) 기계로서 조직

많은 사람은 "조직은 기계(machine)와 같다"고 말한다. 이것은 실로 오래된 은유다. 조직이라는 말은 본래 도구 또는 연장을 의미하는 그리스어 'organon'에서 유래했다. 조직은 기계 혹은 도구(instrument)라는 관념은 거대한 피라미드와 만리장성을 쌓고 대규모의 정부와 교회 및 군대를 만들어 온 인류 역사 초기부터 존재한 공식조직에서 살펴볼 수 있다. 특히 근대의 산업혁명 과정에서 사람들은 기계의 발명과 사용을 촉진했으며 조직도 기계장치와 같이 설계하는 것이 좋다고 생각했다. 기업조직이나 공공조직은 복잡하고 거대한 사회적 기계(social machine)로 인식됐으며, 그 속에 있는 인간 역시 하나의 나사(a cog)와 같은 도구로 다뤄지게 됐다. 과학적 관리론을 비롯한 고전적 산업조직이론은 기계적 조직관리를 이론적으로 확립하고 발전시키는 데 공헌했다. 공공조직의 설계와 관리에도 기계적인 조직 원리가 적용돼 왔다. 기계로서 조직은 생산성·속도·정확성·예측성·반복성·표준화 및 능률성을 확보하는 데 우수한 장점이 있으나 조직 속의 인간의 도구화, 비인간화, 환경 변화에 유기적으로 잘 적응하지 못하는 등의 문제점도 있다.

2) 유기체로서 조직

조직이란 기계가 아닌 하나의 살아 있는 유기체(organism)에 비유하기도 한다. 이것은 조직을 생물이라는 관점에서 유추하고 설명하는 것이다. 생물체가 자연환경 속에 존재하고 환경에 적응하며 살아가는 유기체이듯이 조직은 사회적 환경 속에서 개체를 유지하고 적응하는 유기체라는 것이다. 조직을 기계로서 보는 경우에는 공식적인 구조와 표준화된 절차에 따라 정확·신속하게 정해진 목표를 달성하는 일이 우선적으로 강조되지만 조직을 유기체로서 간주하는 경우에는 환경의 변화 속에서 조직이 어떻게 생존하고 적응하느냐가 중요한 관심사가 된다.

조직을 유기체로 이해하고 설명하는 이론은 여러 갈래다. 예를 들면 개방체제론(theory of open system), 상황조건적합이론(contingency theory), 개체군생태학적 조직모형(the population ecology model of organization) 등이다. 유기체론적 조직관은 사회적으로 구성된 조직을 마치 생물체와 같이 살아 있는 체제로서 이해하고 설명하는 장점이 있지만 때로는 환경결정론적 관점에서 조직을 보는 한계와 문제점이 있다.

3) 두뇌로서 조직

조직은 인간의 두뇌(brain)와 같은 이미지를 갖는다. 인간의 두뇌는 신경세포로 구성된 신체조직으로서 인지·감정·학습·기억·언어·판단·의사결정 기능 등을 담당하는 인체의 핵심 중추신경계다. 인간의 두뇌는 인간 지능(intelligence)의 근원이다. 지능이란 경험에 의해 환경에 적응하고 추론하며, 학습하고 이해하며, 언어를 사용하고 문제를 해결하는 능력의 조합이다.

인간으로 구성된 집합체인 조직의 기능이나 과정을 보면 인간의 두뇌와 여러 가지 유사한 점이 있다.

첫째, 조직은 두뇌를 가진 인간들의 집합체다. 간단히 말하면 조직은 두뇌집합체다. 두뇌집합체로서 조직은 여러 가지 정보를 수집해 저장하고 경험을 축적하며 필요한 때 그것을 활용하는 능동적 행위자다. 조직이 정보를 수집해 저장하는 일은 마치 하나의 인간이 두뇌를 통해 자극정보에 반응하거나 그것을 수집해 기억하는 것과 같다. 조직은 수집된 정보, 즉 조직이 기억하고 있는 정보와 경험에 근거해 조직의 문제를 지각하고 판단하며 의사결정을 한다. 조직의 의사결정은 결정자의 인지·사고·이성·직관·판단 등, 수준 높은 두뇌작용을 요하는 기능이며 과정이다.

둘째, 두뇌집합체인 조직은 두뇌활동을 하는 하나의 인간처럼 학습(learning)하는 주체적 활동을 한다. 조직구성원들은 그 조직의 관행·문화 및 운영과 새로운 지식을 학습하고 변화를 추구한다.

4) 문화로서 조직

조직은 문화(culture)로서 이미지를 갖는다. 조직은 외면상으로 보면 달성하고자 하는 목표가 존재하며 운영과 관리에 필요한 직무규칙·절차·기능 및 분업 체계를 가지고 있는 하나의 체제다. 그런데 사람들로서 구성되는 조직의 내면을 들여다보면 단순히 주어진 목표 달성을 수행하는 기능적 체제만은 아니다. 각 조직의 구성원들은 그 조직 특유의 일정한 가치관·신념·태도·상징 및 행동양식을 공유한다. 이것을 우리는 조직의 문화라고 부른다. 조직의 문화는 조직의 다양한 면모와 행동양식을 이해하는 열쇠다. 조직의 정체성을 수립하고 조직구성원들 간에 심리적 에너지를 교류하며, 조직의 행동과 관리의 성과를 만드는 핵심적 요소다. 그러므로 조직문화는 곧 조직의 이미지를 좌우한다고 말할 수 있다.

5) 정치 체제로서 조직

조직은 사람들 간에 일어나는 갈등(conflict)을 처리하고 권력(power)을 획득, 행사하는 정치 체제(political system)로서 이미지를 갖는다. 조직을 구성하는 사람들은 한편으로는 다른 사람과 같은 가치관과 욕구를 가지면서도 다른 한편으로는 각자가 선호하는 독특한 가치관과 욕구를 갖는다. 또한 한 조직 안에서도 각 구성 단위 간에 입장이나 이해관계의 차이가 있다. 이러한 것이 원인이 돼 조직 안에는 구성원 사이에 혹은 구성 단위 간에 대립과 갈등, 그리고 권력의 획득·상호 조정·거래·협상 등 역동적인 대소의 정치적 현상이 존재한다. 이러한 현상 속에서 조직의 정치적 이미지를 발견할 수 있다. 조직의 권력이 조직의 장(組織長)에게 일원적으로 집중되고 조직 내부의 대립과 갈등이 조직장의 계층적 권위적인 지시와 명령에 따라 조정되는 전제적(專制的) 이미지를 가진 조직도 있고, 조직 내부의 권력이 구성원 사이에 다원적으로 분산되고 구성원의 타협과 합의에 의해 대립과 갈등이 조정되는 조직도 있다. 이러한 현상은 모두 정치적인 것이며, 조직이 지니는 그러한 정치 현상이 조직의 이미지로 나타난다.

6) 인체로서 조직

조직을 사람의 몸에 비유하여 설명하는 논자들도 있다. 이것은 동서양을 막론하고 꽤 오래 전부터 있었다. 동양의 전통의학서인 『황제내경(皇帝內經)』의 소문(素問)에 보면, 사람의 심장은 군주지관(君主之官)이고 폐는 재상지관(相傳之官)이며 간은 장군지관(將軍之官)이라고 하는 것이다. 퇴계(退溪) 이황(李滉, 1501-1570) 역시 비슷한 견해를 말한다. 즉, "임금은 한 나라의 머리(元首)요 대신은 배와 심장(腹心)이며 대간은 귀와 눈(耳目)이니 이들이 서로 잘 의지하고 작용해 나라 일을 수행해야 한다"는 것이다(이황, 1997: 188-189).

서양의 경우 12세기에 영국의 플라톤학파 철학자 솔즈버리 존(John of Salisbury)은 그의 정치·윤리서인 『여러 정치가들(*Policraticus*)』(1159)에서 국가의 조직이 사람의 몸과 유사하다고 설명한다. 즉, 군주는 국가의 머리이고, 의회는 심장이며, 농부와 군인은 손발과 같다고 한다(Witzel, 2002: 148-149).

사람의 몸에 정부의 행정조직을 비유적으로 설명해 오늘날의 행정조직론의 기초를 놓은 19세기의 독일학자 슈타인(Lorenz von Stein)은 국가의 왕은 머리(원수)로서 국가의 의지 및 의사를 표현하고, 그 의지 및 의사를 실행하기 위한 팔·다리와 같은 수단으로서 외무·내무·재무·법무·군무를 담당하는 정부의 부·성(部·省)조직을 구성한다고 설명한다(슈타인의 이론에 관한 자세한 설명은 이 책 제7편 제25장 참조).

제 3 절 조직의 중요성과 현대 조직의 주요 경향

1 조직의 중요성

조직은 인간과 사회, 국가와 정부 및 기업 등에 여러 가지로 중요하고 필요한 기능을 한다. 몇 가지를 예시하면, ① 개인이 단독으로 이룰 수 없는 일을 여러 사람이 일정한 목표와 목적을 공유하는 조직을 만들어 협동함으로써 이룰 수 있다. ② 조직은 인간의 삶의 중심체가 된다. 인간은 조직 속에서 태어나고 성장하며 교육을 받고 직업생활을 하며 일생을 보낸다. ③ 조직은 일정한 목적 달성을 위해 인적·물적 자원을 확보하고 결합해 활용하는 효율적 시스템이다. ④ 조직은 사회에 필요한 재화나 서비스를 효율적으로 생산하고 공급하는 사회적 단위다. ⑤ 조직은 그것을 구성하는 사람들의 사회적·심리적 욕구 충족과 자아실현을 돕는다.

이와같이 조직이 중요하고 필요한 점이 많지만 조직이 지니는 문제점도 있다. 예를 들면, ① 조직구성원들의 사고와 행태는 조직의 목표 및 목적 수행에 적합한 경우에 합리화된다. 따라서 인간은 자기자신의 가치나 목적을 실현하는 존재이기보다는 조직의 목적 달성을 위한 수동적인 도구가 되기 쉽다. ② 조직은 그것을 관리 운영하기 위해 일반적인 규칙을 만들어 그 구성원들의 활동을 획일적이며 융통성 없이 통제함으로써 인간의 자율적 행위를 구속하고 제약한다. ③ 조직의 대규모화·복잡화·획일적인 규칙에 의한 통제와 분업 등은 조직구성원을 조직과 조직의 직무로부터 소외시킬 수 있다.

표 1-1 조직의 중요성

조직의 중요성
• 조직 목적 달성을 위한 각종 자원 결합
• 상품과 서비스의 생산
• 혁신의 촉진
• 현대적인 제조기술과 정보기술의 활용
• 환경 적응과 환경 창출
• 소유주, 고객, 직원을 위한 가치 창출
• 다양성, 윤리성, 직원의 동기부여, 직원 간 조정 등 지속되는 도전 과제 수용

Daft(2001: 13).

2 현대 조직의 주요 경향

조직은 인류 역사의 산물이다. 고대 이집트 왕들은 피라미드를 건축하기 위해 조직을 만들었으며, 중국의 황제들은 만리장성을 쌓고 치산치수(治山治水)사업을 하는 데 거대한 조직을 활용했다. 그리고 로마 교황들은 기독교가 세계적 종교로 발전하도록 하기 위해 대규모의 교회조직을 만들었다.

현대의 산업과 문명은 합리적이고 능률적인 수많은 조직활동을 통해 형성되고 유지, 발전하고 있다. 정부 기능의 확대와 다양화에 따라 현대 행정조직은 대규모화하고, 그러한 조직을 통해 사회 변동을 촉진하고 관리하며, 사회의 공공문제를 효율적으로 해결하는 역할을 수행한다.

현대 사회에 나타나고 있는 조직의 주요 경향적 특징을 예시하면 다음과 같다.

1) 새로운 조직의 증가와 다양화

정치적 · 경제적 · 사회적인 필요에 따라 과거에 없었던 새로운 조직들이 급속히 증가하고 있으며(예: NGO, 가상조직 등) 새로운 조직이 생길 뿐만 아니라 기존 조직의 분화를 통해 조직의 다양화가 촉진되고 있다.

2) 규모의 확대

조직 규모의 팽창과 확대 현상이 현저하게 나타나고 있다. 소위 큰 정부(big government), 큰 기업, 큰 대학 현상이 하나의 특징을 이루고 있다. 한편 조직의 규모가 확대됨에 따라 발생하는 조직관리의 비효율을 극복하기 위해 작은 조직(작은 정부)을 만들고자 하는 경향도 나타나고 있다.

3) 구조의 복잡화

조직이 다양하고 규모가 확대됨에 따라 조직의 수평적 · 수직적 분화(differentiation)와 지역적 분산이 촉진되고, 그에 따라 조직의 구조적 복잡화 현상이 나타나고 있다. 따라서 이러한 현상을 완화하기 위해 조직의 통합(integration)을 위한 노력이 뒤따르고 있다.

4) 기능의 전문화와 과학 · 기술 수요의 증가

조직의 기능의 전문화가 가속적으로 이뤄지고 그에 따라 그러한 기능을 수행하는 데 필요한 과학 · 기술의 수요가 급증하고 있다. 이러한 경향은 조직 내부의 연구 · 개발 · 제조 및 서비스 분야에서 특히 두드러진다. 지식정보사회의 발전과 더불어 이와 같은 경향은 더욱 촉진되고 있다.

5) 환경 변화에 대한 적극적인 대응과 관리 능력의 요구

오늘날의 모든 사회조직, 특히 정부 및 기업조직을 둘러싼 정치 · 경제 · 사회 및 기술적 환경은 매우 급속하고 광범위하며 역동적으로 변화하고 있다. 이러한 변화 속에서 조직이 적응 · 생존 · 성장 · 발전하기 위해서는 조직관리자가 부단히 환경 변화의 성격을 정확하게 인지하고 부단히 적극적 · 능동적으로 환경에 대응하는 전략적 · 혁신적 조직관리 능력이 요구된다.

제 2 장

조직이론의 개요

제 1 절 조직이론의 의의, 기능 및 유형

1 조직이론의 정의와 기능

1) 이론의 정의

우리가 어떤 현상을 연구하고 학습하는 일은 이론(theory)을 정립해 배우는 것과 관계된다. 그러면 이론이란 무엇인가? 이론에 관해 두 학자가 정의한 것을 소개하면 다음과 같다.

컬링거(F. N. Kerlinger)는 "이론이란 어떤 현상을 설명하고 예측할 목적으로 그 현상을 구성하는 변수들 간의 관계를 구체적으로 밝힘으로써 현상에 대한 체계적인 관점을 제시하는 일련의 상호 관련된 구성(constructs), 개념(concepts), 정의(definition) 및 명제(propositions)" (Kerlinger, 1973: 9)라고 한다.

코헨(B. P. Cohen)은 "이론이란 서로 관련된 일련의 보편적인 진술들(statements)로서 그 중 어떤 것은 단순한 개념 규정이나 정의들이고 또 어떤 것은 진(眞)이라고 규정하는 관계적 진술들"(Cohen, 1980: 171)이라고 한다.

이와 같은 정의에 근거해서 보면 이론이란 우리가 연구하는 대상 및 현상을 설명하거나 예측하기 위해 제시하는 일련의 체계적으로 상호 관련된 개념 · 정의 · 명제 · 가설 · 원리 및 법칙 등을 말한다. 이들은 경험적으로 검증되지 않은 단순한 진술(예: 가설)과 경험적 검증을 거쳐 확립된 진술들(예: 원리와 법칙)로 나뉜다. 경험적 검증을 거쳐 확립된 원리와 법칙이야말로 일반화와 보편적인 수준이 높은 이론에 해당하며, 검증되지 않은 진술들도 궁극적으로는 검증 가능한 것이라야 한다.

2) 조직이론의 정의

이와 같은 이론의 의미를 조직이론에 적용할 수 있다. 조직이론(organization theory)이란 목적 지향적인 인간 활동의 조직화 방법·관리·기능 및 행태 등을 설명하거나 예측하기 위해 제시하는 일련의 체계적으로 상호 관련된 개념·정의·명제·가설·원리 및 법칙을 말한다고 할 수 있다.

3) 조직이론의 기능

첫째, 조직이론은 조직 현상에 대한 경험적인 조사·연구의 기초를 제공한다.

둘째, 조직이론은 연구 대상이 되는 조직 현상을 기술(description)하고 설명(explanation)하며, 예측(prediction)하는 기능을 수행한다.

셋째, 조직이론이 존재함으로써 조직에 관한 새로운 이론과 지식이 발견·발전되고 축적될 수 있다.

넷째, 조직이론은 조직행동의 지침이 된다. 즉, 적절한 개념이나 정의가 존재함으로써 목적 지향적인 인간의 행위를 설계하고 조직화하는 데 도움을 준다.

2 조직이론의 유형

1) 목적에 의한 분류

조직이론은 그 목적에 따라서 분류할 수 있다. 베일리(S. K. Bailey)가 제시한 기술-설명이론·규범이론·가정이론·수단이론이 이것에 해당한다(Bailey, 1968: 128-129).

(1) 기술-설명이론

기술-설명이론(descriptive-explanatory theory)은 어떤 조직 현상의 존재·경향·속성들을 기술하고 설명하는 것을 말한다. 행정조직에는 계층제가 존재하며, 그것은 피라미드 형태를 이루고 있다고 기술하거나 설명하는 것이 여기에 속한다. 기술과 설명에는 약간의 차이가 있다.

기술은 다만 어떤 현상이 무엇인가를 진술하는 데 반해, 설명은 그 현상이 무엇이며, 그와 같은 현상을 일으키는 변수 간의 상관적 혹은 인과적 관계가 어떠한가도 진술하는 것이다. 예를 들면 하몬(M. M. Harmon)과 메이어(R. T. Mayer)가 "조직이론이란 사람들이 조직이라는 무대(organizational settings)에서 어떻게, 왜 그와 같은 행위를 하는가를 설명해 주는 지식과 정보"라고 하는 것은 설명이론의 관점에서 조직이론을 정의한 것이다(Harmon & Mayer, 1986: 5, 김성기 옮김, 1992: 23).

(2) 규범이론

규범이론(normative theory)은 조직이 마땅히 실행해야 할 규범에 관한 진술(statement) 혹은 처방적 진술(prescriptive statement)이다. 그것은 조직이 당위적으로 어떻게 해야 하는가를 진술하는 것이다. 규범이론은 가치문제와 관련된다. '능률적 조직', '민주적 조직관리', '책임 있는 조직인' 및 '인간주의적 조직' 등을 주장하고 제시하는 것들이 여기에 해당한다. 규범이론의 목적은 궁극적으로 조직 현실의 개선에 있다. 그러나 규범이론에서 말하는 당위적 가치에 대해서는 사람들의 주관적 선호에 따라 다양하고 때로는 상극하며 시대와 장소에 따라 변이성을 지니는 것이다.

(3) 가정이론

가정이론(assumptive theory)은 조직 현상이 발생하는 조건을 가정하는 진술이다. 즉, 어떤 조직 현상이 발생하는 전제 조건(preconditions)과 그에 따라 발생할 수 있는 현상을 설명하는 것이다. 그러나 가정이론의 전개는 여러 가지 제약을 받는다. 가령 행정조직 속의 인간의 성격이나 제도의 관성에 관해 현실에 맞는 가정을 하거나 예측하기는 어렵기 때문이다.

(4) 수단이론

수단이론(instrumental theory)은 주어진 상황 속에서 조직관리에 유용한 기술(technique)·시간(timing) 및 방법이 무엇인가를 밝히는 진술이다. 조직관리를 위한 구체적인 수단 방법을 밝힌다는 점에서 조직의 실제적 기능과 과정에 유용성을 지니는 이론이다.

2) 연구 대상의 수준에 의한 분류

연구 대상의 수준에 따라 거시이론, 미시이론 및 중범위이론으로 나눌 수 있다.

(1) 거시이론

거시이론(macro theory)은 광범위한 조직 현상 혹은 사회조직 체제 전반을 연구 대상으로 삼고 그러한 현상이나 체제에 관련된 많은 변수 간의 관계를 일반적으로 설명하는 것이다. 따라서 일반화 · 추상화의 수준이 가장 높은 이론이다.

(2) 미시이론

미시이론(micro theory)이란 조직의 연구를 특정한 구체적인 대상으로 제한하고 소수의 변수를 한정해 설명하는 것이다. 행정조직 속의 개인(individual)에 초점을 두거나 특정한 사례연구(case study)를 통해 도출된 이론이 여기에 속한다. 이 이론은 특정한 조직 현상을 구체적으로 설명하는 것이 장점이다. 그러나 그것은 보편화 · 일반화의 가능성이 극히 제한되는 것이 단점이다.

(3) 중범위이론

중범위이론(middle range theory)은 거시이론과 미시이론의 중간 범위에 해당하는 이론이다. 따라서 거시이론보다는 제한적이나 미시이론보다는 확대된 변수로 조직 현상을 설명하는 이론이다. 조직유형론 · 조직문화론 및 관료제론은 중범위이론의 대표적인 것이다. 중범위이론은 거시이론이 지니는 지나친 일반성과 미시이론이 지니는 특수성과 한정성을 뛰어넘어 적절한 수준에서 조직 현상을 이해하고 설명하며 예측하려는 이론이다.

제 2 절 조직이론의 전개에 관한 학자들의 견해

학자들이 조직을 학문 연구의 대상으로 삼고 본격적이며 체계적으로 연구해 이론을 세우고 그것을 발전시키게 된 것은 19세기 말부터다. 지난 100여 년 동안 많은 학자가 사회조직 · 기업조직 및 공공조직에 관해 다양하고 복잡한 개념 · 정의 · 명제 · 가설 · 원리 및 법칙들을 정립 · 비판 · 수정하면서 이론을 발전시켜 왔다. 그러나 이러한 이론의 발전과 전개를 어떤 하나의 준거틀이나 기준에 따라 설명하기가 어렵다. 학자들은 다음과 같이 자신의 기준에 따라 조직이론의 전개에 관한 견해를 제시한다.

1 카스트와 왈도 등의 견해

카스트(F. E. Kast)와 왈도(D. Waldo)는 조직이론의 전개를 3단계로 설명하는 점에서 공통적이다. 그러나 각 단계에 포함되는 내용에서는 약간의 차이가 있다.

1) 카스트의 견해

카스트는 로젠츠바이크(J. E. Rosenzweig)와의 공저에서 19세기 말 이후의 조직이론의 전개를 전통적 이론, 수정이론, 새로운 이론적 관점으로 나눠 설명한다(Kast & Rosenzweig, 1974: 97).

(1) 전통적 이론

전통적 이론은 19세기 말부터 1930년대 사이에 나타나 발전한 이론으로서 테일러(F. W. Taylor)의 과학적 관리론, 베버(M. Weber)의 관료제 이론, 귤릭(L. H. Gulick) 등의 행정원리론(행정관리론)이 이 범주에 속한다.

(2) 수정이론

수정이론은 1930년대부터 1960년대 사이에 대두한 이론들이다. 과학관리론이 지니는 비인간적 · 도구적 합리성을 비판하고 인간주의적 관리를 강조하는 인간관계론, 그리고 그 연장선상에서 나타난 행태과학, 과학적 관리론을 수정 · 보완해 발전시킨 관리과학 등이다.

(3) 새로운 이론적 관점

1960년대 이후에 나타난 체제 접근 방법론을 새로운 이론적 관점으로 분류해 설명한다.

2) 왈도의 견해

왈도는 조직이론의 전개를 고전이론, 신고전이론, 현대적 이론으로 나눠 설명한다(Waldo, 1963: 1-10).

(1) 고전이론

왈도는 19세기 말부터 1930년대까지 나타나 전개된 과학적 관리론, 베버의 관료제론, 그리고 특히 1930년대에 나타난 귤릭 등의 행정원리론을 고전적 조직이론으로 분류해 설명한다.

(2) 신고전이론

1927~1932년의 호손실험(Hawthorne experiment)의 결과로 나타난 인간관계론을 신고전이론으로 분류한다.

(3) 현대적 이론

의사결정론, 체계로서 조직이론, 베버의 이론을 비판하면서 새롭게 나타난 블라우(P. M. Blau), 스콧(R. W. Scott) 등의 관료제 이론과 사회체제모형 등을 이 범주에 포함시킨다.

2 버렐과 모건의 견해

버렐(G. Burrell)과 모건(G. Morgan)은 넓은 사회학적 패러다임의 시각에 근거해 조직이론을 기능주의(functionalism), 해석주의(interpretivism), 급진적 구조주의(radical structuralism), 급진적 인간주의(radical humanism)로 나눠 설명한다(Burrell & Morgan, 1982: 10-34, 윤재풍 옮김, 1990: 27-45). 이러한 네 가지 이론은 사회 현상(혹은 조직 현상)에 대한 학문적 접근과 사회 현상(혹은 조직 현상)을 연구하는 학자들이 중요시하는 관심을 상호 교차해서 도출한 이론모형이다. 그 접근과 관심을 살펴보면 다음과 같다.

1) 사회 현상(조직 현상)에 대한 객관적 접근과 주관적 접근

버렐과 모건은 사회 현상(조직 현상)에 대한 학문적 접근 방법을 객관적 접근과 주관적 접근으로 나눈다. 객관적 접근과 주관적 접근은 다음과 같은 네 가지 점에서 차이가 있다(Burrell & Morgan, 1982: 윤재풍 옮김, 1990: 5).

(1) 실재론(realism)과 유명론(唯名論, nominalism)

존재론적(ontological)인 면에서 볼 때, 객관주의자들은 연구 대상이 되는 사회적 세계나 사회 현상은 자연적 세계와 마찬가지로 실재하는 것으로 가정한다. 그러나 주관주의자들은 사회적 세계나 사회 현상은 인간의 주관적 의식의 산물, 즉 인위적으로 인간이 이름을 붙인 창조물이라고 본다.

(2) 실증주의(positivism)와 반실증주의(anti-positivism)

사회적 세계를 이해하고 지식을 추구하는 인식론적(epistemological)인 면에서 볼 때, 객관주의자들은 사회 현상을 자연 현상과 마찬가지로 경험적 실증적으로 연구할 수 있다고 믿는다. 그러나 주관주의자들은 사회 현상은 자연 현상에 대한 연구처럼 실증적으로 연구할 수 없으며, 연구자의 주관적 사유·경험 및 통찰에 의존한다고 본다.

(3) **결정론(determinism)과 주의주의(主意主義, voluntarism)**

인간성에 대한 가정에서 볼 때, 객관주의자들은 인간성이란 외부 세계의 환경에 따라 결정된다고 본다. 그러나 주관주의자들은 인간성이란 인간의 자유와 자율 및 자발적(voluntary)·주체적(主體的) 의지에 따라 결정된다고 가정한다.

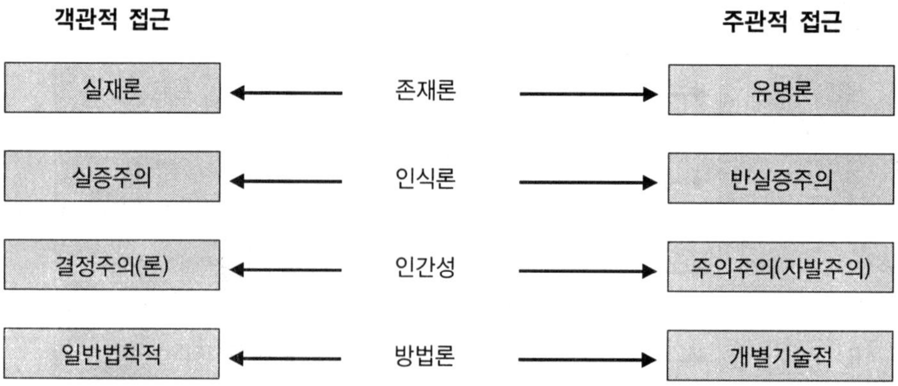

그림 2-1 사회 현상(혹은 조직 현상)에 대한 객관적 접근과 주관적 접근

(4) **일반법칙적(nomothetic) 접근 방법과 개별기술적(idiographic) 접근 방법**

연구 방법에서 볼 때 객관주의자들은 사회 현상에 대한 과학적·객관적 조사 방법을 통해 가설을 검증하고 일반 법칙을 정립하는 데 몰입한다. 그러나 주관주의자들은 특수한 개별적 사례(예: 특정인의 생활사나 배경 등)나 연구 대상자의 특수한 경험 등을 밝히고 설명하려고 한다.

2) 사회 현상(혹은 조직 현상)에 대한 연구자들의 주요 관심: 규제(통제)와 급진적 변동

버렐과 모건은 사회적 세계 혹은 사회 현상을 연구하는 학자들이 중시하는 관심을 두 가지로 분류하고 있다. 하나는 사회의 질서와 안정을 위한 규제(regulation) 및 통제에 대한 관심이고, 또 하나는 급진적인 변동(radical change)에 대한 관심이다. 전자를 규제사회학(sociology of regulation), 후자를 급진적 변동의 사회학(sociology of radical change)이라고 일컫는다.

규제에 관심을 갖는 사회과학이론에 많이 등장하는 개념은 사회의 현상 유지·질서·사회구성원의 의견 일치를 의미하는 합의, 사회적 통합과 응집성, 현존하는 사회 체제 내에서 인간의 욕구 충족, 현실의 중시 등이다. 반면에 급진적 변동 및 변혁에 관심을 기울이는 사회사상과 이론에서는 인간의 잠재력을 억압하고, 욕구 달성을 방해하며 박탈하는 사회구조와 모순, 지배양식, 구조적 갈등, 인간 해방 등을 강조한다.

3) 네 가지 조직이론

버렐과 모건은 이와같이 사회 현상(조직 현상)에 대한 접근 방법을 객관적 접근과 주관적 접근, 사회 현상(조직 현상)에 대한 연구자들의 중심적 관심(혹은 사상)을 규제와 급진적 변동이라는 두 가지로 분류하고, 이러한 네 가지를 서로 교차해 기능주의 이론 · 해석주의 이론 · 급진적 구조주의 이론 · 급진적 인간주의 이론으로 분류하고 있다.

표 2-1 버렐과 모건의 조직이론 분류

사회 현상(조직 현상)에 대한 접근 방법 / 사회 현상(조직 현상)에 대한 연구자들의 주요 관심		객관적 접근	주관적 접근
		실재론 · 실증주의 · 결정주의 · 일반법칙 정립의 강조	유명론 · 반실증주의 · 주의주의 · 개별기술적 접근 방법의 강조
규제(통제)	• 사회의 현상 유지 • 질서 • 합의 • 사회적 통합과 응집성 • 현실 중시	**기능주의** • 사회체제론 • 관료제론 • 과학적 관리론(관리과학) • 인간관계론 • 사회기술체제론 • 조직균형론 • 상황조건적합이론	**해석주의** • 해석학 • 현상학 • 민속학적 방법론 • 현상학적 상징적 상호작용론
급진적 변동	• 사회의 급진적 변동 • 구조적 갈등 • 지배양식 • 모순 • 해방 • 박탈 • 잠재성(가능성)	**급진적 구조주의** • 무정부주의적 공산주의 • 갈등이론 • 마르크스주의적 조직이론	**급진적 인간주의** • 비판이론 • 무정부주의적 개인주의 • 프랑스실존주의 • 반(反)조직이론

Burrell & Morgan(1982, 윤재풍 옮김, 1990)의 내용을 참고해 재구성.

(1) 기능주의 이론

기능주의 이론은 현대 사회과학의 연구와 조직이론의 가장 중심적인 주류를 이룬다. 그것은 규제 사회학에 근거를 두며 객관주의적 관점에서 연구 대상에 접근한다. 기능주의 이론은 그 지향에서 극히 실용적인 시각을 가지며, 실제 이용할 수 있는 지식을 형성하는 데 관심을 갖는다. 다시 말하면, 실제적인 문제들(practical problems)에 대해 실제적인 해결책들(practical solutions)을 제시하는 데 관심이 있다. 조직은 기계적 체제 혹은 생물학적 유기체로서 유추되며, 자연과학적인 연구 방법에 의해 경험적·실증적으로 분석되고 설명 및 예측할 수 있다고 본다. 기능주의적 조직이론에는 사회체제이론, 관료제론, 과학적 관리론(관리과학), 인간관계론, 사회기술체제론, 조직균형론, 상황조건적합이론(contingency theory) 등이 포함된다.

(2) 해석주의 이론

해석주의 이론은 한편으로는 규제사회학에 근거를 두지만 주관주의적 접근 방법에 따라 사회 현상과 조직을 연구하고 설명한다. 해석주의적 이론은 사회 현상과 조직을 주관적 경험의 수준에서 있는 그대로 이해하는 데 관심을 갖는다. 해석주의 이론에는 해석학(hermeneutics), 현상학(phenomenology), 민속학적 방법론(ethnomethodology) 및 현상학적 상징적 상호작용론(phenomenological symbolic interactionism) 등이 포함된다.

(3) 급진적 구조주의 이론

급진적 구조주의 이론가들은 사회의 급진적 변동에 관심을 가지며 객관적 접근 방법을 강조한다. 급진적 구조주의자들은 사회나 조직의 구조적인 관계들(structural relationships)에 대한 비판에 초점을 두는 점에서 '의식'에 초점을 두는 급진적 인간주의와 다르다. 무정부적 공산주의 이론, 갈등이론 및 마르크스주의적 조직이론 등이 이 범주에 포함된다.

(4) 급진적 인간주의 이론

급진적 인간주의자들은 급진적 사회 변동에 관심을 가지면서 주관적 접근 방법에 의한 연구를 강조한다. 유명론(唯名論)·반실증주의·주의주의 및 개별기술적 접근 방법을 중요시하며, 기존의 사회제도에 의해 인간의 발전을 가로막는 제약으로부터 인간을 해방시키는 데 관심을 기울인다. 비판이론, 무정부주의적 개인주의, 프랑스 실존주의 및 반(反)조직이론 등이 이 범주에 포함된다.

제 3 장

조직이론의 전개

앞 장에서 살펴본 바와 같이 조직에 관한 연구가 태동한 이래 100여 년 동안 조직이론은 그 범위가 넓게 확대되고 논점이 매우 분화·다양화돼 왔다. 이 장에서는 그간에 나온 여러 가지 이론 가운데서 오늘날의 조직이론의 기반을 형성한 여덟 가지 이론에 관해 대강의 요점을 정리하고자 한다.

이 개요에 포함되는 주제는 조직관리학의 고전이론인 과학적 관리론, 행정원리론, 관료제론, 그리고 고전이론의 수정·보완 이론에 해당하는 인간관계론과 행태과학, 조직의 관리문제의 해결과 의사결정에 필요한 과학적 기법을 연구하는 관리과학, 조직을 체제로서 연구하는 체제접근방법론, 그리고 해석적 이론 등이다.

제 1 절 과학적 관리론

1 의의 · 목적 · 주요 내용

1) 의의

과학적 관리론(scientific management theory)은 미국에서 19세기 말에 대두해 20세기 초기에 발전한 조직관리의 이론이며 사상이다. 과학적 관리론은 그것이 생성된 연대·내용 및 그 영향 면에서 볼 때 고전적 조직론의 첫 번째의 위치에 두는 것이 당연하다. 과학적 관리론은 공학기술자인 테일러(F. W. Taylor)와 그 추종자들이 발표한 저서와 논문 등을 통해 확립됐다. 그것은 조직관리의 핵심적인 과정, 특히 조직구성원의 작업 과정과 과업을 과학적으로 분석해 편성하고 관리함으로써 조직의 생산성과 능률성을 제고하고자 하는 이론이다. 테일러는 당시에 산업혁명과 자본주의의 발전 과정에서 기업의 생산성과 능률성을 향상시키기 위해서는 기존의 관습적·전통적 관리 방법이나 주먹구구식(rule of thumb) 혹은 관리자의 독단적인 직관에 의존하는 방법을 지양하고 객관적으로 확립된 과학적 원리와 방법을 연구해 적용하려고 했다. 그는 실용적인 기능적 관점에서 작업 현장의 노동자에 관심을 두고, 그들이 최대의 노동력과 잉여가치를 산출할 수 있는 방법을 탐구했다.

2) 목적

테일러는 과학적 관리의 연구 목적을 다음과 같은 세 가지로 규정했다(Taylor, 1911: 7).

첫째, 조직의 비능률에서 생겨나는 국가 전체의 커다란 손실을 막아야 한다.

둘째, 조직의 비능률을 제거하기 위해서는 비범하고 특별한 인간에게 의지하기보다는 체계적이며 과학적인 관리 방법을 연구해 적용해야 한다.

셋째, 명확히 정의된 법칙과 원리에 입각한 조직관리가 가장 과학적임을 증명하고, 그것을 개인의 단순한 작업으로부터 고도의 협동을 요하는 대규모 조직 활동에 이르기까지 적용하며, 그러한 적용이 경이로운 결과를 가져온다는 점을 확신시켜야 한다는 것이다.

테일러는 생산과 능률을 중요시하는 당시의 지배적인 가치에 따라 기업이나 공장에서 비능률을 해결하는 일을 하나의 도덕적 문제로 간주했다. 그는 당시에 공장조직에서 일하는 노동자를 다음과 같이 봤다.

하루 종일 일하는 것을 피하기 위해 고의적으로 천천히 일하는 행위, 이른바 '잔꾀를 부리며(soldiering)' 몸을 사리는 행위(underworking)가 산업 현장에서는 거의 보편화돼 있고, 건설업에서도 상당히 만연돼 있으며, 이것은 영국과 미국의 노동자들이 지니고 있는 가장 큰 악이라고 규정했다(Taylor, 1911: 13-14). 이와 같은 현상을 해결하기 위한 처방으로서 과학적 관리가 필요함을 역설했다.

3) 주요 내용

테일러가 발전시킨 과학적 관리론은 노동자의 작업과 그 절차를 과학적으로 분석하고 표준화해서 체계적으로 관리하는 방법을 고안해 조직의 생산성과 능률성을 제고하는 데 집중했다. 그 핵심적인 사항을 간추려 보면 다음과 같다.

(1) **시간 및 동작연구와 과업관리**

노동자의 작업에 소요되는 시간과 실제로 이뤄지는 기본적 동작을 연구(time and motion study)해 표준화하고 객관화된 과업(task)을 정해 노동자들에게 할당하고 그 과업의 관리를 철저히 하는 방법을 고안했다.

(2) **개별적 성과급의 지급**

노동자의 개인적 성과에 따라 보수를 지급하는 방법을 연구했다. 테일러는 사람이란 이기적이고 경제적·합리성을 추구하는 존재로 봤다. 따라서 개인적인 성과에 따라 보수를 지급하면 훨씬 더 조직의 능률성 향상에 도움이 된다고 생각했다. 개개인이 수행한 성과에 따라 보수를 지불하는 방법이 집단이 달성한 성과에 따라 보수를 지급하는 것보다 조직의 생산성을 더 높이고 개인들을 더욱 적절하게 동기부여한다는 것이다.

(3) **기능적 감독제도의 적용**

전문적인 기능적 감독자(functional foremanship)를 고용해 노동자의 업무 수행 방법, 기계의 속도, 업무 수행 진도와 우선순위 등을 결정하고 적용해야 한다는 것이다.

(4) **노동자의 과학적인 선발과 능력 발전**

과업을 담당할 수 있는 육체적·정신적 능력이 있는가를 측정해 노동자를 선발하고, 임무를 부여하며, 훈련을 통해 능력을 발전시켜야 한다는 것이다.

(5) **관리층과 노동자의 협동**

생산량 증대를 통한 이윤확대가 관리층뿐만 아니라 노동자에게도 이익이 되므로, 관리층과 노동자는 서로 협동해 과업이 위와 같은 원리에 따라 이뤄지도록 해야 한다는 것이다.

2 평가

1) 공헌

과학적 관리론은 현대 조직이론의 기초를 놓았으며 조직관리의 기능적 합리성을 제고하는 데 크게 기여했다. 다시 말하면, 능률과 생산성 그리고 이윤 추구를 기본 이념으로 추구하는 기업 조직에서 인간을 최대한 기능적·합리적인 방법으로 생산 과정에 활용하는 지식과 기술의 체계를 확립하고 적용하는 데 일정한 공헌을 했다. 또한 이러한 관리법은 공공 부문인 정부 행정조직의 편성과 관리 운영에도 적용돼 능률성과 생산성을 향상시켰으며, 학교·군대·교회 등 사회조직의 관리 운영에도 괄목하게 적용됐다.

2) 문제점

과학적 관리론은 사회적·감정적·정서적인 속성을 지닌 인간을 단순히 기계적·합리적·비인간적인 도구로 취급하고, 물리적이며 금전적인 수단에 의한 조작적 관리 대상으로 관리함으로써 오히려 인간의 자발적인 생산성을 저하시킨다는 비판을 받는다. 또한 과학적 관리론은 작업 현장의 하위계층 노동자의 조직과 관리에 주로 초점을 둔 나머지 관리자의 입장에서 조직 전체를 거시적으로 조직하고 관리하는 원리와 방법의 탐구를 등한시했다.

제 2 절 행정조직 원리론

1 의의

앞서 살펴본 과학적 관리론은 주로 조직 현장의 하위층에서 일하는 노동자가 수행하는 과업을 분석하고 관리하는 데 초점을 두는 미시적(micro)인 접근 방법이다. 따라서 조직을 편성하고 관리하는 관리자에 초점을 두는 거시적(macro) 수준의 일반적·보편적 원리를 정립하는 데 미흡했다. 거시적 원리의 정립은 페이욜(H. Fayol)의 『산업 및 일반관리론』(1916), 윌로비(W. F. Willoughby)의 『행정원리론』(1927), 특히 1930년대에 귤릭(L. H. Gulick) 등이 체계를 세운 일련의 『행정원리 및 조직원리론』 등에 의해 이뤄졌다. 여기서 말하는 관리론 혹은 원리론이란 조직을 편성하고 관리하는 보편적·일반적이며 거시적인 원칙론을 말한다. 이와 같은 원리론이 왜 필요하며, 그것이 지니는 뜻은 무엇인가에 대해 어윅(L. F. Urwick)은 다음과 같이 언급하고 있다.

"우리는 조직에 대한 인간들의 경험적 연구에 비춰볼 때 귀납적으로 도출할 수 있는 원리들이 있다고 생각한다. 어떤 인간 조직체의 설치도 그러한 원리의 지배를 받아야만 한다. 이러한 원리들은, 조직의 목적이나 그 구성원 또는 그 조직 형성의 저변에 있는 어떤 법률적·정치적 · 사회적 이론과 무관하게, 하나의 기술적 문제(technical problem)로서 연구될 수 있다. 그러한 원리들은 목표 달성을 위해 필수적인 각종 활동 · 의무 · 책임을 개개인에게 분할해 배정하는 방법에 관한 것이며, 또한 가장 경제적이고 효과적으로 목표의 실현을 이루기 위한 활동과 지속적인 업무 통제 간의 상관성에 관한 것이다"(Urwick, 1937: 49).

2 주요 이론 및 원리

1) 페이욜의 일반관리론

(1) 페이욜 이론의 의의

테일러(F. W. Taylor)의 과학적 관리론이 한창 위세를 떨치고 있던 1916년에 프랑스의 학자인 페이욜(H. Fayol)의 『산업 및 일반관리론(*Administration Industrielle et Gĕnĕrale, General and Industrial Management*)』이 발표됐다. 이 책은 두 가지 면에서 조직관리론에 중요한 뜻을 지닌다.

첫째, 테일러의 과학적 관리론과 마찬가지로 조직의 관리문제를 해결하고자 하는 동기를 지니고 있으면서도 그 접근 방법에서 차이가 있으며 서로를 보완하고 있는 점이다. 즉, "테일러는 공장의 하위 단위(즉 노동자)로부터 거슬러 올라가는 방법을 취한 반면 페이욜은 관리자로부터 아래로 내려가는 방법을 취했다. 테일러는 관리를 직무분석, 표준 시간, 노동자의 대우문제로 풀어갔으나 페이욜은 조직의 계획 수립 · 조직화 · 명령 · 조정 · 통제 등의 관리 기능에 초점을 뒀다."

둘째, 페이욜의 이론은 1930년대에 귤릭 · 어윅 · 무니(J. D. Mooney) 등의 행정관리론 및 원리론을 형성하는 데 기본적인 개념과 접근 방법을 제공했다.

(2) 조직 기능과 관리 요소

페이욜에 의하면, 조직은 그것이 단순하든 복잡하든, 규모가 크든 작든 여섯 가지의 활동 영역을 가지고 있다고 규정한다. 그것은 ① 기술활동, ② 영업활동, ③ 재무활동, ④ 보호활동, ⑤ 회계활동, ⑥ 관리활동 등이다(Fayol, 1949: ch.5).

그런데 이와 같은 여섯 가지 활동 영역 중 특히 여섯 번째의 관리활동은 즉 계획 · 조직화 · 명령 · 조정 · 통제 등의 요소로 이뤄지며 그 기능은 다른 다섯 가지 기능과는 구분되면서도 동시에 다섯 가지 기능 수행과 밀접히 관련되는 전체적 혹은 일반적인 기능이다.

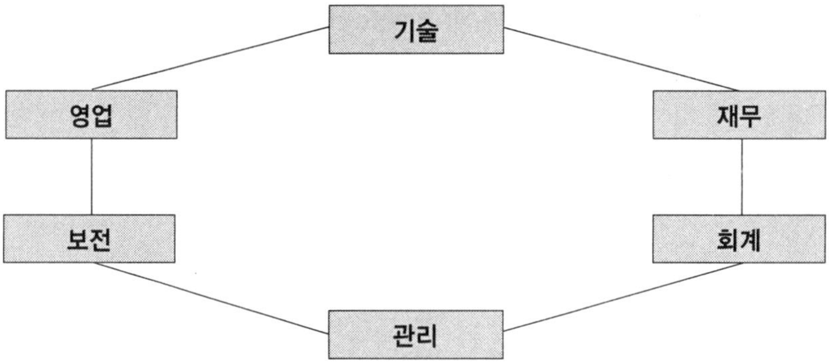

관리의 요소: 계획 · 조직화 · 명령 · 조정 · 통제

그림 3-1 조직의 활동 영역과 관리의 요소

(3) 조직관리의 원리

페이욜은 이상과 같은 다섯 가지의 관리 요소가 효율적으로 수행되기 위해 갖춰야 할 14가지 원리를 제시하고 있다(Fayol, 1949: 19-42). 이 원리들은 조직의 관리층, 특히 최고관리층이 실행해야 할 중요한 관리 규범을 포함하는 것이다. 그러나 그는 이러한 원리들은 절대적인 것이 아니며 변화하는 상황이나 특수한 여건 하에서는 융통성이 있어야 한다고 주장한다. 그가 제시한 관리의 원리는 ① 분업, ② 권한과 책임, ③ 규율, ④ 명령 통일, ⑤ 지시의 일원화, ⑥ 조직 전체의 이익에 대한 개인 이익의 종속, ⑦ 보수, ⑧ 집권화와 분권화, ⑨ 계층의 연쇄, ⑩ 질서, ⑪ 공평, ⑫ 고용의 안정, ⑬ 자발성, ⑭ 단결심이다.

이상과 같은 페이욜의 이론에 대해 어윅은 "페이욜은 미국의 테일러와 비견할만 한 유일한 유럽의 학자였다. 그는 더 나은 관리가 노동의 산출을 개선한다고 주장하며, 조직의 하위 단위들보다는 조직의 최고관리층에 관심을 두었다. 역사상 동일한 분야에 종사한 어떤 사람들보다도 페이욜과 테일러만큼 그 방법이나 경력에서 날카롭게 차이가 나고, 그럼에도 불구하고 서로 보완적인 저작을 내놓은 경우는 없었다"(Urwick, 1937: 129)고 평가한다.

2) 귤릭, 어윅 등의 행정조직원리론

페이욜의 일반관리론이 나온 후 1930년대에 미국에서는 이른바 '행정원리론'이 전개됐다.

(1) 귤릭의 이론

귤릭은 조직이 주어진 목표와 과업을 능률적으로 달성하려면 조직의 관리자가 조직 분업을 활성화하고 조정을 촉진하며, 단일의 명령 체계를 확립하고 유지하는 것이 필요함을 강조했다(Gulick & Urwick, 1937: 3-45). 특히 귤릭의 이론 중 두드러지게 유명한 것은 최고관리자의 기능론과 동질성의 원리 혹은 부처(부성)조직 편성의 기준에 관한 것이다.

① POSDCoRB의 원리

귤릭은 POSDCoRB라는 유명한 개념을 창안했다. 이것은 최고관리층이 수행해야 할 일곱 가지 기능을 일컫는 말이다. 즉, P(Planning, 계획), O(Organizing, 조직화), S(Staffing, 인사), D(Directing, 지휘), Co(Coordinating, 조정), R(Reporting, 보고)와 B(Budgeting, 예산)이다. 이것은 앞에 언급한 페이욜의 관리 기능보다는 범위를 확대한 것으로 볼 수 있다(Gulick & Urwick, 1937: 13).

- 계획이란 조직이 설정한 목표와 그것을 달성하는 데 필요한 수단과 방법의 대강을 말한다.
- 조직화란 규정된 목표를 달성하기 위해 공식적으로 업무를 배분하고 조정하는 것이다.
- 인사란 직원을 충원하고 육성하며 적합한 작업환경을 유지하는 일이다.
- 지휘란 의사결정을 하고 명령과 지시를 통해 그것을 수행하는 것이다.
- 조정이란 조직의 여러 하위 단위와 부문들의 노력을 통합하고 조화를 이루는 것이다.
- 보고란 조직에서 진행 중인 일을 최고관리층에 알리는 기능이다.
- 예산은 조직에서 이뤄지는 일을 돕기 위한 재정 및 회계 기능을 말한다.

POSDCoRB의 개념은 최고관리층의 기능을 지칭할 뿐만 아니라 최고관리층 내부의 분업과 행정의 관리 과정을 의미하는 다양한 뜻이 함축되어 있다고 할 수 있다. 이와 같은 일곱 가지 관리 기능에서 보는 바와 같이 귤릭은 조직을 위로부터 아래로(top down) 분화하는 체계를 구성하는 데 관심을 기울였다.

② 동질화(부처조직 편성)의 원리

귤릭은 동질화의 원리(principle of homogeneity) 혹은 부처조직의 편성 기준에 관한 이론을 제시했다. 즉, 조직을 편성할 때는 동질적인 네 가지 기준에 따라 해야 한다는 것이다. 그와 같이 함으로써 기준이 명확하고 운영이 능률적으로 된다는 것이다. 조직을 편성하는 데 적용될 네 가지 기준은 ① 목적 혹은 기능, ② 과정 혹은 절차, ③ 수혜자(고객) 혹은 취급 물자, ④ 장소 혹은 지역이라는 것이다(Gulick & Urwick, 1937: 15-27).

(2) 어윅의 이론

어윅도 여러 가지 조직의 원리를 제시하고 있다. 조정, 계층 과정(scalar process), 전문화, 통솔 범위, 계선과 막료의 원리가 그것이다. 이러한 원리 중에서 특히 중요한 것은 조정의 원리라고 주장한다. 즉, "조직에 관한 여러 가지 원리가 있지만 그것들은 조정의 원리 속에 포함되는 것"(Gulick & Urwick, 1937: 49-59)이라고 한다.

3) 조직의 기본 원리

위와 같은 이론 및 원리 중에서 특히 기본적인 몇 가지를 정리하면 다음과 같다.

(1) 분업 및 전문화의 원리

분업이란 조직의 업무를 세분화해 구성원이나 조직의 구성 단위에 그것을 배정함으로써 생산성을 높이고 능률을 향상시키고자 하는 것이다. 분업의 결과는 전문화를 촉진한다. 그러므로 분업과 전문화는 같은 뜻을 지닌 개념이라고 할 수 있다. 최고관리층의 기능을 POSDCoRB로 분류하는 것이나 정부조직을 편성할 때 동질성 원리를 적용하는 것도 분업 및 전문화와 관련된다.

(2) 계층제의 원리

대규모의 조직은 그 전체의 구조가 수직적인 피라미드형의 계층제를 형성한다. 계층제(hierarchy)의 원리란 조직 내의 권한과 책임의 정도에 따라 상하의 계층을 설정하는 것을 의미한다. 이와 같은 조직의 수직적 분화구조를 형성함으로써 조직 내에 명령 복종 체계를 확립하고 질서와 조정을 촉진한다.

(3) 명령 통일의 원리

명령 통일(unit of command)의 원리란 조직체의 어떤 구성원이라 할지라도 오직 한 사람의 상관으로부터만 명령을 받고 그에게만 보고해야 한다는 것이다. 환언하면, 하나의 조직에는 오직 한 명의 장이 있어야 함을 말한다. 이 한 명의 장에게 그 조직을 운영할 최종 권위가 부여돼야 하며, 그렇게 함으로써 조직의 질서와 안정이 확보된다는 것이다.

(4) 통솔 범위의 원리

통솔 범위(span of control)의 원리란 상관 또는 감독자가 직접 몇 사람의 피감독자 혹은 부하를 통솔하는 것이 그의 주의력과 능력에 비춰 적합한가를 설명하는 이론이다. 조직을 구성하고 부하를 감독 혹은 관리할 때 이 문제가 제기되는 것은 인간의 '주의 능력의 범위(span of attention)' 및 통솔력에는 일정한 지적 · 심리적 · 물리적 한계가 있기 때문이다. 가령 인간의 주의력의 범위가 무한대로 넓다면 한 사람의 조직의 장이 수백 명 혹은 수천 명의 직원을 직접 통솔할 수 있으므로 이러한 문제가 제기되지 않을 것이다.

(5) 조정의 원리

조직의 공통된 목표나 목적을 달성하기 위해 조직구성원들의 행동과 노력을 질서정연하게 결합 · 배열 · 조화시키는 기능을 조정(coordination)이라 한다. 행정원리론자들은 특히 최고관리층의 조정 능력이 조직의 성패와 효율적 운영에 가장 중요한 요소라고 주장한다.

3 평가

1) 공헌

행정조직원리론은 조직을 편성하고 관리하는 일반적 · 보편적 · 거시적인 원칙론을 제시하고 정립하는 데 공헌했다. 행정원리론자들은 세상에 존재하는 모든 조직에 적용될 유일 · 최선의 보편적 원리가 존재한다는 신념에 근거해 원리를 탐색하고 구상해 제시했다. 그런 점에서 원리론은 조직이론 발전에 하나의 중요한 이정표를 세웠다고 해도 과언이 아니다. 그러나 그 내용은 다음과 같은 문제점을 지니고 있다.

2) 문제점

(1) 최선 · 유일의 보편적 이론의 한계

세상에 존재하는 조직은 다양하고 성격도 차이가 있다. 더욱이 각 조직을 둘러싸고 있는 환경과 상황이 다양하며 또한 그러한 환경과 상황은 변화하고 있다. 그러므로 모든 조직을 관통하는 최선 · 유일의 보편적 이론과 원리를 확립하는 것은 현실적으로 그 의미가 제한적일 수밖에 없다.

(2) 이른바 '원리'의 문제점

행정원리론에서 정립한 이른바 원리(principle)라고 하는 것들은 경험적 검증을 거치지 않은 단순한 규범적 혹은 가설적 수준의 명제일 뿐이다. 명령 통일의 원리나 통솔 범위의 원리 등은 실제 조직 안에서 이뤄지는 사실과 차이가 있는 것이다. 예를 들면, 현실적으로 상급자가 능력이 있으면 부하를 많이 통솔할 수 있으며, 능력이 없으면 소수의 부하도 잘 통솔할 수 없는 것이다. 또한 현실적으로 상급자는 직속 부하에게만 명령을 하고 부하는 직속 상급자로부터만 명령을 받는 것은 아니다. 그러므로 1940년대에 들어 논리실증주의자(logical positivist)인 사이먼(H. A. Simon)은 소위 그들이 말하는 원리란 "경험(실험)을 거치지 않은 격언(proverbs)에 불과하다"(Simon, 1945; 1957: 44)고 비판했다.

(3) 비인간적 도구

행정원리론은 과학적관리론과 마찬가지로 조직 속의 인간을 관리의 목적에 맞게 통제할 도구로 보는 이론이다.

제 3 절 관료제론

1 관료제에 관한 개념 정의의 다양성

관료제(bureaucracy)는 역사적으로 오래된 개념이지만 현실적으로 매우 다양하고 때로는 모호하게 쓰여 왔다.

첫째, 우리는 옛날부터 관료들로 구성된 국가의 행정기구 · 통치조직 · 관청의 조직이나 제도를 관료제라는 개념으로 많이 사용해 왔다(예: 중국의 관료제, 고려의 관료제 등).

둘째, 관료(bureaucrat)에 의한 지배 체제 및 지배구조를 관료제(bureaucracy)라고 하는 경우도 있다. 이러한 정의는 민(民, demos)에 의한 지배 체제 및 구조를 민주제 및 민주주의(democracy)라고 하며, 기술관료(technocrat)에 의한 지배 체제 및 구조를 기술관료제(technocracy)라고 하는 바와 같이 지배의 주체를 기준으로 정의하는 것이다.

셋째, 특정한 형태나 구조로 이뤄진 '조직'을 관료제라고 하는 견해도 있다. 이것은 오늘날의 조직사회학 · 행정조직학 · 경영조직론 등에서 특히 주목하는 견해다(아래 ②항 설명 참조).

넷째, 관료들로 구성된 조직과 그들이 수행하는 행정에 대한 부정적인 이미지를 함축하는 말로 관료제를 지칭하기도 한다. 예를 들면, 국민 위에 군림하는 관료들의 태도, 불친절하고 비능률적인 행정 등이다.

앨브로(Martin Albrow)는 관료제라는 개념을 다음과 같은 일곱 가지 개념과 같은 의미로 규정한다. 즉, ① 관리적 조직, ② 조직의 비능률성, ③ 관료들이 만든 규칙, ④ 공공행정, ⑤ 관료에 의한 행정, ⑥ 조직, ⑦ 현대 사회라는 것이다(Albrow, 1970: 84-105).

래스키(Harold Laski)는 "관료제란 관료들이 특권층을 구성해 국민 위에 군림하고 국민들을 지배하지만 자신들은 지배받지 않는 제도"라고 한다(Laski, "Bureaucracy" in *Encyclopedia Britannica*). 래스키의 말 속에서는 관료제란 관료가 군림해 지배하는 비민주적 혹은 반민주적 제도라는 부정적인 이미지와 뜻이 함축돼 있다.

2 현대 조직이론에서 관료제의 정의: 특정한 공식적 구조나 형태 및 시스템으로서 조직

현대의 조직이론에 관료제 이론을 창시한 사람은 독일의 위대한 사상가이며 사회과학자인 베버(Max Weber)다. 그는 법과 규칙에 의해 운영되고 계층제로 구성되며, 분업과 전문화 등의 공식적 구조·형태 및 시스템의 특징을 갖는 조직으로서 관료제를 정의하고 설명한다(다음 ③항의 설명에 이어짐).

베버 이후 많은 학자가 그와 유사한 정의를 따르고 있다. 예를 들면, 헤디(F. Heady)는 "관료제란 한 가지 형태의 조직이다. 조직이란 일정한 특징과 형태를 가지고 있는가의 여부에 따라 관료제일 수도 있고 아닐 수도 있다"(Heady, 1966: 12)고 한다.

세상에 존재하는 조직은 다양하지만 그들 중에 특정한 구조·형태 및 시스템을 가진 조직이 관료제인 것이다. 학자들의 다음과 같은 정의에서 그것을 확인할 수 있다.

존스(G. R. Jones)는 "관료제란 그 구성원들이 일정한 규칙과 표준운영절차(SOP)에 따라서 행동하도록 요구되는 조직구조의 한 형태(a form of organizational structure)"라고 한다(Jones, 2007: 130).

더브린(A. J. Dubrin)은 "관료제란 규칙·규정·통제기법이 구체적으로 정해진 합리적이고 체계적이며 정확·정밀한 조직의 형태"(Dubrin, 2006: 262)라고 한다.

대프트(R. L. Daft)는 "관료제란 잘 정의된 권한과 책임·공식적인 기록의 유지·표준화된 규칙의 획일적인 적용 등과 같은 요소들을 통해, 그리고 비개인적이며 합리적인 근거에 기초해 디자인하고 관리하는 조직"(Daft, 2001: 23)이라고 한다.

이상과 같은 의미의 관료제는 오늘날의 정부·기업·정당·군대·학교·교회 등과 같은 거의 모든 조직에서 살펴볼 수 있다. 정부의 통치기구나 관청만 관료제가 아니다. 이와 같은 형태와 구조를 지닌 조직이 민주국가에 있느냐 권위주의 국가에 있느냐는 물을 필요가 없다. 정부·기업 및 교회는 조직의 종류는 다르지만 구조·형태 및 시스템의 유사성을 갖는다. 그런 점에서 그들 조직은 모두 관료제다.

3 베버의 관료제이론: 고전적 관료제이론

1) 관료제이론의 창시와 그 배경

(1) 관료제이론의 창시

앞에서 말한 바와 같이 관료제이론을 창시하고 체계화한 최초의 학자는 베버다. 관료제라는 개념이 20세기 이전에도 있었고 그것을 연구한 학자와 사상가들이 있었지만 베버를 그 이론의 창시자라고 하는 것은 관료제를 조직의 구조·행태 및 시스템이라는 관점에서 개념화하고 체계적으로 설명한 최초의 학자라는 점에 있다. 그의 이론을 출발점으로 해서 많은 추종자들(Weberian-bureaucracy scholars)이 관료제이론을 조직이론의 중심에 놓이게 했다.

(2) 합법·합리적 권위와 관료제

베버의 관료제 개념의 틀은 그가 분류하는 세 가지 권위(authority) 중 합법·합리적 권위와 직접 관계된다.

그가 분류하는 세 가지 권위는 다음과 같다.

① 전통적 권위: 전통적 권위란 사람들을 전통과 관습에 동조해 복종하도록 하는 힘이다. 가부장제와 가산관료제의 지배는 이러한 권위에 근거한다.

② 카리스마적 권위: 카리스마적 권위란 사람들을 어떤 인물(영웅·호걸)의 비범한 능력과 자질에 동조·복종시키는 힘이다.

③ 합법·합리적 권위: 합법·합리적 권위란 공식적·객관적으로 확립된 법과 규칙, 인간의 이성에 근거하는 합리적인 기준과 원칙에 사람들이 동조하고 복종하게 하는 힘이다.

베버의 관료제 개념은 전통적 권위나 카리스마적 권위를 배제하고 합법·합리적 권위에 기초한다. 그는 합법·합리성이 지배하는 조직구조와 형태의 전형이 관료제라고 보며(Weber, 1946: 245-252; 1947: 130-132), 사람들의 사회적 행위를 합리적으로 조직된 행위로 변형하는 수단(the means of transforming social action into rationally organized action)을 관료제라고 설명한다(Weber, 1968: 987; Hummel, 1977: 20).

(3) 관료제이론의 역사적 · 상황적 배경

베버의 관료제이론은 서구 근대 국가 이후의 역사적 · 상황적 배경과 관계를 갖는다. 베버는 근대국가 이후 서구 여러 나라에 관료제의 발전을 촉진한 여섯 가지 조건을 설명한다. 즉, ① 화폐경제(화폐에 기초하는 재정)의 발달, ② 행정사무의 양적 증가, ③ 행정사무의 질적 변화, ④ 관료제적 조직의 기술적 이점, ⑤ 행정 수단의 집중화, ⑥ 행정담당자의 사회적 평준화 현상의 대두라고 설명한다(Weber, 1946: 204-214).

19세기 말~20세기 초기를 살았던 베버는 특히 당시의 사회가 농업사회부터 급속히 산업사회로 진입하는 것을 주시하고 산업사회에 이상적인 조직의 구조 · 형태 및 시스템은 무엇인가를 연구해 이론으로 제시했다. 그것이 바로 베버의 관료제이론이다. 전통과 관습의 지배는 농업사회 및 가내수공업 공장조직의 구조에는 적합하지만 기계에 의한 대량생산과 고도의 능률을 요구하는 대규모 조직사회인 산업사회에는 부적합하며, 특정한 인물의 카리스마와 주관적 감성에 의한 지배는 객관적인 규칙과 기능적 합리성을 지닌 조직을 형성하고 유지하는 데 장애 요소가 되는 것으로 생각했다.

2) 관료제의 특징

베버가 이상형으로 구상해 설명한 관료제모형은 다음과 같은 특징을 갖는다.

(1) 법과 규칙의 지배

관료제는 의도적으로 제도화된 공식적인 법과 규칙에 따라 성립되고, 그 안에서는 모든 절차와 행위가 법규에 따라 이뤄지고 통제된다.

(2) 계층제

관료제는 계층제로 이뤄지며, 그 안에는 상하의 직위 · 위계서열 · 권한 및 책임이 확립돼 있다.

(3) 문서에 의한 직무 수행

관료제 안에서 이뤄지는 직무 수행, 즉 결정과 집행은 구두로서 이뤄지는 것이 아니라 객관적인 문서로서 작성돼 시행되고 보관된다.

(4) 비인간성 혹은 비정의성

관료제 안에서 일하는 사람들은 그의 결정과 집행 등의 행위에서 증오나 애정과 같은 감정을 배제하고 오직 법과 규칙이 정한 객관성과 형식을 따라야 한다. 따라서 관료제는 비인간성

(impersonality) 및 비정의성(非情誼性)을 지닌다.

(5) 분업 · 전문화

기능적인 합리성에 따라 조직을 분업화 · 전문화하고, 전문적인 자격과 능력을 가진 사람을 선발해 직무를 맡겨 과업을 수행하도록 해야 한다.

(6) 연공서열 혹은 업적에 의한 승진

조직 안에서의 승진은 그 직원의 연공서열(seniority)이나 업적 혹은 두 가지 기준을 잘 평가해 이뤄져야 한다.

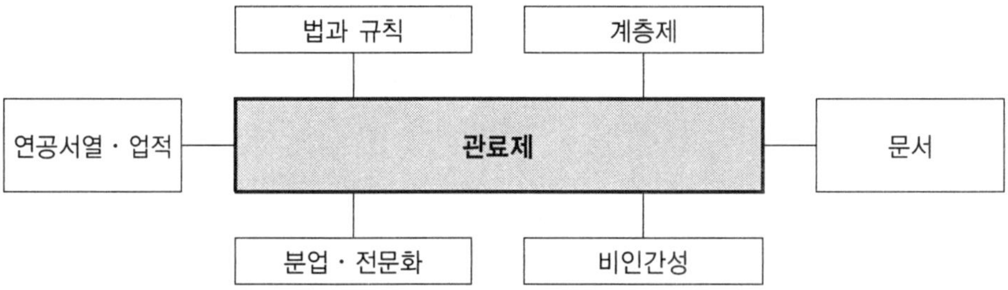

그림 3-2 관료제의 특징

요약해서 말하면, 관료제란 이상과 같은 각각의 특징이 조화롭게 융합해 이뤄지는 조직의 상태라고 할 수 있다. 이러한 관료제모형을 베버는 소위 '이념형(ideal type)'이라고 말한다. "이념형이란 어떤 현상의 가장 순수하고 두드러진 특징을 나타내는 이론적 구성을 의미한다. 따라서 이념형은 실제 현실의 세계를 그대로 100% 완전하게 반영하는 것은 아니다. 그것은 개념적인 명확성을 위해 현실을 단순화하거나 과장하는 개념적 도구일 뿐이다"(Etzioni-Halevy, 윤재풍 옮김, 1990: 50).

여기서 언급한 이념형을 100% 완전하게 지닌 조직은 현실적으로 존재하지 않는다. 그러나 행정조직 · 기업 · 군대 · 학교 · 정당 · 교회 등 대부분의 현대의 조직들을 보면 정도상의 차이는 있으나 위와 같은 관료제의 이념형적 특징을 두드러지게 지니고 있다고는 말할 수 있다. 베버는 조직이 이와 같은 특징 중의 일부라도 뚜렷하게 지니고 있다면 그것은 관료제라고 한다. 그렇다면 위에 열거한 현대 사회의 조직 중 관료제가 아닌 것은 없으며 현대 사회 자체가 관료제라 해도 과언이 아니다.

베버는 관료제 조직은 그렇지 않는 조직에 비해 매우 탁월한 장점을 가지고 있다고 한다. 그것은 마치 기계적 생산 방법이 비기계적인 생산 방법보다 훨씬 뛰어난 것과 비교할 수 있다는 것이다. 정확성, 신속성, 명확성, 지식의 축적, 일관성, 신중성, 엄격한 규율, 문서에 대한 지식, 물적·인적 비용의 절감은 관료제를 통해 더욱더 잘 달성될 수 있다는 것이다(Weber, 1946: 214-215 참조).

4 베버의 관료제이론의 비판

베버의 관료제이론은 당연히 고전적 관료제이론으로 뿌리를 내리고 몸통을 이뤘으며, 위와 같은 장점이 있지만 그의 뒤를 이어 관료제를 연구하는 학자들이 제기하는 여러 가지 비판의 대상이 돼 왔다. 몇 가지 사항을 소개하면 다음과 같다.

1) 비실증적 이론

베버의 관료제이론은 실증적인 연구를 토대로 제시된 이론이 아니다. 상상을 통해 구상해 내놓은 이념형이다. 따라서 실증적 연구자들은 그 이론의 타당성을 비판한다.

2) 기계적 조직관

베버의 관료제는 기계적(mechanical) 모형에 입각한다. 관료제의 구조와 형태는 물리적인 기계의 구성물과 유사하다. 그것은 기계적 원리에 따른 수직적 계층분화와 수평적 부서조직으로 이뤄진다. 따라서 그 속에 존재하는 인간도 '복잡한 기계 속의 나사(a cog in a complex machine)'와 같은 것으로 취급된다.

3) 의도치 않는 기능(역기능)의 발생

베버는 앞에서 설명한 바와 같이 관료제는 능률성, 예측성 및 안정성 등의 순기능을 발휘한다고 생각했다. 그러나 베버 이후의 학자들은 관료제가 그 구조적 특징에서 비롯되는 여러 가지 역기능도 발생시킨다는 사실을 경험적 연구를 통해 증명하고 있다.

4) 폐쇄적 조직관

고전적 관료제이론에서는 관료제란 그것을 둘러싸고 있는 사회적 환경과 교호적 관계를 갖지 않은 하나의 폐쇄적 체제(closed system)로 봤다. 이것은 전술한 기계적 조직관에서 비롯하는 것이다. 이러한 조직관에 근거하게 되면 아무리 내부조직이 정교하고, 주어진 목표를 잘 수행한다 하더라도 그 목표가 전체적인 사회 체제와 어떤 관계를 갖는 것이 좋으며, 어떻게 적응해야 하는가를 잘 인식하지 못한다.

5) 상황 조건을 고려치 않은 보편적 일반이론

고전적 조직론이 모두 그렇듯이 베버의 관료제이론도 조직이 존재하는 상황적 조건을 고려치 않은 보편적 일반이론이다. 베버의 관료제이론은 본래 프러시아의 군대조직, 다시 말하면 독일의 군대조직 경험을 유추해 정부·기업 등의 조직모형으로 보편화·일반화한 것이다. 그가 제시하는 관료제 조직모형을 상황 조건을 고려치 않고 정부·기업 등과 같은 모든 조직에 보편적으로 적용하는 데는 한계가 있다.

6) 공식적 구조의 강조

기계적 조직관에 입각한 관료제는 합리적인 공식적 구조를 구성하고, 공식적으로 관리하는 것을 강조한다. 따라서 공식구조 속에 자생하는 비공식적 인간관계나 그 기능은 경시되기 쉽다.

5 관료제의 순기능과 역기능

1) 관료제의 순기능 · 역기능의 의미

관료제의 순기능(eufunction)이란 하나의 체제로서 관료제가 이루고자 의도하거나 인지하는 기능으로서, 그 체제의 적응과 조정을 촉진하고 도와주는 기능이다. 반면에 관료제의 역기능(dysfunction)이란 관료제가 하나의 체제로서 본래 의도하거나 인지하지 않는 기능으로서 그 체제의 적응과 조정을 저해하거나 해치는 기능을 말한다.

베버는 법과 규칙·계층제·문서주의·비인간화·전문화·연공서열 및 업적이 지배하는 조직이 관료제이며, 그러한 관료제야말로 최고의 기능적 합리성과 능률성을 고양할 수 있다고 봤다. 이와 같은 맥락에서 이해하는 기능이 관료제의 순기능이다. 그러나 관료제는 위와 같은 여러 가지 특징에서 비롯되는 비의도적이며 비인지적인 기능 혹은 그 체제의 적응과 조정을 감소시키거나 해치는 역기능을 수행한다.

이와 같은 관료제의 순기능과 역기능은 관료제 자체의 구조적 특징에서 비롯된다. 그것을 [그림 3-3]과 같이 요약해 볼 수 있다.

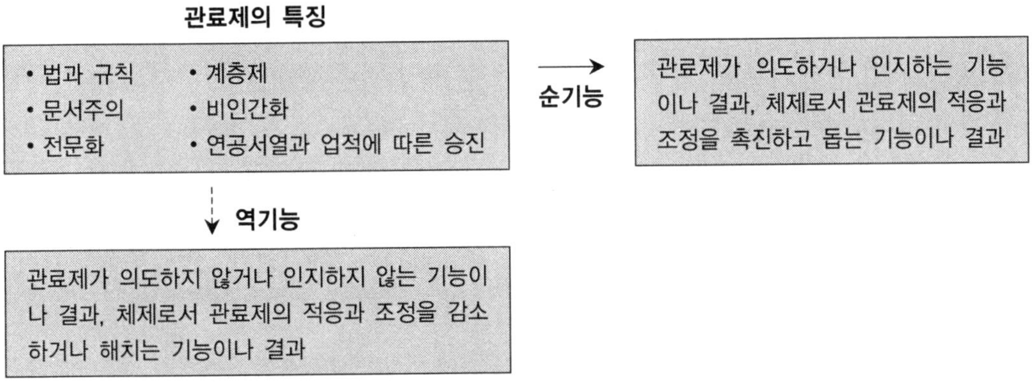

그림 3-3 관료제의 특징과 순기능 · 역기능의 관계

2) 순기능 현상

첫째, 법과 규칙을 강조함으로써 조직구조의 공식성을 제고하고, 조직활동과 절차의 정확성을 촉진하며, 공평 · 공정 · 통일적으로 업무를 수행하고, 조직활동의 객관성 · 안정성 · 일관성 · 계속성 및 예측성을 확보한다.

둘째, 계층제적 조직구조를 가짐으로써 조직 내의 명령 · 복종의 체계가 확립되고 질서의 유지와 조정이 촉진되며, 조직 내의 수직적 권한 및 책임의 체계를 확립한다.

셋째, 문서주의를 강조함으로써 직무 수행의 공식성과 객관성을 확립하고 결과를 보존한다.

넷째, 비인간화(비정의화)를 강조함으로써 인간의 감정을 배제하고 객관적인 법규에 근거한 행정을 촉진하고 공평무사한 업무 수행을 가능하게 한다.

다섯째, 전문화를 강조함으로써 자격과 능력을 가진 전문행정가를 충원해 행정 능률을 높인다.

여섯째, 연공서열을 중요시함으로써 직업공무원제를 발전시키고 행정의 안정과 장기 재직자의 사기를 앙양한다. 한편 업적을 강조하는 경우에는 유능한 인적 자원을 확보하고 행정의 혁신과 효율성을 높인다.

3) 역기능 현상

첫째, 법과 규칙을 강조함으로써 조직 안에서의 법규에 대한 동조과잉(overconformity), 목표 전환, 획일성과 경직성, 변화에 대한 저항, 환경 변화에 대한 소극적이고 부적절한 대응, 형식주의와 무사안일주의 등이 발생한다.

둘째, 계층제적 구조를 중시함으로써 조직 내의 의사소통의 왜곡과 지연, 의사결정의 교착, 상급자의 권위에 의존, 상·하 직원 간의 권력 격차, 책임의 회피와 전가, 권력의 집중과 과두제 현상이 나타난다.

셋째, 문서주의에 입각한 형식주의·서면주의·번문욕례(繁文縟禮, red tape) 현상이 나타난다. 따라서 업무 처리의 경직성과 비효율 현상이 발생한다.

넷째, 비인간화를 강조함으로써 인간적인 감정이 메마르고 냉담한 관료들의 행태가 나타난다.

다섯째, 전문화를 강조함으로써 '훈련된 무능'(전문화로 인해 한 가지 일에는 능하나 다른 일에는 무능한 현상), 협조와 조정의 곤란, 할거주의(sectionalism), 조직구성원의 도구화, 반복적인 일에 대한 흥미 상실 현상이 발생한다.

표 3-1 관료제의 특징과 순기능 · 역기능

관료제의 특징	순기능	역기능
법과 규칙	공식성 제고, 정확성, 공평, 공정, 통일성, 객관성, 안정성, 일관성, 계속성, 예측성 확보, 조직의 질서 유지	동조과잉, 목표 전환, 획일성, 경직성, 변화에 대한 저항, 반응성 결여, 형식주의, 무사안일주의
계층제	명령 복종 체계 확립, 질서의 유지와 조정, 조직 내의 수직적 권한 및 책임 체계 확립	의사소통의 왜곡과 지연, 의사결정의 지연과 교착, 상급자의 권위에 의존, 책임의 회피와 전가, 권력 집중과 과두제
문서주의	직무 수행의 공식성 · 객관성 확립, 결과의 보존	형식주의, 서면(문서)주의, 번문욕례 발생
비인간화 (비정의화)	인간의 주관적 감정의 배제, 객관적이고 공평무사한 직무 수행	인간적 감정이 메마른 냉담한 관료 행태
전문화	전문가에 의한 직무 수행, 직무 수행의 능률화	'훈련된 무능', 협조와 조정의 곤란, 할거주의, 조직구성원의 도구화, 반복적인 일에 대한 흥미 상실
승진: 연공서열 혹은 업적(능력)	• 연공-직업공무원제 발전, 조직의 안정, 장기 재직자의 사기 앙양 • 업적(능력)-조직의 혁신, 능력자 우대	• 연공-무능한 장기 경력자의 보호 • 업적-장기 재직자의 사기 저하

여섯째, 연공서열이 중시될 경우 무능한 장기근무자도 보호를 받고, 업적을 강조하는 경우에는 장기 재직자의 사기를 저하시킨다.

4) 관료제의 역기능에 관한 이론모형

관료제모형 속에 구조적으로 내재하는 역기능 현상에 대해 베버 이후 많은 학자가 실증적 연구를 했다. 그 대표적인 학자는 머튼(R. K. Merton), 셀즈닉(P. Selznick), 굴드너(A. W. Gouldner) 등이다.

(1) 머튼의 모형

관료제의 역기능을 최초로 연구한 머튼(Merton, 1940: 560-568; 1968: 249-260)은 관료제의 역기능은 최고관리층이 지니는 조직구성원에 대한 통제 욕구(demand for control)에서 출발한다고 본다. 최고관리자는 조직구성원들을 통제하기 위해 그들에게 행태의 일관성 및 신뢰성(reliability of behavior)을 강조한다. 그리고 신뢰성을 확보하기 위해 표준운영절차(standard operating procedures: SOP)와 규칙을 제정하고, 그대로 조직구성원이 따르도록 한다. 일정한 표준운영절차와 규칙에 따라서 조직구성원들이 행동함으로써 행태의 일관성과 신뢰성이 확보됨과 동시에 개별적으로 행동하는 것을 막는다. 이것은 규칙의 적용에 수반하는 관료제의 순기

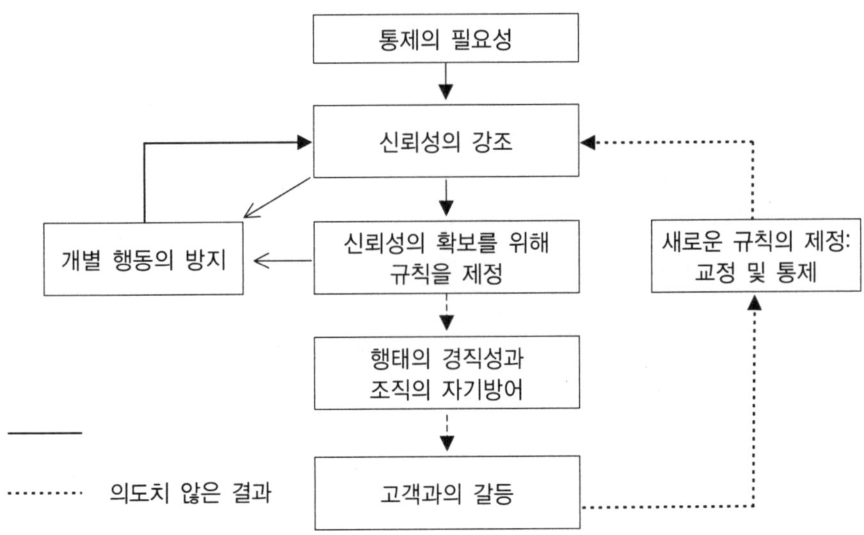

그림 3-4 머튼의 모형

March & Simon(1958: 41, 윤재풍 옮김, 1977: 65) 참조.

능이다.

그러나 규칙을 준수함으로써 의도치 않는 기능이 나타날 수 있다. 조직구성원은 정해진 규칙대로만 기계적으로 움직이기 때문에 행동의 경직성을 초래하고, 그러면서도 자신과 조직의 행동을 방어하려고 한다. 따라서 그들이 접촉하는 고객과의 관계에서 갈등과 심리적 마찰을 증가시키고 고객의 불만을 높인다. 고객들과의 갈등을 해결하기 위해 새로운 규칙을 제정해 교정행위 내지 통제를 행하지만 그 악순환 현상을 거듭하게 된다. 이것은 규칙의 역기능, 즉 관료제의 역기능이다.

(2) 셀즈닉의 모형

셀즈닉은 조직의 관리층이 수행하는 권한의 위임 과정에서 표출되는 순기능과 역기능을 주

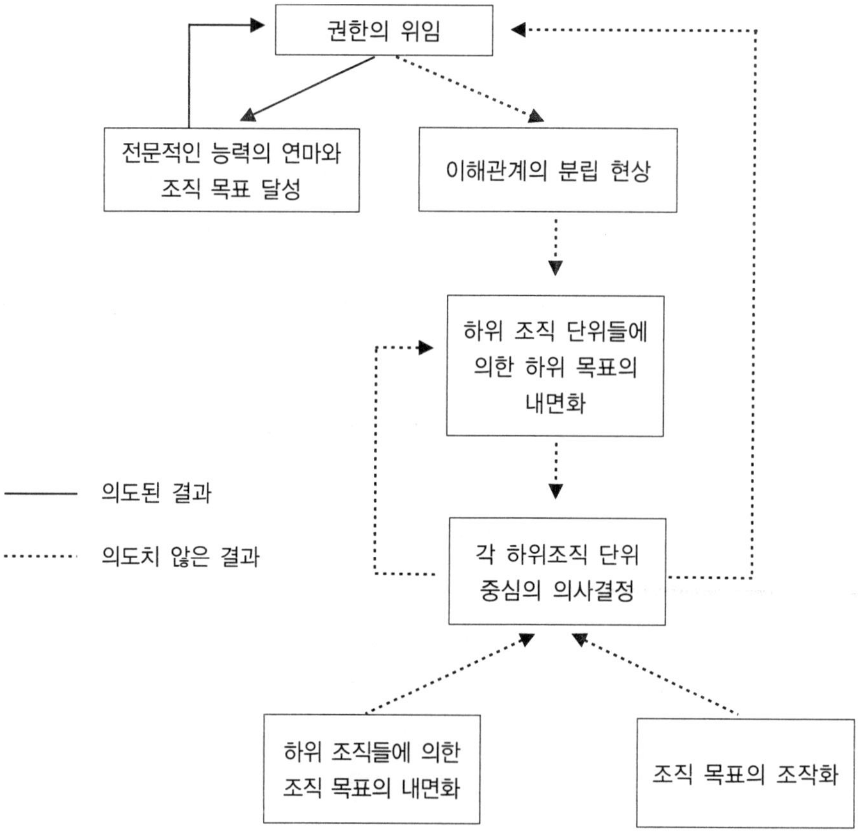

그림 3-5 셀즈닉의 모형

March & Simon(1958: 43, 윤재풍 옮김, 1977: 68) 참조.

목한다(Selznick, 1949). 조직 안에서의 권한위임은 조직구성원의 전문 능력을 연마시키며, 이를 통해 조직 목표 달성을 촉진한다. 이것은 권한위임이 가져오는 순기능이다. 그러나 권한을 위임하게 되면 하위 단위의 분화·전문화를 초래하고, 이해관계의 분립(bifurcation)을 야기한다. 하위 단위는 조직의 공통적 목표보다는 자기 단위의 이익에 더 몰두하고 하위 단위 간에도 이해갈등의 증가 현상이 나타나며, 하위조직들은 각각 자기 조직 위주의 이기적 전략에 따라 의사결정을 하고 행동한다. 따라서 조직 전체의 공통적 목표 달성에 차질이 발생한다. 이것은 권한위임이 초래하는 역기능 현상이다. 이러한 역기능을 방지하기 위해 또 새롭게 권한위임을 하지만 순기능과 더불어 역기능이 나타난다.

(3) 굴드너의 모형

굴드너는 조직의 하위 체제의 균형을 유지하기 위해 고안된 통제기술이 어떻게 조직 전체의 균형을 깨뜨리고, 나아가서 그것이 다시 어떻게 조직의 하위 체제에 환류되는가를 분석했다

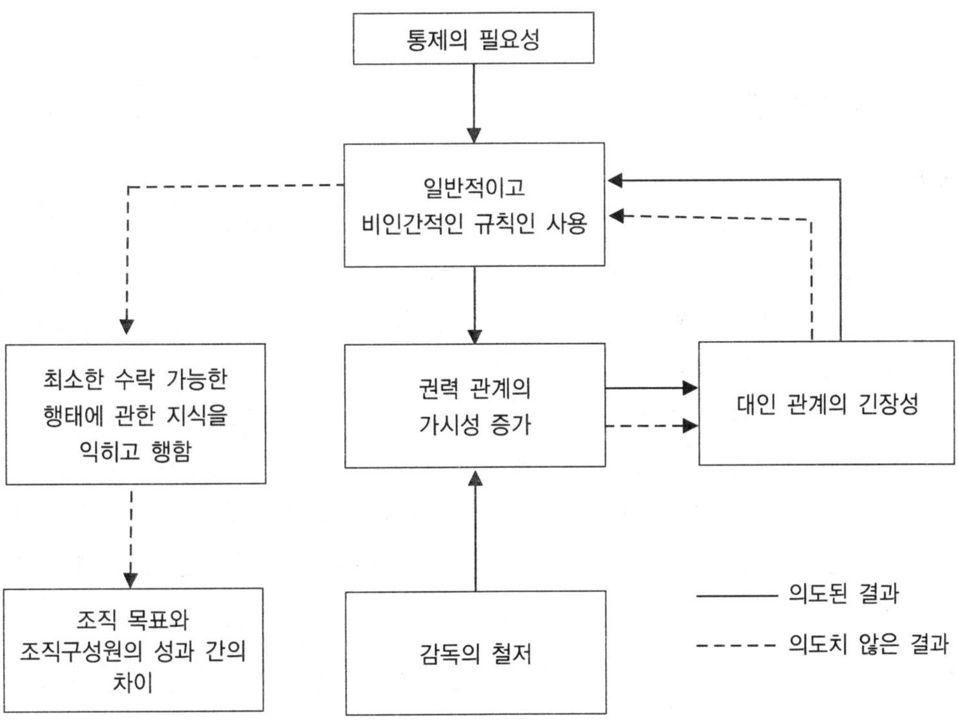

그림 3-6 굴드너의 모형

March & Simon(1958: 45, 윤재풍 옮김, 1977: 70) 참조.

(Gouldner, 1954).

굴드너에 의하면, 최고관리층은 조직구성원을 통제하기 위해 일반적으로 비인간적인 규칙을 사용한다. 규칙을 사용함으로써 조직 내부의 권력 관계의 가시성(可視性)을 증가시켜 조직구성원의 행태를 용이하게 통제하는 순기능이 나타난다. 그러나 규칙을 강조하게 되면 조직구성원들은 규칙을 익히고 그들이 수용해 실행할 수 있는 최소한의 행태가 무엇인가를 알아서, 그 수준까지만 성과를 내고 그 이상은 하지 않는 경향이 있다. 그렇게 되면 조직 전체의 목표와 조직구성원들의 업적 간에 차질이 발생하게 된다. 차질이 발생하면 관리자는 더욱더 철저한 감독을 하게 된다. 그 결과 의도치 않은 권력 관계가 증가하고 조직 내의 대인 관계에 긴장성이 나타난다. 이러한 현상은 규칙이 초래하는 역기능이다. 그렇게 되면 관리층은 더 엄격하게 새로운 규칙을 적용하지만 악순환은 계속되는 것이다.

6 관료제의 변화와 대안적 조직구조

1) 관료제의 상황 변화와 소멸론 시비

(1) 관료제의 상황 변화

고전적 관료제이론은 19세기 말 이후 산업사회에 필요한 이상적인 조직 형태로서 탄생한 것이다. 그것은 그 시대의 필요에 부합했다. 그러나 20세기 후반에 이르러 산업사회가 탈산업사회 및 정보화 시대로 변화함에 따라 고전적 관료제의 적합성에 관한 시비(是非)가 일어났다.

베버의 관료제는 비교적 사회 및 조직환경이 안정되고 예측 가능한 상황 속에서 일상적이고 정형적인 일을 수행하는 데 적합한 조직구조다. 그러나 오늘날 정보화사회의 조직환경은 매우 급격하게 변화하며 불확실성이 심한 상황이다. 더욱이 조직이 다루고 해결해야 할 문제와 과업의 복잡성은 과거에 비교할 수 없이 이질화되고 고도화된 상태다. 또한 조직구성원들의 의식과 지적(知的) 수준이 높아짐에 따라 조직 속의 사람들을 관리하는 이념과 방법의 변화가 급속하게 일어나고 있다.

조직관리에서 규칙의 명확화나 엄격한 준수에 못지않게 상황에 적응하는 유연성과 일을 수행하는 속도가 중요시되고 질서나 통제보다는 혁신적이고 창의적인 문제 해결이 요구되며, 해결해야 할 과제의 복잡성에 대응하는 전문화가 강조되고, 조직의 민주주의와 인간주의의 실현이 요구되고 있다.

(2) 관료제의 소멸론 시비

고전적 관료제는 그 존재 기반인 상황 조건이 변화했으므로 이제 쓸모가 없으며(무용론) 소멸돼야 한다(소멸론)고 주장하는 사람들이 있다(Bennis, 1966: 30-35 참조). 그러나 세상이 아무리 변해도 일상적이고 반복적이며 정형화되고 규칙에 따라 능률적으로 처리하고 해결해야 할 일들이 존재하는 한 고전적인 기계적 관료제는 소멸될 수 없는 것이며, 또한 새롭게 대두하는 비정형적이거나 이질적인 문제의 특성과 상황에 대응해 대안적 조직구조와 형태를 설계해 적용하는 것이 바람직하다는 견해도 있다(Miewald, 1970: 65-69 참조). 요컨대, 관료제의 소멸론보다는 상황에 대응하는 변화, 즉 대안적 관료제 구조와 형태를 모색하고 발전시켜야 한다는 논의가 오늘날의 지배적인 경향이다. 이와 같은 관료제의 변화를 탈관료제화(脫官僚制化, debureaucratization) 혹은 후기관료제(postbureaucracy) 경향이라고도 부른다. 그러면, 기존 관료제에 어떤 변화 혹은 수정이 일어나고 있는가?

2) 대안적 조직구조: 고전적 관료제의 수정

(1) 규칙과 규정의 현실적응성과 신축성 있는 적용

관료제의 존재와 운영의 기초는 규칙과 규정이다. 규칙과 규정은 조직의 상황이 안정되고 업무가 일상적 · 정형적 · 반복적인 경우에 적실하고 효과적이다. 그러나 오늘날의 조직 상황을 보면 매우 역동적이고 불안하며, 비일상적 · 비정형적 · 비반복적인 업무가 많아지고 있다. 따라서 조직들은 현실적응성 및 상황적합성을 고려해 규정과 규칙을 새롭게 제정하고 변경하며 운영의 유연성 및 신축성을 추구하는 경향이 나타나고 있다.

(2) 계층제 구조의 변화

전통적 관료제의 특징의 하나인 높은(tall) 피라미드형의 계층제구조가 변모하는 현상이 나타나고 있다. 그 첫째는 수평적 구조(flat structure)다. 계층의 수를 줄여 평평한 저계층(低階層) 조직구조를 만드는 것이다. 그것은 일반적으로 중간관리층을 줄이는 방식을 택한다. 그렇게 함으로써 조직구성원 간의 원활한 의사소통과 변화하는 상황에 적응하는 신속한 의사결정을 촉진한다. 둘째는 각 조직이 계층제의 벽을 넘어 다른 조직들과 유기적인 네트워크(network) 조직구조를 형성한다. 네트워크조직은 조직 간에 아이디어와 정보 및 자원을 공유함으로써 조직 상호간에 공존과 유기적 협력을 통한 문제 해결을 용이하게 한다. 셋째는 원형(圓形) 조직이다. 조직의 구성 단위가 상하계층이 아닌 대등한 관계를 가지고 상호간에 막힘없이 지식과 사고를 공유하면서 문제를 해결하는 구조다.

(3) 상황적응적이며 역동적인 조직

조직을 둘러싸고 일어나는 문제 중 특히 비정형적이고 이질적이며 긴급하고 전문성이 요구되는 일들을 기존 관료제조직의 규정과 절차에 따라서 해결하지 않고 역동적·적응적 조직구조를 편성해 문제를 해결하고 필요한 과업을 수행한다. 이러한 조직구조를 애드호크라시(adhocracy)라고 하며, 프로젝트팀(project team), 태스크포스(task force) 등이 이에 속한다.

(4) 인간 존중의 조직관리

인간 존중의 조직관리란 조직의 구성원을 인간적 존엄성을 가진 존재로 존중할 뿐만 아니라 그들이 자아실현과 더불어 조직의 목적 달성에 기여하도록 관리하는 것을 말한다. 이것은 고전적 관료제론에서 가정하고 적용해온 도구적 인간관에 근거하는 조직관리 방식을 수정한 것이다. 이러한 입장에서 나온 이론을 대표하는 것이 맥그리거(D. McGregor)의 'Y이론(theory Y)'이다.

(5) 조직의 민주화

조직의 민주화는 다음과 같은 점에서 그 모습이 뚜렷하게 나타난다. 첫째, 조직의 의사결정에 조직구성원의 참여를 발전시킨다. 둘째, 권위적인 계층제구조를 수정해 권력이 상위계층의 소수에 집중되지 않도록 하는 방법을 강구한다(예: 원형조직·수평적 조직구조). 셋째, 분권화(decentralization)를 촉진해 조직체의 의사결정권을 상대적으로 조직의 하위층에 부여한다. 넷째, 관료제조직의 결정 과정에 시민 혹은 고객의 참여제도를 발전시키는 것이다.

(6) 행태과학의 지식을 적용하는 조직의 계획적 변화

행태과학의 발전과 더불어 조직 속의 인간의 행태와 조직의 효과성 및 건강을 증진시키는 여러 가지 적실하고 유용한 이론과 방법이 창출되고, 그러한 이론과 방법을 적용해 조직의 계획적 변화와 발전(조직 발전: OD)을 수행하는 일이 증가하고 있다.

(7) 가상조직들의 탄생

인터넷 등과 같은 정보 시스템이 고도로 발달함에 따라 사람들이 시공(時空)을 초월해 사이버 공간(cyberspace)에서 인터넷 접속을 통해 조직을 만들고 운영하는 일이 가능하게 됐다. 이것을 소위 가상조직(virtual organizations)이라고 한다. 가상조직은 기존의 관료제조직과 같은 규칙이나 규정에 근거해 설립하는 것이 아니며, 조직의 형태나 절차가 다르다. 일정한 물리적 공간이 없고, 사람들이 한 곳에 모여 대면적으로 의사소통을 하지 않지만 필요에 따라 효율적으로 운영할 수 있는 조직이다.

제 4 절 인간관계론

1 의의

1) 인간관계의 의의

인간관계(human relations)란 둘 이상의 사람들 사이에 맺어지는 관계를 말한다. 인간은 사회적 · 심리적 존재이며, 자의든 타의든 삶의 모든 곳에서 타인과 더불어 관계를 가지며 산다. 부모형제 관계, 친구 관계, 부부 관계, 직장 동료 관계, 상급자와 부하의 관계 등이다. 인간은 다른 사람과의 관계 없이는 성장과 발전을 제대로 할 수도 없다. 인간관계는 인간 상호작용의 과정이다. 인간은 다른 사람들과 상호간에 수용하고 관계함으로써 서로 발전한다.

2) 인간관계론의 의의

여기에서 말하는 인간관계론(theory of human relations)이란 첫째, 조직 속에서 발생하고 존재하는 인간관계 현상, 즉 인간관계의 형성과 형태, 그리고 그것들이 조직에 미치는 영향 등을 설명하고 예측하는 개념 · 명제 · 가설 · 원리를 말한다. 둘째, 조직구성원이 조직 안에서 이뤄지는 인간관계 속에서 사회적 · 심리적 만족감을 느끼면서 생산적으로 협동하고 일하도록 하는 인간관리 기술 및 방법론이라고 말할 수 있다.

인간관계론은 1930년대에 경영 및 행정조직이론으로 대두했으며, 조직과 인간을 기계적인 도구로서 가정하고 관리하는 과학적 관리론과는 달리 인간을 사회적 · 심리적 존재로 가정하고 관리하는 점에서 인간주의적이다.

2 호손실험과 인간관계론의 성립

1) 호손실험의 의의와 목적

인간관계론은 1927년부터 1932년 사이에 메이요(E. Mayo)와 뢰슬리스버거(F. J. Reothlisberger)를 비롯한 하버드대학교 경영학 교수들이 시카고에 있는 웨스턴 전기회사의 호손 공장에서 일련의 실험을 시도한 데서 비롯한다. 이 실험을 소위 호손실험(Hawthorne Experiment 혹은 Hawthorne Studies)이라고 한다(Mayo, 1933; Whitehead, 1938; Roethlisberger, 1939 참조).

이 실험이 의도한 원래의 목적은 노동자들이 작업하는 현장의 물리적인 환경과 조건(조명·작업 시간·휴식 시간·수면 시간 등), 그리고 금전적 유인(誘因)이 그들의 생산성과 관계를 갖는다는 기존의 믿음과 주장을 확인하는 데 있었다. 그러나 그 실험에 종사한 연구자들은 노동자들의 생산성 및 사기는 그들이 일하는 조직의 물리적 작업 조건이나 금전적 유인보다는 그들이 속하는 조직 내부의 인간 상호 관계에서 발생하는 여러 가지 사회심리적 요인의 영향을 더욱 크게 받는다는 사실을 발견하게 됐다. 이 발견이 인간관계론의 명제로 발전했다.

2) 호손실험의 과정과 내용

호손실험은 다음과 같은 과정으로 이뤄졌다.

(1) 조명실험(illustration experiment)

연구자들은 공장 내의 조명의 명암 정도에 따라 노동자의 생산성이 어떻게 다르게 나타나는가를 측정했다. 조사 결과 생산량의 증가 혹은 감소는 조명의 명암과 일치하지 않았다. 조명도를 낮춰도 생산량이 증가하는 경우도 있었다. 이것은 노동자의 생산성은 조명과 같은 물리적 요인에 의해 결정되지 않음을 입증하는 것이다. 따라서 종래의 과학적 관리론의 기본적인 명제, 즉 노동자의 생산성은 물리적 자극이나 요인에 의해 결정된다는 명제가 타당치 않음을 발견한 것이다.

(2) 계전기조립실실험(the relay assembly test room experiment)

연구자들은 조명실험에 이어 계전기조립실에서 일하는 6명의 여성 노동자들의 작업 상황을 관찰 연구했다. 근무 시간, 휴식 시간, 작업실의 온도와 습도, 수면 시간, 식사 및 임금의 지급 방법 등에 변화를 가하고 그 결과를 측정했다. 그러나 그와 같은 물리적 혹은 물질적 자극이 생산에 큰 영향을 미치지 않음을 발견했다.

(3) 면접계획(interview program)

연구자들은 이와 같은 반응이 왜 일어나는가를 심층적으로 밝히기 위해 노동자들이 그들의 직무·작업환경·감독자에 대해 갖는 지각 및 인지 등을 면접을 통해 확인했다. 그 결과 조직의 생산성을 향상시키기 위해서는 물리적인 작업 조건의 개선보다는 조직구성원의 개인적·사회적 감정이나 태도 등의 인간적인 요인을 중요하게 다뤄야 함을 알게 됐다.

(4) **뱅크선작업실실험**(bank wiring room experiment)

연구자들은 계속해서 뱅크선작업실에서 일하는 노동자를 대상으로 연구를 했다. 여기에서 노동자의 작업이나 생산성은 공식적인 관리자의 지시나 감독보다는 그들의 자생적·비공식적 집단에서 형성되는 '사회적 규범(social norms)'에 더 많은 영향을 받아 이뤄짐을 발견했다. 다시 말하면, 공식조직 속의 비공식집단의 존재와 비공식집단 속에서 형성되는 사회적 규범을 집단구성원들이 공유하고, 그것이 그들의 행동에 크게 영향을 미치는 것을 알게 된 것이다.

3) 인간관계론의 성립

이와 같은 실험에 의해 종래의 과학적 관리론의 주요 명제, 즉 공식조직의 구조, 물리적 작업 조건, 금전적 유인 등이 노동자의 만족과 생산성을 좌우하는 직접적 영향 요인으로 작용한다는 명제를 수정하게 됐다. 환언하면, 노동자의 만족과 생산성은 노동자의 욕구·감정·태도·가치관·공식조직 속의 비공식조직과 사회적 관계 등이 중요한 매개변수로 작용해 형성됨을 확인한 것이다. 이러한 기본적 내용을 [그림 3-7]과 같은 도식으로 설명할 수 있다.

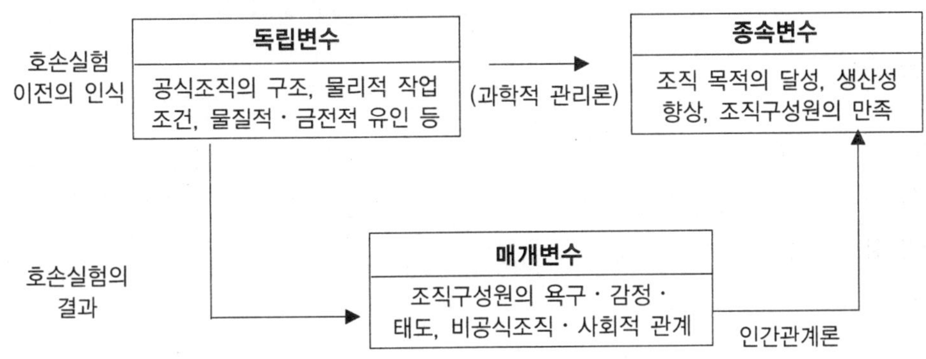

그림 3-7 인간관계론의 기본 도식

이와 같은 실험을 통해 초기의 인간관계론자들이 확립한 주요 명제는 다음과 같다.

첫째, 조직은 인간이다. 즉, 조직은 기계가 아니라 감성과 정서를 지닌 인간으로 구성된 사회심리적 체제다.

둘째, 조직구성원은 물질적 · 경제적 조건보다는 다양한 사회심리적 욕구의 충족에 의해 동기가 유발되며, 그러한 동기가 생산성에 영향을 미친다.

셋째, 공식조직 내의 비공식집단과 사회적 관계는 매우 중요하다. 비공식집단 안에서 형성되는 사회적 규범은 그 구성원들의 태도와 행동을 결정하는 역할을 한다.

넷째, 권위적인 리더십 혹은 생산 지향적 리더십보다는 민주적이며 인간주의적인 리더십이 조직구성원들의 자발적 근무 의욕 향상에 더욱 도움을 준다.

다섯째, 인간은 소극적 · 수동적 존재가 아니라 적극적 · 능동적 존재다.

여섯째, 조직의 효율적 관리를 위해서는 조직관리자의 기술적인 기량(technical skill)에 못지않게 사회적 기량(social skill)이 중요하다.

일곱째, 조직의 의사결정 과정에 조직구성원을 참여시킴으로써 조직 내에서 그들의 참여감 · 인정감 · 만족감 등을 높인다.

3 인간관계론과 과학적 관리론의 비교

인간관계론과 과학적 관리론은 궁극적으로 조직의 목표 달성 혹은 생산성의 향상을 추구하는 점에서 서로 일치한다. 그러나 다음과 같은 점에서 차이가 있다.

1) 조직관

과학적 관리론을 비롯한 고전적 조직론에서는 조직을 일정한 목적을 달성하기 위한 기계적 · 공식적 체제로 규정하고 관리하는 것을 강조한다. 그러나 인간관계론에서는 조직이란 여러 가지 감정과 정서를 지닌 인간들로 구성된 하나의 심리적 · 사회적 체제, 혹은 '사회기술적 체제'로 본다.

2) 인간관

과학적 관리론에서는 조직구성원을 '생리적 · 육체적 존재', '합리적 경제인', 경제적 행위자 혹은 X이론의 입장에서 본다. 그러나 인간관계론에서는 조직 내의 인간을 '사회심리적 존재', 사회적 행위자 혹은 Y이론의 입장에서 본다.

3) 조직구성원의 동기 부여 방법

과학적 관리론은 조직구성원에 대한 동기 부여 방법으로서 물리적인 작업환경 개선, 물질적 · 경제적 보상과 명령과 지시에 의한 동기부여를 강조한다. 반면에 인간관계론은 구성원들 간에 형성되는 사회적 관계와 그들의 감정 및 심리적 요인을 중요하게 고려한다.

4) 조직에서 추구하는 이념

과학적 관리론은 기계적 능률주의, 기능적 합리성 등을 강조하는 데 반해 인간관계론은 사회적 능률성, 실질적 합리성, 인간주의를 강조한다.

5) 개인적 경쟁과 집단적 협동

과학적 관리론에서는 조직구성원들을 개인별로 관리하고 경쟁시켜 조직의 성과와 생산성을 추구하는 데 반해 인간관계론은 조직 내의 집단주의, 사회적 연대 및 협동 체제의 확립을 강조한다.

요컨대 과학적 관리론은 조직관리에서 기능적 합리화를 강조함으로써 조직의 생산성을 향상시키고자 하는 반면, 인간관계론은 조직관리의 인간화를 통해 조직의 생산성을 향상시키고자 하는 것이다.

4 평가

1) 공헌

인간관계론은 고전적 조직관리론을 대표하는 과학적 관리론을 비판하고 새로운 관리론의 지평을 열게 되었다. 그러므로 그것을 '신고전적(neoclassical)' 조직관리론이라고도 부른다. 인간관계론은 조직구성원들의 인간적 존엄성을 높이고 직무 수행에서 긍정적인 동기 유발을 통해 조직의 생산성 향상에 더욱 기여하도록 이용됐으며, 사회심리적 요인을 중요시하는 여러 가지 관리 방법을 발전시키는 데 기여했다. 예를 들면, 동기부여 · 리더십 · 보상 · 참여적 관리 · 제안제도 · 인사상담제도 및 고충처리제도 등이다.

2) 문제점

(1) 인간적 감정주의 지향

초기의 인간관계론은 조직 내의 인간관계에서 감정적 논리를 중요시함에 따라 조직의 합리적 운영과 능률을 저하시킨다는 것이다. 말하자면, 과학적 관리론이 극단적으로는 '인간 없는 조직(organization without people)'을 지향한 반면, 인간관계론은 '조직 없는 인간(people without organization)'을 지향한다.

(2) '경제인' 가설의 지나친 경시

인간을 경제적 욕구의 극대화를 추구하는 존재로 보는 것, 즉 경제적 자극(경제적 보상)이 인간의 욕구를 자극하고 그것이 근무 동기에 중요하게 작용한다는 주장을 지나치게 경시하는 것이다.

(3) 비공식집단의 역할에 대한 강조

비공식집단의 역할을 지나치게 강조한다. 조직 내에서 좌절감을 느끼고 안정감을 추구하는 구성원에게는 비공식집단이 매우 중요하겠지만 자주성 · 독립성 · 창의성을 추구하는 구성원에게는 별 의미가 없을 수도 있다.

(4) 보수주의

인간관계 중심의 조직관리는 조직 내부의 인간관계를 안정시키는 데 치중하므로 조직에 변화와 혁신의 도입을 저해하기 쉽다. 따라서 조직관리가 현상 유지 혹은 보수주의(保守主義)에 빠지는 결과를 초래할 수도 있다.

(5) 공식적 계층제 구조의 유지

인간관계론은 관리자에게 인간관계의 중요성을 환기시켰을 뿐 조직의 공식적인 계층제조직 구조의 유지 자체는 아무런 수정도 없는 이론이다.

(6) 과학적 타당성이 낮은 소박한 인간관리 기술

초기의 인간관계론은 잘 정립된 이론이라기보다는 조직 속의 인간을 존중해 관리하는 하나의 소박한 대인(對人) 관리 기술의 성격을 지닌 것이다. 예를 들면, 노동자가 조직에서 심리적 만족감을 갖는 경우에 그의 생산성이 높다고 하는 주장은 실증적 근거가 약하다. 따라서 인간관계론은 더욱 정교한 이론 체계를 확립하려는 학문적 노력을 통해 1960년대에 후기인간관계론 혹은 행태과학으로 발전했다.

제 5 절 행태과학

1 의의와 학문적 영역

1) 의의

행태과학(behavioral sciences)이란 과학적 방법을 통해 인간의 행태에 관해 연구하는 학문을 말한다. 그리고 이러한 행태과학의 이론과 지식을 이용해 조직 속의 집단이나 개인의 행태에 관해 연구하고 설명하는 것을 조직행태론(theory of organizational behavior)이라고 한다. 그러므로 조직행태론이란 조직 속의 인간의 행태를 연구하는 행태과학이다. 조직에서의 행태과학이 하나의 학문 영역으로서 성립된 것은 1960년대 초이지만 그 뿌리는 1930대에 나타난 인간관계론이다. 행태과학은 인간관계론을 비판적으로 승계하면서 새롭게 내용을 구성한 하나의 학문이며 이론적 체계다. 그러므로 이것을 후기인간관계론(theory of posthuman relations)이라고 부르기도 한다.

2) 학문적 영역

행태과학은 종합과학적 및 학제적(interdisciplinary)인 연구를 통해 이뤄진다. 행태과학에 공헌하는 주요 학문 분야는 심리학 · 사회학 · 사회심리학 · 인류학 및 정치학이다. 행태과학은 이들 개별 학문 분야에서 이룩한 인간 행태에 관한 지식과 이론들을 원용하고 통합해 구축한 하나의 학제적인 학문 분야다.

(1) 사회학

사회학은 조직구조와 조직 내의 집단행태의 연구를 통해 행태과학에 기여한다. 특히 사회화 과정(socialization process), 공식조직의 이론과 구조(formal organization theory and structure), 관료제, 지위, 권력 등에 관한 개념 및 이론들을 제공한다.

(2) 심리학

심리학은 조직 속의 인간의 개인적 행태를 이해하고 연구하는 데 도움을 준다. 예컨대, 조직 속에서의 인간의 태도, 욕구, 지각, 동기부여, 성격, 개인적 의사결정, 직무 만족 등에 관한 것들이 여기에 속한다.

(3) 사회심리학

사회심리학은 사람들이 집단활동 속에서 어떻게 행동하며, 왜 그와같이 행동하는가를 규명한다. 특히 사람들의 의사소통 패턴, 리더십, 집단역학, 집단적 의사결정과 행동에 관한 연구에 기여한다.

(4) 인류학

인류학은 특정한 문화 속에 존재하는 조직 인간들의 가치관 · 규범 · 상징 · 신념 등의 연구에 공헌한다.

(5) 정치학

정치학은 조직에서 일어나는 갈등구조와 권력 배분 등에 관한 개념 및 이론을 이해하고 설명하는 데 도움을 준다.

2 분석 대상과 방법론

1) 분석 대상

행태과학에서의 연구분석 대상은 개인적 · 집단적 · 조직적 차원에서 인간의 행태다.

2) 방법론

행태과학은 조직 속의 인간 행태에 대한 과학적 · 실증적 연구와 이해, 그리고 나아가서 조직과 인간 행태의 바람직한 변화를 위한 처방적 접근 방법을 강조한다.

(1) 과학적 · 실증적 방법

행태과학은 연구에서 경험주의적 입장을 강조하고, 실험과 관찰을 통한 객관적 자료의 수집을 토대로 인간 행태를 이해하고 설명하며 예측하려고 하는 것이다.

(2) 처방적 방법의 강조

행태과학은 인간 행태와 관련된 연구에서 단순한 과학적 중립이나 설명만을 고수하는 것이 아니라 실제 조직관리와 인간 행태의 바람직한 변화와 개선을 유도하는 처방적·문제 해결적 접근 방법을 중요하게 여긴다.

스콧(W. G. Scott)과 미첼(T. R. Mitchell)은 조직 행태 연구 방법과 관련해 세 가지 관점에서 행태과학의 가치를 지적하고 있다(Scott & Mitchell, 1972: 308). ① 행태과학은 상호의존적인 인간 행태에 관한 추상적 개념과 설명을 명확히 한다. 이것은 개념적 공헌인 것이다. ② 행태과학은 인간 행태에 관한 자료를 수집하고 그들의 관계를 생각하고 설명하는 방법을 제공한다. 이것은 방법론적 공헌이다. ③ 행태과학은 조직 체제의 변화와 관계되는 의사결정에 기여한다. 이것은 실천적 공헌이다.

3 성립과 내용

1) 초기 인간관계론과 그 한계

조직 속의 인간 행태에 관한 최초의 가장 뜻있는 연구는 1927~32년에 메이요(E. Mayo)와 뢰슬리스버거(F. J. Roethlisberger) 등에 의해 이뤄진 호손실험이다. 이 연구를 통해 인간관계이론이 성립됐다. 인간관계론은 조직 속의 인간 행태에 대해 연구하고 인간주의적 관리 방법의 기초를 조성했다. 그러나 초기 인간관계론은 이론적으로 미숙하고 단순한 처방을 하는 데 불과하다는 비판이 일어났다. 다시 말하면, 이론의 과학적 수준을 높이고 처방의 수준도 제고할 필요가 발생한 것이다.

2) 조직 속의 인간 행태에 관한 이론과 사상의 발전

(1) 조직 속의 인간 행태에 관한 주요 이론의 발전

초기 인간관계론의 한계를 극복하고 더욱 성숙한 이론을 정립하기 위한 이론과 사상이 1930년대 말부터 1950년대에 걸쳐 계속적으로 나타났다. 이러한 경향 속에서 연구 범위가 더욱 확대됐으며, 관련 학문이 종합되고 과학적·실증적·처방적 연구가 심화됐다.

1938년에 버나드(C. I. Barnard)는 인간을 조직의 세포로 파악하고 조직이란 인간의 협동 체제로 규정했으며, 조직은 그 참여자의 공헌과 만족 간에 균형이 유지돼야 존속할 수 있다고 봤다. 말하자면 '인간과 더불어 있는 조직(organization with people)', 즉 인간과 조직이 더불어 있는 상태를 주장했다. 또한 조직을 의사결정 체제로 규정하고 조직관리자의 역할을 강조했다.

1940년대에 들어 사이먼(H. A. Simon) 역시 인간은 정보를 처리하는 의사결정자이고, 조직은 의사결정 체제라고 규정했으며, 논리실증주의 방법을 인간 행태의 연구에 적용해 행태주의 이론의 발전에 기여했다. 로저스(C. Rogers)는 내담자 중심치료법(client-centered therapy), 즉 상담치료에서 신프로이트적 방법을 발전시켰다(Rogers, 1942). 그리고 모레노(J. A. Moreno)는 인간 상호간의 관계를 연구하기 위한 소시오메트리(sociometry) 기법을 개발했고, 레빈(K. Lewin)과 그 추종자들은 집단역학(group dynamics) 및 장이론(field theory)을 발전시키는 데 공헌했다. 오늘날 집단역학을 통한 인간 행태의 변화와 조직 발전(OD)을 위한 행동연구 방법(the action research approach)은 레빈 등의 선구적인 노력과 개념에 많이 의존하고 있는 것이다. 또한 1950년대에 머슬로(A. H. Maslow)가 발표한 인간욕구단계론은 조직 행태에 관한 이론을 정립하는 중요한 기초를 놓았다.

(2) 조직 속의 인간 행태 연구에 영향을 미친 주요 사상들

행태과학의 성립과 발전에 영향을 미친 주요 사상들이 있다. 실존주의·신행태주의·인간주의 및 과학주의 등이다.

첫째, 실존주의(existentialism)는 제1차 세계대전 후 1920년대부터 나타나기 시작해 제2차 세계대전 후 독일과 프랑스 등의 철학사조를 지배한 사상이다. 실존주의 사상가로 유명한 사람은 야스퍼스(K. Jaspers), 하이데거(M. Heidegger), 마르셀(G. Marcel), 사르트르(J. P. Sartre), 메를로퐁티(M. Merleau-Ponty) 등이다. 사상가에 따라 그 사상의 내용에 차이가 있지만 대체로 볼 때 실존주의는 현대 문명의 비인간화에 대한 반항에서 등장한 것으로 인간을 보편적인 본질(essentia)로서가 아니라 개별적으로 실존(existentia: 사실로서 현존)하는 존재로서 파악하는 철학적 사상이다. 인간은 언어나 도구를 사용하고 이성적 행동을 한다는 등의 보편적 본질보다는 개인의 실존 자체를 절대적인 것으로 성격짓는 것이다. 그러므로 실존주의자들은 실존이 본질보다 앞선다고 말한다. 개별적으로 실존하는 인간은 그가 놓여진 일정한 구체적 환경 속에서 자유로운 선택을 행함으로써 주체적으로 존재하며 무한한 가능성을 가진 존재로 파악한다. 특히 인간은 불확실한 환경 속에서 자신의 목적을 달성하기 위해 스스로 책임 있는 행위를 해야 한다는 것이다. 이러한 실존주의 사상은 개별적 인간의 존재·목적·환경 적응·변화·자기통제 등의 여러 개념을 규정하고 원용해 행태과학에 영향을 미쳐왔다.

둘째, 신행태주의는 1930년대 이후에 대두한 사상으로 1920년대에 지배적 사상이었던 왓슨(D. J. Watson)의 행태주의를 수정한 것이다. 왓슨은 심리학이 과학이기 위해서는 인간의 주관적인 의식에 관한 연구보다는 객관적으로 관찰하고 측정 가능한 행태를 연구해야 한다고 주장하면서 인간의 행태는 자극(S)과 반응(R)에 의해 기술할 수 있다고 했다. 이것이 소위 S-R 모형이다. 그러나 1930년대 이르러 S-R모형은 너무 단순하고 수동적이며 기계론적이므로 인간의 행태를 충분히 설명할 수 없다는 비판이 제기됐다. 그리하여 자극과 반응 사이에 행동의 주체(O)를 개입시키는 소위 S-O-R모형이 제시됐다. 이 모형은 어떤 자극이 어떤 주체를 통해 어떤 행태의 결과가 초래되는가의 과정을 잘 설명한다. 즉, 행태 주체의 능동성을 파악할 수 있다. 스키너(B. F. Skinner), 헐(C. L. Hull) 등이 대표적인 학자이며, 이들의 사상을 신행태주의라고 한다. 이 사상은 특히 조직 속의 인간의 동기부여와 리더십 등을 연구하는 데 영향을 미쳐왔다.

셋째, 인간주의 심리학은 19세기의 제임스(W. James) 등의 학설을 1930년대에 골드슈타인(K. Goldstein)과 올포트(G. W. Allport) 등이 부활시켰고, 1950년대 이후 심리학 내에서 하나의 독특한 사상으로서 확립됐다. 특히 머슬로가 가장 영향력 있는 이론가이며 사상가다. 인간주의 심리학은 인간의 가치와 존엄성을 강조하며, 종래의 심리학에서 관심을 두지 않은 인간 행태에 관한 테마를 다룬다. 예를 들면 인간의 욕구 충족 · 자아실현 · 사랑 · 용기 · 성장 · 책임 · 창조성 등이다.

넷째, 과학주의는 인간의 행태에 관한 연구에서 과학적 접근 방법을 중요시하는 것을 말한다. 말하자면, 인간의 행태에 관한 정의의 엄밀성, 자료 수집의 객관성, 가설의 검증, 정확한 설명과 예측 등이다.

3) 행태과학의 성립과 구성 내용

조직관리의 연구자들은 1930년대 이후 50년대에 전개된 위와 같은 사상적 맥락 속에서 인간관계의 연구를 행태과학 혹은 조직 행태의 연구라는 말로 수정 발전시켰다. 예를 들면 1932년에 메이요(E. Mayo)와 더불어 인간관계론을 창시한 뢰슬리스버거는 1957년에 자신이 이끌어 온 '인간관계론 그룹'을 '조직행태론 그룹'이라고 바꾸고 스스로 '조직행태론' 세미나를 하버드 대학교에 개설했으며, 1962년에는 '조직행태론'이 하버드대학교 경영대학원의 정식 교과목으로 채택됐다. 그리고 1966년에는 조직 행태에 관한 전문학술지인 *Organizational Behavior and Human Performance*가 창간됐다.

이와같이 행태과학이 명실상부한 하나의 학문적 패러다임을 갖춰 구체적으로 모습을 드러낸 것은 1960년 전후다.

행태과학을 구성하는 내용은 세 가지 차원으로 나눠 설명할 수 있다. 그것은 개인적 차원,

집단적 차원, 조직적 차원이다.

(1) 개인적 차원

개인적 차원에서 행태의 연구에 속하는 것은 지각, 욕구, 가치관, 태도, 성격, 동기부여, 직무만족, 개인 학습, 개인적 의사결정 등이다.

(2) 집단적 차원

집단적 차원에서 행태의 연구에 속하는 것은 규범, 역할, 권력, 갈등, 집단역학(group dynamics), 비공식집단, 리더십, 의사소통, 집단학습, 집단의사결정 등이다.

(3) 조직적 차원

조직적 차원에서 행태의 연구에 속하는 것은 조직구조, 조직문화, 조직적 의사결정, 조직의 효과성, 조직의 거시적 변화 및 발전 등이다.

4) 조직행태과학의 성격

조직행태과학은 다음과 같은 주요성격을 지니고 있다(Rush, 1969: 6-8).

(1) 응용과학

조직 속의 인간의 행태를 연구하는 조직행태과학, 혹은 조직행태론은 인간의 행태를 연구하는 심리학·사회학 등과 같은 여러 학문(behavioral disciplines)의 지식을 응용하는 일종의 응용과학이다.

(2) 규범적이며 가치 중심적

행태과학은 인간의 행동이 왜 일어나며 어떻게 그것이 이뤄지는가를 분석하고 기술할 뿐만 아니라 가치판단에 따라 인간 행태의 규범을 제시하고 행태의 변화를 유도하는 것이 목적이다.

(3) 인간주의 및 낙관주의

행태과학이 근거하고 있는 신념은 인간존중주의 및 낙관주의에 있다. 인간이란 사고하고 감정을 표현하는 존재이며, 독립적·창조적·생산적이고, 그들을 존중하는 적절한 조건이 부여된다면 조직의 목적을 위해 적극적으로 기여할 수 있는 잠재력을 가진 존재라고 본다.

(4) 조직의 경제적 목적과 개인의 자아실현

행태과학자들은 조직은 그 구성원들의 잠재력을 적절히 활용함으로써 조직의 생산성이나 경제적 이익을 향상시킬 수 있을 뿐만 아니라 개인적 차원에서 그들의 자아실현에 기여할 수 있다고 가정한다.

(5) 전체적인 분위기 혹은 환경

행태과학은 조직의 물질적 조건 · 물리적 설비 · 작업 과정뿐만 아니라 조직구성원이 안고 있는 심리적 · 사회적 조건의 변화와 같은 조직 전체의 바람직한 분위기와 환경의 변화를 지향한다.

(6) 집단의 활용

행태과학에서는 특히 집단의 노력과 상호작용을 효과적으로 활용해 조직의 업적을 향상시키려고 한다. 집단을 효과적으로 활용하기 위해 감독자와 집단구성원 간에 신뢰 관계를 형성하고 응집력을 가진 집단(cohesive groups)을 구성하는 것을 중요시한다.

(7) 참여의 추구

행태과학은 조직구성원에게 영향을 미치는 조직의 의사결정과 계획 수립에 그들을 참여 혹은 관여시키는 것이 중요함을 강조한다. 여기에서 말하는 참여란 단순히 조직구성원들에게 '참여'의 느낌을 주기 위해 의견을 묻거나 자문을 구하는 형식이 아니라 참여자들의 의견이 상호간에 동등한 가치를 가지고 상대방에게 영향을 미치며 상호간에 상대방의 의견을 진정으로 수용하는 형식과 내용을 갖추는 것을 의미한다. 이것은 조직 내의 '공동의 합의(collaboration consensus)'와 '권력의 평등화(power equalization)'라는 말로써 표현할 수도 있다(Shepard, 1965: 30).

(8) 상호 인간관계 능력의 개발

상호 인간관계란 조직 속의 개인 간 혹은 개인과 집단 간에 생기는 모든 관계를 말하며, '상호 인간관계 능력'이란 '대면 관계(face-to-face relationship)'에 있는 타인을 다루는 능력을 의미한다. 이러한 능력에는 타인과의 상호작용에서 진정성 · 신뢰성 · 개방성 · 정직성 · 책임성 등이 포함된다.

(9) 하나의 전체적 체제로서 조직

행태과학에서는 조직을 하나의 살아 있는 전체적 체제, 즉 목적 · 신념 · 동기 및 행동 양식을 갖는 하나의 사람과 같은 체제로 인식하고 관리하는 것을 강조한다.

(10) 변화관리의 계속적 과정

행태과학자들은 조직이란 계속적으로 변화를 관리해야 하는 역동적인 실체(dynamic entities)라고 인식한다. 변화관리의 계속적 과정이야말로 중요한 관심 사항이다. 따라서 조직의 관리자는 내적 · 외적으로 발생하는 변화에 조직구성원이 잘 적응할 뿐만 아니라 변화를 창조적으로 일으키도록 분위기를 조성해야 한다.

제 6 절 관리과학

1 의의와 특징

1) 의의

(1) 의사결정과 과학적 지식 · 기법의 필요성

조직의 관리활동은 크고 작은 당면 문제를 해결하는 의사결정 과정으로 이뤄진다. 의사결정이란 해결해야 할 문제를 파악하고 대안을 작성 · 분석하며 선택하는 과정이다. 대개의 경우 선택의 대상이 되는 대안들은 복잡하게 얽히고 설킨 여러 요소로 구성돼 있으므로 대안의 선택자는 많은 경우 선택의 어려움을 겪는다. 선택 행위를 잘하기 위해서는 대안을 작성하고 분석 · 평가하는 데 적합한 과학적 지식과 기법을 적용해야 한다.

(2) 관리과학의 의미

관리과학(management science: MS 혹은 operation research: OR)이란 "의사결정을 지원하기 위한 도구와 방법을 연구하는 학문이다"(정기호 · 백천현, 2009: 26). 환언하면, 관리과학은 조직의 관리문제의 해결과 의사결정에 필요한 과학적 방법과 수학적 기법을 연구하고 적용하는 학문이라고 할 수 있다(Daft & Noe, 2001: 10 참조).

조직관리와 의사결정을 위해 적용되는 방법으로는 관습적인 지혜(conventional wisdom), 세상에 널리 알려진 진리(established truths), 직관(intuition), 상식과 주먹구구가 있다. 이러한 방법은 과학에 근거하는 지식과 기법이 아니다. 조직이 해결해야 문제가 비교적 단순했던 농업사회의 조직이나 수공업 공장조직에서는 이러한 방법만 적용해도 효과적으로 문제 해결을 위한 의사결정을 할 수 있었다. 그러나 거대하고 복잡한 오늘날의 조직문제 해결에 그러한 방법은 비효과적이고 부적절하다.

오늘날의 정부와 기업 등의 조직들은 의사결정 문제를 다루기 위해 과학적 지식과 기법을 적용한다. 밀러(D. W. Miller)와 스타(M. K. Staar)에 의하면 과학적이고 수학적이며 논리적인 수단을 적용해 의사결정 문제를 합리적으로 다루는 것이 관리과학이라고 한다(Miller & Staar, 1960: 104 참조). 바로 그와 같은 학문과 지식이 의사결정에 필요한 것이다.

2) 특징

관리과학은 ① 의사결정에서 과학적 방법을 지원한다. ② 문제 해결을 체계적으로 접근한다. ③ 수학적 및 계량적 모형 구성을 강조한다. ④ 심리 · 사회적 측면보다는 경제적 · 기술적 측면을 강조한다. ⑤ 도구로서 컴퓨터를 이용해 해답을 찾으려고 한다. ⑥ 전체적인 체제 접근 방법(total systems approach)을 강조한다. ⑦ 최적해(最適解, optimal solution) 또는 최적 방안을 발견하는 데 목적이 있다. ⑧ 서술적 모형(descriptive models)보다는 규범적 모형(normative models)을 지향한다. 즉, 이상적 · 합리적 최적모형을 추구하는 것이다.

2 관리과학의 발전

1) 과학적 관리론의 역할과 한계

무릇 대부분의 학문의 경우와 마찬가지로 관리과학도 과거에 발전한 학문적 개념 속에 그 연원이 있다. 관리과학은 과학적 관리론의 후예(descendant)라고 할 수 있다.

테일러(F. W. Taylor)와 그 추종자들은 경영의 합리화를 위해 노동자의 기능을 분석해 조직의 제반 활동을 계획하고, 개개 노동자의 과업(task)을 기준으로 일련의 생산 표준을 개발해 관리함으로써 조직의 생산성 향상과 이윤 추구의 극대화가 가능하다고 봤다. 엔지니어였던 갠트(H. L. Gant)는 과학적 관리론의 발전에 공헌했으며, 특히 작업계획과 그 완성에 소요되는 시간을 도면으로 작성한 갠트 도표(Gant Chart)를 개발했다. 그러나 과학적 관리론은 문제의 해결에 수학적 방법을 거의 적용하지 않았고, 조직을 하나의 체제(system)로서 디자인하거나 관리하는 지식 체계와 기법을 확립하는 데 불충분했다.

2) 과학적 지식 · 기법의 발전

관리과학은 그에 관련되는 여러 과학적 지식 · 기법의 발전과 더불어 발전해 왔다. 예컨대, 제2차 세계대전 중 군사작전에 관한 의사결정 기법으로 OR(operation research)이 개발됐고,

이어서 선형계획, 게임(game) 이론, 응용수학의 발달, 심플렉스법(simplex method), PERT/CPM, 기대행렬이론, 선형계획, 다변량분석, 체제분석이 나왔으며, 특히 컴퓨터의 발전에 따라 대량 정보 처리의 가능성이 증대했다. 관리과학은 이와 같은 여러 기법을 조직의 문제 해결을 위한 의사결정과 관리에 응용하는 학문이며 접근 방법이다.

3) 관리과학 적용의 확산

지난 수십 년간 정부 공공조직과 기업이 급속하게 팽창하고 업무의 복잡성이 심화되면서 과거보다 새롭고 한층 더 어려운 문제점들이 수반됐다. 이러한 문제의 해결은 과학적 기법의 연구와 적용에 의존하는 것이다. 따라서 오늘날 관리과학의 연구와 적용은 매우 광범위하게 확산되고 있다.

3 관리과학의 적용 과정

관리과학이 관심을 갖는 것은 조직에 발생하는 문제가 무엇이며, 그 해결을 위해 어떻게 의사결정을 해야 하는가에 관한 것이다. 관리과학은 조직의 전체 체제의 맥락 속에서 문제의 해결 방안을 개발한다. 그 과정은 과학적 방법의 근본적인 원칙들에 입각한다. 문제를 인식하고 그 해결 방법을 탐색하는 기법과 과정은 간단하게 설명하기 어렵지만 OR을 비롯한 관리과학 기법의 일반적인 적용 과정은 다음과 같다.

1) 문제의 정의

조직이 해결해야 할 문제가 무엇인가를 파악하고 정의한다. 여기에 포함되는 내용은 문제의 종류, 수량, 성질, 구성 요소, 요소 간의 관계 및 해결의 난이도 등이다.

2) 가설의 설정

문제를 해결할 수 있는 대안이 무엇인가에 관해 여러 가지 가정(assumption)과 가설(hypothesis)을 세워본다. 가정이나 가설은 일반적으로 수학적 모형 및 방정식 형식을 취한다.

3) 가설의 검증과 대안의 개발

설정된 가설이 문제 해결에 타당한 해결책이 될 수 있는가를 실험하고 검증한다. 가설의 타당성은 인위적으로 조작된 상황 속에서 실험을 통해 검증된다. 이러한 실험과 검증을 통해 문제 해결을 위해 적용 가능한 몇 가지 대안이 개발된다.

4) 대안의 분석 · 평가

개발된 복수의 대안 중에서 어떤 것이 문제 해결에 상대적으로 유용한 것인가를 비교 · 분석하고 평가한다. 여기에 체제분석 · 비용편익분석 등의 여러 가지 과학적 기법을 적용한다.

5) 대안의 선택

의사결정자는 위와 같은 과정을 통해 상대적 가치와 우선순위가 드러난 대안 중에서 적합한 것을 선택한다.

4 평가

1) 유용성

관리과학은 조직의 의사결정자들이 직면하는 복잡한 문제를 합리적으로 해결하는 데 크게 기여하고 있다. 퀘이드(E. S. Quade)는 1970년 봄에 간행된 *Policy Sciences*의 발간사에서 "제2차 세계대전 후 혁명적으로 발전해 온 관리과학의 분석기법과 절차 및 철학은 기업과 국방 부문에 최초로 적용됐지만 이제는 직관주의자의 최후의 아성이라고 할 수 있는 정치나 외교(공공 분야)에까지 침투하고 있다"고 말한다. 그만큼 관리과학이 정부 및 기업의 의사결정과 관리 분야에 광범위하게 이용되고 있는 것이다.

오늘날 정부와 기업을 비롯한 대부분의 조직이 관리과학의 응용 방법을 개발하고 전담하는 부서를 두어 복잡한 변수를 가진 문제들을 정확하고 빠르게 해결하고 있다. 신제품의 개발 · 판매, 직원의 선발과 배치, 근무와 교육 등과 같은 분야의 의사결정을 돕는다.

2) 문제점

첫째, 관리과학은 어디까지나 의사결정을 돕는 수단일 뿐 결정 자체는 결국 인간이 하는 것이다.

둘째, 관리과학은 최적의 의사결정에 역점을 두지만 문제점의 배경, 결정 및 집행 과정 등의 제도적 맥락(institutional contexts)을 소홀히 하기 쉽다.

셋째, 관리과학은 타협과 합의(의견 일치)의 유지나 형성 등과 같은 정치적 과정의 문제를 잘 다루지 못한다.

넷째, 가치문제, 암묵적 지식, 이데올로기, 카리스마, 고도의 위험 개입, 자기희생 및 비관례적인 문제를 잘 다루지 못한다.

다섯째, 관리과학은 쉽게 다룰 수 있는 대안과 그것을 검증하는 일에는 적합하지만 고도의 혁신이나 판단을 요하는 대안을 창출하는 일은 어렵다.

여섯째, 관리과학은 계량화에 중점을 두기 때문에 질적으로 복잡한 문제를 등한시하며 잘 다루지 못한다.

제 7 절 체제접근방법론

1 의의와 특징

1) 의의

근래의 사회과학의 연구에서 체제이론 혹은 체제접근방법론(systems approach)만큼 많이 원용되는 개념도 드물다. 한마디로 말해 체제접근방법론이라는 것은 체제라는 개념을 기반으로 해서 연구 대상이나 문제에 접근하는 것을 말한다.

체제(system)란 간단히 말하면 어느 정도 독립성과 자기 경계를 가지면서 다른 부분과 상호의존하고 상호작용하는 하나의 전체(totality), 집합(set) 혹은 실체(entity)를 말한다. 힉스(H. G. Hicks)는 체제란 상호 관련되고, 상호 의존하며, 상호작용하는 요소들의 한 집합이라고 정의한다(Hicks, 1972: 461).

체제라는 개념을 위와같이 정의하면 이 우주 삼라만상 중에 어떤 것이든지 그것을 구성하는 기본적인 요소가 있고, 그들 간에 다만 얼마간이라도 우연(random)하지 않은 관계를 가지고 있다면 그것을 체제라 말할 수 있다. 예를 들면, 태양계(the solar system)는 태양을 중심으로 수성 · 금성 · 지구 · 화성 등을 비롯한 아홉 개의 행성으로 구성된 체제이고, 전자계산기는 처리(processor) · 입력 · 제어 및 기억장치라는 요소들로 구성된 하나의 체제이며, 국가정책 전체를 전체 체제(total system)로 생각한다면, 국방 · 외교 · 교육정책 등은 그 하위 체제(sub-system)다. 기업, 정부 등 모든 형태의 조직체는 모두 체제다. 조직은 어떤 목표를 달성하기 위해 함께 기능하고 활동하는 상호 의존적인 개인 · 집단 및 부서들로 이뤄진 집합이며 실체다.

2) 주요 특징

첫째, 체제는 부분들로 구성된 하나의 전체성(holism, wholism)을 갖는다. 체제를 구성하는 부분들은 부분 체제 혹은 하위 체제라고 하며, 하위 체제들이 결합해 구성된 전체를 전체 체제 혹은 상위 체제라고 한다.

둘째, 하나의 체제는 다른 체제 및 환경과 구분되는 경계를 갖는다. 그 경계를 통해 하나의 체제는 독립성과 자율성을 갖는다.

셋째, 체제를 구성하는 부분들은 각자의 독립성과 자율성을 가지면서 상호간에 경계를 투과(permeation)해 상호의존, 상호 관련 및 상호작용의 관계를 갖는다.

넷째, 각 체제는 지향하는 목표가 있다. 하나의 체제 안에서도 전체 체제 및 상위 체제는 상위 목표를 가지며, 부분 체제 및 하위 체제는 하위 목표를 갖는다.

다섯째, 체제는 그 생존과 적응을 위한 투입 · 전환 · 산출 기능을 수행하는 과정을 가지며, 주어진 목표 달성을 위해 구성 부분들(하위 체제들)을 조정 · 통합하는 자기 통제적 메커니즘을 가지고 있다.

여섯째, 체제는 그것을 둘러싸고 있는 환경과 상호작용하는 관계의 유무에 따라 개방 체제와 폐쇄 체제로 구분된다.

2 폐쇄 체제와 개방 체제

1) 폐쇄 체제

폐쇄 체제(closed system)란 하나의 체제가 그를 둘러싸고 있는 외부 환경과 상호의존 · 상호작용하지 않고 존재하는 일종의 자급자족적 체제(self sufficient system)를 말한다. 폐쇄 체제는 자신의 경계 밖에 있는 환경과 자신을 엄격히 구분하고 체제 내부의 각 부분 간의 관계와 그 관계에서 이뤄지는 과정만을 중요시하는 것이다. 따라서 체제를 보는 시각이 기계적(mechanical)이며 정태적이다.

전통적 조직론에서의 조직설계는 이러한 폐쇄체제론에 근거했다. 폐쇄 체제적 조직은 그 경계 밖에 있는 환경과 상호작용하지 않으므로 외부환경으로부터 정보나 자원을 얻기 힘들며 환경 변화에 적응하는 능력도 약하다. 조직이 자급자족 능력이 있고 환경이 안정적이고 예측 가능하며 조직에 문제를 일으키지 않는 경우에는 폐쇄적으로 조직을 관리해도 좋다. 그러나 조직이 필요한 정보와 자원을 외부에 의존하고 외부환경에 적응해야 할 경우에는 개방적·능동적으로 환경과 관계를 가져야 한다.

2) 개방 체제

하나의 체제가 그 경계를 통해 외부 환경과 상호 의존하고 상호 교류작용하는 상태에 있는 경우에 그 체제를 개방 체제(open system)라고 말한다. 개방 체제는 체제와 환경이 그 사이에 가로놓인 경계를 열어 상호간에 정보와 에너지 및 물질을 교류하고 상호작용하는 역동적 상태를 유지한다. 체제는 그 생존과 적응을 위해 환경의 변화를 진단·해석하고, 환경으로부터 필요한 자원을 획득하며 재화와 서비스를 환경에 산출한다. 개방 체제적 관점은 오늘날의 조직이론과 관리의 중심을 이루고 있다.

개방 체제는 다음과 같은 특징을 갖는다(Katz & Kahn, 1966: 19-29 참조).

(1) 환경에 대한 인식

개방 체제적 조직관리자들은 조직 체제를 둘러싸고 있는 환경의 내용·속성 및 그 변화에 대해 깊은 관심을 가지며, 환경이 체제에, 그리고 체제가 환경에 어떤 영향을 미치는가를 주의깊게 인식한다.

(2) 투입·전환·산출·환류 과정

개방 체제는 환경과의 상호작용 속에서 투입(input)→전환(throughput or transformation)→산출(output)→환류(feedback) 기능을 수행하는 역동적 과정을 갖는다.

첫째, 투입이란 환경으로부터 체제로 어떤 형태의 자원·정보·에너지 및 영향이 유입되는 것을 말한다. 투입은 체제의 기능에 영향을 미치는 원인 변수다.

둘째, 전환 혹은 변환이란 체제가 환경으로부터 투입된 에너지와 물질을 가지고 어떤 결과를 산출하기 위한 일종의 처리·가공 및 매개 기능을 하는 작용을 말한다.

셋째, 산출이란 체제가 어떤 결과(예: 생산물이나 서비스)를 생산해 환경에 내보내는 것을 말한다. 그러므로 산출은 체제 기능의 결과 변수다. 생산물이나 서비스 등의 산출이 외부환경에 바람직한 경우에 그 산출을 내는 체제는 환경 속에서 존재 가치와 의의를 계속적으로 유지한다.

넷째, 환류란 일종의 순환 체계(system as cycles of events)를 의미한다. 즉, 투입(원인)에 의해 어떤 산출(결과)이 나오고, 그 산출(결과)이 새로운 투입(원인)에 반영 및 전달돼 다음의 산출(결과)에 영향을 미치는 기능을 말한다.

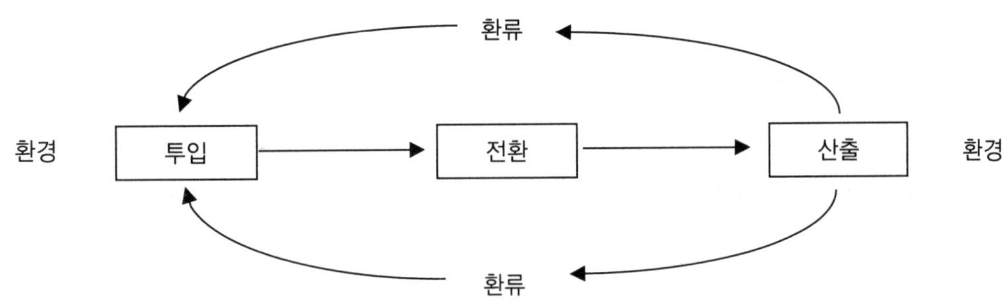

그림 3-8 개방 체제 모형

(3) 역동적인 항상성 및 균형 상태

개방 체제는 내면적으로 역동적인 자동조절작용 및 항상성(恒常性, dynamic homeostasis)을 갖는다. 그것은 인체가 더울 때는 땀을 흘리고, 추울 때는 옷을 입어 그 개체의 온도를 유지하는 이치와 같다. 또한 체제는 외부 환경과 상호작용하는 과정 속에서 외부 환경과 균형적 상태를 형성하고 유지하려고 한다.

(4) 역(逆)엔트로피

개방 체제는 역엔트로피(negative entropy 혹은 negentropy) 기능을 한다(Kast & Rosenzweig, 1974: 115-116). 엔트로피(entropy)란 체제의 에너지를 아무렇게나 이용함으로써 체제의 질서가 무너지고 기능이 약화돼 궁극적으로 체제가 소멸될 수 있는 현상을 말한다. 따라서 역엔트로피란 체제가 무질서하고 쇠약해지는 현상을 막는 것을 말한다. 역엔트로피는 체제가 환경과 교류하는 과정에서 새로운 에너지와 정보를 받아들이고 환류함으로써 이뤄지는 것이다.

(5) **동일귀결성**

개방 체제에서는 체제의 목표 달성을 위해 다양한 수단과 방법을 개발하고 이용할 수 있으며, 목적을 달성하는 데 이용하는 수단이 다르더라도 결국 동일한 결과에 도달할 수 있다. 이것을 동일귀결성(同一歸結性, equifinality) 혹은 등귀결성(等歸結性)이라고 한다. 예를 들면, 어떤 조직이 현재보다 5%의 능률 개선 목표를 설정해 달성하고자 하는 경우 그 조직 체제는 하부 체제인 직원의 능력 발전을 통해 목표를 달성할 수도 있고 물적 자원의 이용 방법을 개선함으로써 달성할 수 있다. 이와같이 어떤 수단을 이용해서라도 동일한 결과에 도달할 가능성이 있는 것을 동일귀결성이라고 한다.

3 체제 접근 방법의 분류와 조직 체제의 구성

1) 체제 접근 방법의 분류

체제 접근 방법은 그 자체가 매우 복잡하고 다양하기 때문에 그 유형을 간단하게 분류하기가 어렵다. 존슨(C. M. Johnson), 카스트(F. E. Kast)와 로젠츠바이크(J. E. Rosenzweig) 등은 체제 접근 방법을 [그림 3-9]에서 보는 바와 같이 일반체제론(general systems theory)을

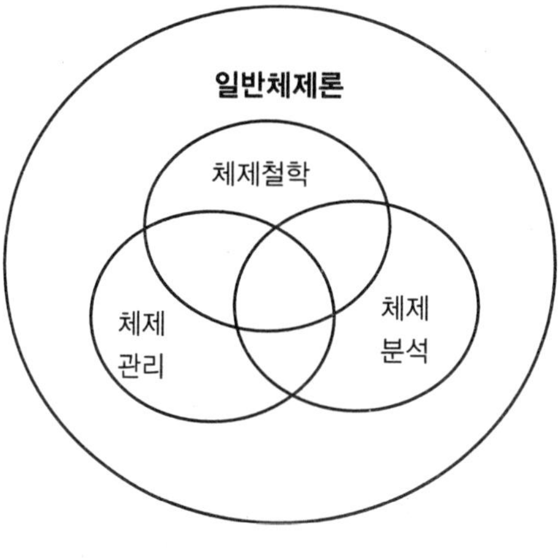

그림 3-9 체제 접근 방법의 분류

바탕으로 해서 체제철학(systems philosophy), 체제관리(systems management) 및 체제분석(systems analysis)의 세 가지로 나눠 설명하고 있다(Johnson, Kast & Rosenzweig, 1973: 18-20).

(1) 일반체제론

일반체제론은 사회 현상을 거시적인 하나의 체제로서 파악하고 설명하는 이론이다. 버탈란피(Helmut Bertalanffy)에 의하면 일반체제론자들은 경험적 세계의 일반적 관계를 서술하는 데 관심을 둔다고 말한다(Bertalanffy, 1956: 1-10). 근래의 여러 학문을 살펴보면 각기 어떤 경험적인 세계의 특정한 부분만을 부각시켜 개념화하고 이론화하는 데 치우친 나머지 하나의 현상을 전체적 차원에서 의미있게 설명하지 못하는 경향이 있다. 학문의 분화 및 전문화가 심하기 때문이다. 이러한 현대 학문의 한계를 극복하기 위해 학문 간의 벽을 허물어 이론을 구성하고자 하는 것이 일반체제론이다.

(2) 체제철학

체제철학이란 체제라는 맥락에서 어떤 '현상을 사고하는 방식(a way of thinking about phenomena)'을 말한다. 다시 말하면, 어떤 현상이나 문제를 체제의 관점에서 체계적이며 근원적으로 생각하고 그 해결을 위한 방안을 탐구하는 것이다.

(3) 체제관리

체제관리란 체제 개념에 바탕을 두는 관리 방식(management style)을 말한다. 환언하면, 체제라는 관점에서 조직을 설계하고 효율적인 관리 방식을 탐구하는 것이다.

(4) 체제분석

체제분석(systems analysis)이란 해결해야 할 어떤 문제를 체제로서 보고 그 해결 방안을 탐색하는 과학적 분석을 말한다. 예를 들면, 조직이 해결해야 할 문제를 체제로서 인식하고 그 체제의 투입과 산출의 관계를 분석해 최적의 문제 해결 방안(대안)을 찾는 것이 체제분석이다.

2) 조직 체제의 구성

조직은 체제다. 오늘날의 조직이론에서는 일반적으로 조직을 개방 체제로서 규정하고 설명하는 경향이 지배적이다. 그러면 체제로서 조직, 즉 조직 체제는 어떻게 구성되는가? 조직은 그 구성 요소의 종류와 수, 그리고 목적과 용도에 따라서 다양한 모습의 체제로 구성될 수 있다. 다음에 두 가지 경우를 예를 들어 설명한다.

(1) 조직 체제의 구성(예: A)

카스트(F. E. Kast) 등에 의하면, [그림 3-10]에서 보는 바와 같이 조직은 그 자신이 존재하는 환경적 상위 체제 속에 존재하며 조직 안에서 상호간에 의존하고 작용하는 내부의 여러 가지 하위 체제들로 구성돼 있다고 설명한다. 즉, 목표·가치적 하위 체제, 기술적 하위 체제, 심리사회적 하위 체제, 구조적 하위 체제, 관리적 하위 체제가 그것이다.

① 목표·가치적 하위 체제(goals and values subsystem)란 조직이 지향할 가치와 달성할 목표를 설정하고 추구하는 부분을 말한다. ② 기술적 하위 체제(technical subsystem)란 과업을 수행하는 데 필요한 지식 및 기법과 관계되는 부분을 말한다. ③ 심리·사회적 하위 체제(psycho-social subsystem)란 조직구성원의 태도, 동기·성격·학습·감정 및 집단역학 등과 관계되는 부분을 말한다. ④ 구조적 하위 체제(structural subsystem)란 조직의 규모, 분화와 통합, 집권과 분권, 공식화 등의 형태를 말한다. ⑤ 관리적 하위 체제(managerial subsystem)란 조직의 목표와 실행계획을 세우고 인적·물적 자원을 관리하는 부분이다.

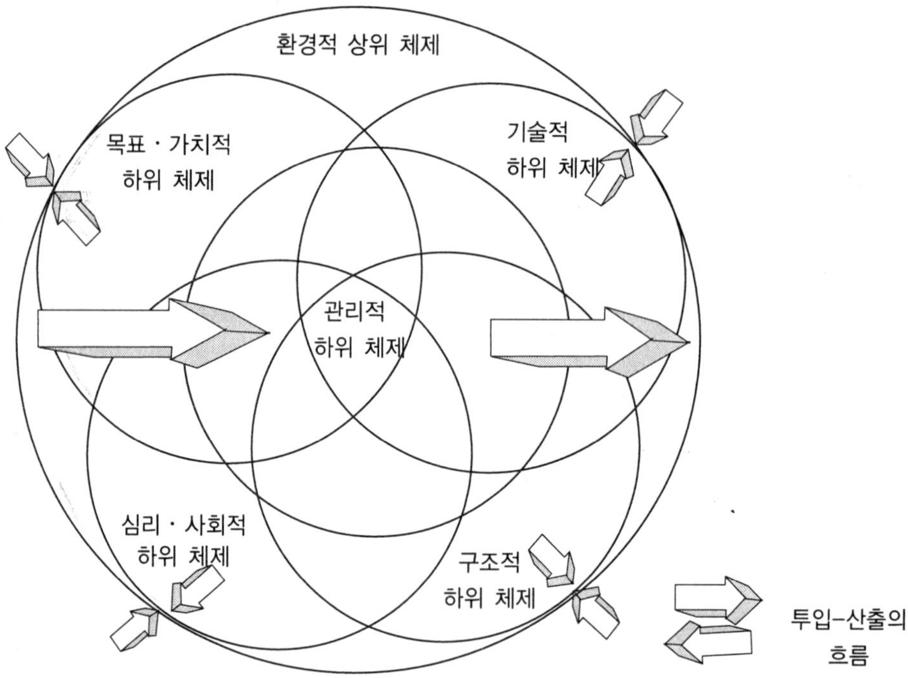

그림 3-10 조직 체제를 구성하는 하위 체제들

Kast & Rosenzweig(1972: 112).

(2) **조직 체제의 구성(예: B)**

조직은 투입-전환-산출 하위 체제로 구성되는 하나의 체제다. ① 투입 하위 체제는 조직 체제의 경계에서 환경과 접촉 활동을 하는 부분으로서 환경과 접촉하고 교섭하면서 조직의 생존에 필요한 물적 · 인적 자원과 정보를 얻어 체제 안으로 받아들이는 기능을 한다. ② 전환 하위 체제란 조직을 유지 · 관리하고 의사결정을 하며, 조직의 목적과 관계되는 재화와 서비스를 가공하고 생산하는 부분이다. 또한 ③ 산출 하위 체제란 조직에서 가공하고 생산한 재화와 서비스를 환경으로 내보내는 부분이다.

4 유용성과 문제점

1) 유용성

체제 접근 방법은 조직연구에서 다음과 같은 유용성을 갖는다.

첫째, 조직을 상호의존하고 상호작용하는 부분들로 구성된 전체로 파악함으로써 조직이론의 구성과 실제의 조직관리에서 전체적 · 통합적인 관점을 발전시킨다.

둘째, 조직 내부의 각 구성원 및 부서들이 자신이 조직에서 하는 일과 활동이 조직 내부의 다른 사람들이나 다른 부서의 일과 어떻게 서로 관련돼 있는가를 생각하게 한다.

셋째, 조직의 관리자나 구성원들로 하여금 조직과 환경의 관계에 대해 관심을 갖도록 하고 그 관계의 변화에 잘 대응하도록 한다.

넷째, 조직의 목표 달성에 필요한 여러 가지 투입과 과정을 체계적으로 개발하도록 한다.

2) 문제점

첫째, 개념의 물화(物化, reification)다. 체제란 인간이 만든 하나의 추상적 개념에 불과한 것임에도 그것이 어떤 객관적인 생물학적 구조와 기능을 갖는 것으로 인지하고 설명하려고 한다.

둘째, 상위 체제에 대한 하위 체제의 종속 관념의 존재다. 체제에는 상위 체제 · 하위 체제 및 재하위 체제(sub-subsystem)와 같은 계층적 질서와 지배-종속 개념이 존재한다.

셋째, 현상 유지를 옹호한다. 체제는 안정성 · 균형 · 유형 유지를 지향한다. 따라서 체제 접근 방법은 현상(status quo)을 옹호하고 보수주의에 빠진다는 비판을 받는다.

제 8 절 해석적 이론

1 해석적 이론의 의의

해석적 이론(interpretive theory)이란 사회적 과정(social process)에 직접적으로 관련되는 행위자들의 관점에서 사회세계(social world)를 이해하고 설명하려고 하는 공통성을 지닌 광범위한 철학 및 사회학사상(philosophical and sociological thought)이다(Burrell & Morgan, 1979: 227, 윤재풍 옮김, 1990: 268).

해석적 이론은 18세기 이후에 전개돼 온 독일의 관념론적 철학의 전통에 근원을 두고 있다. 관념론적 철학자들은 지식이란 경험적인 체험을 통해 나타나기보다는 선험적 정신의 산물 혹은 정신 안에서 진행되는 해석 과정을 통해 나타난다고 본다.

해석적 이론가들은 문화와 사회 현상은 근본적으로 인간의 정신과 행위와 생활로서 이뤄지는 영역이므로 자연과학의 연구에 적용되는 객관적·실증적인 방법보다는 주관적·해석적·철학적 연구를 통해 이해하고 해석하는 것이 더욱 적절하다는 믿음을 공유하고 있다(Burrell & Morgan, 1979: 227-229, 윤재풍 옮김, 1990: 268-270).

2 해석적 이론의 여러 갈래

해석적 이론은 19세 말 이후 여러 가지 세부적인 이론으로 나타나고 발전해 인문·사회·예술 등의 학문에 영향을 미쳐왔다. 해석적 이론의 범주에 속하는 대표적인 학문을 말하면 해석학(hermeneutics), 현상학(phenomenology), 상징적 상호작용론(symbolic interactionism), 민속학적 방법론(ethnomethodology) 등이다.

1) 해석학

해석학이란 원래 성서의 주석이론으로서 나타났다. 그러나 오늘날 해석학은 성서 주석뿐만 아니라 문헌 · 언어 · 인간의 창작물 · 행위 및 제도 등의 의미의 해석에 관한 이론 및 학문으로서 인식되고 있다(Palmer, 1969, 이한우 옮김, 1989: 63-76 참조).

성서의 주석 혹은 문헌학적 수준에 머물러 있던 해석학을 보편적 학문으로 체계를 세운 사람은 18세기 말 독일의 슐라이어마허(Friedrich E. D. Schleiermacher)다. 그 뒤를 딜타이(Wilhelm Dilthey)와 가다머(Hans-Georg Gadamer) 등의 학자들이 계승해 이론을 발전시켰다.

(1) 딜타이의 이론

딜타이는 정신과학을 위한 방법론으로서 해석학을 확립한 학자다. 그는 학문을 자연과학과 정신과학으로 나누고, 자연과학이란 물질세계의 외적(外的) 과정에 관심을 가지고 그 일반법칙의 탐구와 인과적 설명을 중요시하는 데 반해, 정신과학이란 인간의 내적(內的) 정신 과정과 그 과정을 통해 외부화된 것(예: 예술 · 문학 · 언어 · 제도 등)을 이해하고 해석하는 것이라고 한다(Burrell & Morgan, 1979: 235-236, 윤재풍 옮김, 1991: 279-281). 따라서 그의 해석학은 내면적인 인간의 정신(human mind), 그 정신의 표현 및 산물이 지니는 의미를 이해하고 해석하는 데 관심을 드러낸다(Palmer, 1969, 이한우 옮김, 1989: 158).

그러면 무엇을 어떻게 이해하는가? 딜타이는 텍스트를 이해한다고 말한다. 텍스트란 좁게 말하면 글로 쓰여진 담론(discourse: 시나 소설 등)을 말하며, 넓게 말하면 인간의 행위를 포함한다. 그것은 해석자가 이해하고자 하는 대상의 내면 및 정신세계의 표현인 것이다. 그러면 텍스트를 어떻게 해석하는가? 딜타이는 해석자가 선입견을 배제하고 텍스트 저자가 원래 의도한 의미 그대로 이해하고 해석해야 하며, 이해와 해석은 해석학적 순환(hermeneutics circle)의 원리에 따라야 한다고 주장한다. 즉, 사회 전체는 그 구성 부분들과의 관계의 맥락에서 제대로 이해돼야 하는 것이며, 전체 문장의 의미는 그것을 이루는 하나하나의 단어들과의 관계에 비춰 이해하고, 각 단어의 의미는 전체적인 문맥 속에서 이해해야 된다는 것이다.

(2) 가다머의 이론

가다머는 하이데거의 실존론적 · 존재론적 이론을 계승하며 근래의 해석학 발전에 가장 크게 영향을 미친 학자로 평가를 받는다. 그는 이해와 해석이란 텍스트의 저자, 텍스트, 그리고 해석자 간에 존재하는 사건이라고 파악하고, 이해와 해석에서 특히 언어의 역할과 중요성을 강조했다. 언어란 외부 세계에 비쳐지는 상징 체계 이상의 의미를 갖는다고 보며, 세계 안에서 인간의 존재 양식은 언어로 표현되고 언어로 이해됨을 강조한다(Gadamer, 1975: 351-367).

가다머는 텍스트의 의미는 원저가 의도하는 의미를 떠나서 해석자가 새로운 역사적 상황에 맞게 해석할 수 있다는 입장을 취한다. 사람은 누구나 변화하는 역사 속에 살며 그 속에서 각자 어느 정도의 선입관을 가지고 사는 존재이기 때문이다. 그러나 그는 텍스트 해석이 독단에 빠지지 않도록 하기 위해 여러 해석자가 대화하고 토론해 다른 견해가 이해되고 조절・일치하는 상태에 도달하는 것이 바람직하다는 견해를 밝힌다. 이런 상태를 지평 융합(fusion of horizon)이라고 표현한다(Gadamer, 1975: 264, 273-274).

2) 현상학

(1) 현상학의 의의

첫째, 현상학은 현상(phenomena)에 관한 이론 혹은 현상을 연구하는 학문이다. 현상학자들이 말하는 현상이란 사람의 의식에 나타나는 혹은 의식에 주어진 모든 것을 말한다. 그러므로 현상학이란 현상에 관한 이론 및 학문이며, 의식에 나타나는 것, 즉 의식 현상에 관한 이론 및 학문이라고 할 수 있다. 나탄슨(Mark A. Natanson)은 "현상학은 일종의 전제 없는 철학(a presuppositonless philosophy)으로서 의식(consciousness)을 모든 현상의 모체(the matrix of phenomena)로 삼는다"(Natanson, 1973: 19)고 한다. 이 말처럼 의식은 현상의 모체이며, 현상학은 의식(의식 현상)을 연구하는 철학 혹은 학문이라고 할 수 있다.

둘째, 현상학은 본질을 연구하는 학문이다. 메를로퐁티(Maurice Merleau-Ponty)에 의하면, "현상학이란 본질을 연구하는 학문이다. 예를 들면 의식의 본질이라든가 지각의 본질을 연구하는 것이다" (Merleau-Ponty, 1966, 오병남 옮김, 1985: 29; 木田元, 1978: 5). 따라서 현상학은 사람의 의식에 나타나는 모든 것의 본질을 연구하는 철학 및 학문이라고 할 수 있다.

(2) 후설의 현상학

현상학은 대체로 후설(Edmund Husserl)이 정립한 선험적(혹은 초월적) 현상학과 슈츠(Alfred Schutz) 등의 저작에 나타나는 실존적 현상학으로 나눠 논의한다(Burrell & Morgan, 1979: 227-278, 윤재풍 옮김, 1990: 268-330).

후설의 현상학은 그 저작이 방대하고 복잡해 간단하게 압축해서 설명하기는 어렵지만 그 저작 중에서 몇 가지 개념을 살펴봄으로써 약간의 지식을 얻을 수 있을 것으로 생각된다(Husserl, 1929; 1936; 1970; Lauer, 1965; Faber, 1943; Natanson, 1973 참조).

① 사태 혹은 사상(事象, sachen, thing) 자체로 돌아감

현상학은 사람의 의식에 나타나는 모든 것(현실・상상・실재・관념 등)을 어떤 전제나 선입관 없이 그대로 보는데서 시작한다. 의식에 나타나는 모든 것이 현상(의식 현상)이다. 그래서

현상학자들의 첫째 모토는 "사태·사상 및 사물 자체로 돌아가라"(zu den sachan selfst!, Go to the things themselves!)는 것이다. 이 말은 우리의 의식에 나타나는 사태·사상(affairs) 및 사물 등을 경험하라는 뜻이다.

② 본질 직관

현상학자는 의식에 나타나는 사태·사상·사물들(의식 현상)을 경험한 다음에 그 경험의 본질을 파악하는 것이 중요하다. 본질이란 어떤 사태나 사물의 근본 성질, 그것이 없으면 그 사태나 사물을 생각할 수 없는 것을 말한다. 그러면 본질을 어떻게 파악하는가? 가정·계산·추리와 같은 중간 매개 없이 직관으로 파악하는 것이다. 직관에 의해 본질을 파악하는 것을 본질 직관이라고 한다. 현상학은 모든 의식의 원천을 의식에 나타난 것(의식에 나타난 사물·사태)에서 찾되 본질을 직관으로 파악하는 것이다. 이러한 과정을 형상적 환원(形相的還元, eidetic reduction)이라고 한다.

③ 자연적 태도·판단중지·현상학적 환원

후설은 이와같이 직관을 통해 본질을 파악한다고 하지만 그것은 간단치 않다. 현상과 외부 세계 사이에 있는 모든 관계를 배제해야 한다. 소위 자연적 태도(natural attitude)에 대한 판단 중지(epoche)를 해야 한다. 자연적 태도란 무엇인가? 우리는 세상의 사물을 이론적 내지 실천적 생활의 반복 속에서 습관적으로 받아들이고 믿는 바에 따라서 지각하고 판단한다. 그래서 확실치 않은 것도 확실한 것처럼, 진실하지 않은 것도 진실한 것으로 의심없이 생각한다. 세상 사물에 대해 이와 같은 생각과 믿음을 갖는 것을 자연적 태도(혹은 일상적인 믿음)라고 한다. 현상학에서는 이러한 자연적 태도를 벗어나야 한다고 주장한다. 자연적 태도 혹은 일상적인 믿음을 괄호치고(bracketing), 즉 괄호 안에 넣고 판단을 중지 혹은 유보함으로써 사물과 세계의 본질, 본질 중에서도 순수 의식이 체험하는 내재적인 본질을 파악한다는 것이다. 이러한 과정을 현상학적 환원(現象學的還元, phenomenological reduction)이라고 한다. 따라서 현상학은 순수 의식이 체험하는 내재적 본질을 충실하게 기술하려고 한다. 순수 의식은 시(時)·공(空)과 인과 관계를 초월해서 존재하는 것이며, 세계의 대상들에게 의미를 부여함으로써 존재케 하는 어떤 것이다.

④ 의식의 지향성

의식은 항상 어떤 대상에 대한 의식이다. 의식은 어떤 대상에 지향한다. 의식이 대상에 지향하는 것을 지향성(intentionality)이라고 하며, 거기에는 두 가지 요소가 결부돼 있다. 의식은 대상에 지향 혹은 작용하고 대상은 의식에 지향되고 작용된다. 의식은 대상에 대한 의식이고 대상은 의식된 대상이다. 그러므로 우리는 의식을 대상(예: 세계)으로부터, 그리고 대상(세계)을 의식으로부터 분리할 수 없는 것이다. 의식과 대상을 분리하면 둘 다 이해할 수 없는 것이다.

⑤ 생활세계와 상호주관성

후설은 이와같이 선험적 현상학의 학문 체계를 세움으로써 현상의 본질을 파악하는 지식의 발전에 크게 기여했다. 그러나 그것은 사람들의 삶이나 실재적 세계와 유리된 지나친 관념론이라는 비판을 받았다. 그런데 후설은 그 만년에 내놓은 저서(Husserl, 1936) 등에서 생활세계(lebenswelt) 및 상호주관성(intersubjektivitat, intersubjectivity) 등의 개념을 제시함으로써 경험적인 실재적 사회와 인간 행동에 주목하고 있다. 후설은 1930년대의 유럽을 위기사회(Husserl, 1936)로 진단했다. 정치 · 사회적 위기는 말할 것도 없고, 특히 과학이 초래하는 인간성의 위기에 주목했다. 생활세계란 사람들이 직접적으로 체험하고 향유하는 일상세계, 과학보다 앞선 근본적인 세계, 개인의 주관적 세계인 동시에 다른 사람들과 더불어 이해하고 포용하는 상호주관적 세계라는 것이다. 후설이 생활세계 개념을 도입함으로써 그가 선험적 현상학을 포기한 것인가, 오히려 새롭게 확대한 것인가를 둘러싸고 여러 가지 논의가 있지만 그 개념은 뒤를 이어 슈츠 등의 현상학에 영향을 미치고 있다.

(3) 슈츠의 현상학

현상학은 후설 이후 하이데거, 메를로퐁티, 사르트르, 그리고 슈츠 등으로 이어져 발전했다. 이들은 후설의 선험적 의식의 영역과는 달리 일상 경험세계에 대해 공통적인 관심을 가졌다. 그러나 또한 각각 세부적인 쟁점과 문제들에 몰두해 각자의 이론을 전개했다. 여기에서는 슈츠의 이론에 한정해 설명한다.

슈츠는 베버가 수행한 사회과학의 본질적 기능은 해석하는 것, 즉 사회적 행위의 주관적 의미를 해석하고 이해하는 견해에 주목하고 사회적 행위자들이 어떻게 의미를 공유하게 되는가를 규명하고자 했다(Schutz, 1967: 3-38 참조). 이와 더불어 슈츠는 후설의 현상학에서 자연적 태도나 생활세계 등의 개념에 영향을 받았지만 선험적인 추상성이나 순수 의식의 추구보다는 일상적인 생활세계의 경험 안에서 이뤄지는 행위와 의미의 구조를 밝히고자 노력했다. 그는 일상 생활세계에 대한 분석 속에서 현상학과 사회학의 연계를 시도했다. 그의 분석에 나타나는 몇 가지 개념을 중심으로 그 이론의 윤곽을 파악할 수 있다.

① 상호주관적 세계

슈츠가 말하는 생활세계는 상호주관성이 발생하는 일상적 세계다. 왜냐하면, 우리는 생활세계에서 공통의 영향과 일을 통해 타자와 연결되고, 타자를 이해하며 그들과 더불어 세상에서 살아가기 때문이다(Schutz, 1962: 10, 133). "생활세계 속에서 우리는 의미 체계를 공유하고, 그러한 이유로 우리는 우리 자신과 타자의 행위를 이해하며, 타자도 우리와 그들 자신의 행위를 이해한다. 여기에서 세계란 어떤 개인의 사적(私的) 세계가 아니라 우리의 공통 세계이며, 이 세계 속에는 나의 동료들이 있고 나는 그들과 여러 가지 사회 관계로 연결돼 있음을 의미한다"(Schutz, 1962: 218). 일상적인 생활세계는 근본적으로 상호주관적 세계이며, 따라서 사회적 세계다. 상호주관적 세계는 나의 것이 아니라 '너와 나' '우리의 것'이다. 우리는 서로를 이해하고 동일한 방법으로 세계를 바라보며 동일한 현실 안에서 활동하는 것을 당연시한다.

② 선소여적(先所與的) 세계

"일상적 생활세계는 우리들이 태어나기 전부터 존재하는(이미 주어진) 세계다. 우리들보다 먼저 존재한 사람들(타계한)에 의해 조직된 세계, 경험되고 해석된 상호주관적 세계이며, 선구성적 세계(先構成的世界, preconstituded social world)다"(Schutz, 1962: 83. 208).

③ 직접 경험과 간접 경험의 세계

사회세계에서의 우리의 경험은 시간과 공간에 대응해 이뤄지는 직접 경험(directed experience)과 간접 경험(indirected experience)으로 나뉜다. 직접 경험은 동료들과의 대면적 상황(face-to-face situation) 속에서 직접 현존을 인식하고 경험하는 것이다. 여기에서의 경험은 항상 '너 지향(thou-orientation)', 즉 상대방을 지향해 이뤄진다. 너 지향은 일방적일 수도 있고 상호적일 수도 있다. 상호적인 경우에는 너와 내가 '우리 관계(we-relationship)'를 이룬다. 우리 관계의 대면적 상황 속에서 "나는 나 자신을 너를 통해 경험하고 너는 너 자신을 나를 통해 경험한다." 대면적 상황 속에서 직접 경험과 상호주관성이 형성되고 확인된다(Schutz, 1964: 23-33). 간접 경험은 동시대인(同時代人)이지만 직접 대면이 없는 타자, 혹은 과거 사람과의 관계에서 얻어지는 경험이다. 여기에서의 타자는 단순히 그(he/she) 혹은 그들(they)일 뿐이다.

④ 유형화

사회세계에서 사람들은 자신이 상대하는 사람(타자)과 행위와 사회문화적 모든 존재를 유형화(typification)한다. 사람들을 나이 · 성별 · 피부색 · 학력 · 재산 · 친소(親疎) 등을 기준으로 유형화함으로써 그에 대응하고 진입하며, 적응 및 이해하는 것을 더욱 용이하게 한다. 사람들이 수행하는 유형화는 그들 자신이 세상에 태어나기 이전부터 그 사회에 있었던 여러 가지 사회적 경험과 출생 후에 부모와 학교 선생님들의 가르침에서 배워 축적한 상식적인 재고지식(stock knowledge at hand) 등에 의존한다(Schutz, 1962: 59, 232). 이와같이 이뤄지는 유형화의 총체가 사회문화적 세계를 해석하는 준거틀을 구성한다(Schutz, 1964: 233).

사람들은 그 자신이 가지고 있는 현실적 관심과 그 관심 가운데 자리 잡고 있는 관련 체계(system of relevance)나 관련 구조에 근거해서 대상을 유형화한다. 말하자면, 어떤 사람은 특히 인종이나 학력에 관심을 갖거나 그와 관련된 체계에 근거해서 사람을 유형화한다.

사람들은 대체로 자신의 대상을 유형화한다. 그러나 유형화에는 대상의 유형화뿐만 아니라 자기자신의 유형화(self-typification)도 포함된다(Schutz, 1964: 233). 자기자신의 유형화를 통해 자신도 사회 안에 유형화된 존재로 보며 더 넓은 세계로 적응해 간다.

⑤ 시각의 상호성

일상세계는 자(自)와 타(他)의 상호주관적 세계이며 시각의 상호성(reciprocity of perspective)이 존재하는 세계다. 물론 나와 타자 사이에는 나의 '여기'가 타자의 '거기'이고, 타자의 '여기'는 나의 '거기'이기도 하다. 여기에 있는 나와 거기에 있는 타자 간에 거리가 있고, 같은 대상에 대해서도 시각이 다를 수 있다. 그러나 일정한 조건과 방법이 조성되면 관점이나 시각의 상호성을 갖는다.

슈츠는 자기와 타자 간에 이해와 상호성의 세계를 이루는 방법에 관해 말한다(Schutz, 1962: 11-13, 315-316). 그 하나는 입장의 상호 변환 가능성(the interchangeablility)이다. 이것은 자타가 서로 상대방의 입장에서 보고 생각하는 것이다. 또 하나는 관련성 체계의 일치(the congruency of the system of relevance)다. 이것은 서로 관련되는 문제 해결을 위해 목표와 방법 등의 체계를 일치시키는 것이다.

⑥ 행위와 동기

사람들은 행위를 통해 사회적 상호작용을 한다. 행위(action)란 행위자가 수행하는 거동(conduct)이다. 행위에는 동기가 있다. 슈츠는 동기를 두 가지로 나눠 설명한다. 하나는 목적 동기(in-order-to-motive)이고, 또 하나는 이유 동기(because-motive)다(Schutz, 1967: 86-96).

첫째, 목적 동기는 행위자가 미래의 어떤 시점까지 이루고자 하는 계획과 관련되는 동기다. 목적 동기는 행위자가 미래 완료(실현)하고자 하는 어떤 주관적 의도가 함축돼 있다(Schutz, 1962: 70-71).

둘째, 이유 동기는 행위자가 과거에 어떤 행위를 하게끔 만든 이유 혹은 원인이 된 동기다.

행위자의 과거 완료 행위의 원인이 무엇인가는 그의 출생, 성장 배경, 가정환경, 경제적 사정 등과 관련되는 것이다(Schutz, 1962: 20, 70).

목적 동기와 이유 동기는 행위자 간에 상호성(reciprocity of motive)을 갖는다. 어떤 행위자의 목적 동기는 타자의 이유 동기가 된다. 예를 들면, A가 B에게 '잉크는 어디에 있는가?'라고 물으면 B가 '저 테이블 위에 있다'고 대답한다. 이때 A의 목적 동기(잉크를 찾고자 하는 의사표시)는 B의 이유 동기(질문에 대한 답변)가 되는 것이다.

3) 상징적 상호작용론과 민속학적 방법론

상징적 상호작용론(symbolic interactionism)과 민속학적 방법론(ethnomethodology)은 현상학 범주에 속하는 이론으로 분류된다. 20세기에 미국의 사회과학 연구가 확장・분화되면서 새로운 방향을 모색하던 시기에 나왔다. 따라서 이 두 가지 이론을 '현상학적 사회학(phenomenological sociology)'이라고 부르기도 한다(Burrell & Morgan, 1979: 247, 윤재풍 옮김, 1990: 293). 상징적 상호작용론은 대체로 미드(George H. Mead)의 학문에, 민속학적 방법론은 슈츠의 이론에 영향을 받은 것이다.

(1) 상징적 상호작용론

사람들은 일상생활 과정에서 어떤 상징(언어나 몸짓 등)을 매개로 다른 사람들과 상호작용하며, 그 과정 속에서 상호간에 생각과 행동을 지각하고 해석하는 능력을 가진 유기체다. 이와 같이 어떤 상징과 그것이 지니는 의미와 해석에 따라 사람들의 상호작용의 과정을 설명하는 것을 상징적 상호작용론이라고 할 수 있다.

① 미드의 이론

상징적 상호작용론의 선구자인 미드는 인간의 정신, 자아 및 사회의 개념을 중심으로 그 이론을 전개한다. 그는 첫째, 인간의 정신(mind)을 하나의 사물, 즉 어떤 실체로 생각하기보다는 하나의 사회적 과정(social process)이라고 설명한다. 사람들 간에 일어나는 행태에는 사람들이 사회적 생활세계에서 경험하는 여러 가지 의미있는 정신 과정이 들어 있다고 한다. 예를 들면 상대편이 나를 향해 주먹을 올리는 짓은 단순한 몸짓이 아니라 의미있는 상징(symbol)을 드러내는 행위다. 따라서 상징에는 의미가 함축돼 있으므로 의미의 해석에 따라 두 사람 사이에 반응적 행동을 하는 상호작용이 전개된다. 말하자면, 사람은 동물과 달라서 타자의 외적인 행동에 직접적으로 반응하는 것이 아니라 행동에 대한 해석에 따라 반응(상호작용)한다는 것이다(Mead, 1934: 98-99).

둘째, 자아(self)는 사회 안에서 사회적 상호작용 과정을 통해 형성되고 자아를 소유한 자만이 상징적 상호작용이 가능하다고 설명한다(Mead, 1934: 164).

어린아이(유아)는 아직 자아가 형성되지 않은 상태다. 본능에 따라 생존할 뿐 정신적인 사고능력과 상징적 상호작용 능력이 없는 것이다. 비로소 부모와 가족, 그리고 사회인들과 사회적 상호작용을 시작하면서 점차 자아가 성장하고 드디어 성숙되고 안정된 자아 이미지를 확립하며, 이른바 '일반화된 타자(generalized other)'의 단계에 도달함으로써 완성된다는 것이다(Mead, 1934: 154). 일반화된 타자란 사람이 자기 개인이나 특정한 개인이 아니라 사회 일반, 혹은 공동체 전반적인 관념·가치·신념 및 규범을 획득하는 존재가 됨을 말한다. 자아는 일반화된 타자의 경지에 도달함으로써 타인의 시각에서 자기를 보고, 통합·조화·신뢰의 행동을 한다는 것이다.

셋째, 사회(society)를 만드는 것은 자아이며, 자아는 성찰적인 정신 능력을 가지고 있다고 설명한다. 즉, 사회란 성찰적 정신 능력을 가진 인간 자아들 간에 상징적 상호작용을 하는 과정에서 나타난다고 설명한다(Mead, 1934: 81).

② 블루머의 이론

블루머(Herbert Blumer)는 미드의 이론을 계승한 대표적 학자다. 그는 상징적 상호작용이 이뤄지는 과정에 중점을 두고 이론을 전개했다.

블루머에 의하면, "사회적 상호작용은 비상징적 상호작용과 상징적 상호작용으로 나뉜다. 비상징적 상호작용은 동작이나 행위에 대해 직접적으로 반응하는 것이며, 상징적 상호작용은 행위의 의미에 대한 해석에 반응하는 것이다. 따라서 상징적 상호작용은 해석을 요하는 의미에 기초해 일어난다"(Blumer, 1969: 66)고 한다.

블루머의 상징적 상호작용론은 다음과 같은 세 가지 관점에 바탕을 두고 있다(Blumer, 1969: 2).

첫째, 사람들은 사물에 대해 자신들이 가지고 있는 의미를 바탕으로 그 사물에 반응(행동)한다. 즉, 사람들의 행동은 단순한 외적인 자극에 대한 반응이 아니라 사물이 그 사람에게 주는 의미에 따라 행동한다고 보는 것이다.

둘째, 사람들이 어떤 사물에 대해 부여하는 의미는 그 사람 자신이 동료들과 더불어 갖는 사회적 상호작용 속에서 형성된다. 즉, 사물의 의미란 그 사물에 내재해 있는 것도 아니고 어떤 개인의 마음속에서 발견되는 것도 아니다. 오직 사람들 사이에 사회적 상호작용을 통해 사회적 산물로서 나타난다고 보는 것이다.

셋째, 사물에 부여된 의미는 대면적인 관계를 이루는 사람들이 그 사물을 다루는 과정에서 수행하는 해석적 과정을 통해 조절되고 수정된다. 즉, 사물의 의미는 사람들 간의 상호작용 과정을 통해 나오는 사회적 소산이지만 그 의미를 선택하거나 조절 혹은 수정하는 것은 그 사람들의 해석 과정에 있다는 것이다.

블루머는 위와 같은 세 가지 관점을 기초로 해서 사회와 사람들 간의 상호작용에 관해 설명했으며, 상징적 상호작용의 연구 방법에 관해 "경험적 세계의 본성(행위자의 지각·해석·판단 등)을 존중해 연구하는 방법을 취하라"(Blumer, 1969: 60)고 권고한다. 이 말에는 해석학적인 주관성의 원리를 긍정하는 생각을 함축하고 있다.

③ 고프먼의 이론

상징적 상호작용론의 또 하나의 갈래로서 고프먼(Erving Goffman)은 연극론(dramaturgy)이라는 특이한 이론을 형성해 사회과학자들의 주목을 받아 왔다. 그는 사회를 연극 무대와 유사한 것으로 보며, 인간은 일상생활 속에서 자아(self)와 자신의 지위와 역할과 이미지를 타인들(관중들)에게 보이고 표현하려고 무대에서 연출하는 연기자와 같은 것으로 설명한다. 말하자면, 일상생활 속의 모든 사람은 무대 위의 연극에 참여하는 배우이거나 그것을 구경하는 관객과 같은 것이다. 고프먼은 『일상생활 속에서의 자아의 표현(*The Presentation of Self in Everyday Life*)』(1959)이라는 저서에서 다음과 같이 자신의 관점을 말한다.

"나의 관점은 연극 공연의 원리이며 연극학적 접근이다. 내가 고찰하려고 하는 점은 어떤 개인이 일상생활에서 일상적인 일(work)을 하는 상황 속에서 자아(self)와 자기 활동을 타인들에게 어떤 방식으로 표현하고, 자기에 대해 타인들이 가지고 있는 인상(impression)을 어떻게 지배하고 관리하며, 그들 앞에서 공연을 지속할 때 해야 할 행동은 무엇이고 하지 않아야 할 행동은 무엇인지에 관한 것들이다"(Goffman, 1959: xi, 김병서 옮김, 1987: iii)라고 한다.

(2) 민속학적 방법론

민속학적 방법론(ethnomethodology)이란 보통 사람들(ethno)이 그들의 일상생활의 상황을 이해하고 헤쳐 나가며 대처하는 데 사용하는 상식과 절차와 방법(method)에 관한 연구(logy)라는 뜻이다. '민속학적 방법론'이라는 개념은 가핑클(Harold Garfinkel)이 저서 『민속학적 방법론 연구(*Studies in Ethnomethodology*)』(1967)에서 처음으로 썼다. 그는 사람들의 실천적인 사려와 분별을 경험적으로 연구하고 사회적 상호작용들, 특히 상호 대화하는 가운데 일어나는 일들에 대해 어떤 방식으로 의미를 부여하는가를 연구하는 데 관심을 두었다(Garfinkel,

1967: 79-88). 그는 배심원들의 평결 활동에 관해 연구했는데, 그들은 평결 내용보다는 배심의 절차나 방법에 큰 관심을 가지고 있음을 발견했다. 다시 말하면, 배심원들은 보통 사람들이 상식적이며 당연한 것으로 생각하는 배심의 절차와 방법 같은 것에 더욱더 마음을 두고 있는 것을 발견하고 주목했다.

가핑클은 이러한 발견을 통해 일상생활 속에서 보통 사람들이 상식적으로 당연하게 생각하는 실제적 활동과 상식적 지식의 영역을 이해하는 것이 중요하다고 생각했다.

민속학적 방법론자들은 사람들이 일상생활 속에서 사회적 실재(social reality)를 왜, 어떻게 구성하고 유지 혹은 변화시키는가에 관심을 갖는다.

앞에 설명한 상징적 상호작용론은 상호작용하는 개개인이 그 세계에 대한 각자의 정의를 정립·유지하기 위해 다양한 활동을 취하는 사회적 맥락에 초점을 두고 있는 반면, 민속학적 방법론은 일반적으로 개개의 행위자가 자신의 세계를 설명하고 이해하는 방식에 초점을 둔다(Burrel & Morgan, 1979: 251, 윤재풍 옮김, 1990: 323).

가핑클은 사회학자와 일반 사람들 사이에 어떤 근본적인 차이를 두지 않는다. 모든 사람이 실제적인 이론가로서 서로 다른 사람의 활동의 의미와 그에 대한 이해를 공동으로 창조하는 것으로 생각한다. 그러므로 그의 방법론은 일원론적 성격을 지닌다. 그는 사회적 실재가 일상인들의 세속적 활동에서 창조되고 유지된다고 보면서 일상인들이 사물을 보는 감각을 전달하고자 한다. 민속학적 방법론자들은 일상생활 속에서 사람들이 하는 말과 대화의 방법과 의미에 대해 많은 관심을 기울인다. 따라서 말과 대화의 분석과 이해에 관련되는 개념으로서 표현의 지표성(indexcality)과 반영성(reflexivity)을 중요시한다.

지표성이란 표현되는 말이나 대화의 의미가 어떤 맥락이나 상황과 결부돼 있음을 말한다. 즉, 상호작용하는 당사자끼리 주고받는 말이나 대화는 특정한 맥락의 성질에 의존한다는 것을 의미하는 것이다.

반영성이란 사람들의 말이나 대화 및 행위에는 어떤 실재성(reality)이 반사 및 뒷받침돼 있다는 것이다. 예를 들면, 사람들이 신을 믿는다고 말하거나 행위를 하는 것은 신이 그 사람들의 일상의 일을 주관한다는 생각이 반영돼 있는 것이다.

요컨대 민속학적 방법론은 일상 생활세계가 어떻게 조직되며 어떻게 질서가 생성되는가를 연구한다.

3 해석적 조직이론

1) 조직의 연구에서 주목할 해석적 이론의 관점

19세기 말 이후 현재까지의 조직이론의 주류는 기능주의 및 실증주의 이론이다. 해석적 조직이론은 20세기 후반에 나타난 것으로, 기존 이론의 관점들을 의심하고 다른 관점에서 사회와 조직을 연구하고 이론화한다.

조직의 연구와 이론에 나타난 해석적 관점의 몇 가지 특징을 살펴보면 다음과 같다.

(1) 주관주의적 입장

어떤 대상에 관한 이론과 지식은 주관이나 객관 중의 어느 위치에 존재한다. 해석적 이론은 존재론, 인식론, 인간성에 대한 규정과 연구방법론적인 면에서 볼 때 주관주의적이다.

첫째, 존재론(ontology)의 입장에서 볼 때 기능주의 및 실증주의는 객관적 실재론(實在論, realism)에 근거해 대상을 다룬다. 사물이나 사건은 주관적인 정신이나 관념에 무관한 실재로서 존재한다고 본다. 그러나 해석적 이론가들은 존재란 주관적 정신이나 정신 속의 관념이라고 본다. 따라서 실재보다는 명분을 중요시하는 유명론(唯名論, nominalism)에 근거해 대상을 다룬다.

둘째, 지식을 얻는 방법인 인식론(epistemology)의 입장에서 볼 때 객관주의자들은 실증주의(positivism)적 방법을 통해 지식을 얻는다. 그러나 해석론자들은 주관적이며 반실증주의(antipositivism)인 형이상학적 방법으로 지식을 얻는다.

셋째, 인간성(human nature)에 관해 객관주의자들은 인간성이란 외부 환경에 따라 결정되는 것, 즉 결정론(determinism)을 강조하지만 해석론자들은 인간의 주체적 자발적인 의지와 선택에 의한 결정, 즉 주의주의(主意主義, voluntarism)를 지지한다.

넷째, 방법론(methodology)적인 면에서 볼 때 기능주의 및 실증주의자들은 일반 법칙 정립(nomothetic)의 방법을 강조하나 주관주의적인 해석론자들은 개개의 사례나 문제 중심적(idiographic)인 방법을 중요시한다.

(2) 사회 및 조직 연구자의 역할

기능주의 및 실증주의의 입장에서 사회 및 조직 연구자의 역할은 사회와 조직, 그리고 그 안에 존재하는 인간 행태(behavior)의 보편적 법칙을 발견하는 데 있다. 그러나 해석주의자들의 역할은 사람들 자신이 살고 있는 세계와 조직을 어떻게 해석하는가를 탐구하는 데 있다(Greenfield, 1975: 77).

(3) 이론의 정의

기능주의 및 실증주의자들이 말하는 이론이란 과학자들이 인간 행태를 설명하기 위해 확립한 합리적인 지적 구성물(rational edifice)이다. 그러나 해석주의자들이 말하는 이론이란 사람들이 그들의 세계와 그 안에서 이뤄지는 행동을 의미(sense)롭게 하기 위해 이용하는 일련의 의미의 체계(sets of meanings)라고 한다(Greenfield, 1975: 77).

(4) 연구와 방법

기능주의 및 실증주의자들은 조직의 연구에서 가설의 설정과 검증, 조작적 정의, 계량적 분석 등과 같은 엄격한 과학적 방법을 적용한다. 그러나 해석론자들은 그러한 방법이 조직의 이해에 적합하지 않다고 생각하고 질적·해석적 방법을 선호한다.

(5) 조직에 대한 이해

기능주의 및 실증주의자들은 조직이라는 개념을 객관화하려고 한다. 즉, 조직은 객관적으로 존재하는 실재적(realistic) 현상이고 구조이며 거기에 속하는 사람들의 개인적인 삶과는 무관하게 존재하는 구체적인 실체라고 이해한다. 그러나 해석주의자들은 조직은 객관적으로 나타나는 실재적 현상이나 구조가 아니라 개인들 간의 합의의 산물인 구성체(construct)라고 이해한다. 다시 말하면, 조직은 사회적으로 구성된 것이며 그 구성체와 관계되는 개개인의 상호주관적인 공유 경험(shared experience)이라고 본다. 따라서 조직의 연구는 외견상으로 나타나는 행태나 현상에 대한 인과적 설명(causal explanation)보다는 그 구성원들이 그들의 삶의 세계를 어떻게 보고 묘사하는가에 관심을 가져야 한다는 것이다(Jong S. Jun, 윤재풍 옮김, 1987: 115, Greenfield, 1975 참조).

2) 해석적 조직이론의 예(例)

(1) 실버만의 행위준거틀

20세기의 조직연구는 기능주의와 실증주의적 이론 이 주류를 이뤘다. 특히 체제이론(system theory) 및 행태이론(behavioral theory) 등이 그 중심에 있었다. 이러한 상황에서 1970년대에 실버만(David Silverman)은 '행위준거틀(the action frame of reference)'이라는 해석주의적 조직연구모형을 제시했다. 그에 의하면, 체제이론은 연구자의 관심이 체제의 생존 목적에 집중하는 나머지 조직구성원의 행위를 소홀하게 다루며 행태론은 연구자가 연구 대상의 외면적인 행태를 관찰해 설명하는 데 그침으로써 인간 행위의 정확한 의미를 이해하고 해석하지 않는다고 봤다.

실버만(Silverman, 1970)의 '행위준거틀'은 조직구성원의 사회적 행위를 조직분석의 중심으로 자리매김하고 그것에 근거해 세운 조직이론의 구도(構圖)라고 말할 수 있다. 그는 사회적 실재(social reality)란 사회적으로 구성・유지・변화하는 것이라는 관점에서 이론을 구성하며, 사회 현상의 분석에서 인간의 사회적 행위를 연구의 중심에 둬야 한다는 입장을 취한다.

실버만의 이론은 일곱 가지의 명제로 집약된다. 제시된 명제를 중심으로 그 이론을 설명하면 다음과 같다(Silverman, 1970: 126-141; Burrell & Morgan, 1979: 189-201, 윤재풍 옮김, 1990, 223-238).

첫째, 사회과학과 자연과학을 구별한다. 실버만은 해석학자 딜타이가 행한 정신과학과 자연과학의 구분을 따라 사회과학과 자연과학을 구분한다. 그는 자연과학자들이 채택하는 실증주의적 인식론과 일반 법칙 정립적 방법이 사회 현상의 연구에는 적합치 않다고 본다. 자연과학자의 연구 대상인 자연 현상은 인간의 의지나 행동과 무관한 객관적 대상을 다루지만 사회과학자의 연구 대상인 사회 현상은 인간의 의지와 사회적 행위로 빚어지는 현상이며, 그 이면에 놓인 주관적 의미를 이해하고 해석하는 것이 중요하다고 설명한다.

둘째, 행위(action)는 행태(behavior)가 아니다. 행위는 의미에서 비롯한다. 사회과학자 및 조직의 연구자는 인간의 행태를 연구하기보다는 행위를 연구하고 이해하는 데 관심을 가져야 한다. 행태는 사람이 하는 행동 중에 외면적 객관적으로 드러나며, 경험적・실증적으로 관찰 가능한 행동만을 지칭하는 개념이다. 거기에는 주관적 의미가 포함되지 않는다. 예를 들면, 백화점 안에서 어떤 청년이 사람들을 제치며 재빠르게 달려가는 모습을 볼 경우에 행태론자들은 그가 얼마나 빠르게 달리는가를 객관적으로 관찰하고 기술한다. 그 행동에 어떤 주관적 동기와 의도가 있는가를 설명하지 않는다.

행위는 사람이 하는 행동을 그 내면적 동기와 주관적 의미 등의 정신적 과정을 포함해서 규정하는 개념이다. 행위를 연구하는 사람들은 위에 예를 든 청년의 행동을 관찰하면서 그 행동의 주관적인 동기와 의도와 의미가 무엇인가를 설명하려고 한다. 그들은 사람들의 행위에는 어떤 의미(meanings)를 내재하고 있으며, 행위란 의미에서 발생한다고 믿는다. 따라서 사람들이 하는 사회적 활동 및 조직활동들을 의미의 수준에서 이해할 필요가 있다고 규정한다.

셋째, 의미는 사회적 사실(social facts)로서 경험된다. 실버만은 의미란 사람들이 사는 그 사회에 의해 그 사람들에게 부여된다고 주장한다. 그리고 사람들이 공유하는 의미는 제도화되고 사회적 사실로서 후세에 경험된다고 한다. 이 점에 한정해서 보면 실버만은 존재론적(ontological) 입장에서 볼 때 유명론자(唯名論者, nominalist)이기보다는 실재론자(實在論者, realist)의 견해를 채택하고 있음을 알 수 있다.

넷째, 의미는 사회적으로 유지된다. 실버만은 사회가 인간을 규정하는 반면, 인간은 사회를 규정한다고 주장한다.

다섯째, 의미는 사회적으로 변화한다. 실버만은 사람들은 그들이 이루는 사회적 세계를 해석하고 그 의미를 부여할 수 있는 능력을 가지고 있다. 따라서 사람들은 그들의 상호작용을 통해 사회적 의미(social meanings)를 수정·변경·변혁한다고 한다.

여섯째, 행위의 설명은 의미에 근거해서 해야 한다. 사회적 세계란 사람들이 자신들이 알고 있는 상황을 해석하고 그들에게 의미있는 방법으로 행동하는 세계다. 따라서 그 속에서 일어나는 행위의 설명을 위해서는 그 행위에 관련되는 자들이 그들의 행위에 부여하는 의미를 고려해야 한다.

일곱째, 실증주의(positivism)는 거부(rejection)한다. 사회적 실재란 사람들이 그들의 행위를 통해 그들이 사는 세계를 해석하고 재정의하면서 계속적으로 변화하는 과정 속에 있는 존재다. 이러한 사회적 세계에 관한 연구에는 특별한 방법이 필요하다. 실증주의자들은 사람들의 행위가 외적인 사회적·비사회적 요인에 따라 결정된다고 설명한다. 그러나 해석론자들은 사회적 사상(社會的事象, social affairs)에 대한 설명은 의미의 수준에서 직접 관련되는 행위자들에게 적절해야 한다는 견해를 따른다.

이상에서 보는 바와 같이 실버만의 행위준거틀은 해석적 패러다임의 입장에서 조직 내부의 사회 관계와 행위를 분석하는 시각과 틀을 제시한 것이다.

(2) 훔멜의 관료에 대한 이해

훔멜(Ralph P. Hummel)은 현상학적인 시각에서 관료(bureaucrats)를 이해하고 설명한다. 즉, 사람들의 일상생활의 경험 속에서 상호주관적으로 이뤄지는 이해(understanding)를 바탕으로 관료제 및 관료를 이해하고 설명하는 것이다. 그는 사회적 일상생활의 경험적 맥락에서 볼 때 사람들은 그들이 상대하는 관료에 대해 오해(misunderstanding)하고 있다고 지적하면서 그러한 오해에서 벗어나야 한다고 주장한다. 사람들이 관료를 어떻게 오해하고 있으며, 어떻게 이해해야 하는가를 사회적·문화적·심리적·언어적·정치적 각도에서 다음과 같이 언급한다(Hummel, 1977: 2-3).

첫째, 사회적인 면에서 일반 사람들은 생각하기를 관료들은 그들이 대면하는 사람들(people)

을 사람으로 대하고 그들을 다룬다고 여긴다. 그것은 오해다. 관료들은 그들이 대면하는 사람들을 처리해야 할 한갓 사건들(cases)로 대하고 다룬다(고객도 봉사해야 할 사람이 아니라 다뤄야 할 사건이다). 그것이 관료에 대한 정확한 이해다.

둘째, 문화적인 시각에서 볼 때 관료들은 우리 보통 사람들이 하는 것과 같은 문제에 관심을 갖는다. 즉, 정의・자유・폭력・압제・질병・사망・승리・패배・사랑・증오・구제・절망 등이다. 이것은 오해다. 관료들은 통제(control)와 능률(efficiency)에 대해 관심을 가질 뿐이다. 그것이 바른 이해다.

셋째, 심리적인 면에서 볼 때 관료들은 우리와 같은 사람이다. 그것은 오해다. 관료들은 합리적인 전문가들이다. 그들은 일반 사람들과는 감성이 다른 새로운 유형의 인간들이다. 그것이 바른 이해다.

넷째, 언어적인 면에서 볼 때 사람들은 관료들이 일반 사람들과 같은 언어를 사용하며 그들과 상호간에 의사소통이 가능하다고 생각한다. 그것은 오해다. 관료들은 비밀스러운 언어를 만들어 사용하고 일방적으로 전달하며, 언제・어떻게 전달할 것인가에 관심을 가질 뿐이다. 이것이 진정한 이해다.

다섯째, 정치적인 면에서 볼 때 공공관료제는 사회에 책임을 지는 서비스 제도(service institutions)다. 그것은 오해다. 공공관료제는 사회를 통제하는 제도(control institutions)다. 이것이 관료제에 대한 바른 이해다.

(3) 대프트와 웨이크의 조직 해석 모형

대프트(Richard L. Daft)와 웨이크(Karl E. Weick)에 의하면 조직은 개방적 사회 시스템이며 해석 시스템(interpretation system)이라고 한다. 그들은 "해석(interpretation)이란 어떤 사상(事象, events)을 말로 옮기고(translating), 이해(understanding)를 위한 모형을 개발해 의미(meaning)를 밝히며, 개념 체계(conceptual schemes)를 꾸며 맞추는 과정"이라고 말한다(Weick & Daft, 1983: 174, Daft & Weick, 1984: 286).

그들은 특히 조직이 그 환경과의 상호작용 속에서 일어나는 다양한 사건(events)을 자기 시스템으로 번역・해석해 구성원 사이에 이해를 공유하는 일련의 과정을 조직의 해석이라고 규정하고, 조직 시스템 안에서 쓰는 여러 가지 개념 가운데서 해석의 위치를 설명한다. 즉, 조직이론의 문헌을 보면 조사(scanning), 모니터링, 의미 형성, 해석, 이해, 학습 등의 개념이 있다. 이들 개념 중에서 조사(scanning)와 학습(learning) 개념이 해석(interpretation)과 어떤 관계를 가지며 그 가운데서 해석은 어떤 위치에 있는가를 다음과 같은 그림으로 설명한다.

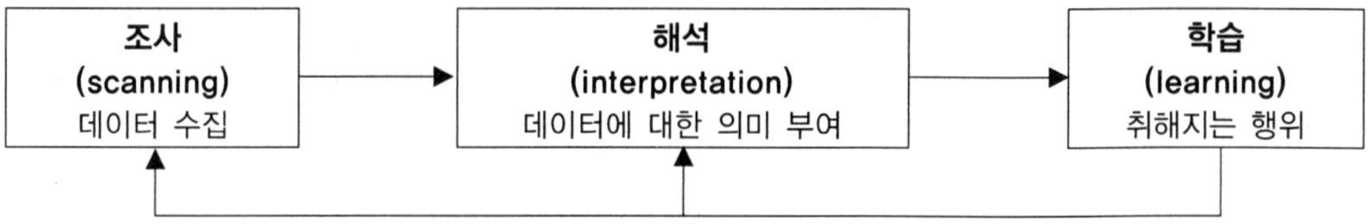

그림 3-11 조사 · 해석 · 학습의 관계

Daft & Weick(1984: 286).

이 그림을 보면 조사와 학습에 대한 해석의 관계 및 위치가 드러나 있다. 즉, 해석은 수집된 데이터에 대한 의미 부여이며 학습은 해석의 결과로서 취해지는 행위(action taken)다.

대프트와 웨이크(Daft & Weick, 1984)는 조직의 해석 과정을 환경에 관한 가정(assumptions about environment)의 차원과 조직이 환경에 침투(organizational intrusiveness)하는 차원에서 접근하고 있다.

첫째, 환경에 관한 가정의 차원은 환경이 객관적 존재이고 분석 가능(analyzable)한가, 주관적 존재이고 분석 불가능(unanalyzable)한가로 나눈다.

둘째, 환경에 대한 조직의 침투 차원은 소극적(passive)인가, 적극적(active)인가로 나눈다.

환경에 대한 가정	소극적	적극적
분석 불가	**비지시적 관찰형** (undirected viewing) 제약적 해석, 비일상적 · 비공식적 데이터, 예감 · 소문 · 기회 등	**실행형** (enacting) 실험 · 테스트 · 강제, 환경의 창조, 행동에 의한 학습
분석 가능	**조건부 관찰형** (conditional viewing) 전통적 범위 안에서 해석, 수동적 탐지, 일상적 · 공식적 데이터	**발견형** (discovering) 공식적 탐색, 질문 · 조사 · 데이터 수집, 능동적 탐지

환경에 대한 조직의 침투

그림 3-12 조직 해석 모형

Daft & Weick(1984: 289).

이와 같은 두 가지 차원을 조합하면 조직 해석의 네 가지 모형이 드러난다. 즉, 실행형, 발견형, 조건부 관찰형, 비지시적 관찰형이다.

첫째, 실행형(enacting)은 환경을 분석 불가능하다고 가정하지만 환경에 대한 침투가 높은 조직이다. 실험과 테스트 등의 적극적 행위를 통해 환경에 작용해 환경을 창조(invent environment)하고 실행을 통해 학습한다.

둘째, 발견형(discovery)은 환경을 분석 가능한 것으로 가정하고 환경에 대한 침투 정도가 높은 조직이다. 이 조직은 스스로 해답을 형성하기보다는 환경 안에 미리 문제 해결의 답이 있다고 생각하고, 그것을 발견하기 위해 적극적으로 탐색하고 조사하며, 수집된 자료를 근거로 환경을 해석한다.

셋째, 조건부 관찰형(conditional viewing)은 환경을 분석 가능한 것으로 가정하지만 환경에 대한 침투는 소극적인 조직이다. 위에 설명한 발견형과 마찬가지로 환경 안에 미리 문제 해결의 해답이 있다고 생각한다. 그러나 그것을 탐지하는 일은 소극적이고 기존의 일상적·공식적인 데이터에 의존하며 기왕의 범위 안에서 해석한다.

넷째, 비지시적 관찰형(undirected viewing)은 환경을 분석 불가능한 것으로 가정하고 환경에 대한 침투도 낮은 조직이다. 비일상적이고 비공식적인 경로와 예감(hunch)이나 소문(rumor) 등에 기대어 자료를 수집하고 부자연스럽고 제약적인 해석을 하며 임기응변적으로 문제 해결을 도모한다.

조직이 환경을 어떻게 해석하고 행동을 하는가의 관점에서 고찰한 대프트와 웨이크의 조직해석 모형은 서로 다른 조직행동을 설명하는 데 중요한 가능성을 시사한다. 이 연구는 엄격하게 말하면 해석주의적 관점보다는 기능주의적·실증주의적 관점에서 이뤄진 것이다. 그러나 환경을 해석하고 조직의 행동을 설명하는 데 해석적 개념과 과정을 도입한 특이한 연구라고 평가할 수 있다.

제 2 편

조직의 유형과 환경적 맥락

제 4 장

조직의 유형

제 1 절 조직 유형의 의의

세상에 존재하는 수많은 조직을 어떤 기준(예 : 역사 · 규모 · 기능 등)에 따라 분류해 유사한 것들끼리 묶어서 범주화(categorize)하는 것을 조직의 유형화라 하며, 이와같이 유형화해 조직을 설명하는 것을 조직의 유형학(typology)이라고 한다. 조직을 유형화해 설명함으로써 조직들 간에 존재하는 유사성과 차이성을 적절하게 설명할 수 있다. 따라서 조직의 유형학은 비교조직학 혹은 비교조직론과 같은 의미로 이해할 수 있다.

학자들은 연구활동을 할 때 그가 연구하는 대상을 비교적으로 접근할 필요가 있다. 비교연구는 학자들이 연구 대상에 대해 갖기 쉬운 편협성(parochialism)과 선입견으로부터 벗어나 대상을 더욱 넓고 다양한 시각을 가지고 객관적으로 설명하도록 한다. 그런 의미에서 비교연구를 조직연구에 적용하게 되면 그만큼 조직이론을 성숙시키고 보편적 명제의 확립에 도움이 된다.

조직의 비교연구는 조직 속의 특정한 사례나 조직구성원 개인에 초점을 두고 이뤄지는 특수적 · 미시적 이론과 다양한 조직으로 구성된 사회 전체를 거시적으로 연구해 설명하는 일반적 · 거시적 이론의 중간 영역에 속하는 중범위 이론(middle range theory)을 정립하는 데 특징이 있다. 다시 말하면, 조직의 비교연구는 거시적인 사회와 미시적인 개인 사이에 존재하는 조직에 초점을 두는 이론의 발전에 기여한다.

그런데 조직을 비교연구할 때 가장 문제가 되는 것은 무엇을 기준 혹은 변수로 삼아 조직을 분류하고 유형화하느냐 하는 것이다. 조직을 분류하고 유형화하는 기준과 변수는 수없이 많이 있다. 예컨대 하스(J. E. Hass), 홀(R. H. Hall), 존슨(N. Johnson) 등은 <표 4-1>과 같이 조직 분류에 이용되는 기준목록을 제시해 주고 있다(Hass, Hall, & Johnson, 1963: 162-163).

표 4-1 조직 분류를 위한 기준 지표

1. 조직 목표와 목적	17. 새로운 조직구성원이 충원되는 방법
2. 조직의 주요 활동	18. 조직구성원의 유형 구분
3. 조직의 기본 성격	19. 조직구성원의 수
4. 조직부서(횡적 분화)	20. 조직구성원의 이직률
5. 수직적 · 횡적 복합성	21. 계획적인 조직 규모의 제한
6. 직원 및 시설의 지리적 분산	22. 조직구성원 자격의 제한
7. 부서 간의 상호의존	23. 다른 조직에의 의존성
8. 지위기술의 구체성	24. 다른 조직과의 경쟁
9. 위원회	25. 잠재적인 고객시장의 점유
10. 조직통제	26. 지리적인 불이익
11. 권위의 집중	27. 수입의 원천
12. 권위구조의 형식화	28. 조직의 재정 상태
13. 의사전달 구조	29. 조직의 역사
14. 명문화된 규칙과 방침에 대한 의존성	30. 조직 역사상 주요 활동의 변화
15. 규칙 위반에 대한 처벌	31. 성장과 쇠퇴의 유형 등
16. 신분 차별의 강조	

Hass, Hall, & Johnson(1963: 917).

조직을 분류하고 비교하는 기준은 위와 같이 많으며, 그러한 기준들 중에서 어느 것을 선택하느냐에 따라서 조직의 분류 및 유형화에 차이를 드러낸다.

제 2 절 조직 유형에 관한 이론들

조직유형학 및 비교조직론은 1960년대 이후에 나타났다. 파슨스(T. Parsons), 카츠(D. Katz), 칸(R. L. Kahn), 베니스(W. G. Bennis), 블라우(P. M. Blau), 에치오니(A. Etzioni) 등의 이론이 대표적인 것이다.

1 파슨스의 사회적 기능을 기준으로 분류하는 이론

사회에는 다양한 조직이 존재한다. 파슨스는 조직이란 하나의 사회 체제(social system)를 구성하는 부분들, 즉 사회 체제의 하위 체제들(subsystems)이라고 규정하고, 각각의 조직은 전체 사회 체제가 수행하는 기능 중에서 각각의 특정한 목표와 사회적 기능을 분담해서 수행한다고 본다. 따라서 조직들을 그것이 사회 체제 전체 안에서 각자 무슨 목표를 내세워 어떤 기능을 수행하는가에 따라서 분류하고 있다(Parsons, 1960: 44-47; 1961: 214-429). 우선 그는 전체 사회 체제가 수행하는 기능을 ① 적응(Adaptation: A), ② 목표 달성(Goal attainment: G), ③ 통합(Integration: I), ④ 유형 유지(Latent pattern maintenance: L)(이를 AGIL 유형이라 함)로 분류하고, 이와 같은 각각의 기능을 담당해 수행하는 조직을 설명한다.

1) 경제조직: A기능조직

사회 체제가 수행하는 기능 가운데서 적응 기능을 수행하는 조직이 경제조직이다. 즉, 사회를 위해 경제적 생산과 분배에 종사하는 조직을 말한다. 예컨대, 회사 및 공기업 등이 여기에 속한다.

2) 정치조직: G기능조직

사회 체제의 기능 중에서 특히 목표 설정과 그 달성 기능을 수행하는 조직이 정치조직이다. 즉, 사회의 목표와 가치를 설정하고 그것을 수행하는 조직으로서 예컨대 정치 및 행정기관과 권력을 배분하는 조직들이 여기에 해당한다.

3) 통합조직: I기능조직

사회 체제의 기능 가운데서 사회 체제를 구성하고 있는 단위들(혹은 단위들의 행위와 역할) 간의 관계를 조정·통합하는 역할을 하는 조직을 통합조직이라고 한다. 즉, 사회의 갈등을 조정하고 일탈을 방지하며, 안정을 유지하는 기능을 수행하는 조직으로서 예컨대, 사법기관·경찰서·정신병원 등이 대표적인 것이다.

4) 유형유지조직: L기능조직

사회 체제의 기능 중에서 특히 체제의 잠재적 유형을 안정적으로 유지하고 창조·발전시키는 기능을 수행하는 조직을 유형유지조직이라고 한다. 교회·학교 등이 대표적인 것이다.

표 4-2 파슨스의 사회적 기능에 근거하는 조직 유형

사회적 기능	조직 유형	예
적응	경제조직	회사 · 공기업
목표 달성	정치조직	정치 · 행정기관 및 권력을 배분하는 조직
통합	통합조직	사법기관 · 경찰서 · 정신병원
잠재적 유형 유지	유형유지조직	학교 · 교회와 같은 문화 및 종교기관

2 베니스의 기능을 기준으로 분류하는 이론

베니스는 조직의 유형을 그것이 수행하는 기능에 따라 다음과 같이 분류한다(Bennis, 1966: 40).

1) 습관적 조직

표준화되고 균일적인 재화나 서비스를 반복적으로 생산하는 조직을 말한다(예: 고도로 기계화된 공장).

2) 문제 해결적 조직

새로운 아이디어와 혁신 방안을 구상하고 창안하는 조직이다(예: 연구 · 기획조직).

3) 교화적 조직

인간의 정신적 · 육체적인 변화를 위한 기능을 수행하는 조직이다(예: 대학교 · 교도소 · 병원 등).

4) 서비스 조직

사회구성원이나 다른 조직에 필요한 서비스 기능을 수행하는 조직이다(예: 정부).

표 4-3 베니스의 기능에 근거하는 조직 유형

주요 기능	조직의 유형	예	효과성 기준
표준화되고 균일적인 산물의 반복적인 생산	습관적 조직	고도로 기계화된 공장	생산물의 수량
새로운 아이디어의 창안	문제 해결적 조직	연구기관 · 계획부서 · 상담기관 등	아이디어 창안의 수
육체적 및 정신적인 인간의 습관 · 태도 · 지식 및 행태를 변화시킴	교화적 조직	대학 · 교도소 · 병원 등	배출된 개인(고객)의 수
소비자나 다른 조직에 직접 서비스를 제공하는 기능	서비스 조직	정부 · 광고, 택시회사 등	제공된 서비스의 정도

3 블라우와 스콧의 주요 수익자를 기준으로 분류하는 이론

블라우와 스콧은 주요 수익자(prime beneficiary)를 기준으로 조직을 분류한다. 인간이 어떤 조직과 관계를 맺고 그에 관여하는 것은 ① 일반 구성원(the members or rank-and-file)으로서, ② 조직의 소유자나 관리자(the owners or managers)로서, 혹은 ③ 고객(clients or the public-in-contact)으로서, 그리고 ④ 일반 공중(the public-at-large)의 자격을 가지고 관여한다고 분류하고, 이러한 분류를 기준으로, 다음과 같이 네 가지 조직의 유형을 설명한다(Blau & Scott, 1962: 42-58).

1) 호혜적 조직

호혜적 조직(mutual benefits associations)이란 조직의 일반 구성원들이 수익자가 되는 조직이다. 예컨대, 정당 · 노동조합 · 사교클럽 · 재향군인회 · 전문직업단체 · 종교조직 등이 이에 속한다. 이러한 유형의 조직들이 당면하는 주요 문제는 구성원의 자격을 어떤 기준에 따라 정하고 통제하며, 조직 내부의 소수 지배, 즉 과두제(oligarchy)를 어떻게 통제하고 민주주의를 실현하는가, 그리고 조직구성원이 조직에 대해 갖기 쉬운 무관심(apathy)을 어떻게 해결할 것인가에 관한 것이다.

2) 사업조직

사업조직(business concerns)이란 조직의 소유자나 관리자가 주요 수익자가 되는 조직이다. 예컨대, 산업공장 · 도매 및 소매상 · 은행 · 보험회사 등과 같이 이윤 추구를 위해 운영되는 개인 소유의 사업체들이 여기에 속한다. 공기업의 경우는 기업의 형태라는 점에서 사기업과 같으나, 주요 수익자가 궁극적으로 국민이라는 점에서 사기업과 다르다. 사업조직의 가장 지배적인 관심은 운영상의 능률성과 이윤의 확보에 있다. 다른 조직과의 경쟁 속에서 생존과 성장을 위해 최소의 비용으로 최대의 성과를 획득하는 것이 중요하다.

3) 서비스조직

서비스조직(service organizations)이란 조직과 직접 접촉하고 관계를 갖는 고객 또는 공중(public-in-contact)이 주요 수혜자가 되는 조직을 말한다. 이들 조직이 수행하는 기능은 고객들에 대한 서비스다. 어떻게 고객들이 원하는 전문적인 서비스를 제공하느냐가 중요한 관심 사항이다. 병원의 환자나 법률상담소의 고객들은 자신들에게 필요한 서비스를 받기 위해 전문 서비스 조직을 찾는다.

4) 공익조직

공익조직(commonweal organizations)이란 일반 공중이 주요 수익자가 되는 조직이다. 일반 행정기관 · 경찰서 · 소방서 등이 이에 속하며, 교육과 분리된 대학의 연구기관도 여기에 포함되는 것이다. 이러한 조직들은 일반적으로 사회 및 지역사회를 보호하고 공공서비스를 수행하는 것이다. 따라서 이들 조직이 공익을 위해 봉사하도록 하기 위해서는 외적인 민주통제를 확보하는 일이 중요하다.

표 4-4 블라우와 스콧의 주요 수익자에 근거하는 조직 유형

주요 수익자	조직 유형	예
일반 구성원	호혜적 조직	정당 · 노동조합 · 클럽 · 재향군인회 · 전문직업단체 · 종교적 종파
소유자 및 관리자	사업조직	산업공장 · 도매 및 소매상 · 은행 · 보험회사
접촉하는 고객	서비스조직	사회사업기관 · 병원 · 학교 · 법률상담소
일반 공중	공익조직	행정기관 · 경찰서 · 소방서 등

4 에치오니의 복종 관계를 기준으로 분류하는 이론

에치오니는 사회에 존재하는 조직들을 비교 고찰하기 위한 일종의 이념형을 구성하기 위해 조직 내 복종(compliance) 관계를 분석했다. 그는 복종은 정도상의 차이는 있지만 각종의 사회조직에 보편적으로 존재하며, 조직구조나 행태의 중요한 요소가 되기 때문에 비교연구의 기준이 될 수 있다는 것이다(Etzioni, 1961: 3-4).

복종이란 어떤 행위 주체(actor)가 다른 행위 주체에 대해 행사하는 권력(power)(예: 지시·명령)에 대한 다른 행위 주체의 종속적 지향(orientation) 혹은 종속적 관여(involvement)를 말한다. 상급자가 하급자에 대해 행사하는 권력에 대한 하급자의 종속적 지향은 전형적인 복종행위다. 이런 의미에서 보면 복종 관계는 비대칭적 권력 관계다. 그러나 복종자에게는 전혀 권력이 없는 것은 아니다. 다만, 상대적으로 약한 권력을 가지고 있을 뿐이다(Parsons, 1957: 139; Etzioni, 1961: 3-4 참조).

조직을 복종 관계를 기준으로 비교연구하는 것은 구조적 측면과 동기적 측면(structural and motivational aspect)을 갖는다. 그 이유는 조직연구자가 조직 내의 권력의 종류와 권력의 배분 형태에 대해 관심을 갖는 까닭에 구조적이라 할 수 있으며, 조직구성원이 조직에 개입하는 동기에 관심을 갖기 때문에 동기적 측면을 갖는다고 할 수 있다.

에치오니는 복종 관계를 형성하는 변수를 상급자가 행하는 권력(power: 세 가지 형태의 권력)과 그 권력에 대한 하급자의 관여(involvement: 세 가지 형태의 관여)로서 파악하고, 이들 권력과 관여를 상호 관련시켜 이른바 '아홉 가지 복종 관계의 유형(typology of compliance relations)'을 도출했다(Etzioni, 1961: 4-14).

1) 세 가지 권력: 비교의 한 차원

권력(power)이란 어떤 행위자가 자신이 내린 지시나 지지하는 규범들을 다른 행위자가 행하도록 하는 영향력 및 능력을 말한다(Parsons, 1951: 121; Lasswell & Kaplan, 1950: 174-202). 권력은 물리적(physical)·물질적(material)·상징적(symbolic) 수단에 따라 다음과 같은 세 가지로 나뉜다.

(1) 강제적 권력

강제적 권력(coercive power)이란 어떤 행위자가 물리적·육체적 수단(고통·제재·위협

등)을 통해 다른 행위자를 자기의 신념이나 뜻대로 복종시키는 영향력 혹은 능력이다.

(2) 보수적 권력

보수적 권력(remunerative power)이란 물질적 자원과 보상(보수 · 이권 · 용역 · 재화 등)의 배분을 통해 다른 행위자를 복종시키는 영향력 및 능력이다.

(3) 규범적 권력

규범적 권력(normative power)이란 위신 · 존경과 같은 상징적 보상(symbolic rewards)의 배분이나 조작 · 의례의 집행(administration of rituals) 등을 통해 다른 행위자를 복종시키는 영향력 혹은 능력이다.

2) 세 가지 관여: 비교의 또 다른 차원

조직의 구성원들에게 조직의 권력이 작용하면 그들은 적극적이든 소극적이든 그 권력에 대해 어떤 지향과 반응을 하게 된다. 여기서 말하는 관여(involvement)란 어떤 행위자가 행사하는 권력에 대해 피(被)행위자(조직구성원)들이 나타내는 정서적 · 평가적 지향(cathectic-evaluative orientation)을 말한다(Etzioni, 1961: 8-9). 관여는 일정한 강도(고 · 저)와 지향(적극적인 것과 소극적인 것)을 지니고 있다. 관여는 고도로 적극적인 것으로부터 고도로 소극적인 것에 이르는 연속선(involvement continuum)상에 위치한다. 고도의 적극적 관여는 일종의 열정적 헌신(commitment)의 형태로 이뤄지며, 고도의 소극적 관여는 극단적인 소외(alienation)의 모습을 갖는다.

(1) 소외적 관여

소외적 관여(alienative involvement)란 조직 권력에 대한 가장 소극적인 반응 내지 지향을 말한다. 이러한 현상은 죄수나 포로들이 교도소나 포로수용소에 강제로 감금돼 있으면서 그 조직에서 행사하는 권력에 마지못해 복종하는 데서 볼 수 있다.

(2) 계산적 관여

계산적 관여(calculative involvement)란 적극적인 관여와 소극적인 관여의 중간에 해당하는 것이다. 이기적인 이해타산 등에 따라 어떤 대상에 모호하게 기회주의적으로 반응하는 행위에서 그 예를 엿볼 수 있다.

(3) 도덕적 관여

도덕적 관여(moral involvement)란 조직 권력에 대해 가장 적극적인 반응 내지 지향을 지닌 경우다. 종교인이 교회의 권력이나 권위에 대해 갖는 열성적 지향과 태도에서 그 예를 엿볼 수 있다.

3) 권력과 관여의 상관 속에 나타나는 세 가지의 복종 및 조직의 유형

이와 같은 세 가지 유형의 권력과 세 가지 유형의 관여를 상호 관련시키면 아홉 가지의 복종 유형이 나타난다. 이 중 권력과 관여가 가장 접합하는 유형으로는 강제적 권력과 소외적 관여가 접합하는 강제적 복종, 보수적 권력과 계산적 관여가 접합하는 공리적 복종, 규범적 권력과 도덕적 관여가 접합하는 규범적 복종이 있다. 이것을 '접합적 유형(congruent types)'이라고 부른다. 여기에 나타난 세 가지 복종 유형은 말을 바꿔 다음과 같은 세 가지 조직의 유형으로 분류할 수 있다.

(1) 강제적 조직

강제적 조직(coercive organizations)이란 강제를 주요한 권력 수단으로 사용하며, 조직구성원이 조직의 권력에 대해 소극적으로 관여하며 고도의 소외감을 느끼는 조직으로서, 강제수용소·교도소·감금적 정신병원 등이 이에 해당한다. 강제적 조직의 목표는 질서 유지에 있다.

(2) 공리적 조직

공리적 조직(utilitarian organizations)이란 물질적 보수를 주요 권력 수단으로 사용하며, 조직구성원들이 타산적 이해 관계에 따라 관여하는 조직으로서, 사기업·경제단체·평시의 군대조직이 여기에 해당한다. 공리적 조직은 경제 목표를 내세우고 추구한다.

(3) 규범적 조직

규범적 조직(normative organizations)이란 규범이 주요 권력 수단으로 행사되며, 조직구성원들이 조직에 적극적인 의지를 가지고 열성적으로 참여하는 조직이다. 예컨대, 이데올로기적 정치조직·대학·종교조직·전문적 조직 등이 여기에 해당한다. 규범적 조직은 문화 목표를 표방하고 수행한다.

위의 유형들은 각각의 복종 관계의 유형을 중심으로 설명한 것들이다. 그러나 어떤 조직은 위의 복종 관계의 유형이 중복된 이원적 조직도 있다. 예컨대, 전투부대는 규범적·강제적 성격을 띤 조직이고, 다수의 조합은 공리적·규범적 성격을 지니고 있으며, 전근대적인 일부 기업체·농장·선박 등은 공리적·강제적 성격이 복합된 조직이다.

표 4-5 에치오니의 복종 관계에 근거하는 조직 유형

권력의 종류 \ 관여의 종류	소외적 관여	계산적 관여	도덕적 관여
강제적 권력	1 강제적	2	3
보수적 권력	4	5 공리적	6
규범적 권력	7	8	9 규범적

Etzioni(1961: 12).

제 3 절 영역별 조직의 유형

1 의의

조직은 그 관할 영역(sector)을 기준으로 제1 · 제2 · 제3영역의 조직으로 분류하기도 한다.

1) 제1영역의 조직: 정부 및 공공부문 조직

제1영역의 조직은 정부 · 공공조직으로서, 정부관료제 조직구조를 가진다. 공공재를 생산하고 서비스하는 기능을 수행하며 영리를 추구하지 않는다. 또한 공권력의 행사를 통해 사회집단과 개인을 합법적으로 통제한다. 조직은 공무원으로 구성되고 재정은 세금으로 충당한다. 공기업은 기업성을 갖지만 공공성을 지니는 조직이라는 점에서 넓은 의미의 정부 공공조직으로 분류할 수 있다.

2) 제2영역의 조직: 영리적 민간기업 조직

제2영역 조직은 민간기업 형태의 조직으로서 영리를 추구하는 것이 주된 목적이며, 조직의 구성원은 민간조직 혹은 민간회사의 직원의 신분을 갖는다. 영리를 목적으로 상품과 서비스를 생산하고 교환하는 활동을 하며, 조직의 운영경비는 자신의 영리적 활동을 통해 확보하는 수입으로 충당한다.

3) 제3영역의 조직: 비영리 · 비정부 조직

제3영역(third sector) 조직은 정부 공공부문의 조직도 아니며 영리적인 민간부문의 조직도 아니면서 공공서비스 전달 활동에 참여하는 조직을 말한다. 비영리조직(NPO) 및 비정부기구(NGO) 등이 이에 속한다.

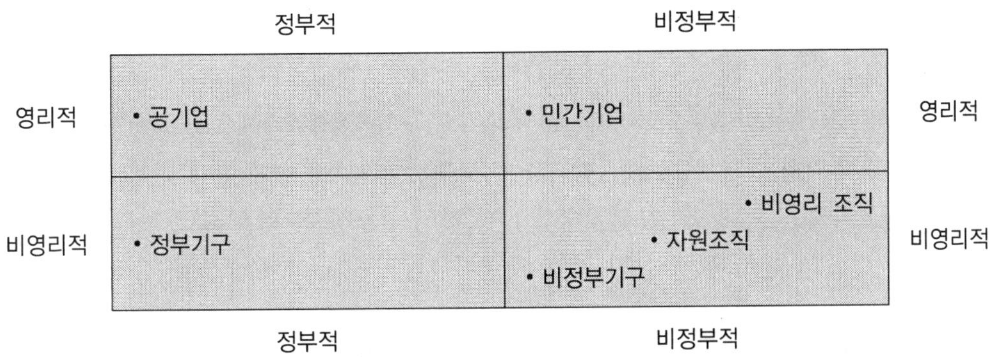

그림 4-1 영역별 조직

2 제3영역 조직의 유형

1) 유형

제3영역 조직은 정부기구도 아니고 민간기업조직도 아닌 제3의 조직을 말한다. 따라서 그것은 비정부적·비영리적 성격을 지닌 조직으로서 공공적 성격을 지니는 기능을 수행하는 조직이다. 그러나 이러한 제3영역의 조직 카테고리에는 그 명칭과 형태가 다른 여러 가지 조직이 포함된다. 세 가지만 예를 들면 비영리조직(Non-profit Organization: NPO), 비정부기구(Non-Governmental Organization: NGO), 자원섹터(Voluntary Sectors) 등이다.

(1) 비영리조직

비영리조직(NPO)이란 기업과 같은 영리활동을 하지 않고 공공의 목적에 봉사하거나 공익을 추구하는 조직을 말한다. 비영리조직은 조직의 비영리적 성격을 특히 강조한다. 미국에 보편화된 제3영역조직은 일반적으로 '비영리조직'이라고 부른다. 미국은 전통적으로 개인주의와 사유재산권에 대한 강한 신념이 존재할 뿐만 아니라 국가 영역 밖에서 활성화된 시민문화와 다양한 사회조직의 공익활동에 근거해 비영리조직이 발달했다.

(2) 자원섹터

자원섹터란 비영리·비정부적 성격을 지닌 자발적 시민조직을 말한다. 영국에서는 비영리, 비정부 등의 부정적인 용어인 비(非, non)자의 사용을 피해 자원(自願)적인 조직이라는 뜻으로 쓴다.

(3) 비정부기구

비정부기구(NGO)란 비정부·비정파·비영리를 추구하는 시민단체들을 말한다. 이들은 자율성·자발성·공익성 등의 이념을 지향한다. 비정부기구라는 용어는 특히 정부조직과의 차별성을 크게 강조하는 것으로 발전도상국에서 많이 쓰인다(주성수, 1999: 43). 특히 과거에 권위주의 정권을 경험한 한국의 시민단체들은 정부와 다른 자기 영역 구분을 강조하는 경향이 있다.

2) 제3영역조직의 발전 배경과 특징

(1) 발전 배경

비정부·비영리조직의 발전은 최근의 세계적 조류다. 그것은 시민사회의 성장, 대표민주제의 한계, 선진 복지국가의 위기, 발전도상국의 정부 주도 개발의 한계, 환경·빈곤·인권·세계화 등 전 지구적 규모의 문제의 증대, 국가 내부의 정치·경제·사회·문화 및 환경 등에서 발생하는 공공문제에 대한 정부부문과 기업 부문의 대응 노력의 한계 등을 극복하기 위해 제3의 영역조직이 탄생하고 발전하게 되는 것이다.

(2) 특징

비영리·비정부조직이 지니는 순수한 일반적인 특징은 ① 공식적·제도적 조직이다. ② 정부의 간섭을 받지 않는 민간 주도의 조직이다. ③ 비영리조직이다. ④ 조직을 자주적·자치적으로 관리·운영한다. ⑤ 조직에 자발적으로 참여하는 자원(voluntary)조직이다. ⑥ 공익을 위해 봉사하는 조직이다. ⑦ 비정치적·비종교적 조직이다. 정당·노동조합·교회 등은 제외된다(이형진 옮김, 2000: 21-35 참조).

제 4 절 정부행정조직의 유형

1 중앙정부 부 · 성 행정조직

오늘날의 국가를 보면, 그 정부 형태로서 연방정부(federal government)나 단일정부(unitary government) 형태를 채택하고 그 정부 안에 다양한 행정기관을 설치하고 있다. 우리나라는 단일정부 형태를 채택하는 국가로서 법령에 따라 중앙과 지방자치단체에 여러 가지 명칭의 행정기관을 설치하고 있다. 정부조직법은 중앙행정기관의 명칭을 원 · 부 · 처 · 청 · 국(외국)으로 규정하고 있다. 2014년 2월 현재의 중앙행정기관은 2원 · 17부 · 3처 · 17청 · 5위원회다.

특히 17부의 조직이 이른바 행정각부(行政各部)에 해당하는 것으로서 중앙행정기관의 중심을 이루고 있다. 우리나라의 각부(장관이 수장인 행정기관)에 해당하는 다른 나라의 제도를 말하자면 미국의 연방정부는 15부(Department), 독일의 연방정부는 14부(Bundes-ministrium)이고, 단일정부 형태인 영국의 중앙정부는 18부(Department, Office, Ministry), 프랑스는 16부(Minisère), 일본은 1부(府) · 11성(省) · 1청(부흥청) · 1위원회다.

2 부 · 성 행정조직의 분류

세계 주요 국가들의 중앙정부 혹은 연방정부의 부(部) · 성(省)은 14개에서 18개다. 이러한 부 · 성 행정기관의 대부분은 그 수행 기능(function)에 따라서 분류할 수 있다. 그러나 소수의 일부 부 · 성은 그 부 · 성이 서비스하는 특정한 고객(clientele)을 기준으로 분류되며, 중앙정부 부 · 성으로서 지방행정에 관계되는 기능을 수행하는 부 · 성도 있다. 이들을 유형별로 설명하면 다음과 같다.

1) 기능별 유형

여기에서는 정부 부 · 성의 기능을 ① 국제 및 대외 관계, ② 일반행정, ③ 사회 질서, ④ 경제 · 산업 · 통상, ⑤ 국토관리, ⑥ 사회복지, ⑦ 환경관리, ⑧ 교육 · 문화로 나눈다.

(1) 국제 및 대외 관계

대외 관계 기능을 담당하는 정부 부 · 성은 한국의 외교부 · 통일부 · 국방부, 미국의 국무부 · 국방부, 영국의 외교연방부 · 국제개발부 · 국방부, 일본의 외무성 · 방위성 등이다.

(2) 일반행정

일반행정을 담당하는 부 · 성은 한국의 안전행정부, 미국의 내무부, 영국의 내무부, 일본의 총무성 등이다.

(3) 사회 질서

사회 질서를 담당하는 부 · 성은 한국의 안전행정부 · 법무부, 미국의 국토안보부 · 법무부, 영국의 내무부 · 법무부, 일본의 국가공안위원회 · 법무성 등이다.

(4) 경제 · 산업 · 통상

경제 · 산업 · 통상 부문의 기능을 담당하는 부 · 성은 한국의 기획재정부 · 미래창조과학부 · 산업통상자원부 · 농림축산부 · 해양수산부, 미국의 재부무 · 상무부 · 에너지부 · 농무부, 영국의 재무부 · 기업혁신기술부 · 에너지기후변화부, 일본의 재무성 · 경제산업성 · 농림수산성 등이다.

(5) 국토관리

국토관리를 담당하는 부 · 성은 한국의 국토교통부, 미국의 주택도시개발부 · 교통부, 영국의 교통부, 일본의 국토교통성 등이다.

(6) 사회복지

사회복지를 담당하는 부 · 성은 한국의 보건복지부 · 고용노동부, 미국의 보건복지부 · 재향군인부 · 노동부, 영국의 보건부 · 노동연금부, 일본의 후생노동성 등이다.

(7) 환경

환경을 담당하는 부 · 성은 한국의 환경부, 영국의 환경식품농촌부, 일본의 환경성 등이다.

(8) 교육 · 문화

교육 · 문화 분야의 부 · 성은 한국의 교육부 · 문화체육관광부, 미국의 교육부, 영국의 교육부, 일본의 문부과학성 등이다.

2) 고객별 유형

정부의 부·성 중에 특히 그 부·성이 서비스하는 고객(국민)이 누구인가를 기준으로 설치된 것이 있다. 한국의 여성가족부, 독일의 가족노인여성청소년부가 그에 해당한다.

3) 지방행정에 관여하는 유형

중앙정부 부·성으로서 지방행정에 관여하는 유형이 있다. 한국의 안전행정부, 영국의 공동체 지방자치부·환경식품농촌부·스코틀랜드부·웨일스부·북아일랜드부, 일본의 총무성 등이다.

4) 기타

이와 같은 유형으로 분류하기에 적합치 않은 부·성이 있다. 예를 들면 일본의 내각부(內閣府)와 부흥청 등이다.

제 5 장

조직과 환경

제 1 절 조직의 환경적 맥락

1 조직환경의 의의

조직이란 진공 속에 있는 것이 아니다. 조직이란 일정한 외부 환경(external environment) 속에 존재하며, 환경과 상호의존하고 상호작용하면서 그 내부의 욕구를 충족시키고, 생존·적응하며 주어진 목적을 수행하는 개방 체제다.

조직의 외부 환경이란 조직의 경계(boundary) 밖에 존재하면서 조직의 목표·활동 및 성과에 영향을 미치거나 미칠 잠재력이 있는 모든 제도나 조직 및 세력을 말한다. 그러므로 조직의 외부 환경은 단순히 조직 내부의 상황 조건이나 세력 등을 의미하는 내부 환경(internal environment)과는 구별된다.

조직은 외부 환경과 상호의존하며 상호작용하는 관계를 갖는다. 조직의 입장에서 볼 때 환경은 조직에 문제를 제기하는 근원이기도 하고, 자원의 제공자이기도 하며, 조직의 변화를 촉진하는 기회의 제공자이기도 하다. 또한 환경은 조직의 목표와 자원과 활동을 제약하는 조건이 되기도 한다. 조직은 환경의 제약과 불확실성 속에서도 적극적으로 환경이 제공하는 자원과 기회를 이용하면서 생존·적응하고 주어진 목표를 달성해야 한다.

2 조직과 환경의 상호 관계

1) 상호의존 · 상호작용 관계

조직은 그 경계를 통해 환경과 접촉하고 상호의존 · 상호작용하는 관계를 갖는다. 일종의 경계 교환(boundary exchanges) 관계를 갖는다고 말할 수 있다. 이러한 관계 속에서 조직의 구조와 행동은 환경의 영향과 제약을 받으며, 역으로 환경은 조직의 영향을 받기도 한다.

2) 해결해야 할 문제 발생의 근원

환경은 조직이 대응해 해결해야 할 문제를 일으키는 근원이 된다. 조직과 관련되는 문제가 환경에서 발생하면, 조직은 그것을 해결하기 위해 목표와 전략을 설정하고 그것을 수행해 그 결과를 환경으로 산출한다.

3) 자원 의존 관계

환경과 조직은 상호간에 자원 의존 관계를 갖는다. 조직은 자신의 생존과 활동을 위해 필요한 자원 · 정보 및 에너지를 환경(자기 경계 밖에 있는 다른 조직)에 의존하며, 자신이 생산한 자원과 서비스를 환경(경계 밖에 있는 다른 조직)에 산출한다.

4) 호혜 관계 혹은 경쟁 관계

조직과 환경은 협력적인 호혜(互惠)와 공생(共生) 관계를 갖기도 하고, 경쟁적인 적대적 관계를 갖기도 하며, 대등한 관계를 갖기도 하고, 지배 · 종속적 관계를 갖기도 한다.

3 조직환경의 유형

조직환경은 그 차원에 따라 거시적 · 일반적 환경과 미시적이며 특정적인 환경으로 분류할 수 있다.

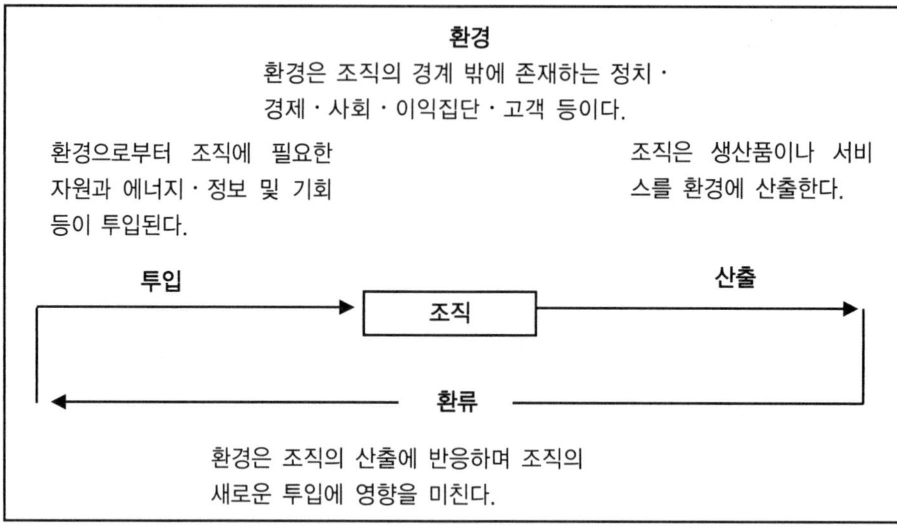

그림 5-1 투입 · 산출 · 환류 과정에서 보는 조직과 환경의 관계

1) 거시적 · 일반적 환경

거시적 · 일반적 환경(macro-general environment)이란 모든 조직에 영향을 미치는 광범위한 외부 환경을 말한다. 조직을 둘러싸고 있는 정치 · 경제 · 사회 · 인구통계학적 · 기술적 상황 등이 여기에 속한다. 힉스(Herbert G. Hicks)는 조직의 거시적 환경으로서 사람 · 물리적 자원 및 기후 · 경제 및 시장 조건 · 태도 · 법을 들고 있으며(Hicks & Gullett, 1976; 63-66), 홀(R. H. Hall)은 기술적 조건(technological conditions), 법적 조건(legal conditions), 정치적 조건(political conditions), 경제적 조건(economic conditions), 인구학적 조건(demographic conditions), 생태학적 조건(ecological conditions), 문화적 조건(cultural conditions) 등 일곱 가지를 들고 있다(Hall, 1972: 295-298).

2) 미시적 · 특정적 환경

미시적 · 특정적 환경(micro-specific environment)이란 조직이 목표를 설정하거나 의사결정을 하며 구체적인 활동을 하는 데 직접적으로 관계를 가지고 상호작용해야 하는 환경을 말한다. 조직의 과업을 수행하는 데 직접 관계를 갖는 환경이라는 점에서 과업환경(task environment)이라고도 호칭한다. 조직이 직접 관계를 갖는 특정한 조직이나 세력 및 제도 등이 여기에 속한다. 미시적 · 특정적 · 과업적 환경은 조직의 활동 영역(organizational domain)에 따라서 구체적으로 정해진다. 조직의 활동 영역이란 조직이 산출하는 특정한 생산물 혹은 조직이 서비스하는 특정한 고객이나 이해관계자들(stakeholder)의 범위다. 이와 같은 활동 영역에 따라서 구체적으로 정해지는 조직의 환경이 미시적 · 특정적 · 과업적 환경이다. 행정조직의 경우 시민, 이익단체, 민간기업, 정당, 의회, 비정부기구, 다른 행정기관 등이 이에 속한다고 말할 수 있다.

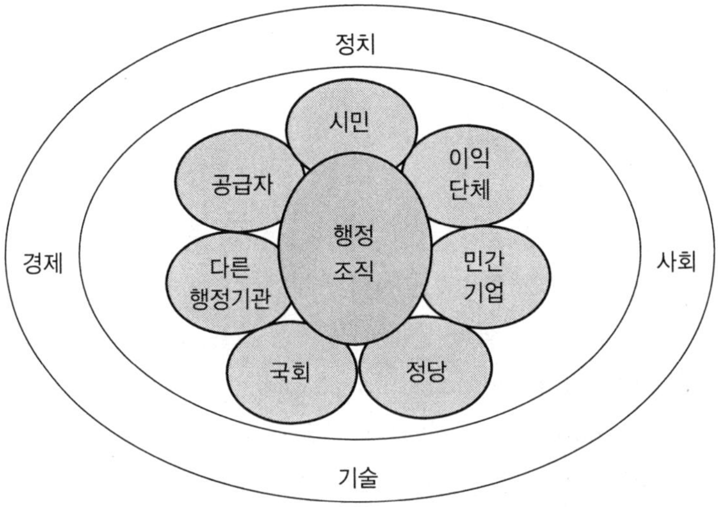

그림 5-2 행정조직의 환경

4 조직환경의 성격

1) 조직환경의 성격

(1) 일원적 성격 규정

조직환경의 성격이란 조직을 둘러싸고 있는 환경이 지니고 있는 독특한 성질 · 경향 및 특징을 말한다. 일반적으로 조직환경의 성격은 하나하나의 특정한 개념을 사용해 일원적으로 규정되고 있다. 예를 들면, 단순성 · 복잡성 · 안정성 · 불안정성 · 확실성 · 불확실성 · 정태성 · 역동성 등이다.

환경의 단순성이란 조직에 영향을 미치는 환경의 구성 요소의 수가 적고 동질적인 경우를 말하며, 환경의 복잡성이란 그 구성 요소가 다양하고 이질적인 것들이 많이 포함된 것을 말한다. 그리고 환경의 안정성이란 환경 요소들의 변화가 별로 없고 정태적이며 평온한 현상을 말하며, 환경의 불안정성이란 환경 요소들이 역동적·동태적으로 빠르게 변화하는 현상을 말한다. 또한 환경의 확실성이란 우리가 환경의 구성 요소와 그 변화에 대해 충분한 정보를 가지고 이해하고 예측하는 것을 말하며, 불확실성이란 환경의 변화에 대해 예측할 수 없는 상태를 말한다. 환경이 복잡하고, 불안정하며, 비일상적이고, 이질적이며 격변할 때에는 불확실성의 정도가 높아진다.

(2) 이원적 성격 규정

조직환경의 성격을 이원적으로 규정함으로써 환경의 성격을 상대적으로 더욱 뚜렷하게 드러내는 학자들도 있다(예: 톰슨, 번스, 스토커 등). 그것을 이원적으로 규정하는 사람들은 조직의 환경을 단순성-복잡성, 안정성-불안정성, 일상성-비일상성, 확실성-불확실성, 정태성-역동성, 동질성-이질성, 평온성-격변성 등으로 기술한다.

조직환경을 2원적으로 규정하는 학자 중에서 특히 톰슨(James D. Thompson)은 환경을 비교적 정치하게 분류하고 있다(Thompson, 1976: ch.6, 특히 72 참조). 그는 [그림 5-3]과 같이 안정적-불안정적(stable-shifting) 환경, 동질적-이질적(homogeneous-heterogeneous) 환경으로 이원적 분류를 하고, 그것을 결합시켜 ① 동질적-안정적 환경, ② 동질적-불안정적 환경, ③ 이질적-안정적 환경, ④ 이질적-불안정적 환경으로 나눈다(Thompson, 1967: 72). 그에 의하면, 조직은 그 환경이 이질적일수록 환경의 제약을 심하게 받으며, 환경이 불안정할수록 환경에 대한 의존도가 커진다고 한다. 반대로 동질적이고 안정적인 환경 속에 있는 조직은 환경의 제약을 덜 느끼고, 의존도도 작다고 설명한다.

	안정적	불안정적
동질적	① 동질적 · 안정적	② 동질적 · 불안정적
이질적	③ 이질적 · 안정적	④ 이질적 · 불안정적

그림 5-3 환경의 성격 유형

2) 환경의 변화와 변화 단계에서 나타나는 성격의 분류

에머리(F. E. Emery)와 트리스트(E. L. Trist)는 환경이 변화하는 단계에 따라서 두드러지게 드러내는 그 성격을 설명한다.

그들은 환경이란 그것을 구성하는 요소들이 있고, 그 요소들은 상호 관계를 가지며, 그러한 상호 관계는 질적인 차이를 드러내는 어떤 패턴을 이루며 나타낸다고 설명한다. 바꿔 말하면, 환경은 그것을 구성하는 요소 간에 인과적인 구조를 이루며(causal texturing), 그 구조는 변화 단계에 따라서 질적인 차이를 나타낸다고 한다. 특히 그들은 환경을 구성하는 요소들이 어떻게 상호 관계하면서 무리(군집)를 짓고 상호작용을 전개하는가에 초점을 두고 다음과 같이 설명한다(Emery & Trist, 1965: 20-26).

(1) 제1단계의 환경: 정태적 · 우연적 환경

정태적 · 우연적(placid-randomized) 환경이란 가장 단순한 상태의 환경이다. 환경이 평온(정태적)하며, 그것을 구성하는 요소들이 우연하게 분산돼 있는 것이다.

(2) 제2단계의 환경: 정태적 · 응집적 환경

정태적 · 응집적(placid-clustered) 환경이란 환경이 비교적 정태적이고 평온하나 그 구성 요소들이 일정하게 정해진 방식으로 무리(cluster)를 짓고 편재하는 현상이 발생한다. 따라서 환경이 급변하지는 않지만 환경 요소 간에 어떤 사태를 발생시킬 수 있는 인과 관계의 개연성(probability)이 있다.

(3) 제3단계의 환경: 교란 · 반응적 환경

교란 · 반응적(disturbed-reactive) 환경이란 환경의 여러 요소가 무리(군집)를 지을 뿐만 아니라 몇 개의 무리가 지배적인 특징을 이룬다. 그리고 각 무리 간에 경쟁이 심하게 이뤄지며 인과적으로 교란적 반응을 한다.

(4) 제4단계의 환경: 격동하는 환경

격동(turbulent)하는 환경(혹은 소용돌이의 환경)이란 제 1 · 2단계의 정태적인 것과는 달리 매우 역동적인 성격을 띤다. 그 점에서 제 3단계와 유사하나 더욱 격렬하게 변화하는 특징을 보인다. 환경을 구성하는 여러 요소 및 무리 간에 상호의존이 급속히 증대되고 일부분의 변화가 전체에 신속하게 영향을 미친다. 환경 구성 요소 간에 상호 인과적으로 거대하고 급격하게 영향을 미치며, 조직 전체가 격렬한 소용돌이에 빠진다. 그 결과 조직활동의 혼란과 불확실성이 극심하게 나타나고 정상적인 활동이 마비된다.

이와같이 에머리와 트리스트는 조직의 환경이 간단하고 안정적인 단계로부터 격동하는 단계로 이행하는 과정과 각 단계에 나타나는 환경의 성격을 설명한다.

제 2 절 환경 변화에 대한 조직의 적응

적응(adaptation)이란 어떤 체제가 자신을 둘러싸고 있는 환경이나 체제 내부의 교란에 대응(response)하는 것을 말한다(Bobbitt, 1978: 462). 하나의 체제로서 조직은 환경 변화에 대한 적응 및 대응 능력을 적절하게 가짐으로써 지속적으로 생존하고 성장하며 발전할 수 있는 것이다.

환경 변화에 대한 조직의 적응 및 대응은 하나의 단순한 모형으로써 설명하기 어렵다. 환경의 복잡성이나 다양성이 심한 경우 더욱 그렇다. 여기에서는 환경 변화에 대한 조직의 적응 및 대응을 설명하는 몇 가지 일반적 모형을 소개한다.

1 일반적 적응 과정: 대응 순환 과정

환경 변화에 대한 조직의 적응 과정을 설명하기 위해 샤인(E. H. Schein)은 [그림 5-4]와 같이 '적응-대응순환(adaptive coping cycle) 모형'을 구성하고 있다. 그는 조직은 내적 · 외적 환

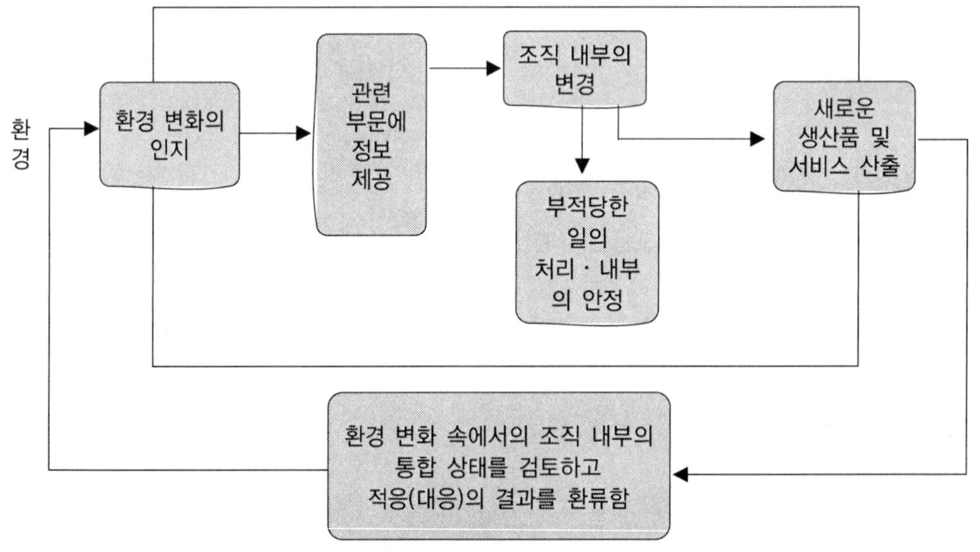

그림 5-4 환경 변화에 대한 조직의 적응 - 대응 순환 과정

경의 변화에 다음과 같은 과정을 통해 역동적으로 적응·대응해야 한다고 설명한다(Schein, 1980: 233-238 참조).

첫째, 조직은 자신의 내외에서 발생하는 환경 변화를 인지하고 성격과 추세를 판단해야 한다.

둘째, 변화에 관한 정확한 정보를 관련 부문에 제공해야 한다.

셋째, 정보를 전달받은 관련 조직들은 정보에 따라 내부의 구조와 전환 과정(conversion process)을 변경시켜야 한다.

넷째, 관련 조직들은 개편된 내부구조와 과정을 이용해 환경의 변화에 조화되는 새로운 생산품 및 서비스를 산출해야 한다.

다섯째, 변화하는 환경과 상황 속에서 조직 내부의 통합 상태가 어떤가를 검토하고 결과를 환류해야 한다.

2 환경의 적응적 흡수

조직이 환경에 적응하면서 환경과 협력 체제를 이루는 방법으로서 '적응적 흡수(cooptation)' 방법이 이용된다. 이것은 조직이 환경에서 발생하는 불안정과 생존의 위협을 피하고 조직에 대한 외부 환경의 이미지를 개선하며 조직과 환경의 협력적·지지적 관계를 제고하기 위한 수단으로 조직의 지도층과 정책결정의 지위에 외부 환경으로부터 새로운 요소(인물)를 흡수하는 과정(the process of absorbing new elements into the leadership or policy-determining structure of an organization)을 말한다(Selznick, 1949: 259, Thompson & McEwen, 1958: 27).

조직의 최고관리자들은 조직 내부에서 유능한 관리자를 발탁해 활용하는 것도 중요하지만 외부의 유력한 인사를 영입해 조직에 대한 외부의 기대와 요구를 충족시키고 아이디어를 흡수해 조직의 사회적·환경적 적응력을 높일 필요가 있다.

적응적 흡수에 관한 고전적 연구로는 셀즈닉(P. Selznick)의 『TVA와 풀뿌리 민주주의(*TVA and the Grass Roots*)』(1949)를 들 수 있다. 그는 이 저서에서 TVA라는 조직에 외부의 유력한 인물을 영입함으로써 그 조직이 어떤 영향을 받았는가를 설명하고 있다. 대기업에서는 이사회나 고문직에 외부의 유력 인사를 영입해 기업의 사회적 이미지를 개선하는 경우가 있다. 또한 정부도 정치적인 위기나 복잡한 문제에 당면할 경우에 국민의 새로운 지지와 협조를 얻기 위해 때때로 정부의 요직에 사회의 유력한 인사를 영입한다. 적응적 흡수를 하게 되면 조직의 목표와 정책을 결정하는 스타일과 내용이 변화될 수 있다.

3 변화하는 환경의 성격에 적합한 대응

조직은 일반적으로 안정적인 환경 상황에서는 점증주의적(incremental)인 적응 방법을 택하지만, 변동이 심한 경우에는 총체적 · 전면적인 대응을 해야 한다. 평상시의 조직은 주어진 정책과 법규에 따라 기능을 수행해도 좋을 것이다. 그러나 조직을 둘러싼 환경의 변화가 새로운 국면으로 전개될 때에는 그 상황 조건에 적합한 대응 및 적응 방법이 강구돼야 한다. 전술한 바와 같이 에머리와 트리스트는 환경의 단계별 변화에 나타나는 성격을 잘 설명해 준다. 우리는 그와같이 변화하는 환경의 성격에 적합한 대응 방법을 다음과 같이 설명해 볼 수 있다.

1) 제1단계: 정태적 · 우연적 환경의 경우

정태적 · 우연적 환경에 있는 조직은 기존의 정형화된 관리 운영 방식의 연속 및 답습 속에서 일상적인 방법을 다소 개선 · 조정해 대응하는 것만으로도 충분하다.

2) 제2단계: 정태적 · 응집적 환경의 경우

정태적 · 응집적 환경 속에 존재하는 조직은 그 존속과 적응을 위해 어디에 불리한 환경의 요소가 응집하고, 어디에 유리한 요소가 집중하고 있는가를 잘 파악해 적응을 위한 계획을 수립하고, 자원과 능력을 선택하고 집중해 활용해야 한다. 이러한 과정에서 관리층의 통제 및 조정 기능이 특히 중요하다.

3) 제3단계: 교란 · 반응적 환경의 경우

교란 · 반응적 환경 안에 있는 조직은 그와 관계를 갖는 외부 환경(혹은 조직) 변화와 반응을 적극적으로 주시하고 대응해 계획적인 일련의 행위를 해야 한다. 또한 유연한 임기응변과 기동성 있는 대응이 가능하도록 의사결정권을 분권화하고 조직 하위 부문이 그 현장 상황에 적응하는 창의적이고 신속한 결정을 하도록 지원해야 한다.

4) 제4단계: 격동하는 환경의 경우

조직이 격동하는 환경 변화에 대응하기 위해서는 기존의 목표와 정책의 우선순위, 구조, 규정 자체의 변경을 수반하는 행위를 해야 한다. 새로운 가치나 규범의 선택까지도 포함될 수 있다. 이것은 과거의 연속을 포기하는 비연속적인 '중대한 결정(critical decision)', 즉 '혁명적' 변화를 수반하는 대응적 조치다.

4 네트워크 X와 네트워크 Y 전략

고스롭(Louis C. Gawthrop)에 의하면, 조직은 그 자신을 둘러싸고 있는 환경의 변화에 대해 두 가지 형태의 대응을 취한다고 설명한다. 그 하나는 수동적 대응(reactive response)이고, 다른 하나는 예견적 대응(anticipatory response)이다. 수동적 대응은 변화가 나타난 후에 그에 대응하는 사후의 점증적(incremental) 대응전략이며, 예견적 대응은 미래에 발생할 잠재적인 변화를 예측하고 대처하는 적극적인 변화 대응전략이다. 고스롭은 수동적·점증적 대응을 '네트워크 X(network X)', 적극적·쇄신적이며 예견적인 대응을 '네트워크 Y(network Y)'라는 개념으로 표현한다(Gawthrop, 1984: 39-77).

1) 네트워크 X

네트워크 X는 수동적·점증적 변화전략과 관련된다. 여기에서는 조직의 변화란 불가피한 것이지만, 그것은 조직에 혼란을 일으키는 것으로 간주한다. 조직은 내부의 질서와 안정을 유지하고 변화를 발생시키는 요인을 통제하기 위해 여러 가지 권력을 활용한다. 변화의 통제를 위한 작용은 계층제 조직의 수직적 구조 안에서 이뤄진다.

변화에 대응하는 기본적인 전략으로서 환원적 접근 방법(還元的接近方法, reduction approach) 혹은 요소환원주의 방법을 이용한다. 환원적 방법을 조직에 적용해서 말하면 우선 조직과 환경을 구분하는 개념적 경계(conceptual boundary)를 명확히 하고 그 경계 안에 있는 문제의 요소를 분석한 후 그 요소들을 환원적으로 단순하게 규정해 요소별로 해결하는 방법을 강구하는 것이다.

네트워크 X에서는 조직과 환경 간의 경계 개념이 중요하다. 그것이 분명해야 신속하고 용이하게 환경의 정체를 확인하고 그 변화를 통제하게 되는 것이다. 네트워크 X에서의 행정가는 행정조직의 경계를 수호하는 담당자(boundary-guarding agents), 성(城)을 쌓고 그 속에서 안주하는 자, 질서와 안정의 유지자, 비밀을 지키는 자, 변화를 일으키는 세력과 요인을 통제하는 역할을 수행하는 자다.

2) 네트워크 Y

네트워크 Y는 예견적 · 혁신적 변화전략이다. 여기에서는 조직환경의 변화를 조직의 개선을 위한 기회, 조직이 대결해야 할 도전, 해결해야 할 문제, 관련된 사람들을 만족시켜야 할 욕구, 개선해야 할 일상생활의 경험으로서 본다. 네트워크 Y에서는 조직 체제의 경계란 단순히 수호해야 할 영역이라기보다는 조직 체제와 환경을 개방하고 연결하며 통합해야 할 영역으로 보는 것이다.

네트워크 Y에서 행정가는 조직 체제와 외부 환경 간에 가로놓인 '경계를 연결하는 담당자(boundary spanning agents)'로 간주된다. 따라서 그들에게는 환경과 조직을 통합하는 일이 중요한 과제가 된다. 일종의 혁신가, 장기적인 정책분석가, 혹은 계획가로서 조직의 환경 변화에 적극적으로 대응해 조직과 환경을 연결하고 통합해 양쪽이 모두 유익한 관계를 이루게 하는 역할을 수행하는 것이다.

제 3 절 환경과 조직의 관계에 관한 이론들

1 상황조건적합이론

1) 상황조건적합이론의 기본적인 사고 방식과 의의

(1) 기본적인 사고 방식

테일러(F. W. Taylor), 베버(M. Weber), 귤릭(L. H. Gulick) 등과 같은 고전적 조직이론가들은 일반적으로 조직화에는 보편적인 원리와 최선 · 유일의 방법(one best way)이 있으며, 그것은 어느 때 · 어느 곳 · 어느 조직에서나 적용할 수 있다고 가정했다. 그 방법은 대체로 기능적 합리성과 비정의성(impersonality)에 입각한 조직 편성과 전문적인 직무 분업에 의한 관리상의 능률성을 강조하는 것으로 특징지어진다.

그런데 상황조건적합이론가들은 조직화와 관리에는 최선 · 유일의 방법이 없으며, 다만 상황

조건에 따라 적합한 방법을 적용해야 한다고 강조한다. 이러한 입장에서 1960년대 중반 이후 소위 상황조건적합이론(contingency theory)이 성립돼 조직과 환경의 관계를 연구하는 주요 이론의 하나로 발전해 왔다.

상황조건적합이론의 선구자인 로쉬(Jay W. Lorsch)와 로렌스(Paul R. Lawrence) 등은 조직의 상황 조건이 다르면 효과적인 조직화의 방법도 다르다(if~then의 형식)는 관점에서 효과적인 조직화의 방법과 원칙을 경험적으로 연구했다(Lawrence & Lorsch, 1967: 185-186). 이것을 이해하기 위해서는 기본적으로 세 가지의 변수 관계를 살펴볼 필요가 있다. ① 환경 혹은 상황, ② 조직의 구조 및 관리 체제, ③ 조직의 효과성이다. 상황조건적합이론의 기본적인 사고방식은 상황과 조직구조 및 관리 체제의 적합(fit 혹은 congruence) 여부가 조직의 효과성을 결정하며, 좀 더 바람직한 효과성을 추구하는 조직은 의식적이든 무의식적이든 상황에 적합한 조직구조와 관리 체제를 갖춰야 한다는 것이다.

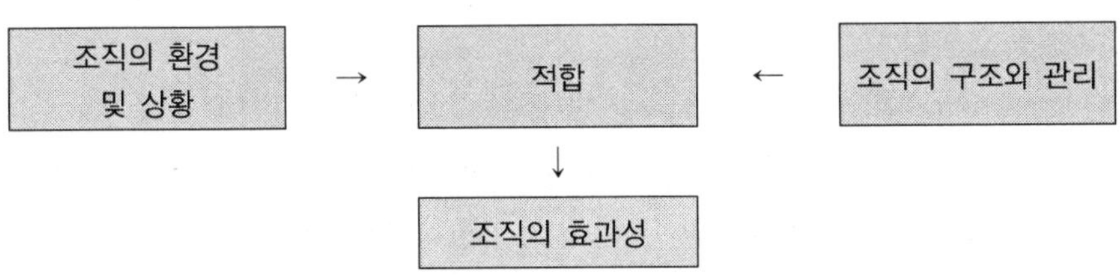

그림 5-5 상황조건적합이론의 변수들과 그 관계

(2) 의의와 특징

상황조건 적합이론이란 환경이나 상황의 특성에 적합한 구조와 관리 체제를 갖는 조직이 효과적인 조직이라고 이해하고 설명하는 것을 말한다. 말하자면 안정된 환경 속의 조직은 기계적인 관료제조직이 효과적이며, 불안정한 환경 속에 존재하는 조직은 유기적이고 적응적인 조직이 효과적이라는 식으로 이해하고 설명하는 것이다.

상황조건적합이론의 주요 특징은 ① 보편적이고 일반적인 조직의 원리란 존재하지 않는 파랑새이며 환경이나 상황의 특성(조건)에 적합한 조직이라야 효과적이라는 것이다. ② 환경이나 상황 조건에 적합한 조직의 구조와 관리 체제의 설계를 중요시한다. ③ 중범위이론(middle range theory)을 구성하는 데 특징이 있다. 즉, 거시적인 사회를 설명하는 이론이나 조직 내부의 개인의 행동을 설명하는 미시적 이론이 아니라 사회 안에 존재하는 조직구조 및 관리 체제와 환경 간의 적합 관계를 연구하는 것이다.

2) 이론모형

상황조건적합이론은 여러 학자에 의해 다양하게 전개됐다. 그 대표적인 이론모형을 소개하면 다음과 같다.

(1) 번스와 스토커의 기계적 조직구조와 유기적 조직구조론

번스(T. Burns)와 스토커(G. M. Stalker)는 영국에 있는 20개의 전자산업조직에 관한 상세한 참여관찰과 면접조사를 기초로 조직구조를 조사하고, 환경과 조직구조의 적합 관계를 설명한다(Burns & Stalker, 1961: 78-122). 그들은 조직구조를 '기계적 구조(mechanistic structure)'와 '유기적 구조(organic structure)'로 나눴다.

기계적 조직구조란 대체로 외부 환경에 폐쇄적이고 내부조직의 복잡성과 공식화의 정도가 높으며 집권화의 특성을 강하게 지닌다. 반면에 유기적 조직구조는 외부 환경에 개방적이고 내부의 복잡성과 공식화의 정도가 낮으며 분권화돼 있고 환경 변화에 대한 유연성과 적응성이 높은 조직구조를 말한다.

번스와 스토커는 이러한 두 가지 조직구조 중 어느 것이 더 효과적이고 좋은 것인가는 조직환경의 특성에 따라서 선택하는 것이 적합하다고 설명한다. 즉, 외부 환경이 불안하고 변화가 심한 조직은 일반적으로 유기적 구조를 채택하는 경향이 있으며, 비교적 안정적인 환경 속에 있는 조직은 관료제적인 기계적 구조를 채택하는 경향이 있다고 한다. 따라서 관료제적인 기계적 구조는 안정적인 환경 속에서 능률의 추구에는 적합하지만 혁신적 과업의 수행에는 적합하지 않으며, 유기적 구조는 변화가 심한 환경에서는 유연하게 적응하고 혁신을 수행하지만 안정된 환경에서는 적합하지 않다는 것이다.

표 5-1 기계적 조직과 유기적 조직

특징	기계적	유기적
분화(수직 · 수평적 분화)	높음	낮음
공식화	높음	낮음
의사결정	집권화	분권화
관리계층	많음	적음
통솔 범위	좁음	넓음
정보	위로 집중	아래로 분산
조정	상급자에 의한 조정	구성원 상호간
지휘 계통	길다	짧다

Burns & Stalker(1961: 78-122)를 참조해 재작성.

(2) 로렌스와 로쉬의 조직의 분화와 통합론

로렌스(P. R. Lawrence)와 로쉬(J. W. Lorsch)는 환경의 성격에 따라 조직이 분화(differentiation) 구조를 갖거나 통합(integration)구조를 가짐으로써 그 효과성을 확보한다고 설명한다(Lawrence & Lorsch, 1967: 1). 여기서 말하는 분화란 조직을 구성하는 하부 단위들이 각기 그들의 특성에 따라 전문화되고 차이를 나타내는 현상이며, 통합이란 조직의 구성 단위들이 조직 전체의 공통된 목표 달성을 위해 통일성(unity)을 이루는 현상을 말한다.

그들은 조직이 다양한 시장과 경제적 조건에 효과적으로 대응하려면 어떤 조직구조를 선택하는 것이 바람직한가를 질문하고 대답한다.

그들의 견해를 요약하면, 조직 전체의 환경이 안정되고 확실한 경우에는 전체적으로 통합된 구조를 가짐으로써 효과성을 유지하지만, 하부 단위조직들의 환경이 불안정하고 불확실성이 높은 경우에는 각 하부 단위의 환경에 적응하도록 조직구조를 분화함으로써 조직의 유지와 문제 해결의 효과성을 높일 수 있다는 것이다.

(3) 던컨의 네 가지 환경과 환경 적합의 조직구조론

던컨(Robert B. Duncan)은 환경을 한편으로는 단순한 것과 복잡한 차원(simple-complex dimension)으로, 또 한편으로는 정태적인 것과 동태적인 차원(static-dynamic dimension)으로 나누고, 이들을 조합해 네 가지 환경을 도출하고 각 환경에 적합한 조직구조를 언급하고 있다.

① 정태적이며 단순한 환경

이것은 환경을 구성하는 요소들이 단순해 변화가 없는 환경이다. 따라서 환경의 불확실성이 별로 지각되지 않는다. 이러한 경우에는 높은 복잡성(수직적 · 수평적 분화가 높음) · 공식성과 집권성이 높은 조직구조가 적합하다는 것이다.

② 정태적이며 복잡한 환경

이것은 환경을 구성하는 요소들이 많기는 하지만 그들간에 변화가 없으므로 불확실성이 비교적 낮게 지각되는 환경이다. 따라서 조직구조는 높은 복잡성 · 높은 공식화와 분권화된 구조가 적합하다는 것이다.

③ 동태적이며 단순한 환경

이것은 환경의 구성 요소는 적지만 그 요소들이 계속해서 역동적으로 변화하므로 환경에 대한 불확실성이 높게 지각된다. 따라서 이 경우의 조직구조는 복잡성과 공식화 및 집권화가 모두 낮은 것이 적합하다는 것이다.

④ 동태적이고 복잡한 환경

이것은 환경을 구성하는 요소의 수가 많고 그들 간에 역동적이며 계속적으로 변화가 심하므로 불확실성이 높게 지각된다. 따라서 이 경우에는 복잡성이 낮고 공식화도 낮으며 분권화가 높은 조직구조가 적합하다는 것이다.

표 5-2 네 가지 환경과 각 환경에 적합한 조직구조

구분		환경의 성격	
		단순성	복잡성
환경의 성격	정태성	1. 정태적이고 단순한 환경 (불확실성이 낮게 지각됨) · 조직구조 - 높은 복잡성 · 높은 공식성과 집권화	2. 정태적이고 복잡한 환경 (불확실성이 비교적 낮게 지각됨) · 조직구조- 높은 복잡성 · 높은 공식화와 분권화
	동태성	3. 동태적이고 단순한 환경 (불확실성이 비교적 높게 지각됨) · 조직구조- 낮은 복잡성 · 낮은 공식화와 집권화	4. 동태적이고 복잡한 환경 (불확실성이 비교적 높게 지각됨) · 조직구조- 낮은 복잡성 · 낮은 공식화 · 높은 분권화

Duncan(1979: 63); Mintzberg(1979: 286)에서 요약.

3) 유용성과 문제점

(1) 유용성

상황조건적합이론은 이론성 및 실증성을 겸비한 내용으로서 1960년대 중반 이후 조직이론에 크게 영향을 미쳤다. 보편적 원리론을 비판하고 상황 조건에 적합한 조직의 구성과 환경에 대한 조직의 적합 관계를 실증하는 이론을 발전시킨 점에서 유용성을 인정한다.

(2) 문제점

① 상황조건적합이론은 상황과 조직 간의 적합 관계의 해명에 관심을 집중할 뿐 그 적합 관계가 어떠한 방법에 의해 획득되는 것인가에 관한 설명은 소홀하다. ② 조직의 상황 적합을 위한 다양한 적합 수단을 모두 분석하기는 어렵다. ③ 이 이론은 상황과 조직의 변화와 조정 과정을 다루지 않는다. ④ 상황 및 환경에 조직의 구조나 관리 체제를 적합시켜야 할 필요성도 있지만, 반대로 조직을 바꾸지 않고 환경을 변화시켜야 할 필요성이 있음을 경시하고 있다. 이것은 특히 이념적 조직이나 종교조직 등에서는 그 정체성(identity)의 유지가 중요시되기 때문이다.

2 조직개체군생태학

1) 의의

(1) 조직생태학

유기체(organism)와 환경(environment)의 관계를 연구하는 학문을 생태학(ecology)이라고 한다. 따라서 조직생태학은 하나의 유기체로서 조직과 그 환경의 상호의존·상호작용의 관계를 설명하고 예측하는 학문이다. 조직의 생태학적 연구는 조직의 여러 수준에서 이뤄질 수 있다. 말하자면, 어떤 개별 단위 조직과 그것을 둘러싸고 있는 환경과의 관계를 연구할 수도 있고, 어떤 개별 단위 조직들의 집합체와 환경과의 관계를 연구할 수도 있다.

(2) 조직개체군생태학

조직개체군(population of organization)이란 같은 시기에 일정한 공간에 존재하면서 유사한 형태의 자원을 활용하고 유사한 고객과 관계를 가지며 유사한 산출을 내는 활동에 종사하는 개별 단위 조직(혹은 개체조직)들의 집합체(aggregate)를 말한다(예: 동일 지역 내의 동종 회사들·학교들). 같은 개체군에 속하는 개별 조직들은 자원과 고객 등을 획득하기 위해 경쟁한다. 따라서 조직개체군생태학(population ecology of organization)이란 개별 조직들의 집합체인 조직개체군과 환경의 관계를 연구하는 학문이다. 특히 조직개체군에서 일어나는 변이·선택·보존 혹은 소멸 현상이 어떻게 이뤄지는가를 설명하는 데 중점을 둔다. 이러한 의미의 조직개체군생태학은 1970년대 이후 프리만(J. Freeman), 하난(M. T. Hannan), 올드리히(H. Aldrich), 캠벨(J. P. Campbell) 및 웨이크(K. E. Weick) 등의 연구 성과를 토대로 전개돼 온 조직환경이론의 한 분야다.

2) 특징

(1) 분석 및 연구 단위의 확장과 거시화

생태학에서는 생물을 일련의 수준별 계층구조로 분류해 설명한다. 말하자면 개별 단위의 생물개체-개체군(population)-개체군집(community)-생태계(ecosystem)-생물군계(biome)-생물지리적 지역(biographic region)-생물권(biosphere) 등이다. 이와 같은 생물생태학적 계층구조를 유추해 인간 사회세계의 계층구조를 분류해 보면 개별 단위 조직-조직개체군-조직개체군집-사회-국가-6대주-세계라는 계층구조로 나눠 볼 수 있다.

표 5-3 생물계 계층구조와 인간 사회세계의 계층구조

생물계	인간 사회세계
생물권	세계
생물지리적 지역	6대주(아시아, 아프리카, 유럽 외 3대주)
생물군계	국가
생태계	사회
개체군집	조직개체군집
개체군	조직개체군
개별 단위 생물(개체)	개별 단위 조직
	집단
	개인

조직개체군생태학은 인간사회 계층구조 중에서 그 분석 및 연구 단위를 조직개체군과 그 환경에 둔다. 따라서 개별 단위 조직이나 개별 단위 조직을 구성하는 개인 및 집단을 분석 단위로 삼는 조직이론보다 그 범위가 확장되고 수준이 높으며 거시적이다.

(2) 생물학적 적자생존 및 자연도태론에 입각한 조직이론

조직개체군생태학은 다윈(Charles Darwin)의 『종의 기원(*Origin of Species*)』(1859)에서 볼 수 있는 생물의 변이(variation), 적자생존(survival of the fittest), 자연도태 혹은 자연선택(natural selection)이론을 조직개체군과 환경의 관계를 설명하는 데 유추한다.

(3) 개체군 내 조직 형태의 환경 적합에 대한 관심

조직개체군생태학에서는 개체군 내 조직 형태(organization form)의 환경 적합에 많은 관심을 갖는다. 여기서 말하는 조직 형태란 조직의 목표, 구조, 활동 패턴, 규범적인 질서, 전문화 수준, 인적 자원, 생산품 등이다(Hannan & Freeman, 1977: 935; Aldrich, 1979: 28 참조). 조직은 각자의 형태를 가지고 발생·생존·소멸한다. 환경에 적합한 것은 선택·보존되고 부적합한 것은 도태·소멸된다. 개체군에는 끊임없이 환경에 적합한 새로운 조직 형태가 출현하고 변화하는 환경에 적합하지 않은 기존의 조직 형태들이 소멸한다. 개체군생태학은 기존의 조직들이 내부의 관성, 즉 매몰비용, 정보의 한계, 내부의 정치와 규범과 절차 때문에 환경의 변화에 적응하지 못하는 사이에 환경의 요구에 더욱 적합한 새로운 조직들이 출현하는 것에 주목한다.

(4) 적소 및 적합성 강조

이와같이 조직개체군 생태학은 조직의 형태에 관심을 가지며, 나아가서 조직이 생존하는 데 필요하고 적합한 틈새를 강조한다. 적소(適所, niche)란 간단히 말하면 어떤 생물체가 환경 속에서 생존하는 데 적합한 공간(서식지)을 말한다. 하난과 프리먼에 의하면, 적소 혹은 적합성(適合性, fitness)이란 어떤 개체군이 다른 개체군을 경쟁에서 물리치는 공간적으로 제한된 구역이며, 그 개체군의 생존과 번식을 가능케 해 주는 모든 자원의 복합체라고 정의하며(Hannan & Freeman, 1977: 947), 올드리히는 환경적 적소란 어떤 조직 형태를 지탱하는 데 충분한 자원들과 제약들의 독특한 결합이라고 한다(Aldrich, 1979: 28).

어떤 개체군이 환경에 의해 선택된다는 말은 그 개체군이 적소(niche or niche width)를 얻는 것 혹은 환경에 적합한 상태에 있게 됨을 의미한다. 예를 들어 말하면, 어떤 조직이 그가 존재하는 지역의 위치, 주민, 공공조직, 민간조직, 교통 및 정보통신 등의 복합적인 조건이 그 조직의 생존과 증식에 도움을 준다면 그러한 조건이 적소라고 할 수 있지만 그렇지 않다면 적소라고 할 수 없는 것이다.

3) 조직의 자연선택 과정: 변이 · 선택 · 보존

조직개체군의 자연선택(natural selection, 자연도태)은 변이(variation) · 선택(selection) · 보존(retention)이라는 세 과정으로 이뤄진다.

(1) 변이

여기서 말하는 변이(變異)란 조직개체군 안에 새로운 성질이나 형태의 조직이 나타나고 그 성질이나 차이가 드러나는 것이다. 변이가 발생함으로써 조직 형태의 다양성과 복잡성이 증가한다. 다윈은 생물에서 변이는 돌연변이만 있다고 한다. 그러나 조직개체군생태학에서는 돌연(우연)변이뿐만 아니라 계획적이고 의도적인 변이도 포함된다. 예측이나 통제할 수 없는 우연한 사건(재해, 전쟁, 사고 등)에 의해 변이가 생길 수 있지만 신중한 계획과 의도에 의해 변이를 유도하거나 촉진할 수도 있다.

(2) 선택

우연적이든 계획적이든 조직개체군에 변이가 나타나면, 즉 조직개체군에 새로운 조직 형태가 출현하면 그 중에서 환경 조건에 잘 적응하고, 적합한 형태는 선택(選擇)돼 생존하지만 부적합한 것은 도태되는 것이다.

(3) 보존

자연 선택 과정의 마지막 과정은 보존(保存)이다. 보존이란 환경에 의해 적합한 것으로 선택

변이	선택(도태)	보존
조직 개체군에 변화가 일어나 개체 간에 새로운 형태나 성질의 차이가 나타난다. →	환경에 적합한 조건을 갖춘 개체(조직 형태)는 선택되고 그렇지 않은 것은 도태된다. →	선택된 개체(조직 행태)는 환경 안에서 제도화돼 보존·유지된다.

그림 5-6 조직개체군의 자연 선택 과정

된 조직 형태가 보존·유지되는 것을 말한다. 보존과 유지는 법·규정·관료제적 구조·표준운영절차(SOP)의 제도화를 통해 이뤄진다.

4) 유용성과 문제점

조직개체군생태학이론은 아직 초보적인 수준의 이론이라고 할 수 있다. 따라서 그 유용성과 문제점은 많은 실증적 연구를 통해 밝혀지게 될 것이지만 대체로 언급되는 바를 정리하면 다음과 같다.

(1) 유용성

조직개체군생태학이론은 ① 조직과 환경과의 관계를 연구하는 다른 이론들과는 달리 조직개체군으로 조직의 연구·분석 수준을 높여서 환경과의 관계를 연구함으로써 조직과 환경 간의 관계에 관한 연구를 거시사회학적 차원으로 높였다. ② 조직의 생존과 적응을 환경 선택적 관점에서 설명하는 데 유용한 이론을 확립한다.

(2) 문제점

① 지나치게 조직에 대한 환경결정론에 기울어져 있다. 조직관리자가 행사하는 전략적 선택을 완전히 배제해 버리는 것이다. ② 자연적 생물세계를 연구하는 개념과 방법을 유추해 인간으로 구성된 사회조직을 설명하고자 하는 데 근본적인 문제점이 있다. 동물이나 식물의 세계와는 달리 사회조직은 인간의 감정·의지·이성·윤리·사상 및 권력과 계급으로 구성된 하나의 사회적 실체다. 따라서 생물학적 환경결정론의 맥락에서만 설명하기 어려운 존재다. ③ 경험적·실증적 연구 수준이 높지 않다. 예를 들면, 개체군에는 어떤 조직들이 포함되고, 개체군의 경계는 어떻게 명확하게 정해지며, 적소나 적합성에 관해 어떻게 조작적 정의를 하고, 적합성을 확립하는 과정은 어떻게 이뤄지며, 변이의 근원은 무엇인가에 대한 설명이 미숙한 단계라고 할 수 있다.

3 자원의존이론

1) 의의와 특징

(1) 의의

개방 체제로서 조직은 그 적응과 생존 및 목표 달성을 위해 자원을 매개로 환경(다른 조직)과 상호 의존 및 교환 관계를 갖는 실체다. 자원의존(resource dependence)이라 함은 조직들이 외부 환경의 자원(다른 조직의 자원)에 의존함을 의미한다. 외부 환경은 조직의 생존에 필요한 자원을 제공하지만 한편으로는 조직을 제약하고 조직에 불확실성을 주는 요소이기도 하다. 자원의존이론(resource dependence theory)이라 함은 조직이 다른 조직의 자원(환경)에 의존할 뿐만 아니라 동시에 능동적·적극적으로 그러한 의존을 최소화하고 의존에서 비롯되는 여러 가지 제약성과 불확실성에 대응하는 주체라고 설명하는 것을 말한다(Ulrich & Barney, 1984: 471-481; Pfeffer & Salancik, 1978: 39-40 참조).

(2) 특징

자원의존이론이 지니는 특징은 ① 조직은 환경에 둘러싸여 있고 필요한 자원을 완전히 자급자족할 수 없기 때문에 외부 환경(다른 조직)에 자원을 의존하며, 그러한 자원의 의존과 더불어 외부 환경(다른 조직)으로부터 오는 일정한 제약과 대소의 불확실성에 직면한다고 본다. ② 조직은 환경에 의존하고 환경으로부터의 제약성과 불확실성 속에서 그 개체의 생존과 적응을 위해 능동적으로 환경을 다루는 전략과 조직 내부전략을 선택하며 활동하는 주체라고 설명한다. 따라서 자원의존이론은 에머슨(R. M. Emerson) 등의 교환이론(exchange theory)과 유사하며(Emerson, 1962: 31-40), 조직 내의 권력 및 정치 과정을 통해 환경에 영향을 미치는 전략적 의사결정을 부각시키는 점에서 잘드(M. N. Zald) 등의 정치경제모형과 유사하다고 할 수 있다(Zald, 1970: 221-261).

2) 조직의 자원의존과 외부 통제

(1) 조직의 자원의존

어떤 조직이라도 자신에게 필요한 자원을 100% 자급자족할 수 없으며, 자원을 자급자족하기 위해 모든 활동을 할 수도 없다. 조직은 자원을 얻기 위해 환경(다른 조직)에 의존해야 한다. 예를 들면, 정부는 대학에 우수한 인적 자원을 의존하고 대학은 정부의 재정 지원에 상당

부분 의존하는 것이다. 하나의 사회 체제 안에 존재하는 수많은 조직은 상호간에 자원의존 관계를 갖는다고 할 수 있다. 자원을 매개로 이뤄지는 조직 간의 상호의존은 산출 상호의존(outcome interdependence) 및 행동 상호의존(behavior interdependence)의 형태를 띤다. 산출 상호의존이란 한 조직의 산출이나 결과가 다른 조직의 산출이나 결과와 상호의존하는 것을 말하며, 행동 상호의존이란 어떤 조직의 활동과 다른 조직의 활동이 상호의존하는 것을 말한다. 산출 상호의존은 경쟁적 상호의존(competitive interdependence)이나 공생적 상호의존(symbiotic interdependence)의 형태를 갖는다. 공생적 상호의존 관계에서는 한 조직의 산출이 다른 조직의 투입이 되며 상호간에 대등한 호혜적 관계를 유지한다. 그러나 경쟁적 상호의존 관계에서는 조직 상호간에 제로섬(zero-sum)의 관계가 되기 쉬우며 한편이 다른 편에 종속되는 상태가 될 수 있다.

(2) 자원의존과 외부통제의 변수

어떤 조직이 다른 조직이 가지고 있는 자원에 의존하게 되는 주요 변수는 ① 조직의 지속적 생존과 운영에 다른 조직이 가지고 있는 자원이 얼마나 결정적으로 중요한가, ② 자원을 가지고 있는 조직은 그 자원을 분배하고 공급하며 사용하는 데 어느 정도의 통제권과 재량권을 가지고 있는가, ③ 조직이 다른 조직이 가진 자원을 선택적으로 획득해 사용할 수 있는 대안이 있는가 등이다. 어떤 조직이 자기 조직의 생존과 운영을 위해 필요한 자원을 특정 조직 이외의 다른 조직에서 얻을 수 있는 대안이 없으며, 그 특정 조직이 자원의 배분·공급 및 사용에 대한 통제권을 독점하는 경우에는 그 조직은 그 특정 조직의 자원에 완전히 의존하게 되는 것이다. 그러나 자원 획득의 대안이 존재하는 경우에는 특정한 조직에만 의존하는 정도는 상대적으로 약해진다.

조직들은 상대적인 정도의 차이는 있지만 다른 조직의 자원에 상호의존하는 것이 현실이다. 따라서 조직은 다른 조직의 자원에 의존함으로써 자신이 의존하는 외부 조직으로부터 통제를 받게 되는 것이다. 의존이 클수록 많은 통제가 수반된다.

3) 조직의 환경관리 전략

조직은 위와 같은 자원의존과 거기에서 발생하는 제약성 및 불확실성에 주체적이며 능동적으로 대응하고 관리하기 위해 여러 가지 대외적 및 대내적 전략을 선택할 수 있다.

(1) 조직의 대외적(대환경적) 전략

조직이 할 수 있는 대외적 및 대(對)환경적 전략을 소개하면 다음과 같다.

첫째, 조직은 외부 조직에 대한 자원의존 상태와 의존으로부터 발생하는 제약성 및 불확실의 상태와 원인을 정확하게 인식하고 그에 대한 적절한 대응 방법을 선택해야 한다.

둘째 자원의존 관계를 자기 조직에 유리하게 형성하고 확대하며 불리한 의존 관계는 회피하거나 줄여야 한다. 자기 조직이 산출하는 자원을 다른 조직이 더 많이 사용하도록 산출물이나 서비스를 개선하고, 경쟁 조직과 차별화하며, 수요를 창출하고 확대하고, 다른 조직의 산출물을 사용하는 경우에는 지나치게 그것에 의존하지 않도록 대안을 개발해야 한다.

셋째, 활동 영역을 바꿔야 한다. 현재까지 조직이 수행해 온 활동 영역(domain)을 변경함으로써 새로운 환경을 선택하는 것이다. 조직의 활동 영역을 불확실성이 낮은 영역으로 변경하거나 더욱 확실성이 있고 지배와 통제가 가능한 것으로 바꾸는 것이다. 기존의 사업의 종류를 바꾸거나 더욱 다양화(diversity)하거나 감축할 수도 있다.

넷째, 합병(coalescing)전략을 선택한다. 조직이 공동의 활동을 목적으로 다른 조직들과 결합하는 것을 합병이라 한다. "싸워 이겨낼 수 없으면 그들과 결합하라(if you can't beat them, join'em!)"는 격언을 실천하는 것이다(예: 정치 세력 간 지역 분할 통치의 합의, 기업의 흡수 합병, 공동정권 등).

다섯째, 적응적 흡수(cooptation)전략이다. 조직의 안정이나 생존에 위협이 되는 외부 인사를 조직에 흡수·포섭하는 전략이다.

(2) 조직 내부의 적응적 전략: 조직의 정치 과정과 환경 적응 전략

페퍼(J. Pfeffer)와 살란식(G. R. Salancik)은 조직이 외부 환경의 자원에 의존함으로써 발생하는 제약을 다루는 방법으로서 환경의 영향과 조직 내부의 정치 과정을 연결시키는 모형을 제시하고 있다. 일종의 조직 내부에서 형성된 권력이 환경과 조직 사이에 개입해 조직의 행위와 구조적 변화를 위한 의사결정을 하고, 그것이 환경에 영향을 미치는 과정을 모형화하고 있다. 이 모형은 조직이 선택 행위를 할 때 내부의 권력 관계 및 정치 과정을 고려하는 것이다.

[그림 5-7]에서 보는 바와 같이 자원의존에서 발생하는 제약과 불확실성을 극복하기 위해서는 권력을 가지고 조직을 통제하며 의사결정의 중심적 역할을 수행하는 자가 조직에 있어야 한다. 그가 중심이 돼 조직 내부의 권력 배분을 행하고, 유능하고 영향력 있는 고위관리자를 선발하며 부적격자는 해임하고, 환경에 적응하는 조직의 행위와 구조를 선택하는 의사결정을 통해 환경을 다뤄야 한다. 그런데 페퍼와 살란식은 이러한 조직 내부의 정치 과정은 외부 환경과 연계돼 있지만 그들 간에는 느슨한 연계 관계를 가지며 어느 정도 독립적으로 작용한다고 설명한다.

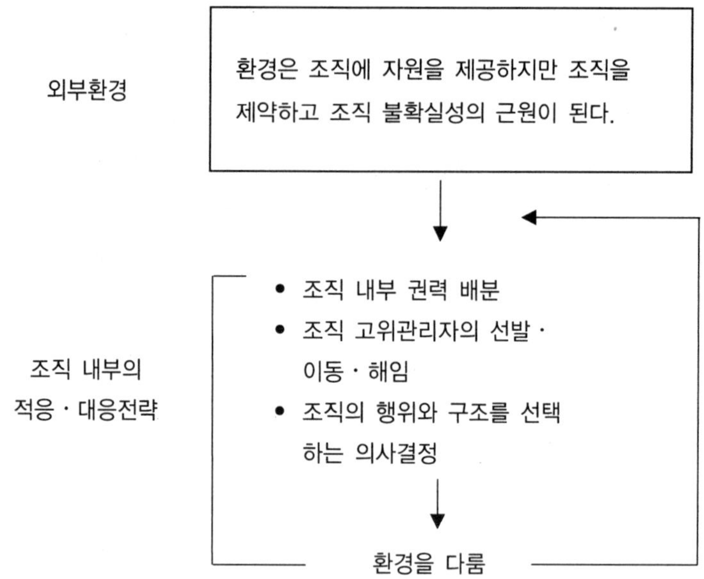

그림 5-7 환경의 제약에 대한 조직 적응의 모형

Pfeffer & Salancik(1978: 229; 1982: 203)의 내용을 중심으로 재작성.

4) 유용성과 문제점

(1) 유용성

자원의존이론모형은 ① 조직이 필요한 자원을 환경(다른 조직)에 의존하지만 환경을 능동적으로 관리하고 환경에 적응하는 전략적인 주체가 돼야 함을 강조한다. ② 환경이 조직에 미치는 제약성과 불확실성을 인식하면서 조직의 환경에 대한 적극적 대응전략을 제시한 점에서 개체군생태학이론보다 포괄적이고 상황조건적합이론보다 구체적이다. ③ 조직의 환경을 자원 의존 관계에 있는 다른 조직들로 규정함으로써 환경의 개념과 경계, 그리고 조직 간의 관계를 훨씬 더 명확하게 설명한다고 할 수 있다.

(2) 문제점

① 자원의존이론은 조직의 환경에 대한 자율성 및 관리 능력을 실제 현실보다 지나치게 부각시키고 있다. ② 이 이론은 권력이 강하고 규모가 큰 조직을 설명하는 데 적절하다고 할 수 있으나 권력이 약하고 규모가 작은 조직을 설명하는 데는 여러 가지 한계가 있다.

4 신제도주의이론

1) 의의와 학문적 연원

(1) 의의

신제도주의이론은 1970년대에 경제학 · 정치학 · 사회학에 나타난 이론이다. 여기에서는 사회학의 제도이론 혹은 제도적 조직론을 중심으로 설명한다.

사회학의 제도이론은 19세기 말의 뒤르켐(Émile Durkheim)의 이론에까지 소급한다. 그는 제도의 연구를 사회연구의 주요 대상으로 생각했다. 그러나 조직론에 제도이론이 나타난 것은 1940년대에 셀즈닉(P. Selznick)의 연구에서 비롯된다. 그 후 1970년대 후반에 이르러 조직과 환경의 관계를 설명하는 데 핵심 개념을 이루는 개방체제론의 맥락에서 본격적으로 제도이론이 대두했다. 조직과 환경의 관계를 설명하는 이론은 매우 다양하다. 예를 들면, 전술한 상황조건적합이론이나 자원의존이론 등이 있다. 이들 이론은 조직에 영향을 미치는 과업환경 · 기술적 환경 혹은 외부 조직과의 자원의존 관계 등을 중요시한다. 그러나 제도이론은 제도적 환경이 조직구조나 행위에 미치는 영향을 설명하는 이론이다. 제도이론은 사회 · 문화까지도 제도적 개념에 포함시키는 거시적 연구 방법을 택한다. 조직구조나 행위는 제도적 환경의 영향 속에서 형성되며, 제도적 환경으로부터 정당성을 확보하고 지지를 얻어 안정적이고 반복적으로 기능을 수행하며 생존한다고 설명한다.

(2) 학문적 연원

제도(institution)가 사회과학자들의 연구에 중요한 개념이 된 19세기 말부터 1960년대까지 전개된 제도이론을 구제도이론이라 하며, 1970년대 이후에 대두한 이론을 신제도주의이론(new institutionalism)이라고 한다. 제도이론은 경제학 · 정치학 · 사회학을 횡단하는 이론으로 발전했다.

① 경제학의 경우

19세기 독일의 역사학파 경제학자들은 경제 발전에서 제도의 기능과 변화를 연구했다. 19세기 말부터 1930년대까지 미국의 경제학자들(T. Commons 등)은 자본주의 경제는 단순히 생산과 가격기구만을 통해 움직이는 것이 아니고 법률과 관습 등의 제도에 의해 규정된다는 점을 강조했다. 이들을 소위 신고전경제학 혹은 구제도경제학이라고 한다. 신고전경제학파의 학자들은 경제인의 완전한 합리성, 완전한 정보에 근거한 의사 결정, 마찰 없는 시장 거래를 가정했으며, 제도란 외생적으로 주어지는 것, 다시 말하면 상수(constants)로서 생각했다. 그러나 경제 상황과 현실의 경험의 변화에 따라 1970년대에 새로운 이론이 등장했다. 그것이 소위 신제도경제학(new institutional economics)이다. 신제도경제학은 제한적 합리성, 불완전한 정보에 근거한 의사결정, 그리고 제도란 인간이 의도적으로 선택하는 내생적 기제(endogenous mechanism)로서 고려한다.

② 정치학의 경우

정치학자들은 19세기 말 이후 20세기 초에 국가의 정치・행정제도에 관해 정태적이며 기술적인 연구를 전개했으나 1930년대 이후 제도적 연구를 지양하고 행태주의적 연구를 발전시켰다. 그러나 1970년대에 들어 현상에 관한 질적인 연구와 설명에서 행태주의가 지니는 한계성을 보완하기 위해 다시 제도이론에 관심을 갖게 됐다. 이것이 정치학의 신제도이론이다. 정치학의 신제도이론은 합리적 선택제도론(rational choice institutionalism)과 역사적 제도론(historical institutionalism)으로 전개되고 있다.

③ 사회학의 경우

1940년대에 셀즈닉을 선두로 사회학자들은 제도 및 제도화의 개념을 조직의 연구에 도입해 조직이론의 하나의 계보를 형성했다. 셀즈닉은 조직이란 기계적・기술적인 체제이며, 환경과 관계를 갖고 상호작용하는 적응적・유기적 체제라고 설명한다. 또한 조직은 그 안정과 효율성을 위협하는 외부의 환경적 요소를 적응적으로 흡수(cooptation)해 제도화 혹은 관행화하며, 조직 내부의 여러 단위 및 요소들 간의 관계도 규칙과 같은 제도를 확립해 안정시켜야 한다고 설명한다. 환경에 대한 조직 내부의 기능적 적응을 강조한 것이다(Selznick, 1948: 25-35; 1949; 1957 참조).

셀즈닉이 씨를 뿌린 제도이론은 1970년대에 이르러 새로운 이론으로 변화했다. 새로운 제도이론에서는 제도를 사회적・문화적 맥락에서 이해하고 규범적인 접근보다는 인지적 접근을 강조하며 제도적 영향이 조직의 장(organizaitonal field)을 통해 조직에 확산되는 메커니즘 등을 강조하는 것이다. 이와 같은 이론을 사회학적 신제도주의라고 한다. 신제도주의 사회학은 1967년에 버거(P. L. Berger)와 루크만(T. Luckmann) 등의 저서에 나타나기 시작했고, 이어서 1970년대 후반부터 메이어(J. W. Meyer), 로완(B. Rowan), 디마지오(P. J. Dimaggio)와 파월(W. W. Powell) 등에 의해 본격적으로 심화되고 지평이 넓혀졌다.

2) 제도 및 제도화의 의미

(1) 제도의 의미

우리는 흔히 제도(institution)라는 말을 들으면 법령집에 수록돼 있는 실정 법규를 연상하거나 "병원 · 교도소 · 대학과 같은 조직체를 생각하며, 국가 · 경제 · 교육 체계와 같은 사회적 실재를 생각하기도 한다"(Berger & Berger, 김종덕 옮김, 1958: 73).

① 사회학적 시각

사회학적인 시각에서 제도란 사회적 행위자들(social actors)이 사회적 상호작용 속에서 당연하고 옳다고 생각하며 습관화(관습화)하고 정형화한 공식 혹은 비공식적 규칙 · 절차 및 행동의 유형(類型, typification)이라고 할 수 있다. 버거와 루크만은 "여러 행위자들이 나타내는 습관화된 행위들의 상호적 전형(a reciprocal typification of havitualized actions by types of actors)을 제도"라고 한다(Berger & Luckmann, 1967: 54). 아벨(P. Abell)은 "행위자 집단의 행동을 결정하고, 행동에 의미를 부여하는 어느 정도 합의된 규칙을 제도"라고 정의한다(Abell, 1995: 3-14).

② 사회학적 신제도주의 시각

사회학적 신제도주의의 이론에서는 제도를 사회의 문화 및 가치와 관련되고 복합되는 개념으로 파악한다. 즉, 문화(culture)란 간단히 말하면 특정한 사회집단에 의해 공유되고 사회적으로 전승되는 행위 유형 혹은 행위 양식의 총화라고 할 수 있으며, 제도란 그러한 행위 유형 및 행위 양식이 일정한 틀 · 규칙 · 질서 · 절차의 형식을 갖춘 것이라고 할 수 있다. 가치(value)란 사람들이 바람직하고 중요하다고 생각하는 어떤 관념을 말한다. 사람들이 사회적으로 생각하는 가치는 일반적으로 추상적이며 사람에 따라 주관적이다. 사회적 가치의 실현은 사회구성원이 행위를 조성하거나 규제하는 제도를 통해 실현된다. 그러므로 제도는 가치의 구체적 수단에 해당한다.

제도는 공식적 기관의 명문화된 공식적 행동규칙(법규 · 표준운영절차 등)의 형식을 취하기도 하지만, 사람들의 사회화 과정을 통해 내면화된 가치 및 규범과 같이 공식성이 낮은 것도 있고, 비교적 암묵적이지만 당연한 규칙으로 인지하는 구조로 유지되는 것도 있다.

(2) 제도화의 의미

제도화(institutionalization)란 제도가 확립되는 과정을 말한다. 다시 말하면, 사회적 행위자들의 상호작용 속에서 정형화된 행위 유형을 구성원이 보편적으로 받아들여 규칙 · 절차 및 행동의 유형을 확립하는 과정이라고 할 수 있다.

3) 신제도주의 이론의 특징

(1) 개방 체제적 관점

신제도론 혹은 제도적 조직론은 개방 체제론적 관점에서 조직과 환경의 관계를 설명하는 이론의 하나다. 특히 제도적 환경과 조직의 관계에 초점을 둔다. 조직의 환경을 제도로 한정함으로써 과업환경이나 기술적 환경의 특성과 조직 간의 관계를 연구하는 상황조건적합이론과 다르며, 외부 조직의 자원과 조직의 관계를 다루는 자원의존이론과도 차이가 있다.

(2) 분석 수준-거시적 사회 수준

신제도론적 조직의 연구와 분석은 조직의 장(organizational field)을 포함하는 거시적 사회 수준에서 이뤄진다. 여기서 말하는 조직의 장이란 상호간에 의존하고 빈번하게 작용하며 공통의 의미를 공유하는 조직의 공동체(a community of organizations)라고 할 수 있다.

(3) 제도적 환경으로부터 조직의 정당성 확보

조직은 제도적 환경으로부터 정당성(legitimacy)을 확보하고 사회적 지지를 획득함으로써 생존한다고 설명한다. 제도적 환경은 조직구조나 행위를 제약하는 존재일 뿐만 아니라 조직에 정당성을 부여하고 활력을 주는 요소로 본다. 제도이론에서는 조직의 운영과 관리의 효율성보다는 조직이 제도적·문화적 환경의 기대에 순응하는 것을 중요하게 생각한다. 효율성보다는 조직의 존재 자체가 사회적으로 가치 있다고 인정받는 것이 중요하다. 여기서 말하는 "정당성이란 조직의 구조나 활동이 사회에 바람직하고 적절하며, 환경의 규범·가치 및 신념 체계와 부합한다고 보는 사회 전반의 시각을 말한다"(Useem, 2005: 66-70 참조).

(4) 제도의 인지적 요소 강조

제도는 규제적(regulative)·규범적(normative)·인지적(cognitive) 요소를 갖는다. 제도의 규제적인 요소는 사람들의 행동을 강제적으로 구속하고 질서를 잡으며 감시하고 제재하는 것들이다. 규범적인 요소는 사람들의 사회활동에 어떤 의무적인 목표나 목적을 규정할 뿐만 아니라 그 수행 방법을 지시하는 것이다. 제도의 인지적 요소란 사람들이 사회적으로 구성된 제도의 의미와 상징 등을 인지하고 해석하며 정서적으로 부응하는 모습을 드러내는 말이다. 인지론적 입장에서 보면 사람들은 자신이 속하는 사회나 조직의 세계가 어떤 것인가를 인식하고 자신이 어떤 행동을 하는가를 이해하며 현실 세계를 능동적으로 구성하는 존재다. 제도의 규제적・규범적인 요소에 관해서는 과거의 제도주의자들(구제도주의자들)이 일반적으로 강조한 것이다. 그러나 제도의 인지적 요소에 주목한 것은 신제도주의자로 분류하는 인류학자 기어츠(Clifford Geertz), 사회학자 버거(Peter Berger)와 메이어(J. W. Meyer) 등이다. 예를 들면, 버거와 루크만(Berger & Luckmann, 1967: 67-68)은 의미와 상징 등의 문화적 개념을 제도의 설명에 연결시키고 있다. 인간이 만든 제도는 의미의 침전물(sedimentation), 다시 말하면 의미의 객관적 결정체(crystallization)라고 해석한다.

(5) 조직 간의 제도적 유사성 및 동질성 설명

신제도주의는 조직 간의 제도적 유사성 및 동질성과 그러한 동질성이 이뤄지는 메커니즘을 설명한다. 그런 점에서 볼 때 다양하고 분화된 조직세계를 설정하고 그 구조와 행위의 차이를 설명하는 데 치중하고 있는 대부분의 조직이론과는 다르다.

4) 제도적 동형화

(1) 제도적 동형화의 의의

사회에는 다양한 조직이 존재하고 그들 간에 구조와 행위의 차이가 있지만 유사성 및 동질성도 있다. 제도주의 이론가들은 조직 간의 유사성 및 동질성에 주목한다. 조직 간의 유사성 및 동질성을 설명하는 개념을 제도적 동형론(institutional isomorphism)이라고 한다. 제도적 동형화란 동일한 환경에 있는 조직들이 서로 닮도록 이끌고 구속하는 과정(constraining process)을 의미한다(Hawley, 1968: 328-337). 환언하면, 동일한 조직의 장(organizational field)에 존재하는 조직들 간에 그 구조가 서로 동질화 혹은 유사화하는 과정을 말한다.

여기에서 말하는 조직의 장이란 유사한 재화와 용역을 생산하는 조직들을 포괄하는 집합적 조직체로서 일정한 제도적인 삶의 영역(an area of institutional life)을 형성하는 단위체다. 예를 들면, 어떤 국가나 지역 안에 있는 대학들은 설립 주체가 다르고 역사・규모 및 행태의 차이가 있지만 같은 환경 속에서 존재하면서 구조가 비슷해지는 것을 볼 수 있다. 그것이 동형화 경향이다. 일단, 조직의 장이 생성되고 구조화되면 그 장 내의 다양한 조직들뿐만 아니라 거기에 새로 진입하는 조직들도 동형화되는 경향을 나타낸다(Dimaggio & Powell, 1983: 148-149).

(2) 제도적 동형화의 메커니즘

조직의 제도적 동형화와 동형화에 이르는 메커니즘은 다음과 같다(Dimaggio & Powell, 1983: 150-154 참조).

① 강압적 동형화

강압적 동형화(coercive isomorphism)란 어떤 조직이 의존하고 있는 다른 조직으로부터의 영향이나 사회·문화적 기대가 그 조직에 공식적·비공식적 압력(강요 혹은 권고)의 형식으로 작용하는 경우에 나타나는 현상이다. 예를 들면, 제조업자들은 각자의 사업이나 조직이 다르지만 정부가 정한 환경 법규에 따라 환경오염을 방지하는 시설을 하고 관리하며, 각 학교는 각각 목적이나 규모 등에 차이가 있지만 정부가 정한 교육·학습 제도와 기준에 따라 교육·학습 기능을 수행한다.

② 모방적 동형화

모방적 동형화(mimetic isomorphism)란 조직에서 적용할 기술을 잘 이해하기 어렵거나, 조직의 목표가 모호하거나 환경이 불확실할 경우에 조직은 다른 조직에서 적용하고 있는 성공적인 전형적 모형을 찾아 모방함으로써 제도적 동형성을 갖는 것을 말한다. 모방은 가장 값싼 비용으로 신속하게 문제를 해결하도록 할 수 있다. 정부의 제도 개혁에 선진국의 제도를 도입해 적용하는 것은 일종의 모방적 동형화 현상이다.

③ 규범적 동형화

규범적 동형화(normative isomorphism)란 조직의 관리나 문제 해결에 적용되는 전문성 및 전문적 기준이 규범적 요소로서 작용해 조직 간에 제도적 동형성이 이뤄지는 것을 말한다. 같은 조직의 장(場) 안에는 여러 조직이 있고 사람들은 각기 다른 조직에서 근무하더라도 일을 처리하는 방법은 표준적인 전문적 규범에 근거하는 경우가 많다. 예를 들면 어떤 학군 안에는 여러 학교가 있고 교사들은 각각의 학교에 소속돼 가르치지만 교육의 원리와 전문적인 규범은 비슷하다. 조직은 그러한 표준적인 전문적 규범에 따라 일을 함으로써 사회적으로 정당성을 인정받으며 결과적으로 조직들은 제도적으로 동형화된다.

5) 유용성과 문제점

사회학의 신제도주의이론은 조직에 관한 새로운 연구 시각을 확립했다고 할 수 있다. 그러나 이 이론에도 공헌과 한계 혹은 유용성과 문제점이 있다.

(1) 유용성

첫째, 신제도주의이론은 조직의 제도나 행위를 좀 더 거시적인 맥락에서 이해하고 설명하는 데 도움을 준다. 단순히 특정한 과업환경(task environment)이나 기술적 환경의 맥락에서가 아니라 사회·문화, 국가 및 세계 체제라는 넓은 시각 속에서 조직의 제도적 환경과 구조 및 행위를 설명하는 장점이 있는 것이다.

둘째, 조직이 기술적·경제적 환경 속에서 어떻게 기능적 합리성과 능률성을 실현하는가에 관해 설명하는 데 초점을 두는 기존의 이론과는 달리, 사회문화적으로 형성되고 당연시되는 가치와 규범이 조직의 구조 및 행위로 어떻게 제도화되고 정당성을 인정받으며 생존하는가를 설명하는 이론적 유용성이 있다.

셋째, 조직의 제도가 동형화되는 메커니즘을 설명하는 데 유용하며, 실제 조직의 운영과 생존의 근거와 이유를 이해하는 데 도움을 준다.

(2) 문제점

첫째, 신제도이론에서 사용하는 개념과 그들 개념들 간의 관계를 명확하게 이해하기 어렵다. 문화, 제도, 사회적 가치, 상징, 조직의 제도 등의 개념이 서로 복합돼 명확하게 이해하고 설명하기 어렵다.

둘째, 신제도이론은 주로 학교조직이나 행정기관을 대상으로 연구해 이론을 구성한 것이다. 이러한 조직들은 공공서비스가 중요하므로 사회적 정당성을 인정받는 제도의 채택이 중요하다. 그러나 주로 시장환경에 접하고 있는 기업조직은 효율성의 확보가 중요하다. 신제도이론은 조직 간의 차이와 특수성을 고려치 않고 일반적으로 설명하려고 하는 데 한계를 지닌다.

셋째, 조직의 미시적 수준에서 일어나는 행위를 무시하는 경향이 있다. 거시적 이론이 지니는 한계라고 할 수 있다. 예를 들면, 조직 안에 미시적 수준에서 발생하는 개인의 이익 추구행위, 비공식적 관계, 갈등, 태도 등에 관해 소홀히 설명한다.

넷째, 조직의 제도와 행위의 결정과 존속이 사회문화적 환경의 영향에 의해 결정된다는 논리에 치우쳐 있다.

5 조직경제학: 거래비용이론

1) 의의와 학문적 연원

(1) 의의

원래 경제학에는 조직에 관한 일반이론이 생성되지 않았다. 그러나 1970년대 이후 소위 신제도경제학(new institutional economics)이 대두하면서 경제학적 시각과 조직행태론적 개념이 결합된 매우 특화된 조직이론이 나타나게 됐다. 이것을 조직경제학(organizational economics) 혹은 신제도경제학적 조직이론이라고 말할 수 있다.

신제도경제학은 제도(예: 시장 · 계약 · 조직구조 등)가 인간 행동에 미치는 영향을 중요하게 다루며, 경제행위의 장에서 조직이 생성되고 중요시되는 메커니즘과 조직 내부구조의 형태 등에 관해 설명한다. 신제도경제학은 연구 대상과 분석 단위 등에서 차이를 지니는 몇 가지 이론들로 구성돼 있다. 말하자면 거래비용이론(transaction cost theory), 주인 · 대리이론(principal-agent theory)과 재산권이론(property right theory) 등이다. 이 중 거래비용이론이 조직경제학을 대표한다고 할 수 있다.

(2) 학문적 연원

조직경제학의 학문적 연원은 경제학에서 제도 연구의 변천과 관계된다. 경제학에서 제도의 연구는 19세기 독일의 역사학파까지 소급한다. 역사학파 학자들은 경제 발전에서 제도의 기능과 변화를 연구했다. 19세기 말부터 1930년대까지 미국의 신고전파 경제학자들은 경제는 생산과 가격기구만으로 이뤄지는 것이 아니라 법률과 관습 등의 제도에 의해 규정된다고 봤다. 이 학파를 제도경제학파라고 호칭하며, 1970년대 이후에 나타난 소위 신제도경제학파와 구분하기 위해 구제도경제학파라고도 한다. 구제도학파의 학자들은 제도란 외생적으로 주어지는 제약이라고 보고, 시장에서는 완전한 경쟁 속에서 마찰 없는 거래가 이뤄지며, 경제적 행위자는 완전한 합리성에 근거해 결정하고 행동한다고 가정했다. 그러나 이러한 가정은 새로운 학자들에 의해 수정됐다. 그 선구자는 코스(Ronald H. Coase)다. 그는 제도란 외생적으로 주어지는 것이 아니라 사람들의 선택에 의해 내생적으로 생성되고 경제적 행위자는 제한된 합리적 결정과 행위를 한다고 주장했다. 또한 시장 거래는 행위자의 제한된 합리성과 기회주의적 행동으로 인해 과다한 거래비용을 발생시키므로 조직(계층제)을 생성해 거래를 내부조직화해야 한다는 견해를 제시했다. 여기에 거래비용 메커니즘을 중심으로 하는 시장과 조직(계층제)이론, 즉 조직경제학이 탄생하는 것이다. 코스의 이론은 1970년대에 윌리엄슨(Oliver Williamson) 등에 계승돼 더욱 체계적이고 정치한 이론으로 확립됐다.

2) 기초 개념

신제도경제학 및 조직경제학과 관계되는 기초적인 개념은 제도, 시장, 조직, 거래와 거래비용 등이다.

(1) 제도

노스(Douglas North)는 제도(institutions)란 사람들이 만든 사회의 게임 법칙, 혹은 사람들의 상호작용을 구조화하는 제약(constraints)이라고 정의한다(North, 1994: 359-368). 제도란 사회적·역사적 조건 속에서 형성되고 존재하는 것이며, 사람들의 사회적·경제적 행위의 틀을 제공하고 조건짓는 요소라고 할 수 있다.

(2) 시장과 조직

시장(market)이란 특정한 재화나 서비스를 팔거나 사고자 하는 사람들이 만나서 그에 대한 정보를 수집·교환·흥정 및 거래하는 장소다. 시장은 자본주의 경제의 기본적인 제도다(박상수, 2003: 70).

조직(organization)이란 특정한 사회적·경제적 목적을 달성하기 위해 두 사람 이상이 결합한 집합체로서 수직적 계층제와 수평적 분업 체계로 이뤄진 내부구조를 가지고 있다. 경제학적인 면에서 볼 때 조직도 거래가 이뤄지는 장소이며 제도다. 산업사회 이후 오늘날의 시장과 조직(기업조직)은 사회적·경제적 행위가 이뤄지는 중요한 장소 및 제도라는 점에서 공통성을 갖는다. 그러나 시장과 조직은 몇 가지 차이가 있다.

첫째, 참여자의 상호 관계 행위의 지속성에서 볼 때 시장에서는 개개 거래가 완료됨으로써 참여자의 상호 관계 행위가 종료한다. 그러나 조직은 구성원 간에 내부적인 네트워크를 이뤄 상호 관계를 지속한다.

둘째, 성원의 구성면에서 볼 때, 시장에는 구성원과 비구성원을 구분하는 신분이나 경계가 가시적으로 존재하지 않지만 조직에는 그 구분이 매우 공식적이고 명확하다.

셋째, 참여자의 행위의 자유라는 면에서 볼 때 시장에서는 참여자가 경제적 이익에 따라 자유롭게 자신의 행위를 선택하지만 조직의 구성원은 계층제 조직을 통해 이뤄지는 명령에 따라 행동해야 한다.

(3) 거래와 거래비용

거래란 재화(상품)나 서비스의 매매에서 금전이나 물품을 주고받는 행위를 말한다. 거래는 그 방법에 따라 두 가지로 나눠 설명할 수 있다. 하나는 시장 거래이고 또 하나는 내부거래다.

① 시장 거래

시장 거래는 거래 당사자가 시장이라는 장소에서 거래에 관계되는 정보를 수집·교환하고 흥정하며 거래하는 것을 말한다. 예를 들면, 어떤 기관에서 건물 청소가 필요할 때에 노동시장에 있는 파트타임 노동자와 거래하는 경우다.

② 내부거래

내부거래란 조직 내부에서 이뤄지는 거래를 말한다. 이것은 거래에 관련되는 요소를 하나의 조직에 내부화하는 것이다. 거래행위가 조직의 계층제(hierarchy) 혹은 위계제 안에 수직적으로 통합돼 수행된다. 예를 들면, 어떤 기관에서 청소가 필요한 경우 청소원을 조직의 직원으로 채용해 조직의 계층제 속에서 명령·지시에 따라 근무하도록 하고 그 근무에 대한 대가를 지불하는 것이다.

③ 거래비용

어떤 거래이든 거래에는 비용이 수반된다. 거래비용(transaction cost)이란 거래 계약을 체결하고 그것을 이행하는 데 필요한 비용을 말한다. 환언하면, 교환 당사자가 재화나 서비스의 교환을 위해 부담해야 할 희생과 손실(demerit)이다. 예를 들면 정보수집비·홍정비·자문료·계약서 작성비 및 계약 이행비용 등의 합계를 말한다. 이러한 거래비용의 크기는 거래에 관련되는 특정한 조건과 행동의 선택에 달려 있다.

3) 거래비용 접근 방법: 내부조직화의 선택 논리

(1) 윌리엄슨의 거래비용 접근 방법

신제도경제학 및 조직경제학 이론은 시장이라는 교환거래제도가 존재함에도 불구하고 왜 계층제로 상징되는 조직제도가 생성되고 선택되는가를 설명하고 있다. 윌리엄슨(O. E. Williamson)은 거래비용 접근 방법(transaction cost approach)에 의해 그 이유를 설명하고 있다. 그는 시장에서 내부조직화가 선택되는 이유를 거래비용에 기초하는 시장과 조직 간의 선택 문제로 정식화(定式化)한다. 즉, 시장과 조직은 두 개의 대체적인 거래 양식이며, 어느 양식이 선택될지는 각각의 거래비용을 비교하고 고려해서 한다는 것이다. 만약 시장의 거래비용이 조직의 내부거래비용보다 높은 경우에는 조직의 생성 혹은 내부조직화의 선택이 강화된다는 논리다.

(2) 거래비용의 결정 요인과 내부조직화의 논리

윌리엄슨은 시장의 거래에 관해 많은 분석·연구를 했다. 그는 거래비용의 결정에 미치는 요인을 거래 결정 주체인 인간적 요인과 거래의 환경적 요인으로 나눠 설명한다(Williamson, 1975; 1985).

① 거래비용 결정의 인간적 요인

거래비용 결정에 미치는 인간적 요인으로는 제한된 합리성과 기회주의 행태를 가정한다.

제한된 합리성(bounded rationality)이란 의사결정자가 의도적으로는 합리적으로 결정하고자 하지만 현실적으로 제한을 받는(intendedly rational, but only limited so) 의사결정을 하는 것을 말한다(Simon, 1947). 제한된 합리성을 초래하는 근원은 현실적으로 정보의 부족, 불확실, 의사결정자의 인지 능력의 한계 및 시간 제약 등에 있다. 거래환경을 둘러싸고 있는 환경이 불확실하고 복잡한 경우에는 제한된 합리성이 더욱 가중된다. 이러한 상황에서 이뤄지는 결정은 근본적으로 불완전하고 미래에 어떤 결과를 가져올지 예측할 수 없기 때문이다. 이 경우에 사람들은 시장 거래보다는 내부거래, 즉 조직을 선택하게 될 것이다. 조직에는 제한된 합리성 속에서나마 규칙적인 의사결정 절차가 있어서 결정자로 하여금 환경의 불확실성에 적절하게 대응케 할 수 있기 때문이다.

기회주의(opportunism)란 거래자가 자기의 이익을 추구하기 위해 거래 상대자에게 불이익이 될 수 있는 정보를 선택·왜곡 및 조작하는 등의 행동을 하는 것을 말한다. 기회주의 행태는 거래 질서를 왜곡시키고 흥정을 복잡하게 한다. 이러한 행태는 거래자가 다수일 경우에는 쉽게 노출돼 봉쇄될 수 있지만 특히 거래자가 소수일 경우에는 쉽게 드러나지 않아 제어하기 어렵다. 거래 결정에 기회주의가 발생할 경우에는 기회주의적 흥정이 유발되고 기회주의적 거래가 발생하므로 거래비용이 증가한다. 이러한 경우에 선택할 수 있는 대안은 내부조직화다. 거래자들이 조직 속으로 들어와 조직의 구성원으로서 조직의 규칙과 명령에 따라 일을 수행하게 함으로써 거래비용을 줄이고 효율성을 확보할 수 있는 것이다.

② 거래비용 결정의 환경적 요인

거래비용 결정의 환경적 요인은 불확실성·복잡성·자산의 특수성 및 거래빈도 등이다. 거래의 불확실성(uncertainty)이란 거래 상대자의 신용 상태나 기회주의적 행동 개연성 등을 확실히 알 수 없는 경우를 말하며, 복잡성(complexity)이란 거래계약 규정이나 절차 등이 복잡한 것을 말한다. 거래환경 및 상황이 불확실하거나 복잡하면 거래비용을 증가시킨다. 이 경우에는 거래를 조직 안으로 끌어들일 필요성이 증가한다. 거래를 조직 안으로 끌어들이게 되면 조직의 규칙과 계층제를 통한 감독과 통제를 통해 거래의 불확실성과 복잡성을 줄이고 효율적으로 거래될 수 있다.

거래자산의 특수성(asset specificity)이란 거래에서 다른 대체물로 대신할 수 없는 자산을 말한다. 어떤 경제적 행위 주체가 구입하고자 하는 자산이 특수해 시장에서 구입하기 어렵고 대체물이 없는데 공급자가 기회주의적 행동을 하거나 거래환경이 불확실한 경우에는 거래비용을 증가시킬 수 있다. 이런 경우 그 거래를 내부조직으로 유도할 필요가 있다.

거래의 빈도(frequency)란 거래의 발생 정도를 말한다. 거래가 규칙적 · 일상적으로 반복되는 경우에는 그때그때 시장에서 거래하는 것보다 그것을 내부조직화함으로써 비용을 줄이고 효율성을 높일 수 있다.

4) 조직의 선택과 형태

(1) 조직의 선택

거래비용이론에서는 시장 거래 비용이 높은 경우 그것을 대체하는 방안으로서 내부조직화를 제안하고 있다. 다시 말하면 계층제조직을 선택하는 것이다. 거래 당사자를 조직계층제 안으로 끌어들여 구성원으로 만들고 계층제적 규칙과 권한에 따라 그들을 조정한다는 것이다. 그렇게 함으로써 거래의 예측성을 높이고 기회주의적 행태를 제어할 수 있으며, 거래비용을 낮추고 재화와 서비스의 생산과 배분을 효율화할 수 있다고 설명한다.

(2) 조직의 형태

그러면 시장 거래를 대체하는 효율적 조직 형태는 어떤 것인가? 윌리엄슨은 두 가지를 제시한다. 하나는 단일구조 형태(unitary form: U형)이고 또 하나는 복합구조 형태(multidivisional form: M형)다(Williamson, 1975).

① U형

U형은 최고관리층 밑에 기능적으로 분화된 몇 개의 부서로 이뤄진다. 이것은 전통적인 기능별 조직구조로서 각 기능 부서들이 최고관리층을 중심으로 수직적 통합을 이루는 조직이다. 기능별 부서에서 이뤄지는 일의 조정은 하향적으로 이뤄진다. 조직이 소규모이고 업무가 단순한 경우에 적합한 조직구조다. 그러나 최고관리층에 업무가 과다하게 집중될 수 있다. 또한 조직의 기능이 다양해지고 규모가 커지는 경우에는 부서 간의 기능 조정과 정보 소통을 위한 비용

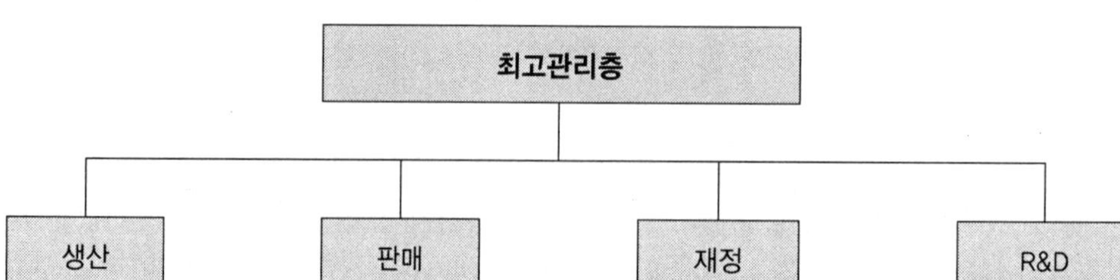

그림 5-8 U형 조직

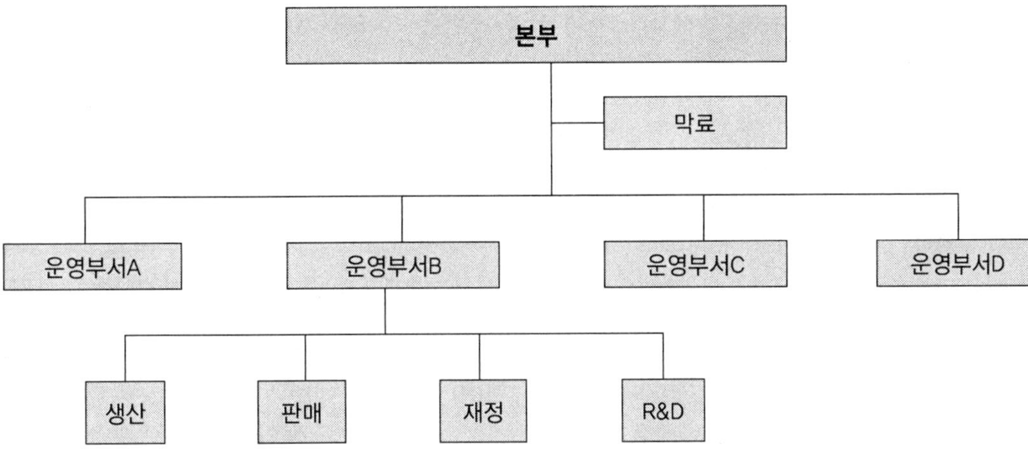

그림 5-9 M형 조직

이 증가한다.

② M형

M형은 본부 밑에 몇 개의 운영부서(A·B·C·D 등)를 두고 각 운영부서별로 생산·판매·재정 등의 기능 부서를 두는 복합적 조직구조다. 사업부제 형태의 조직에 해당한다. M형 조직에서 본부의 최고관리자들은 조직의 일상적인 업무보다는 전략적인 의사결정에 관심을 집중하고 사업부서들은 자율적인 의사결정과 운영권을 가지고 효율적으로 사업을 수행하며 사업성과에 대해 책임을 진다. 또한 M형은 사업부서별로 비교적 목표가 명확하고 조정이 쉽기 때문에 기회주의적 행태와 그러한 행태에서 초래되는 비용을 줄일 수 있다. 그러나 전체의 공통된 목표와 각 사업부서의 목표 및 활동을 최적하게 통합하기 어려운 점이 있다.

5) 유용성과 문제점

(1) 유용성

첫째, 거래비용이론은 경제학자들로 하여금 조직사회학의 개념을, 조직사회학자들로 하여금 경제학적 개념에 관심을 갖게 하고 그 개념들을 적용해 시장·조직 및 제도의 관계를 분석하고 설명하는 데 도움을 주는 이론이라고 할 수 있다.

둘째, 거래비용적 관점에서 조직(계층제조직)이 생성·선택 및 변화되는 메커니즘을 설명함으로써 조직이론의 발전에 일정한 기여를 하고 있다.

셋째, 시장과 기업조직 간의 적절한 관계 설정 방안을 선택할 때 도움이 될 뿐만 아니라 시장과 정부조직 간의 관계 설정 방안을 구상하는 데 도움이 되는 이론이라고 할 수 있다. 즉, 시장이 실패한 경우에 정부를 비롯한 공공조직이 해야 할 역할이 무엇이며, 반대로 공공조직이 실패할 경우 시장의 중요성과 역할이 무엇인가를 암시하는 이론이다.

(2) 문제점

첫째, 거래비용이론은 시장과 기업조직에 초점을 두고 연구한 이론이다. 따라서 그것을 공공조직 및 비영리조직 등을 설명하는 이론으로 일반화하는 데는 한계가 있다.

둘째, 거래비용 개념의 포괄 범위를 한정하는 데 어려움이 있다. 이론적으로는 홍정비·품질조사비·정보비·계약비 등의 합계를 거래비용이라고 말할 수 있지만, 현실적으로 어떤 비용으로 한정할 것이며 간접비용 등의 계산을 어떻게 해야 하는가의 문제점이 있다.

셋째, 조직·계층제·내부조직 및 기업 등의 개념이 명확히 구분되지 않고 쓰이는 것도 문제다.

넷째, 조직 및 계층제의 생성과 존재 목적을 편협하게 한정해 설명하고 있다. 말하자면, 시장의 거래비용이 높으면 거래를 조직 및 계층제로 옮김으로써 효율성을 높인다고 설명하는 것은 타당하다. 그러나 조직은 그와 같은 효율성을 달성하기 위해서만 생성 혹은 존재하지 않는다. 시장을 통제하고 독점을 누리고자 하는 목적도 있기 때문이다.

제 3 편

목표와 의사결정

제 6 장

조직 목표

제 1 절 조직 목표의 의의와 기능

1 의의

조직은 일정한 목표를 달성하기 위해 의도적으로 설립하고 지속적으로 활동하는 합리적인 장치이며 수단이다. 그러나 조직 목표(organizational goals/objectives)를 간단하고 명쾌하게 정의하기는 어렵다. 그 이유는, 엄밀히 말하면 조직이 목표를 갖기보다는 조직을 구성하는 개인들이 목표를 갖는다고 할 수 있으며, 목표는 관찰하기 곤란하고, 실제로 목표와 그것을 달성하는 수단의 분석이 어렵기 때문이다(Perrow, 1961: 859-866). 그러나 간단히 정의하면 "조직 목표란 조직이 달성하고자 하는 바람직한 미래의 상태(desirable future state of affairs)"를 의미한다고 할 수 있다(Etzioni, 1964: 6). 그것은 조직이 추구하는 일종의 '미래상(未來像, future image)'이며 달성하고자 하는 바람직한 결과다.

목표는 미래의 궁극적인 상태일 뿐, 현재의 상태는 아니다. 그러나 그것은 미래의 그러한 상태에 도달하기 위해 조직의 현재의 행동과 반응에 영향을 미치는 현실적인 힘을 가지고 있다. 조직 목표를 설정하거나, 변화시키는 일은 대부분 가치판단의 영역에 속한다. 따라서 때로는 그 결정을 둘러싸고 여러 가지 갈등을 수반하기도 한다.

2 기능

1) 조직의 존재 이유를 밝힘

조직의 목표는 조직이 존재하는 이유가 무엇인가를 드러내어 밝힌다. 예를 들면, 경찰서는 질서 유지, 국세청은 조세 징수, 학교는 교육을 위해 존재한다는 것을 명시한다.

2) 조직의 지침 및 방향 제시

조직 목표는 조직의 정책·전략·운영 및 활동을 위한 지침과 방향(guidance and direction)을 제시한다(Etzioni, 1964: 5).

3) 조직활동의 정당성 근거

사회 안에 존재하는 여러 조직은 각자의 활동과 임무를 수행한다. 목표는 그러한 활동과 임무 수행의 정당성을 판단하는 근거(source of legitimacy)가 된다. 다시 말하면. 조직의 여러 가지 활동과 수단은 목표에 의해 정당화된다.

4) 조직 노력의 통합·조정

조직구성원에 대한 동기 부여와 그들이 수행하는 노력과 활동 및 작용들은 조직의 목표를 중심으로 통합되고 조정된다.

5) 조직의 성공 및 효과성 측정 기준

조직의 목표는 조직의 업무 수행의 결과, 성공(success), 효과성(effectiveness)의 정도를 측정·평가·통제하는 기준이 된다.

제 2 절 수단-목표의 연쇄와 목표의 수(數)

1 수단-목표의 연쇄와 목표의 계층화

1) 수단-목표의 연쇄

조직의 전체적인 목표(overall goals)는 조직 전체가 달성할 공통 목표다. 목표의 계층에서 보면 상위 목표다. 상위 목표는 매우 일반적이고 추상적이다. 그러므로 그것은 명백하고 구체적인 여러 하위 목표(subgoals) 내지 수단(means)으로 구체화해 체계적으로 연결됨으로써 실행 가능하게 된다. 목표와 수단이 이와같이 체계적으로 연결되는 것을 목표-수단의 연쇄(ends-means chain) 혹은 수단-목표의 연쇄(means-ends chain)라고 말한다(Simon, 1967: 62-66; Morell, 1969: 5-37).

2) 목표의 계층화

목표는 전체적인 상위 목표, 상위 목표를 달성하기 위한 수단인 하위 목표, 그리고 하위 목표를 달성하기 위한 수단인 재하위 목표, 그리고 또한 재하위 목표를 달성하기 위한 재하위 수단인 구체적인 활동으로 체계화된다. 이것을 목표의 계층화(hierarchy of goals)라고 한다. 목표의 상위 목표는 추상적이고 장기적 · 비전적 · 전략적인 반면, 하위 목표로 내려갈수록 구체적 · 단기적 · 운영적 · 전술적 성격을 갖는다.

목표의 계층화는 조직구조적인 면에서도 중요한 의미를 갖는다. 즉, 조직의 수직적 계층구조인 최고관리층 · 중간관리층 · 하위업무층은 목표의 계층화와 연계돼 있다. 최고관리층은 조직의 상위 목표를 다루며, 중간관리층은 하위 목표를, 하위 업무층은 재하위 목표 및 구체적 운영적인 활동 목표를 다룬다.

조직의 목표와 수단의 개념은 조직의 합리성(rationality)과도 관계된다. 조직의 합리성은 목표에 대한 수단의 적합성을 의미한다.

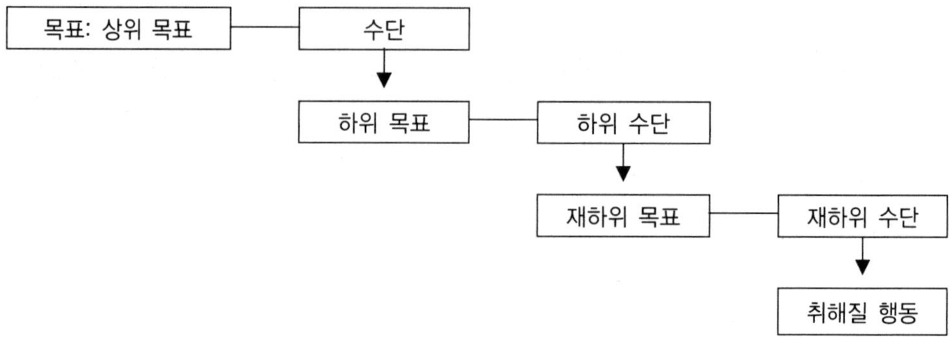

그림 6-1 수단 · 목표의 연쇄 : 목표의 계층화

2 목표의 수: 단일목표와 복수목표

1) 의의

하나의 조직이 하나의 목표만을 설정하고 추구하는 것을 단일목표(single goal)라 하며, 둘 이상의 목표를 내세우고 그것을 동시에 추구하는 것을 복수목표(multiple goals) 혹은 다원적 목표라 한다. 조직은 단일의 목표를 추구하는 경우도 있지만 둘 또는 그 이상의 복수목표를 동시에 합법적으로(simultaneously and legitimately) 추구하는 경우가 많다. 조직이 창설될 때는 단일의 목표를 설정하고 추구하는 경우도 많지만 차츰 새로운 목표를 추가해 실행하는 경우도 있다. 대학은 교육 · 연구 및 사회봉사라는 복수의 목표를 추구하는 조직이라 할 수 있으며, 종합병원은 치료와 연구 목표를 동시에 합법적으로 추구한다. 그뿐만 아니라 대부분의 현대적인 종교조직은 사회적 목표와 정신적 목표를 결합하고 있다(Etzioni, 1964: 14).

2) 복수목표의 장점과 문제점

(1) 장점

복수목표를 갖는 조직은 여러 가지 장점이 있다(Etzioni, 1964: 15-16).

첫째, 조직이 하나의 목표를 달성하기 위한 활동을 하다보면 동시에 다른 목표를 달성하는 데 기여하는 경우가 많다. 예를 들면 대학교수들이 연구를 열심히 하면 연구뿐만 아니라 교육과 사회봉사 활동을 증진시키는 결과를 초래한다.

둘째, 일반적으로 복수목표를 가진 조직은 단일목표를 가진 조직보다 질적으로 매력적이고 위신이 높기 때문에 유능한 인재를 충원하는 데 유리하다.

셋째, 사람들 중에는 한 가지 목표와 일에만 종사하기를 원하는 자도 있지만, 다양한 목표와 일에 종사함으로써 개인적 욕구를 여러 가지 면에서 더욱더 충족할 수 있다.

(2) 문제점

복수목표는 다음과 같은 문제점이 있다.

첫째, 목표 간에 상호 모순이 있을 경우, 조직 내부 단위 및 조직구성원 간에 자원의 할당과 일의 수행을 둘러싸고 갈등이 발생할 수 있다.

둘째, 하나의 조직이 여러 가지 목표를 동시에 수행하는 데는 능력의 한계가 있다.

셋째, 조직이 다양한 목표를 수행하는 경우에 실제로 어떤 하나의 목표를 우선적으로 추구하고 나머지 목표는 등한시하기 쉽다. 때로는 원래의 조직의 목표가 종속적인 제2차적 목표로 전환될 위험성도 있는 것이다.

제 3 절 조직 목표의 설정 방법과 유의할 점

1 하향적 방법과 상향적 방법

조직 목표는 하향적 방법(top-down approach)으로 설정할 수도 있고, 상향적 방법(bottom-up approach)으로 설정할 수도 있다.

1) 하향적 방법

하향적 방법은 최고관리층에서 상위 목표를 결정해 하위계층에 내려주고 하위계층에서는 각자의 직위에서 수행할 과업 목표가 무엇인가를 할당하고 결정해 수행하는 것이다. 이 방법은 조직 전체의 목표인 상위 목표에 입각해서 일사불란하게 목표가 설정되는 장점을 갖지만 하위계층의 상황이나 하위 직원들의 욕구나 생각이 반영되지 않을 수 있다.

2) 상향적 방법

상향적 방법은 하위계층에서 목표를 상향적으로 제안하는 형식으로 설정하는 것이다. 따라서 조직의 목표 설정이 산만하게 이뤄질 수도 있으나 하부 직원들의 참여와 창의성을 유인하고 적극적인 동기 부여를 할 수 있는 장점이 있다.

2 유의할 점

첫째, 목표는 그 기간이 명확하고 달성하고자 하는 목표의 내용을 확인할 수 있어야 한다.

둘째, 목표의 수행 결과를 측정할 수 있는 기준을 명확하게 정해야 한다.

셋째, 목표와 수단 관계가 체계적이고 분석 가능하며 목표 간의 우선순위가 분명해야 한다.

넷째, 목표 달성을 위한 수단이 구체적이어야 한다.

다섯째, 목표를 수행하는 직원에게 활동 지침이 명확하게 전달될 수 있어야 한다.

여섯째, 목표에는 예상되는 성과뿐만 아니라 잠재적인 위기관리 목표도 포함돼야 한다.

일곱째, 목표를 수행함으로써 얻을 수 있는 경제적 성과는 물론 사회적 성과를 함축해야 한다. 즉, 목표의 수행과 관련되는 조직 내외의 이해관계인들의 욕구를 충족시킬 수 있는 내용이 함축돼야 한다.

제 4 절 조직 목표의 유형

1 공식(명분)과 실질을 기준으로 분류하는 유형

1) 공식적 목표

공식적 목표(official goals or stated goals)란 조직이 공식적으로 표방하고 선언한 목표를 말한다. 그것은 조직의 직제나 정관 혹은 책임자가 공식적으로 공표하는 형식으로 나타난다. 조직은 그 존재 이유와 활동의 정당성을 밝히기 위해 공식적인 목표를 명시한다. 그러나 많은 경우 추상적이고 모호한 용어로 표현된다. 그러므로 공식적 목표에 대한 피상적 이해만으로는 조직이 실제로 무엇을 달성하고자 하는가를 알기 어려운 경우가 많다(Perrow, 1961: 584).

2) 실질적 목표

실질적 목표(real goals or actual operational goals)란 조직이 실제로 추구하고 실행하는 목표를 말한다. 조직들 중에는 공식적으로 공익과 사회적 책임 및 윤리의 실현을 목표로 내세우면서도 실제로는 그러한 목표의 실행과는 다른 목표를 사실상 수행하는 경우를 볼 수 있다.

실질적 목표와 공식적 목표는 상호 일치하는 경우도 있으나 그렇지 않은 경우도 많다. 때로는 실질적 목표를 달성하기 위한 수단으로 공식적 목표가 명목상으로 표방되는 수도 많다. 그러므로 어떤 기관의 목표를 제대로 이해하고 설명하려면 그 기관의 공식적 목표와 실제의 목표를 명확하게 분별해야 한다.

2 달성하고자 하는 대상을 기준으로 분류하는 유형

페로(Charles B. Perrow)는 누가 무엇(대상)을 달성하고자 하는가에 따라 목표를 다섯 가지로 분류하고 있다(Perrow, 1961: 134-171).

1) 사회적 목표

사회에는 여러 가지 조직이 있으며, 그 조직들은 각각 특정한 사회적 수요를 충족시키기 위한 기능과 관련되는 목표를 설정하고 추구한다. 이것이 사회적 목표(societal goals)다. 어떤 조직은 사회를 위해 상품을 생산하고 서비스하는 목표를 설정하고 추구한다. 경제적 조직(기업)이 추구하는 목표가 이에 해당한다. 그리고 어떤 조직은 사회질서 유지 목표를 추구한다(예: 경찰서의 목표). 또한 어떤 조직은 사회의 문화와 가치를 창출하고 유지하는 목표를 추구한다(예: 대학의 목표) (Etzioni, 1961: 72-73).

2) 생산목표

생산목표(product goals)란 특히 생산 기능 또는 생산활동(production function or production performance)을 담당하는 조직이 내세우는 목표를 말한다. 생산활동에 관련되는 목표를 특별히 언급하는 것은 모든 조직 기능이나 활동이 반드시 생산활동에만 국한된 것이 아니기 때문이다.

3) 체제목표

조직은 하나의 사회 체제로서 그 생존 · 유지 · 적응 및 성장 등에 관련된 목표를 추구한다. 이것이 체제목표(system goals)다.

4) 투자자의 목표

투자자의 목표(investor goals)란 조직에 자원을 제공하는 사람들이 의도하는 목표를 말한다. 투자자의 목표는 대체로 경제적 이득 및 이윤 획득 등에 있다. 그러나 투자자의 목표는 이윤 획득에만 한하지 않는 경우도 있다. 예를 들면, 복지사업기관에 투자하는 사람들이 생각하는 사업의 성공은 금전적 이익에만 국한되지 않는다.

5) 파생적 목표

파생적 목표(derived goals)란 조직이 어떤 목표 수행 활동을 하는 과정에서 여력이 생겨 기존의 목표에 새로운 목표를 추가해 설정하고 추구하는 것을 말한다. 예를 들면, 영리 목표를 추구하는 기업조직이 그 목표를 어느 정도 달성한 후에 문화사업, 지역사회봉사 및 특정 정당을 지원하는 등의 목표를 설정하고 추구하는 경우다. 목표가 파생돼 기존의 목표와 함께 수행되는 경우 목표의 전환 현상(displacement of goal)을 초래하기도 한다.

3 시간적 차원과 관련되는 유형

조직 목표는 시간적 차원에 따라 장 · 중 · 단기(long, middle and short range)의 목표로 분류된다. 그것을 '비전적(visionary) 목표', '실현 가능한(attainable) 목표' 및 '직접적(immediate) 목표'로 나눠 설명할 수도 있다(Hicks, 1972: 141-149). 이러한 각 목표들은 조직의 계층구조인 최고관리층 · 중간관리층 · 하위업무층이 담당하는 목표와 연계된다.

1) 비전적 목표

비전적 목표(visionary goal)는 목표계층(hierarchy of goals)의 최고 정상에 위치하는 목표다. 그것은 조직이 궁극적으로 달성하고자 하는 최고의 바람직한 이상적 상태이며, 시간적 차원서 가장 장기적인 것이다. 비전적 목표는 당장 실현될 가능성이 낮은 환상적인 것일 수도 있지만 조직의 발전과 향상을 위한 푯대(target)가 되며 자극과 유인의 근원이 된다. 비전적 목표는 조직의 비전을 구상하고 제시하는 조직의 최고관리계층의 목표에 해당한다. 따라서 그것은 조직의 전체 목표인 동시에 상위 목표인 것이다. 비전적 목표는 많은 경우 매우 이상적이고, 환상적이며, 추상적이고, 실현가능성이 희박한 것으로 간주되는 나머지 그 필요성을 직접적으로 절실히 인식치 못하는 경우도 많다.

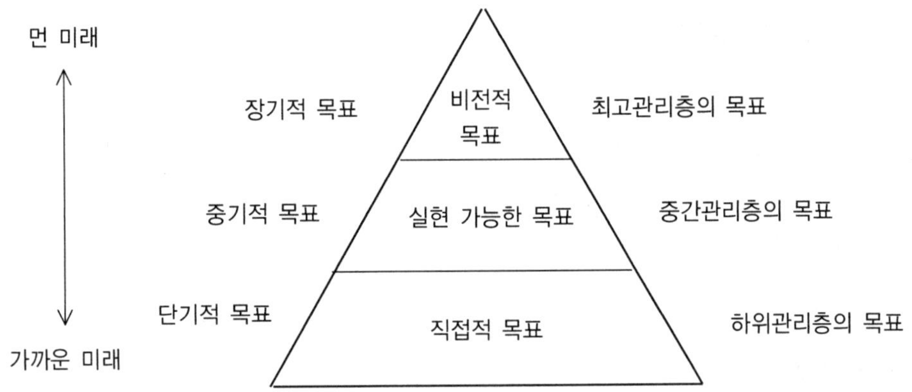

그림 6-2 시간-목표-조직 관리계층

Hicks(1972: 69)를 참조해 재작성.

2) 실현 가능한 목표

실현 가능한 목표(attainable goal)란 비교적 달성가능성이 예상되는 목표다. 그런 점에서 미래에 도달할 상태에 대한 가시성 · 확실성 · 예측성의 수준이 비교적 높은 것이다. 실현 가능한 목표를 조직계층과 관련시켜 보면, 그것은 중간관리층의 목표에 해당하며, 시간적 차원에서 볼 때 중기적 목표와 관련된다.

3) 직접적 목표 혹은 당면목표

직접적 목표(immediate goal)는 시간적 차원에서 볼 때 현재 당장 실현해야 할 조직의 일상적인 당면 목표다. 예를 들면 일상적으로 행해야 하는 사무 처리 · 인사관리 · 대민봉사 등의 기능과 관련된 목표다. 이것은 가장 단기적 · 가시적 · 구체적 · 운영적 · 조작적인 성격을 가지며, 특별히 새로운 지식과 기술이 없이도 수행될 수 있는 것이다. 조직계층과 관련시켜 보면, 주로 하위관리층(rank and file) 혹은 하위업무층의 목표다. 따라서 이것은 목표계층상 가장 하위 목표이며, 가장 수단적인 것이다.

제 5 절 조직 목표의 결정과 변화에 영향을 미치는 요인

1 조직 내부적 요인

조직의 문화, 기존의 실적, 인적 구성, 최고관리자의 비전과 리더십, 조직구성원들의 희망, 관리자와 조직구성원들 간의 인간관계, 내부의 의사결정 구조의 변화 등에 따라 목표의 성격과 내용이 결정되고 변화된다.

2 조직환경적 요인

조직은 그것을 둘러싸고 있는 거시적인 정치·경제·사회적 환경뿐만 아니라 상호 자원의존 관계에 있는 외부의 조직이나 세력 등과의 역동적인 교호작용 속에서 달성할 목표를 설정하고 그것을 변화시키는 의사결정을 한다. 톰슨(J. D. Thompson)과 맥이윈(W. J. McEwen)은 조직의 목표 설정과 선택에 영향을 미치는 요인으로서 ① 경쟁(competition), ② 협상(bargaining), ③ 코업테이션(cooptation), ④ 연합(coalition) 등의 네 가지를 지적하고, 이들의 상호작용의 성격을 분석했다(Thompson & McEwen, 1958: 23-31).

1) 경쟁

경쟁은 둘 이상의 사람이나 조직이 어떤 목적물(혹은 대상)을 얻기 위해 경합하는 경우를 말한다. 사전트(S. S. Sargent)에 의하면 "경쟁은 분할할 수 없는 목적물을 둘러싸고 그것을 차지하려고 하는 사람들 간에 발생하는 상호 대항 혹은 투쟁이다"(양회수 옮김, 1972: 182). 예를 들면, 정부와 기업은 유능한 인재를 획득하기 위해 경쟁을 벌이며, 기업들은 유리한 물적 자원과 노동력 및 고객의 획득을 위해 경쟁을 벌인다. 또한 정부 각 기관들은 예산 획득을 위해 서로 경쟁한다. 이와같이 조직은 외부의 다른 조직과의 경쟁 속에서 자기에게 유리하도록 목표를 설정하고 변화시키며 불리한 것은 회피한다.

2) 협상

협상이란 행위 주체 간에 물품이나 서비스의 교환에 관해 서로 직접적인 교섭(direct negotiations)을 행하는 것을 말한다. 단체교섭은 사용자와 노동자가 직접적으로 교섭하는 전형적인 협상이다. 협상에 임하는 각 당사자는 상대방의 요구에 대응해 자신의 기존의 목표를 수정해야 한다. 가령, 기업 측은 임금을 최소화하려 하고, 노동조합 측은 노동자의 임금을 최대화하려고 하는 목표를 가지고 있는 경우에 양측은 문제 해결을 위해 직접 교섭을 벌인다. 궁극적으로 협상 당사자 상호간에 벌이는 교섭을 성공시키려면 서로 그들의 원래 목표를 조절하고 수정하지 않으면 안 된다.

3) 코업테이션: 적응적 흡수

코업테이션이란 조직이 그 존재를 위협하거나 불안하게 하는 요소를 피하기 위한 수단으로서, 조직의 리더십과 정책결정의 구조(policy determining structure)에 외부에서 새로운 요소를 흡수하는 과정을 말한다. 다시 말하면, 조직의 리더십을 행사하고 정책 결정을 수행하는 지위에 외부의 유력인사를 영입하는 것이다. 외부 인사를 조직에 받아들이게 되면 그의 영향력에 따라 조직의 기존의 목표가 수정 혹은 변화될 수 있다.

4) 연합

연합이란 둘 이상의 조직이 공동으로 달성할 목표를 설정하고 그것을 실행하기 위해 결합(combination)하는 것을 말한다. 연합이야말로 조직 목표에 대한 환경적 영향 요인의 가장 전형적인 것이다. 연합은 하나의 중요한 정치적 혹은 정략적 과정의 성격을 띤다. 연합에 참여하는 조직은 각각 자신의 기존의 법적 · 제도적 주체성을 유지하면서 하나의 공통된 목표를 추구하기 위해 결합하는 것이다. 따라서 연합에 참여하는 조직들은 기왕에 자신이 추구해 온 목표를 조절하거나 변경하지 않으면 안 된다.

제 6 절 조직 목표의 변화 양태

조직 목표의 변화 양태에 관해 에치오니는 다음과 같이 설명한다(Etzioni, 1964: 10-14).

1 목표의 전환

1) 의의

조직 목표의 전환(目標轉換, displacement of goals) 혹은 목표의 대치(目標代置)란 조직 목표를 왜곡(distortion)하는 현상을 말한다. 환언하면, 조직이 궁극적으로 달성해야 할 목표를 왜곡해 그것을 수단으로 격하시키거나 수단을 오히려 목표의 위치에 격상시키는 것을 말한다.

2) 미첼스의 과두제의 철칙

미첼스(Robert Michels)는 그의 저서 『정당론(*Political Parties*)』(1959)에서 '과두제의 철칙(Iron Law of Oligarchy)'이라는 개념을 사용해 목표의 전환을 설명하고 있다(Michels, 1959). 그는 제1차 세계대전 전의 유럽의 사회주의정당과 노동조합을 연구했다. 그는 말하기를 이와 같은 정당과 조합들은 사회주의혁명을 추진하고, 비스마르크(Otto E. L. von Bismarck) 치하의 독일과 같은 권위주의적 국가에 민주적 정권을 수립하고 노동자의 권익을 보호하겠다는 목표를 내세우고 형성된 것이지만 그러한 정당과 조합의 지도자들은 일단 그들이 권력을 장악하고 나면 원래의 목표나 사명을 망각하거나 왜곡해 자신들이 얻은 권력과 지위의 확대나 유지에 급급한 모습을 나타냈다고 설명한다. 철저하게 목표가 왜곡되는 현상이 나타난 것이다. 그들은 조직의 커뮤니케이션 수단을 조작하거나 통제하는 방법 등을 통해 자신들의 지위를 보호하려고 하며, 조직의 고위층에 있는 지도자를 중심으로 하는 소수의 사람들에게 의사결정권을 집중해 행사한다고 말한다. 이러한 동기와 과정을 통해 조직은 '과두제의 철칙'이 지배하게 된다는 것이다. 소수가 지배하므로 과두제이며, 예외가 없다고 생각되므로 철칙이라는 것이다. 여기에서 보면 조직은 궁극적으로 달성해야 할 목표보다는 목표의 달성을 위해 존재하는 수단인 조직 내의 '지위'의 획득과 유지가 더욱 중요시돼 버린 현상을 드러낸다.

2 목표의 승계 · 다원화 · 확대

1) 목표의 승계

목표의 승계(goal succession)란 원래의 목표가 성취됐거나 실현될 수 없을 때, 새로운 목표를 발견해 이어가는 것을 말한다. 실스(D. L. Sills)는 그의 저서에서 목표 승계의 적절한 사례를 설명하고 있다(Sills, 1957: 64). 즉, 1938년에 루스벨트(Franklin D. Roosevelt) 대통령이 설립한 '소아마비 구제재단(Foundations for Infantile paralysis)'이 바로 그 사례다. 이 재단의 최초의 목표는 소아마비 예방을 위한 백신 개발이었고 몇 년 후 그것을 개발함으로써 목표가 달성됐다. 따라서 그 조직은 목표를 달성했으므로 더 존재해 추구할 목표가 없어진 셈이다. 이때 이 재단은 새로운 목표를 선택해 설정하고 그것을 실행하게 됐다. 말하자면 지체부자유자들을 돕는 사업을 목표로 정해 실행함으로써 기존의 목표를 계승한 것이다.

2) 목표의 다원화 및 확대

목표의 다원화(goal multiplication)란 기존의 목표에 새로운 목표가 추가돼 목표가 다양해지는 것을 말하며, 목표의 확대(goal expansion)란 기존에 수행해 온 목표의 범위를 넓히는 것을 말한다. 예를 들면, 대학의 목표는 원래 교육과 연구라고 할 수 있으나 오늘날은 사회봉사가 추가되고 있으며, 종교조직은 신앙 목표 외에 지역사회에 대한 봉사 목표도 추구한다. 목표가 다원화되면 새로 추가되는 목표가 원래의 목표를 대치하는 현상을 초래하기도 한다.

제 7 장

목표관리

제 1 절 목표관리의 의의와 특징

1 의의

목표관리(Management by Objectives: MBO) 개념은 1954년에 드러커(Peter Drucker)가 이름을 지어 말한 후 주목을 받아 왔다. 그러나 그 적용 범위가 넓고 정의가 다양해 간단히 그 뜻을 설명하기 어렵다.

목표관리에 관한 가장 고전적인 정의를 한 사람은 오디온(G. S. Odiorne)이다. 그는 목표관리란 "조직의 상급관리자와 하급관리자들(the superior and subordinate managers)이 함께 조직의 공통 목표(common goals)를 확인하고 기대되는 결과에 비춰 각 구성원의 주요 책임 영역을 규정하며, 그것을 단위조직의 운영과 각 구성원의 기여(성과)를 평가하는 데 이용하는 과정"이라고 정의한다(Odiorne, 1965: 55-56).

1960년대 이후 다양한 정의가 나왔지만 대체로 오디온식의 정의가 가장 두드러진다고 할 수 있다. 예를 들면, 로빈스(S. P. Robbins)와 코울터(M. Coulter)는 "목표관리란 조직의 각 직원들의 구체적인 성과 목표(performance goals)를 직원들과 그들의 관리자들이 공동으로 합의해 결정하고, 그 달성을 정기적으로 평가하며, 이러한 평가에 근거해서 보상이 주어지는 관리 시스템(management system)"이라고 한다(Robbins & Coulter, 2005: 165). 또한 그린버그(J. Greenberg)와 배런(R. A. Baron)은 "목표관리란 관리자와 부하들이 함께 목표를 설정하고 그 목표를 실행하는 기법"이라고 한다(Greenberg & Baron, 2003: 607).

요컨대 목표관리란 조직의 상・하 구성원들이 참여해 조직의 공통 목표를 확인하고, 조직의 최고관리자와 단위부서의 책임자(장)들이 합의해 부서의 목표를 설정하며, 단위부서의 상급자와 개개 직원들이 합의해 직원 개인의 성과 목표와 책임을 정하고, 그것을 일정 기간 수행한 후 상급자와 수행자가 공동으로 결과 및 성과를 평가해 피드백하는 관리 과정이며 기법 및 시스템이라고 할 수 있다.

2 특징

1) 참여와 의사소통의 중시

조직의 목표 및 조직 내 개인의 목표 설정에서 상급자와 하급자의 참여, 상호 의견 존중 및 의사소통을 중요하게 인식하는 관리 과정이다.

2) 성과 목표의 공동 결정, 성과의 공동 평가

목표관리는 상급자와 하급자가 하위 단위 및 직원 개인별 성과 목표와 책임을 합의해 공동으로 결정하며, 또한 목표 수행 성과를 공동으로 평가한다.

3) 조직 목표와 개인 목표의 통합

조직구성원들이 참여해 조직의 공통 목표를 확인하고 하위부서의 목표와 개인 목표가 정해지므로 조직 내부 각 부문의 목표가 상호 보완적으로 연결되고 통합된다.

4) 자기관리

목표관리는 상급자의 지시에 따라 하는 것이 아니라 조직구성원의 자기통제 및 자기관리에 의존한다. 이러한 관리를 통해 구성원들의 자율적인 근무 동기를 유지하면서 목표의 효율적 달성을 추구한다(Drucker, 1954: 136).

5) 총체적 관리도구

목표관리는 조직의 '총체적 관리도구(total management tool)'라고 말할 수 있다. 그것은 조직의 규모에 관계없이 모든 계층과 수준, 조직관리의 모든 분야에 적용되기 때문이다. 예를 들면, 목표관리 기법과 시스템은 조직의 목표의 설정 · 수행 · 성과 평가뿐만 아니라, 근무평정 · 동기부여 · 보수 · 교육훈련 · 조직 발전을 위한 기법으로 많이 적용되고 있다.

제 2 절 목표관리의 절차

목표관리의 절차 및 순환주기는 일정한 공식에 따라 기술하기는 힘들지만, 간단히 일반적인 과정을 도식화해 보면 [그림 7-1]과 같다.

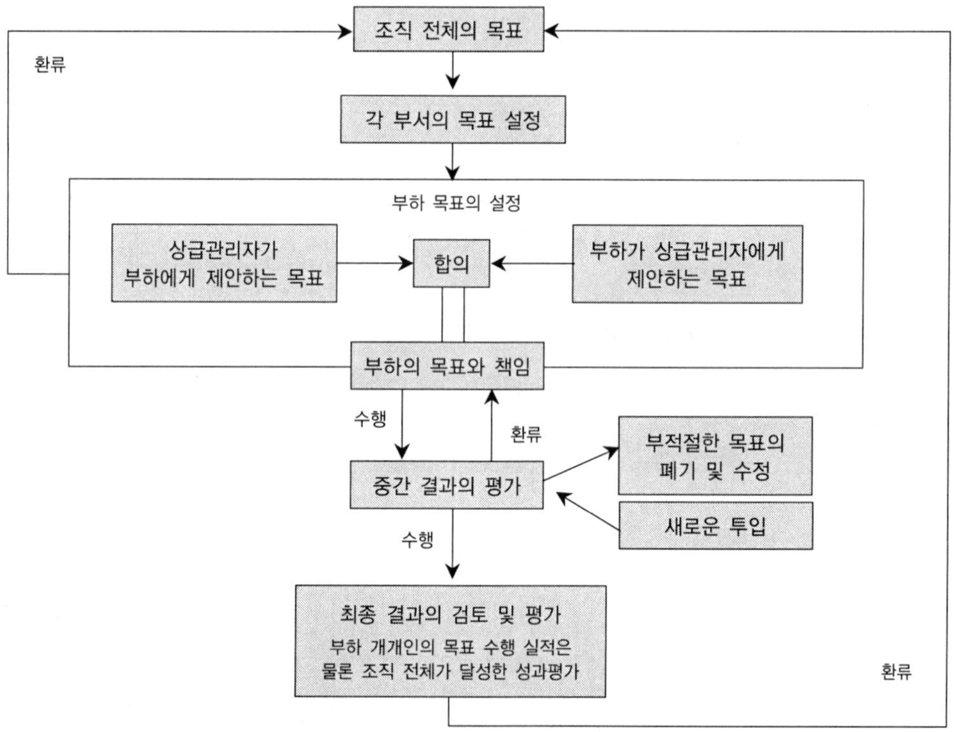

그림 7-1 목표관리의 절차(순환도)

Odiorne(1965: 55-56, 78) 참조, 재작성.

1 조직 전체의 공통 목표의 설정과 확인

조직 전체가 미래의 어떤 시점까지 달성하고자 하는 바람직한 결과(desirable outcomes), 다시 말하면 조직이 이루고자 하는 전체적인 공통 목표 혹은 상위 목표를 설정하고 구성원들이 확인한다.

2 각 부서 목표 및 부하 목표의 설정

조직 전체의 공통 목표는 조직을 구성하는 각 부서 및 개인의 목표로 할당 및 전환된다. 우선 각 부서의 목표를 설정한다. 각 부서의 목표는 조직의 최고관리자와 각 부서의 관리자가 합의해 설정한다. 그리고 이어서 각 부서의 목표는 그 부서 구성원들의 개별적인 목표로 할당 및 전환한다. 각 부서의 구성원들, 즉 개개 부하의 목표는 그 부서의 상급자와 부하의 합의에 의해 설정한다. 먼저 상급자는 조직 전체와 해당 부서의 목표를 고려하면서 개개의 부하들이 분담하기를 바라는 구체적인 목표를 제안하며, 부하들은 각기 자신이 담당하고자 하는 목표를 상급자에게 제안한 후 상호간에 합의해 정한다. 부하들의 참여적 방법에 의한 목표 설정은 상급자에 의해 일방적으로 부과되는 소위 노르마(norma)식 목표 부과보다 훨씬 더 자연스럽고 쉽게 부하들에게 수락되며, 자기가 참여해서 세운 목표는 스스로 달성한다는 심리적 상태의 조성을 통해 목표 달성의 정도를 향상시키게 되는 것이다.

3 목표 수행과 중간 결과의 평가

부하의 목표와 책임이 정해지면 부하 직원들은 정해진 목표를 수행하고, 그것을 수행하는 과정에서 중간 결과를 평가한다. 평가는 상급자와 부하가 함께 한다. 여기에서 중간 목표의 달성 여부를 확인하고 목표나 그 수행 방법이 부적절한 경우에는 그것을 폐기하거나 수정하며, 지속적으로 목표를 수행하는 데 필요한 새로운 인적·물적 자원을 투입하고 계속해서 목표를 수행한다.

4 최종 결과의 검토 및 평가

일단 목표 수행이 완료되면 설정된 목표에 비춰 어떤 결과 및 성과를 이뤘는가를 최종적으로 검토·평가한다. 최종평가는 먼저 개인별 성과를 평가하고, 이어서 부서별로 하며 조직 전체 성과를 평가한다. 이러한 검토·평가 과정에는 부하들이 적극적으로 참여해 목표관리의 자율성과 책임성을 인식하도록 해야 한다.

5 환류

설정된 목표에 비춰 그 수행 결과를 평가하고 이를 환류시켜 새로운 목표 설정에 반영한다.

제 3 절 목표관리의 장점과 문제점

1 장점

1) 조직관리의 성과를 제고하는 총체적 관리 체제의 확립

조직의 목표와 조직구성원의 목표 및 책임을 명확히 하고, 그것을 조직 성과로 이끄는 총체적 조직관리 체제를 확립하고 발전시킨다.

2) 조직 목표와 개인 목표의 통합

목표 설정·목표의 수행 및 평가 과정에 조직의 공통적 목표와 조직구성원 개개인의 목표가 밀접하게 관계를 맺으며 통합된다.

3) 참여적·인간적 조직관리

상급자가 부하에게 일방적·지시적·하향적인 방법으로 목표를 할당하지 않고, 참여적·상향적 방법에 의해 합의적으로 목표를 정하고 그것을 수행하고 평가함으로써 조직구성원의 자율성 · 자기관리 · 동기 부여 및 사기 향상에 기여한다.

4) 조직 목표의 상황적합성 확보

조직의 공통 목표를 설정하고 특히 하부 단위의 목표 설정에서 그 단위의 상황 조건을 적절하게 고려하고 반영함으로써 목표의 상황적합성을 확보한다.

5) 목표에 입각한 성과의 평가와 통제

조직과 그 구성원의 성과평가를 목표에 비춰 객관적으로 수행할 수 있고, 결과에 대한 책임의 소재를 분명하게 하며 통제를 효과적으로 할 수 있다.

6) 인적자원관리의 효과성

목표관리를 함으로써 조직구성원의 근무평정 · 보상 · 승진 · 동기 부여 · 인사 배치 · 교육훈련 등의 인적자원관리를 효과적으로 하도록 돕는다.

2 문제점

1) 목표 설정의 곤란

조직 전체의 공통 목표(상위 목표)가 지나치게 추상적이고 비현실적이며 목표 설정 지침이 불명확하고, 목표 설정 과정에 심한 정치적 개입이나 불확실한 환경적 요인이 존재하는 경우에는 하부 단위의 목표 설정이 곤란에 빠지게 된다.

2) 목표 달성의 난관

설정된 목표를 수행하는 데 목표를 수립할 당시에 예측하지 못한 불안하고 불확실한 상황이 발생할 수 있으며, 그러한 경우에는 의도된 목표 달성이 어렵다.

3) 비신축적인 위험성

일단 목표가 정해지면 그 달성을 지나치게 정당화하는 나머지 때로는 목표의 결함을 알면서도 융통성 없이 그 달성에 몰입하기 쉽다. 또한 목표 수행에 지나치게 경제적 성과나 정치적인 의도가 강조되는 경우에는 그에 압박을 받아 유연한 신축성을 발휘하지 못하는 위험성이 있다.

4) 단기적 목표의 남용

목표에 의한 관리를 실행하는 관리자나 조직구성원은 정해진 목표의 실현에 집착하는 나머지 단기적인 수량적 목표(quantitative goals)를 남용하기 쉬우며, 장기적이며 비전적인 질적 목표를 가볍게 다루는 경향이 있다.

제 8 장

의사결정

제 1 절 의사결정의 의의와 성격

1 의의

조직은 의사결정 행위자들의 집합체다. 조직을 구성하는 모든 사람은 조직의 목적 달성을 위한 행위자들이다. 그들은 행동에 앞서 개인 단독으로 혹은 집단적으로 무엇을, 언제, 어떻게 할 것인가를 선택한다. 조직은 그러한 선택 행위를 하는 사람들로 이뤄져 있으므로 의사결정자들의 집합체라고 하는 것이다.

"의사결정(decision making)이란 두 가지 이상의 대안(alternatives) 가운데서 선택하는 행위"라고 정의된다(Luthans, 1998: 491; Robbins & Coulter, 2005: 134 참조) 이것은 가장 일반적이고 간략한 정의다. 의사결정을 일련의 포괄적 과정(comprehensive process)의 관점에서 정의하는 것이 그 뜻을 이해하는 데 좀 더 바람직하다(Garvin & Roberto, 2001: 108-116 참조). 그러한 관점에서 보면 조직의 의사결정이란 조직이 문제를 인식하고 그것을 해결하기 위해 복수의 대안을 내놓고 평가한 후 바람직한 하나의 대안을 선택하는 행위이며 과정이라고 할 수 있다.

2 성격

첫째, 조직의 의사결정은 조직관리의 핵심적 기능이다. 조직에서 이뤄지는 계획, 실행, 통제, 인적·물적 자원관리 등 모든 활동과 행위는 의사결정의 기초 위에서 이뤄진다.

둘째, 의사결정은 조직의 보편적 행위의 패턴이다. 조직구성원은 누구나 개인적 혹은 집단적 의사결정 행위자다. 그들의 선택과 결정의 연속이 조직의 관리 운영의 본질이다. 고위관리자들은 조직의 상위 목표와 임무를 결정하고 조직구성원을 지휘·통솔하는 결정을 하며, 중간관리자들은 조직의 물적·인적 관리 방안을 결정하는 중심 역할을 수행하고, 하부 직원들은 조직의 구체적이고 일상적인 업무 수행 방법과 절차를 결정하고 실행한다.

셋째, 조직의 의사결정은 다양한 이해관계자의 생각과 주장이 대립되고 수렴되는 가운데 대안이 선택되는 역동적 과정이다.

제 2 절 의사결정의 스타일

1 의의

의사결정은 그것을 수행하는 주체에 따라 그 스타일의 차이를 드러낸다. 의사결정 스타일(decision-making style)이란 의사결정자가 내보이는 의사결정의 방식(way) 혹은 방법(method)의 유형을 말한다. 의사결정자들은 그 자신의 경험, 직위, 실현하고자 하는 욕구와 동기, 가치관 및 태도 등의 차이에 따라 독특하게 나타내는 의사결정 스타일을 갖는다.

의사결정 스타일은 여러 가지 기준에 근거해 분류할 수 있다. 예를 들면, 의사결정자가 문제와 관련되는 이해당사자들의 의견을 듣지 않고 단독으로 결정하는 독단적 스타일이 있는가 하면, 관련자들과 상의해서 결정하는 참여적이며 민주적인 스타일도 있다. 또한 결정자가 문제를 분석하고 논리적으로 인과 관계를 생각해 결정하는 합리적 스타일도 있고, 직관적으로 판단해 결정하는 직관적 스타일도 있다.

2 의사결정 스타일의 분류

로웨(A. Rowe)와 메이슨(R. O. Mason)은 의사결정의 스타일을 지시적(directive)・분석적(analytical)・개념적(conceptual)・행동적(behavioral) 스타일로 분류한다.

로웨와 메이슨(Rowe & Mason, 1987)은 의사결정 스타일을 분류하기 위해 가치 지향과 모호성에 대한 관용이라는 두 가지 차원으로 생각을 한정했다. 첫째, 가치 지향(value orientation)은 과업과 기술에 대한 관심, 인간과 사회에 대한 관심으로 나뉜다. 둘째, 모호성에 대한 관용(tolerance for ambiguity)이다. 모호성이란 조직의 목표나 수단, 그리고 목표의 우선순위 등이 모호한 것을 말하며, 그것을 관용하는 정도는 낮은 경우와 높은 경우로 나뉜다. 로웨와 메이슨은 이와 같은 두 가지 차원을 결합해 네 가지의 의사결정 스타일을 도출했다.

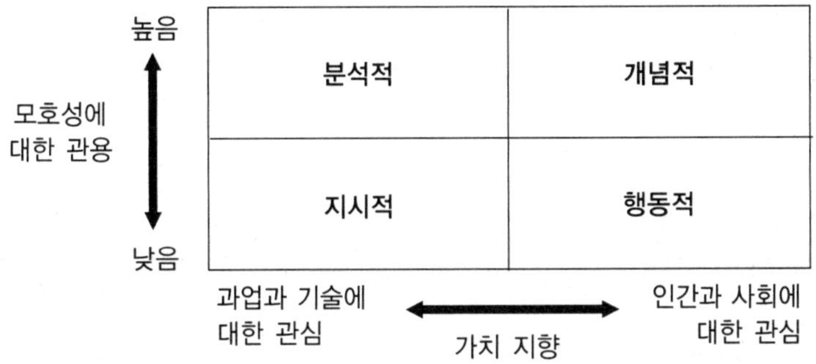

그림 8-1 의사결정 스타일

Rowe & Mason(1987: 1-17).

1) 지시적 스타일

지시적 스타일의 의사결정자는 가치 지향 면에서 볼 때 과업과 기술에 대한 관심이 많고 모호성에 대한 관용의 정도가 낮다. 그들은 단순하고 명확한 해결 방안을 선호하며 신속하고 효율적으로 결정한다. 따라서 여러 가지 대안을 고려하지 않으며 결정에 필요한 정보도 소수로 한정한다. 기존의 규칙과 습관을 중요한 결정의 근거로 삼는다.

2) 분석적 스타일

분석적 스타일의 의사결정자는 과업과 기술의 가치를 중요시하며 모호성에 대한 관용의 정도가 높다. 그들은 의사결정을 위해 더 많은 정보를 수집하고 분석하며 문제 해결을 위해 여러 가지 대안을 구상하고 검토한다.

3) 개념적 스타일

개념적 스타일의 의사결정자는 가치 지향 면에서 볼 때 인간과 사회에 대해 관심이 많고 모호성에 대한 관용이 높은 스타일이다. 그들은 넓은 사회적 비전을 가지고 많은 대안을 찾고 고려하며 새로운 아이디어를 즐기고 창조적으로 문제를 해결하려고 한다.

4) 행동적 스타일

행동적 스타일의 의사결정자는 인간과 사회의 가치를 중요시하며 모호성에 대한 관용의 정도가 낮은 스타일이다. 따라서 그들은 자신이 속하는 조직의 일에 많은 관심을 가지며 조직 안의 동료들과 잘 어울리고 결정과 관련되는 모호한 일을 밝히기 위해 회의 등에서 다른 사람들의 의견을 많이 들어 의사결정의 근거로 삼는다.

제 3 절 의사결정의 유형

1 개인적 의사결정과 집단적 의사결정

조직의 의사결정은 조직 구성 단위인 개인적 차원에서 이뤄지는 결정과 집단적 차원에서 이뤄지는 결정으로 나뉜다. 두 가지 유형은 결정담당자의 차이는 있지만 결정의 과정은 비교적 유사하게 이뤄진다.

1) 개인적 의사결정

(1) 의의

개인적 의사결정(individual decision)이란 조직구성원인 개인이 주체가 돼 의사결정행위를 하는 것을 말한다. 조직 속의 개인은 자신의 지위와 역할에 따라서 자신이 할 일을 생각하고 결정한다. 조직 속의 개인은 다른 사람들과 협동하거나 공동으로 의사결정을 하는 경우가 많지만, 단독으로 결정하는 일도 있다. 그러한 결정을 개인적 결정이라고 하는 것이다. 개인이 문제를 정의하고 목표를 설정하며 대안을 구상하고 대안의 장단점을 비교·분석·평가해 선택행위를 하는 것이다. 개인적 결정이 이뤄지는 조건은 ① 결정해야 할 일이 완전히 분업화·전문화돼 있는 경우, ② 조직이나 집단 내부의 특정인(특히 관리자)이 자신의 능력을 과신하거나 결정권을 독점(전담)하고자 하는 경우, ③ 의사결정에 소요되는 시간과 비용을 절약하고자 하는 경우 등이다.

(2) 장점과 문제점

개인적 의사결정은 결정 주체 및 책임 주체가 명백하고 능률적이며 신속하게 결정하는 장점이 있지만, 의사결정이 독선에 빠지기 쉽고 개인적 경험과 지식에 의존하는 한계를 지닌다.

2) 집단적 의사결정

(1) 의의

집단적 의사결정(collective decision making, group decision making)이란 집단이나 팀이 주체가 돼 의사결정행위를 하는 것을 말한다. 집단적 의사결정의 전형적 형태는 회의·위원회·태스크포스·프로젝트팀 등을 통해 이뤄지는 결정이다. 오늘날 정부나 기업조직의 일은 분업화되고 전문화되는 현상도 있지만 각각의 단위나 개인들이 하는 일들이 서로 유기적인 관계를 이뤄 추진돼야 할 부분이 많고 직원들의 참여 욕구가 증대됨에 따라 집단적 의사결정의 비중이 높아지고 있다.

(2) 장점

집단적 결정은 다음과 같은 장점을 갖는다.

첫째, 여러 사람의 경험·지식·정보 및 아이디어가 집합되고 교환되는 과정에서 의사결정이 이뤄지므로 결정이 좀 더 객관성과 신뢰성을 갖는다.

둘째, 폭넓은 대안이 제시되고 다각도로 평가된다.

셋째, 결정이 신중하고 투명하게 이뤄진다.

넷째, 결정 과정에 많은 사람이 참여하므로 참여감이 높고 결정 결과에 대해 폭넓은 수용과 지지를 얻기 쉽다.

(3) 문제점

집단적 의사결정은 다음과 같은 문제점도 있다.

첫째, 의사결정에 여러 사람이 참여하므로 결정의 속도가 느리고 더 많은 비용을 쓰며 비능률을 초래할 수 있다.

둘째, 집단 내부에서 목소리를 크게 내는 개인이나 소수의 사람들이 편파적으로 작용해 결정에 나쁜 영향을 미칠 수 있다.

셋째, 집단 내부 구성원 간에 상호 이해관계의 대립으로 최적(optimal)의 결정보다는 정치적으로 타협·조정하는 결정을 초래할 수 있다.

넷째, 집단극화(group polarization)를 초래할 수 있다. 집단적 의사결정은 종종 대안 선택을 둘러싸고 극단적인 어떤 쪽으로 결정자들이 기울어지는 경우가 많다. 이것을 집단극화(集團極化) 혹은 집단양극화라고 한다. 집단 결정에 참여하는 개인들은 흔히 집단토의 과정에서 다른 참여자들과 상호 토론하면서 자기 주장과 선호를 뚜렷하게 드러내기 위해 다른 사람보다 더 극단적인 대안을 주장하고 지지하며 선택하는 경향이 있다. 따라서 결정의 결과가 매우 안이한 쪽으로 쏠리거나 모험적인 쪽으로 쏠리기 쉽다.

다섯째, 집단사고(集團思考, groupthink)의 함정에 빠질 수 있다.

3) 집단사고

(1) 의의

집단사고란 집단의 의사결정 과정에서 그 결정에 참여하는 구성원들이 무비판적이며 획일적으로 나타내는 특이한 사고 양식(mode of thinking)을 말한다.

집단사고가 존재하는 조직은 어떤 문제 해결을 위한 의사결정을 할 때 그 참여자들이 집단 내부의 만장일치 합의 결정의 요구에 동조·순응해 자유로운 비판이나 의견의 표현을 자제하는 가운데 결정함으로써 여러 가지 결함을 지니는 결정을 초래하기 쉽다.

사회심리학자로서 '집단사고'라는 개념을 처음으로 제시한 재니스(Irving Janis)는 "집단사고란 사람들이 응집성이 강한 내부집단(cohesive in-group)에 깊이 관여할 때에 발생하는 사고의 양식을 의미하며, 집단사고에 휩싸이면 선택해야 할 대안을 객관적이며 진실하게(realistically) 평가하는 동기가 무시된다"(Janis, 1971: 43-46; 1982: 9)고 한다.

집단사고를 통한 의사 결정은 결정 참여자들이 갖는 무모한 집단의식과 편견에 사로잡혀(biased) 문제 해결의 대안을 객관적으로 철저하게 평가하고 판단해 선택하지 않음으로써 결함(faulty)이 있는 결정을 초래하는 데 문제점이 있다. 재니스는 의사결정에 집단사고가 작용하면 정신적 효율성(mental efficiency), 현실 검증(reality testing) 능력, 도덕적 판단(moral judgement) 등이 파괴된다고 말한다(Janis, 1982: 9).

재니스를 비롯한 많은 학자는 미국 정부가 1961년 쿠바의 피그만(Bay of Pigs) 공격 결정과 1964년 월남전 확대 결정 등을 집단사고에 의한 의사결정의 대표적 사례로 꼽는다.

(2) 원인

집단사고의 원인은 여러 가지 면에서 살펴볼 수 있다. 재니스의 저서와 논문 속에서 설명하고 있는 몇 가지를 소개하면 다음과 같다(Janis, 1971; 1972; 1982; 1985; Janis & Mann, 1977 참조).

① 집단응집성

집단사고의 가장 근원적인 원인은 집단응집성(group cohesiveness)이 지니는 역동성에 있다. 응집(cohesive)이란 사람들이 서로 단결하는 것(sticking together)을 말한다. 응집성이 있는 집단구성원들은 집단에 대한 친화감과 일체감을 가지고 서로 단결하며 그 구성원으로서 존재감을 갖는다. 집단구성원이 집단의 목표를 위해 함께 일하고 기꺼이 책임을 공유하는 의식이 높은 집단은 응집성이 높은 것이다.

② 리더십 스타일

집단의 리더가 권위적·독단적이며 구성원을 이끌어가는 카리스마가 있고, 그 생각과 행동이 비교적 폐쇄적이고 지시적 의사결정 스타일이며, 어떤 뚜렷한 정치적 목적이나 견해를 가진 경우에는 구성원들이 무비판적으로 거기에 순응하기 쉽다.

③ 집단의 폐쇄성

집단이 비교적 외부와 단절돼 상호 교류가 적은 경우에는 구성원들의 생각이 집단 내부로 지향하며 폐쇄성을 드러낸다.

④ 긴급하고 위험한 외부 사태의 발생

집단과 관계되는 어떤 문제가 외부에서 긴급하게 발생하고 그것이 집단구성원들에게 위기감을 갖게 할 경우에는 집단 내부 구성원끼리 신속하고 일사불란하게 만장일치의 결정을 하고자 한다.

(3) **집단사고의 증후군**

집단사고의 증후군(symptoms)이란 집단의 의사결정 과정에서 집단구성원들이 나타내는 다음과 같은 독특한 일련의 행태와 사고 양식들(modes of think)을 말한다.

① 불사신(不死神)의 환상(illusion of invulnerability)

구성원들은 집단의 존재와 역량을 과도하게 낙관적으로 높이 평가하며 확신한다. 따라서 집단에 분명히 위험할 수 있는 일도 모험적으로 선택한다.

② 집단적 합리화(collective rationalization)

구성원들은 집단사고에 대한 부정적 경고를 불신하며 적극적으로 자신들이 정당하다고 해명한다.

③ 도덕성에 대한 환상(illusion of morality)

구성원들은 자기 집단의 도덕성을 높이 평가하며 그들의 결정이 초래할 수 있는 윤리적 문제점을 무시한다.

④ 고정 관념(stereotyping)

구성원들은 자기 집단을 비판하는 다른 집단을 항상 비판만 일삼는 집단이라고 규정하고 그들의 비판은 무의미하고 그 역량도 부족하다고 과소 평가한다.

⑤ 동조 압력(pressure to conform)

집단의 의견과 결정을 구성원들이 동조하고 순응하도록 압력이 가해지며 집단의 의견에 의심을 품거나 반대하는 사람은 집단에 불충하는 사람으로 간주된다.

⑥ 자기검열(self-censorship)

구성원들은 집단의 합의에 위배되지 않도록 스스로 언행을 살피고 삼간다. 반대 의견을 제시하고 싶더라도 억제하고 할 말이 있어도 침묵한다.

⑦ 만장일치 환상(illusion of unanimity)

집단은 의사결정에 구성원들의 이구동성(異口同聲) 만장일치 합의를 꾸며낸다. 구성원들은 다른 구성원들이 모두 집단의 의견에 동의한다고 생각하며 침묵도 동의로 간주한다.

⑧ 정신적 경호자(mind guards)

사회에 특정인을 위한 개인적 신변경호자(bodyguards)가 존재하는 것처럼 집단 안에도 정신적 경호자들이 있다. 그들은 집단에 불리한 정보를 차단하고 단속함으로써 집단의 리더와 구성원을 보호한다고 자임하는 사람들이다.

(4) 집단사고의 결과

위와 같은 집단사고의 원인과 증후는 집단의 의사결정 과정에 영향을 미쳐 다음과 같이 결함 있는 의사결정 결과를 드러낸다.

① 좁고 제한적인 문제 의식

집단은 해결해야 할 문제의 종류와 성격을 광범위하고 깊게 객관적으로 분석하고 인식하기보다는 집단의 이해관계를 고려해 좁고 제한적으로 문제를 진단하고 인식하는 경향을 보인다.

② 제한적 · 편견적인 정보 탐색

제한적으로 문제를 인식하는 나머지 문제 해결을 위한 정보의 탐색도 제한적일 뿐만 아니라 편견이 개재된다.

③ 불충분한 대안 마련

문제 해결을 위해 가능한 한 여러 가지 대안을 구상(design)해 제시하기보다는 소수의 대안을 마련해 제시한다.

④ 부적합하고 부실한 대안 평가

부적합한 방법을 적용해 부실하게 대안을 평가한다. 외부 전문가를 평가에 참여시키지 않거나 평가 참여자들이 대안의 장점만 말하고 단점은 언급하지 않으며, 외부의 이견을 부정하거나 과소평가하는 일 등이 발생한다.

⑤ 만장일치 결정

위와 같은 과정을 통해 집단구성원들의 만장일치 합의 형식의 대안 선택이 이뤄지며 선택된 대안은 여러 가지 결함(효과성 · 타당성 · 성공가능성이 낮음)과 문제점으로 인해 비판과 시비의 대상이 된다.

(5) 집단사고의 극복 방안

집단사고를 극복하기 위한 방안에는 다음과 같은 것들이 있다.

① 문제의 정확한 인식

집단구성원들이 공동으로 해결해야 할 문제의 종류와 성격을 근원적으로 잘 인식하고 정의

해야 한다.

② 리더의 스타일 변화

리더는 자신의 선호와 주장, 그리고 지시적 스타일을 자제하고 중립적인 언행을 해야 한다.

③ 광범위하고 객관적인 정보 수집

문제 해결을 위한 적실한 의사결정을 위해 광범위하고 객관적이며 충분한 정보를 수집해야 한다.

④ 대안에 대한 자유로운 평가와 비판의 허용

제시된 대안에 대한 집단 내·외의 평가와 비판을 자유롭고 폭넓게 허용하고 평가의 내용을 수용해야 한다. 특히 서로 다른 배경과 견해를 가진 다양한 전문가의 참여를 장려하고 그들의 평가를 경청해 집단사고 아닌 집단지성(collective intelligence)을 의사결정에 반영해야 한다.

원인	증후군(symptoms)	결과: 결함 있는 의사결정
• 집단응집성(응집력) • 리더의 스타일 • 긴급하고 위험한 외부 사태의 발생 등	• 불사신(不死神)의 환상 • 집단적 합리화 • 도덕성에 대한 환상 • 고정 관념 • 동조 압력 • 자기검열 • 만장일치 환상 • 정신적 경호자	• 좁고 제한적인 문제 인식 • 제한적•편견적인 정보 탐색 • 불충분한 대안 마련 • 부적합하고 부실한 대안평가 • 결함 있는 만장일치의 결정

극복 방안

↓

- 문제의 정확한 인식
- 리더의 스타일 변화
- 광범위하고 객관적인 정보 수집
- 대안에 대한 자유로운 평가와 비판의 허용
- 복수집단의 활용 등

그림 8-2 집단사고의 맥락과 극복 방안

Janis(1971; 1972; 1982; 1985); Janis & Mann(1977)을 참조해 작성.

⑤ 복수집단(複數集團)의 활용

한 집단 안에서 구성원들이 만장일치 합의 압력에 따르는 것을 방지하기 위해 구성원들을 둘 이상의 집단으로 나눠 대안을 토론하도록 할 수도 있다.

2 전략적 의사결정과 전술적 의사결정

조직은 목표를 선택하는 차원과 그것을 달성하기 위한 수단을 선택하는 차원에서 의사결정을 한다. 전략적 의사결정(strategic decision)과 전술적 의사결정(tactical decision making)이 그것이다.

1) 전략적 의사결정

(1) 의의

전략(strategy)이라는 개념은 원래 전쟁에서 쓰는 군사 용어이지만 오늘날 정부나 기업조직에서도 광범위하게 쓰이고 있다. 전략적 의사결정이란 조직의 비교적 장기적이고 광범위하며, 기본적인 임무・목표・목적 및 행동 방향에 관한 대안을 선택하고 그것을 달성하기 위해 필요한 자원에 관해 결정하는 과정이라고 정의할 수 있다. 챈들러(Altred D. Chandler)는 "전략이란 조직의 장기적인 목표와 목적을 설정하고 필요한 행동의 경로를 채택하며, 목표를 달성하는 데 필요한 자원을 배분하는 것"(Chandler, 1962: 13)이라고 정의한다. 이 정의는 단순히 전략이라는 의미뿐만 아니라 전략적 의사결정을 함의하고 있다.

(2) 특징

전략적 의사결정은 다음과 같은 특징을 지닌다.

첫째, 전략적 의사결정은 조직 전체의 목표와 행동에 영향을 미치는 기본적 의사결정이다. 조직이 어떤 영역의 일(domain)을 언제, 어떻게 하고 환경과의 관계와 경쟁은 어떻게 하며, 조직은 어떤 방향으로 변화하고 혁신해야 하는가에 관한 디자인(design)이다.

둘째, 전략적 의사결정은 주로 조직의 최고관리 계층에서 이뤄진다.

셋째, 전략적 의사결정은 조직의 장기적(대체로 2년 혹은 5년 이상)인 임무와 목표를 선택하는 행위다.

넷째, 전략적 의사결정은 조직이 당면한 비일상적인 문제 해결이나 새로운 미래를 구상해 선택하는 일이다.

전략적 의사결정은 조직의 고위층에서 이뤄지며 결정자의 고도의 분석·판단 능력과 창의성이 요구되는 비정형적 의사결정(nonprogrammed decision making)의 성격을 갖는다.

2) 전술적 의사결정

(1) 의의

전술(tactics)이란 전략을 수행하기 위한 행동계획이다. 전략은 전술의 지원을 받아야 효율적으로 달성된다. 전략이란 조직이 무엇(what)을 하며 어떤 방향으로 추진할 것인가에 관한 설계도라면 전술은 전략을 어떻게(how) 실행해 달성할 것인가를 다루는 표준화된 수단 및 행동이라고 말할 수 있다. 전술적 의사결정이란 조직이 전략적 결정을 통해 설정한 조직 전체의 목표와 목적을 달성하기 위해 하위 수준의 목표와 목적을 설정하고 그것을 달성하는 데 필요한 구체적인 실행계획을 수립하며 인적·물적 자원 배분에 관한 대안을 선택하는 행위다.

(2) 특징

전술적 의사결정은 다음과 같은 특징을 지닌다.

첫째, 조직 내부의 하위 부문의 목적·운영 및 행동에 관한 결정이다.

둘째, 조직의 중·하위계층에서 이뤄진다.

셋째, 단기적으로 달성할 목표와 행동 수단을 선택하는 행위다.

넷째, 일상적이고 규칙적이며 선례에 따라서 이뤄지는 정형적 의사결정(programmed decision)이다.

(3) 전술적 의사결정을 하는 조직의 수준

전술적 의사결정은 조직의 중간관리층에서 이뤄지는 의사결정과 하위계층 수준에서 이뤄지는 의사결정으로 나눠 설명할 수 있다. 앤소프(H. I. Ansoff)는 중간관리층의 의사결정을 관리적 의사결정(administrative decision making), 하위계층의 의사결정을 운영적 의사결정(operational decision making)으로 나눠 설명한다(Ansoff, 1965: 165).

① 관리적 의사결정

관리적 의사결정은 조직의 중간관리층에서 이뤄진다. 그것은 최고관리층에서 결정된 전략의 구체화와 그것을 실행하는 데 필요한 관리 및 자원에 관한 대안을 선택하는 것이다. 관리적 의사결정은 최고관리층의 전략적 의사결정과 하위계층의 운영적 의사결정의 중간에 놓여 있는 것이다. 그러므로 위로는 전략과 관계되고 아래로는 구체적인 실행 및 운영과 관계되는 것이다. 관리적 의사결정의 대상은 주로 조직관리 · 인적자원 · 재무 · 시설 · 정보 · 업무 과정 및 통제 등이다.

② 운영적 의사결정

운영적 의사결정은 조직의 하위계층에서 이뤄지는 순수한 전술적 의사결정이다. 즉, 전략을 실행하기 위한 세부적이고 구체적인 행동계획이며 그 계획과 직접 관계되는 인적 · 물적 자원의 배분과 이용에 관한 대안의 선택이다.

3 정형적 의사결정과 비정형적 의사결정

사이먼(H. A. Simon)은 컴퓨터 용어를 의사결정에 적용해 정형적 의사결정(programmed decision)과 비정형적 의사결정(nonprogrammed decision), 혹은 프로그램화된 결정과 프로그램화돼 있지 않은 결정으로 나눈다(Simon, 1960: 5-8.).

1) 정형적 의사결정

정형적 의사결정이란 경험, 선례, 확립된 지침 및 규정에 따라서 기계적으로 이뤄지는 단순한 일상적 의사결정을 말한다. 정형적 의사결정에서 다루는 업무와 문제는 일상적이고 단순하며 구조적이고 잘 정의돼 있으며, 결정자들이 익숙하게 알고 있는 내용들이다. 따라서 정형적 의사결정은 주로 조직의 하위계층 직원들이 한다.

2) 비정형적 의사결정

비정형적 의사결정이란 창의적이고 혁신적이며 직관적인 판단에 의해 이뤄지는 질적으로복잡하고 비일상적이며 선례가 없는 새로운 결정을 말한다. 비정형적 의사결정에서 다루는 업무와 문제는 비일상적이고 복잡하며 비구조적이고 잘 정의돼 있지 않으며, 결정자들에게 새롭고 모호한 내용들이다. 따라서 비정형적 의사결정은 주로 조직의 고위층에 속하는 감독자 및 관리자들이 담당한다.

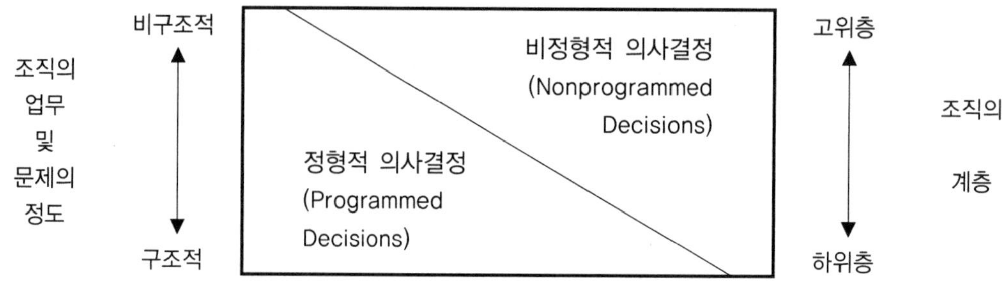

그림 8-3 정형적 의사결정과 비정형적 의사결정의 비교

표 8-1 정형적 의사결정과 비정형적 의사결정의 비교

비교 기준	정형적 의사결정	비정형적 의사결정
과업의 유형	단순 · 일상 · 반복	복잡 · 비일상 · 비반복
의사결정 상황	확실하고 예측 가능	불확실하고 예측할 수 없음
업무와 문제의 성격	구조적이고 잘 정의돼 있음	비구조적이고 모호함
결정담당 조직계층	하위층	고위층
결정의 근거	과거의 경험 · 선례 · 확립된 규정 · 계획 · 수량적 분석	창의성 · 혁신 · 직관 · 질적 분석

제 4 절 의사결정모형

1 합리모형과 제한된 합리성모형

1) 합리모형

합리성(rationality)이라는 개념은 인간의 이성(reason)과 논리(logic)의 적용에 관계되는 개념이지만 그 쓰임이 매우 복잡하다. 여기에서는 의사결정행위와 과정을 설명하는 데 적용할 수 있는 정의에 초점을 둔다. 루단스(Fred Luthans)는 "의사결정에서 합리성이란 목적에 대한 수단(a means to end)의 적합성을 의미한다. 바람직한 어떤 목적을 설정하고 그것을 달성하는

데 적합한 수단(appropriate means)을 선택한다면, 그 선택은 합리적(rational)"이라고 말한다(Luthans, 1998: 493.).

의사결정에서 합리모형(rational model)이란 의사결정자가 조직이나 집단의 가치나 목표의 실현을 최대화 할 수 있는 최적의 대안을 선택하는 것을 말한다. 이것은 결정자의 이성적 판단과 논리에 근거해 이뤄지는 이상적 의사결정이다. 결정자가 결정과 관련되는 문제를 총체적으로 이해하고 그 문제의 해결을 위한 여러 대안의 장·단점을 완전하게 분석·평가해 가장 적합한 대안을 선택하기 때문이다.

합리적 의사결정모형은 다음과 같은 가정(assumptions)에 근거한다.

첫째, 의사결정자는 전지전능(全知全能, omniscience)한 인간이다.

둘째, 의사결정자는 이성적이고 논리적으로 생각하고 결정한다.

셋째, 해결해야 할 문제가 명확하다.

넷째, 목표는 명확하게 정의되고 우선순위도 분명하다.

다섯째, 목표와 수단의 연쇄(chain) 및 인과 관계가 명확하다.

여섯째, 제안된 대안들의 장·단점이 명확하게 비교되며 선택되는 대안이 가져올 결과를 확실하게 예측할 수 있다.

일곱째, 결정을 위해 필요한 시간은 넉넉하고 정보는 충분하고 정확하다.

여덟째, 선택된 대안을 시행하는 데 필요한 자원은 충분하고 이해관계자들도 우호적이다.

2) 합리모형의 한계

합리모형은 최선의 이상적 의사결정모형이다. 하지만 다음과 같은 여러 가지 현실적 한계를 지니고 있는 것이다.

첫째, 의사결정자인 인간은 정신적·지적·육체적 한계를 지닌 존재다.

둘째, 인간은 감정적이고 비논리적으로 생각하고 행동하기도 한다.

셋째, 의사결정자는 해결해야 할 문제를 부분적으로만 알고 있는 경우가 많다.

넷째, 목표는 명확하게 정의하기 어렵고 우선순위를 정확하게 정하기 어렵다.

다섯째, 목표와 수단의 인과 관계를 명확하게 설정하기 어렵다.

여섯째, 대안들의 상대적 가치를 비교하기 어려우며, 선택된 대안이 미래에 어떤 결과를 가져올 것인가를 예측하기 어렵다.

일곱째, 의사결정에는 시간의 압박을 받으며 충분하고 정확한 정보를 확보하기도 어렵다.

여덟째, 선택된 대안을 시행하는 데 필요한 자원이 불충분한 경우도 있고 이해관계자들의 지지를 안정되게 확보하지 못할 수도 있다(Simon, 1945: 81-84 참조).

3) 제한된 합리성의 수용

그러면 조직에서 이뤄지는 대부분의 의사결정은 현실적으로 어떻게 하는가? 그것은 완전한 합리성(perfect rationality)이 아니라 제한된 합리성(bounded rationality) 속에서 이뤄진다. 제한된 합리성이란 의사결정에서 합리성이 여러 가지 제약 요인에 의해 제한받는다는 관념(notion)을 나타내는 말이다(Kreitner & Kinicki, 2004: 375).

제한된 합리모형에서는 완전한 합리성 추구보다는 제한된 합리성을 받아들이며, 최적·최대의 효용성보다는 현실적으로 만족을 주는 수준의 대안을 선택한다. 이상적인 최고 수준의 대안보다는 과거에 선택했던 대안보다 좀 더 나은 수준의 대안이 있으면 그것을 선택하는 것이다.

그러나 제한된 합리성은 의사결정에서 현실적인 장점이 있지만 의사결정자가 위에 언급한 여러 가지 합리성 제약 요인, 특히 감정적·정서적 판단이 시간 제약과 같은 이유로 때로는 휴리스틱스(heuristics) 방법을 사용해 의사결정을 단순화한다.

휴리스틱스란 "의사결정에 이용되는 단순한 전략(simplifying strategies) 혹은 주먹구구식(rules of thumb)"을 말한다(Schermerhorn et al., 2012: 205). 이것은 매우 직관적이며 해답을 빠르고 쉽게 단정하도록 한다. 휴리스틱스 방법 중의 하나인 대표성(representativeness)이라는 방법을 예로 들어 말하면 어떤 조직에서 직원을 선발하는 데 성품이 착한 사람을 뽑기로 방침을 정한 경우에 선발을 결정하는 사람이 생각하기를 사람들은 농촌 출신과 도시 출신으로 분류되는데, 대부분의 농촌 사람들은 착하며 도시 사람들은 그렇지 않다고 단정하고 농촌 출신을 직원(그 직원은 농촌을 대표하는 사람으로 간주됨)으로 선발했다. 이것은 매우 단순하고 쉬운 결정이다. 그러나 이 방법은 모험에 빠지기 쉬우며 오차를 범할 수 있다.

2 만족모형

만족모형(satisficing decision model)은 제한된 합리성모형을 대표하는 것으로서 사이먼(H. A. Simon)과 마치(J. G. March) 등이 제시한 의사결정모형이다(Simon, 1957: 204-205;

March & Simon, 1958: 137-141.). 그들은 합리적 의사결정론이 지니는 현실적 한계를 지적하고 완전한 합리성보다는 '제한된 합리성'의 기준에, 최적 수준에 의한 '최적 대안'보다는 현실적·심리적으로 '만족할 만한 대안'의 선택에 타당성을 두는 현실적·실증적 의사결정론으로서 이 모형을 제시했다.

이 모형은 대안 선택에서 주관적 욕구의 만족을 중요시한다. 그러므로 대안 선택에서 뚜렷한 객관적인 만족 기준이 없는 것이 문제다. 또한 결정자가 만족화 기준에 의해 선택하는 대안은 다분히 현실 만족적인 것이어서 쇄신적·창조적 대안의 탐색과 발굴을 포기해 버리기 쉽다.

3 점증모형

점증모형(incremental model)은 린드블롬(C. E. Lindblom)과 윌다브스키(A. Wildavsky) 등에 의해 제시된 것으로서 '계속적·제한적 비교접근법(successived limited comparison)' 또는 '지분법(枝分法, branch method)'이라고 하며, 주로 미국과 같은 다원적 사회(pluralistic society)를 배경으로 구성된 이론모형이다(Lindblom, 1969: 26-27; Wildavsky, 1966: 292-310).

점증모형은 의사결정자가 결정을 하는 데 언제나 규범적이고 합리적인 결정을 하는 것이 아니라 과거보다 약간 향상된 대안의 선택에 만족하는 현실적이고 보수적인 의사결정모형이다. 그러므로 점증모형의 의사결정은 기존의 결정보다 크게 다른 쇄신적·창의적인 결정을 기대하기 어렵다. 특히 다원적인 이해관계가 얽힌 정치·행정 조직에서의 의사결정은 다양한 행위자 및 세력 간에 타협·조정을 통해 결정이 이뤄지기 때문에 더욱 그렇다. 따라서 정치·행정 부문에서 이뤄지는 점증적 의사결정은 이상적·규범적 합리성보다는 현실적으로 시민과 정치인의 지지를 얻을 수 있는 정치적 합리성(political rationality)을 중요시한다.

4 혼합관조모형

혼합관조모형(混合觀照模型, mixed-scanning model)은 의사결정의 원칙 혹은 방향은 합리모형을 따르되 부분적·지엽적인 결정은 점증모형에 바탕을 두는 모형이다. 에치오니(A. Etzioni)는 규범적·이상적인 합리모형과 현실적·실증적인 점증모형의 장점을 혼용하는 이른바 '제3'의 접근법('third' approach)으로서 혼합관조모형을 제시했다(Etzioni, 1968: 251). 혼합모형을 이용하는 결정자는 결정 과정에서 기본적 결정과 지엽적 결정을 구분하고 기본적인 결정에 대해서는 합리모형을 따르나 세부적인 지엽적 결정은 기본적 결정 안에서 점증적으로 행할 것을 주장한다. 이것은 합리모형이 요구하는 비현실적인 합리성을 감소시킴과 동시에 점증모형이 갖는 보수성을 극복하는 장점을 지니고 있다. 그러나 혼합관조모형은 절충혼합모형에 지나지 않으며, 현실적으로 의사결정은 이러한 모형에서 제시하는 순서와 접근 방법에 따라서 이뤄지는 것이 아니라는 비판을 받는다.

5 최적모형: 합리성과 초합리성

'최적모형(optimal model)'은 정책학자 드로어(Y. Dror)가 제시한 모형이다(Dror, 1971). 그는 만족모형이나 점증모형이 지니는 보수성에 불만을 품고, 특히 우리가 기존의 선례가 없는 새로운 의사결정, 즉 비정형적 의사결정을 할 경우에 합리성 및 경제성의 고려 외에 불가피하게 적극적 요인으로서 초합리적인 요인(extraration factors), 즉 직관(intuition)·판단·창의성 같은 것이 개입하게 됨을 중요시한다. 제한된 자원, 불확실한 상황, 지식 및 정보의 결여 등이 결정 과정에서 합리성을 제약하므로 직관·판단과 같은 초합리적 요인을 중요시해야 한다는 것이다. 특히 정부의 정책평가에서는 산출된 정책이 정치적 측면에서 얼마나 실현가능성을 내포하고 있으며, 동시에 경제적 측면에서의 실현가능성을 얼마나 내포하고 있는가를 파악해야 하기 때문이다. 최적모형은 '정책과학(policy sciences)'이라는 대명제의 실현을 위한 드로어의 시도로서 '거시적'인 의사결정론이라 할 수 있지만, 결정에서 사회적 과정에 대한 고찰이 불충분하고 소위 '초합리성' 개념의 성격도 명확치 않은 유토피아적 이상모형에 가깝다.

6 쓰레기통모형

1) 의의

쓰레기통모형(garbage can model)의 의사결정론은 매우 불확실하고 모호하며 무질서한 상황에 놓여 있는 조직의 의사결정을 설명하는 이론이다. 이 모형은 1970년대 이후 코헨(M. D. Cohen), 마치(J. G. March)와 올슨(J. P. Olsen) 등의 연구를 통해 나타났다(Cohen, March, &

Olsen, 1972: 1-25. March & Olsen, 1976.). 쓰레기통모형론자들은 불확실하고 무질서한 의사결정 상황을 '조직화된 무정부 상태(organized anarchy)'라는 개념으로 표현한다. 그것은 예를 들면 의사결정과 관련되는 목표가 모호하고 목표와 수단의 연계와 인과 관계가 불명확하며 의사결정 참여자의 유동성이 매우 심한 상태를 지칭하는 것이다.

이와같이 조직화된 무정부 상태에서는 해결해야 할 문제, 해결 방안 및 참여자들이 논리적인 연관이나 규칙이 없이 각각 우연하게 나타나 표류하다가 어떤 선택의 기회에 서로 관계를 맺고 결합한다는 것이다. 문제와 해결 방안 및 참여자들은 무작위적으로 나타나 존재하다가 섞이는 쓰레기와 같은 것이며, 그들이 한 곳에 모인 곳은 마치 쓰레기통과 같다고 비유(metaphor)한다. 나아가서 쓰레기통이란 개별적으로 나타난 문제와 해결 방안과 참여자들이 무작위적으로 섞여 있는 조직을 지칭한다.

2) 모호하고 무질서한 의사결정 상황

의사결정에서 조직화된 무정부 상태란 모호하고 무질서한 의사결정 상황을 말한다. 세 가지 상황을 설명할 수 있다.

(1) 문제성을 지닌 선택 기준(problematic preferences)

조직의 목표와 해결해야 할 문제와 대안이 무엇인지 모호하다.

(2) 불명확한 기술(unclear technology)

목표를 달성하기 위한 수단과 방법이 무엇인지 알 수 없고 목표와 수단의 연계 및 인과 관계가 불명확하다.

(3) 의사결정 담당자의 유동적 참여(fluid participation)

누가 의사결정 담당자인지 확실치 않을 뿐만 아니라 담당자가 있다 하더라도 직무교대(전직)가 심해 결정담당자의 직위의 안정성이 취약하다.

3) 혼란하고 비논리적인 사건들의 흐름과 우연한 의사결정

의사결정과 관련되는 일련의 일들의 흐름을 사건들의 흐름(stream of events)이라는 개념으로 설명한다. 구체적으로 말하면, 해결을 요하는 문제의 표출, 해결 방안의 제시, 결정에 참여하는 사람들의 역할 및 선택 기회 경향을 지칭한다. 합리적 의사결정모형에서는 이러한 사건들을 논리적이고 작위적으로 연결해 설명하지만 쓰레기통모형에서는 이 사건들의 발생과 흐름을 우연하고 비논리적이며 무작위적이고 개별적인 것으로 이해하고 설명한다.

(1) 문제에 대한 이해와 대응

문제(problems)란 조직의 바람직한 상태와 현재 상태 간의 간격(gap)이라고 이해한다. 그러나 문제를 해결 방안 및 선택과 적극적으로 연결시키지 않는다.

(2) 잠재적 해결 방안에 관한 인식

문제 해결을 위해 제안되는 아이디어를 잠재적인 해결 방안(potential solutions)이라고 한다. 그러나 문제 해결과 상관없는 아이디어들이 많고 심지어 의사결정 참여자들 중에는 해결 방안이 제안된 후에 비로소 문제가 무엇인가를 인식하는 경우도 있다.

(3) 참여자들의 역할

참여자들(participants)이 제안하는 아이디어는 각자의 경험, 가치관, 교육 및 인식의 차이에 따라 다양하며, 제안된 아이디어들의 가치가 매우 빠르게 변할 수 있다.

(4) 선택 기회

선택 기회(choice opportunities)란 조직이 결정을 내리기를 기대하는 시기다. 예를 들면 사람의 채용이나 해고를 결정해야 할 때나 정부의 예산 의결을 해야 할 때 등이다.

이와 같은 문제와 해결 방안과 참여자들이 따로따로 흘러다니다가 우연하게 어떤 선택 기회를 당해 서로 관계를 맺고 결합하는 경우에 의사결정이 이뤄지며 이때 비로소 문제가 해결된다고 설명하는 의사결정모형이 쓰레기통모형이다.

4) 특징과 문제점

쓰레기통모형의 의사결정의 특징은 다음과 같다.

첫째, 의사결정이 합리성보다는 모호성 혹은 우연성에 의존해 이뤄진다는 것이다. 환언하면, 의사결정이 합리적이며 논리적인 순서에 따라 이뤄지지 않는다.

둘째, 쓰레기통모형 이론은 의사결정의 규범에 관한 이론이 아니라 결정이 이뤄지는 상황과 과정을 기술(description)하는 이론이다.

셋째, 우연한 과정 속에서 결정되더라도 문제와 해결 방안이 잘 연결되고 조화를 이루는 결정이 이뤄질 수도 있고 그러한 결과는 바람직한 것이다.

그러나 쓰레기통 모형의 의사결정은 그 성격에서 비롯되는 문제점이 많다. 그것은 합리성과 논리성이 매우 취약하며 결정된 방안이 문제를 해결하는 데 불완전한 경우가 많다.

제 5 절 의사결정 과정과 상황

1 의사결정 과정

의사결정은 해결을 요하는 문제의 인식으로부터 해결 대안의 선택에 이르는 일련의 동적인 과정이다. 그러나 그 과정에 대해 일정한 공식과 같은 규칙이나 견해가 확립돼 있는 것은 아니다. 사이먼은 의사결정 과정을 순차적으로 발생하는 세 가지 단계의 활동으로 설명한다. 그것은 정보활동(intelligence activity)→설계활동(design activity)→선택활동(choice activity)이다. 민츠버그(Henry Mintzberg) 역시 세 가지 단계로 나누고 있다. 즉, 확인(identification)→개발(development)→선택(selection)이다. 여기에서는 두 사람의 이론을 참고해 다음과 같이 다섯 단계로 의사결정 과정을 설명한다.

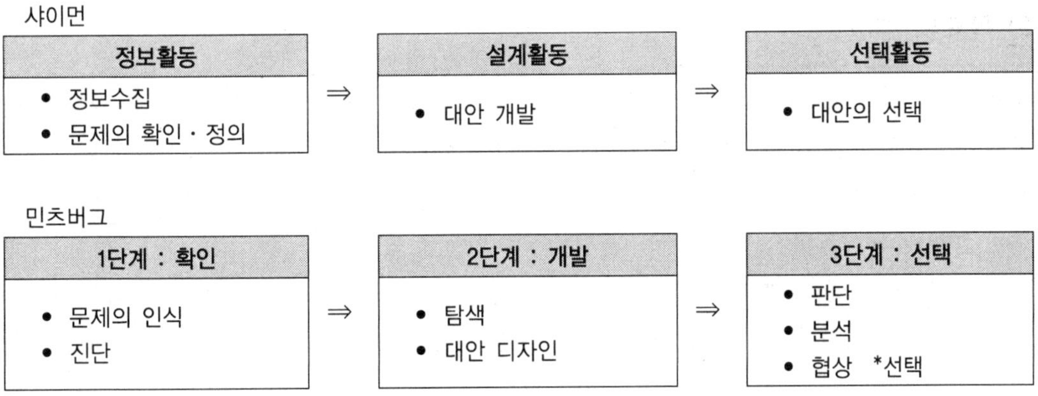

그림 8-4 의사결정 과정

Simon(1960: 2); Mintzberg, Raisinghani, & Théorêt(1976: 246-275).

1) 문제의 인식 · 정의 · 진단

의사결정은 그것을 담당하는 사람이 무슨 문제가 발생했는가를 인식하고 확인하는 데서 비롯한다. 문제(problem)란 간단히 말하면 해답을 요하는 질문을 말한다. 그것은 개인이나 조직이 해결해야 할 어떤 과제나 사건 및 상태라고 말할 수도 있다. 정부조직이 너무 방만하고 비능률적인 상태라면 그것은 개선돼야 할 과제다. 따라서 그것은 하나의 문제가 되는 것이다. "문제란 기존의 상태와 바람직한 상태 간의 불일치(a discrepancy between an existing and a desired state of affairs)"라고 정의하는 학자도 있다(Pounds, 1969: 1-19). 개인이나 조직이 소망스럽게 생각하는 어떤 상태와 현재 상태의 불일치가 심하다면 그것은 그 개인이나 조직이 해결해야 할 과제이고 사건이다. 그런 점에서 그것은 문제가 되는 것이다.

조직의 관리자 혹은 의사결정자는 조직에 어떤 문제의 기미가 있다고 인식할 경우에는 그 문제의 정체와 상황을 확인하기 위해 정확하고 충분한 정보를 수집해 분석해야 하며, 그러한 분석에 근거해 문제를 정의해야 한다.

문제의 종류·소재·원인 및 정도 등을 정의하고 그 성격을 진단해야 한다. 즉, 그것이 일상적인 것인가, 비일상적인 것인가, 얼마나 시급하게 해결돼야 하는가 등이다.

문제의 인식·정의 및 진단은 관리자나 의사결정자 개인이 주관적으로만 해서는 안 된다. 중요하고 시급한 문제일수록 조직구성원 및 전문가들의 경험·지식 및 분석에 근거해 객관적으로 해야 한다.

2) 목표의 설정

문제가 확인·정의·진단됐으면 현재의 그 문제와 상태를 앞으로 어떤 바람직한 상태로 변화시키고자 하는가를 구상해서 밝혀야 한다. 그것이 의사결정에서 목표 설정이다. 예를 들면 정부조직 관리에 문제가 있기 때문에 그 문제를 해결하기 위해 의사결정을 하는 경우에 의사결정의 목표를 조직관리의 투명성 실현에 둘 수도 있고 능률성을 증진시키는 데 둘 수도 있다. 목표를 어디에 두느냐에 따라 대안의 개발과 평가와 선택이 달라진다. 목표는 문제의 성격을 고려해 설정해야 한다. 일상적으로 일어나는 문제를 해결하기 위한 목표는 기존의 규정이나 선례에 따라 기계적으로 설정하는 것이 좋지만 과거에 없었던 새롭고 중대한 문제가 발생한 경우에는 문제에 대한 객관적 분석과 직관적인 판단 등을 종합해 설정해야 한다.

목표는 조직의 기본적인 가치와 임무에 적합하고 당면한 문제 해결을 위해 소망스러울 뿐만 아니라 실행 가능하고 구체적이며 측정할 수 있어야 한다.

3) 대안 개발

목표를 설정한 다음에는 그 목표를 달성하기 위해 필요한 대안이 무엇인가를 생각하고 개발해야 한다. 예를 들면, 앞에 말한 바와 같이 조직관리 문제의 해결 목표를 능률성 향상으로 정했다면 그것을 달성하기 위한 대안이 무엇인가를 정해야 한다. 대안(alternative)이란 어떤 문제의 해결이나 목표 달성을 위한 방안을 말한다. 구체적인 수단(means)과 행동노선(courses of action)을 표현하는 개념이다.

조직의 일상적인 문제 해결을 위한 대안의 구상과 작성은 기존의 선례와 규정에 따라서 비교적 쉽고 간단하게 할 수 있는 것도 있지만, 새롭고 중대한 문제 해결을 위한 대안의 구상과 개발은 매우 어렵고 복잡하다. 과거에 없었던 방법과 행동을 창의적으로 구상하고 판단해야 하기 때문이다.

대안은 두 가지 이상을 개발해 제시해야 한다. 조직의 문제 해결이나 목표 달성을 위한 대안들은 상대적인 장점과 단점을 갖기 때문이다. 대안의 구상과 개발은 조직관리자가 단독으로 하는 것보다는 해결해야 할 문제와 관련되는 조직구성원, 외부전문가 및 이해관계자들을 참여시켜 하는 것이 바람직하다.

4) 대안의 분석과 평가

개발되어 제시된 대안들은 그 상대적 가치와 장·단점이 분석·평가돼야 한다. 이러한 분석과 평가의 목적은 의사결정자가 대안을 선택하는 데 도움이 될 수 있는 정보를 확보하는 데 있다. 제시된 각 대안들이 문제 해결을 위해 설정한 목표에 적합하고 유용한 수단인가, 기대되는 성과 및 효과는 무엇인가, 그리고 실행가능성이 있는가 등을 검토하는 것이다.

대안의 분석과 평가는 의사결정자의 경험, 통계적 방법, 비용-편익분석, 체제분석 및 실험적 방법 등을 이용한다. 이러한 방법을 이용해 각각의 대안들을 분석하고 평가하며, 어떤 대안에 대해서는 가중치를 부여할 수도 있다. 그리고 마지막으로 모든 대안을 비교한 후 대안들이 지니는 상대적 가치를 평가한다. 대안의 분석과 평가에는 조직 내부 구성원들과 외부 전문가들이 참여함으로써 적실성과 객관성을 확보할 수 있다.

5) 대안의 선택과 실행

둘 이상의 대안 중에서 상대적으로 장점이 큰 대안, 즉 문제 해결의 목표에 대한 적합성이 높고 성과를 기대할 수 있는 대안을 선택하는 것이다. 이러한 대안 선택이 곧 의사결정이다.

의사결정자는 대안의 분석과 평가를 통해 파악한 객관적 정보·주관적인 경험과 조직의 상황 등을 고려해 적합한 대안을 선택해야 한다. 그리고 조직은 선택된 대안을 실행해야 한다. 실행은 구체적인 실행계획을 세워서 해야 한다.

2 의사결정 상황

의사결정은 진공 속에서 이뤄지지 않는다. 일정한 상황 조건들의 영향 속에서 대안이 구상되고 분석 평가되며 최종 선택을 하게 된다. 의사결정 상황은 여러 가지로 분류할 수 있지만 특성을 기준으로 말하자면 확실성(certainty)·위험성(risk)·불확실성(uncertainty) 등으로 나눠 살펴볼 수 있다. 의사결정은 이러한 상황적 특성을 고려해 적합하게 이뤄져야 할 것이다.

1) 확실성

확실성이란 의사결정자가 결정 과정에 제시된 대안들이 무엇인가를 명확히 알고 그 대안들이 어떤 결과를 가져올 것인가를 확실하게 예측할 수 있는 상황을 말한다. 이렇게 확실성 있는 상황 조건 하에서는 의사결정자가 확신하는 바에 따라 대안을 선택할 수 있다.

2) 위험성

위험성이란 의사결정자가 제시된 대안이 무엇인가를 알고 대안이 가져올 유효성(availability)은 물론 잠재적 함정(potential payoffs)의 확률을 추정할 수 있는 상황을 말한다. 환언하면, 대안의 성공과 실패 확률이 50:50인 상태다. 이러한 상황 속에 있는 의사결정자는 대안이 초래할 결과의 확률을 계량적·객관적으로 여러 번 반복해서 파악해야 하며, 한편으로는 경험에 의한 주관적 판단에 의존해 대안을 선택할 수 있다.

3) 불확실성

불확실성이란 의사결정자가 제시된 대안이 무엇인가를 잘 모르며 그 대안이 어떤 결과를 초래할지를 명확히 예측할 수 없는 상황을 말한다. 환언하면, 의사결정자가 대안이 가져올 결과에 대해 객관적이며 합리적으로 확률을 측정할 수 없는 상황을 말한다. 따라서 모호성과 예측불가능성이 높고 나쁜 결정을 할 수 있는 가능성도 높은 상태다. 이러한 상황에서는 의사결정

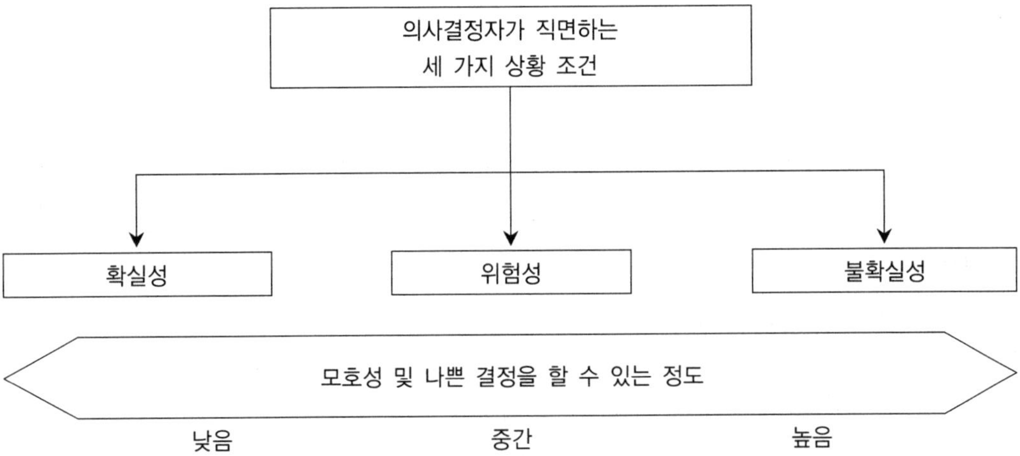

그림 8-5 의사결정 상황

Criffin(2002: 262).

자가 대안에 관련된 정보를 수집해 이해하는 데 관심을 집중해야 하며, 한편 경험 · 직관 및 판단을 잘 활용해야 한다.

제 6 절 의사결정에 영향을 미치는 요소들

의사결정은 여러 가지 원인과 조건들의 영향을 받으며 이뤄진다. 특히 결정자의 특성, 결정 사안의 특징, 조직구조 및 환경 등의 요소가 중요하게 영향을 미친다.

1 결정자

첫째, 결정자가 바람직하다고 생각하는 것, 즉 가치관(values)이 목표 설정 · 대안 작성 · 평가 및 선택에 중요한 영향을 미친다.

둘째, 결정자가 무엇을 실현하고자 하는가, 즉 결정자의 욕구(needs)가 의사결정에 반영된다.

셋째, 결정할 사안에 대해 어떤 태도와 생각을 가지고 있는가, 긍정적인가 부정적인가, 찬성인가 반대인가의 문제다. 다시 말하면, 결정할 문제에 대한 결정자의 태도(attitudes)의 특성이 의사결정에 영향을 미친다.

넷째, 결정자는 어떤 문제에 대해 적극적으로 해결하려고 행동하지만 어떤 문제는 그 해결에 소극적으로 행동하는 경우도 있다. 그것은 결정자의 개인적・사회적 동기(motivation)와 관계된다.

다섯째, 결정자는 자신의 기억에 저장돼 있는 지식(knowledge) 혹은 인지(cognition)를 활용해 의사결정의 문제를 범주화하고 추리하며 판단하고 선택한다. 따라서 의사결정자가 가지고 있는 지식 및 인지의 종류와 깊이가 의사결정에 중요하게 작용한다.

여섯째, 결정자가 지나온 경력(career)과 겪어온 경험(experience)은 그가 당면하는 문제 해결을 위한 구상과 대안 선택에 중요한 요소로 작용한다.

일곱째, 결정자가 차지하고 있는 공식적 직위(position)와 권한도 의사결정에 작용하는 중요한 요소다.

여덟째, 의사결정 참여자가 단수인가 복수인가도 결정에 영향을 미친다. 단독으로 의사결정을 주도하는 경우에는 일반적으로 고려하는 대안의 수가 적고 결정을 신속하게 한다. 반대로 복수인 경우에는 고려하는 대안이 많고 신속하게 결정하지 못한다.

2 결정 사안

첫째, 결정할 사안이 과거부터 있어 온 동질적・일상적이며 단순한 경우에는 기계적으로 쉽게 결정하지만 결정할 사안이 과거에 없었던 이질적이고 비일상적이며 복잡한 경우에는 쉽게 결정하기 어렵다.

둘째, 현재 결정할 사안이 기존의 결정과 수행에 영향을 받는 경우도 많다. 예를 들면 매몰비용(埋沒費用, sunk cost)의 문제다. 미래의 어떤 상태를 이루기 위해 현재 결정할 일에 과거의 결정과 수행, 특히 이미 써버린 시간과 돈과 노력에 영향을 받기도 한다.

3 조직구조

첫째, 조직 규모(size)가 큰 경우에는 의사결정 과정이 복잡하고 시간과 비용이 많이 소요될 수 있다.

둘째, 법과 규칙을 중시하고 절차의 공식성이 높은 조직은 의사결정에 질서가 있지만 기계적이고 유연성이 약하다. 반면에 비공식성이 높은 조직은 의사결정의 유연성은 있지만 질서가 문란하고 복잡하다.

셋째, 집권화(certralization)가 높은 조직은 의사결정권이 고위계층의 소수에게 집중돼 신속하게 이뤄지지만 '과두제의 철칙'과 같은 비민주적 결정을 초래한다. 반면에 분권화(decentralization)가 높은 조직은 의사결정권이 하위계층에 분산되므로 결정에 참여와 민주성은 높지만 조직 전체보다는 하위 단위의 이익분립 현상(interest bifurcation)을 초래할 수 있다.

넷째, 조직의 정보 체계 및 의사소통 구조가 열려 있고 유연한 경우에는 조직 내부에 충분한 정보와 의사전달이 이뤄져 합리적이고 적합한 의사결정에 도움을 주지만, 그렇지 않으면 합리적이고 적합한 의사결정을 하기 어렵다.

4 환경

첫째, 조직의 의사결정은 정치적 영향을 받는 경우가 매우 많다. 특히 정부에서 결정하는 많은 정책은 그 결정 과정에 정치적 영향을 받는 경우가 많다.

둘째, 의사결정은 경제의 영향을 받는다. 아무리 소망스러운 대안이 제시되더라도 경제적 타당성을 고려해야 한다.

셋째, 의사결정은 사회적 관습의 제약을 받을 수 있으며 조직에 이해관계를 갖는 자들의 기대와 희망이 교차한다.

넷째, 의사결정은 법과 제도의 영향을 받는다. 결정할 사안의 내용뿐만 아니라 결정 과정이 법과 제도의 영향을 받는 경우가 많다.

다섯째, 한 조직의 의사결정은 외부 조직과의 관계 속에서 이뤄진다. 특히 조직이 필요한 자원을 외부 조직에 많이 의존하는 경우에는 그 조직의 영향이 크다.

제 7 절 집단의사 결정을 향상시키는 기법

1 필요성

조직에서 이뤄지는 의사결정의 대부분은 집단의사 결정 방식을 취한다. 집단의사 결정은 여러 전문가 및 이해관계자들이 참여해 중지(衆智)를 모으고 타협·조정을 통해 이뤄지므로 좀 더 공정하고 신뢰성 있는 결정을 하는 장점을 기대할 수 있지만 집단사고(集團思考)나 결정의 양극화 등에서 보는 바와 같이 문제 해결에 미흡하거나, 문제를 잘못 해결할 결정을 하는 경우도 있다.

집단의사 결정은 결정 참여자들이 해결해야 할 문제를 정확하게 인식하고 창의적이고 적절한 해결 목표와 대안을 제시하고 최적의 대안을 선택하는 것이 바람직하다. 집단의사 결정이 이와같이 바람직한 상태로 이뤄지고 유지되려면 의사결정 참여자들이 부적절하거나 부족한 의사결정 행동을 반성하고 새롭고 창의적인 기법을 학습하고 고안해 적용해야 한다. 이와 같은 필요에 따라서 조직의 문제 해결을 돕는 의사결정 기법 혹은 집단의 의사결정을 향상시키는 다음과 같은 기법들이 개발돼 있다.

2 주요 기법

1) 브레인스토밍

브레인스토밍(brainstorming)은 집단의 의사결정을 개선하고 향상시키는 기법으로서 오스본(A. F. Osborn)이 개발한 것이다(Osborn, 1963). 이 기법은 문제 해결을 돕는 의사결정을 위해 여러 사람의 창의적인 아이디어를 이끌어내고 적용하기 위한 집단을 구성하고 그 집단 참여자들이 집단 속에서 자유롭고 적극적으로 많은 아이디어를 내고 토의하도록 네 가지 규칙(아래 설명 볼 것)을 정해 진행하는 기법이다. 집단 속에서 "자유로운 생각의 폭풍(storm of free-thinking)"이 일어나도록 고안된 토의 기법으로서 다음과 같은 과정으로 이뤄진다.

(1) 집단참여자의 집합

5~15명 정도의 인원으로 집단을 구성하고 참여자를 집합시킨다.

(2) 규칙의 설명과 문제의 제시

집단의 리더가 참여자들에게 진행상 유념해야 할 규칙(rule)이 무엇인가를 설명하고 해결을 요하는 하나의 문제를 제시한다. 이때 참여자들이 지켜야 할 규칙은 다음과 같다.

첫째, 자유롭게 표현한다. 집단에 참여한 사람들은 어떤 아이디어라도 자유롭게 거침없이 표현한다. 다듬어지지 않은 아이디어나 이상스러운 아이디어도 좋다.

둘째, 비판적 평가는 하지 않는다. 아이디어가 제안되는 단계에서 다른 사람이 내놓은 아이디어를 비판적으로 평가해서는 안 된다.

셋째, 아이디어가 많으면 많을수록 좋다. 질(quality)보다 양(quantity)이 앞선다. 아이디어의 수가 많으면 그 속에서 질이 좋은 아이디어를 찾을 수 있다.

넷째, 아이디어는 변경이나 수정이 가능하다. 집단 참여자들은 아이디어를 내고 토의하는 과정에서 자기의 아이디어를 변경하거나 수정함으로써 아이디어를 발전시킬 수 있다.

(3) 참여자들의 아이디어 제안

참여자들은 위와 같은 규칙에 따라서 정해진 시간(20~60분) 내에 개별적으로 문제 해결을 위한 아이디어를 제시한다. 가능하면 많은 아이디어를 적극적으로 제안해야 한다. 제안된 아이디어는 기록자가 기록한다.

(4) 제안된 아이디어의 공표

기록자는 각 참여자들이 제안한 모든 아이디어를 참여자들에게 공표한다.

(5) 아이디어의 토의 · 평가

참여자들은 제안된 모든 아이디어의 창의성과 가치를 토의하고 평가한다.

(6) 해결 방안의 선택

상대적으로 창의성과 가치가 높은 아이디어를 선택한다.

브레인스토밍의 장점은 ① 단시간 내에 다양한 아이디어를 얻으며, ② 새롭고 이질적인 문제해결에 유용하게 적용할 수 있고, 집단 과정을 통해 나오는 아이디어이므로 조직에서 수용가능성이 높다. 그러나 질적인 면에서 볼 때 집단의 아이디어가 개인의 아이디어보다 반드시 창의적이고 가치있는 것이라고 단정하기 어려운 문제점이 있다.

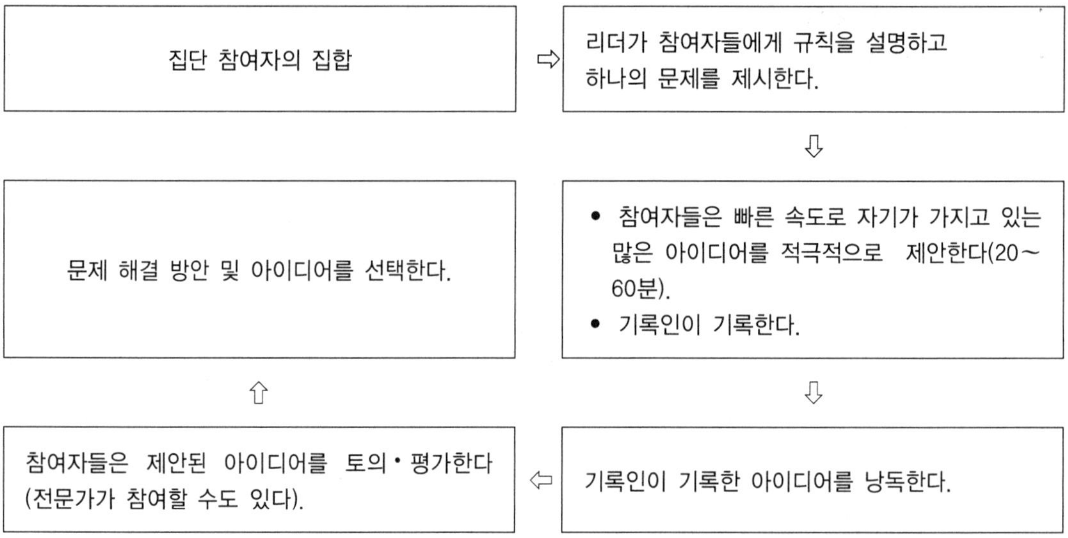

그림 8-6 브레인스토밍의 과정

2) 명목집단기법

명목집단기법(nominal group technique: NGT) 역시 집단의 문제 해결을 위한 의사결정을 향상시키기 위해 고안된 기법으로서 델베크(A. L. Delbecq) 등이 개발했다(Van de Ven & Delbecq, 1971: 203-212; Delbecq, Van de Ven, & Gustafson, 1975 참조).

명목집단기법은 집단을 구성하고 그 집단 참여자들이 아이디어를 내며 제안된 아이디어를 논의해 선택한다. 그런 점에서 다른 집단기법과 유사하다.

그러나 명목집단기법은 집단 과정의 많은 부분에서 참여자 간에 언어적 상호작용이나 의사소통을 제한하는 상태에서 참여자 개인들이 아이디어를 제시하고 전체 참여자들의 아이디어 순위를 정해 선택하는 기법이다. 집단의 참여자들 간에 상호작용이 없거나 제한되므로 이름뿐인 집단, 즉 명목집단(名目集團)이라고 하며(Delbecq, 1975: 8 참조), 다음과 같은 과정에 따라 진행된다.

(1) 구성원의 집합과 문제의 확인

집단구성원을 소집해 그들이 참여하면 집단의 리더가 참여자들에게 해결을 요하는 문제가 무엇인가를 설명하고 참여자들이 확인한다. 참여자들 상호간에 언어적 상호작용은 금지 혹은 제한한다.

(2) 참여자 개별적으로 해결 방안 및 아이디어의 기록

참여자들은 리더가 제시한 문제를 확인한 후 개별적으로 해결 방안 및 아이디어를 작성해 제시한다. 특히 이 과정에서 다른 참여자들과 말을 하거나 의견을 교환하는 일은 금지된다.

(3) 참여자들의 아이디어의 소개

각 참여자들이 제시한 해결 방안이나 아이디어는 칠판이나 차트에 기록해 다른 참여자들에게 소개된다.

(4) 참여자들의 토의와 평가

참여자들은 한자리에 모여 비로소 서로 아이디어를 듣고 토의하며 평가한다. 이 과정에서 제시된 아이디어의 의도나 가치가 명확하게 된다.

(5) 아이디어의 등급 결정

참여자들은 토의・평가한 해결 방안 및 아이디어 중에서 다섯 가지를 선택해 자신이 선호하는 순서에 따라 등급을 정해 제출한다. 일종의 투표행위라고 할 수 있다.

(6) 해결 방안 및 아이디어의 선택

모든 참여자가 등급을 정해 제시한 해결 방안이나 아이디어 중에서 가장 등급이 높은 것을 선택한다.

명목집단기법의 장점은 집단 참여자들이 다른 참여자들의 영향을 받지 않고 자기의 아이디어를 소신껏 제안함으로써 집단을 통해 좋은 아이디어를 생산하는 데 기여하는 것이다. 그러나 아이디어를 제안하는 과정에서 참여자 간의 상호 의사 교환을 너무 제한하므로 아이디어를 제

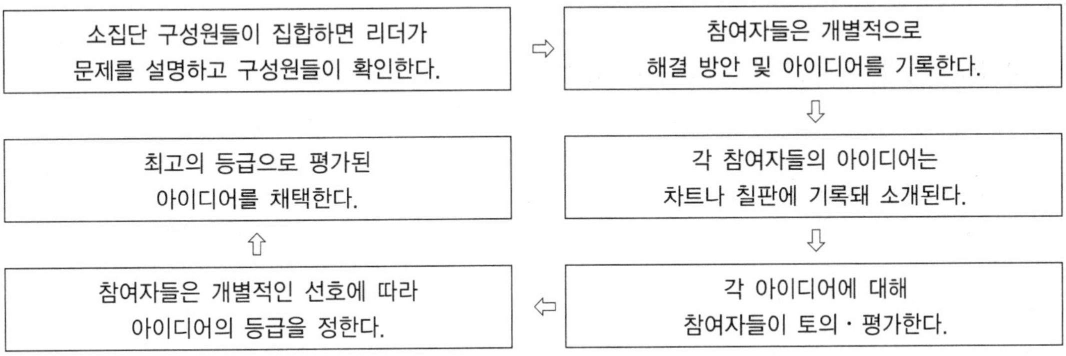

그림 8-7 명목집단기법의 과정

Greenberg & Baron(2003: 391).

안한 후에 토의 과정에서도 그들 간에 의사 교환이나 피드백이 원활하게 이뤄지지 않을 수 있는 문제점이 있다.

3) 델파이기법

델파이기법(Delphi technique)은 1948년에 미국의 랜드회사(Rand Corporation)가 미래의 기술 변화를 예측하기 위해 개발한 기법으로서 오늘날 정부·기업·교육기관 등에서 미래 예측뿐만 아니라 문제 해결 및 의사결정 기법으로 많이 이용하고 있다.

이 기법은 조직이 해결하고자 하는 문제를 다수 전문가의 경험·지식 및 아이디어를 수렴해 문제의 해결 방안을 찾아내고 의사결정을 하는 데 이용한다. 참여자들은 동시에, 동일 장소에 모여 상호 대면작용(face-to-face interaction)을 하지 않으며 익명성(anonimity)을 유지하면서 의견을 제시한다. 참여자들은 이 과정의 진행자가 우편으로 전달하는 질문서를 받아 응답하는 형식으로 의견을 작성해 우편으로 보낸다. 이러한 과정은 최소한 두 번 이상 이뤄지면서 의견이 심층화되고 구체화된다. 그리고 나서 참여자들의 의견은 분석돼 통계화되며 의견이 합의되면 의사결정이 이뤄지는 것이다.

델파이 기법의 진행 과정은 대체로 다음과 같다.

(1) 전문가를 위촉하고 협조를 얻음

조직이 문제 해결을 위해 전문가를 위촉하고 협조를 얻는다.

(2) 전문가들에게 문제의 제시와 질문

전문가들에게 우송되는 질문서에 조직이 해결해야 할 문제가 무엇인가를 제시하고, 그 해결 방안에 관해 의견을 묻는다.

(3) 전문가들의 의견 및 권고의 기록과 전달

전문가들이 질문서에 응답한다. 즉, 자기의 의견 및 권고문을 작성해 우편으로 전달한다.

(4) 전문가 의견의 수집과 복사

주최자는 전문가들이 보내온 의견을 수집·합성해 복사한다.

(5) 전문가들 상호간의 의견 공유

주최자는 전문가들이 내놓은 의견을 수집·복사해 이 과정에 참여하는 모든 전문가에게 전달하며, 전문가들은 의견 내용을 공유해 살펴본다.

(6) 전문가들의 평가

각 전문가들은 다른 전문가들이 내놓은 의견·아이디어 및 해결 방안 등을 검토하고 평가하여 주최자에게 보낸다.

(7) 의견 및 해결 방안의 수합과 합의 여부의 확인

주최자는 전문가들이 평가·기록한 의견서 및 해결 방안 등을 수합한다. 이때 수합된 내용을 보면 전문가들 간에 서로 의견 및 해결 방안이 합의점에 도달했는지 여부를 확인할 수 있다. 합의가 이뤄진 경우에는 문제가 해결되는 것이지만 합의가 이뤄지지 않은 경우에는 다시 전문가들에게 보내어 평가하도록 요구하며 이때 합의가 이뤄지면 문제가 해결되고 의사결정에 도달한다.

델파이 기법은 여러 가지 장점이 있다. 특히 중요한 것은 ① 많은 전문가나 관련자를 참여시킴으로써 폭넓고 깊은 의견과 해결 방안을 얻는다. 또한 ② 참여자들 간에 대면하지 않으며 익명성이 유지되므로 참여자들이 소신껏 의견을 낼 수 있다. 그러나 단점도 있다. ① 우편으로 진행하고 여러 단계를 거치므로 시간과 비용이 많이 들고, ② 참여자들에게 대면적 토의 과정이 주어지지 않으므로 참여감이 약하다.

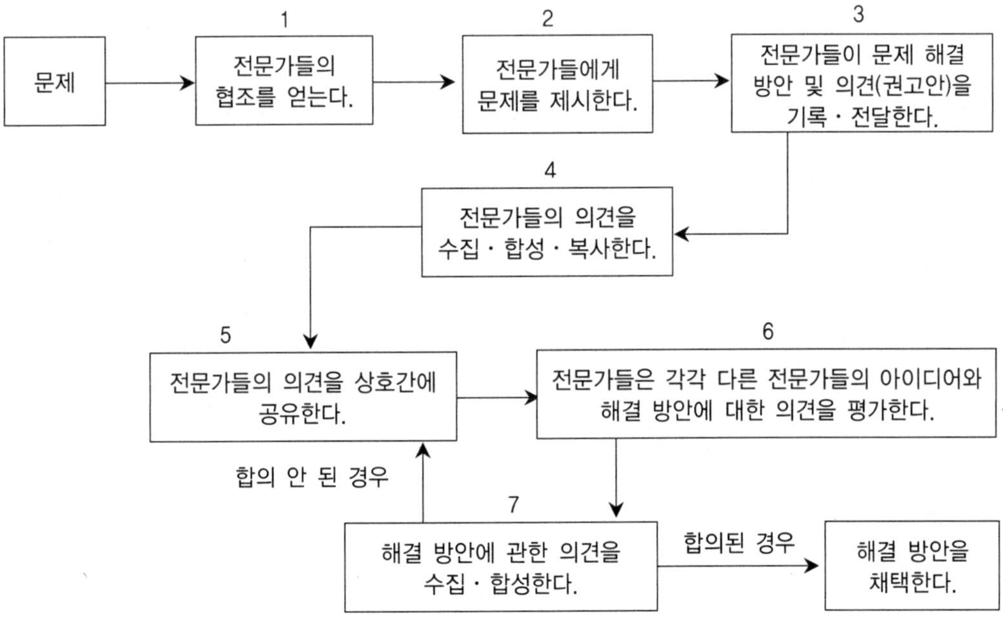

그림 8-8 델파이기법의 과정

Greenberg & Baron(2003: 390)의 도식적 모형을 참고해 재작성.

제 4 편

구조의 디자인

제 9 장　조직구조

제 9 장

조직구조

제 1 절 조직구조의 의의와 특성

1 의의

조직은 단순히 우발적으로 그 구성원들의 감정이나 욕구에 따라서만 행동하는 것이 아니다. 그것들과는 별도로 이미 확립되고 조직화돼 있는 일정한 배열(arrangements), 패턴(patterns) 및 관계(relationships)에 영향을 받는다. 이런 경우 우리는 조직이 구조(structure)에 근거해 작용한다고 말하는 것이다.

1) 구조와 조직구조

구조(structure)란 어떤 사물이나 일의 배열 형태(arrangement configuration)를 의미한다. 이러한 관점에서 조직구조(organizational structure)란 "조직의 목표 달성을 위한 사람(people)과 과업(tasks)의 배열"(Dubrin, 2006: 262), 혹은 "조직 내부의 직무(jobs)의 공식적 배열(formal arrangement)"(Robbins, 2005: 234)을 의미한다.

또한 구조란 어떤 사물·일·행동 등을 구성하는 부문들 간에 확립된 관계의 패턴(the established pattern of relationships)을 의미한다. 이러한 관점에서 조직구조란 "조직을 구성하는 부분들(components or parts), 즉 일이나 행동 간에 확립된 관계의 패턴"(Kast & Rosenzweig, 1974: 207)을 의미한다. 마치(J. G. March)와 사이먼(H. A. Simon)은 "조직구조란 비교적 안정되고 완만하게 지속하는 조직행동 패턴의 여러 국면(aspects)으로 구성된다"(March & Simon, 1958: 170, 윤재풍 옮김, 1977: 262)고 설명한다. 이는 특히 조직에 확립된 행동 패턴 혹은 행동의 관계적 총체가 조직구조의 핵심 개념이라는 것을 강조하는 것이다.

2) 조직구조의 실제

조직에는 사람 · 일(직무 · 과업) · 상위 목표와 하위 목표가 배열돼 있고, 그것들이 서로 관계되는 어떤 형태를 이루고 있다. 조직은 계층 · 목표 · 분업 및 조정 등의 요소로 구성되고, 그들 간에는 일정한 관계의 패턴을 이룬다. 목표가 설정되고, 그것을 달성하기 위해 분업이 이뤄지며, 분업활동을 조정하는 기능이 존재하고, 조정과 통제를 효율적으로 수행하기 위해 계층제가 작용한다. 또한 명령 · 복종 · 의사소통 · 의사결정 · 역할 등의 행동이 존재하고, 그러한 행동 간에, 그리고 각 행동의 구성 요소 간에 일정한 관계의 패턴이 확립돼 기능을 수행한다. 조직에 이와 같은 배열의 형태, 그리고 관계와 행위의 패턴이 확립돼 일정한 기간 반복적으로 지속되고 정형화돼 작용하게 되면 그것이 곧 조직구조가 되는 것이다.

3) 조직구조와 조직도

조직구조는 조직도(organization chart) 혹은 기구표를 통해서도 살펴볼 수 있다. 조직도 및 기구표는 조직 내부의 직위, 부서, 부서 간 관계, 계층구조, 분업구조, 권한과 의사소통의 체계, 의사결정 통로, 명령과 보고 체계 등을 보여주는 도표다.

2 조직구조의 기능

1) 목적 수행 기능

조직은 그 구조를 통해 산출물을 생산하고 목적을 달성하는 기능을 수행한다. 조직의 구조는 그 자체가 목적이 아니고 조직의 목표를 달성하는 데 필요한 수단적 장치, 혹은 목표 달성을 돕는 '기능자(enabler)'다. 따라서 조직의 효과성 및 효율성은 조직구조에 영향을 받는다.

2) 조직행위의 일정한 배열 및 패턴화

조직구조는 조직 내의 다양한 개인과 단위들이 행사하는 노력과 행위가 일정한 배열과 패턴 속에서 이뤄지도록 한다. 즉, 분업·조정·권한의 행사와 역할·정보의 흐름·의사소통 및 의사결정이 일정한 배열과 확립된 관계와 패턴 속에서 이뤄지도록 한다(Hall, 1982: 52).

3) 다른 조직과의 차이 형성

세상의 모든 조직은 각각의 구조를 가지고 있으며, 그 구조의 차이에 따라 다른 조직과 구별되는 특성을 갖는다. 건축가들이 건물을 설계하고 지을 때 하나의 건축물을 구성하는 부분 간의 관계와 배열을 어떻게 하느냐에 따라 각양각색의 건축물이 나타나는 경우와 같다.

3 조직구조의 기본적 특성

어떤 조직이 구조적인 면에서 어떤 특성을 지니는가는 일반적으로 그 조직이 지니고 있는 복잡성(complexity), 공식화(formalization) 및 집권화(centralization)의 상태에 따라서 설명할 수 있다. 이 세 가지 개념은 조직구조를 형성하는 핵심적 차원(core dimension)이며, 기본적 변수라고 할 수 있다(Robbins, 1983: 45-87 참조).

1) 복잡성: 분화의 정도

(1) 복잡성의 의의

조직의 복잡성(complexity)이란 조직의 분화(分化)의 정도(degree of differentiation)를 말한다. 조직의 분화란 조직이 여러 하위 단위(subunit)로 세분화되고 각 단위 간에 차이가 발생하는 현상을 말한다. 조직 내에 분화의 정도가 높으면 그만큼 조직은 구조적으로 복잡하게 된다.

분화의 상대적 개념은 통합(integration)이다. 분화가 심해 조직의 각 하위 단위들의 활동과 노력이 너무 차이가 생기면 조직 전체의 공통적 목표를 수행하기 어렵게 된다. 그러므로 조직 단위들이 각각의 차이를 넘어 공통 목표를 달성하는 데 기여하도록 통일된 행동과 협력적 구조를 형성해야 한다. 이와같이 조직의 구성 단위들이 통일된 행동과 협력적 구조를 형성하는 것을 통합이라고 한다. 통합은 조직의 분화의 정도, 즉 복잡성이 낮춰진 형태다.

(2) 분화의 세 가지 형태

조직의 분화는 수평적 분화(horizontal differentiation), 수직적·계층적 분화(vertical or hierarchical differentiation), 공간적 분산(spatial dispersion)의 형태로 나눠 설명할 수 있다.

① 수평적 분화

조직의 수평적 분화란 조직을 그 기능 및 직무의 성질에 따라서 수평적으로 나눠 차별화하는 것을 말한다. 조직의 수평적 분화는 직무의 전문화(work specialization)와 부문화(departmentalization)를 통해 이뤄진다. 직무의 전문화란 조직 내부의 과업들이 세부적인 직무로 나뉘는 것 즉, 노동의 분업화를 말하며, 부문화란 일정한 기준에 따라서 조직을 분화하는 것을 말한다. 예를 들면, 기능별로 집단화하는 것(기능별 부문화), 생산하는 제품이나 서비스별로 집단화하는 것(제품별 부문화), 지역을 기준으로 집단화하는 것(지역별 부문화), 그리고 고객별로 집단화하는 것(고객별 부문화) 등이다.

② 수직적 분화

조직의 수직적 분화는 계층적 분화라고도 한다. 그것은 조직 속에 몇 개의 수직적 계층을 만들고 계층에 따라 다른 권한과 책임을 부여하는 것을 말한다. 수직적·계층적 분화를 통해 계층 간에 기능 분화가 이뤄진다. 말하자면 고위계층에서는 주로 정책결정과 계획 기능을 수행하며 하위 계층은 집행 기능을 수행한다. 또한 계층적 분화를 통해 조직은 명령·복종 및 지휘감독의 체계와 상하의 의사소통 체계를 확립한다. 계층이 높은 곳에는 더욱 많은 권한과 책임이 배분된다. 수직적 분화는 조직의 높이(tall) 혹은 깊이(deep)를 결정하는 요소이기도 하다. 계층을 몇으로 설정하느냐에 따라 조직의 높이와 깊이의 정도가 결정된다.

수평적 분화와 수직적 분화는 상반되는 관계를 갖는다. 수평적 분화의 폭을 넓게 하면 상대적으로 수직적 분화구조는 낮아지며, 반대로 수직적 구조를 높게 하면 수평적 분화구조의 폭이 좁아지기 때문이다.

③ 공간적 분산

조직의 공간적 분산이란 조직을 구성하는 인원이나 시설 및 하위조직 등이 지역적으로 분산되는 것을 말한다. 그것은 수평적인 분산일 수도 있고, 수직적인 분산일 수도 있다. 수평적 분산은 지역적으로 분산되는 조직이 수평적으로 동등한 수준에 있는 것을 말하며, 수직적 분산은 일종의 계층적 분화구조를 이루는 경우를 말한다. 계층적 분화는 특히 정부조직의 경우 중앙행정기관과 그 기관의 일선기관 간의 관계에서 엿볼 수 있다.

(3) 분화의 장점과 문제점

조직의 분화구조가 발달하면 분화된 각 조직 단위별로 업무가 분업되고 전문적으로 수행되므로 해당 업무가 효율적으로 수행될 수 있다. 말하자면 수직적 분화의 경우 계층 간의 업무와 권한 및 책임 한계가 명확하게 되고, 수평적 분화의 경우 기능적 분업과 전문화에 따라 각 조직 단위에서 수행하는 일의 숙련도를 높여 효율화를 촉진한다. 또한 공간적 분산의 경우 작업 현장에 적실하게 업무를 수행하는 조직과 방법을 발달시킨다.

그러나 분화구조는 문제점도 내재하고 있다. 계층제 구조는 의사소통의 왜곡과 지연·의사결정의 교착과 지연, 하급자들의 상급자 눈치보기, 계층 간에 과도한 권력 격차가 발생할 우려가 있다. 또한 수평적 분화는 각 조직 단위 간의 조직이기주의 및 할거주의, 원활하지 못한 의사소통과 비협조 현상 등이 나타나며, 공간적 분산의 경우에도 각 조직 단위들의 할거주의 현상이 나타날 수 있다. 조직의 분화적 구조가 발달해 조직의 복잡성이 증대할수록 전체 조직의 관리자는 조직의 모든 단위의 활동과 노력을 통합·조정하는 역할이 긴요하게 된다.

2) 공식화: 규정 및 규칙화 정도

(1) 공식화의 의의

공식화(formalization)란 조직에서 이뤄지는 일·활동·절차·관계 및 역할 등을 공식적인 법·규정·규칙으로 성문화하는 정도를 말한다. 말하자면, 조직의 인사관리는 인사법규에 근거해서 해야 하고, 의사결정과 명령·지시·보고·회람 등은 일정한 절차와 규정에 따라서 하도록 하는 것이다. 공식화는 표준화(standardization) 혹은 표준운영절차(Standard Operation Procedure: SOP)와도 서로 관계를 갖는다.

조직 안에서 사람들이 일정한 규정에 따라서 똑같은 투입물을 똑같은 방법으로 처리해 똑같은 산출을 하는 것이 표준화이며, 조직의 운영 절차를 표준화하는 것을 표준운영절차라고 한다. 조직에서 이뤄지는 일이 규정화·성문화·문서화 및 표준화될수록 공식화가 높고, 그것들이 낮을수록 공식화가 낮은 것이다.

(2) 공식화의 장점과 문제점

조직에 공식화된 절차나 행태의 패턴이 확립됨으로써 조직관리 및 활동의 객관성·안정성·질서·일관성·통일성·예측가능성을 확보한다. 특히 전체 조직 내부의 다양한 집단 및 개인에 따라 나타날 수 있는 변이성(variability)을 줄인다. 또한 직무 수행 절차를 가시적이며 체계적으로 연결하고 통합하기 쉽다.

그러나 공식화가 지나치면 공식적인 규정과 절차에 얽매어 조직이 상황 변화에 유연하게 적응하지 못하며, 조직구성원의 재량과 자율적 행위를 제약한다.

3) 집권화: 의사결정권의 소재(所在)

(1) 집권화의 의의

조직에서 집권화(centralization)란 조직 내부의 의사결정(decision making) 권한의 소재(locus)에 관련되는 개념이다. 의사결정 권한이 비교적 조직의 상위층에 집중되는 현상을 집권화라고 한다. 반대로 조직의 하위층에 의사결정 권한이 많이 분산되는 현상을 분권화(decentralization)라고 한다. 집권화 개념은 조직구성원들이 조직 내의 의사결정 과정에 참여하는 수준과도 관계된다. 즉, 조직의 전략적인 주요 결정에 소수의 고위층만 참여하는 경우에는 집권화가 높다고 할 것이며, 반대로 중·하위층 조직구성원의 다수가 결정을 주도하는 경우에는 분권화가 높은 조직이라고 할 것이다.

(2) 집권화의 장점과 문제점

집권화는 조직의 문제를 조직 전체의 관점에서 보고 통일적·종합적·통합적인 결정을 하며, 그것을 수행하는 데 적합하다. 또한 조직 전체가 돌발적인 상황이나 위기에 처할 때 그에 신속하고 강력하게 대응하는 의사결정을 하고 행동을 할 수 있다. 그러나 집권화는 조직의 상급자에게 과중한 업무를 부담시키고, 조직을 구성하는 하위 단위의 실정에 적응하는 결정을 하기 어려우며, 하급자의 자율성을 저해하고, 조직 내의 참여적 의사결정을 제약하며, 하급자를 장래의 관리자로 육성할 기회를 제한할 수 있다.

분권화는 조직 하위 단위의 실정에 적합한 의사결정·조직구성원의 참여감 증대, 사기 앙양, 조직의 유연성 향상, 후계 관리자의 육성에 유리하다. 그러나 하위계층 인력의 능력이 부족한 경우 비효율적인 의사결정, 조직 내의 부서이기주의, 조직 내에 상충되고 중복되는 목표와 업무 수행 등이 발생할 수 있다.

제 2 절 조직구조의 결정 요인: 상황 변수 및 맥락 요인

조직구조의 결정에 작용하는 요인은 무엇인가? 왜 어떤 조직은 공식화와 집권화가 높은 기계적 구조(mechanistic structure) 및 고전적 관료제 조직구조 형태를 지니는데, 어떤 조직은 공식화가 낮고 유연하며 분권적인 유기적 구조(organic structure) 및 탈관료제적 구조 형태를 갖는가? 왜 어떤 조직은 수직적 계층 수가 많은 구조(tall structure)이며, 어떤 조직은 계층 수가 적은 구조(flat structure)인가?

이러한 조직구조 형태를 선택하고 설계하는 데 영향을 미치는 요인은 여러 가지다. 조직 구조 형태의 선택과 설계에 영향을 미치거나 제약하는 요인을 상황변수 및 맥락(context) 요인이라고 한다. 여기서 말하는 맥락이란 조직에 작용하는 상황을 의미하며 상황변수란 곧 맥락 요인과 같은 뜻이다.

조직구조의 결정에 작용하는 요인, 즉 상황변수 혹은 맥락 요인으로서 중요한 것을 예를 들면 조직 규모·기술·환경·권력 및 정치·정보화·인적 자원·전략적 선택 등이다. 이러한 상황변수들은 조직구조의 특성 및 기본 변수의 결정에 영향을 미치며, 나아가서는 조직구조 형태를 결정하는 데 작용한다.

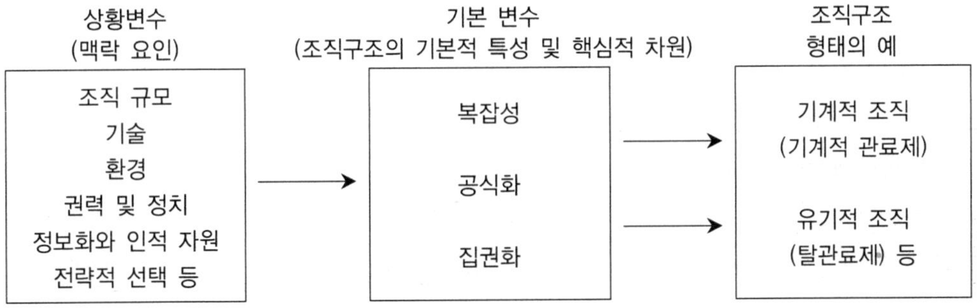

그림 9-1 조직구조의 특성, 상황변수, 조직구조 형태의 관계

1 조직 규모

1) 의의

조직의 구조를 결정하는 요인의 하나는 그 규모(size)다. 조직의 규모란 조직의 크기를 말한다. 그러나 조직이 크거나 작다는 것은 무엇을 기준으로 규정하는가? 그 대답은 간단하지 않다. 블라우(P. M. Blau)는 조직 규모란 "조직책임의 범위"라고 하며(Blau, 1972: 3), 앨드리치

(H. Aldrich)는 "과업의 범위(scale)"(Aldrich, 1972: 32), 홀(R. H. Hall)은 "조직구성원의 수"(Hall, 1977: 106)라고 정의한다. 또한 킴벌리(J. R. Kimberly)는 규모의 개념을 네 가지 차원으로 나누고 있다. 즉, ① 조직의 물리적인 용량, ② 구성원 수, ③ 투입·산출량, ④ 이용할 수 있는 자원의 양 등이다(Kimberly, 1976: 571-597).

위와 같이 조직 규모의 개념은 여러 가지 차원에서 정의할 수 있지만 일반적으로 조직의 규모란 조직을 구성하는 사람 수가 많으냐 적으냐를 말한다. 사람 수가 많으면 큰 규모의 조직이고, 적으면 작은 규모의 조직이라는 것이다.

2) 조직의 규모와 조직구조의 관계

(1) 조직 규모와 조직구조

조직의 규모가 크거나 작은 것은 조직구조의 외형적 모습을 나타내는 하나의 요소다. 조직의 규모는 여러 가지 측면에서 조직구조를 결정하는 데 작용한다. 테리엔(F. W. Terrien)과 밀스(D. L. Mills)는 "조직의 규모가 커지면 조직관리자의 비율이 증가한다"는 명제를 제시하고 있다(Terrien & Mills, 1955: 11-13). 또한 블라우 등은 "조직의 규모가 커지면 조직의 구조적 분화를 촉진시키며 분화의 비율은 처음에는 규모의 증대에 정비례해서 증대하지만 차츰 체감한다. 또한 하나의 조직이 규모가 커져 분화하면 그 조직안의 하위부문에서도 분화가 일어난다"는 명제를 제시한다(Blau & Schenherr, 1971). 그리고 애스턴(Aston)그룹에 소속된 퍼그(D. S. Pugh) 등은 "조직 규모가 확대되면 조직의 공식화와 표준화가 증가하고 나아가서 조직의 관료제화(bureaucratization)를 촉진한다"(Pugh et. al., 1969: 91-114)고 주장한다. 요컨대 조직 규모는 조직구조 결정에 다음과 같은 영향을 미친다고 설명할 수 있다.

(2) 조직 규모가 큰 경우의 조직구조

① 분화의 촉진

조직의 규모가 커지면 그 내부의 구성 부문과 단위를 분화해야 한다. 분화는 세 가지 측면에서 일어난다. 수직적·종적 분화와 수평적·횡적 분화, 그리고 지역적·횡적 분산이다. 이러한 분화구조가 발달할수록 조직의 복잡성(complexity)은 증가한다.

② 공식화·제도화 촉진

조직의 규모가 커지면 조직의 공식화 혹은 제도화가 발전한다. 객관적인 법·규칙·절차를 세밀하게 만들어야 획일적이고 통일적이며 객관적이고 질서 있게 조직구성원을 관리할 수 있는 것이다. 공식화가 발달하면 구성원들이 수행하는 과업의 단위와 절차가 표준화된다. 그렇게 함으로써 구성원들의 활동을 용이하게 관리하고 통제할 수 있다. 조직의 공식화, 제도화, 표준화가 발전하게 되면 그에 비례해 조직의 관료제화가 촉진된다.

③ 권한위임

조직의 규모가 커지면 관리자는 단독으로 의사결정과 집행·관리적 기능을 적절하게 행사할 수 없다. 따라서 관리자는 분화된 하위 단위 조직에 자신이 가지고 있는 의사결정과 집행·관리 등의 권한을 위임해야 한다. 조직이 집권화보다는 분권화구조를 가짐으로써 각 하위 단위는 각자의 상황에 적합하게 결정하고 운영할 것이다.

이상의 세 가지는 조직의 규모가 커지는 경우에 조직구조의 설계와 선택이 어떤 영향을 받는가를 설명한 것이다. 이와는 반대로 조직의 규모가 작아지는 경우에는 조직의 분화·공식화·제도화·표준화 수준이 낮아지는 반면 집권화 수준은 높아진다고 할 수 있다.

2 기술

1) 조직 기술의 의의

조직의 기술(technology)이란 조직이 그 투입물을 산출물로 변환(transformation)시키는 방법이나 과정이라고 할 수 있다. 모든 조직은 그 조직의 투입 요소인 인적·물적 자원을 특정한 생산물이나 서비스로 변환하는 방법이나 과정을 갖는다. 다시 말하면, 조직은 특정한 기술을 가지고 있다. 정부조직은 국민의 세금을 써서 국민이 원하는 어떤 서비스를 생산하고 공급하는 방법(기술)을 가지고 있으며, 기업은 자본·노동·토지 등의 생산 요소를 투입해 특정한 생산물을 산출하는 방법을 가지고 있다. 따라서 조직과 기술이 적합한 관계를 가짐으로써 조직은 그 존재 목적을 효율적으로 실현하게 된다.

2) 기술과 조직구조에 관한 이론모형

기술과 조직구조의 상호 관계를 설명하는 세 가지 이론모형이 있다.

(1) 우드워드의 이론: 생산기술

조직구조와 기술의 관계에 관한 최초의 연구는 1965년 사우스-이스트 엑세스(South-East

Essex)의 우드워드(Joan Woodward)와 그의 동료들에서 비롯한다(Woodward, 1965). 그녀는 영국 남부에 있는 100여 개의 제조업체를 표본으로 선택해 연구했다.

우드워드는 고전적 조직원리론에서 말하는 조직구조(계층제 · 통솔 범위 · 공식화 등)와 조직의 효과성 간의 상관 관계를 밝히기 위해 여러 사업체로부터 많은 관련 자료를 얻어 분석했다. 분석 결과 소위 고전적 조직원리론자들이 강조하는 원리(혹은 구조론)는 사실과 맞지 않음을 발견했다. 연구 대상 조직 중 효과성이 높고 성공적인 대부분의 조직은 고전이론에서 이상적으로 생각하는 표준화나 공식화가 잘 돼 있기보다는 오히려 그것이 느슨하고 자유분방한 유기적 현상을 보였다.

그리하여 우드워드는 새로운 가설을 세워 그것을 입증하려고 시도했다. 그 결과 조직관리에서 유일 최선의 보편적 원리나 방법은 있을 수 없으며 어디까지나 상황조건적합적(contingent) 맥락에서 이해해야 한다는 생각을 하게 됐다. 그녀는 특히 조직의 효과성을 기술("제조 방법 및 과정")과 조직구조의 적합(fit) 관계에서 밝혔다. 그녀는 우선 세 가지 유형의 생산 기술을 기준으로 세 가지 유형으로 조직을 나눴다.

① 단위 · 소량생산 기술

단위 및 소량생산(unit and small-batch production) 기술을 적용하는 조직은 주문에 따라 생산이 이뤄지고, 조직의 분화와 공식화가 낮으며, 제품의 표준화가 낮고, 과정은 비일상적임을 밝혀냈다(예: 양복 제조 과정).

② 대량생산 기술

대량생산(large-batch and mass production) 기술을 적용하는 조직은 보통의 수직적 분화, 높은 수평적 분화와 공식화 구조를 가지며, 제품이 표준화돼 있고 일상적 · 기계적 생산을 하며, 생산 단계가 안정적이고 예측 가능하다고 밝혔다(예: 냉장고나 포드자동차의 생산 과정).

③ 연속적 공정생산 기술

연속적 공정생산(long-run process production) 기술을 적용하는 조직은 수직적 분화는 높으나 수평적 분화가 낮으며, 생산물이 표준화되고, 반복적이며, 비교적 생산 공정이 예측 가능하지만(예: 석유 화학 공정) 모든 생산 공정에서 계속 새로운 과학적인 지식을 응용할 수 있는 전문적인 능력이 요구되고, 생산 공정에서 발생하는 우연적이며, 비일상적인 문제에 대비하는 체제를 갖추고 있음을 발견했다.

우드워드는 이와 같은 생산 기술과 조직구조 간의 관계를 다음과 같이 설명했다. 첫째, 단위 · 소량(주문) 생산과 연속적 공정 생산 기술을 적용하는 조직은 구조가 느슨한 비관료제적 특성을 지니고 있으므로, 생산 과정에서 발생하는 비일상적이고 우발적인 문제를 다루는 데 신축성 · 유기성 · 효과성이 있다고 언급했다. 그러나 둘째, 대량생산 기술을 적용하는 조직은 관료제적 구조 · 기계적 조직모형에 부합한다고 설명했다.

표 9-1 우드워드의 기술 분류와 조직구조

기술	단위 · 소량생산 기술	대량생산 기술	연속적 공정생산 기술
구조적 특성	낮은 수직적 · 수평적 분화와 공식화 · 제품의 낮은 표준화 * 낮은 관료제 특성	보통의 수직적 분화 · 높은 수평적 분화와 공식화 · 제품의 높은 표준화 * 높은 관료제 특성	높은 수직적 분화 · 낮은 수평적 분화와 공식화 · 제품의 높은 표준화 * 낮은 관료제 특성
효과적인 구조	유기적 구조	기계적 구조	유기적 구조

(2) 페로의 이론: 지식기술

페로(C. Perrow)는 지식기술(knowledge-based technology)에 주목한다. 그는 "기술이란 조직이나 개인이 도구나 기계적 장치의 도움을 받거나 받지 않고 어떤 대상을 변화시키기 위해 그 대상에 대해 행하는 행위(Perrow, 1967: 194-208)라고 정의한다.

그는 조직은 환경으로부터 일정한 원료를 투입으로 받아들여 그것을 변환해 환경으로 산출하는 체제이며, 원료의 변환에는 일정한 행위(기술)가 필요하다고 본다. 그러나 그러한 일은 조직이 언제나 완전하게 통제해 수행하는 것이 아니라 예외적인 사태에 적절하게 대처하면서 이뤄진다는 것이다. 그러한 관점에서 페로(Perrow, 1967)는 다음과 같은 두 가지 차원을 설정하고 그에 따르는 세 가지 기술을 설명한다.

첫째 차원은 과업의 변이성(task variability)이다. 과업의 변이성이란 작업에서 예외적 현상이 발생하는 빈도를 말한다. 조직에서 이뤄지는 작업에는 예외적 현상이 거의 없는 일상적(routine)인 작업(예: 기계적인 작업)과 많은 예외적 현상 및 고도의 다양성을 갖는 비일상적(non-routine)인 작업(예: 고위관리층 · 자문직 등)이 있다.

둘째 차원은 문제의 분석가능성(problem analyzability)이다. 문제의 분석가능성이란 작업 과정에서 발생하는 예외에 대한 문제 해결 방법을 탐구하는 것과 관련된다. 여기에는 논리적이며 분석적인 사고를 통해 잘 정의되고 분석되는 측면과 직관 · 경험 · 주먹구구 혹은 시행착오 등과 같이 논리적 정의나 분석이 어려운 측면이 있다. 이 두 가지 차원을 결합해 [그림 9-2]와 같은 네 가지 기술을 제시하고 있다.

첫째, 일상적 기술은 과업의 변이성(예외)이 거의 없으며, 문제의 분석이 용이한 기술이다

<table>
<tr><td colspan="2" rowspan="2"></td><td colspan="2">과업의 변이성(예외의 빈도)</td></tr>
<tr><td>거의 없으며 일상적</td><td>많고 다양하며 비일상적</td></tr>
<tr><td rowspan="2">문제
분석
가능성</td><td>문제의 정의와
분석이 쉬움</td><td>일상적(routine) 기술
(1)</td><td>엔지니어링(engineering) 기술
(2)</td></tr>
<tr><td>문제의 정의와
분석이 어려움</td><td>공예(장인)(craft) 기술
(3)</td><td>비일상적(non-routine) 기술
(4)</td></tr>
</table>

그림 9-2 페로의 기술 분류

(예: 자동차 · 강철산업 등)

둘째, 엔지니어링 기술은 예외적인 현상이 많으나 문제가 비교적 용이하게 분석되고 처리될 수 있는 기술이다(예: 중기계).

셋째, 공예기술은 비교적 어려운 문제를 다루지만 예외적인 현상이 적은 기술이다(예: 신발제작 · 가구 수선 등).

넷째, 비일상적 기술은 많은 예외적 현상이 있으며 분석이 어려운 기술이다(예: 항공산업 · 우주탐사산업 등).

그러면 위와 같은 기술과 조직구조는 어떤 경우에 적합 관계를 갖는가? 일상적 기술을 갖는 조직은 과업의 예외가 없고 문제의 분석이 쉬우므로 고도로 구조화된 기계적 조직이 적합하며, 비일상적 기술의 경우는 구조적인 유연성을 갖는 유기적 조직이 적합하다. 또한 엔지니어링 기술은 문제 분석이 용이하지만 예외가 많기 때문에 유기적 조직이 적합할 것이며, 공예적 기술은 과업의 예외가 없기는 하나 문제가 잘 분석되지 않으므로 역시 유기적인 조직이 적합하다는 것이다.

(3) 톰슨의 이론: 기술적 불확실성

톰슨(J. D. Thompson)은 기술적 불확실성(technological uncertainty)에 주목한다. 그는 조직이 기술적 합리성을 실현하는 데에는 여러 가지 불확실한 요소들의 영향을 받는다고 한다. 그것은 인과 관계에 관한 지식 자체의 불확실성 · 환경에서 오는 불확실성 혹은 조직 구성 단위 간의 상호의존성에서 초래되는 불확실성 등이다. 그러므로, 이러한 불확실성에 대응하는 것이 조직의 효율성을 확보하기 위한 근본적 문제가 돼야 한다고 말한다. 그는 조직을 다음과 같이 세 가지 기술 형태로 나누고 각기 그 속에서 발생하는 불확실성에 대응하는 방법을 설명하고 있다(Thompson, 1967: 15-17).

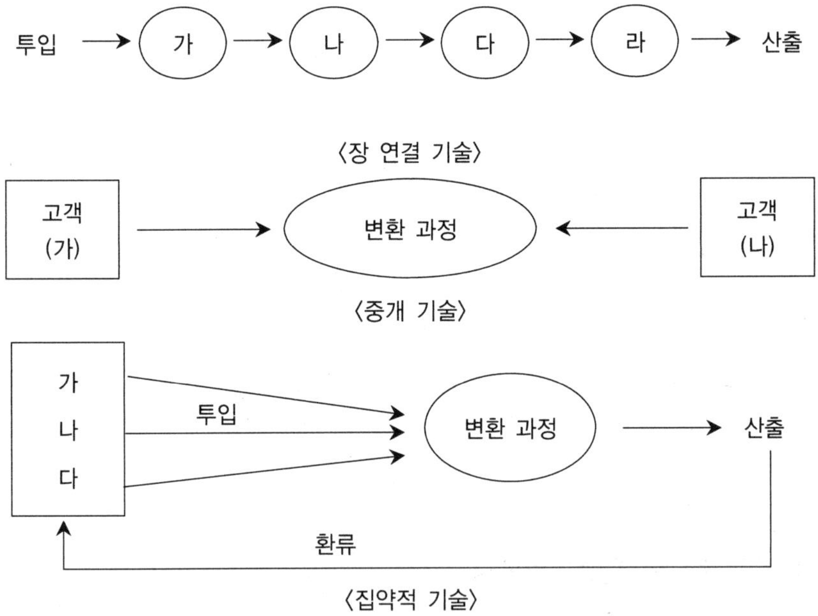

그림 9-3 톰슨의 기술 분류

① 장(長) 연결기술

장 연결기술(long-linked technology)이란 어떤 과업들이 일련의 선후 관계로 연결돼 수행되는 것으로 뒤에 수행되는 과업은 선행 방법과 과정에 의존한다(예: 대량생산의 조립 공정). 앞뒤로 이어지는 상호의존적인 과업과 활동이 효율성을 확보하려면 각 단위 간에 분업과 협조가 잘 이뤄져야 한다. 장 연결기술에 의존하는 조직의 불확실성은 특히 조직의 투입(원료의 확보)과 산출(예: 생산물을 시장에 내보내는 것) 양쪽에 존재한다.

② 중개기술

중개기술(mediating technology)이란 상호의존적인 고객(혹은 수혜자)을 중개(연결)하는 기술을 말한다(예: 은행 · 전화국 · 우체국 등). 중개자는 독립적인 단위들을 연결시키는 교환 기능을 수행한다. 그렇게 하기 위해 조직의 과업활동을 표준화하고 고객의 기대를 잘 파악해야 한다. 예금자와 대출자는 상호간에 알지 못하지만 은행은 그들 간의 관계를 연결시키는 일을 하는 것이다. 중개적 기술은 고객에 의존하고 있으며 그 자체가 불확실성의 요인이 된다. 대출을 원하는 은행의 고객은 많은데 예금을 원하는 고객이 적은 경우, 혹은 그 반대의 경우가 발생하는 예를 상상할 수 있다. 조직이 이러한 불확실성을 극복하려면 서비스 대상의 고객을 수평적으로 확대해야 한다. 고객이 많을수록 일부 고객에 주로 의존하는 현상을 줄일 수 있는 것이다.

③ 집약적 기술

집약적 기술(intensive technology)이란 조직이 어떤 대상을 변환시키기 위해 집약적으로 이용하는 기술을 말한다(예: 종합병원 · 대학 · 연구소 등에서 주로 사용하는 기술). 집약적 기술은 종합병원에서 가장 뚜렷하게 볼 수 있다. 예를 들면 어떤 환자에 대해서는 다양한 전문의학, 약제 서비스, 사회적 서비스, 정신적 · 종교적 치료 및 식이요법을 집약적으로 이용해 치료하는 경우도 있다. 그러나 기술을 집약하는 경우에 어떤 기술들을 집약해서 사용해야 할지 판단하기 어려운 경우도 있다. 이러한 불확실성을 극복하기 위해 병원은 여러 가지 가용기술을 확보하고 있어야 한다.

3) 기술과 조직구조의 적합관계모형

위에서 살펴본 세 학자는 각자의 기준에 따라 조직의 기술을 나누고, 기술에 적합한 조직구조에 관해 언급하고 있다. 이들의 이론에 근거해 기술과 조직구조의 적합 관계를 다음과 같은 모형으로 단순화해 설명할 수 있다.

(1) 기술의 유형: 일상적 기술 – 비일상적 기술

조직의 기술은 여러 가지 유형으로 나눌 수 있지만 그것을 이원적으로 단순화할 수 있다. 하나의 차원은 일상적 기술(혹은 단순한 기술 · 반복적 기술)이다. 우드워드의 대량생산 기술, 페로의 일상적 기술, 톰슨의 장 연결 기술과 중개 기술이 여기에 속한다. 또 하나의 차원은 비일상적 기술(혹은 복잡한 기술, 불확실성이 심한 기술)이다. 우드워드의 단위 · 소량생산 기술과 과정생산 기술, 페로의 비일상적 기술 · 공예기술 · 엔지니어링 기술, 톰슨의 집약적 기술이 여기에 해당한다.

(2) 조직구조의 형태: 기계적 구조 – 유기적 구조

조직의 구조는 통합적 구조–분화적 구조, 집권적 구조–분권적 구조, 공식성이 높은 구조–공식성이 낮은 구조, 관료제 구조–탈관료제 구조, 기계적 구조–유기적 구조로 나눌 수 있지만 여기에서는 기계적 구조와 유기적 구조로 단순화한다.

(3) 기술과 조직구조의 적합 관계

[표 9-2]는 기술과 조직구조가 서로 어떤 적합 관계를 갖는가를 요약해 나타내고 있다. 기술

을 일상적 기술과 비일상적 기술로 이원화하고 조직구조를 기계적 구조와 유기적 구조로 이원화해 살펴보면 일상적 기술을 적용하는 조직은 단순하고 반복적인 방법으로 조직의 과업을 수행하므로 공식화·표준화가 높은 기계적 조직구조가 바람직하고 적합하다. 그러나 비일상적 기술을 사용하는 조직은 복잡하고 비정형화된 방법으로 과업을 수행하므로 공식화·표준화가 낮고, 대체로 분권성이 높은 유기적 조직구조가 적합하다고 할 수 있다.

표 9-2 기술과 조직구조의 적합 관계 모형

조직구조	
기계적 조직구조	**유기적 조직구조**
일상적 기술	**비일상적 기술**
우드워드의 대량생산 기술 페로의 일상적 기술 톰슨의 장 연결 기술·중개 기술	우드워드의 단위·소량생산 기술, 연속공정생산 기술 페로의 비일상적 기술, 공예 기술, 엔지니어링 기술 톰슨의 집약적 기술

3 환경

정치적·경제적·사회적 환경은 조직구조의 형성과 변화에 영향을 미치는 중요한 요인의 하나다. 조직은 내외의 상황과 환경을 고려해 전략과 목표를 수립하고 변화시키며 전략과 목표를 수행하는 데 적합하도록 조직의 구조를 설계해야 한다.

환경이 안정되고 확실하며 단순하고 동질적인 경우에는 공식화와 집권화가 높은 조직구조를 갖는 것이 효율적이다. 고전적 관료제조직은 바로 그와 같은 구조적 특성을 갖는다. 그러나 환경이 불확실하고 불안정하며, 복잡하고 이질적인 경우는 공식화 수준을 낮추고 집권화보다는 분권화구조를 갖는 것이 효율적이다.

환경의 변화가 정태적이고 일상적인 경우는 기계적 조직구조가 효율적이다. 그러나 그 변화가 동태적이고 격변하는 환경에서는 유기적 조직구조(예: 애드호크라시)가 바람직한하다. 유기적 조직구조는 복잡성(분화)과 공식화가 낮은 반면, 분권화된 형태를 가지며 또한 역동성과 적응성이 높은 조직의 형태다.

4 권력과 정치

1) 조직구조 결정과 권력 및 정치적 요인의 관계

조직구조가 왜 A형태가 아니고 B형태로 이뤄지는가를 설명하는데, 권력과 정치적 요인이 어느 정도 현실적인 설명력을 갖는다. 조직은 "자신의 집단이익이나 자신들이 해석한 이익을 위해 서로 경쟁하는 권력집단의 집합체"(Strauss, 1964: 164)라고 할 수 있다. 권력 혹은 정치적 입장에서 조직구조를 설명하는 논자들은 다음과 같은 가정을 한다.

조직구조란 어떤 특정한 시점에 조직에서 자신들의 이익을 얻고자 하는 정치 세력이나 권력자, 기득권을 유지하고자 하는 세력 혹은 이해집단 세력들에 의한 권력 투쟁의 결과(result of power struggle)이거나 정치적 의사결정의 결과라는 것이다. 이러한 말속에는 조직구조의 결정 요인에 대한 정치적 설명(political explanation)이 함축돼 있다. 로빈스(S. P. Robbins)에 의하면, 위에서 설명한 조직의 규모, 기술 및 환경 등은 그들을 모두 합친다 해도 조직구조의 결정 요인으로서 50~60%만을 설명할 수 있을 뿐이라고 한다(Robbins, 1983: 166). 조직구조의 결정에 권력과 정치(power and politics)가 중요한 변수로 작용함을 시사한 말이다.

2) 조직구조 결정에 미치는 권력 및 정치의 영향

조직구조 결정에서 권력과 정치적 요인이 개입하는 것은 정부의 공공조직이나 기업의 조직이나 마찬가지다. 다만, 조직의 권력성·정치성이 강한 정부조직의 경우 더욱 심할 뿐이다. 한국 정부의 경우 1987년 이후 5년마다 정권이 바뀌고 정치 세력이 교체될 때마다 정치적 갈등 속에서 정부조직 개편이 대폭적으로 이뤄져 왔다. 또한 정부조직 내부에서도 하부 조직구조를 설계하고 선택하는 과정에 내부 세력 간의 권력 및 정치행동이 발생하고 있다.

조직구조의 결정에서 권력과 정치 세력들은 공정하고 중립적인 태도만 고집하지 않는다. 각각의 입장에 따라 다양한 전략과 전술을 사용하며 영향력을 미치려고 한다. 유력한 세력일수록 조직구조의 분화·공식화·집권화 및 분권화의 결정에 깊이 개입해 조직을 권력으로 통제한다. 조직 전체의 효과성을 극대화하기 위해 조직의 구조가 어떻게 설계돼야 하느냐보다는 조직의 어떤 구조가 누구의 이익과 선호를 실현하는 데 적합한가에 관심을 갖는다. 이런 경우 조직구조의 결정은 그 의사결정에 큰 영향력을 미치는 자가 누구인가에 따라 결정된다.

페퍼(Jeffrey Pfeffer)는 조직구조의 결정에서 그에 이해관계를 갖는 이익연합체들 간의 권

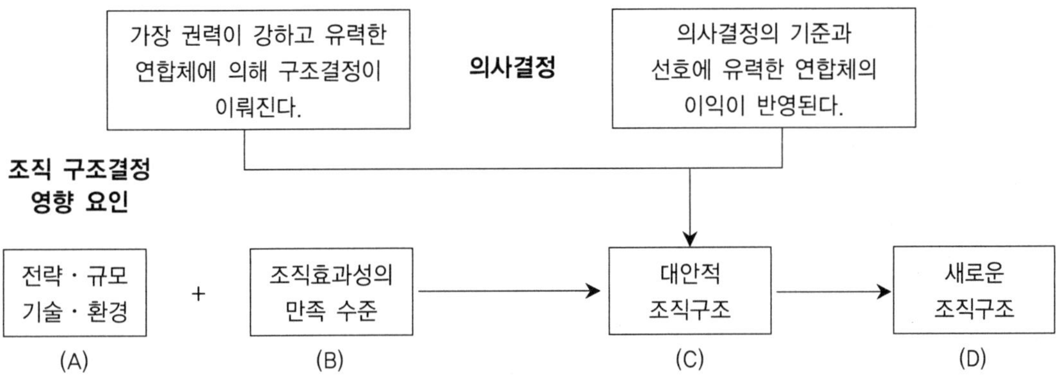

그림 9-4 조직구조 결정의 권력 · 통제모형

Pfeffer(1978: 2).

력 투쟁 과정에 주목하면서 어떻게 조직구조가 그들의 뜻대로 결정되는가를 [그림 9-4]의 '권력 · 통제모형(the power-control model)'에서 보여주고 있다(Pfeffer, 1978: 223).

이 그림에서 보면 조직은 전략 · 규모 · 기술 · 환경 등과 같은 조직구조 결정 영향 요인(A)을 고려해 조직이 달성할 만족스러운 효과성 수준(B)에 적합한 일련의 대안적 조직구조를 설계(C)하고, 그것을 새로운 조직구조(D)로 결정한다. 이러한 결정 과정은 정치 · 권력이 전혀 개입하지 않은 경우다. 그런데 그 결정 과정에 권력이 강하고 유력한 정치적 행위자 및 연합체가 대안적 조직구조의 선택에 자신의 선호와 이익을 반영하면서 새로운 조직구조의 결정에 개입하고 있음을 볼 수 있다.

3) 정치 권력자들이 선호하는 조직구조

조직의 권력을 장악하고자 하거나 장악한 자(개인 · 집단 및 연합체)는 일반적으로 다음과 같은 생각을 가지고 조직구조를 선호하고 유지하려고 한다(Robbins, 1983: 181-185 참조).

첫째, 그들은 일상적인 기술을 이용하는 조직의 구조와 운영을 선호한다. 그것은 대체가능성이 높고, 권력의 집중화를 촉진하며 통제력이 높기 때문이다.

둘째, 조직의 복잡성, 즉 분화를 최소화하려고 한다. 그렇게 함으로써 쉽게 조직을 통제할 수 있기 때문이다.

셋째, 조직의 편성과 운영이 고도로 공식화된 구조를 선호한다. 그렇게 함으로써 구성원을 효과적으로 통제하기 때문이다.

넷째, 집권화된 조직구조를 선호한다. 그렇게 함으로써 의사결정권을 장악하기 때문이다.

5 정보화와 인적 자원

1) 정보화

조직의 정보화 수준과 상태는 조직구조와 밀접한 관계를 갖는다. 조직의 정보가 조직의 최고관리층에 집중되는 경우에는 조직의 의사결정권이 고위층으로 집중된다. 그러나 정보가 조직의 모든 조직구성원에게 분산되거나 공유되는 경우, 혹은 조직구성원들이 주요 정보의 접근과 획득이 용이한 경우에는 조직 내의 의사결정권은 분권화될 수 있다.

또한 조직 내부의 각 단위가 정보를 공유하고 그러한 정보에 근거해 의사결정을 행하는 경우에는 계층제 조직구조가 수정된다. 최고관리층과 하급 일선관리층 사이에서 정보와 의사결정의 매개 역할을 하는 중간관리층의 필요성이 감소하므로 수직적 · 종적인 높은 계층구조(tall structure)는 계층 수가 적은 수평적 구조(flat structure)로 개편될 수 있다.

조직 안에서 정보의 흐름이 자유롭고 원활하게 이뤄지면 조직은 그 내부 계층 간의 벽이 개방되고 수평적 단위 간에 존재하는 벽도 개방되는 구조로 변화될 수 있다. 그리고 조직과 조직 간에 두터운 계층제의 벽을 넘어 상호간에 정보의 접속과 공유가 이뤄질 경우에는 각 조직들은 계층제의 구조를 넘어 서로간에 유기적인 네트워크(network)를 형성하는 구조로 발전한다.

2) 인적 자원

조직의 인적 자원의 특성에 따라서 조직의 구조가 달라질 수 있다. 조직구성원의 능력(교육수준 · 숙련도 · 전문성)이 낮은 조직은 관리자에게 의사결정권이 집중되는 집권화구조를 선택할 가능성이 높으며, 높은 계층제 구조와 계층제의 권위를 통한 명령 · 지시 · 감독 · 통제의 구조가 발달하고 조직을 관리 · 운영할 때 공식화와 표준화를 강조할 것이다.

반면에 조직구성원의 교육 수준 · 숙련도 · 전문성이 높으면 분권화 · 계층 수의 축소, 자율적 통제, 낮은 공식화와 낮은 표준화 구조를 선호할 것이다.

6 전략적 선택

1) 의의와 특성

(1) 의의

조직구조란 조직이 설정하여 추구하는 전략(strategy)의 달성을 위한 수단이다. 따라서 조직의 구조는 조직의 전략에 따라 선택되고 설계된다고 설명하는 것이 전략적 선택론이다. 조직이 안정을 위한 전략을 채택한 경우에는 그것에 적합한 조직구조를 선택해야 하며, 혁신전략을 내세운다면 혁신을 잘 수행할 수 있는 조직구조를 설계해 운영해야 할 것이다. 조직의 전략은 조직을 둘러싸고 있는 환경의 변화에 대응해 수동적으로 구상해 표명할 수도 있지만 능동적으로 환경을 자신에게 유리하게 변화시키기 위한 전략을 설정할 수도 있다. 어떤 경우이든 전략의 실행을 효과적으로 하기 위해서는 전략에 적합한 조직구조와 형태를 설계하고 선택해야 한다.

표 9-3 전략과 조직구조의 관계 예시

전략	적합한 조직구조
• '혁신'을 전략으로 내세우는 경우	• 조직구조는 '유기적'인 것이 적합, 즉 유연하고, 낮은 공식화 · 분권화 구조
• '안정'을 전략으로 내세우는 경우	• 조직구조는 '기계적'인 것이 적합, 즉 엄격한 통제구조, 높은 공식화, 높은 집권화 구조

(2) 특성

위에 언급한 조직구조의 다섯 가지 결정 요인은 조직구조의 결정에서 조직의 선택을 수동적 · 소극적으로 생각하는 것이다. 그러나 여기서 말하는 전략적 선택모형은 조직의 구조나 형태의 결정에서 조직의 적극성과 자율성을 옹호하며 주장하는 특별한 성격을 지닌다. 전략(strategy)이란 조직의 목표와 목표 달성을 위한 수단을 포함하는 조직의 행동방침(a course of action)을 말한다. 전략은 특히 경쟁적인 환경 속에서 무엇을 어떻게 달성할 것인가에 초점을 둔다.

(3) 차일드의 소론

전략적 선택(strategic choice) 개념은 차일드(John Child)에 의해 처음 사용됐다(Child, 1972: 1-22). 그의 소론(所論)은 다음과 같다.

첫째, 조직의 주요 의사결정자인 관리자들은 조직구조의 선택·결정에서 환경이나 기술 등의 상황적 요인들에 영향을 받지만 수동적으로만 대응하지 않으며, 자율성을 가지고 조직에 유리하도록 환경을 다루는 전략을 설정할 수 있다.

둘째, 조직관리자들은 자신의 경험을 기초로 환경을 평가·해석하고 그것을 이용해 조직 내 부구조의 선택과 설계에 영향을 미칠 수 있다.

요컨대, 전략과 조직구조 간에는 상관 관계가 있으며 조직구조는 조직의 전략에 따라 선택될 수 있다고 주장한다. 말하자면, 조직은 달성하고자 하는 전략에 적합한 구조나 형태를 선택하는 것이 바람직하다는 것이다.

2) 조직의 전략 유형과 조직구조의 관계

마일스(R. E. Miles)와 스노(C. C. Snow) 등은 조직이 환경 변화에 대응해 취할 수 있는 네 가지 전략 유형을 가정하고, 각 전략 유형에 따라 어떤 조직구조와 관리 방법을 선택할 수 있는가를 설명하고 있다(Miles & Snow, 1978: 552-556).

(1) 방어적 전략형

방어적 전략형(defenders)이란 조직이 환경의 변화에 방어적으로 대응하는 전략 유형을 말한다. 이 경우 조직관리자는 밖에서 일어나는 변화가 자기 조직에 크게 영향을 미치지 않게 조직을 관리하며 안정성을 추구하는 전략을 선호한다. 따라서 한정된 제품이나 서비스만을 생산해 환경에 제공할 뿐 새로운 기회를 찾기 위하여 환경을 분석하거나 적극적인 대응을 하지 않는다. 조직의 안정과 기계적 능률의 확보가 중요시되며, 공식화의 정도가 높은 기능적 구조(functional structure), 집권적인 통제 체제, 수직적 정보 시스템을 갖추고 계층제를 통해 내부 갈등을 잘 해결할 수 있는 조직구조를 택한다.

(2) 탐사적 전략형

탐사적 전략형(prospectors)이란 조직이 적극적으로 환경의 변화를 조사·분석하고 능동적이며 공격적으로 대응하는 전략 유형을 말한다. 이 경우 관리자는 역동적인 환경 변화를 받아들이고, 그 속에서 조직이 나아갈 적극적인 전략을 설정하며, 그 전략에 적합한 조직구조를 선택한다. 즉, 환경에 영향을 미칠 수 있는 새로운 제품과 서비스를 개발하는 전략을 택하고, 조직을 둘러싸고 있는 광범위한 상황과 사건 등을 조사·분석하며, 창의성과 능력을 개발하는 행동을 한다. 기술혁신이 중요시되고 조직의 유연성(flexibility)이 강조되며, 공식화의 정도가 낮고 분권화가 높으며, 의사소통이 원활하게 이뤄지는 유기적 조직구조를 선택한다.

(3) 분석적 전략형

분석적 전략형(analyzers)이란 방어적 전략형과 탐사적 전략형의 장점을 이용해 환경에 대응하는 전략 유형이다. 이 유형은 환경의 변화 속에서 안정성을 추구하는 한편, 능동적이고 유연한 변화를 탐색한다. 따라서 새로운 제품이나 서비스 개발을 탐색하면서도 그것들이 환경에서 받아들여지고 생존 능력(잠재력)이 있음을 확신한 뒤에 실행하게 된다. 이와 같은 이중적 목표를 달성하기 위해 조직도 이중의 구조를 선택한다. 한편으로는 안정과 능률을 위해 고도의 공식화·표준화·일상화된 기계적·기능적 구조를 선택하며, 다른 한편으로는 유연성을 높이기 위해 공식화·표준화·일상화가 낮은 유기적인 적응적 구조를 선택한다.

(4) 반작용적 전략형

반작용적 전략형(reactors)이란 조직이 환경의 변화에 직면했을 때 방어적 전략이나 탐사적 전략, 혹은 분석적 전략과 같은 일관성 있는 어떤 전략이 없이 임기응변적으로 대응하는 유형을 말한다. 이러한 조직은 변화에 적절하게 작용 혹은 대응하는 일정한 전략이 없으므로 불안하고 조직관리가 비일관적이다. 따라서 전략이 불확실하기 때문에 일정한 조직구조의 선택이나 설계도 확실치 않다.

제 3 절 조직구조의 형태에 관한 이론: 민츠버그의 이론

1 조직구조 형태의 의의

조직구조의 형태란 조직구조의 모습을 말한다. 조직구조는 몇 가지 요소와 부문들로 구성되고, 그러한 요소와 부문들은 어떤 관계의 패턴·규모·기능·권한 및 소속 위치 등을 갖는다. 조직구조는 이러한 요소 및 부문들이 어떻게 관계의 패턴을 이루는가에 따라 여러 가지 형태를 갖는다.

조직구조의 형태를 설명하는 이론은 매우 다양하다. 그 중의 하나로서 민츠버그(H. Mintzberg)의 이론을 소개할 수 있다. 그는 조직의 기본적 조정 메커니즘(coordinating mechanism)을 다섯 가지로 나누고, 또한 조직의 기본적 구성 부문을 다섯 가지로 나눈 후 그것들을 서로 관계시켜 결합하는 맥락에서 조직의 구조 형태를 단순구조·기계적 관료제·전문적 관료제·사업부제 · 애드호크라시 등 다섯 가지 형태로 분류해 설명한다.

1) 조직의 다섯 가지 기본적 조정 메커니즘

민츠버그는 "조직의 구조란 조직에서 이뤄지는 노동을 과업으로 나누고 과업 간의 조정을 이끌어 내는 방법들의 총화"(Mintzberg, 1993: 2)라고 규정하고, 과업을 감독하고 통제하기 위해 사용하는 다섯 가지 조정 메커니즘을 제시한다. 그것은 ① 상호조절(mutual adjustment), ② 직접 감독(direct supervision), ③ 작업 과정의 표준화(standardization of work process), ④ 산출의 표준화(standardization of output), ⑤ 작업기술의 표준화(standardization of work skill) 등이다.

2) 조직의 다섯 가지 기본적 구성 부문

민츠버그는 기능과 계층을 기준으로 다섯 가지 조직구조의 부문을 제시한다. 즉, ① 전략적 상층 부문(strategic apex), ② 중간관리 부문(administrative components), ③ 일선운영 부문(operating core), ④ 기술관리 부문(technostructure), ⑤ 지원 스태프 부문(support staff) 등이다(Mintzberg, 1979: 20; 1983: 29).

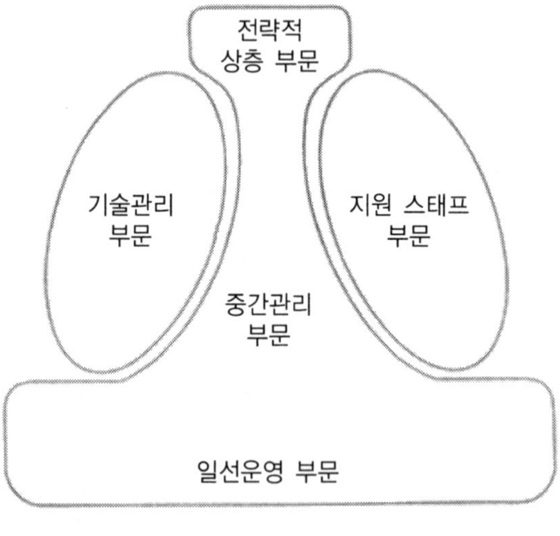

그림 9-5 민츠버그의 조직의 다섯 가지 기본적 구성 부문

2 조직구조의 다섯 가지 형태

민츠버그는 위와 같은 다섯 가지의 조정 메커니즘과 다섯 가지의 구성 부문을 결합해 다섯 가지의 조직구조 형태를 도출하고 있다. 그것은 ① 단순구조(simple structure), ② 기계적 관료제(machine bureaucracy), ③ 전문적 관료제(professional bureaucracy), ④ 사업부제조직(분할 형태 · divisionalized form), ⑤ 애드호크라시(adhocracy) 등이다(Mintzberg, 1979: 310-400).

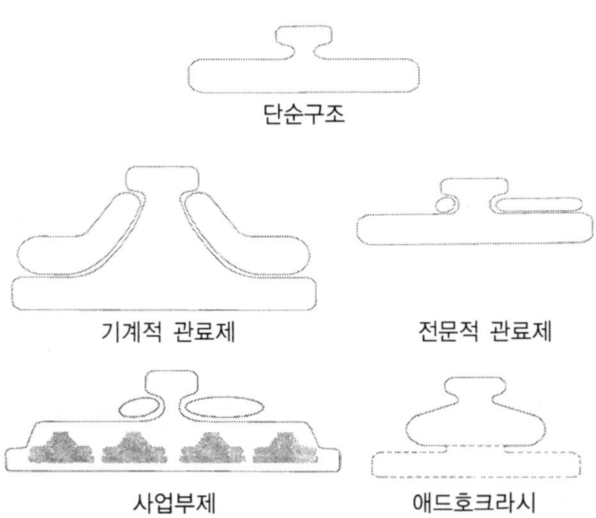

그림 9-6 조직구조의 다섯 가지 형태

1) 단순구조: 전략적 상층 부문-직접 감독 메커니즘

단순구조는 조직의 전략적 상층 부문(최고관리층)이 중심이 되고 상층 부문이 직접 감독하는 조정 메커니즘을 갖는 조직구조다. 의사결정과 관리 권한이 최고관리층에 집중되고 중간관리층은 유명무실하며 단순한 생산과 서비스 일에 종사하는 일선운영 담당자를 최고관리 부문에서 직접 지휘 · 감독한다. 이 구조는 집권화의 정도가 높은 반면 분화 · 분권화 · 공식화 · 표준화 수준은 낮다. 그런 점에서 단순한 조직구조다. 신설 조직이나 소규모 조직에서 흔히 볼 수 있는 구조라고 할 수 있다. 이러한 구조를 갖는 조직은 최고관리자 한 사람이나 소수의 고위층에서 조직의 상황을 판단해 신속하게 결정을 하고, 조직의 유연성과 적응성이 있으며, 책임 소재가 명확하고, 조직의 유지비용을 절약할 수 있으나, 조직의 운영이 최고관리층의 주관적 자의성에 지나치게 의존하며 조직구조가 큰 경우에는 부적합하다.

2) 기계적 관료제: 기술관리 부문-작업 과정의 표준화 메커니즘

기계적 관료제는 기술관리 부문이 중심이 되고 작업 과정의 표준화가 주요 조정 메커니즘인 조직 형태다. 기계적 관료제는 조직이 잘 조절된 기계처럼 작동하도록 수직적 · 수평적 분화를 하고 작업 과정의 표준화와 공식적인 절차 및 방법을 강조한다. 의사결정권이 상부에 집중되고 위계서열이 중요시된다. 이러한 조직구조는 베버(M. Weber)의 고전적 관료제 조직모형과 같은 것이다. 기계적 관료제는 조직환경이 안정되고 확실하며 정태적인 경우에 효율성이 높다. 그러나 환경이 불안하고 불확실하며 역동적으로 변화하는 경우에는 적응력이 약하다.

3) 전문적 관료제: 일선운영 부문-작업기술의 표준화 메커니즘

전문적 관료제는 특히 일선운영 부문에서 전문적(professional)인 일에 종사하는 사람들이 중심이 되고 작업기술의 표준화가 주요 조정 메커니즘인 조직구조다. 예를 들면, 병원 · 대학 · 연구소와 같은 조직이다. 전문적 관료제 하에서는 많은 권력이 일선 핵심 운영 부문에서 일하는 전문가들(예: 병원의 의사, 대학의 경우는 교수)에게 분권화된다. 조직의 상층전략 부문과 중간관리 부문들은 조직의 일반적 관리와 전문적 작업의 보조 및 지원 업무에 치중한다. 또한 전문가들 내부에서의 행정적 구조는 비교적 수평적 · 평면적(flat)이다. 작업의 절차는 전문적인 기술과 기능에 따라 표준화되고 분화되기 때문에 조직구조가 비교적 복잡하다. 전문적 관료제는 전문가의 지식과 기술을 충분히 발휘할 수 있는 구조적 특성을 갖는 점이 장점이지만 전문성에 따라 과도하게 조직을 분화하고 일을 표준화할 경우 각 조직 단위나 전문가들 간에 작업의 조정과 협력이 잘 안 되고 환경의 변화에 신속하게 적응하기 어렵다.

4) 사업부제(분할 형태): 중간관리 부문-산출의 표준화 메커니즘

사업부제조직 구조는 중간관리 부문이 중심이 되며 산출의 표준화가 주요 조정 메커니즘을 이루는 구조다. 사업부제조직은 전체 조직(본부조직)에 종속되지만 사업 운영의 자율성을 갖는다. 그러한 의미에서 일종의 '분할 형태(divisionalized form)'의 조직구조라고 말하는 것이다. 전체 조직의 책임자는 조직 전체의 공통적 목표를 고려해 각 사업 단위 조직들을 연결하고 조정하는 역할을 수행한다. 사업부제조직은 환경 변화에 신속·적절하게 적응하면서 조직의 생존과 효율성을 확보할 수 있다. 그러나 전체 조직 책임자와 사업조직 책임자 간(혹은 본부와 사업부 간)에 계속적인 권력의 술래잡기 게임이 일어날 수 있다. 말하자면 통제와 자유재량을 둘러싸고 갈등이 일어날 수 있는 것이다.

5) 애드호크라시: 지원 스태프 부문-상호 조절 메커니즘

애드호크라시(adhocracy)는 지원 스태프 부문이 조직의 중심을 이루며 상호 조절을 중심적인 조정 메커니즘으로 이용하는 조직구조다. 다시 말하면, 조직에 발생한 비일상적인 특정한 문제 해결을 지원하기 위해 설치되고 상호 조정적 노력을 수행한다. 임시적·적응적·유기적 조직구조로서 환경의 변화에 유연하게 적응하면서 비일상적인 특정한 문제를 효율적으로 해결하는 작용을 통해 전체 조직을 지원하는 조직구조인 것이다. 애드호크라시는 일에 따라 조직의 수평적 분화가 높은 반면, 계층제적 수직적 분화와 공식화가 낮으며 의사결정을 분권화하고 조직구성원 간의 상호 조절(토론·비공식적 의사소통 등)을 중요시한다. 그러나 애드호크라시는 때때로 모호한 권한 체계, 불명확한 목표와 책임 할당으로 인해 조직 안에 무질서와 갈등이 발생할 우려가 있다.

제 4 절 조직구조의 여러 가지 형태

이와같이 민츠버그(Mintzberg, 1993)는 자신의 이론적 틀을 세워 다섯 가지 조직구조 형태를 설명했지만 그 이론적 틀에 근거해 분류하고 설명할 수 없는 여러 가지 다른 형태의 조직구조가 있다. 그 중 아홉 가지를 선택해 아래와 같이 설명한다.

1 계선조직과 막료조직

조직은 그 권한과 기능 관계에 따라 계선과 막료조직으로 나뉜다.

1) 계선조직

계선조직(line organization)이란 조직체가 존재하는 전체적 · 공통적 목적을 직접 수행하고 집행하는 중추적 조직 형태로서 '단일조직(unitary organization)'이라고도 한다. 정부조직의 경우 장관 · 차관 · 국장 · 과장 · 계장 등으로 연결되는 조직이 이에 해당한다. 계선조직은 조직의 최고책임자를 정점으로 해서 수직적으로 연결된 운영조직이며, 조직의 전체적 · 공통적 목적을 수행하고 책임을 진다. 또한 조직의 목적을 수행하는 과정에서 조직의 고객과 접촉하고 그들에게 직접적으로 서비스한다.

2) 막료조직

막료조직(staff organization)이란 계선조직이 조직 전체적인 존립 목적을 원활히 수행할 수 있도록 조사 · 지원하고, 자문 · 권고하며, 기획 · 인사 · 회계 · 법무 · 공보 · 연구 등의 업무를 수행하는 조직이다. 조직 내부의 활동에 관련되는 일을 하므로 고객과 직접 접촉해 서비스하지는 않는다. 또한 구체적인 집행권, 즉 명령이나 지휘권을 갖지 않는다. 막료조직은 여러 가지 유형으로 나눌 수 있으나 일반적으로 인사 · 회계 · 통계 등의 업무를 담당하는 보조형 막료(혹은 보조기관)와 기획 · 조사 · 자문 등을 담당하는 자문형 막료(혹은 일반막료) 등으로 분류된다.

2 관리계층구조: 최고 · 중간 · 하급관리층

조직은 관리계층(management hierarchy) 혹은 관리 피라미드 구조(management pyramid structure) 안에서 그 위치에 따라 최고관리층 · 중간관리층 · 하급관리층으로 나눈다.

1) 최고관리층

최고관리층(top management)이란 조직관리의 계층적 구조에서 최고층에 속하는 관리층을 말한다. 정부조직의 경우 장 · 차관, 차관보, 광역자치단체장 등이 여기에 속한다. 그 기능은 주로 조직의 목표를 설정하고 정책결정을 하며, 조직의 목적 달성을 위해 필요한 물적 · 인적 자원을 확보 · 배분하고, 그 구성원을 지도 · 조정 · 통제하는 역할을 수행한다.

2) 중간관리층

중간관리층(middle management)이란 조직의 중간계층에 속하는 관리층이다. 정부조직의 경우 과·계의 장이 이에 해당된다고 할 수 있다. 중간관리층은 최고관리층의 기능을 보좌하며, 최고관리층에서 결정한 정책과 계획을 집행하고 부하를 지휘·통솔해 고객에게 서비스하며, 조직의 목적 달성을 위한 중심적 관리활동을 수행한다.

3) 하급관리층

하급관리층 혹은 일선업무 담당층(rank and file, performance level, operating core)이란 조직의 하급계층에 속하며, 조직의 최일선에서 조직의 목적 달성을 위한 구체적인 운영적·집행적인 일을 담당한다.

3 위원회

위원회(committee)란 단독제 조직에 대립되는 개념으로서 여러 위원으로 구성되는 합의제 조직이다. 구성원으로 참여하는 위원들은 대체적으로 전문가 및 이해관계인들이며 상호간에 대등한 권한과 지위를 갖는다. 위원회는 조직의 정책이나 운영 문제에 대해 자문 역할만을 수행하는 유형과 완전한 의사결정권을 갖는 유형으로 나뉜다.

정부·기업·학교 등의 조직에는 다양한 위원회들이 설치 운영되고 있다. 특히 정부에는 자문위원회·조정위원회·행정위원회 등의 조직들이 설치돼 있다. 위원회 조직은 시간적 지속성에 따라 상설위원회와 비상설위원회가 있다.

위원회는 조직의 문제를 좀 더 다양한 관점에서 인식하고 제기하며 의사결정에서 여러 사람의 경험과 전문지식을 모을 수 있고, 이해관계가 대립되는 일에 관련한 결정을 공정하고 신중하게 하며, 이견을 조정하고 더 많은 사람을 만족시킬 수 있는 의사결정을 할 수 있는 장점을 갖는다. 그러나 의사결정에 시간과 비용이 많이 들고 단독제보다 참여자들의 책임 의식이 약하며, 소신적인 결정보다는 타협·절충적 결정을 초래하는 경우가 많다.

4 기능 · 사업 · 지역을 기준으로 설치되는 조직

조직구조는 조직이 수행하는 기능 · 생산하는 제품이나 서비스, 지역적 위치 및 대상 고객을 기준으로 설계 및 편성된다. 이와같이 조직을 설계하고 편성하는 것을 부문화 혹은 부서화(departmentalization)라고 한다.

1) 기능적 조직

기능적 조직(functional structure)이란 조직이 수행하는 기능을 기준으로 조직을 편성하는 것을 말한다. 회사의 경우 사장 밑에 생산 · 영업 · 인사 · 재무 · 연구개발 등의 기능 및 활동별로 조직을 설치하며, 정부의 경우 재정경제 · 외교 · 내무 · 법무 · 교육 · 국방 · 보건복지 · 농림 등의 기능에 따라 부처조직을 설치하고 있다. 기능별로 조직을 편성함으로써 기능과 활동별로 조직의 목표를 달성하기 쉬우며 기능별 전문화에 의해 능률화를 촉진한다.

그러나 조직 구성 부문들이 기능과 활동을 수행하는 과정에서 자기 부문 중심에 빠져 조직의 전체 목표를 망각하고 부문들 간에 갈등이 발생하는 경우가 많다.

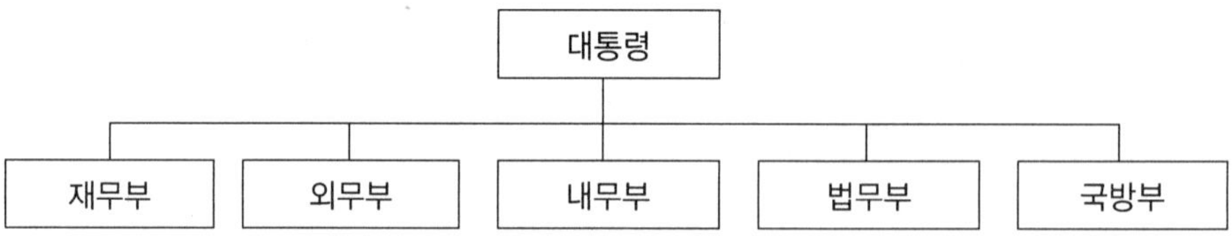

그림 9-7 기능별 조직(정부의 경우)

2) 사업부 조직

사업부 조직(product structure)이란 조직에서 생산하는 서비스나 제품을 기준으로 편성되는 조직구조다. 조직의 성격상 분할구조(divisional structure) 및 자체완결적 단위(self-contained units) 조직이라고도 부른다. 기업의 경우 본부조직 아래 각 사업(생산 제품별 사업)별로 조직 단위를 편성하고 각 단위는 일정한 범위 내에서 자율적인 의사결정과 조직운영권을 가지며 책임을 지기 때문이다. 본부는 감독자로서 역할을 하며 각 사업 단위에 대해 법적 및 재정적 지원을 한다. 각 사업조직은 그 아래 기능별(예: 생산 · 영업 · 인사 등) 조직구조를 갖는다. 사업별 조직은 조직이 크고 사업이 다양한 경우 사업 단위별로 조직을 편성하고 거기에 자율권을 부여해 운영함으로써 더욱 효율성을 확보할 수 있고, 각 사업별로 관련되는 지역과 고객에 대해 적절하게 대응을 할 수 있다. 또한 조직의 차세대 관리자를 양성하는데도 유리한 장점이 있다. 그러나 사업 간의 통합이 어렵고 각 사업 단위 조직마다 기능조직을 별도로 가짐으로써 전체 조직의 기능과 활동이 중복되며, 조직 전체의 목표 및 방침과 그 변화에 따라 사업조직 단위의 자율성이 제약될 수 있다.

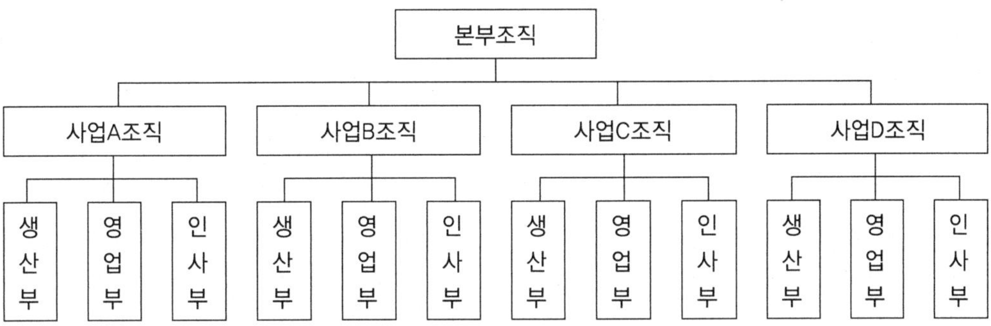

그림 9-8 사업부 조직(기업의 경우)

3) 지역적 조직

지역적 조직이란 지역을 기준으로 편성된 조직이다. 정부나 기업은 국내 및 세계 주요 지역에 있는 경영, 행정문제를 처리하기 위해 여러 가지 형태의 조직을 둔다. 지역조직을 둠으로써 지역별 행정 및 경영 업무를 적절하고 효율적으로 처리하는 장점이 있다. 그러나 지역조직의 분화가 심해지면 본부와 지역조직, 그리고 지역조직 간에 기능 및 활동을 조정하기 어려운 일이 발생할 수도 있다.

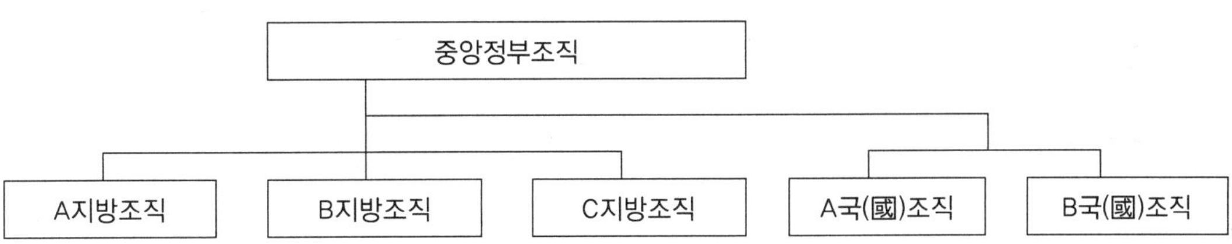

그림 9-9 지역별 조직(정부의 경우)

5 애드호크라시

1) 의의

애드호크라시(adhocracy)는 토플러(Alvin Toffler)가 『미래의 충격(*Future Shock*)』(1970)이라는 저서에서 미래의 조직 형태로서 언급하고 설명한 이래 이론과 실제적으로 중요한 개념이 돼 왔다. '애드-혹(ad-hoc)'이란 '어떤 특별한 목적을 위한 것'이라는 뜻이며, 애드호크라시란 기존의 일상(routin)적인 기능을 수행하는 관료제나 기능조직으로는 해결할 수 없는 문제를 해결할 목적으로 편성해 이용하는 임시적·유기적 조직을 말한다. 예를 들면, 오늘날 위와 같은 목적을 위해 설계·편성돼 나타나는 여러 가지 태스크포스(task-force: TF), 프로젝트 팀(project team), 위원회 등이 이에 해당한다(Toffler, 1970: 132-136 참조). 베니스(W. G. Bennis)에 의하면, 애드호크라시란 "다양한 전문적 기술을 가진 비교적 낯선 사람들로 구성된 집단이며 해결해야 할 문제를 중심으로 조직된 변화가 심하고, 적응력이 강하며, 임시적인 하나의 조직 체제"(Bennis, 1969: 5)라고 정의한다.

2) 애드호크라시 조직의 필요성

오늘날 공공 분야나 기업에 애드호크라시 조직구조의 편성이 필요하고 그것이 발전하는 이유는 ① 조직환경이 급속히 변화하고 있으며, 그러한 변화 속에서 비일상적·비정형적·유기적으로 다뤄야 할 일이 증대하고 있다. 따라서 유연성과 역동성을 가진 조직구조가 필요하게 되는 것이다. ② 오늘날의 조직이 다뤄야 할 과제는 더욱 고도의 전문성과 복합성을 요한다. 따라서 그러한 현상은 다양한 전문가의 능력을 활용할 수 있는 조직구조의 설계를 탐구하도록 한다. 애드호크라시적 조직은 고위관리 계층뿐만 아니라 일선현업 계층에도 활용될 수 있다(Bolman & Terrence, 1991: 91-92 참조).

3) 특징

애드호크라시적 조직은 ① 수평적 분화가 높은 반면 계층제적·수직적 분화가 낮다. ② 조직구조의 공식화가 낮다. ③ 분권적 의사결정구조가 중요시된다. ④ 조직 내에서는 구성원의 지위나 권한보다 전문지식이 강조된다. ⑤ 환경 변화에 적응성·유연성이 높다. ⑥ 특정한 목적을 위해 설치되고 목적을 달성하면 해체하는 임시(한시)조직이다.

4) 장점과 문제점

조직이 유연성 있는 적응과 혁신이 요구되거나 다양한 전문지식을 가진 사람들의 협력을 통해 문제를 해결할 필요가 있는 경우, 혹은 조직의 과업 자체가 비정형적인 경우에는 애드호크라시가 매우 유용한 것이다.

그러나 애드호크라시적 조직은 일반 기능적 조직에 비해 권한과 책임이 명확하게 확립되지 않고 과업의 표준화나 공식화 정도가 낮기 때문에 구성원 간에 업무상 갈등과 마찰이 일어날 우려가 있다.

6 팀제

1) 의의와 특징

팀(team)이란 그 구성원들이 공통된 목표의 수행을 위해 서로를 보완해 주는 기술(complementary skills)과 역량을 가지고 서로 의존해 함께 일하며 결과에 대해 책임을 공유하는 집단이라고 할 수 있다(Katzenbach & Smith, 1993: 111-120 참조). 팀은 집단이다. 그러나 일반 집단과는 다른 특별한 스타일의 집단이다.

팀은 비교적 소수의 사람들(보통 6~12명)로 구성되고, 공동의 목표를 가지며, 다양한 능력과 기능을 가진 사람들로 구성함으로써 업무 수행의 시너지 효과를 높이고 스스로 일을 계획·관리·통제하는 책임을 진다.

오늘날 민간기업은 물론 정부조직에 팀 구조(team structure)의 편성과 운영이 광범위하게 도입돼 전통적인 계층제 조직구조와 관료제 구조에 유연성을 보완하고 있다. 급격하게 변화하는 환경에 조직이 유연하게 적응하면서 높은 효율성을 확보하기 위한 시도라고 할 수 있다. 미국의 『포춘(*Fortune*)』이 선정한 500대 기업조직의 약 80%가 직원의 반수 이상을 팀에 배치하고 있다고 한다(Johnson, 1999: 30).

2) 집단과 팀의 차이: 작업집단과 작업팀의 차이

팀이란 집단이지만 특별한 유형의 집단이라고 규정하는 것은 집단과 팀 간에 약간의 차이가 있기 때문이다. 작업집단과 작업팀을 예를 들어 그 차이를 설명하면 다음과 같다.

(1) 규모

집단은 소집단도 있고 대규모 집단(예: 정치집단 · 사회집단 · 여성집단)도 있지만 팀은 일반적으로 소수의 사람으로만 구성된다.

(2) 목표

집단이나 팀은 달성할 공통된 목표를 중요시하는 공통점이 있지만 팀은 공통 목표와 더불어 상대적으로 구성원들의 협력과 목표 몰입을 매우 강조한다.

(3) 전문지식과 기술

작업집단에 비해 팀 구성원들은 각자의 임무수행과 관련되는 전문지식이나 기술적 능력을 가지고 있으며, 일을 수행하는 과정에 그것을 상호 보완한다(예: 축구팀의 선수들).

(4) 권한

팀은 작업집단보다 더 독립적이며 자율적인 권한을 갖는다.

(5) 과업 수행

집단은 구성원들이 관리층의 요구에 부응해 과업을 수행한다. 즉, 관리자들이 계획하고 지시하며 구성원들은 행동한다. 그러나 팀은 스스로 과업을 설정하고 실행한다.

(6) 성과(수행평가)

집단은 구성원 개인별 성과의 총합으로 성과를 평가하는 반면 팀은 팀 전체의 성과 창출을 강조한다. 팀 전체의 성과는 구성원 개인별로 이루는 성과 이상의 시너지 창출을 기대한다.

(7) 책임

집단구성원들은 감독자나 관리자의 요구에 반응하는 책임을 지며, 각 구성원 개인별 책임이 강조되지만 팀에서는 구성원들의 자율적 책임, 상호적 책임, 팀 전체 책임을 중요시한다.

3) 팀의 유형

팀의 분류는 학자에 따라 약간의 차이가 있다. 더브린(Dubrin, 2006), 그린버그와 배런(Greenberg & Baron, 2003), 슬로컴과 헬리겔(Slocum & Hellriegel, 2006), 로빈스와 티머시(Robbins & Timothy, 2011), 그리고 임창희 등은 <표 9-4>와 같이 팀을 분류하고 있다.

표에 열거된 여러 유형 중에서 다섯 가지를 선택해 다음과 같이 설명한다.

표 9-4 팀의 유형

학자	분류
Dubrin	프로젝트팀 · 자기관리팀 · 기능횡단팀 · 가상팀
Greenberg & Baron	• 작업팀 --- 목적 혹은 임무 --- • 개선팀 • 임시팀 --- 기간 --- • 영구적 팀 • 작업집단 --- 자율성 정도 --- • 자율관리팀 • 단일기능팀 --- 권한구조 --- • 기능횡단(다기능 교차)팀
Robbins & Timothy	문제해결팀 · 자기관리팀 · 기능횡단팀 · 가상팀
Slocum & Hellriegel	기능팀 · 자기관리팀 · 글로벌팀 · 가상팀 · 기능횡단팀
임창희	문진형팀 · 대팀제 · 프로젝트팀 · 다기능팀(＊기능횡단팀)

(1) 기능팀

기능팀(functional team)은 조직의 기본적인 기능을 수행하는 단위조직으로 이뤄진 팀을 말한다. 말하자면 인사팀 · 회계팀 · 재무팀 · 홍보팀이 있고, 인사와 관련되는 기능별 팀으로 모집팀 · 교육훈련팀 · 노사관계팀 등이 있다. 한국 정부의 여러 부처는 노무현 정부 때 기존의 기능별 국 · 과 단위조직을 팀제로 편성해 운영한 바 있다. 당시의 행정자치부(현 안전행정부)는 기능별 팀제를 전면적으로 실시했다. 예를 들면 기존의 혁신기획국을 정부혁신본부로 개칭하고, 혁신총괄과를 혁신전략팀, 혁신평가과를 혁신평가팀, 혁신교육과를 교육개발팀 등으로 개편한 바 있다.

(2) 문제해결팀

문제해결팀(problem-solving team)은 조직의 작업 절차 · 생산과 서비스의 절차 및 비용 등의 문제를 해결하기 위해 동일 부서의 같은 직급에서 근무하는 직원이나 전문가로 구성되는 팀이다. 때로는 그 조직의 공급자나 고객도 포함된다. 팀은 정기적인 회의를 통해 문제 해결을 위한 대안을 개발하고 조직의 관리층에 제안 및 권고할 수 있지만 최종결정권은 없다. 문제해결팀이 관심을 기울여 노력하는 것은 주로 조직의 효율성 및 비용 절감 등의 방법을 찾는 것이다.

(3) 자율관리팀

자율관리팀(self-managed work team)은 대체로 동일 부서에서 근무하는 직원들이나 전문가로 구성되는 점에서 문제해결팀과 비슷하지만 의사결정과 계획 · 실행 · 성과평가 및 통제에서 자율적 권한과 책임성이 높다. 조직관리자가 가지고 있는 많은 결정권과 감독 권한이 팀에 부여(empowerment)되는 것이다. 자율관리팀은 조직의 업무 절차의 효율성이나 비용 절감보다는 목표 달성이나 질적 향상과 같은 가치를 더욱 중요시한다.

(4) 기능횡단팀

기능횡단팀(cross-functional team)은 다기능팀이라고 말할 수 있다. 조직의 공동의 문제나 과업을 해결하기 위해 조직 전체에 걸쳐 다양한 기능부서(예: 인사 · 재정 · 생산 · 기술 · 서비스 등) 및 전문부서에 소속된 사람들로 구성되는 한시적(임시적) 팀이다. 이 팀은 새롭거나 복잡한 과업(task) 및 프로젝트를 다루기 위해 소속부서의 경계를 횡단 · 확장(boundary spanning)해 다양한 직원 및 전문가로 팀을 구성한다. 조직의 소속을 횡단 · 교차하는 방식으로 구성원을 선발해 팀을 만들기 때문에 교차기능팀이라고도 한다. 이 팀의 임무는 새로운 사업이나 기술 및 제품을 개발 혹은 도입하는 데 필요한 아이디어와 대안을 찾는 데 있다. 이러한 임무는 비일상성 · 비정형성이 높은 것이다. 그러므로 팀이 성공하려면 구성원들이 팀의 목적을 공감하고 지지 협력해 좋은 아이디어를 내어 대안을 개발해야 한다. 이러한 임무가 달성되면 팀은 해체되고 그 구성원들은 원래의 소속 조직으로 복귀한다. 기능횡단팀의 대표적인 예를 들면 프로젝트팀(project team)과 태스크포스(task force)다. 프로젝트팀은 조직에 특정한 개별 프로젝트가 발생한 경우에 그것을 해결하기 위해 구성되는 기능횡단팀이며, 태스크포스는 특정한 과업(task)을 수행하거나 해결하기 위해 구성되는 기능횡단팀이다. 태스크포스를 프로젝트팀과 구별하기는 힘들다. 다만 명칭에 태스크를 내세우고 그것을 수행하는데 기동성을 강조하는 점이 차이라고 할 수 있다.

(5) 가상팀

가상팀(virtual team)이란 지리적 · 공간저으로 떨어져 있는 사람들이 가상공간 속에서 전자통신 매체를 통해 상호 연결 · 교류하면서 공동의 목표와 프로젝트를 수행하는 팀을 말한다.

가상팀은 일반적으로 우리가 알고 경험하고 있는 집단이나 팀과 매우 다른 성격을 갖는다. 그것은 세계화와 전자통신기술의 발전에 따라 나타나는 특이한 유형의 팀이다. 그 구성원들은 전자통신 수단을 통해 상호 연결되고 교류한다. 같은 공간에서 대면적(face-to-face) 회의나 상호작용을 하지 않는다. 가상팀은 공동 목표와 프로젝트를 신속하고 유연하게 수행하며 필요에 따라 쉽게 변화할 수 있다. 가상팀의 성패는 팀의 구성원 및 파트너의 선정, 관리자의 지원, 공동 목표와 프로젝트의 선정, 구성원 간의 정보 공유, 의사소통 및 신뢰가 어떤가에 달려 있다.

4) 팀제의 장점과 문제점

(1) 장점

팀제는 ① 원칙적으로 수평적 구조로 이뤄지며, 자율적인 권한을 부여받아(empowerment) 의사결정을 하므로, 변화하는 환경에 유연하게 적응하고 문제 해결을 신속하게 할 수 있다. ② 관료제가 지니는 할거주의를 극복하고 구성원을 더욱 적극적으로 동기부여할 수 있다. ③ 여러 사람의 다양한 지식과 아이디어를 모으기 쉽고 창의적으로 조직의 문제를 해결하는 데 도움이 된다. ④ 구성원의 공동 노력을 통해 더욱 긍정적인 시너지 효과를 발생시킬 수 있다. 구성원 개인들의 성과의 총합보다 더 큰 성과를 얻을 수 있다. ⑤ 조직구성원 간의 긴밀한 상호작용 과정 속에서 학습조직을 발전시킬 수 있다.

(2) 문제점

팀조직이 언제나 정확한 해답은 아니다. ① 개인 중심의 직무 수행을 팀 중심으로 전환하더라도 개인의 직무 수행 능력이나 행태가 쉽게 바뀌지 않는다. ② 개인 중심의 직무 수행보다 더 많은 시간·자원·의사소통과 조정이 필요하고 팀 구성원 간에 상호 신뢰가 없는 경우에는 팀 안에 갈등과 불화가 그치지 않으며 팀의 효과성을 저해하기 쉽다. ③ 팀 구성원 간에 응집성이 강한 경우에는 집단사고(groupthink)에 의한 의사결정에 빠지기 쉽다. ④ 팀 안에서 열심히 일하는 사람이 있는 반면 오히려 팀 안에서 무임승차해 빈둥거리고 안일하게 지내는 사람들이 존재할 수 있다. ⑤ 서열과 안정성을 중요시하는 관료제 문화와 그와는 다른 행태를 요구하는 팀제가 상호 용납되지 않을 수 있다.

7 매트릭스조직

1) 의의

서로 다른 두 가지 조직이 가로와 세로로 배열돼 하나의 유기적 구조를 이루는 것을 매트릭스 조직구조(matrix structure)라고 한다. 우리가 오늘날 말하는 매트릭스 조직구조는 전통적인 수직적 기능 조직(예를 들면 인사·예산·구매부서 등의 조직)과 특별한 목적과 문제 해결을 위해 편성된 프로젝트팀(project team)을 결합시킨 조직구조다. [그림 9-10]을 보면 프로젝트 A팀은 기능조직 A·B·C·D와 매트릭스구조를 이루고 있다. 또한 프로젝트팀 B와 C도

기능조직 A · B · C · D와 매트릭스 구조를 이루고 있다. 프로젝트팀 A · B · C의 관리자들은 각각 기능조직 A · B · C · D에서 차출한 직원들(전문가)과 하나의 조직을 이뤄 그들과 협조하면서 프로젝트를 수행한다. 매트릭스조직에 참여하는 직원들은 프로젝트에 관계되는 일은 프로젝트 관리자의 감독을 받으며 또한 자신이 원래 소속된 기능에 관련되는 일은 그 부서의 장의 감독을 받고 그에게 보고한다. 그리고 프로젝트가 완료된 후에는 소속부서로 귀환한다.

매트릭스조직은 기능적 조직과 프로젝트팀의 장점을 결합시키는 데 목적이 있다. 즉, 조직운영 기능을 수행하는 안정된 기능부서 조직과 역동적 유연성 · 자율성 · 전문성 · 혁신성을 지향하는 프로젝트팀의 장점을 배합한 조직이다.

매트릭스조직은 기능적 조직의 역할과 프로젝트팀의 구조적 역할을 동시에 수행하는 이중구조의 성격을 갖는다. 따라서 조직의 구성원은 수직적으로는 기능조직의 구성원이며, 수평적으로는 프로젝트팀의 구성원으로서 임무를 수행한다.

조직구성원은 이중의 상사를 가지며 이중의 명령 체계 속에 존재한다. 즉, 일상적인 기능적 사항은 수직적 기능조직 관리자의 명령에 따라야 하며, 프로젝트에 관해서는 프로젝트 관리자의 명령을 따라야 한다.

매트릭스조직의 성패는 프로젝트팀과 기능조직을 연결시키는 교점(交點, nodes)의 역할을 잘 할 수 있는 사람이 있어야 한다. 다시 말하면, 기능과 프로젝트 사이에 존재하는 모호한 것을 잘 처리하고, 상이한 집단들의 선호를 분명히 해서 초점을 맞추는 역할을 해야 한다. 그

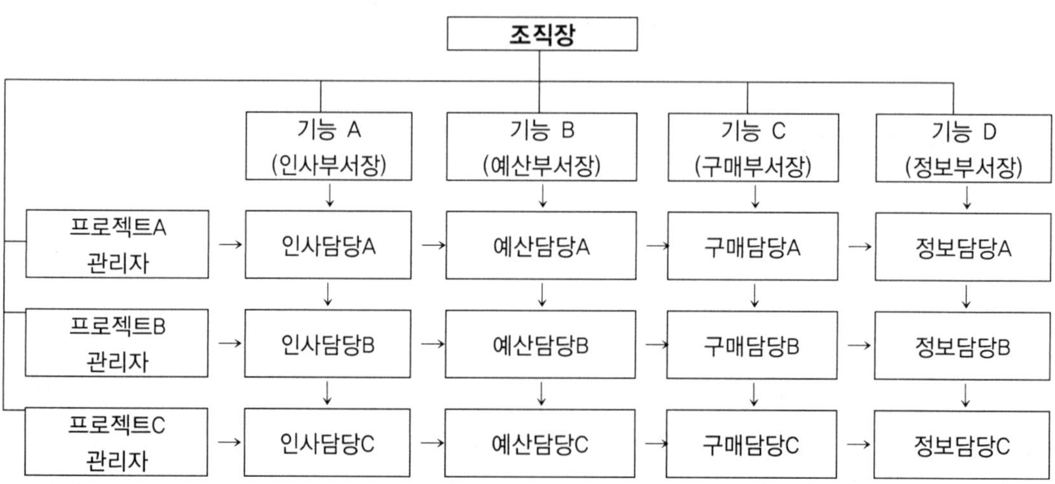

그림 9-10 매트릭스 조직모형

렇게 함으로써 기능조직의 수직적 의사전달과 프로젝트팀의 수평적 의사가 소통되며 의사결정과 그 시행이 원활하게 된다.

매트릭스조직은 1960년대 초 미국항공우주국(NASA) 조직에 도입됐으며, 오늘날은 은행·병원·대학 및 정부기관 등에서도 많이 이용하고 있다.

2) 장점과 문제점

(1) 장점

매트릭스조직은 다음과 같은 장점이 있다.

첫째, 수평적인 프로젝트팀과 수직적인 기능적 조직을 연결시킴으로써 전체 조직활동의 균형과 조정이 더욱 용이하게 이뤄진다.

둘째, 조직 내부의 복잡하고 상호 의존적인 문제를 유연하게 해결하도록 한다.

셋째, 조직에 필요한 인적·물적 자원을 유기적으로 확보·배분·이용한다.

넷째, 조직이 변화하는 환경에 좀 더 유연하게 적응하며 조직의 문제를 효과적으로 해결한다.

(2) 문제점

매트릭스조직은 다음과 같은 문제점도 있다.

첫째, 매트릭스 조직은 이원적 조직구조, 이중의 상사 체제, 이중의 명령 체계를 가지므로 조직 안에 무질서·혼란·권력 투쟁의 씨앗을 안고 있는 것과 같다. 그 결과 그 구성원들 간에 응집력이 약하고 갈등과 긴장감을 갖기 쉽다.

둘째, 이중의 조직구조에서 발생하는 책임과 권한한계의 불명확성이 존재한다.

셋째, 순수한 기능적 조직에 비해 규칙이나 표준화의 정도가 낮으므로 조직관리상의 객관성이나 예측성을 확보하기 어렵다.

8 네트워크조직

1) 의의

복수의 분산된 점(點)들이 선(線)에 의해 연결되거나 개체들이 어떤 연결 고리(net)를 통해 연계된 관계의 총체를 네트워크(network)라고 말할 수 있다. 따라서 네트워크조직이란 복수의 조직이 각자의 경계를 넘어 서로 어떤 연결 고리(net)를 통해 연계 결합의 관계를 이루고 있는 조직의 구조라고 말할 수 있다. 이러한 네트워크조직이 구성되기 위해서는 일정한 목적과 조건이 그 안에 포함되는 것이다. 마일스(R. E. Miles)는 "네트워크조직이란 권한의 형식적 위계보다는 계약이나 동의에 의해 행동이 조정되는 서로 다른 조직들의 집단"(Miles & Snow, 1992: 52-72)이라고 정의한다. 또한 남중헌은 "네트워크 조직이란 단일 조직의 경계를 넘어서 복수의 조직이 서로 연계돼 전체 사업을 용이하게 상호 협조하는 조직군(群)"(남중헌, 1994: 84)이라고 규정한다. 네트워크조직에 참여하는 조직은 전체적 혹은 부분적으로 공동의 목표·정보·자원·사업·의사결정·의무와 책임 등을 갖는다.

2) 네트워크조직의 기본 구조

네트워크조직의 기본구조는 네트워크를 이루는 구성조직 단위, 그 구성조직 단위를 결합시키는 연결(linkage) 및 결합, 그리고 그것을 동일한 영역 안에 포괄하는 경계(boundary)로 이뤄진다. [그림 9-11]의 내용을 설명하면 다음과 같다.

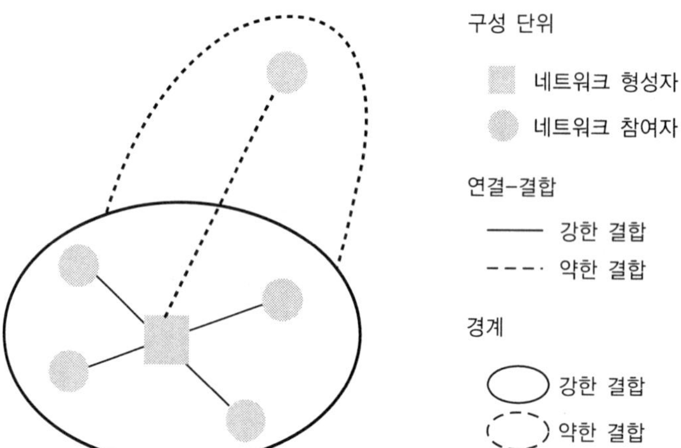

그림 9-11 네트워크조직의 기본 구조

(1) 구성 단위

네트워크조직의 구성 단위는 개개 조직들이다. 그것은 형성자와 참여자로 나뉜다. 중심조직은 형성자라고 할 수 있으며, 거기에 가입해 관계를 갖는 조직은 참여자라고 할 수 있다.

(2) 연결 · 결합

연결(linkage) · 결합은 line 또는 arc라고 말할 수 있으며, 돈 · 사람 · 기술 · 서비스 · 정보 등의 자원을 매개로 조직과 조직을 연결하는 것이다. 결합에는 강한 결합과 약한 결합이 있다. 구성조직 간에 이해관계가 일치하는 경우나 그것이 지속되고 있는 경우에는 결합도가 강하지만 그렇지 않은 경우에는 약하고 느슨할 수 있다.

(3) 경계

경계란 구성조직 단위들이 포함되는 영역의 한계를 말한다. 구성 조직들은 그 경계 내에서 일정한 제도나 가치관을 공유한다. 경계에도 강한 것과 약한 것이 있다. 강한 경계는 구성조직을 강한 경계 안에 연결 · 결합시키는 것이며, 약한 경계는 그 반대다.

3) 조직 간 네트워크구조

조직 간 네트워크구조란 앞에 언급한 기본 구조(prototype)를 외연화(外延化)한 것으로 독립적인 조직이 다른 독립적인 조직과 서로 연결-결합해 상호의존 · 상호작용하는 네트워크 구조를 이루는 것을 말한다. 이러한 구조는 A · B조직뿐만 아니라 C · D · F…N조직의 연결로 확장할 수 있다. [그림 9-12]를 보면 A조직과 B조직이 하나의 네트워크를 형성하고 있다.

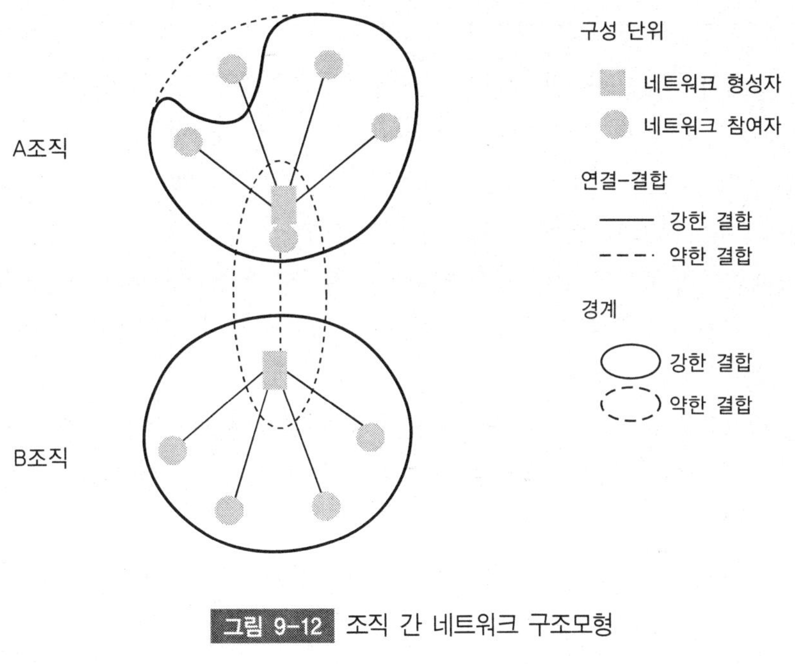

그림 9-12 조직 간 네트워크 구조모형

4) 네트워크조직의 유형

네트워크조직은 여러 가지 기준에 따라 그 유형을 나눠 볼 수 있다. 예를 들면, 그 조직의 범위에 따라 단일 조직 내부의 단위 간에 이뤄지는 네트워크도 있고, 하나의 조직의 경계를 넘어 여러 조직이 서로 연결-결합되는 네트워크조직도 있다. 일반적으로 말하는 네트워크조직은 후자의 경우를 말한다.

여러 조직이 네트워크를 형성하는 경우에도 그것이 무엇을 매개로 해서 이뤄지는가에 따라서 여러 가지 유형의 네트워크조직을 생각할 수 있다. 예를 들면, 정보 네트워크조직, 지식 네트워크조직, 자금 네트워크조직으로 분류할 수 있다. 그리고 형태에 따라서 회의형 네트워크와 연합형 네트워크조직으로 나눌 수도 있다.

5) 네트워크조직의 특징

네트워크조직은 계층제(hierarchy)조직과 비교함으로써 뚜렷하게 특징이 나타난다.

첫째, 조직과 환경 간의 관계에서 볼 때 계층제 조직은 비교적 폐쇄적이고 고립적인 상태에서 조직 내부의 관리에 몰입한다. 그러나 네트워크조직은 근본적으로 조직과 조직이 서로 그 경계 교환(boundary exchange) 혹은 경계 융합(boundary spanning) 관계를 형성하는 것이다.

둘째, 조직을 구성하는 범위에서 볼 때 계층제 조직은 단일조직으로 존재하나 네트워크조직은 다수의 조직이 서로 연계-제휴-결합하는 것이다.

셋째, 조직구성원의 특성을 볼 때 계층제 조직구성원은 비교적 동질적인 특성을 가지나 네트워크조직은 다수의 조직이 연계-결합된 조직이므로 그 구성원 역시 다양하고 이질적이다.

넷째, 계층제조직은 고정적이고 경직한 조직의 경계를 가지고 있으나 네트워크조직은 그 경계가 유연하며 조직과 조직이 경계를 서로 쉽게 넘나든다.

다섯째, 계층제조직은 조직이 성립된 후에 대체로 영구적 혹은 반영구적으로 존속하지만 네트워크조직은 조직 간의 필요에 따라 연계-결합해 생성되고 존재하며, 불필요하면 쉽게 해체하므로 비교적 존속 기간이 짧다.

여섯째, 계층제조직은 조직 내부의 구성 단위에 수직적인 명령과 복종 관계를 형성하고 유지함을 중요시하나 네트워크조직은 구성 조직 간에 대등한 수평적인 협력 관계 속에서 상호작용하는 것을 강조한다.

일곱째, 계층제조직에서는 그 구성조직이나 구성원의 자유가 매우 낮다. 그러나 네트워크 조직에 참여하는 조직들은 전체 조직 안에서 누리는 자유가 높은 편이다.

표 9-5 네트워크조직의 특징: 계층제 조직과의 비교

비교 기준	계층제 조직	네트워크조직
조직과 환경의 관계	폐쇄적 · 고립적	개방적
조직의 구성 범위	단일조직	다수 조직의 연계-제휴-결합
조직구성원의 특성	동질적	이질적 · 다양성
조직의 경계	고정적이고 경직	유연
조직의 수명	반영구적	단기적
구성원 간의 관계	수직적 복종	수평적 협력
구성원의 자유	비교적 낮음	비교적 높음
조직내의 지배적인 의사소통	수직적	수평적
일의 처리	단일조직 내에서 완결	다수 조직의 네트워크를 통해 광역적으로 처리
조직의 주요 목적	능률성 제고	변화 · 변혁

여덟째, 계층제조직 안에서의 의사소통은 비교적 공식적인 상의하달과 하의상달에 치중하지만 네트워크조직에서는 구성 조직 간에 공식 · 비공식의 수평적 · 쌍방향적 의사소통이 활발하게 이뤄질 수 있다.

아홉째, 일의 처리 면에서 볼 때 계층제조직에서는 단일 조직 안에서 일을 완결하지만 네트워크조직에서는 그 구성 조직 간의 네트워크을 통해 광역적으로 처리하는 것이다.

열째, 계층제조직에서는 단일 조직에 부여된 일을 가능하면 적은 투입(비용 · 시간)을 들이되 산출은 최대화하는 데 관심을 집중한다. 다시 말하면, 능률성(efficiency)의 제고를 가장 중요한 목적으로 삼는다. 그러나 네트워크조직에서는 구성 조직 간에 관련된 문제 해결과 새로운 변화 및 변혁을 추구하는 것을 더 강조한다고 할 수 있다.

6) 네트워크조직의 유용성과 문제점

(1) 유용성

네트워크조직은 다음과 같은 유용성이 있다.

첫째, 조직들이 서로의 경계와 벽을 열어 연결하고 결합함으로써 환경의 변화를 좀 더 신속하고 정확하게 인지하고 흡수하며 유기적이고 역동적인 대응 능력을 갖게 된다.

둘째, 네트워크조직을 구성하는 조직들은 각자가 가지고 있는 정보와 자원을 다른 조직과

공유하고 공용하는 시스템을 확립함으로써 자원 이용의 시너지 효과를 가져온다.

셋째, 네트워크조직 속의 개체조직은 다른 조직과 상호 의존과 교류작용 속에서 자신의 능력을 확장할 수 있다.

넷째, 네트워크조직을 구성하는 각 조직들은 서로 변화와 혁신을 자극하고 촉진한다.

(2) 문제점

네트워크조직은 다음과 같은 문제점도 있다.

첫째, 네트워크를 이루는 조직 간에 정보 · 지식 · 기술 · 자원을 공유 혹은 교류함으로써 그것이 파트너 조직에 이전돼 파트너 조직을 통제하기 어려운 경쟁자로 만들 수도 있다.

둘째, 능력 있는 조직은 좋으나 능력이 약한 조직은 능력 있는 조직에 의존이 심해 종속될 수 있다.

셋째, 조직 간에 목표 · 정보 · 자원의 공유와 교류 · 의사결정과 책임 등의 문제를 둘러싸고 갈등이 일어날 수 있다.

넷째, 네트워크를 이루는 일부 조직이 예상치 않는 기회주의적 행동을 하거나 신뢰를 잃는 경우 네트워크조직 전체를 곤경에 빠뜨릴 수 있다.

9 가상조직

1) 의의

오늘날 세계적으로 정보화 사회가 전개되면서 전 세계의 조직과 사람들은 자기 자신이 어느 장소에 있건 컴퓨터를 이용해 네트워크를 형성하고 그것을 수단으로 해서 대화를 나누고 생각을 교환한다. 이러한 교환 속에서 공통의 관심과 이해관계를 공유하는 사람들은 일상의 가상적 공간 속에서 조직을 형성하고 운영하기도 한다. 이러한 조직은 우리가 지금까지 알고 있는 조직(특히 관료제)과는 그 성격이 판이한 것이다. 조직의 존재 위치, 경계, 구조, 환경과의 관계, 의사소통 및 의사결정의 모습과 성격이 전혀 다른 양상을 나타낸다. 그러한 조직의 한 형태로서 나타나고 있는 것이 가상조직이다(Markus, Manville, & Arges, 2000: 13-27 참조).

가상조직(假想組織, virtual organization)이란 가상공간(cyber space) 속에서 전자매체를 통해 연결된 행위자(개인 혹은 조직)들이 공통의 관심과 목적을 수행하기 위해 형성하는 조직이다. 여러 조직이 참여해 가상조직을 만들 경우에는 참여하는 각 조직들의 독립성이 유지되는 범위 내에서 네트워크를 형성한다(김난도, 1997: 198-201; 권기성 · 최석진, 1997: 158-160; 박우순, 1996: 123 참조).

가상조직은 그 가입자 간에 인터넷 소프트웨어(open internet software)를 통해 의사소통이 이뤄지므로 장소(공간)와 시간을 초월해 조직을 구축하고 운영하며 일정한 목적을 달성한 후에는 쉽게 해체하는 것이 특색이다. 가상기업 · 가상대학 · 가상정당 · 가상은행 등이 이러한 조직구조에 해당된다.

2) 가상조직의 특징

가상조직은 일반조직(특히 관료제)과 비교함으로써 그 특징을 쉽게 파악할 수 있다(<표 9-6> 참조).

표 9-6 가상조직의 특징: 일반조직과의 비교

비교 기준	일반조직	가상조직
조직의 존재 위치	실재의 공간	가상공간
조직의 경계	명확 · 물리적인 경계 (physical boundary)	불명확 · 심리적 지각적 경계 (perceptional boundary)
조직구조	하나의 계층제적 구조	전자매체로 연결된 네트워크구조
환경과의 교류	소수의 경계 연결 및 교섭자(boundary spanner)에 의한 교류	광범위한 개방적 · 다원적 교류
의사소통	대면적 · 동시적	매체를 통한 간접적 · 비동시적 의사소통 (asynchronous communication)

첫째, 가상조직은 가시적인 실제의 공간이 아니라 가상공간에 존재한다.

둘째, 가상조직은 가시적인 명확한 경계가 없다. 어디까지나 심리적 · 지각적으로 경계가 설정된다. 그러한 점에서 관료제조직과 다르다. 관료제 조직은 사무실과 같은 물리적 · 가시적인 경계 영역을 갖는다.

셋째, 가상조직은 전자매체로 연결된 네트워크 구조를 갖는 점에서 하나의 계층제구조로서 이뤄지는 관료제조직과 다르다.

넷째, 가상조직은 환경과 광범위한 개방적 · 다원적 교류를 한다. 그러나 관료제조직은 조직 안에서 환경과 경계 연결 및 경계 교섭 역할을 하는 소수의 사람들(boundary spanner)에 의해 제한적으로 교류할 뿐이다.

다섯째, 가상조직은 전자매체를 통해 간접적·비동시적으로 의사소통(asynchronous communication)을 한다. 그것은 관료제조직의 의사소통이 대체로 대면적·동시적인 것과 대조된다. 간접적·비동시적 의사소통이란 직접적으로 대면해 의사소통을 하지 않으며 또한 모든 관계자가 동시에 모여 의사소통할 필요가 없는 의사소통 방식을 말한다.

3) 가상조직의 유용성과 문제점

(1) 유용성

가상조직은 물리적인 시설을 갖추지 않고 필요에 따라 쉽고 저렴한 비용으로 조직을 설립하고 해체할 수 있으며, 환경의 변화에 적응해 유연하고 기동성 있게 조직을 운영할 수 있으며, 그 조직에 참여하는 행위자들이 가진 정보·지식·자원 등의 핵심 역량을 쉽게 공유·통합·이용해 사업을 경제적이며 능률적으로 수행할 수 있다.

(2) 문제점

전자매체를 통해 상대방과 의사소통하는 것, 다시 말하면 얼굴 없는 의사소통을 하므로 상대방의 능력과 성실성을 파악하기 힘들고, 의사소통이 잘 이뤄지지 않는 경우에는 사업 수행에 차질과 혼란이 발생하며, 참여자들에 대한 직접적인 통제가 약하므로 업무 수행 과정에서 왜곡이 발생할 수 있다.

제 5 편

과정과 행태

제 10 장

조직과 인간

제 1 절 조직과 인간의 관계 및 인간관

1 조직과 인간의 관계

인간은 조직 속에 태어나 조직 속에서 일생의 삶을 영위하는 존재이며 조직행위의 주체다. 조직은 인간으로 구성된 하나의 사회적 단위로서 일정한 목적을 수행하는 협동적 시스템이다. 조직과 인간은 서로를 필요로 한다. 조직은 인간의 지식·기술·아이디어 및 노동력을 결집하고 조정해 주어진 목적을 달성하며, 인간은 조직이 제공하는 직위에서 직무를 수행하고 보수를 받으며 경력을 쌓고 자아실현을 한다. 조직과 인간은 상호간에 필요한 요소로서, 두 가지 요소는 하나로 통합되는 것이 바람직하다.

개인과 조직 간의 상호 관계가 원만하지 않으면 개인과 조직 양측 모두 불리하다. 조직이 개인을 단순한 도구로 이용하려고 하거나 개인이 조직을 이기적으로 이용하려고 하면 조직과 개인 간에는 상호 기대가 어긋나게 된다. 개인과 조직 간의 적절한 통합과 조화는 양자 모두에게 이롭다.

조직의 관리자는 조직을 구성하는 인간에 대해 정확하게 이해하고 통찰하며 최선의 관리전략을 구상해 실행함으로써 조직과 인간을 모두 만족시키게 된다.

2 인간관: 인간을 보는 여러 가지 견해

사회과학의 연구는 인간의 이해로부터 출발한다. 사회적 단위인 정부나 기업조직의 설계와 관리 및 운영을 효율적으로 수행하려면 먼저 인간에 대한 이해가 선행돼야 한다. 인간이란 도대체 무엇인가? 그 본성은 선한 것인가 악한 것인가? 이타적인가 이기적인가? 이성적인가 감성적인가에 대한 이해가 앞서야 한다. 그러나 인간에 대한 이해는 매우 복잡하고 어려운 것이다. 어쩌면 옛날 그리스의 시인 소포클레스(Sophocles)의 말처럼 "세상의 경이로운 것 중에 가장 경이로운 것이 인간"이라고 할 수 있기 때문이다.

인간이란 무엇인가에 관해 학자들은 특히 지난 2000년 이상 여러 가지 견해를 피력했다. 다음과 같은 세 가지 범주로 요약해 본다.

1) 사회적 · 긍정적 · 이타적 · 성선적(性善的) · 자아실현적 존재

인간을 사회적 · 긍정적인 입장에서 설명하는 학자로서는 로크(J. Locke)를 생각할 수 있다. 그는 17세기의 영국에서 시민적 인간 사상의 기초를 놓은 학자로서 인간을 사회적 · 이성적 존재로 봤다. 그 점에서 홉스(T. Hobbes)가 인간을 이기적 · 충동적 존재로 설명한 것과 대조된다. 로크는 자연 상태(state of nature) 하에서 인간은 자유롭고 평등한 존재이며 자신의 생활에 필요한 자원을 노동을 통해 획득하고 그것을 사유재산으로 소유하며 자신의 재산소유권을 보장하는 국가 권력을 원한다고 생각했다. 따라서 국가 권력은 그 사회구성원인 개인들의 동의에 근거해야 한다고 주장했다. 그의 사회적 · 이성적 인간관은 민주정부 옹호론으로 전개된다(Locke, 1963). 루소(J. J. Rousseau) 역시 인간은 천성적으로 선(善)한데 사회와 문명이 인간을 사악하게 만들므로 교육에 의해 그것을 막아야 한다고 주장한다(Rousseau, 1969: 350-351).

맹자(孟子)는 "인간의 본성은 선하다(성선설, 性善說)"(人性之善也)고 주장한 대표적인 학자다. 그는 "사람의 본성이 선한 것은 마치 물이 위에서 아래로 흐르는 이치와 같다. 사람의 본성은 선하지 않음이 없으며 물은 아래로 흐르지 않음이 없다."고 한다. 맹자는 인간의 선(善)을 신뢰한다. 따라서 인간이 그러한 본성을 잘 보존하고자 노력하면 훌륭한 사람(군자)이 된다고 했다(「맹자」, 告子章句).

현대의 인간주의 심리학자인 로저스(C. Rogers)와 머슬로(A. H. Maslow) 등은 인간이란 더욱 완전한 존재가 되고자 하는, 다시 말하면 자아실현을 하고자 하는 존재임을 강조하고 있다(Rogers, 1961; Maslow, 1971: 1-10).

2) 반사회적 · 부정적 · 이기적 · 성악적(性惡的) 존재

홉스는 17세기의 영국의 정치사상가로서 인간이란 자기 보존과 자기 확장을 하고자 하는 이기적 존재로 보았다. 그는 자연 상태의 사회는 신분이나 특권이 없는 상태이지만 인간의 생활수단인 자원이 유한하므로 그것을 획득하기 위해 인간들 사이에 끊임없는 투쟁이 벌어질 수밖에 없다고 설명한다. 즉, 인간을 자연 상태로 두면 필연적으로 "만인의 만인에 대한 투쟁(bellum Omnium Contra Omnes)" 상태로 빠질 수밖에 없고, 그렇게 되면 인간은 인간에 대해 이리(狼, homo homini lupus)와 같은 존재가 된다는 것이다. 이러한 상태를 질서있고 평화롭게 하려면 인간들은 자신들의 권리의 상호 양도, 즉 계약이 필요하고, 나아가서 그 계약을 보증하기 위한 공적 권력이 필요하다는 견해를 피력한다. 여기에 국가가 탄생하며 가장 훌륭한 국가 형태는 절대 주권을 가진 군주제라고 한다(Hobbes, 1951/1968). 이기적인 인간성과 절대군주제를 연관해 설명한다.

순자(荀子)는 맹자와는 달리 인간의 본성은 악(惡)하다고 봤다. 그는 "인간의 본성은 악한 것이다. 선이란 인위적으로 만들어지는 것이다. 인간은 나면서부터 이익(利益)을 좋아하므로 서로 싸우고 빼앗으며 양보하지 않는다."(「순자」, 性惡篇)라고 했다. 그는 인간은 본성이 이렇게 악하므로 확고한 예의 규범을 세워 교화해야만 고칠 수 있다고 주장했다. 이러한 주장은 그의 제자 한비자(韓非子) 등에 의해 계승된다. 한비자도 인간은 이익에 따라 움직이는 존재이므로 신뢰할 수 없다고 보았다.

프로이트(S. Freud) 역시 인간을 부정적인 시각에서 봤다. 그는 인간에게는 파괴적인 요소, 즉 반사회적이고 반문화적인 경향이 강하다고 본다. 특히, 인간의 공격 성향은 인간의 선천적이고 본능적 기질이라고 설명한다(Freud, 1949: 10-11).

3) 두 얼굴을 가진 존재

인간은 긍정적-부정적, 이타적-이기적, 성선적-성악적, 이성적-감성적인 면을 동시에 가지고 있는 존재라고 규정하는 견해가 있다. 로마 신화에 나오는 야누스(Janus) 신과 같이 두 얼굴을 가진 존재라고 보는 것이다. 행태주의 심리학자인 스키너(B. F. Skinner)는 인간 본성은 절대로 선하거나 절대로 악한 것이라고 말할 수 없으며, 인간의 공격성, 동정심, 질투와 사랑 등은 개개인에게 작용하는 외적 조건들에 영향을 받는다고 주장한다(Skinner, 1971). 고자(告子)는 '성무선무불선설(性無善無不善說)'을 주장했다. 즉 "인간의 본성은 선한 것도, 선하지 않은 것(악한 것)도 아니다. 선할 수도 있고, 선하지 않을 수도(악할 수도) 있다(性無善無不善也,

可以爲善 可以爲不善).”(「맹자」, 고자장구)고 했으며, 양웅(揚雄)은 ‘성선악혼설(性善惡混說)’을 주장했다. 즉, “인간의 본성에는 선과 악이 혼재한다. 선을 닦으면 선인이 되고 악을 닦으면 악인이 된다. 기(氣)라는 것은 (사람을) 선과 악으로 (태우고) 가는 말(馬)이다”(揚雄, 「法言」).

제 2 절 조직 속의 인간관과 조직관리전략

이와 같은 여러 가지 인간관(人間觀)은 조직 속의 인간을 이해하는 데 적절한 생각과 개념을 제공하고 있다. 조직을 연구하는 많은 학자와 관리자들도 인간에 관한 여러 가지 이론을 구성하고, 그에 근거해 조직관리전략을 탐색하고 적용해 왔다. 조직심리학자인 샤인(Edgar H. Schein)의 조직 속의 인간 본성에 관한 이론은 특히 널리 알려진 것이다. 그는 조직 속의 인간을 우선 “합리적 경제인(rational-economic men)”, “사회적 인간(social men)”, “자아실현인(self-actualization men)”으로 나눠 설명하고, 거기에 부연해 인간 본성의 복잡성에 근거를 두는 “복잡한 인간(complex men)” 유형을 제시하고 있다(Schein, 1980: 50-72, 93-101).

1 합리적 · 경제적 인간

1) 의의

합리적 · 경제적 인간이란 주어진 상황 속에서 경제적인 합리성에 근거해 의사결정을 하고 자신의 이기적인 욕구와 경제적인 자기 이익(self-interest) 추구를 극대화하는 인간을 말한다. 합리적 · 경제적 인간의 행동의 동기는 경제적인 자기 이익 충족의 극대화에 있다. 따라서 합리적 · 경제적 인간은 경제적인 자기 이익을 충족하는 데 최적한 행동 방안을 선택 · 결정해 추구하는 이성적 존재다.

2) 이론들

인간을 합리적 · 경제적 존재라고 가정하는 이론은 테일러(F. W. Taylor)의 과학적 관리론, 머슬로(A. H. Maslow)의 생리적 욕구와 안전 욕구 수준의 인간, 맥그리거(D. McGregor)의 X

이론, 아지리스(C. Argyris)의 미성숙인, 홉스(T. Hobbes)의 이기적 인간관, 순자의 성악설 등에서 살펴볼 수 있다.

3) 관리전략

인간을 합리적·경제적 존재라고 생각하고 믿는 관리자는 다음과 같은 관리전략을 택해야 한다.

(1) 직무조직의 합리적 설계

조직 목표의 명확한 분석을 토대로 분업 체계와 계층제를 확립하고 조직을 기계적 생산 체제로 편성해 능률적으로 관리해야 한다.

(2) 경제적 보상 및 신상필벌 체제의 확립

조직구성원이 달성한 생산이나 업적에 따라 경제적 보상을 하는 유인 체제와 신상필벌(信賞必罰) 체제를 확립해 운영해야 한다.

(3) 통제 체제의 확립

조직의 목표 달성을 위한 협동적 노력에서 이탈하는 조직구성원에 대해서는 물질적 불이익을 주거나 처벌 등의 제재를 통해 조정·통제해야 한다.

한비자(韓非子)의 인간관과 조직관리사상

한비자는 성악설을 주장한 순자(荀子)의 제자로서 그 스승과 마찬가지로 인간이란 이익(利益)에 따라 행동하는 믿을 수 없는 존재라고 규정했다. 그러나 인간을 관리하는 방법에서는 서로 다른 이론적 입장에 있다. 순자는 유학자로서 예의규범(예설)을 통해 인간을 교화할 것을 주장했으나 한비자는 법가로서 법에 의한 통제와 규율을 강조했다. 인간을 잘 관리하려면 조직의 관리자는 세 가지를 잘 활용해야 한다고 주장했다. 첫째는 '법(法)'이다. 법규를 엄격히 정해 실행해야 한다. 둘째는 '술(術)'이다. 신상필벌과 근무평정 등을 엄격하게 하고 부하들 앞에서 호·불호(好·不好)의 감정을 드러내지 않아야 한다. 셋째는 '세(勢)'다. 권력 및 권위를 가지고 명령·지시하며 함부로 권한을 위임해서는 안 된다고 한다.

2 사회적 인간

1) 의의

사회적 인간이란 인간을 사회적 · 심리적 존재로서 인식하는 것이다. 즉, 인간이란 단순한 도구나 생리적 존재가 아니고, 경제적 이익만을 추구하는 존재도 아니며, 사회적 관계(social relationships) 속에 존재하며, 그러한 관계 속에서 자신의 사회적 · 심리적 욕구 충족을 추구하는 존재로 보는 것이다. 인간은 공식조직에 소속해 있으면서도 감정과 정서의 매개를 통해 자연스럽게 이뤄지는 비공식집단 속에서 안정감 · 소속감 · 일체감 및 만족감을 추구하며, 그러한 가운데서 일에 대한 동기가 부여되고, 조직의 목적 달성에 기여하는 것이다.

2) 이론들

호손실험에서 확립한 인간관계론의 명제와 타비스토크(Tavistock) 연구소의 학자들이 제시한 '사회 · 기술체제론(social-technical system)'은 인간을 사회적 · 심리적 존재로 가정하는 대표적인 이론이다. 사회 · 기술체제론자들은 조직이란 인간과 기술적 요소로 구성된 체제라고 규정한다.

3) 관리전략

인간을 사회적 · 심리적 존재로 가정한다면 다음과 같은 전략에 따라 조직을 관리해야 한다.

(1) 조직구성원의 사회심리적 욕구에 대한 관심

조직의 관리자들은 과업의 수행을 위해 지시 · 통제보다는 조직구성원의 사회심리적 욕구와 감정 등에 관심을 가져야 한다. 특히 조직구성원들이 조직에 대한 소속감, 조직에서의 만족, 안정 · 인정감(認定感) 및 성공감을 갖도록 해야 한다.

(2) 조직 속에서 비공식집단의 인정과 수용

공식조직 속에서 자생적 · 비공식적으로 형성되는 인간관계와 집단을 인정하고 수용함으로써 조직구성원들의 소속감 · 안정감 · 만족감을 제고해야 한다.

(3) **조직 내부 인간관계의 원활한 관리**

관리자들은 조직구성원들의 인간관계의 상황을 잘 파악하고 적절하게 대응해 관리해야 한다.

3 자아실현적 인간

1) 의의

자아실현적 인간이란 인간을 '자아실현(self actualization)'의 존재로 파악하는 것이다. 다시 말하면, 부단히 자신의 가치와 잠재력을 성취하며 창조해 가는 주체로서 인간을 보는 것이다. 골드스타인(K. Goldstein)의 말처럼, 인간이란 "자신의 능력 · 가치관 및 이상을 가능한 한 최대한 실현하고자 하며"(Goldstein, 1939), 로저스(C. Rogers)가 말하는 바와 같이 "자신을 실현하고 유지하고 향상시키려는 성향과 욕구를 가지고 있다"(Rogers, 1951: 487).

자아실현은 이기주의적이며 자기 중심적인 것이라고 규정하는 경우도 있으나 그것은 '자아실현' 개념에 대한 오해에서 비롯된다. 개인은 다른 사람들과 더불어 원만한 사회적 관계를 이루고 그들과 상호작용하는 가운데, 자아를 실현하게 되는 것이다. 이기주의적이며 자기 중심적인 행동을 통해서는 본질적으로 성숙한 '자아실현'을 경험할 수 없다. 머슬로의 욕구단계론에서 보는 바와 같이 자아실현은 타인과 진정한 사회적 관계의 형성과 타인으로부터 존경받는 수준을 거쳐서 이뤄지는 것이다. 따라서 자아실현적 인간이야말로 가장 성숙하고 이상적인 경지에 도달한 인간이다.

2) 이론들

자아실현적 인간관에 관한 가정적 이론들은 후기인간관계론, 즉 '행태과학(behavioral science)'의 핵심적 내용을 구성한다. 대표적인 학자로서는 머슬로의 '자아실현적 욕구론', 맥그리거의 Y이론 및 아지리스의 성숙이론, 그리고 고전적 사상으로는 맹자의 성선설, 로크의 사회적 · 이성적 인간론 등을 들 수 있다.

3) 관리전략

조직 속의 인간을 자아실현적 존재라고 가정하는 경우에는 다음과 같은 관리 방법이 적합할 것이다.

(1) 의미와 자긍심을 느낄 직무의 부여

조직구성원의 경제적 및 사회적 욕구를 충족시키는 것 못지않게 그들이 자신들의 직무에 대해 의미를 발견하고, 그것을 담당하고 수행하는 것에 대해 긍지와 자존심을 가질 수 있도록 해야 한다.

(2) 면담자 · 촉매자의 역할

관리자는 조직구성원에게 지시하고 통제하는 역할을 통해 조직의 활동을 수행하기보다는 열린 마음으로 면담하고 상호주관적(intersubjective)인 의사소통을 하는 역할을 수행해야 한다.

(3) 자기통제와 자기계발의 지원

관리자는 조직의 구성원들이 자기통제와 자기계발을 통해 자기가 담당하는 직무상의 문제를 발견하고 해결하도록 지원하는 것이 바람직하다. 특히 창의력을 발휘할 기회를 많이 부여하고 지속적인 자아실현을 도와주어야 한다.

(4) 내적인 보상

조직은 그 구성원들이 조직을 위해 수행한 기여에 대해 경제적인 외적 보상을 할 뿐만 아니라 구성원들 스스로 자신의 욕구와 조직의 목표를 통합하며, 내적인 보상(인정감 · 성취감 · 만족감 등)을 얻도록 사회적 · 심리적 배려를 해야 한다.

(5) 참여적 관리

조직구성원들이 조직 내의 의사결정에 참여하는 제도와 절차를 정해 운영해야 한다. 참여적 관리가 효과적으로 이뤄지기 위해서는 적극적인 참여 기회의 제공과 모든 참여자의 '권력의 평등화(power equalization)'가 이뤄져야 한다. 그렇게 함으로써 의사결정에 진정한 참여 의식과 책임감을 갖게 되는 것이다.

4 복잡한 인간

1) 의의

인간을 합리적 · 경제적 인간, 사회적 인간, 자기실현인으로 나눠 설명하는 것은 의미가 있기는 하나 인간을 너무 단순하게 규정한 것이라고 할 수 있다. 현실의 인간은 위와 같은 유형 중 어느 하나에만 속해 있는 것이 아니다. 어떤 사람은 순수하고 완전한 합리적 · 경제인이고 다른 사람은 완전한 자아실현인이라고 말할 수는 없다. 현실의 인간은 매우 복잡한 존재다. 선과 악, 이타성과 이기성, 능동성과 수동성, 사회성과 반사회성, X와 Y, 경제적 이익과 사회심리적 욕구 및 자아실현 욕구를 동시에 지니고 있는 것이다. 양면성 혹은 다면성을 지니고 있되 상황에 따라 어떤 측면을 돋보이게 드러내는 적응적인 기회주의적 존재라고 할 수 있다. 사람은 당면한 상황·직업·교육·경험(경력)·사회적 지위와 역할·연령 및 대인 관계에 따라 다면적 혹은 양면적인 본성 중의 어떤 일면을 더욱 두드러지게 드러내 보일 뿐이다. 예를 들면 갓난 어린 시절의 인간은 생리적 욕구만을 현저하게 드러내는 존재이지만 어느 정도 나이가 들면 다른 사람들과 좋은 관계를 맺고자 하는 사회적 욕구를 더욱 드러내는 사회적 인간으로 성장하며, 자아실현적 욕구를 더욱 표현한다. 또한 직업에 따라 어떤 사람은 악하게 보이는가 하면 어떤 사람은 선하게 보이기도 한다.

2) 이론들

이와같이 인간을 다면성을 지닌 복잡한 존재로 규정하는 것은 현실적인 인간론이다. 또한 그것은 상황론적 맥락에서 이해하는 인간론이다. 인간은 복잡한 존재이며, 자신을 둘러싸고 있는 상황 조건에 따라서 특정한 모습을 상대적으로 더욱 현저하게 나타내는 존재라는 것이다.

3) 관리전략

조직 속의 인간을 양면성 혹은 다면성을 지닌 복잡한 존재이며, 상황에 따라 변화 가능성을 지닌 존재라고 규정한다면, 다음과 같은 전략에 따라 인간을 관리하는 것이 효과적일 것이다.

(1) 상황조건 적합적 관리

조직을 관리하는 사람은 민주적이고, 인간주의적인 관리 혹은, 온정적이고 유(柔)한 관리만을 고집하거나 권위적이고 몰인간적이며 강(剛)한 관리 방법만 적용해서는 안 된다. 유일 최선의 인간관리 방법은 없다. 조직과 인간이 현재 어떤 상황에 있는가를 판단해 그 상황에 적합한 관리 방법을 선택해 이용해야 한다.

(2) 진단가의 역할

상황조건 적합적(contingent) 인간관리를 위해 조직관리자는 진단가 역할을 해야 한다. 조직의 상황과 조직구성원 각자의 욕구, 지적 수준, 경력, 연령 및 직무 수행 능력과 태도 등을 분석하고, 정확하게 진단해 관리해야 한다.

(3) 신축성 있는 대인 관계 기술

조직관리자들은 신축성 있는 대인 관계 기술과 능력을 가져야 한다. 조직구성원 간에 욕구와 동기가 다른 경우에는 그들 간의 차이를 인정하고 신축성 있는 대인 관계 기술을 적용해야 한다.

제 11 장

인간의 행태에 관한 기초 개념

제 1 절 지각

1 지각의 의의

사람들이 눈으로 보고, 귀로 들으며 만져서 느끼고 아는 작용을 지각(知覺, perception)이라고 말한다. 다른 말로 하면, 지각이란 인간이 자신을 둘러싸고 있는 환경의 자극이나 감각적 인상(sensory impressions)을 선택하고, 조직하며, 해석해 그것에 의미를 부여하는 과정을 말한다. 지각은 이와같이 우리가 ① 외부 환경의 자극이나 감각적 인상이 존재를 느끼고, ② 그 자극이나 감각적 인상에서 무엇인가를 선택하고, ③ 선택한 것을 조직하며, ④ 거기에 의미를 부여하고 해석하는 과정을 통해 이뤄진다.

지각은 주관적인 것이다. 따라서 객관적인 사실과 다를 수 있다. 사람들이 같은 시간과 장소에서 동일한 사건을 관찰하는 경우에 그 사람들 간에 그에 대한 해석과 의미 부여가 같은 경우도 있지만 다른 경우도 볼 수 있다. 그것은 사람들 간에 그들이 접하는 어떤 자극이나 감각인상에 대해 반응하고, 선택하며, 조직하고 의미를 부여하는 기준과 과정이 다르기 때문이다. 이러한 차이는 곧 지각의 차이이며, 그러한 지각의 차이에 따라 사람들이 어떤 사물이나 사건을 평가하는 방법과 행동 방식이 다르게 된다.

2 지각에 영향을 미치는 요인

지각은 지각자(perceiver)인 사람 자신, 지각의 대상(the target being perceived), 지각이 이뤄지는 상황(the context of the situation)의 영향을 받는다.

1) 지각자의 개인적 특성

지각은 지각자 개인이 가지고 있는 특성에 따라 영향을 받는다. 그가 어떤 성격의 소유자이고, 어떤 문화적 배경 속에서 살아왔으며, 무엇을 경험하고 학습해 왔으며, 그의 감각기관에 전달되는 자극정보 중에서 무엇에 관심과 주의를 기울이고, 무엇을 기대하는가 등에 따라 영향을 받는다.

2) 지각 대상의 특성

지각 대상인 사물이나 사건의 특성에 따라 지각은 영향을 받는다. 예를 들면 지각 대상이 지각자에게 친숙하거나 강렬한 인상을 주는 것은 쉽게 잘 지각하지만 그렇지 않은 것은 잘 지각하지 못할 수도 있다. 지각자는 지각 대상이 사람인 경우 그의 외모 · 태도 · 복장 · 언어 · 경력 · 성별 · 연령 및 사회적 지위 등에 영향을 받을 수 있다.

3) 지각이 이뤄지는 상황 혹은 맥락

지각이 이뤄지고 있는 상황이나 맥락(context) 역시 지각에 영향을 미친다. 예를 들면 어떤 사건이 일어난 시간 · 위치 · 사건 현장의 조명 및 온도 등의 상황적 및 맥락적 요인들이 지각에 영향을 미친다. 과실나무 밑에서 갓끈을 고쳐 매거나, 외밭에서 신발을 고쳐 신으면 도둑으로 오인받는 경우가 바로 그와 같은 것이다.

3 지각과 귀인이론

1) 귀인이론의 의의

우리는 어떤 사물이나 사건을 지각하는 경우에 그렇게 지각되는 원인이 어디에 있는가를 생각하게 된다. 예를 들면 사람들은 조직이나 집단 안에서 어떤 사람이 어떤 행동을 하는 것을 보고, 그 행동의 원인을 알고자 한다. 이와같이 사람의 행동의 원인이 어디에 있는지를 알아내어 설명하는 것을 귀인이론(歸因理論, attribution theory)이라고 한다.

2) 내부귀인적 설명과 외부귀인적 설명

(1) 의의

사람의 행동의 원인은 두 가지 측면에서 생각할 수 있다. 하나는 그 사람의 성격·노력·능력 및 동기 등의 내부적 특성에서 생각할 수 있고, 또 하나는 그 사람을 둘러싸고 있는 환경이나 상황 요인 등의 외부적 특성에서 생각할 수도 있다. 전자를 내부귀인이라 하고, 후자를 외부귀인이라고 한다(Kelly, 1973: 107-128 참조). 예를 들면, 어떤 공무원이 승진한 경우, 그것은 그 사람이 능력과 성실성(내부귀인)을 인정받아 발탁·승진된 것이라고 말하는 것은 내부귀인적 설명이다. 반면에 그 사람이 운(외부귀인)이 좋은 사람이기 때문에 그렇게 된 것이라고 말하는 것은 외부귀인적 설명이다.

(2) 귀인적 설명의 모호성 및 편향성

사람의 행동은 반드시 어떤 특정한 원인이 있으면 반드시 특정한 행동을 초래하는가? 어떤 사람에게 어떤 특정한 조건(내부적 혹은 외부적 원인)이 주어지면 반드시 어떤 특정한 행동이 나타난다고 설명하는 것은 일종의 불변성(不變性)의 원리라고 할 수 있다. 능력 있는 사람이 반드시 출세한다면 그것은 내부귀인으로 설명할 수 있는 불변성의 원리다. 그러나 사람이 출세하는 데 반은 능력에 의해 결정되고, 반은 여러 가지 외부적 조건과 원인에 의해 결정되는 것이라면 출세의 원인이 무엇인지 모호해지는 것이다. 사람들은 어떤 경우에는 다음과 같이 왜곡(歪曲) 또는 편향(偏向)된 귀인적 설명을 하는 경우도 있다.

첫째, 자신의 행동과 타인의 행동을 설명할 때 흔히 자신의 출세는 자신의 능력과 노력에서 비롯된 것이라는 내부귀인으로 설명하면서도 경쟁자인 타인의 출세에 대해서는 그 사람이 운이 좋았다는 식의 외부귀인적 설명을 하는 경우도 있다.

둘째, 자신이 감정적으로 좋아하는 사람이 성취한 행동에 대해 말할 때에는 그 사람의 능력·성실성·노력 등을 높이 평가하면서도 감정적으로 싫어하는 사람이 이룬 업적에 대해 언급할 때에는 그 사람의 인맥이나 출신 지역이 좋은 때문이라고 말하는 경우가 있다.

셋째, 사람들은 자신의 행동에 대해 방어적인 편향성을 가지고 말하기도 한다. 잘된 일은 자기 능력과 노력 때문이며, 잘못된 일은 함께 일하는 다른 사람이 무능하고 불성실했기 때문이라고 말하는 경우를 볼 수 있다.

4 지각을 방해하는 요인들

사람들이 어떤 사물이나 사건 혹은 행동을 바르게 지각하는 일은 매우 중요하다. 조직관리자의 입장에서 보면 조직이나 집단 속의 사람들의 행동을 정확히 지각함으로써 합리적으로 조직을 관리할 수 있는 것이다. 그러나 실제로 지각은 다음과 같은 여러 가지 요인에 의해 방해를 받을 수 있다.

1) 상동성 혹은 유형화

지각의 대상을 그것이 속하는 집단 · 직업 · 출신학교 · 출신 지역 · 성(sex) · 연령 · 인종 · 종교 등의 고정 관념이나 특수한 배경에 따라 범주화하는 것을 상동성(常同性, stereotyping) 혹은 유형화(typification)라고 한다. 예를 들면 미국 사람들은 실용주의적이고, 영국 사람들은 보수적이며, 독일 사람은 근면하고, 경상도 사람들은 어떻고, 전라도 사람들은 어떻다는 식으로 범주화하는 것이다. 이와 같은 유형화를 통해 다양한 사회와 인간 행동을 단순한 범주로 환원하고 독특한 특징(개성)을 부각시키며 모호함을 축소시킨다. 그러나 이렇게 유형화된 틀에 맞춰 인간의 행동을 지각하게 되면 현실적으로 오류를 범하는 경우가 많이 발생한다.

2) 연쇄효과 혹은 후광효과

연쇄효과(連鎖效果) 혹은 후광효과(後光效果, halo effects)란 어떤 사물이나 행동이 지니고 있는 한 가지 특성이 그 사물이나 행동의 다른 특성을 지각하는 데 영향을 미치는 것을 말한다. 예를 들면 행정조직의 상급자가 어떤 부하 직원의 근무를 평정할 때 그 부하가 평소에 내보이는 특정한 인상이나 행태(예를 들면 예의바르고, 인상이 명랑함 등)에 영향을 받아 주관적으로 부정확하게 평정하는 경우다.

3) 투사

투사(投射, projection)란 어떤 사람이 자신의 감정이나 특성을 다른 사람에게 전가함으로써 자신을 방어하고자 하는 것이다. 사람들은 자기자신의 공격성 · 비열함 · 탐욕 등을 다른 사람들 때문에 비롯된 것이라고 말하면서 정당화하려고 하는 경우가 있다. 자신이 완고하고 인색한 사람들은 다른 사람들을 그와 같은 부류의 인간이라고 보는 경우가 많으며, 자신이 부패한 사람 중에는 다른 사람들도 모두 그렇다고 말하기도 한다.

4) 선택적 지각

선택적 지각(selective perception)이란 사람들은 그들이 보거나 듣는 모든 것을 다 지각하지 못하며, 그들이 보거나 들은 것 중에서 어떤 부분이나 단서만을 가지고 대상을 규정한다. 다시 말하면, 선택적으로 지각한다는 것이다. 선택은 무작위로 하는 것도 아니다. 그 사람의 현재의 욕구, 과거의 경험, 관심과 흥미, 동기와 기대 등에 따라 한다. 선택적 지각은 사람들로 하여금 어떤 사물이나 사건을 자신의 욕구나 경험 등의 틀 속에 단순화시켜 신속하게 판단하도록 돕지만 부정확하고 편향적인 판단을 하게 할 수 있다.

조직을 관리하는 데 위와 같은 지각 개념은 매우 중요한 의미를 갖는다. 조직구성원들은 그들이 지각하는 바에 따라 행동을 한다. 자신이 보고 듣는 바를 조직화하고 해석하며 그에 따라 행동하는 것이다. "사람들은 실재에 따라 행동하는 것이 아니라 지각에 따라 행동하는 것이다(People react to perception not reality)." 관리자가 조직 내외의 문제와 조직구성원에 대해 지각하는 바에 따라 그 행동이 달라지는 것이다. 예를 들면, 의사결정, 직원에 대한 근무평정, 의사소통 및 리더십 등은 지각에 따라 영향을 받는다.

제 2 절 가치관

1 가치관의 의의

사람들은 어떤 현상이나 대상을 대할 때 그냥 바라만 보는 존재가 아니다. 그것이 아름답다 · 추하다, 좋다 · 나쁘다, 쾌적하다 · 불쾌하다, 거룩하다 · 속되다라고 평가하고 규정하는 것이다. 또한 그것은 가질 만하고 얻기 위해 노력할 만한 것인가를 생각한다. 가치(value) 혹은 가치관이란 사람들이 중요하다고 인식할 뿐만 아니라 바람직하다고 생각하는 관념(idea)과 관계되는 말이다.

클럭혼(C. Kluckhohn)은 "가치관이란 사람들의 행동 혹은 목적의 선택에 영향을 미치는 어떤 바람직한 것을 말하며, 그것은 외현적(外現的)이든 잠재적이든 어떤 개인이나 집단이 지닌 특정한 관념"이라고 한다(Kluckhohn, 1951: 395). 또한 로키치(Milton Rokeach)는 "가치관이란 어떤 구체적인 행동양식이나 존재양식이 그 반대의 행동양식이나 존재양식보다 개인적으로 혹은 사회적으로 더 낫다는(바람직하다는) 신념을 나타내는 말"이라고 한다(Rokeach, 1973: 5). 예를 들면, 사람들은 억압적인 정치보다 자유를 존중하는 정치가 더 낫다는 신념을 가지며, 거기에 가치를 두는 경우가 이에 해당한다.

사람들은 자신이 대하는 대상에 대해 아름답거나 성스럽다는 가치 규정을 할 뿐만 아니라 아름답고 성스러운 것은 좋고, 추하고 속된 것은 나쁘다고 가치판단을 하며, 자신이 판단한 가치를 존중해 행동하려고 한다. 물론 이상적인 행동의 가치와 기준을 알면서도 행동은 가치 배반적으로 하는 경우도 현실적으로 존재한다.

2 사람들이 부여하는 가치의 근거와 가치 체계

사람들은 누구나 어떤 대상(특정 유형의 사람, 행동양식, 사물 등)에 대해 가치를 부여한다. 대상에 대한 가치 부여는 어떤 근거에 따라 이뤄지는가?

첫째 기호(嗜好)다. 사람들은 자신의 기호에 맞는 사물에 대해 가치를 부여한다. 예를 들면, 특정한 운동·취미·음식·의복 등이다.

둘째, 감정이다. 감각적 혹은 감성적으로 자신을 즐겁게 하고 편안하게 하는 일이나 사물에 가치를 부여한다.

셋째, 경제적 이익을 주는 것이다. 특히 기업 및 경영자들은 경제적 이익에 중요한 가치를 둔다.

넷째, 유용하고 효율적인 수단이다. 도구나 조직은 작업을 효율적으로 수행하는 데 유용할 경우에 가치가 있는 것이다.

다섯째, 학습(교육)이다. 사람들은 학습 및 교육을 통해 특정한 행동양식이나 사물의 가치를 습득하고 가치 체계를 내면화한다.

가치관은 어떤 전체적인 체계(system)를 이뤄 유지·존속한다. 사람들은 자신이 선호하는 상대적 중요성에 따라 가치의 우선순위 체계를 갖는다. 예를 들면, 사람들은 자유·평등·책임·순종·정직·쾌락 등과 같은 덕목에 대해 상대적으로 무엇이 더 중요한가의 우선순위의 체계를 갖는다(Robbins, 2003: 64).

3 가치관의 기능 및 특성

사람들의 가치관은 다음과 같은 기능 및 특성을 갖는다.

첫째, 가치관은 사람들이 나타내는 태도·지각·동기 유발 등을 이해하는 데 도움을 준다. 사람들은 왜 어떤 대상에 대해 긍정 혹은 부정하는 태도를 취하며, 어떤 일은 정확하게 지각하는데 어떤 일은 그렇지 못한가, 그리고 어떤 일은 자발적이며 능동적인 의욕을 가지고 하고자 하는데 어떤 일은 타율적이며 수동적으로 관여하는가? 사람들은 스스로 가치를 인정하는 일에는 좀 더 긍정적인 태도를 가지며 정확한 지각을 하고 훨씬 더 능동적으로 동기 유발된다.

둘째, 가치관은 사람들이 어떤 사물이나 대상(예: 사람, 아이디어, 행동양식)이 아름다운가 추한가, 선(善)한가 악(惡)한가, 좋은 것인가 나쁜 것인가를 평가하고 결정하는 데 도움을 준다. 예를 들면, 사람들은 각자의 심미적(審美的) 가치 기준에 따라 아름다움과 추함을 결정하며, 도덕적 가치 기준에 따라 선(善)·악(惡), 정(正)·사(邪)를 결정한다.

셋째, 가치관은 사람들이 달성하고자 하는 목적을 설정하고 행동하는 데 영향을 미친다. 목적은 사람들(혹은 조직)이 달성하고자 하는 미래상이다. 따라서 그것은 장래에 성취하고자 하는 가치를 구체화한 것이다.

넷째, 가치관은 하나의 신념과 같은 것이다. 신념이란 어떤 것에 대한 개인의 헌신적인 마음과 관계되는 개념이며 정당성에 대한 확신이라고 할 수 있다. 사람들은 어떤 대상이 아름답거나 좋다고 느끼거나 그 반대의 경우를 느낄 때 그것을 하나의 신념으로 굳히는 경향이 있다. 또한 가치관은 모든 신념과 마찬가지로 인지적(認知的)·정의적(情意的)·행동적(行動的) 성격을 갖는다. 사람들은 어떤 것은 바람직하지만 어떤 것은 바람직하지 않으며, 어떤 행동을 해야 하는가를 안다는 점에서 가치관은 인지적인 성격이 있다. 또한 가치관은 책임감·의무감·동정심과 같은 정의적(감정적) 행동을 수반한다. 그리고 가치관은 사람들의 행동을 이끌어 내는 매개변수가 된다는 점에서 행동적이다(정세구, 1984: 12).

다섯째, 가치관은 지속성과 변화성을 갖는다. 특히 어떤 사회의 가치관은 사회적·역사적으로 형성되며 어느 정도의 일관성과 안정성을 지니고 지속한다. 그러나 개인과 사회 시스템 내외에 새로운 변화와 긴장이 발생하고, 새로운 경험과 가치가 유입 혹은 습득됨에 따라 기존의 가치관은 변화하게 된다.

여섯째, 가치관은 시·공간적 상대성을 갖는다. 가치관은 시간·장소·사람·집단·조직에 따라 상대성을 지닌다. 특정한 관념이나 행동양식이 어떤 사회나 조직에서는 지지를 받지만 다른 사회나 조직에서는 지지 받지 못하는 경우도 있다.

4 가치관의 유형

1) 이상(理想)으로서 가치와 욕망의 객체로서 가치

클럭혼은 가치를 그 성질에 따라서 바람직한 이상으로서 가치(the desirable)와 욕망의 객체로서 가치(the desired)로 나누고, 두 가지 가치관의 내용과 성격을 여러 가지 기준에 따라 설명하고 있다(Kluckhohn, 1951: 404-405). 그 중 몇 가지만 소개하면 다음과 같다.

첫째, 가치의 차원에서 볼 때 바람직한 이상으로서 가치는 가치가 지향하는 방향, 즉 선·악 등을 중요시한다. 그러나 욕망의 객체로서 가치는 강도(强度), 즉 중요 정도· 다소(多少)·대소(大小) 등을 강조한다. 말하자면 돈이 많으면 좋은 것이고 적으면 좋지 않다는 식이다. 거기에 비해 이상으로서 가치관에서는 돈이 많으냐 적으냐보다는 그것이 선한 것인가 악한 것인가 등의 성격을 강조한다.

둘째, 가치에 대응하는 규범의 성격 면에서 볼 때 이상으로서의 가치에서는 가치를 절대적·의무론적(반드시 그렇게 돼야 하는, ought to be) 및 이데올로기적인 것으로 규정짓는다.

표 11-1 이상으로서 가치와 욕망의 객체로서 가치

비교 기준	이상으로서 가치 (the desirable)	욕망의 개체로서 가치 (the desired)
▪ 가치의 성질	바람직한 이상	욕망의 객체
▪ 가치의 차원	방향	강도(强度)
▪ 가치에 대응하는 규범의 성격	절대적 · 의무론적 · 이데올로기적	통계적 · 현상론적 · 프래그마틱
▪ 대응하는 행동	시인(是認) 또는 부인(否認)	선택과 노력의 배분
▪ 주요 결과	언어	행위 또는 언어
▪ 측정 척도로 사용되는 언어	좋은 · 옳은 · 찬성하는 · 당연한 · 가능한	중요한 · 멋있는 · 매력적인
▪ 가치의 정서적 의미	평가	활동과 평가
▪ 측정 척도로 사용되는 인칭	인간 일반	나 · 너(당신)

그러나 욕망의 객체로서 가치란 통계적으로 결정되는 것, 즉 대다수 사람이 바람직하다고 생각하는 것이나 프래그마틱한 것을 지칭한다.

셋째, 가치의 측정 척도로 사용되는 인칭(人稱)을 보면 이상으로서의 가치에서는 인간 일반을 강조한다. 인간 일반이 바람직하다고 생각하는 것이 가치있는 것이다. 반면에 욕망의 객체로서 가치에서는 나와 너(당신) 등이 중요시된다.

2) 궁극적 가치와 도구적 가치

로키치는 인간의 가치를 궁극적 가치(terminal values)와 도구적 가치(instrumental values)로 나눠 설명한다. 궁극적 가치란 삶의 최종 목표에 관련되는 가치로서, 다른 말로 표현하면 목적적 가치라고 말할 수 있다. 그리고 도구적 가치란 궁극적 가치(목적적 가치)를 달성하기 위한 수단적 가치를 말한다(Rokeach, 1979: 24).

표 11-2 궁극적 가치와 도구적 가치

궁극적 가치(목적 가치)	도구적 가치(수단적 가치)
안락한 삶	야심적
자극적이고 활동적인 삶	관대한
성취감	유능한
평화로운 세상	명랑한
아름다운 세상	청결한
평등	용감한
가족의 안전	관용적
자유	봉사적
행복	정직한
내적 조화	상상적
성숙한 사랑	독립적
국가의 안전	지적인
즐거움	논리적
구원(영생)	사랑함
자기 존중	복종적
사회적 안정	예의바른
진실한 우정	책임 있는
지혜	자기통제적

Rokeach(1973: 19-68).

로키치는 위와 같은 궁극적 가치와 도구적 가치를 조사하기 위한 항목으로 각각 18가지를 선택했다. 이것을 "로키치 가치관 조사 항목(Rokeach Value Survey: RVS)"이라고 부른다. 이 조사 항목을 보면 궁극적 가치에 안락한 삶, 적극적이고 활동적인 삶, 성취감, 평화로운 세상, 아름다운 세상, 평등, 가족의 안전, 자유, 행복, 내적 조화, 성숙한 사랑, 국가의 안전, 즐거움, 구원(영생), 자기존중, 사회적 안정, 진실한 우정, 지혜 등을 포함시키고, 도구적 가치에는 야심, 관대, 유능, 명랑, 청결, 용감, 관용, 봉사, 정직, 상상적, 독립, 지적, 논리적, 사랑, 복종, 예의, 책임 및 자기통제(자율) 등을 열거하고 있다.

제 3 절 욕구

1 욕구의 의의

욕구(欲求, need(s))란 사람이 음식을 먹고 싶어하고, 잠을 자고 싶어하며, 휴식을 취하고 다른 사람들과 어울리고 싶어하며, 출세와 자아실현을 하고자 하는 등의 개인적 혹은 사회적 동기를 말한다. 욕구는 사람이나 집단의 행동을 유발하는 기능을 수행한다. 또한 욕구는 어떤 개인이나 집단의 행동을 다른 개인이나 집단의 행동과 구분짓는 근원이 된다. 일반적으로 사람 사이에 욕구가 다르면 행동도 달라지는 것이다. 예를 들면, 배고픈 사람이 추구하는 행동과 배부른 사람이 추구하는 행동은 차이가 있는 것과 같다.

2 욕구이론의 두 가지 계보

인간의 욕구에 관한 이론은 매우 다양하다. 그러나 그것은 대체로 머레이(E. J. Murray)를 선두로 맥클랜드(D. C. McClelland), 애트킨슨(J. Atkinson), 커민스(D. D. Cummins) 등이 중심이 돼 전개한 이론적 계보와 머슬로(A. H. Maslow)를 선두로 앨더퍼(C. P. Alderfer), 맥그리거(D. McGreger), 아지리스(C. Argyris), 샤인(E. H. Schein) 등으로 이뤄지는 계보로 나눠 볼 수 있다.

1) 머레이 계통의 욕구이론

(1) 머레이의 욕구이론

머레이는 "인간은 욕구를 갖는 존재이며, 인간의 행동이란 그 욕구를 충족하고자 하는 과정"이라고 설명하고 인간이 가지고 있는 여러 가지 욕구를 조사해 나열한 일종의 "욕구목록(needs list)"을 제시했다(Murray, 1939). 이 목록에는 무려 30개의 욕구가 나열돼 있다. 그러나 그 욕구들 간의 상호 관계나 계층 등은 가정하지 않았지만 인간의 행동을 이러한 욕구들 중의 어느 것인가에 환원해 설명하려고 한다.

머레이의 이론은 어디까지나 인간 행동 일반에 관련되는 욕구를 대상으로 하고 있지만, 그것을 토대로 조직 속의 인간 행동을 설명하기 위한 이론으로 발전시킨 학자들이 나타났다. 그 대표적인 학자가 맥클랜드와 애트킨슨 등이다.

(2) 맥클랜드의 욕구이론

맥클랜드는 인간의 동기(motoves) 및 욕구(needs)를 세 가지로 구분해 설명하고 있다. 즉, 성취 욕구(need for achievement or n ach), 권력 욕구(need for power or n pow), 친교 욕구(need for affiliation or n aff)이다. 이 중 성취 욕구와 친교 욕구는 머레이의 목록에서 직접 확

표 11-3 머레이의 욕구 목록

(1) 겸허(abasement)	(16) 놀이(play)
(2) 성취(achievement)	(17) 배척(rejection)
(3) 친화(affiliation)	(18) 은둔(seclusion)
(4) 공격(aggression)	(19) 감성(sentience)
(5) 자율(autonomy)	(20) 성(sex)
(6) 반작용(counteraction)	(21) 구원(succorance)
(7) 공손(deference)	(22) 우월(superiority)
(8) 방어(dependence)	(23) 이해(understanding)
(9) 지배(dominance)	(24) 획득(acquisition)
(10) 현시(exhibition)	(25) 비난 회피(blameavoidance)
(11) 상해 회피(harmavoidance)	(26) 인식(cognnizance)
(12) 굴욕 회피(infavoidance)	(27) 구성(construction)
(13) 불가침(inviolacy)	(28) 설명(explosion)
(14) 양육(nuturance)	(29) 인정(recognition)
(15) 질서(order)	(30) 보존(retension)

Murray(1939).

인할 수 있으며, 권력 욕구 역시 그의 목록 속에 있는 지배 욕구 · 우월 욕구 · 획득 욕구 등에서 간접적으로 확인할 수 있다. 그가 설명하는 세 가지 욕구를 살펴보면 다음과 같다(Mc-Clelland, 1961).

첫째, 성취 욕구란 탁월성을 추구하고, 보통 사람(표준)보다 더 성취하려고 하는 인간의 욕구다. 성취 욕구가 강한 사람은 개인적인 책임감과 어느 정도의 모험과 위험이 수반되는 일을 맡아 성취하고자 하며, 그 달성을 통해 만족한다.

둘째, 권력 욕구란 다른 사람을 자기가 원하는 대로 복종하도록 영향력을 행사하고 싶은 인간의 욕구다. 이러한 욕구를 가진 사람은 다른 사람에게 영향력을 행사하기를 좋아하고 경쟁적이며, 지위 지향적인 상황을 선호한다.

셋째, 친교 욕구란 다른 사람과 우호적이고 친밀한 관계를 갖고 싶어하는 욕구다. 따라서 다른 사람과 경쟁하기보다는 상호 이해와 협동적인 상황을 선호한다.

2) 머슬로 계통의 욕구이론

머슬로와 그 추종자들은 인간은 욕구를 가진 존재이며, 그가 수행하는 행동은 욕구의 만족을 추구하는 과정이라는 가정을 공유하고 있다.

(1) 머슬로의 욕구 5단계설

머슬로는 그 유명한 욕구 단계 이론(hierarchy of needs theory)을 전개했다(Maslow, 1954/1970). 그에 의하면, 인간은 항상 무엇인가 부족을 느끼고 그것을 충족코자 원하는 존재(man is a wanting being.)이며, 그것을 충족하고 나면 더 높은 것(더 높은 욕구)을 충족하고자 한다는 것이다. 따라서 인간의 욕구는 일련의 단계(a series of levels) 혹은 중요성의 계층(hierarchy of importance)을 갖는다고 주장한다. 그러한 단계 및 계층을 다음과 같이 다섯 가지로 나눠 설명하고 있다.

① 생리적 욕구

생리적 욕구(physiological needs)란 공기의 호흡 · 음식의 섭취 · 배설 · 성교 · 휴식 등과 같은 인간의 삶을 영위하는 데 가장 기본적이고 필수적인 욕구를 말한다.

② 안전 욕구

안전 욕구(safety needs)란 육체적 및 생존의 위협으로부터 자신을 보호하고자 하는 욕구를 말한다.

③ 사회적 욕구

사회적 욕구(social needs)란 어떤 집단이나 조직에 소속하고 싶어하고, 다른 사람들과 우정과 애정을 주고받고 싶어하는 욕구를 말한다. 소속 혹은 애정 욕구(belongingness or love needs)라고도 한다.

④ 존경 욕구

존경 욕구(esteem needs)란 자신을 존귀하다고 생각할 뿐만 아니라 다른 사람들로부터 존경과 인정을 받고 싶어하는 욕구를 말한다.

⑤ 자아실현 욕구

자아실현 욕구(self-actualization needs)란 자신의 잠재력과 선호하는 가치를 최대한 실현하고자 하는 욕구를 말한다. 이 욕구야말로 자아의 최고의 만족과 창조적 실현과 관련된다.

(2) 앨더퍼의 이론

머슬로의 욕구 단계설을 계승한 대표적인 학자는 앨더퍼다. 그는 인간의 욕구를 생존(existence)·관계(relatedness)·성장(growth)으로 나누고 있다. 그것을 소위 ERG이론(생존·관계·성장이론)이라고 한다(Alderfer, 1972). 앨더퍼의 이론은 머슬로의 5단계설을 3단계로 나누고, 단계별 명칭과 그 내용의 일부를 수정한 것이다.

① 생존 욕구

생존 욕구란 인간의 물리적·생리적 욕구로서, 여기에는 굶주림과 갈등의 해소, 보수, 부가급여(fringe benefit), 물리적인 작업 조건에 관한 욕구 등이 포함된다.

② 관계 욕구

관계 욕구란 인간관계적 욕구를 말한다.

표 11-4 머슬로와 앨더퍼 이론의 비교

머슬로의 욕구이론: 5단계	앨더퍼의 욕구이론: ERG 3단계
생리적 욕구, 안전 욕구	생존 욕구(E)
사회적 욕구(애정·소속 욕구) 존경 욕구	관계 욕구(R)
자아실현 욕구	성장 욕구(G)

③ 성장 욕구

성장 욕구란 창조적이며, 생산적이고 싶어하는 욕구다.

(3) 맥그리거와 아지리스의 이론

머슬로의 욕구이론은 조직 속의 인간 행태를 연구하는 이론가들에게 광범위하게 영향을 미쳤다. 1960년대 행태과학(behavioral science)을 성립시키는 데 공헌한 맥그리거와 아지리스 이론의 뿌리와 배경은 머슬로 이론에 있다. 맥그리거는 X이론과 Y이론을 구상해 제시했다. 그의 X이론은 머슬로의 최저 수준 욕구(생존 욕구-안전 욕구)이론을, Y이론은 최고 수준 욕구(존경 욕구-자아실현 욕구)이론을 강하게 반영하는 이론이다(McGreger, 1960). 아지리스 역시 머슬로의 욕구계층이론을 그의 미성숙인간-성숙인간이론(immaturity-maturity theory)에 반영하고 있다. 그의 미성숙 인간모형은 머슬로의 최저 수준 욕구이론을, 성숙 인간은 최고 수준 욕구이론을 배경으로 하고 있다(Argyris, 1957).

위에서 살펴본 바와 같이 욕구는 인간의 행동을 일으키고 그 행동의 방향을 결정하는 중요한 원인이 된다. 따라서 그것은 조직의 관리자가 조직 속의 인간의 동기부여를 위한 전략과 방법을 결정하고 실행하는 데 중요하게 고려해야 할 요소들이다.

제4절 태도

1 태도의 의의

사람들은 어떤 대상이나 사건 및 다른 사람들(objects, events and people)에 대해 자기 나름의 어떤 평가적인 생각·믿음 및 감정을 갖는다. 이와같이 어떤 개인이 어떤 대상이나 사건 및 다른 사람들에 대해 가지고 있는 평가적 생각·믿음 및 감정의 복합적 상태(complexes)를 태도(態度, attitudes)라고 한다. 태도는 구체적으로 어떤 대상에 대한 호의적-비호의적·긍정적-부정적·찬성-반대 등의 평가적 생각으로 나타난다. 예를 들면, 공무원의 부패에 대해 사람들은 도저히 용서할 수 없는 나쁜 일이라고 생각하거나 비판하며, 또 다른 사람들은 부조리가 판치는 세상에 공무원만 깨끗하기를 기대할 수 있느냐고 말하기도 한다.

태도는 대체로 인지적(cognitive) · 감정적(affective) · 행동적(behavioral) 요소로 구성된다.

첫째, 인지적 요소란 어떤 사람이 어떤 대상에 대해 가지고 있는 사고 · 신념 · 기대 및 지식을 말한다. 예를 들면, 어떤 사람들은 공무원의 부패란 나라를 망치는 병이라고 생각하며, 다른 사람들은 공무원의 부패란 공무원 윤리의 타락 현상이라고 생각하는 것 등이다.

둘째, 감정적 요소란 어떤 사람이 어떤 대상에 대해 가지고 있는 느낌 · 감각 · 정서 등을 말한다.

셋째, 행동적 요소란 어떤 대상에 대해 어떤 사람이 가지고 있는 행동 의지(behavioral intention)를 말한다. 말하자면 공무원의 부패행동을 척결하는 데 앞장서겠다는 의지와 같은 것이다.

2 태도와 행동

사람들이 어떤 대상에 대해 갖는 태도는 그 사람의 행동에 영향을 미친다. 그런 점에서 태도(A: attitudes)와 행동(B: behavior)은 상관성이 있다고 할 수 있다. 조직론의 여러 문헌을 보면 조직 내의 감독 형태 · 직무 내용 · 승진 · 보수에 대한 조직구성원의 태도(생각과 감정)와 근무 행동 간에는 상관성이 많음을 설명하고 있다. 즉, 직무나 보수 등에 대한 조직구성원의 태도가 좋은 경우에는 조직 내에서 그들의 사기가 높고, 근무에 대한 자발적인 의욕이 높지만 그렇지 않은 경우에는 이직 · 결근 · 사고율이 높고 생산성이 떨어진다는 것이다.

그러나 이와같이 말하는 것은 태도와 행동을 매우 단순하게 직접 상관시켜 설명하는 논리다. 특정한 행동(B)은 반드시 특정한 태도(A) 때문에 일어나지 않는 경우도 많다. 즉, 태도는 행동과 일치하지 않는 경우도 많은 것이다. 특정한 태도는 특정한 행동을 일으키는 하나의 요인에 불과할 수도 있다. 예를 들면, 어떤 사람은 조직에서 자신이 맡은 직무 자체에 불만이 있다 하더라도 성과급을 많이 받고, 근무평정을 잘 받아 승진하기 위해 마음내키지 않는 일이지만 열심히 하는 경우도 있는 것이다.

3 태도와 직무만족 · 직무몰입 · 조직몰입

태도의 개념은 조직관리에서 매우 중요한 뜻을 지닌다. 조직이란 어떤 목적을 달성하기 위해 결합한 사람들의 협동 시스템이며 그 시스템 안에 있는 각 사람들은 각자에게 부여된 직무(job)와 일(work)을 담당해 수행한다. 각 개인의 직무 수행의 성패는 그들이 소속된 조직과 자신의 직무에 대해 어떤 생각(인지)과 느낌(감정・정서)과 행동 의지를 가지고 있느냐에 크게 의존한다. 그것은 바로 조직과 직무에 대한 태도의 문제다. 태도와 직무 및 조직에 관한 세 가지 개념을 다음과 같이 설명한다.

1) 직무만족

직무만족(job satisfaction)이란 어떤 개인이 자신의 직무에 대해 긍정적이고 호의적이며 자랑스럽게 생각(인지)하고 느끼는(감정・정서) 것을 말한다. 다시 말하면, 자신의 직무에 대한 긍정적・호의적・자긍적 태도다. 사람이 어떤 일이나 사물에 만족하는 것은 그 일과 사물에 대한 기대가 충족되는 것을 말한다. 따라서 직무만족이란 개인이 자신의 직무에 대해 가지고 있는 생각과 기대가 충족된 상태라고 말할 수 있다.

어떤 사람에게 그 자신의 직무에 대해 만족이나 불만족의 생각과 감정을 일으키는 요소는 매우 다양하다. 예를 들면 ① 직무의 특성, 예를 들면, 직무의 종류와 수행 방법, ② 직장 동료들과의 인간관계, 상급자와의 관계, ③ 승진 기회・장래성, ④ 보수, ⑤ 사회적 평가 등이다. 직무만족은 이러한 요소들의 총화로 결정된다고 설명할 수 있다.

직무담당자의 직무만족 여부는 일반적으로 그의 직무 수행 행동 의지에 영향을 미친다. 직무에 대해 만족스러운 생각과 감정(태도)을 가진 사람은 안정감과 자기성취감을 가지고 더욱 열성적으로 직무를 수행하고자 하는 동기가 유발될 것이다. 그러나 직무 불만족인 사람은 사기저하・결근・이직・태업 등의 근무 행태를 드러낼 수 있다(Schermerhorn, Jr. et al., 2012; 62-65; Kinicki et al., 2002: 14-32 참조).

2) 직무몰입

직무몰입(job involvement)이란 조직구성원이 자신이 담당하는 직무를 자신과 동일시하고 가치있게 여기며, 그 직무에 적극적・능동적으로 참여(participate) 혹은 관여(involve)하는 정도를 말한다(Robbins, Decenzo, & Coulter, 2012: 242). 소위 '물아일체(物我一體)'의 경지에 있는 사람처럼 자신의 직무를 생각하고 그 목적을 달성하기 위해 노력하는 상태라고 할 수 있다. 조직구성원의 직무몰입 정도가 높은 현상은 직무에 대한 긍정적인 태도와 일치하는 현상이다. 직무에 대해 긍정적인 태도를 가지고 거기에 몰입하는 사람은 결근이나 이직을 하지 않고 적극적으로 직무를 수행해 높은 성과를 나타낸다(*직무몰입은 직무관여라고 번역해도 좋다).

3) 조직몰입

조직몰입(organizational commitment)이란 조직구성원이 그 소속 조직에 대한 애착·동일시 및 충성적 감정과 태도다. 조직몰입의 정도가 높은 조직구성원은 조직과 조직의 일에 기꺼이 열성을 다해 헌신하는 정도가 높으며, 그 조직의 구성원으로서 계속 일할 가능성이 높은 것이다.

이러한 조직몰입은 세 가지 면에서 이해할 수 있다. ① 감정적(affective) 몰입이다. 이것은 조직구성원이 조직과 자신을 동일시하고 조직에 진심으로 헌신·충성하는 감정이며 태도다. ② 규범적(normative) 몰입이다. 이것은 조직구성원이 조직에 대한 도덕적 의무감에서 조직에 충성·헌신하는 감정이며 태도다. ③ 지속적(continuance) 몰입이다. 이것은 조직구성원이 그 조직에 계속적으로 소속해 일하고자 하는 태도다. 지속적 몰입은 때로는 기회주의적이며 이해타산적인 동기에서 비롯되는 경우도 있다. 더 좋은 곳이 있으면 떠나고 싶으나 어쩔 수 없으니까 그 조직에 계속 근무하는 경우다(Robbins, Decenzo, & Coulter, 2012: 242; Hackett, Bycio, & Hausdorf, 1994: 15-33 참조).

4 태도의 형성과 변화

태도는 사람의 사회적 행동을 결정하는 중요한 요소다. 그러므로 조직 안에서 일하는 사람으로 하여금 열심히 일을 하도록 하기 위해서는 먼저 그 사람이 일에 대해 바람직한 태도를 갖도록 하거나 바람직한 태도로 변화시키는 것이 필요하다. 사람의 태도의 형성과 변화를 위해 널리 쓰이는 방법에는 다음과 같은 것이 있다.

1) 설득

설득은 사람들의 태도를 형성하거나 변화시키는 방법으로서 가장 많이 적용되는 것이다. 설득은 논리적으로 어떤 대상을 설명하거나 감성적인 자극을 함으로써 태도를 형성하고 기존의 태도를 변화시킬 수 있는 방법이다. 설득은 설득자의 인격·지식, 사회적 지위와 덕망에 따라 효과가 달라진다. 예를 들면, 인격이 훌륭하고 사심을 초월한 사람이라야 다른 사람을 쉽게 설득할 수 있는 것이다. 또한 설득하는데 사용하는 말이나 글이 논리적이고 합리적이며 정서적인 공감을 불러일으킬 수 있는 내용이어야 한다. 그리고 설득자는 개방적이고 민주적인 자세로 상대방과 대면하고 상호 공감하는 의사소통을 해야 한다.

2) 인지부조화의 조절

(1) 인지부조화의 의의

사람들이 앎이나 사고의 과정을 인지(cognition)라고 말한다. 사람들은 인지의 조화와 일치(consistency)를 추구하지만, 많은 경우에 인지의 부조화에 빠진다. 인지부조화(cognitive dissonance)란 둘 이상의 인지, 즉 앎이나 생각이 서로 논리적으로 불일치(혹은 부조화)해 심리적 긴장이나 불편함이 있는 것을 말한다. 예를 들면, 사람들은 "직장의 동료와 불화하는 것은 나쁘다"고 알고 생각하면서도 "승진문제로 경합하는 경우에는 동료에게 양보하기 싫다"고 생각한다. 혹은 동료와 경합하는 것이 싫다고 생각하면서도 싫다는 의사 표시를 못하는 경우가 있다. 이러한 인지의 부조화를 완전히 피할 수 있는 사람은 없다. 그러나 인지의 부조화가 심한 사람은 마음속에 갈등과 불만을 갖게 된다. 그러므로 그것을 줄이려면 인지의 부조화를 해소하거나 최소화하도록 조절해야 한다(Festinger, 1957).

(2) 인지부조화의 감소 요인

첫째, 부조화를 발생시키는 요소들 간의 상대적 중요성과 우선순위를 고려해 태도를 조절해야 한다.

둘째, 부조화를 일으키는 요소들에 대한 통제와 영향력이 있는가를 고려해야 한다. 통제와 영향력이 있는 경우는 쉽게 부조화를 극복할 것이다.

셋째, 부조화 상태를 상계(相計)할 정도의 인센티브가 있는가를 고려해 자신에게 유리한 태도를 선택할 수 있다. 예를 들면, 어떤 공무원이 시민에 대한 서비스를 잘해야 한다고 생각하면서도 잘하자면 힘들고 귀찮다는 생각을 가질 수 있다. 이것은 일종의 인지부조화다. 이러한 경우 국민에게 서비스를 잘하는 공무원에게는 더 많은 보수와 승진의 기회가 보장된다면 공무원은 더 많은 보수를 받고 빠른 승진을 위해 힘든 일을 열심히 하는 태도를 가질 수 있다.

조직 속의 사람의 관리를 잘하기 위해서는 사람들의 태도를 잘 파악하고, 태도의 형성과 변화를 위한 노력을 잘해야 한다. 가령 조직구성원이 직무 수행을 잘 하도록 하려면 그들이 직무에 대해 좋은 태도를 가져야 한다. 직무가 재미있고, 보람있다고 생각해야 한다. 만약에 그러한 태도가 형성돼 있지 않다면 그러한 태도를 형성하도록 노력해야 하며, 기왕의 태도가 좋지 않았으면 그것을 좋은 방향으로 변화시키는 노력을 해야 한다.

제 5 절 성격

1 성격의 의의와 특성

1) 성격의 의의

사람들은 다른 사람들과 외모가 다를 뿐만 아니라 일상생활에서 일을 처리하는 방식이나 행태도 다르다. 왜 이와 같은 차이가 존재하는가에 대해 심리학자들은 성격(性格, personality)이라는 개념으로 설명한다. 성격이란 어떤 인간이 자신을 둘러싸고 있는 환경이나 상황에 적응해 나아가는 과정에서 비교적 일관적이고 영속적으로 나타내는 개인 특유의 행동 및 사고방식이라고 말할 수 있다. 올포트(G. W. Allport)는 "성격이란 어떤 개인이 그가 처하고 있는 환경에 독특하게 적응하는 역동적인 심리적·신체적 체계(dynamic psycho-physical system)"라고 하며(Allport, 1937: 48), 로빈스(S. P. Robbins)는 "성격이란 우리가 어떤 사람을 분류하기 위해 사용하는 심리적 특성의 결합(combination of psychological traits)"이라고 정의한다(Robbins, 1992: 14).

2) 성격의 특성

성격의 개념에는 다음과 같은 특징이 함축돼 있다.

첫째, 성격은 개인의 독특한 측면을 드러낸다. 성격은 사람들을 서로 구별해 주는 요소가 된다. 다시 말하면, 어떤 사람이 다른 사람들과 다르게 사고하고 행동하는 이유를 설명하는 근거가 된다.

둘째, 성격은 여러 가지 상황 속에서도 비교적 일관성 있게 나타나는 개인 특유의 사고 및 행동 방식이다. 예를 들면 A라는 사람은 언제, 어디서나 사람들을 대면할 때 명랑한 모습을 보이며, B라는 사람은 우울한 모습을 보이는 경우와 같은 것이다.

셋째, 성격은 개인이 환경에 적응하는 방식의 특성 및 행동양식이다. 예를 들면 같은 환경에 직면한 경우라도 A라는 사람은 낙관적으로 적응하는 반면 B라는 사람은 비관적으로 대응하는 경우다.

2 성격에 관한 주요 이론

1) 신체 유형 및 기질론

사람들의 성격은 왜 개인별로 차이가 있는가에 관한 여러 가지 이론 중 가장 오래된 이론이 신체유형론 혹은 기질론이다. 신체유형론에 의하면 사람의 기질은 신체・혈액 및 체질에 따라 다르다고 설명한다.

기원전 400년경에 그리스의 히포크라테스(Hippocrates)는 사람의 체액과 기질의 관계를 설명했다. 즉, ① 다혈질(sanguine)은 낙천적이고 쾌활하며, ② 흑담질(melancholic)은 우울하고 고독하며 비사교적이고, ③ 담즙질(choleric)은 충동적・공격적이며, ④ 점액질(phlegmatic)은 무관심하고 냉정한 기질이라고 했다.

1930년대에 셸던(W. H. Sheldon)은 체형과 기질의 관계를 설명했다. 즉, ① 키가 작고 살이 찐 비만형(내배엽형, endomorphy)은 너그럽고 명랑하며 사교적이고, ② 근육이 발달한 근육형(중배엽형, mesomorphy)은 용감하고 활동적이며 다소 무모한 행동을 하는 편이고, ③ 키가 크고 마른 골격형(외배엽형, ectomorphy)은 까다롭고 고독하며 신경질적이고 자의식이 강한 편이라고 했다(Sheldon, 1954).

사람들은 혈액형과 기질을 관련지어 A형은 사색형, B형은 도전형, AB형은 분석형, O형은 사교형이라고 설명하며, 또한 조선왕조 말의 이제마(李濟馬)는 인간의 체질을 태양형・태음형・소양형・소음형으로 분류하고 각각의 기질을 설명했다.

이와 같은 신체 유형론 및 기질론은 비교적 단순 명확하며 이해하기 쉽지만 성격의 복합적인 본질을 설명하는 데는 한계가 있다. 더욱이 기질(氣質, temperament)과 성격(personality) 간에는 상호 중복되는 면이 있지만, 개념상의 차이가 있음을 간과하고 있다. 기질은 본래 생물학적이며 선천적이다. 따라서 그것은 선・악의 윤리적 판단의 문제가 되지 않는다. 그러나 성격은 선천적인 기질과 후천적인 경험 및 학습 등이 복합된 개념이며, 선과 악의 윤리적 판단 대상이 된다.

2) 정신분석이론

프로이트(Sigmund Freud)를 비롯한 정신분석 이론가들은 인간의 행동이나 사고는 무의식적인 내면의 욕구나 갈등에 의해 결정된다고 보고 성격을 이해하기 위해서는 성격의 밑바탕에

깔려 있는 무의식과 내면의 욕구나 갈등을 살펴야 한다고 주장한다. 프로이트(Freud, 1905)는 특히 인간의 행동의 근원이 무의식적인 본능에 있다고 보고, 그러한 본능을 삶의 본능(life instinct)과 죽음의 본능(death instinct)로 나눴으며, 삶의 본능 중에서 성(性)의 본능을 성격의 발달에 가장 중요한 요소로 분류했다.

(1) 성격의 구조

프로이트는 성격의 구조를 세 가지 요소 개념으로 설명한다. 즉, 원초아(id), 자아(ego), 그리고 초자아(superego)다.

① 원초아

원초아는 성격의 가장 기본적 바탕을 이루는 것으로 성적·공격적 충동 등 인간의 기본적인 본능적 충동 등이 포함된다. 이러한 본능적 충동이 내적·외적인 자극에 의해 발생하면 원초아는 이를 즉각적으로 충족하려고 한다. 원초아는 즉각적으로 본능적인 쾌락을 충족하려고 하는 점에서 '쾌락의 원칙'을 따른다고 할 수 있다.

② 자아

자아는 원초아와는 달리 현실적인 상황을 고려해 현실이 용납하는 방법을 통해 본능적 욕구 충족을 추구한다. 따라서 자아는 '현실의 원칙'을 따르는 것으로 합리적이고 현실 지향적인 것이다.

③ 초자아

초자아는 사회의 도덕규범이나 가치가 내면화된 것으로 본능의 충동을 억제하고 효율성보다는 도덕성과 승화된 자긍심에 근거해 행동하는 것이다.

프로이트는 이러한 성격구조의 요소는 기능이 서로 다르고 추구하는 가치와 목표가 다르기 때문에 그들 간에 부단히 갈등 관계가 존재한다고 설명한다. 특히 원초아와 초자아 간의 갈등이 심하다. 이들 간의 갈등이 심한 사람은 불안과 긴장 속에 살게 된다. 원초아와 초자아 간의 갈등을 조정하는 역할은 자아(ego)가 담당한다. 프로이트는 이와 같은 세 가지 요소 간의 관계가 조정돼 환경에 잘 적응하는 것을 이상적인 성격으로 본다.

(2) 성격의 발달 단계

프로이트는 성격의 발달 단계에 관해서도 중요한 설명을 하고 있다. 그는 사람들은 성장 과정에서 삶의 에너지를 상징하는 리비도(libido)가 집중되는 부위가 변한다고 규정하고 그 집중을 신체 부위에 적용해 설명한다. 즉, 리비도가 집중되는 신체 부위에 따라 성격의 발달 단계를 구강기 · 남근기 · 잠복기 · 성기기로 나누고 있다(Freud, 1905).

① 구강기(the oral stage: 생후 0.1~1.5세)란 입술과 구강의 촉각을 통해 만족을 얻는 시기이고, ② 항문기(the anal stage: 18개월~3세)란 배설물이 직장의 끝 부분이나 항문을 통과할 때 흥분과 쾌감을 유달리 느끼며 만족하는 시기이며, ③ 남근기(the pahllic stage) 또는 외디푸스(oedipus) 콤플렉스 시기(3~6세)란 흥분과 긴장이 성기에 집중되는 시기이고, ④ 잠복기(the latency period: 6~12세)란 외디푸스적 감정에 대한 강한 방어책을 수립하면서, 성적인 공상적 환상들이 잠복 상태에 들어가는 시기다. ⑤ 성기기(the genital stage: 12세 이후)란 성적 에너지가 성인과 마찬가지로 치솟기 시작하며, 자애적 성의 추구로부터 타애적(대상을 구하고, 부모로부터 독립하려는) 성의 추구로 변하는 시기다.

프로이트는 사람의 성격은 위와 같은 단계를 거쳐서 형성되는데 그 중에 구강기 · 항문기 · 남근기 등 초기의 3단계가 가장 중요한 시기라고 주장한다. 어린 시절의 성장 경험이 성격 형성에 결정적으로 중요하다는 것이다. 또한 특정한 단계가 만족스럽게 성장하지 못하면 성격에 결함이 생긴다고 설명한다.

3) 특성이론

특성(traits)이란 사람들로 하여금 각각 다르게 생각하고 행동하도록 하는 각 개인 내부의 어떤 지속적 성향을 말한다. 따라서 특성이론(traits theory)이란 개인의 성격을 구성하는 기본적인 특성이 무엇인가를 설명하는 이론이다. 특성이론가들은 어떤 특성에 기초해서 개인의 성격이 나타난다고 인식한다. 특성이론을 대표하는 카텔(R. B. Cattell)은 성격의 특성을 내향적-외향적, 감정적-안정적, 복종적-지배적 등 16가지로 분류했다(<표 11-5> 참조). 특성이론은 다른 이론에 비해 개인 간의 성격적 차이의 분류와 측정 방법의 연구에 기여했다.

3 성격의 결정 요인

사람의 성격을 결정하는 요인은 매우 다양하고 복잡하다. 그러나 간단히 말하면 선천적으로 타고난 바탕과 후천적인 성장 및 삶의 과정에서 습득하는 경험이 복합적으로 작용해 결정된다고 할 수 있다.

표 11-5 카텔의 특성 분류

내성적인(reserved)	외향적인(outgoing)
덜 총명한(less intelligent)	더 총명한(more intelligent)
감정에 사로잡히는(affected by feelings)	감정적으로 안정적인(emotionally stable)
복종하는(submissive)	지배적인(dominant)
고민이 많은(serious)	태평한(happy-go-lucky)
편의주의적인(expedient)	양심적인(conscientious)
겁이 많은(timid)	모험적인(venturesome)
심성이 강인한(tough-winded)	감수성이 예민한(sensitive)
남을 잘 믿는(trusting)	의심이 많은(suspicious)
현실적인(practical)	상상력이 풍부한(imaginative)
솔직한(forthright)	영악한(shrewd)
자신감 있는(self-assured)	걱정이 많은(apprehensive)
보수적인(conservative)	실험적인(experimenting)
집단의존적인(group-dependent)	자기충족적인(self-fullicient)
억제적인(controlled)	억제되지 않은(uncontrolled)
느긋한(relaxed)	긴장한(tense)

Cattell(1973: 40-46).

1) 유전적 · 생물학적 요인

성격은 선천적으로 타고난 유전적 및 생물학적 요인에 따라 결정된다는 견해는 전적으로 옳다고 할 수는 없으나 상당한 근거를 가지고 있다. 사람들은 성격이 유전에 의해 결정된다고 말하는 경우가 많다. 자식은 "그 부모를 닮는다" 혹은 "피는 속일 수 없다"는 말에서 그것을 엿볼 수 있다. 실제로 일란성 쌍생아들은 이란성 쌍생아나 형제들보다 기질이 비슷하다고 한다. 이와같이 유전적 요인에 따라 비슷한 기질을 갖게 되고 그 기질이 성격의 형성에 영향을 미친다는 견해는 어느 정도의 지지를 받고 있다. 또한 히포크라테스나 셸던이 분류한 신체 및 체형과 기질의 관계에 관한 견해도 마찬가지다.

2) 환경적 요인

사람들은 세상에 태어나 성장하고 생존하는 과정에서 여러 가지 환경과 관계하며 그와 상호작용한다. 태어나면서부터 그에게 주어지는 가정환경, 특히 부모형제와의 관계, 가정의 경제적 형편 등은 사람들의 성격 형성에 영향을 미친다. 부모형제와의 관계가 원만한 가정에서 성장한 사람은 비교적 균형과 안정된 성격을 가지며, 경제적 어려움을 겪지 않고 성장한 사람은 비교적 성격이 낙관적이고 여유가 있다고 한다. 가정환경뿐만 아니라 그 사람이 경험한 교육환경·사회·정치 및 직장환경 등도 그 성격을 형성하는 데 영향을 미친다. 그러나 환경이 성격 형성에 중요한 요인이기는 하나 그것을 지나치게 강조해서는 안 된다. 그것은 사람의 성격 형성을 환경결정론에 의해 일방적으로 설명하는 나머지 사람의 주체성과 자율적 결단을 경시하기 때문이다.

3) 역할과 학습 요인

사람들은 사회적 존재이고 사회 안에서 어떤 직업과 지위를 가지며, 지위에 따른 역할을 수행하고 지위와 역할에 따라서 어느 정도 독특한 행동양식과 성격이 형성된다. 예를 들면 정치인은 대범한 성격인데 은행원은 꼼꼼한 성격이라고 말하는 경우를 볼 수 있다. 또한 사람들은 자신이 받은 교육과 학습에 따라 성격이 형성되고 달라지기도 한다.

4) 문화적 요인

사람들은 그가 속하는 사회의 지배적인 가치관·신념 및 행동양식을 공유한다. 그것이 문화다. 문화는 사람들의 집단적 행동양식일 뿐만 아니라 개인의 행동과 성격 형성에 영향을 미친다. 예를 들면, 한국 사람들은 삼강오륜의 유교문화 전통을 공유한다. 따라서 삼강오륜의 유교문화는 한국인의 일반적 혹은 개인적 행동양식과 성격 형성에도 영향을 미쳐왔다.

4 조직 속 인간의 성격 유형

조직은 인간으로 구성된 집합체이고 조직구성원들은 조직 안에서 독특한 성격을 드러낸다. 조직관리를 인간적이고 효율적으로 수행하기 위해서는 우선 그들의 성격을 파악하는 것이 중요하다. 조직 속의 인간의 성격을 유형별로 분류해 설명하는 이론이 있다. 프레스더스(R. Presthus)와 다운스(A. Downs)의 관료제 조직 속의 인간의 성격 유형론이 그 대표적인 이론이다.

1) 프레스더스의 관료제조직 속의 세 가지 성격 유형

프레스더스는 그의 『조직사회론(*The Organizational Society*)』에서 관료제조직 속의 인간이 그 조직에 적응(accommodation)하는 양식을 기준으로 세 가지 성격 유형을 분류하고 있다 (Presthus, 1978: 143-251). 그것은 상승형(upward-mobil), 무관심형(indifferents), 모호형 (ambivalents)이다. 이들 각 유형을 ① 각 성격 유형 소유자의 조직상의 지위, ② 그들의 조직관, ③ 조직과 직무에 대한 태도, ④ 권력과 지위에 대한 태도, ⑤ 욕구 충족의 근원, ⑥ 권위에 대한 태도 등을 중심으로 살펴보면 다음과 같다.

(1) 상승형

① 상승형의 성격을 지닌 사람들은 조직계층의 비교적 고위직을 차지하고 있으며, ② 조직의 정당성을 믿고, 조직이 제시하는 가치나 목표에 따라 행동하려고 한다. 또한 ③ 조직과 직무에 자신을 잘 적응시키며, 성격상 과장단순화(oversimplification) 혹은 이상화(idealization) 등을 잘하고, ④ 권력과 지위에 대한 집착력이 강하며, 타인을 지배하고 자신을 명예롭게 하는 더 높은 지위로 상승하려는 출세욕이 강하다. ⑤ 그들의 욕구 충족의 근원은 권력을 잡고, 타인을 지배하고 영향력을 미치는데 있으며, ⑥ 권위에 대해 존경심이 강하고, 복종적이며, 자신도 부하들에게 권위적인 존재가 되려고 한다.

(2) 무관심형

① 무관심형은 특히 하위계층에 많다. ② 조직이란 인간에게 좌절감과 불만을 주는 체제로 보며, 조직으로부터 보상을 받기 위해 행동할 필요가 없다고 생각한다. 또한 ③ 이들은 조직이나 직무로부터 소외 의식을 느끼고 다만 자신의 사사로운 일에 더 관심을 기울이며, ④ 조직 내의 권력이나 지위에 대해 무관심하고 가치를 부여하지 않는다. 따라서 출세나 승진을 중요하

게 여기지 않고, ⑤ 욕구 충족의 근원을 자신의 사생활에서 찾는다. 그리고 ⑥ 계층제의 권위에 대해서도 관심이 없다. 그러나 이들은 조직 내의 일반 동료들과의 관계는 무난하다. 그들은 조직 내의 권력이나 출세 경쟁에 끼어들기를 싫어하기 때문에 조직 속에 적이 없다.

(3) 모호형

① 모호형은 조직 속의 연구직과 막료직에서 주로 발견되며 그 수는 적다. ② 조직의 목표나 가치를 무시하지는 않지만 그것에 잘 적응하지 못한다. 또한 ③ 관료제적인 조직 특성(계층제·규칙절차 등)이 마음에 들지 않으면서도 이에 정식으로 도전하지 못하며, 일상적이고 구태의연한 직무 수행 방법에 대한 쇄신적 개선의 아이디어를 가지고 있다고 생각하지만 현실적으로 그것이 받아들여지지 않기 때문에 불만을 가지며, ④ 자신들이 우월한 능력의 소유자라고 생각하지만 계층제 안에서 영향력 있는 권한과 지위가 그들에게 배당되지 않기 때문에 불만을 가지고 있고, 그들을 지배하는 상급자들에게 저항감을 지닌다. 그리고 ⑤ 자신들의 독창적인 생각을 조직 속에서 실현하고, 명예와 지위를 얻고자 하는 욕구가 강하지만 조직 내의 가치규범이나 행동양식에 적응하지 못하는 주변인이 되기 쉽고, ⑥ 전문가로서 조직의 위계서열적 권위를 대하는 데 서툴며, 거기에서 비롯하는 불안감을 가지고 있다.

2) 다운스의 관료제조직 속의 다섯 가지 성격 유형

다운스는 그의 『내부관료제론(*Inside Bureaucracy*)』이라는 저서에서 관료제조직 내부의 사람들이 어떤 목적을 가지고 어떤 행동양식을 드러내는가를 다섯 가지로 나눠 설명하고 있다(Downs, 1967: 92-111). 여기에 언급되는 관료제조직 속의 행동양식의 유형에는 관료들의 성격 유형이 함축돼 있는 것이다.

(1) 등반형: 상승형

등반형(climbers) 혹은 상승형의 사람은 자신의 권력(poweer), 소득(income) 및 위신(prestige)의 최대화를 추구한다. 이를 달성하기 위한 방법으로서 ① 관료제의 고위층으로 승진하고자 하며, ② 현재의 계급과 직무에 관련된 권력·소득 및 위신을 최대로 확장하려고 한다. 또한 ③ 현재 근무하는 조직의 외부에 좀 더 만족을 줄 수 있는 새로운 지위가 없는가 탐색하고, 그것이 눈에 띄면 전출해 비약하려고 한다. 이 유형은 주로 조직의 고위층에 많다.

(2) 보전형: 이미 가진 것을 지키려고 하는 형

보전형(conservers)에 속하는 사람들은 그들의 안전과 이익의 최대화를 추구한다. 안전의 최대화란 이미 얻은 권력·소득 및 위신을 최대로 유지하려고 하는 성향을 말하며, 이익의 최대화란 권력과 소득을 얻는 노력을 최대화하는 것을 의미한다. 보전형은 현상의 변화를 싫어한다. 보전형 관료는 자신의 능력이나 처지를 생각할 때 대규모의 관료제조직, 계급적 차별이 심한 조직 내에서 자신이 크게 출세하는 것은 불가능하다고 생각하면서도 이미 자신이 획득한 것은 유지하려고 하며, 기회가 주어져 권력과 소득을 더 얻게 되면, 그것을 지키려고 하는 것이다. 보전형은 조직의 중간계층에 많으며, 이러한 유형의 사람들은 새로운 변화를 싫어한다.

(3) 열중형

열중형(zealots)에 해당하는 사람은 매우 낙관적이고 정력적이며 공격적이다. 그들은 스스로 좋다고 생각하는 정책은 저항을 받으면서도 추진한다. 자신의 내향적 성격에서 비롯되는 외곬의 정열적인 강행을 엿볼 수 있다. 그들은 관료제 내의 묵은 기풍이나 관행을 개선하고 새로운 쇄신을 일으키는 데 큰 역할을 수행할 수 있다. 그러나 지나치게 고집스러운 열정이 다른 동료나 조직구성원의 커다란 반발을 사기도 한다. 이러한 유형의 관료는 주로 조직의 고위층에 많다.

(4) 창도형

창도형(advocates)의 인간은 기본적으로 낙관적이고 정력적이지만, 그 성품이 열중형보다 외향적이다. 자기의 상관·동료 및 부하들의 여론에 민감하며 조직을 위해 최선의 것이라고 믿는 일을 매우 강압적으로 추진하려고 하면서도 동료나 조직구성원들이 그것을 지지하지 않을 경우에는 갈등을 피하며, 열중형과 같은 고립 속에 빠지는 것을 싫어한다.

(5) 경세가형

경세가형(statesmen)은 사회 전체나 국가에 대한 충성을 중요시하며, 공익을 강조한다. 그들은 매우 게으른 사람과 매우 활동적인 사람으로 나뉜다. 게으른 사람은 넓은 비전을 제시하지만 행동은 하지 않으며, 비판은 하지만 실천은 하지 않는 사람이다. 반대로 활동적인 사람은 비전과 행동, 비판과 실천력을 겸비한 사람이다. 경세가는 일반적으로 광범위한 철학적 학술적인 견해를 갖는다. 그들은 열중형이나 창도형보다는 내향적이고, 덜 낙관적이다. 그들은 종합적인 견해를 유지하며 조직 속에서 조화와 화해를 추구한다.

위에 설명한 다섯 가지 유형 중 (3), (4), (5)는 그들의 동기의 일면이 공익 혹은 이타적 충성에 있다는 점에서 공통성을 지닌다. 그러나 공익이 무엇이냐에 관해서는 각자의 생각에 따라 다르다.

제 12 장

집단역학

제 1 절 집단의 의의와 특징

1 의의

집단(group)이란 간단히 말하면 둘 이상의 사람들이 공통된 목표와 목적을 가지고 그들 상호간에 동일한 구성원이라고 지각하면서 서로 의존하고 작용하는 하나의 집합체다.

집단의 개념에 관해 학자들은 여러 가지 관점에서 다양하게 정의하고 있다.

- 집단이란 상당히 의미있는 정도로 상호의존하며 관계를 맺고 있는 개인들의 집합체다 (Cartwright & Zander, 1968: 46).
- 집단이란 안정된 관계의 패턴을 유지하고 공통된 목표를 가지며, 그들 스스로 그 구성원이라고 지각하는 둘 이상의 상호작용하는 개인들의 집합체다(Forsyth, 1999; Greenbery & Baron, 2003: 273-274).
- 집단이란 특정 목적을 달성하기 위해 함께 모여 상호작용·상호의존하는 두 명 이상의 개인들이다(Robbins, 2001: 218).
- 집단은 어느 정도의 명백한 지위와 역할 관계를 갖는 다수의 개인들로 구성되고, 개개 구성원들의 행동을 규율하는 가치와 규범을 갖는 사회적 단위다(Sherif & Sherif, 1956: 144).

이와 같은 뜻을 함축하는 집단과 그 안에 속해 있는 사람들이 빚어내는 행태를 과학적으로 연구하는 것을 집단역학(group dynamics)이라고 한다.

2 특징

1) 목표의 공유

집단은 일정한 목표와 목적을 갖는다. 집단구성원은 그러한 목표와 목적을 공유하며 그것을 달성하기 위해 협동행위를 한다.

2) 상호작용

집단은 상호의존하고 서로 작용하는 사람들의 집합체다.

3) 규범과 역할

집단은 그 구성원들이 각자 차지하고 있는 직위(position) 및 지위(status)와 그들의 상호 관련된 역할(interlocking roles)과 행동을 규율하는 규범 등으로 짜여진 구조다. 이 점에서 집단은 사람들의 무리(aggregates)와 다르다. 무리는 극장의 관중들과 같은 것으로서 그 안에 지위와 역할 등이 존재하지 않는다. 동일한 시간에 동일한 장소에 집합된 사람들일 뿐이다.

4) 구성원의 지각

집단구성원들은 특정 집단 안에서 다른 사람들과 특정한 목표를 공유하고 상호 의존하고 상호작용하는 집합체에 소속하고 있음을 지각한다.

제 2 절 집단 형성의 이유와 발전 및 기능

1 집단 형성의 이유와 집단의 발전

1) 집단 형성의 이유

사람들은 여러 가지 이유와 동기에 따라서 집단을 만들거나 기존의 집단에 가입해 그 구성원으로서 활동한다.

사람들이 집단을 형성하고 그 구성원이 되는 이유는 간단하게 설명하기 힘들다. 그 이유는 집단의 종류와 성격에 따라 다르기 때문이다. 예를 들면, 사회정서적 집단(예: 친교집단)이 형성되는 이유는 사람들이 친교 욕구의 만족을 추구하는 데 있는 것이고, 정부나 기업조직에 형성되는 과업집단(예: 위원회)은 특정한 과업이나 문제를 해결하고자 하는 데 이유가 있는 것이다. 또한 사회의 각종 이익집단은 공통된 이해관계를 갖는 사람들이 결속해 특정한 이익을 획득하고 만족을 얻고자 하는 데 있는 것이다.

이와같이 집단의 종류와 성격에 따라 집단이 형성되는 이유가 다양하지만 주로 사회적・심리적인 관점에서 몇 가지 이유를 설명하면 다음과 같다(Gibson, Ivancevich, & Donnelly, 1982: 183-184 참조).

(1) **욕구의 충족**(satisfaction of needs)

사람들이 그 욕구를 충족하려는 바람은 집단의 형성 및 가입과 매우 밀접한 관계를 가지고 있다. 구체적으로 말하면 안전(security) 욕구, 사회적(social) 욕구, 존경(esteem) 욕구 및 자아실현(self-actualization) 욕구 등이다.

① 안전 욕구

인간은 사회나 대규모의 조직 속에서 어떤 집단의 구성원이 돼 활동하면서 자신의 입장을 동정하고 지지하는 사람들과 교류하게 됨으로써 심리적 안전 욕구를 충족하게 된다.

② 사회적 욕구

인간은 사회적 동물이며, 다른 사람과 관계를 형성하고 상호작용을 갖고자 하는 성향을 가지고 있는 것이다. 그러한 성향과 본능을 충족하기 위해 집단을 형성하거나, 거기에 가입하게 되는 것이다.

③ 존경 욕구

어떤 집단구성원들은 그 활동이나 능력, 혹은 사회적 위신면에서 높은 평가와 존경을 받는다. 사람들은 스스로 그러한 집단을 만들거나 그러한 기성집단에 가입하고자 하는 욕구가 있다.

④ 자아실현 욕구

인간은 부단히 자신의 잠재적 능력을 발전시키고, 탁월하게 성공하고자 하는 욕구를 가지고 있다. 그런데 그와 같은 일은 다른 사람들과 더불어 관계를 맺고, 상호작용함으로써 좀 더 의미있고 성숙하게 실현될 수 있는 것이다. 여기에도 집단의 필요성이 존재한다.

(2) 근접(proximity)과 견인(attraction)

사람들 간의 상호작용은 집단 형성을 초래한다. 그러한 상호작용에는 두 가지 국면이 있다.

첫째, 근접이다. 근접이란 사람들 간의 물리적 거리가 가까워짐을 의미한다.

둘째, 견인이다. 견인이란 지각・태도・업적 및 동기의 유사성 때문에 사람들 간에 서로 끌어당김을 말한다. 가까운 거리에서 일하거나 접촉하는 사람들 간에는 그들의 생각이나 태도 등을 교류할 기회가 많아지며, 서로 간에 견인하는 관계가 이뤄지고 그것을 통해 집단을 형성할 수 있다.

(3) 이념이나 목표

사람들은 특정 이념이나 목표에 찬동해 집단을 만들거나 거기에 가입하는 경우도 있다. 종교・정치・학술단체 등에서 그와 같은 예를 많이 볼 수 있다.

(4) 경제적 편익

많은 경우 개인들은 혼자서보다는 여러 사람과 더불어 집단을 형성해 일하는 경우 더욱 재미있고, 생산성을 높여 경제적 편익(economic benefit)을 더 많이 얻을 수 있다고 생각한다. 또한 정부나 기업조직에서 보면 직원들이 개별적으로는 조직의 관리자에게 그의 경제적 이익을 더 많이 배분하도록 요청하기 힘들지만 집단을 형성하고 집단 압력을 통해 좀 더 쉽게 그들의 경제적 이익을 확보하기도 한다.

2) 집단의 발전

심리학자들은 집단의 발전을 단계적으로 설명하기도 한다. 터크만(B. W. Tuckman) 등은 집단 발전 5단계모형(the five stage model)을 구성해 설명한다(Tuckman & Jensen, 1977: 419-427; Kelly, 1994: 64-66).

집단은 시간의 경과와 더불어 형성기(forming)・혼란기(storming)・규범기(norming)・수행기(performing) 및 해체기(adjourning)를 겪는다고 한다. 물론 어떤 집단은 이러한 모든 단계를 순차적으로 다 거치며, 또 어떤 집단은 그 중의 일부 단계만 거치기도 한다. 5단계 모형을 설명하면 다음과 같다.

(1) 형성기

집단이 형성되는 이유, 혹은 사람들이 집단에 가입하는 이유는 앞에 설명한 바와 같다. 다만, 그것이 형성되는 과정을 말하면 우선 집단에 참여하는 개인들이 서로 안면을 익히고 관계를 발전시키며, 집단의 구조와 목적 등의 상황에 적응하고 직무와 인간관계에서 수용할 수 있는 행동이 무엇인가를 살핀다. 이러한 과정을 겪으면서 개인들이 상호간에 하나의 집단의식을 갖게 되면 일단 집단이 형성된다고 말할 수 있다.

(2) 혼란기

집단이 형성된 후 초기에는 집단구성원들이 집단 안에서 개인적으로 생각하고 추구하는 목표와 집단이 설정하고 추구하는 목표 간에 차이가 드러나고 집단구성원에 대해 리더가 행사하는 통제 등이 구성원의 정서와 기대에 어긋나는 일이 발생할 수 있다. 따라서 집단의 목표나 리더십 등의 문제를 둘러싸고 집단 안에서 갈등이 일어날 수도 있다. 갈등이 해결되지 않으면 구성원들이 집단을 떠날 수 있다.

(3) 규범기

집단이 형성되고 혼란과 갈등 상태를 잘 극복하면 집단구성원의 응집성과 '우리 의식(we-feeling)'이 높아지고 그들의 정체감이 확립된다. 이러한 단계에 이르면 구성원들이 집단의 규범을 적극적으로 수용하고 집단의 활동에 관련되는 책임을 공유하게 된다.

(4) 수행기

집단구성원과 집단 내부의 각 단위들은 분업과 협동을 조절하면서 집단의 과업을 수행한다.

(5) 해체기

집단은 정해진 목표를 달성하거나 과업을 성취하게 되면 그 구성원들이 집단을 떠나고 집단은 해체된다. 이 경우는 특히 공식적인 과업을 담당하는 집단에서 흔하게 볼 수 있다. 그러나 어떤 집단은 새로운 목표를 설정하고 과업을 선택해 수행함으로써 계속적으로 존속하는 경우도 있다.

2 집단의 기능

집단은 그 종류와 성격에 따라 기능상의 차이를 드러낸다. 예를 들면 공식집단이나 제2차 집단은 주로 특정 목표의 달성을 위한 도구적 기능을 수행하며 비공식집단이나 제1차 집단은 구성원 간의 감정이나 욕구를 표현하고 만족을 추구하는 기능을 한다.

1) 도구적 기능

정부나 기업조직에 공식적으로 설치된 집단들은 대체로 조직의 목표 달성을 위한 도구적 기능(instrumental function)을 수행한다.

첫째, 하나의 공식적인 조직은 일반적으로 여러 개의 공식적 집단으로 구성된다(예: 공식적 작업집단). 각 집단은 조직의 공식적인 목표 및 목적 달성을 위한 도구로서 주어진 기능을 수행한다.

둘째, 공식조직의 하위 단위를 구성하는 각 집단은 조직에서 공식적으로 부여하는 공식적인 규칙과 절차에 따라서 활동한다.

2) 표현적 기능

조직 안에 자연발생적으로 형성되는 비공식집단이나 연고집단은 대체로 그 구성원들 간에 감정이나 욕구를 표현하고 사회심리적 만족을 추구하는 표현적 기능(expressive function)을 수행한다.

첫째, 집단구성원들은 서로 대면적 관계(face-to-face relation) 속에서 의사소통하고 상호작용하면서 친화 욕구를 충족한다.

둘째, 집단구성원들은 집단 속에서 소속감과 일체감을 갖는다.

셋째, 집단구성원들은 집단에 소속됨으로써 외부에서 오는 위협이나 불안을 벗어나 안정감을 갖는다.

넷째, 사람들은 조직 속에서 때로는 무엇이 옳으며 어떻게 해야 할지 모르는 모호한 상황에 빠질 수 있다. 이 경우에 자신이 소속된 집단구성원의 의견과 행동을 관찰하고 비교해 판단함으로써 모호한 상황을 극복하며 적합하고 바른 행동을 선택할 수 있다.

제 3 절 집단의 유형

집단은 여러 가지로 분류할 수 있으나 구성원 간의 친밀성과 구성원이 집단에 대해 갖는 심리적 애착 · 규모 · 기능 · 공통된 이해관계, 그리고 공식성과 비공식성 등을 기준으로 다음과 같이 나눠 설명할 수 있다.

1 1차집단과 2차집단

집단은 그 구성원들 간의 관계의 친밀성(intimacy)의 정도에 따라 1차집단(primary group)과 2차집단(secondary group)으로 분류된다.

1) 1차집단

1차집단은 원초집단(原初集團)이라고도 부른다. 예를 들면, 혈연을 근거로 하는 가족이나 절친한 정(情)으로 결속된 친구집단과 같은 집합체다. 구성원들은 계속적인 대면적 상호작용, 영속적인 관계, 애정적 유대, 다면적인 인간적 관계를 갖는다. 1차집단은 사람들이 성숙한 사회적 존재로 성장하는 과정에 가장 원초적인 기능을 하는 집단이다.

2) 2차집단

사람들이 어떤 목적을 달성하기 위한 수단적·도구적 동기에 의해 형성하는 집단이다. 예를 들면, 정부나 기업조직의 공식적 집단 같은 것이다. 구성원들은 제한된 대면적 상호작용, 비영속적 관계, 애정적 유대가 아니라 교환적 유대, 제도와 규정에 따라 이뤄지는 관계, 그리고 업무 지향적 관계를 갖는다.

2 내집단과 외집단

집단은 그 구성원들이 집단에 대해 어떤 심리적 애착(psychological attachment)을 가지고 있는가를 기준으로 내집단(in-group)과 외집단(out-group)으로 나눌 수 있다.

1) 내집단

내집단이란 그 집단의 구성원들이 자기가 소속된 집단에 대해 심리적 애착과 자기정체감(sense of identity)을 갖는 집단을 말한다. 이러한 심리적 애착과 정서 속에서 집단구성원들은 자기가 소속하는 집단을 '우리 집단(we-group)'(예: 우리 학교·우리 클럽)이라고 말하며, 자긍심을 갖는다.

2) 외집단

외집단이란 어떤 사람이 자신은 거기에 속하지 않는다고 생각하고 표현하는 집단을 말한다. 즉, 심리적 애착이 없고 동일시 대상으로 삼지 않는 집단이 외집단이다. 그것은 나와 관계없는 부류의 집단, 즉 '그들 집단(they-group)'이다. 골프에 관심도 없고 골프를 치지도 않는 사람에게는 골프클럽이 외집단이라고 말할 수 있다.

3 대집단과 소집단

집단은 그 규모(size)를 기준으로 대집단(large group)과 소집단(small group)으로 분류할 수 있다.

1) 대집단

대집단이란 구성원 수가 많은 집단, 즉 규모가 큰 집단을 말한다. 구성원 수가 몇 명이면 대집단인가에 대한 정설은 없지만 대체로 30명 이상이면 대집단이라고 말할 수 있다. 대집단은 구성원 수가 많으므로 구성원 상호간에 친밀한 대면적 접촉과 상호작용이 어렵다. 구성원의 관계는 대체로 공식적 규정에 따라 이뤄진다.

2) 소집단

소집단이란 그 구성원 수가 적은 집단, 즉 규모가 작은 집단을 말한다. 대체로 15명 내외의 인원으로 구성된다. 구성원 수가 적으므로 그들 상호간에 대면적 관계, 상호작용, 깊고 광범위한 의사소통, 인간적이며 정서적인 만족감을 누릴 수 있다. 소규모 집단은 사회정서적 집단이나 비공식 집단과 유사한 특징을 갖지만 위원회나 이사회와 같이 공식적 기능을 수행하는 공식적 소집단도 있다.

4 과업집단과 사회정서적 집단

집단은 기능을 기준으로 과업집단(task group)과 사회정서적 집단(socio-emotional group)

으로 분류할 수 있다.

1) 과업집단

과업집단은 특정한 과업 수행을 위해 형성된 공식적 집단이다. 정부나 기업조직에는 그 조직의 문제 해결이나 과업 수행을 위해 여러 가지 집단을 만든다. 그 구성원들은 과업의 완성을 위해 함께 일하는 사람들이다.

2) 사회정서적 집단

사회정서적 집단은 동호회(同好會)나 친교집단(friendship group)과 같은 것이다. 사람들이 다른 사람들과 친교하고 정을 나누고자 하는 욕구와 정서를 만족시켜 주는 기능을 하는 집단이다.

5 이익집단

사회에는 정치적 · 사회적 · 경제적 이익을 획득하려는 여러 가지 이익집단(interest group)이 존재한다. 하나의 조직 안에도 이해관계를 공유하는 구성원들이 자발적 · 비공식적으로 이익집단을 만들어 활동한다. 구성원들은 자기들의 공통된 이익을 표출하고 확보하며 증진시키기 위해 공동의 노력을 한다. 정부나 기업조직의 예를 들면 직원들이 근무 조건을 개선하기 위해 혹은 관리자의 독단적 관리 행태로부터 자신들을 보호하기 위해 집단을 형성하는 경우가 있다. 대학의 경우 일부 교수들이 단합해 대학본부에 연구비 증액을 요구하는 행동을 한다면 그들은 대학 내부에 존재하는 이익집단이라고 할 수 있다.

6 공식집단과 비공식집단

집단은 공식적인 법과 규정에 근거해 인위적으로 만들어지는 공식집단(formal group)과 현실적인 인간관계에 따라서 자연발생적으로 형성되는 비공식집단(informal group)으로 나눌 수 있다.

1) 공식집단

공식집단은 공식적인 목표 달성을 위해 공식적인 규정에 근거해 계획적이며 인위적으로 만든 집단을 말한다. 공식집단의 구성원들은 공식적인 조직구조 안에서 공식적으로 정해진 과업을 수행하며, 공식적인 분업이나 협력 관계를 갖는다.

2) 비공식집단

비공식집단은 조직 안에 존재하는 현실적인 사회적·심리적 인간관계에 따라서 자연발생적으로 형성되는 집단이다. 비공식집단은 사람들의 사회적·심리적 욕구에 근거해 형성되고 유지된다. 사람들은 다른 사람들과 친교하는 관계를 이루고 싶어하고, 그러한 관계 속에서 심리적인 안정, 만족, 그리고 자아실현을 하고자 하는 욕구를 가지고 있다. 이러한 욕구에 근거해 자연스럽게 형성되는 집단이 비공식집단이다.

공식집단과 비공식집단은 다음과 같이 비교적으로 설명할 수 있다.

첫째, 공식집단은 공식적인 규정과 인위적 계획에 의해 형성되지만, 비공식집단은 사람들의 사회적·심리적 욕구에 따라 자연발생적으로 형성된다.

둘째, 공식집단의 목적은 조직 목표의 능률적 달성(생산성·이윤 등)에 있지만 비공식집단의 목적은 구성원의 사회적·심리적 욕구의 만족에 있다.

셋째, 공식집단은 그 구성원에 대해 직권·직무수행규정 및 금적적 보상을 통해 영향을 미치지만 비공식집단에서는 인격·감정 및 정서를 통해 영향을 미친다.

넷째, 공식집단에서는 주로 공식적인 경로와 메시지를 통해 의사소통을 하는 반면 비공식집단에서는 비공식 경로나 비공식적 메시지를 통해 의사소통한다.

다섯째, 공식집단의 리더는 공식조직을 통해 임명되지만 비공식집단의 리더는 집단 안에서 출현한다.

여섯째, 공식집단의 구조는 객관성·가시성·안정성이 높지만 비공식집단의 구조는 비교적 객관성, 가시성, 안정성이 낮다.

일곱째, 공식집단 구성원들에게 기대하는 행동규범은 조직을 위한 능률의 논리(the logic of efficiency)이지만 비공식집단 구성원들이 상호간에 기대하는 규범은 구성원들 간에 공유하고 지켜야 할 감정의 논리(the logic of sentiments)와 관계다.

표 12-1 공식집단과 비공식집단의 특징 비교

비교 기준	공식집단	비공식집단
형성	공식 규정 · 인위적 계획	사회적 · 심리적 욕구에 의한 자연 발생
목적	조직 목표의 능률적 달성	구성원의 사회 · 심리적 욕구 만족
구성원에 대한 영향력	직권의 행사나 금전적 보상	인격이나 정서
의사소통	공식 경로와 공식적 메시지	비공식적 경로와 비공식적 메시지
리더	조직에서 임명	집단 안에서 출현
구조	높은 객관성 · 가시성 · 안정성	낮은 객관성 · 가시성 · 안정성
규범	능률의 논리	감정의 논리

제 4 절 집단구조

1 집단구조의 의의

구조(structure)란 어떤 사물이나 일을 구성하는 부문 간에 확립된 상호 관계의 패턴을 말한다. 이것을 집단에 적용해 말하면 집단구조(group structure)란 집단을 구성하는 개인들(구성원들) 간에 확립된 상호 행동 관계의 패턴이라고 말할 수 있다. 그린버그(J. Greenberg) 등은 "집단구조란 집단을 구성하는 개인들 간의 상호 관계의 패턴으로서 그것은 집단을 질서 있고 예측 가능하게 하는 집단행동의 지침(the guideline of group)"이라고 한다(Greenberg & Baron, 2003: 279).

집단에 소속된 구성원들은 일반적으로 집단 속에서 각자의 욕구나 감정에 따라 우발적으로만 행동하지 않는다. 집단에 확립돼 있는 일정한 패턴과 기준에 따라서 서로를 고려하며 행동한다. 그것이 집단구조의 현상이라고 말할 수 있다.

집단구조는 집단구성원의 행동 형성과 성과에 영향을 미치고 집단의 질서를 확립하며, 구성원의 행동을 예측할 수 있게 하고, 어떤 집단과 다른 집단의 차이가 무엇인가를 드러내는 기능을 한다.

2 집단구조의 변수

집단구조를 이루는 변수(variables)에는 공식적 리더십 · 역할 · 규범 · 지위 · 규모 및 응집성 등이 포함된다(Robbins, 2001: 226-238). 이러한 여러 가지 변수 가운데서 규범 · 역할 · 지위 및 응집성을 중심으로 다음과 같이 설명한다.

1) 규범

규범(norm)이란 일반적으로 말하면 특정한 역할을 담당하는 사람들이 준수해야 할 행동의 규칙(rules), 규정(prescriptions) 또는 기준(standards)이라고 정의할 수 있다(양종회 · 임현진 옮김, 1975: 65 참조). 집단구성원들은 자신이 소속된 집단 안에서 일정한 행동규범을 공유하며 그러한 규범을 통해 자신의 행동을 조절하고 상호간에 협동하면서 자신의 역할을 수행한다.

집단규범은 공식적 과정을 통해 명시적으로 생성되고 유지되기도 하지만 비공식적이며 암묵적인 과정을 거쳐 생성되고 실제적으로 작용하는 경우가 많다. 예를 들면 집단구성원들은 어떤 공통의 과제를 수행하는 경우에 그들 간에 이뤄지는 상호작용 속에서 어떤 유형의 행동이 집단의 목표를 달성하고 그들에게 만족을 주는가를 지각하게 된다. 이러한 과정을 통해 그들은 바람직한 결과를 가져오는 행동을 규칙화해 공유하고 준수하는 것이다.

(1) 집단규범의 분류

집단규범은 집단의 종류와 성격에 따라 다양하게 분류되지만, 특히 작업집단(work group)에서 볼 수 있는 규범은 대체로 다음과 같은 것들이다(Goodman, Ravlin, & Schminke, 1987: 159; Robbins, 2001: 230-231 참조).

① 성과규범

집단의 성과규범(performance norm)이란 집단구성원들이 무슨 일을 얼마나 어떻게 수행하고 생산해야 하는가에 관한 기준을 말한다. 구성원들은 암묵적이든 표면적이든 성과규범에 일단 동의하게 되면 그 규범을 수행해야 한다.

② 외모규범

집단구성원들은 어떤 복장을 해야 하고 언제 어떤 모습으로 충성심과 근면한 작업행동을 보여주어야 하는가에 관한 규칙이나 기준을 공유한다. 이러한 규범을 외모규범(appearance norm)이라고 한다.

③ 사회적 조정규범

사회적 조정규범(social arrangement norm)이란 주로 비공식집단에서 구성원들이 어떻게 사회적 상호작용(예: 사교)을 해야 하는가에 관한 행동규칙을 말한다. 이 규범은 상대하는 대상(연장자나 상급자 및 친구)에 따라 적합한 행동규칙이 무엇인가를 고려해 정한다.

④ 자원배분규범

집단 내에서 자원을 배분하는 규칙을 자원배분규범(resources allocation norm)이라고 한다.

(2) 집단규범의 동조 형태

집단규범은 저절로 준수되지는 않는다. 집단구성원이 그 규범에 동조해 준수함으로써 실효성 있는 행동규칙이 된다. 집단규범에 대한 동조(conformity)란 집단구성원들이 집단규범을 지지하고 그것에 맞도록 자신의 행동을 조절하는 것을 말한다. 동조는 대체로 다음과 같은 세 가지 형태로 설명할 수 있다.

① 복종

사람들은 규범을 준수하지 않을 경우에 자신에게 가해질 징벌을 피하거나 규범을 준수함으로써 어떤 외적 보상을 얻기 위해 규범을 준수하는 경우가 있다. 이러한 동조행위를 복종(compliance)이라고 한다.

② 동일시

어떤 사람들은 자신이 좋아하고 존경하는 사람의 생각이나 행동을 추종하고자 한다. 집단 안에서 자신이 좋아하거나 존경하는 사람들이 준수하는 규범을 스스로 지지하고 자신의 사고나 행동을 그와 같이 조절하는 것을 동일시(identification)라고 한다.

③ 내면화

어떤 사람들은 집단규범의 의미와 가치를 스스로 판단해 지지하고 내면화해 거기에 자신의 사고와 행동을 조절한다. 이와같이 조절해 행동하는 것을 내면화(internalization)라고 한다.

2) 직위와 지위

집단구조의 또 하나의 변수는 직위와 지위다. 이 두 가지 개념은 구분해 설명하기 어려운 점이 있지만 차이를 이해할 필요가 있다.

(1) 직위

직위(position)란 조직이나 집단 안에서 어떤 개인에게 부여된 직무와 책임을 말한다(국가공무원법 제5조 참조). 정부조직의 예를 들어 말하자면 총무과장 · 인사계장 · 경리주임 등은 직위 명칭이다. 이것은 조직이나 집단 안에서의 직무 분업과 관계되는 개념이다. 어떤 사람은 이 일을 하고, 다른 사람은 저 일을 담당하는 것을 지칭하는 말이다.

(2) 지위

지위(status)란 사회나 조직 및 집단 안에서 차지하는 위치를 말한다. 여기에는 계급이나 계층서열의 뜻이 함축돼 있다. 정부의 경우 총무과장이나 인사계장이라는 직위는 각자 할 일을 나타내는 개념이지만 과장은 계장보다 계급 혹은 직급이 높은 위치를 차지하고 있다. 담당 직무의 질적 수준이 더 높고 권한 · 권력 · 책임 및 사회적 위신(prestige)도 더 높은 위치에 존재한다.

집단구성원들은 그 집단 안에서 일정한 직위와 지위를 차지하고 있으며, 거기에서 요구되는 역할을 수행한다.

3) 역할

정부조직 안에서 어떤 과장이 자신의 직위에 부여된 일을 수행하거나 자신이 차지하고 있는 지위(계층서열이나 위치)에 따라서 기대되는 행동을 하는 것을 그 과장의 역할(role)이라고 한다. 이와같이 어떤 사람이 사회나 조직 및 집단에서 차지하고 있는 직위 및 지위에 기대되는 일련의 행동 패턴 혹은 행동의 집합(a set of behaviors)을 역할이라고 한다(Katz & Kahn, 1978: 187-219; Thibault & Kelly, 1959: ch.8 참조).

공식집단이든 비공식집단이든 집단구성원은 집단 안에서 일정한 직위 혹은 지위를 가지며, 거기에서 기대되는 역할을 담당하고 수행한다.

집단에서의 역할 개념은 집단구성원이 집단 안에서 무슨 행동을 어떻게 해야 하는가, 누구의 명령을 따라야 하고 누구와 상호작용해야 하는가를 규정한다. 또한 구성원들의 역할이 정해짐으로써 집단행동은 질서와 예측가능성을 확보하고 구성원들의 정체감(identity)을 확립한다.

집단구성원의 역할에 관련되는 개념은 여러 가지 측면에서 설명할 수 있다. 그 중에서 중요한 몇 가지를 설명하면 다음과 같다.

(1) 역할 지각

집단구성원들의 역할 지각(role perception)이란 집단구성원들이 집단 환경 속에서 직접 보고 듣고 느끼는 가운데 역할에 관한 여러 가지 정보를 접하고 그 가운데서 선택해 조직화하고 해석하는 과정을 통해 자신이 무슨 역할을 어떻게 해야 하는가에 대한 믿음과 견해를 확립하는 것을 말한다.

(2) 역할 기대

역할 기대(role expectation)란 어떤 사람이 조직이나 집단 안에서 차지하고 있는 직위나 지위에 따라서 어떤 역할을 할 것이라고 주위 사람들이 규정하고 믿는 것을 말한다. 예를 들면, 공무원은 국민에게 봉사하는 사람이라고 국민들이 규정하고 믿는 바와 같은 것이다.

(3) 역할 분화

역할 분화(role differentiation)란 구성원 간에 역할이 나뉘어 그들 간에 역할의 차이가 생기는 것을 말한다. 정부조직 안에 국장과 과장의 역할과 일반직원의 역할이 나뉘고 그간에 차이가 생기는 현상과 같은 것이다. 집단 안에서 역할은 대체로 두 가지로 분화된다. 하나는 과업 지향적 역할(task-oriented role)이고 또 하나는 사회정서적 역할(socio-emotional role)이다.

과업 지향적 역할은 집단의 공통 목표를 계획하고 집행하며 통제하는 등의 역할을 말하며, 사회정서적 역할은 집단 내부의 인간관계를 원만하게 유지·발전시키고 갈등을 해소하며 화합을 위한 역할을 말한다.

(4) 역할모호성

집단에서의 역할모호성(role ambiguity)이란 집단구성원이 자기의 역할이 무엇인지 잘 모르고 있는 상태, 혹은 주위 사람들이 자기에게 기대하는 역할이 무엇인지 명확하게 알지 못하는 데서 발생하는 혼란 상태(confusion)를 말한다. 자기가 수행할 행동의 목표를 명확하게 모르거나 목표는 알고 있지만 수단이 명확하지 않은 경우에 역할이 모호하게 된다. 집단의 리더에게 리더다운 행동을 취할 것을 주위에서 기대하지만 그 리더가 무엇이 리더다운 행동인지를 모르거나 그것을 안다 하더라도 그 수행 방법이 명확하지 않는 경우를 역할모호성이라는 개념으로 설명할 수 있다.

(5) 역할 갈등

집단에서의 역할 갈등(role conflict)이란 집단구성원의 역할이 서로 양립할 수 없는 상황을 말한다. 다음과 같은 경우에 역할 갈등이 발생할 수 있다.

첫째, 집단구성원에게 기대되는 역할과 그 구성원의 능력·가치관 및 욕구가 양립할 수 없는 경우다. 예를 들면 어떤 집단이 국제회의를 하는 경우에 그 집단구성원 중에 A라는 사람이 외국어 연설을 잘할 것으로 사람들은 기대하는데 실제 그 사람 자신은 외국어로 연설할 능력이 없는 경우에 A라는 사람에게 역할 갈등이 발생한다.

둘째, 어떤 사람이 동시에 여러 집단의 구성원으로 소속돼 있는데 각 집단이 그에게 기대하는 역할이 서로 다른 경우에는 갈등이 발생할 수 있다. 예를 들면 어떤 사람이 정부의 공무원으로서 정부기관에 소속돼 있으면서 외부의 전문학회에 소속된 경우에 두 집단에서 그에게 기대하는 역할이 상충한다면 그는 심리적인 어려움을 겪을 수 있다.

셋째, 양립할 수 없는 복수의 역할을 수행하기를 다른 사람들이 기대하는 경우에 갈등이 발생할 수 있다. 예를 들면, 어떤 공무원에게 그 상급자가 직무 수행을 공평하게 처리하라고 지시하면서 특정 고객에게는 사적인 편의를 고려해 대우하기를 기대하는 경우 그 공무원에게 역할 갈등이 발생한다.

4) 집단응집성

응집성(cohesiveness)이란 사람들이 함께 결속하는 것(sticking together)을 말하며, 집단응집성(group cohesiveness)이란 집단구성원들이 그 집단에 매력(attraction)을 느끼고 서로 결속하며, 그 집단에 계속 머물러 있고자 하는 심리 상태를 말한다.

응집성이 높은 집단은 그 구성원들이 마음으로 서로 끌어안으며 '우리 의식(we-feeling)'의 정서가 높다. 따라서 구성원 간에 친화감・집단에 대한 소속감이 높고 집단의 목표를 수용하고 그것을 달성하고자 하는 열의가 강하다. 이러한 집단응집성은 여러 가지 요인이 작용해 이뤄지며 그 결과도 다양하다.

(1) 집단응집성의 결정 요인

카트라이트(D. Cartwright)와 잰더(A. Zander)는 집단구성원들을 응집시키는 요인은 집단이 지니고 있는 매력에 있다고 규정하고 집단의 매력에 관계되는 요인을 다음과 같은 네 가지로 설명하고 있다(Cartwright & Zander, 1953: 92).

① 집단의 유인적 특성(集團誘因的 特性, incentive properties of group)

이것은 집단구성원이 집단에 대해 느끼는 매력과 계속해서 그 집단에 머무르도록 유도하는 요소들이다. 예를 들면 집단의 목표, 분위기, 인간관계, 감독 및 리더십 등이 매력적인가?

② 구성원들의 동기부여의 기초

집단구성원의 동기를 유발하는 기초(motivation base)를 말한다. 예를 들면, 집단구성원의 목표 수행에 대한 보상이 매력적인가?

③ 집단구성원의 기대

집단구성원의 기대란 구성원이 집단을 위해 노력을 하면 그에 대한 만족스러운 보상을 받을 수 있는가에 대한 주관적인 생각을 말한다.

④ 집단구성원의 개인별 비교 수준

구성원이 집단을 위해 자신의 노력·시간·지식 등을 투입하는 대가로 받는 보상이 동료구성원이나 외부집단의 구성원이 받는 보상과 비교해(comparison level) 공정한가 등이다.

이상과 같은 요인들이 만족됨으로써 높은 집단응집성이 형성된다는 것이다.

(2) 집단응집성의 결과

집단응집성이 형성되면 집단과 그 구성원들에게 다음과 같은 결과가 나타난다.

① 구성원의 유지와 집단의 목표 달성 강화

구성원들이 집단에 계속 즐겁게 머물고자 하며 집단의 목표 달성이 강화된다.

② 구성원들의 집단동조 태도의 강화

응집성이 높을수록 구성원들은 집단의 규범에 동조하는 태도가 강화된다.

③ 구성원들의 집단 참여와 충성심 강화

응집성이 높아지면 구성원들이 더욱더 집단에 적극적으로 참여하며 충성심이 강해진다.

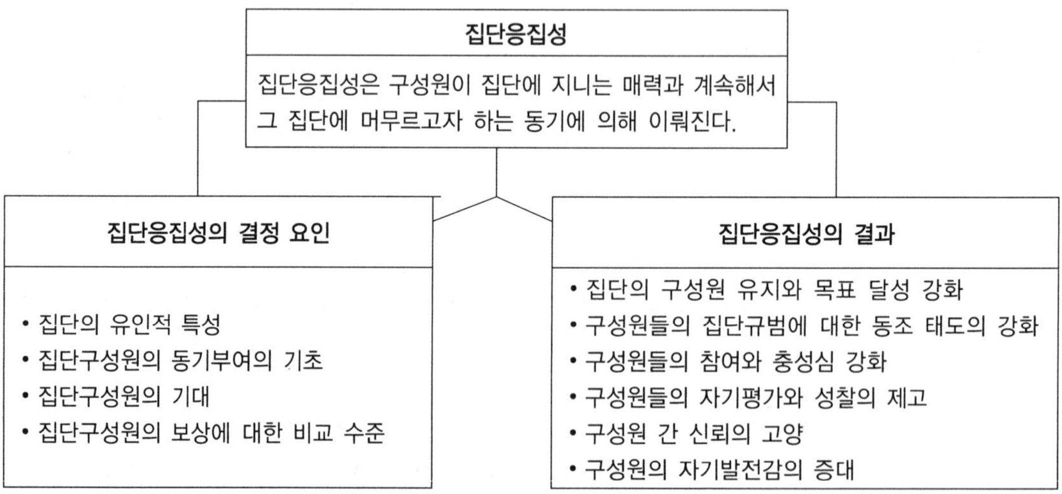

그림 12-1 집단응집성: 결정 요인과 결과

④ 구성원들의 자기평가 · 상호 수용 및 발전을 기대하는 감정

응집성이 높아짐으로써 구성원들 상호간에 상대방을 받아들이고 자기를 긍정하며 자기 발전의 정서를 갖는다.

제 5 절 집단과 과업 수행 행동

집단 안에서 집단구성원의 과업(task) 수행 행동은 여러 가지 모습으로 나타난다. 여기에서는 집단구성원 개인이 다른 사람들의 존재를 의식하면서 자기의 과업을 수행할 때 나타내는 행동의 특색과 다른 사람들과 더불어 어떤 과업을 수행할 경우에 그 개인들이 나타내는 행동의 특색을 조명해 설명하고자 한다. 전자는 사회적 촉진과 억제에 초점을 두고, 후자는 사회적 빈둥거림(태만)의 행동을 중심으로 설명한다.

1 사회적 촉진과 억제

1) 의의

사람들은 혼자만 있는 공간에서 혼자서도 할 수 있는 과업을 다른 사람들이 옆에 있는 공간이나 집단 속에서 하면 평소의 평균 실력을 능가하는 수행 실적을 보이는 경우가 있다. 이것을 사회적 촉진(social facilitation)이라고 한다. 가령 어떤 사람이 아무도 없는 운동장에서 자전거를 타는 경우보다는 다른 사람들이 타는 곳에서 그들의 존재를 의식하면서 타면 훨씬 빠른 속도로 달리는 것은 일종의 사회적 촉진 현상이다. 그러나 반대로 어떤 사람은 옆에 다른 사람이 있는 곳에서 다른 사람을 의식하면서 과업을 수행하면 오히려 평소의 실력보다 저조한 실력을 내보이는 경우가 있다. 이것을 사회적 억제(social inhibition)라고 한다(Zajonc, 1965; 1980 참조). 예를 들면, 피아노를 치는 사람이 혼자서 치는 경우보다 청중이 모인 곳에서 연주를 하면 평소보다 제 실력을 발휘하지 못하는 경우와 같은 것이다.

일반적으로 수행하는 과업이 간단하거나 평소에 학습 · 연습 · 경험을 통해 익숙해진 과업을 수행하는 경우에는 사회적 촉진이 많이 나타나지만 복잡한 일이나 연습이나 경험이 미숙한 경

우에는 아무도 없는 곳에서 혼자서 하는 경우보다 저조한 실력을 나타낸다고 한다.

2) 사회적 촉진과 억제가 이뤄지는 과정

(1) 사회적 촉진과 억제 과정

사회적 촉진과 억제가 이뤄지는 과정에 관해 자용(R. B. Zajonc)은 동인이론(動因理論, driving theory)에 근거해 다음과 같이 설명한다(Zajonc, 1965: 269-274; Zajonc, 1980: 35- 60 참조).

어떤 사람은 과업을 수행하는 데 옆에 다른 사람이 존재(presence of others)하면 심리적 각성(arouse)이 일어나고, 그러한 각성에 따라 과업 수행을 더욱 잘 하려고 하는 반응(dominant response)을 강화한다. 그 반응이 평소의 경험 및 학습과 결합해 자신의 수행 실적(성과 · performance)을 개선하는 것이다. 따라서 그는 사회적 촉진 상태에 존재하는 것이다. 그러나 평소에 경험이 미숙하고 학습이 안 된 상태에 있는 사람은 다른 사람이 옆에 존재한다는 심리적 각성이 오히려 불리하게 작용하여 평소 실력보다 저조한 실적을 드러낸다. 다시 말하면, 사회적 억제 상태를 나타낸다.

위와 같은 과정에서 옆에 있는 다른 사람들의 존재가 과업 수행자를 각성시키는 이유는 무엇인가? 그것은 첫째, 평가 불안(evaluation apprehension)의 심리 때문이다. 즉, 자신의 과업 수행을 다른 사람들이 어떻게 관찰하고 평가하는가에 대해 불안한 마음을 갖는다. 둘째는 주의를 분산(distraction)시키기 때문이다. 즉, 수행하는 과업과 보는 사람 양쪽을 의식함으로써 주의를 분산시키게 된다. 주의가 분산돼도 과업 수행의 경험이 있고, 익숙한 경우에는 사회적 촉진이 이뤄지지만 그것이 미숙한 경우에는 사회적 억제 상태를 드러내게 된다.

(2) 시사점

위에서 설명한 사회적 촉진론은 조직이나 집단 속에서 개인을 완전히 개별적으로 격리된 공간에서 과업을 수행하도록 하는 것보다는 사람들이 모여 있는 장소에서 과업을 수행하도록 하는 것이 실적과 능률을 개선하는 데 효과적임을 시사한다. 그러나 사회적 억제론은 그 반대로 설명한다. 그러므로 개인의 과업 수행을 개선하기 위해서는 과업 수행자의 상태와 과업의 종류 등을 고려해 적합한 방법을 적용해야 한다.

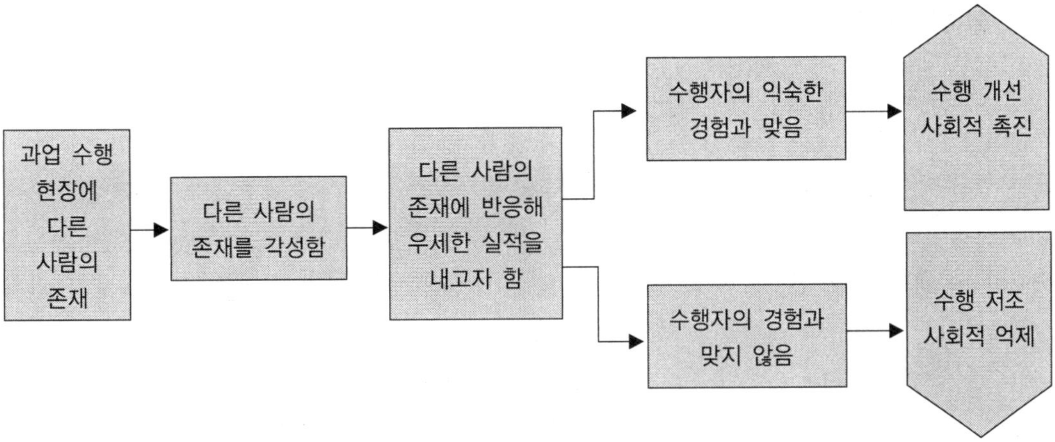

그림 12-2 사회적 촉진과 억제: 동인이론

Greenburg(2003: 285).

2 사회적 빈둥거림

1) 의의

사회적 빈둥거림(social loafing)이란 여러 사람이 하나의 집단을 이뤄 어떤 과업을 함께 수행할 경우에 그 안에 참여하는 개인들이 나타내는 행동의 특색을 함축하는 개념이다. 즉, 사람들이 어떤 일을 혼자서 하지 않고 집단 속에서 여러 다른 사람들과 함께 할 경우에 혼자서 할 때에 평균적으로 하는 것보다 덜하고 성과도 저조한 현상을 말한다.

이러한 현상은 집단이 가산적 과업(加算的課業, additive task)을 수행할 때 흔히 나타난다. 가산적 과업이란 집단구성원 전체의 노력 및 작업량의 총합(즉, 노력 및 작업량이 모두 더해짐)에 의해 집단의 성과와 생산이 결정되는 과업을 말한다. 가산적 과업의 성과와 생산은 숫자로 계량할 수가 있다. 집단 전체의 성과와 생산은 집단구성원 개인들의 성과와 생산의 총합으로 이뤄진다. 예를 들면 어떤 건축 공사에서 벽돌 쌓는 일은 그 일에 참여한 여러 구성원의 계산 가능한 노력과 작업량의 총합에 의해 완성되는 것이며, 어떤 단체의 모금활동은 그 일에 참여한 여러 사람들의 계산 가능한 노력과 모금 액수의 총합에 의해 성과가 결정되는 것이다. 이러한 가산적 과업을 수행하는 구성원들은 때때로 자신은 집단 속에서 좀 게으름을 피우고 빈둥거려도 다른 구성원들이 노력해서 목표 성과를 낼 것이라는 생각을 하기 쉽다.

2) 실증적 연구

사회적 빈둥거림에 관한 연구는 1913년에 링겔만(Max Ringelmann)이 처음으로 시도했다. 그는 로프를 잡아당기는 일을 중심으로 실험을 했다. 개인적으로 로프를 잡아당기는 경우와 여러 사람을 추가해 집단으로 잡아당길 경우에 어떤 차이가 있는가를 관찰했다. 그 연구에서 중요한 사실이 발견됐다. 오직 한 사람이 로프를 잡아당길 경우에 그는 63kg을 당기는 힘을 발휘했으나 세 사람이 한 집단을 이뤄 함께 잡아당길 경우에는 각 사람당 평균 53kg의 힘을 썼다. 그리고 여덟 사람이 한 집단을 이뤄 함께 잡아당길 경우에는 각 사람당 평균 31kg의 힘을 발휘했다고 한다(Kravitz & Martin, 1986: 936-941 참조).

링겔만의 실험적 연구가 있은 후 여러 가지 연구가 뒤를 이어 나왔다. 집단의 규모(집단구성원의 수)와 집단을 위한 개인의 노력 및 성과가 어떤 관계를 갖는가를 설명하는 것이 돋보인다. [그림 12-3]에서 보는 바와 같이 가산적 과업을 수행할 때 사람 수가 늘어날수록 개인의 평균적 노력 및 성과의 양은 줄어든다. 집단의 과업 수행에 참여하는 구성원들이 집단 속에서 다른 사람의 노력에 무임승차하는 현상이 나타나고 있는 것이다. 조직의 관리자는 이러한 빈둥거림 및 무임승차 현상을 잘 파악해 인적 자원을 관리해야 한다.

3) 원인과 감소 방안

사회적 빈둥거림의 원인과 그것을 감소시킬 수 있는 방안은 다음과 같이 설명할 수 있다.

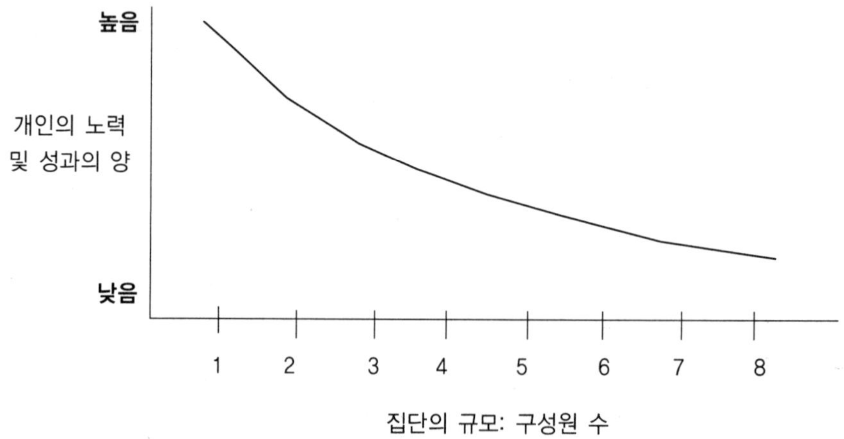

그림 12-3 집단의 규모(구성원 수)와 구성원 개인의 노력 및 성과

Steiner(1978: 96), Lataue, Williams, & Harkins(1979: 822-832) 참조 재작성.

(1) 원인

집단 속에서 사회적 빈둥거림의 행태가 발생하는 원인은 다음과 같다.

첫째, 집단 안에서의 개인적 책임감이 약하다. 사람들은 개인적으로 일을 맡아서 하는 경우에는 전적으로 자신의 책임감을 느끼고 힘껏 노력해 좋은 성과를 내려고 하지만 집단으로 일할 때에는 상대적으로 책임감이 약하고 둔해질 수 있다. 예를 들면 귀찮고 힘든 일은 같이 일하는 다른 구성원들에게 떠넘기는 행동을 할 수 있다.

둘째, 개인적 노력과 성과가 제대로 평가되지 않는 데 있다. 집단구성원이 공동으로 과업을 수행할 경우에 구성원 개인의 투입(노력)과 집단 전체의 산출(생산 · 성과) 관계가 분명치 않거나 과업 수행 과정에서 개인적 수행 실적을 제대로 평가하지 못하거나 안하는 경우에는 개인들이 능동적으로 행동하지 않을 수 있다.

셋째, 사람들은 집단에서 함께 일하는 다른 구성원의 능력이나 노력을 비교하면서 행동한다. 집단 속에서 함께 일하는 동료들의 능력이나 노력을 비교해 중간 정도의 수준을 유지하려고 하는 경우가 많다. 개인들은 높은 수준의 능력이나 노력을 발휘하는 것은 자신에게 힘드니까 피하고, 무능하고 게으른 동료들을 보면 차라리 자신의 노력을 줄이는 것이 공정하고 당연하다고 생각하는 경우도 있다.

넷째, 개인주의적 문화(individualistic culture)의 영향이다. 사회나 조직을 보면 개인주의적 문화가 지배적인 경우와 집단적 문화(collective culture)가 지배적인 경우가 있다. 개인주의적 문화의 특색은 개인의 이익과 성취 및 가치에 높은 비중을 둔다. 반면, 집단적 문화는 집단 전체의 이익 · 목표 및 가치에 비중을 둔다. 개인적 문화가 지배적인 사회에서는 집단구성원들이 집단 전체의 생산이나 성과보다는 자기 개인적 이익과 편의를 추구하는 경우가 많다고 말할 수 있다.

(2) 감소 방안

사회적 빈둥거림을 감소 혹은 극복하기 위해 고려할 수 있는 방안은 다음과 같다.

첫째, 집단 안에서 각 개인이 수행해야 할 과업을 명확하게 할당하고 그것을 달성할 책임을 부여하고 평가해야 한다.

둘째, 개인적인 노력과 성과가 집단 전체의 성과에 어떤 기여를 하고 있는가를 객관적으로 평가해 알려주어야 한다.

셋째, 집단의 관리자 및 리더는 집단 속에서 개인들이 하는 일이 집단 전체와 개인의 성공에 중요함을 인식시키고 각자 사명감을 가지고 노력하고 공헌하도록 동기를 유발하고 사기를 북

돋워야 한다.

넷째, 과업 수행 과정에서 노력을 많이 하고 성과가 우수한 개인에게 적정한 보상을 해야 한다.

다섯째, 과업 수행을 태만하게 하거나 성적이 불량한 사람에게는 벌점을 주어 통제해야 한다.

제6절 집단적 의사결정에서 양극화와 집단사고

집단적 의사결정(group decision making, collective decision making)이란 두 사람 이상으로 구성된 집단이나 팀이 주체가 돼 의사결정을 하는 것을 말한다. 회의·위원회 및 태스크포스 등에서 이뤄지는 의사결정이 집단적 의사결정의 전형적인 형태다. 집단적 의사결정은 개인적 의사결정(individual decision making)과 대조되는 개념으로서 두 가지 의사결정은 상대적인 장단점을 가지고 있다(집단적 의사결정과 개인적 의사결정의 개념 및 장단점에 관한 상세한 설명은 이 책 제3편 제8장 의사결정 참조). 집단적 의사결정은 그것이 이뤄지는 과정과 행동에서 개인적 결정과 다른 독특한 모습을 지니고 있다. 집단적 결정에 참여하는 개인들은 집단 속에 형성된 심리적 영향에 흔들리거나(sway) 동조하면서 개인적 결정과는 다른 독특한 의사결정 행위를 한다. 두 가지의 전형적인 예를 들어 말하면 집단양극화와 집단사고다.

1 집단양극화

1) 의의

집단양극화(集團兩極化, group polarization) 혹은 집단극화(集團極化)는 집단적 의사결정 과정에서 나타나는 의사결정 행동의 특이한 모습을 보여준다.

집단적 의사결정은 결정에 참여하는 구성원들이 가지고 있는 의견의 평균으로 나타난다고 생각할 수 있다. 그런데 실제로 보면 구성원들은 해당 안건에 대해 토의하기에 앞서 가지고 있었던 그들의 의견의 평균보다 더 극단적인 쪽으로 치우치는 경향이 있다. 이것을 집단양극화, 집단극화 혹은 집단편향성이라고 한다.

집단적 결정에 참여하는 개인들이 어떤 안건을 토의하기 직전에 그들이 그 안건에 대해 가지고 있었던 생각이나 의견보다도 안건을 토의한 후에 나타내는 생각이나 의견이 훨씬 더 극단적으로 기울어질 수 있다(Brown, 1985: 203-226 참조). 어떤 경우에는 그 자신이 개인적으로 결정하는 것보다 큰 위험 부담이 되는 쪽으로 치우치는 결정을 지지하고 주장하며, 다른 경우에는 매우 안전하고 보수적인 방향으로 치우치는 결정을 지지하고 주장하기도 한다. 앞의 경우를 모험 이행(冒險移行, risky shift) 현상이라고 하며, 뒤의 경우는 보수 이행(保守移行, conservative shift) 현상이라고 한다. 이와같이 집단적 결정은 개인적 결정보다 양 극단으로 치우칠 수 있다는 것이다(Wallack, Kogan, & Bem, 1962: 75-86; Macauley, Stitt, Woods, & Lipton, 1973: 80-86).

2) 집단양극화의 발생 이유와 시사점

집단양극화를 초래하는 이유는 첫째, 정보의 영향이다. 집단 결정에 참여하는 개인들은 집단토의 과정에서 다른 참여자들이 대체로 자기와 같은 의견을 가지고 있는 것으로 파악되면 자기 의견이 타당한 것으로 판단하고 그것을 더욱 뚜렷하게 과시하기 위해 모험이 수반되는 극단적인 대안을 주장하고 지지한다. 둘째, 집단규범의 영향이다. 예를 들면, 자신이 참여하는 집단이 평소에 신중하고 안정적인 결정을 중요하게 여기는 경우에는 모험 회피적인 의견을 남보다 앞서서 더욱 뚜렷하게 표명하며 집단의 다른 구성원들이 일반적으로 모험적인 대안을 선호하는 경우에는 모험적인 대안을 남보다 먼저 더욱 뚜렷하게 주장하고 지지하는 것이다. 다른 참여자들도 대다수가 그렇게 하는 경우에는 결정의 결과가 모험 쪽으로, 혹은 보수 쪽으로 극단화되는 경향을 나타낸다. 이러한 현상은 집단 의사결정이 지니는 문제점이며 피해야 할 점이다.

2 집단사고

집단사고(groupthink)란 집단의 의사결정 과정에서 그 집단구성원들이 나타내는 특이한 사고양식(mode of thinking)을 말한다. 말하자면, 어떤 집단에서 의사결정을 하는데 거기에 참여한 사람들이 모두 동질적인 배경을 가진 사람들이고 그들 간에 응집력이 강하며, 특정 대안을 만장일치 합의로 선택하기를 원하는 분위기일 경우 참여자들은 다른 생각이나 반대 의견이 있더라도 '아니요'라고 말하지 못하고 집단에 동조해 만장일치적 결정을 하는 경우가 있다. 이러한 현상을 집단사고라고 말한다.

요컨대, 집단사고란 집단이 어떤 문제 해결을 위한 의사결정을 할 때 그 구성원들이 집단 내부의 만장일치 합의 결정의 요구와 분위기에 순응하는 과정에서 발생하는 특이한 사고양식을 말한다. 대안의 장단점과 이해 득실을 비판적으로 검토하지 않고 집단 내부의 분위기와 요구에 순응해 생각하고 동조해 결정하므로 그 결정의 내용이 근시안적이고 폐쇄적이며 편파적이고 실효성이 낮은 문제점을 지니는 것이다.

사회심리학자로서 '집단사고' 개념을 처음으로 제시한 재니스(I. R. Janis)는 집단사고란 사람들이 응집적인 내부집단(cohesive in-group)에 깊이 관여할 때 발생하는 사고의 양식을 의미하는 것으로서, 집단 안에서 만장일치 합의 요구가 우세하여 선택할 대안을 진실 그대로(realistically) 평가해 결정하는 동기를 압도해 버린다고 한다(Janis, 1971: 43-46; 1982: 9 참조).

재니스의 연구에 의하면, 미국 케네디 정부가 1961년 4월에 결정한 쿠바 피그만 침공 결정과 그 실패, 1964년 존슨 대통령의 월남전 확대 결정 등은 대표적인 집단사고의 사례라고 한다. 쿠바 침공 실패 후 케네디 대통령은 "내가 어쩌다가 그와 같이 어리석은 계획을 추진했을까"라고 한탄했다고 한다(Janis, 1982: 16). 이는 케네디나 그 참모들의 무능력에 기인한 것이 아니었다. 그들은 능력과 경륜이 뛰어난 엘리트들이었지만 그 계획에 반대하거나 대안을 제시하지 않았다. 개인적으로는 의심을 품고 다른 의견을 가진 참모들이 있었으나 집단의 분위기를 거스르려고 하지 않았다(Schlesinger, Jr., 1965: 258-259 참조) (*집단사고의 원인 · 증후군 · 결과 및 극복 방안에 관한 상세한 설명은 이 책 제3편 제8장 의사결정 참조).

제 13 장

동기부여

제 1 절 동기부여의 의의와 주요 이론적 관점

1 동기부여의 의의

조직이 목적을 효율적으로 달성하고 높은 성과를 내기 위해서는 그 구성원이 지적·기술적 능력이 우수하고 구성원에게 적극적이고 자발적인 직무 수행 욕구(needs)가 있어야 하며, 욕구를 행동으로 옮기는 동기부여(motivation)가 있어야 한다. 욕구란 사람의 행동을 일으키는 심리적 에너지이며 행동의 원천이다. 그리고 동기부여란 욕구를 행동으로 연결 및 유도하는 심리적 과정이다. 따라서 동기부여란 욕구와 행동의 중간 개념이다.

욕구	——	동기부여	——	행동
• 행동을 일으키는 심리적 에너지 • 행동의 원천		• 욕구를 행동으로 연결·유도하는 심리적 과정		• 욕구·목적·가치를 실현하는 동작

조직에서 동기부여(動機賦與, motivation)란 조직구성원들이 조직의 목표 달성과 조직에서의 자아실현을 위한 행동을 개발 혹은 유발하고, 그것이 바람직한 정신적 힘(strength)을 가지고 일정한 방향으로 나아가도록 유도해 가는 심리적 과정이라고 말할 수 있다. 머레이(E. J. Murray)에 의하면 “동기부여란 인간의 행동을 유발하고, 방향을 주며, 통합시키는 내적인 요

인"(Murray, 1965, 임능빈 옮김, 1973: 31)이라고 규정하며, 쿤츠(H. Koontz)는 "동기부여란 인간을 소망스러운 방법으로 행동하도록 유도하는 것"(Koontz & O'Donnel, 1972: 525)이라고 정의한다.

위와 같은 정의에서 볼 때 동기부여란 본질적으로 인간의 행동과 관련된 내적·심리적인 개념이다. 조직의 관리자는 마땅히 조직구성원의 욕구와 심리적 상태를 파악해 그들이 적극적으로 조직의 목표를 수행하는 행동을 할 뿐만 아니라 자기를 실현하는 행위를 성취하도록 유도하는 것이 바람직하다.

2 동기부여에 관한 주요 이론적 관점

1) 내재적·외재적 관점

(1) 내재적 관점

동기부여의 내재적(intrinsic) 관점이란 인간의 동기가 그 개인의 욕구·흥미·호기심 및 즐거움 등과 같은 내부심리적 요인에 따라 형성된다고 보는 것이다. 내재적인 요인에 의해 동기가 부여되는 인간은 자신이 수행하는 일과 성과에 대해 자율적인 선호와 의미 부여의 성향이 강하다.

(2) 외재적 관점

동기부여의 외재적(extrinsic) 관점이란 인간의 행위 동기가 외재적인 환경·경제적 보상·승진·사회적 압력 및 지시와 명령 등에 의해 타율적으로 이뤄진다고 보는 것이다. 외재적으로 동기화되는 인간은 자신이 수행하는 일이나 활동이 타율적으로 정해지며, 외적 보상이나 유인에 대해 관심이 많다.

2) 내용적·과정적 관점

(1) 내용적 관점

동기부여의 내용적(contents) 관점이란 동기를 구성하는 어떤 내용의 요인의 작용에 의해 인간의 행위 동기가 유발된다고 보는 견해다. 예를 들면 인간의 행위 동기는 인간의 욕구 요인에 기인한다고 보는 견해와 같은 것이다.

(2) 과정적 관점

동기부여의 과정적(process) 관점이란 인간의 행위 동기는 그 행위를 일으키는 요인 간 혹은 변수들 간의 어떤 선후 관계나 상호 과정적 작용을 통해 이뤄진다고 보는 관점이다.

3) 행태론적 · 인간주의적 · 인지적 관점

(1) 행태론적 관점

행태론자들은 인간의 동기를 관찰 가능한 자극과 반응 사이의 관계로서 설명한다. 행태론적(behavioristic) 관점에 의하면, 사람들은 자신의 행동에 대해 주어지는 외적인 보상(reward)이나 벌 혹은 학습 등과 같은 자극에 따라 어떤 행동의 동기가 발생한다고 본다. 스키너(B. F. Skinner)의 자극-반응이론이 이를 대표한다. 이 관점은 인간을 기계적 · 수동적인 존재로 보는 것이다.

(2) 인간주의적 관점

행태론적 관점과는 달리 인간주의 심리학자들은 인간의 자기선택과 자기결단 등을 중요시하는 동기이론을 내놓았다. 인간주의적(humanistic) 관점에 의하면, 사람들은 각자의 세계관과 인생관을 가지고 있으며 자아실현의 욕구를 가지고 내재적인 자기결단(self-determination)과 자율성에 근거해 행동을 선택해 수행한다고 주장한다. 따라서 사람들이 어떤 행동을 하는 동기는 자기의 마음속에 있다고 보는 것이다. 머슬로(A. H. Maslow)의 욕구단계론에 나오는 '자아실현이론', 데시(E. L. Deci)의 자기결단이론(self-determination theory), 밴두라(A. Bandura)의 자기효능감(sense of self-efficacy)이론이 여기에 속한다. 자기효능감이란 특정한 일을 자기 스스로 효과적으로 해낼 수 있다고 하는 확신 및 신념을 말한다(Bandura, 1986).

(3) 인지적 관점

인지심리학자(認知心理學者)들에 의하면, 사람이란 행태론자들이 말하는 바와 같은 단순히 외적 자극에 반응하는 존재가 아니라 자신을 자극하는 정보를 적극적으로 수집해 기억하고 필요할 때 활용하는 능동적 정보처리자로 본다. 따라서 인지적(cognitive) 관점에 의하면, 사람들은 단순히 외부의 사건이나 자극에 반응해 행동의 동기가 발생하는 것이 아니라 스스로 능동적으로 그 사건이나 자극에 관련되는 정보를 수집하고 해석하는 것에 근거해 행동의 동기가 발생한다고 보는 것이다. 그러므로 이 이론은 인간의 인지적 과정과 내적 심리적 보상을 중요시한다.

제 2 절 동기부여의 내용이론과 과정이론

조직의 구성원을 동기부여하는 방법에 관한 연구는 19세기 말 형성된 고전적 조직관리론 이후 계속 심화·확대돼 왔다. 고전이론의 기초를 세운 테일러(F. W. Taylor)의 과학적 관리론은 조직 속의 인간을 합리적 경제인으로 가정하고 물질적·금전적 보상을 통해 동기를 부여하는 이론을 확립했고, 1930년대에 대두한 인간관계론은 인간을 사회적·심리적 존재로 가정하고 조직 안의 인간관계를 중심으로 이뤄지는 사회적·심리적 욕구의 관리를 동기부여 방법으로 제시했다.

위와 같은 이론을 배경으로 1950년대 이후 많은 이론이 대두했다. 그것들은 내용이론과 과정이론으로 크게 나눠 볼 수 있다. 내용이론에는 욕구단계이론, X이론과 Y이론, 동기요인과 위생요인이론, ERG욕구이론, 성취동기이론 등이 있으며, 과정이론에 속하는 것은 기대이론, 공정성이론, 강화이론, 목표설정이론, 직무특성이론 등이다.

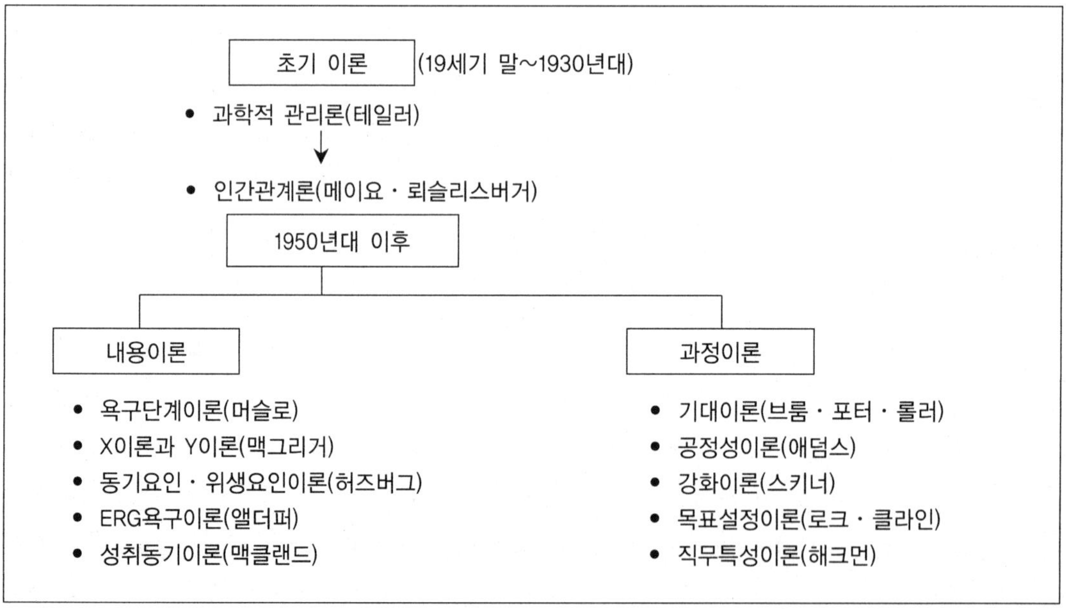

그림 13-1 동기부여이론의 개관

1 내용이론

동기부여의 내용이론(contents theory of motivation)은 동기부여의 내용을 구성하는 요인의 관점에서 인간의 동기를 설명하는 이론이다. 다시 말하면, 어떤 요인이 인간의 동기를 유발하는 데 중요하게 작용하는가를 규정하고 설명하는 이론이다.

1) 머슬로의 욕구단계론

(1) 의의

머슬로는 인간의 욕구(needs)가 동기를 유발하는 요인이라고 보고, 인간의 보편적인 욕구에 기초를 두는 동기부여이론을 구성했다. 그는 인간의 욕구를 다섯 가지로 나누고, 그것들 간에 단계를 설정해 욕구 5단계론을 구성해 설명하는 이론을 개발했다. 다섯 단계의 욕구를 살펴보면 다음과 같다(Maslow, 1970: 35-58).

① 생리적 욕구

생리적 욕구(physiological needs)는 인간 욕구 체계의 최하위에 있으며 삶을 영위하는 데 가장 필수적인 욕구다. 예컨대 음식의 섭취·배설·수면 등에 대한 욕구가 그것이다. 사람들이 취업해 가족과 자신의 기본적인 생활, 즉 의식주를 해결하고자 하는 것도 일종의 생리적 욕구에 해당된다고 할 수 있다. 이 욕구의 충족이나 좌절은 다른 것보다 쉽고 신속하게 일어난다.

② 안전 욕구

안전 욕구(safety needs)는 육체적 위험을 회피하거나 경제적 안정 등을 선호하는 등의 일종의 자기 보전의 욕구를 말한다. 사람들이 노후의 생활 안정을 위해서 보험이나 연금을 드는 것도 이러한 욕구 범주에 해당한다고 할 수 있다.

③ 사회적 욕구

사회적 욕구(social needs)는 인간이 일종의 사회적 존재로서 집단에 소속하고 싶어하고 다른 사람들과 애정을 나누며 친교하고 싶어하는 욕구다.

④ 존경 욕구

존경 욕구(esteem needs)는 자기를 존중(self-respect)하는 욕구뿐만 아니라, 다른 사람들로부터 인정과 존경을 받고자 하는 욕구를 말한다. 사람들이 사회적 지위나 직함을 얻고자 하는 욕구가 이에 해당한다.

⑤ 자아실현 욕구

자아실현 욕구(self-actualization needs)란 인간 욕구 체계의 최상의 단계에 속하는 것으로서 인간이 자신이 생각하는 가치와 소망을 최대한 실현하고자 하는 심리적 상태다. 이 욕구는 자기 직업에서의 출세 · 성공 · 자아실현과 깊이 연관된다.

머슬로의 욕구단계론에 의하면 첫째, 인간의 행동은 충족되지 않은 욕구에 의해 발생한다. 예를 들면, 배고픈 사람은 밥을 먹고자 하는 욕구가 유발된다. 둘째, 인간의 욕구는 기본적인 하위의 욕구(생리적 욕구)로부터 시작해 단계적으로 상위의 욕구를 추구한다. 셋째, 하나의 욕구가 충족되면 그 욕구는 더 이상 행동을 유발하지 않는다. 예를 들면 배고픈 사람은 배불리 밥을 먹으면 더 이상 밥먹기를 원하지 않는다. 넷째, 인간의 최상의 욕구는 자아실현 욕구다.

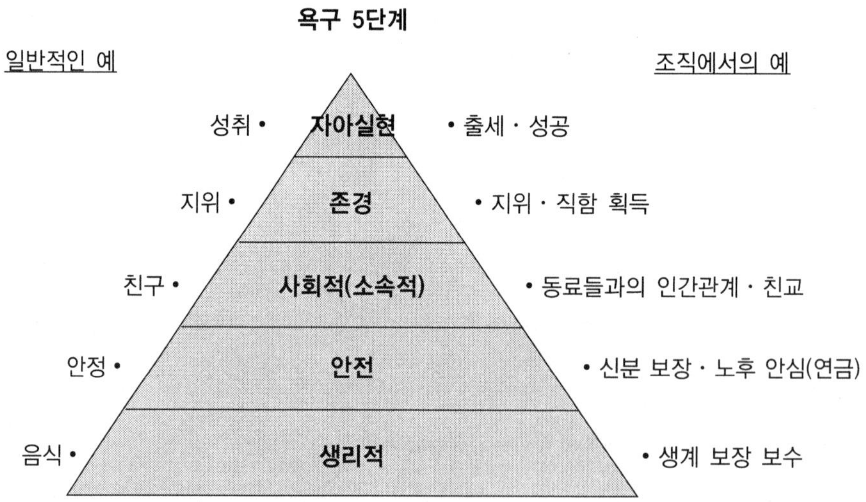

그림 13-2 머슬로의 욕구5단계 모델

Maslow(1943: 376-396)를 참조해 작성.

(2) **장점과 문제점**

머슬로의 이론은 욕구를 동기부여의 요인으로 규정하고 인간의 자아실현 욕구를 중요시한 점에서 인간주의적이다. 그것은 오늘날 인간의 심리와 행태를 설명하는 데 가장 기본적이며 광범위하게 영향을 미치고 있다.

그러나 그의 이론은 비판도 받고 있다. 즉, ① 그가 분류한 각 욕구 단계는 명확히 구분되는 것이 아니다. 상위 단계들은 하위 단계의 욕구에 기초를 두고 점차로 중복되면서 각 단계의 정점에 이르고 결국 최고의 단계에 도달하게 된다. ② 그의 욕구단계론은 어디까지나 일반론일 뿐 현실적인 개별적 인간의 욕구를 설명하는 데는 예외가 많다. 예컨대, A와 B라는 사람이 동일한 행동을 했다고 하더라도 그들의 행위의 동기는 전혀 다를 수도 있기 때문이다. ③ 이 이론은 실증적 연구에 근거한 것이 아니라 직관적인 것이다.

2) 맥그리거의 X · Y이론

맥그리거에 의하면, 조직의 관리자는 조직 내의 인간을 X나 Y라는 두 가지 중 하나로 가정하며, 그에 따라 조직의 관리 방법이나 조직구성원에 대한 동기부여 방법을 다르게 한다고 설명한다(McGregor, 1960: 1-57).

(1) X이론(theory X): 명령 통제에 관한 전통적 견해

X이론은 인간의 본성을 비관적 · 불신적 관점에서 보는 입장이며, 다음과 같이 인간을 가정하고 동기부여 방법을 제안한다.

① 인간은 본래 일하기를 싫어하며 가능하면 일을 피하고자 한다. ② 인간은 책임을 회피하고 명령에 따라 움직이며 안전을 추구한다. ③ 인간은 자신이 속하는 조직의 문제를 적극적으로 해결할 만한 창의성이 없다. ④ 이러한 인간들을 동기부여하려면 강제 · 명령 · 위협 · 처벌 및 물질(혹은 금전)에 의한 유인 방법을 강구해야 한다는 것이다.

이와 같은 X이론의 가정과 동기부여 방법은 앞서 설명한 머슬로의 욕구 단계 중 생리적 욕구와 안전 욕구 단계에 머물러 있는 인간과 같으며, 인간은 원래 악하다고 보는 순자(筍子)의 견해나 이기적이라고 보는 홉스의 가정과 유사하다. 이것은 일종의 동기부여에 관한 '당근과 채찍 이론(carrot and stick theory of motivation)'으로서 관리자는 조직구성원을 본질적으로 믿을 수 없는 미숙한 어린애로 간주하고 명령과 통제의 방법으로 관리해야 한다는 것이다.

이러한 X이론식의 인간에 관한 가정은 조직구성원들이 자발적으로 동기를 유발하게 하는 방법이 아니다. 맥그리거 자신의 비판에 따르면 '당근과 채찍 이론'은 저수준의 욕구를 이미 충족하고 더 높은 수준의 욕구 추구 단계에 올라선 조직구성원들을 동기부여하기에는 적합지 않다는 것이다. 그에 의하면 "X이론은 인간의 최소 공분모(the least common denominator)에 기초하고 있으며, 그것은 성인이 아니라 어린애들의 특징에 부합하는 것"이라고 말한다. 그러나 X이론은 아직도 수많은 조직관리자의 머릿속을 지배하고 있으며, 상황에 따라서는 그러한 가정과 방법이 효과적인 경우도 있는 것이다.

(2) Y이론(theory Y): 개인과 조직 목표의 통합론

Y이론은 인간의 본성을 낙관적·신뢰적 관점에서 보는 입장으로서 다음과 같이 인간을 가정하고 동기부여 방법을 제안한다.

① 인간은 스스로 자율적인 책임감이 있으며 놀이나 휴식처럼 일을 자연스럽게 한다. ② 인간은 조직 목표와 자신의 개인적 목표를 조화시키려고 한다. ③ 인간은 조직 목표에 헌신함으로써 사회적 존경을 얻고 자기를 실현하고자 한다. ④ 인간은 조직문제를 해결하기 위한 창의적 능력을 가지고 있다. ⑤ 이와 같은 인간을 동기부여하기 위해서는 그의 자율과 책임을 신뢰하고 각자의 자아실현 욕구를 충족시키는 방법을 적용해야 한다.

Y이론에서의 인간에 관한 가정은 맹자(孟子)의 성선설, 머슬로의 자아실현 욕구 단계에 있는 인간과 유사하다. 오늘날의 조직행태과학에서는 바로 이와 같은 Y이론식의 인간관과 관리의 실현을 중요시한다.

그러나 Y이론은 암암리에 강한 가치판단이 내재하고 있으며, 다음과 같은 비판을 면치 못하고 있다.

① Y이론은 지나치게 인간의 자율성을 믿는 이상주의적(unreasonable idealistic)인 요소가 강하다. ② Y이론은 욕구 충족의 주된 장소로 작업 현장(on the job)을 강조하고 있으나 실제로 많은 인간은 그들의 욕구를 작업장 밖의 장소(off the job)에서 충족하는 경우가 많다.

(3) X·Y이론의 종합적 평가

이상과 같은 X·Y이론은 조직 속의 인간을 가정하고 그들을 관리하며 동기를 부여하는 데 매우 중요한 모델을 제시했다. 그러나 ① X·Y이론은 그 타당성을 입증할 수 있는 실증적 근거가 약하다. ② 그것은 비현실적인 이원적 극단모형이며, ③ X·Y 어느 것이 실제로 효율적으로 적용될 수 있는 이론인가는 조직과 개인이 존재하는 상황 조건에 달려 있다.

3) 허즈버그의 이원적 요인론: 위생 요인과 동기 요인

허즈버그는 "인간이 직업의 체험에서 진정으로 원하는 것이 무엇인가?"에 대한 질문으로부터 설명을 시작한다. 그가 경험적으로 연구한 바에 의하면, 조직 안의 어떤 요인들은 조직구성원에게 만족을 주는 요인으로 꾸준히 상관 관계를 갖는 반면, 다른 요인들은 조직구성원의 불만족을 발생시키는 요인으로 작용하는 것을 발견했다. 그는 조직구성원의 불만 요인과 만족 요인을 별개의 것으로 구별하고 조직구성원의 불만 요인을 제거하는 것이 중요하지만 그것을 제거한다고 해서 그들의 만족감을 불러일으키거나 동기를 부여하는 것은 아니라고 주장한다. 조직구성원에게 심리적 만족감을 주고 그들의 동기를 유발하는 것은 일정한 만족 요인에 의해서만 가능하다고 설명한다(Herzberg, 1959).

(1) 불만 요인 혹은 위생 요인

허즈버그는 조직구성원의 불만을 일으키는 데 작용하는 요인으로서 ① 조직의 정책과 관리 방식, ② 감독, ③ 조직구성원과 감독자와의 관계, ④ 작업 조건, ⑤ 보수, ⑥ 동료들과의 관계, ⑦ 개인적 생활, ⑧ 지위, ⑨ 직업의 안정 등이 좋지 않은 경우라고 한다. 이러한 요인들은 주로 조직구성원들 자신의 밖에 있는, 즉 물질적·외재적 요인들로서 이들의 일부 혹은 전부가 좋지 않을 경우 조직구성원은 불만족을 갖게 된다는 것이다.

그러나 이상과 같은 요인이나 조건이 좋은 경우라 할지라도 그것은 다만 불만을 제거하는 데 유용한 필요 조건일 뿐 만족을 위한 충분 조건은 아니라는 것이다. 그는 이러한 요인 및 조건을 불만 요인(dissatisfiers) 혹은 '위생 요인(衛生要因, hygiene factors)'이라는 개념으로 표현하고 있다. 그것은 마치 깨끗한 음료수의 공급이나 오물을 잘 처리하는 것이 질병의 예방을 위해 필요한 조건이기는 하나, 그것들이 곧 질병을 치료하거나 퇴치하는 충분 조건이 되지는 않는다는 것이다. 그가 사용하는 위생 요인이라는 말은 질병의 예방을 위한 위생 개념에서 유추한 것이다.

(2) 만족 요인 혹은 동기 요인

허즈버그는 조직구성원을 만족시키거나 동기를 부여하는 요인은 조직구성원이 조직의 직무 수행 과정에서 경험하는 ① 성취, ② 인정, ③ 직무 자체, ④ 책임, ⑤ 승진, ⑥ 성장 등이라고 한다. 전술한 불만 요인 혹은 위생 요인들이 주로 물질적·외재적 조건과 관련되는 것들임에 반해, 만족 요인 혹은 동기 요인(satisfiers or motivators)은 인간의 내재적인 보상과 자아실현 욕구와 관계되는 것이다. 허즈버그는 조직구성원의 동기를 부여하기 위해서는 만족 요인, 즉

표 13-1 허즈버그의 이원적 요인: 위생 요인과 동기 요인

불만 요인(위생 요인)	만족 요인(동기 요인)
• 조직의 정책과 관리 방식 · 감독 · 감독자와의 관계 · 작업 조건 · 보수 · 동료들과의 관계 · 개인적 생활 · 지위 · 직업의 안정	• 성취 · 인정 · 직무 자체 · 책임 · 승진 · 성장
• 이상은 외재적 요인이다. * 위의 요인들에 불만족이 없다 하더라도 그것이 곧 만족 및 동기 요인은 아님	• 이상은 내재적 요인이다. * 위의 요인들에 만족함으로써 동기가 부여됨

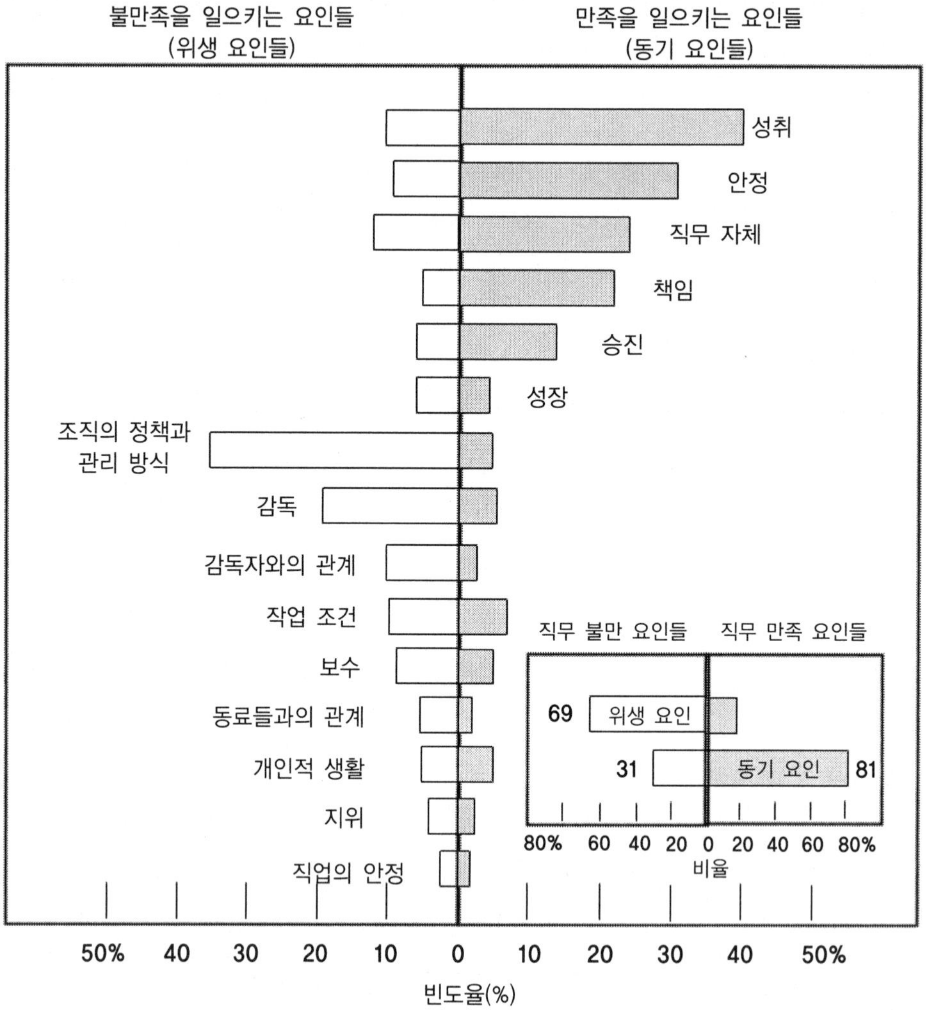

그림 13-3 불만 요인과 만족 요인의 비교

Herzberg(1968: 57).

동기 요인들을 적극적으로 배려해야 한다고 주장한다.

(3) 장점과 문제점

허즈버그의 이론은 조직 속의 인간의 감정에 관계되는 요인을 불만 요인과 만족 요인이라는 이원적으로 분류해 설명하는 이론 체계를 확립함으로써 조직구성원의 동기부여·직무설계와 직무 수행 환경의 관리에 유용한 지식을 제공해 왔다.

그러나 이 이론은 여러 가지 문제점을 내재하고 있다. ① 인간에게 만족을 주는 요인과 불만족을 주는 요인을 구분해 이원적으로 분류한 것 자체에 문제점이 있다. 그것은 개인의 욕구 차이를 무시하고 있다. 예를 들면 금전을 매우 중요시하는 욕구를 가진 사람은 금전적 보상(보수)을 충분히 받음으로써 욕구 충족 및 만족의 심리를 가질 것이며, 승진에 가치를 두지 않는 사람은 승진을 시켜도 별로 만족하지 않을 것이다. ② 인간은 조직에서 만족하지는 않지만 불만은 없는 상태에서 적극적으로 직무를 수행하는 동기를 가진 경우도 있고, 반면에 만족 상태에 있다 하더라도 직무 수행 동기는 약한 경우도 있다. 말하자면 여기에 제시한 만족 요인이 반드시 적극적인 동기 및 조직의 성과로 연결되는 요인은 아니다.

4) 맥클랜드의 성취욕구이론

맥클랜드는 조직 속의 인간들의 동기부여를 성취·권력·친교 욕구를 중심으로 설명한다. 특히 성취 욕구와 동기 부여의 관계에 초점을 둔다(McClelland & Burham, 1976: 100-110).

(1) 성취 욕구

성취 욕구(need for achievement, n ach)란 자신이 진정으로 원하는 어떤 목표를 정하고, 그것을 반드시 달성하고자 하는 욕구다. 다른 말로 하면, 남보다 탁월하게 되고자 하고 남들이 이루는 표준 이상으로 달성하고자 하는 욕구를 말한다.

(2) 권력 욕구

권력 욕구(need for power, n pow)란 다른 사람들에게 영향을 미치고 그들을 통제하며, 자신의 의지나 신념대로 그들이 따르도록 하고자 하는 욕구다.

(3) 친교 욕구

친교 욕구(need for affiliation, n aff)란 다른 사람들과 우호적이고 친밀한 관계를 갖고자 하는 욕구다.

동기부여를 위해서는 위와 같은 욕구와 직무를 잘 통합시키는 것이 중요하다. 특히 성취 욕구를 가진 사람은 그에 알맞게 직무와 책임을 부여함으로써 그의 동기를 효과적으로 유발할 수 있다. 성취 욕구가 강한 사람에게는 비교적 개인적 책임이 많이 수반되고 중간 정도의 위험성(혹은 승산)이 있는 직무를 부여하는 것이 좋다. 그는 남보다 탁월하게 성취하는 것을 과시하고 싶어하므로 너무 쉽거나 지나치게 어렵지 않으며, 어느 정도의 모험이 수반되는 일을 맡김으로써 의욕을 가지고 일에 도전한다. 따라서 이런 사람에게는 조직상의 자기 완결적 단위부서(self-contained unit)의 책임이나 직무를 부여함으로써 강하게 동기화시킬 수 있다.

2 과정이론

동기부여의 과정이론(process theory of motivation)이란 과정적 관점에서 인간의 동기를 설명하는 것이다. 즉, 인간의 동기가 발생하고 진행되는 과정에 초점을 두는 이론이다.

1) 기대이론

(1) 의의

기대이론(expactancy theory)은 동기 부여에 관한 이론을 가장 포괄적으로 함축한다고 해도 과언이 아니다. 이 이론은 인간의 동기부여와 행동 사이의 관계를 기대(expactancy) 개념을 개입시켜 과정적으로 설명하는 것이다. 즉, 조직 안에서 근무하는 인간은 자신이 직무 수행을 위해 노력(effort)하면 어떤 수준의 수행 성과(performance)를 낼 것이고, 조직은 그 수행 성과에 대해 일정한 보상(rewards)을 할 것이며, 보상은 매력적인 유인가(valence) 혹은 유의성이 있을 것이라는 기대에 의해 행동이 유발된다고 설명하는 것이다.

[그림 13-4]에서 보는 바와 같이 인간의 동기 부여는 기본적으로 노력-수행 성과-보상-보상의 매력 혹은 유인가의 관계 속에서 이뤄진다.

① 노력-수행 성과의 관계

개인은 일정한 노력을 하면 어떤 수준의 수행 성과를 낼 것을 주관적으로 믿고 기대하며 행동한다. 예를 들면, 조직에서 자신이 맡은 일을 열심히 하면 탁월한 수준의 생산 혹은 성과를 낼 것이라고 기대하고 일한다.

② 수행 성과-보상의 관계

일정한 수행 성과를 내면 그 결과로 어떤 보상(예: 상금·표창·승진 등)이 있을 것으로 기대하고 행동한다. 이 경우 수행 성과는 보상을 위한 수단 혹은 도구(instrument)로서 작용한다.

③ 보상-유인가의 관계

수행 성과의 결과로서 주어지는 보상은 자신이 성과를 내기 위해 노력한 만큼(혹은 그 이상)

의 매력 · 가치 및 유인가가 있을 것으로 기대한다. 보상은 승진 · 표창 · 상금 등의 형식으로 이뤄지며, 그 보상의 유인가는 그것을 받는 개인이 조직생활 속에서 달성하고자 하는 목표와 가치, 그리고 개인적 자존심의 수준에 달려 있다.

위와 같은 과정과 관계 속에서 동기가 부여되고, 그러한 동기는 직무 성과의 산출로 연결된다. 그러나 동기가 부여된 것만으로 직무 성과가 나타나는 것은 아니다. 직무 수행자의 기술 · 능력 · 역할 지각과 기회의 활용이 결합돼야 한다.

오늘날 조직구성원의 동기를 설명하는 데 기대이론이 매우 많이 적용된다. 그 이유에 대해 포터(L. W. Porter)와 롤러(E. E. Lawler, Ⅲ)는 "근본적으로 여기에서 쓰는 개념들이 인간의 동기와 행위의 복잡성을 고찰하는 데 적용 가능하며 조직관리자들의 태도와 직무 수행을 이해하는 데도 바람직한 것으로 보이기 때문"이라고 한다(Porter & Lawler Ⅲ, 1968: 12-18).

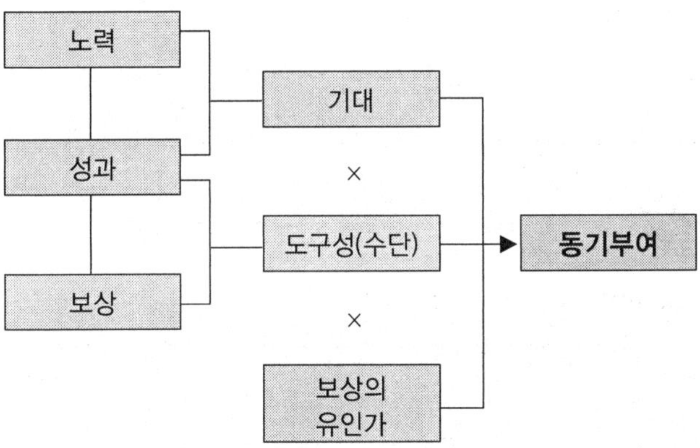

그림 13-4 기대이론의 개관

(2) **브룸의 이론모형**

브룸(V. H. Vroom)은 기대이론을 확립한 대표적인 학자다. 그는 동기부여를 다음과 같은 공식으로 표현한다(Vroom, 1964).

$$F = E(\Sigma I \times V)$$

F는 동기의 힘(Force)

E는 기대(Expactancy)

*노력 → 성과(effort → performance)

노력(E)하면 어떤 성과(P)가 있을 것이라는 주관적 믿음 및 확률

Σ는 모든 결과의 총합
I는 도구성(Instrumentality)(수단)
　*성과 → 보상이라는 결과(performance → outcomes)
　생산 및 성과(P)에 대해 보상이라는 결과(O)가 있을 것이다. 이 경우에 P는 O를 위한 도구(수단)다.
V는 유인가(誘引價 · Valence)
　P의 결과(O)로 받게 되는 보상의 가치 혹은 매력

이 공식에 의하면 동기의 힘(F)은 도구성(I)을 유인가(V)와 곱하고 그 값을 모두 더한 후 그 합을 기대(E)와 곱해서 계산한다. 여기서 말하는 유인가 · 기대 · 도구성 개념은 다음과 같이 정의한다.

- 유인가(valence: V) 혹은 유의성: 유인가 및 유의성이란 조직구성원이 조직에서 자신이 노력해 이룬 성과에 대한 대가로 받는 보상이 지니는 가치 혹은 매력을 말한다. 기대가치(기대치)라고 말할 수 있다.
- 기대(expectancy: E): 기대란 조직구성원이 어떤 노력(effort)을 하면 미래에 어떤 생산이나 성과(performance)를 내고 그에 따라 어떤 결과(보상)가 있을 것이라는 주관적인 신념 혹은 확률을 의미한다. 일종의 자기 노력과 성취에 수반되는 것이다. 그것은 노력(e) → 성과(p) → 결과(o)의 형식으로 드러난다.
- 도구성(instrumentality : I) : 도구성(수단)이란 조직구성원이 행하는 일정 수준의 행위 및 성과(p)가 어떤 결과(보상)를 가져오는 조건이 되는 것을 말한다.

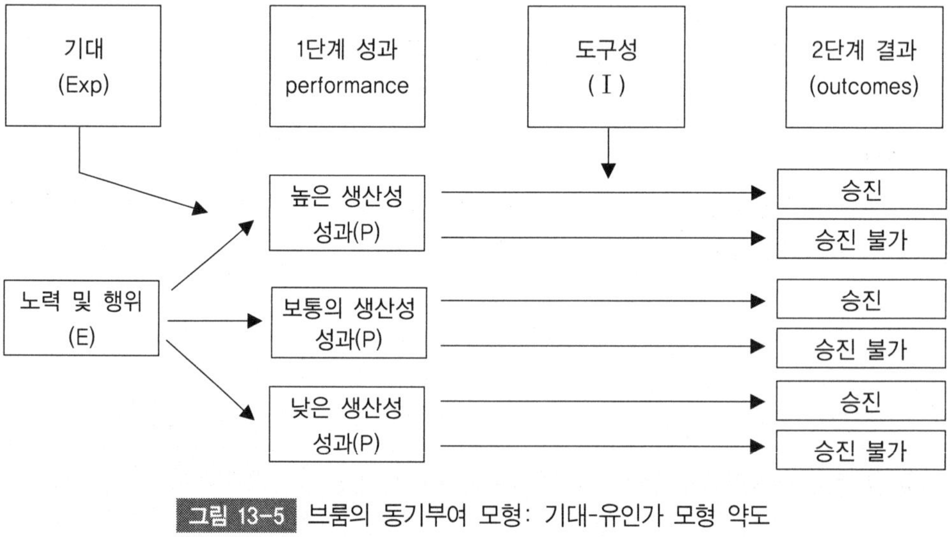

그림 13-5 브룸의 동기부여 모형: 기대-유인가 모형 약도

브룸은 이러한 공식과 개념을 실제 조직 속의 개인을 가상해 [그림 13-5]와 같이 설명한다. 즉, 조직구성원은 조직 속에서 자신이 노력하면 제1단계 결과로 높은 생산성 및 성과를 내거나 보통의 생산성 및 성과를 내거나 낮은 생산성 및 성과를 낼 것이라고 주관적으로 믿고 기대할 것이다. 그리고 나아가 제2단계에서 자신이 수행한 생산성 및 성과에 대한 대가로 어떤 결과를 초래할 것인가를 주관적으로 예측하고 생각하게 된다. 여기서 말하는 결과(outcomes)는 보상을 말한다. 예를 들면 두 가지를 생각할 수 있다. 하나는 승진이며 또 하나는 승진 불가다. 승진은 그에게 매력있는 보상이며 유인가이지만 승진 불가는 매력없는 보상이며 마이너스 유인가로 작용할 것이다.

(3) 포터와 롤러의 이론모형

포터와 롤러 역시 기대모형에 입각해 동기부여를 설명한다. 그들에 의하면, 사람들은 한편 과거에 습득한 바 있는 경험에 의거해, 또 한편 미래의 기대감 속에서 동기를 부여받는다는 사실을 시사하고 있다. 그들의 이론모형에는 노력(effort), 성과(performance), 보상(reward) 및 만족감 등과 같은 변수를 포함하고 있다. 이들 변수 간의 관련성은 [그림 13-6]에 나타나는 바와 같다(Poter & Lawler, Ⅲ, 1968: 165).

이 그림에 의하면, 개인은 노력해 성과 또는 직무를 성취하고 그 성취에 따라서 내적 보상이

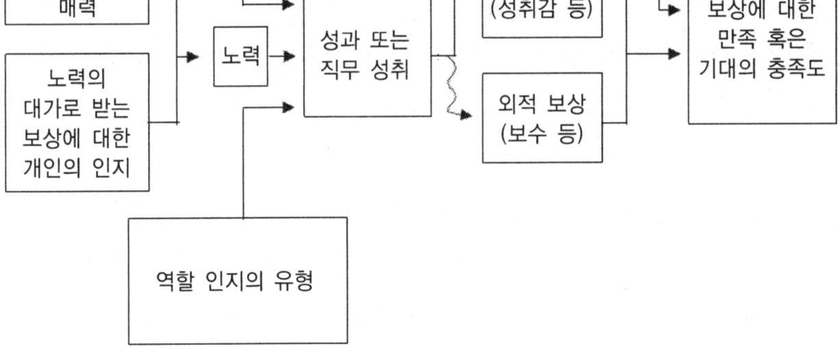

그림 13-6 포터와 롤러의 동기부여모형

나 외적 보상을 받게 된다. 외적인 보상은 금전이나 물질과 같은 형태를 가지며, 내적인 보상은 주관적인 심리적 만족이나 자기성취감의 형식일 수 있다. 그런데 사람들은 어떤 형태나 형식이든 자기가 받아야 된다고 생각하고 기대하는 정당한 수준 이상의 보상을 받아야만 만족감 혹은 기대감을 충족하게 되는 것이다. 나아가서 그러한 보상의 매력과 보상에 대한 개인적 인지의 정도가 높을수록 직무를 위해 더 많은 노력을 하게 된다. 개인의 성과 또는 직무의 성취는 개인의 노력과 능력, 그리고 어떤 유형의 역할 인지를 하느냐에 따라서 결정된다는 것이다.

(4) 장점과 한계

이상과 같은 기대이론은 인간의 동기를 매우 합리적·인지적으로 설명한다. 인간이 조직에서 의식적이며 합리적으로 선택해 직무를 수행해 성과를 내고 성과에 따라 기대하는 바를 충족하는 과정을 잘 설명하고 있다. 그러나 기대이론은 인간의 무의식적인 요인이 행동에 미치는 영향을 적절히 설명하지 못하는 한계가 있다.

2) 공정성이론

(1) 의의

동기부여에서 공정성이론(公正性理論, equity theory 혹은 fairness theory)이란 조직의 구성원이 그 조직의 직무 수행을 위해 투입(inputs) 및 기여한 결과(outcomes)로 부여되는 보상(reward)을 확인하고, 그 투입(기여)-결과(보상)의 비율을 유사한 직무를 수행하는 다른 사람의 투입-결과의 비율과 비교해 공정성 여부를 인지하는 과정을 통해 긍정적 혹은 부정적 직무수행 동기가 유발된다고 설명하는 이론이다(Adams, 1965: 267-300 참조).

(2) 공정성이론의 구성

공정성이론을 설명하는 주요 구성 요소는 다음과 같다.

첫째, 직무 수행을 위한 투입(inputs)이다. 조직구성원은 조직에서 담당하는 직무 수행을 위해 자신의 노동·지식·기술·경험 등을 투입한다. 직무 수행을 위한 투입은 기여라는 말과 같다.

둘째, 투입에 대한 결과(outcomes)다. 조직은 그 구성원이 직무 수행에 투입 및 기여한 결과로서(즉, 투입에 대한 대가로서) 금전적·물질적 보수, 표창·인정 등의 보상을 지급한다.

셋째, 투입에 대한 결과(보상)의 크기·가치 및 비율을 계산하고 확인한다. 조직구성원은 자신이 조직의 직무 수행에 투입한 것에 대한 반대급부로서 조직이 부여하는 결과(보상)의 크기와 가치 및 비율을 계산하고 사실을 명확하게 인지한다.

넷째, 투입-결과의 크기와 가치 및 비율을 비교한다. 조직구성원은 자신의 직무 투입-결과의 크기와 가치 및 비율과 다른 사람의 그것을 비교한다. 여기에서 다른 사람이란 같은 조직 안에서 유사한 직무를 수행하는 동료이거나 외부 조직에서 유사한 일을 하는 사람을 말한다.

다섯째, 공정성 및 불공정성의 인지와 긍정적 및 부정적 동기 유발이다. 자신의 직무 투입-결과의 비율과 다른 사람의 그것이 같을 경우에는 공정성을 인지하지만 그것이 같지 않을 경우에는 불공정성을 인지한다.

(3) 공정성과 정의

공정성이론은 보상의 할당 및 분배에 관계되는 정의(justice)의 문제다. 정의란 간단히 말하면 각자에게 응분의 몫을 돌려주는 것이다. 여기에서 정의의 문제는 두 가지 면에서 생각할 수 있다.

하나는 분배적 정의(distributive justice)다. 즉, 각자의 투입·결과 비율에 맞게 보상이 공정하게 분배·할당돼야 하는 것이다.

또 하나는 절차적 정의(procedural justice)다. 즉, 보상의 분배·할당을 결정하는 의사결정 절차가 공정해야 하는 것이다.

(4) 불공정성 인지의 결과

조직에서 공정한 보상을 받는다고 인지하는 사람은 직무 행동의 동기가 긍정적이고 적극적으로 유지 혹은 강화되지만 불공정하다고 인지하는 사람은 부정적 동기를 나타낼 수 있다. 불공정을 인지하는 사람은 심리적 긴장을 경험한다. 그러나 긴장은 유쾌하지 않으므로 그것을 줄이는 방법을 생각해 행동한다. 예를 들면 ① 조작의 직무에 대한 자신의 투입·산출을 감축한다. 즉, 근무 시간 단축, 태업, 생산량 감축 등이다. ② 다른 사람의 투입과 산출을 왜곡한다. 예를 들면, 다른 사람들은 자기보다 노력은 별로 하지 않았지만 요행스럽게 생산량이 많았다고 말한다. ③ 비교 대상을 바꾼다. ④ 조직을 떠나는 것 등이다.

(5) 장점과 한계

공정성이론에 의하면, 사람들의 동기는 조직에서 주는 절대적 보상은 물론 다른 사람이나 다른 조직과 비교하는 비교적 보상(relative rewards)에 특히 영향을 받게 됨을 강조한다. 따라서 이 이론은 조직관리자들에게 조직구성원을 공정하게 관리하는 데 참고할 중요한 개념을 제공한다. 그러나 비교의 대상으로서 누구를 선택하며 투입과 결과를 정의하고 측정하기 어려운 경우가 많다.

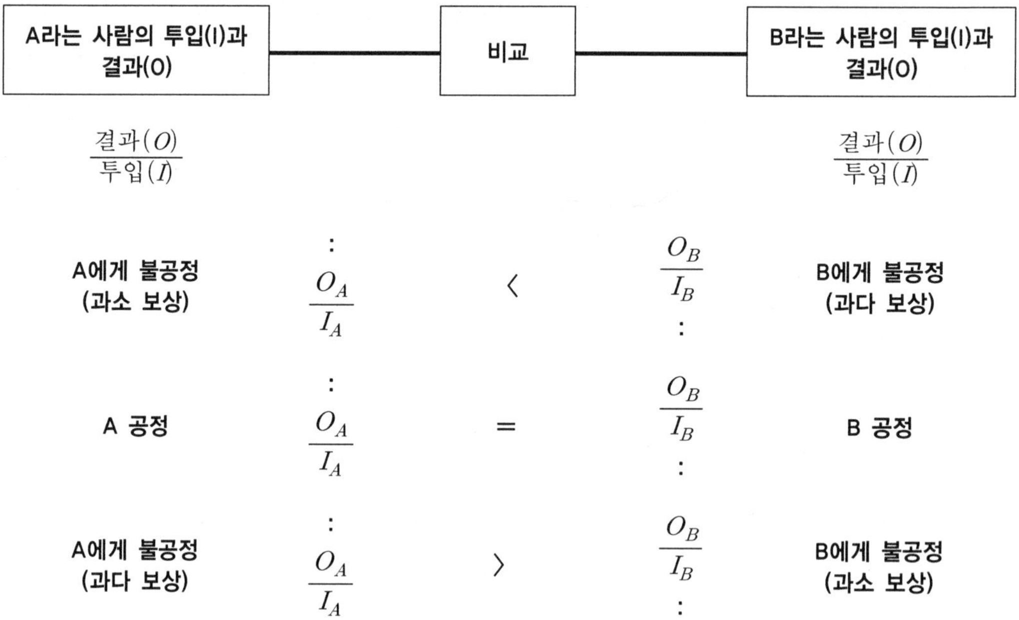

* 투입(I: inputs): 직무 수행을 위해 기여한 노동 · 지식 · 기술 등
결과(O: outcomes): 직무 수행에 기여(노동 · 지식 · 기술)한 대가로 지급되는 보상, outcomes은 rewards와 같음. 산출(outputs)이 아니라 결과(outcomes), 즉 보상을 지칭함.

그림 13-7 공정성이론의 모형

3) 목표설정이론

(1) 의의

조직은 무엇인가를 달성하고자 하는 의지 및 의도(intention)가 함축된 목표(goal)를 설정하고 실행한다. 바로 이러한 목표 설정과 실행에 근거해 조직구성원의 동기를 설명하는 이론이 목표설정이론(goal setting theory)이다. 조직의 목표는 조직구성원의 행동을 유발하는 동기의 기초이고, 특정한 방향으로 행동을 이끌어가는 기능을 수행하며, 조직구성원이 얼마나 노력을 기울여 일해야 하는가를 결정하는 지침의 구실을 한다(Locke & Lathorm, 1990: 263 참조). 그러나 목표가 조직구성원의 행동을 긍정적으로 유발하고 이끌어가려면 조직구성원들은 달성해야 할 목표가 무엇이고, 어떤 성격을 지니고 있는가를 알아야 하며, 그것을 기꺼이 실행하겠다고 받아들여야 한다. 목표설정이론은 조직 안에서 사람들은 할 일과 할 수 있는 일을 잘 생각해 합리적으로 실행한다는 가정에 기초하고 있다.

(2) 목표의 특성과 수행 및 동기부여

목표설정이론에서는 다음과 같은 면에서 목표와 동기부여의 관계를 생각한다. 하나는 '구체성', 또 하나는 '난이도' 그리고 환류(feedback) 등이다.

① 구체성: 구체적인 목표와 동기부여는 어떤 관계를 갖는가? 조직의 목표가 구체적으로 설정될수록 조직구성원을 구체적인 일에 집중적으로 동기부여하고 성과를 증진한다. 막연한 일반적 목표(generalized goals) 혹은 "최선을 다하라(do your best)"는 식의 목표보다는 구체적인 미래상, 기간, 절차, 범위 및 달성해야 할 업무의 양과 질을 명시함으로써 동기를 유발하는 데 효과적이다.

② 난이도: 목표의 난이도와 동기부여의 관계는 무엇인가? 조직구성원의 능력과 그들이 목표를 수행하는 데 작용하는 요인이 일정하다면 비교적 달성하기 어려운 도전적인 목표일수록 성과의 수준(level of performance)은 그만큼 높아진다. 달성하기 쉬운 목표일수록 더 쉽게 수용될 수는 있지만 비교적 어려운 목표를 수용함으로서 더욱 노력해 더 높은 수준의 성과를 내고자 하는 동기가 발생한다는 것이다.

③ 환류: 목표를 수행하면서 그 진척 상태를 환류함으로써 목표 달성을 위한 동기부여가 더욱 완전하게 이뤄진다. 환류를 통해 바람직한 목표에 비춰서 현재 진행의 성과를 파악하고 그 격차를 알게 되면 그것을 줄이기 위한 동기를 유발할 수 있는 것이다.

(3) 참여적 목표 설정과 동기부여

조직의 목표 설정과 할당은 두 가지 과정에서 이뤄진다. 하나는 조직의 상급자가 결정해 하

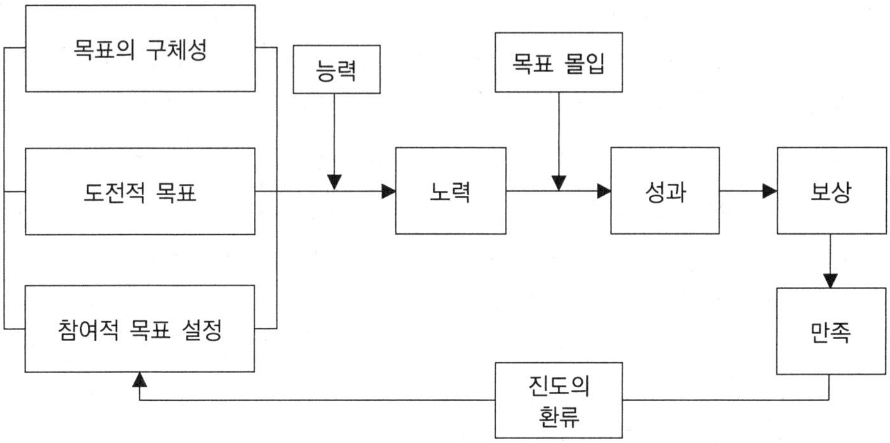

그림 13-8 목표설정모형

급자에게 부여하는 것이며, 다른 하나는 조직구성원이 참여해 결정하는 것이다. 조직의 상급자가 목표를 설정하고 그것을 하급자들에게 부여해 실행하도록 하는 것보다는 하급자들의 참여에 의한 목표 설정과 실행이 더 바람직하다고 할 수 있다. 참여적인 목표 설정을 함으로써 그 과정이 좀 더 민주적이고 인간 존중적이며 목표의 수용과 실천가능성을 높인다.

(4) 장점과 문제점

목표설정이론은 조직구성원들을 효과적으로 동기부여하기 위해 어떤 특성을 가진 목표를 설정하며, 목표를 설정하는 과정은 어떠해야 하는가에 초점을 두고 개발된 이론이다. 따라서 이 이론은 목표에 의한 조직관리, 목표 개념에 입각한 동기부여의 방법으로서 유용한 이론적 체계를 제공하고 있다고 할 수 있다.

그러나 목표설정이론은 여러 가지 문제점과 한계도 지니고 있다. ① 조직 목표의 특성에 대한 인지가 주관적으로 이뤄지는 경우가 많다. ② 이 이론은 조직구성원들이 누구나 조직의 목표를 이해하고 몰입할 것이라는 가정에 근거하고 있다. ③ 이 이론은 조직문화가 민주적이고 참여적이며 조직원의 자율성이 존중되는 곳일 경우에 효과적으로 적용될 수 있다.

4) 강화이론

(1) 의의

강화이론(强化理論, reinforcement theory)은 행태주의 심리학자인 스키너(B. F. Skinner)가 1930년대 이후 동물 실험을 통해 개발한 조작적 조건 형성(operant conditioning)이론에서 핵심 개념으로 사용한 것에 기원을 두고 있으며, 대체로 1970년대 이후 조직심리학자들이 조직구성원의 동기 및 학습문제를 설명하는 데 원용해 왔다(Tosi & Hamner, 1974; Hamner & Hamner, 1976: 8-21 참조). 동기의 강화이론을 한마디로 정의하면 인간의 행동(동기·학습 등)은 외부에서 부여하는 강화(예: 보상)에 의해 조건화된다고 설명하는 이론이다. 강화란 인간이 어떤 행동을 한 후 그에 대해 보상을 받으면 그 행동의 반복 가능성과 확률이 높아지는 것을 말한다. 어떤 사람이 공부를 잘하고 직장에서 성실하게 일하며 사회생활을 모범적으로 하면 부모·교사·직장 상사나 동료 및 사회인들로부터 칭찬을 듣고 인정을 받는다. 자기가 한 행동에 대한 결과로 일종의 긍정적인 보상을 받으면 자신이 하는 행동을 더욱 반복해서 잘하려고 하는 가능성과 확률이 높아지는 것이다. 이와같이 사람의 행동에 대한 긍정적 보상은 그 사람의 행동을 강화시키는 요인이 된다는 것이다.

(2) 스키너의 조작적 조건형성론

강화 개념은 스키너의 조작적 조건형성이론의 핵심을 이루는 것이다. 따라서 스키너가 실험을 통해 구성한 조작적 조건 형성의 이론적 틀을 살펴봄으로써 강화 개념을 더욱 적절하고 명확하게 이해할 수 있다(Skinner, 1938/1953/1969 등 참조).

스키너는 지렛대를 자극하면 음식물이 나오는 조작적 조건 형성 장치(소위 스키너 상자)를 만들어 굶주린 쥐를 그 상자 안에 넣었다. 쥐는 상자 안에서 왔다 갔다 하다가 우연히 상자 벽에 설치된 지렛대를 눌렀다. 지렛대를 누르자 그 아래에 있는 먹이통에 음식물이 떨어졌다. 쥐는 그 음식을 먹고 또 왔다 갔다 하다가 지렛대를 누르고 또 먹이를 먹었다. 지렛대를 누를 때마다 음식물이 나오고 지렛대를 누르는 행동의 빈도가 증가했다. 다음에는 음식물이 나오는 장치를 잠시 정지시켰다. 그럼에도 불구하고 한동안은 쥐가 계속적으로 지렛대 누르기를 반복했다. 쥐에게 이미 조작적 조건 형성이 이뤄진 것이다.

이 실험에서 지렛대를 누르는 행동은 조작적 행동이다. 즉, 지렛대에 스스로 작용해 음식물이라는 결과를 얻는 행동이다. 음식물은 지렛대를 누른 행동의 결과다. 수행한 행동에 대해 긍정적인 결과, 즉 긍정적인 자극이나 보상(음식물 · 돈 · 칭찬 등)이 주어지면 기왕의 행동은 반복될 가능성이 높아지는 것이다. 다시 말하면, 행동이 강화되는 것이다. 이 경우 긍정적인 보상이나 자극은 행동의 강화 요인으로 작용하는 것이다.

(3) 조작적 조건 형성 및 행동의 강화 과정

조작적 조건 형성 및 행동의 강화 과정을 조직구성원의 동기부여에 적용해 설명할 수 있다. 조직구성원들의 동기부여를 위한 조작적 조건 형성 및 강화는 [그림 13-9]에서 보는 바와

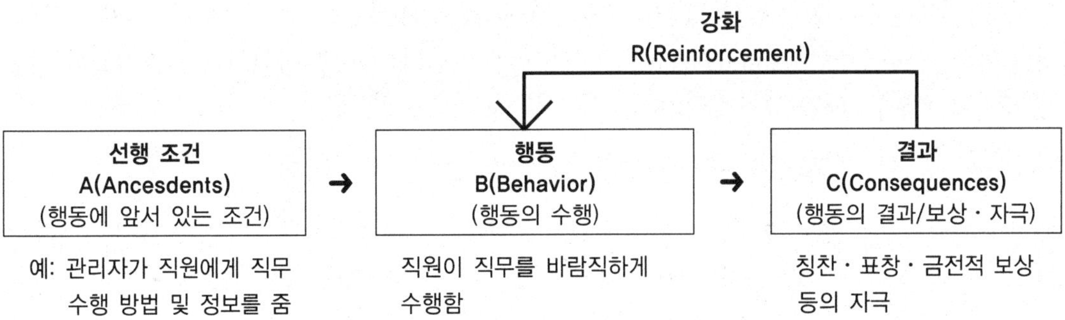

그림 13-9 조직에서 조작적 조건 형성 및 강화 과정

Greenberg & Baron(2003: 56); Connellom(1978: 50); Luthans & Kreitner(1985: 85-88)를 참조해 재작성.

같이 선행 조건-행동-결과-강화의 과정으로 이뤄진다고 볼 수 있다.

① 선행 조건(A: Ancesdents): 예를 들면 조직에서 관리자가 직원에게 주는 직무 수행 방법이나 정보 등이다.

② 행동(B: Behavior)의 수행: 예를 들면, 직원이 직무를 성실하고 효율적으로 수행하거나 불성실하고 비효율적으로 수행하는 경우를 생각할 수 있다.

③ 결과(C: Consequences): 결과란 행동이 이뤄진 직후에 그 행동에 대해 칭찬·표창·금전적 보상을 하거나 처벌·권한 박탈 등을 하는 경우다.

④ 행동의 강화(R: Reinforcement): 칭찬·표창 혹은 금전적 보상(스키너 상자의 경우 음식물)을 부여해 행동을 강화한다. 그러나 이뤄진 행동이 바람직하지 못하면 처벌이나 권한 박탈을 통해 행동을 금지하거나 감소시키는 것이다. 이와 같은 맥락에서 볼 때 행동의 강화란 어떤 행동이 반복되거나 강렬하게 되는 과정이라고 말할 수 있다. 예를 들면 다음과 같이 설명할 수 있다.

예:

- A라는 사람이 열심히 일한다(행동). ➜ A를 칭찬하고 보상한다(결과/보상 · 자극). ➜ A는 반복해서 열심히 일한다(강화).
- B라는 사람이 어려운 과업을 잘 수행한다(행동). ➜ B를 표창하고 승진시킨다(결과/보상 · 자극). ➜ B는 반복해서 어려운 과업을 담당해 잘 수행한다(강화).

(4) 강화의 유형

강화는 바람직한 행동을 증가시키기 위한 목적으로 이용하되 어떤 강화인자(强化因子)를 쓰느냐에 따라 적극적 혹은 정적 강화(正的强化, positive reinforcement)와 소극적 혹은 부적 강화(負的强化, negative reinforcement)로 분류되며, 사람의 행동을 강화시키는 강화물의 성질에 따라서 1차적 강화와 2차적 강화로 나눌 수 있다.

① 적극적(정적) 강화와 소극적(부적) 강화

적극적 강화란 기왕에 수행한 바람직한 행동을 반복·증가시키기 위해 칭찬·표창·승진 등과 같은 적극적 보상이나 자극을 하는 것이며, 소극적 강화란 바람직한 행동을 증가시키기 위해 그 사람이 일하는 데 불필요한 자극이나 불편하고 괴로운 비난·질책 등을 하지 않는 것을 말한다. 바람직한 행동을 증가시키기 위해 이용하는 강화와는 반대로 바람직하지 않은 행동을 억제 혹은 감소시키기 위해 이용하는 행동 변화 방법도 있다. 그것은 처벌(punishment)이다.

처벌은 어떤 사람이 수행한 바람직하지 못한 행동이 반복되는 것을 억제 혹은 감소시키기 위해 징계·직위해제·권한 박탈 등을 하는 것을 말한다.

② 1차적 강화와 2차적 강화

1차적 강화란 사람의 생존에 필요한 음식물이나 안전 유지 등과 같은 기본적 욕구를 충족시킬 수 있는 강화물을 제공함으로써 행동을 유지·반복시키는 것이며, 2차적 강화란 칭찬·격려 등과 같은 사회심리적 배려를 통해 행동을 강화시키는 것이다.

(5) 강화계획-강화제공규칙

강화계획(schedules of reinforcement)이란 행동을 강화시키는 인자(예: 음식물·보수·칭찬 등)를 어떻게 제공할 것인가, 다시 말하면 어떤 규칙 혹은 패턴에 따라서 강화인자를 제공할 것인가를 구체화하는 것을 말한다. 행태주의 심리학자들은 강화계획을 크게 두 가지로 분류한다. 하나는 계속적 강화(continuous schedules)이고 또 하나는 간헐적 강화(intermittent schedules)다. 계속적 강화란 반응적 행동이 나타날 때마다 계속적으로 강화하는 것을 말하며(예: 아기가 울 때마다 젖을 먹인다), 간헐적 강화란 반응적 행동에 대해 어떤 때는 강화하나 어떤 때는 강화하지 않는 것을 말한다. 간헐적 강화는 다음과 같이 네 가지로 나뉜다.

	간격(시간에 근거)	비율(행동에 근거)
고정	고정 간격 강화	고정 비율 강화
변동	변동 간격 강화	변동 비율 강화

그림 13-10 강화계획

① 고정 간격 강화

고정 간격 강화(fixed interval schedules)란 일정한 시간마다 강화인자를 제공해 행동을 강화하는 것을 말한다(예: 시간급·일급·월급 등).

② 고정 비율 강화

고정 비율 강화(fixed ratio schedules)란 일정한 횟수의 행동이 나타날 때마다 강화인자를 제공해 강화하는 것을 말한다(예: 직원이 일을 잘하는 것을 볼 때마다 칭찬하는 것이 아니라 잘하는 모습을 다섯 번째 혹은 열 번째 보일 때마다 칭찬하는 것).

③ 변동 간격 강화

변동 간격 강화(variable interval schedules)란 시간 간격을 불규칙하게 정해 강화하는 것이다(예: 보수를 일급으로 주다가 주급으로 주기도 하고 월급으로 지급하기도 하는 것).

④ 변동 비율 강화

변동 비율 강화(variable ratio schedules)란 행동에 대한 강화를 일정한 간격을 정해 하지 않는 것이다. 어떤 경우에는 두 번째 행동이 나타날 때하고 다른 경우에는 열 번째 행동이 나타날 때 하는 방식이다.

(6) 장점과 문제점

강화이론은 행동을 강화하는 요인을 여러 가지로 조작함으로써 조직구성원의 직무 내용을 바람직스럽게 조성하거나 수정하는 데 도움이 될 수 있는 개념과 방법을 포함하고 있는 유용한 이론이다.

그러나 행동에 대한 외적 보상이나 자극의 빈도를 조절하는 것만으로는 사람의 직무 행동을 장기적이며 질적으로 변화시키는 동기를 조성하기는 어려운 것이라고 말할 수 있다.

5) 직무특성이론

(1) 의의

직무특성이론(job characteristics theory)이란 조직구성원들의 동기를 유발시키는 원천을 그들이 수행하는 직무의 특성에 초점을 맞춰 설명하는 이론을 말한다. 각 직무는 여러 가지 요소의 결합으로 구성되는 것이고 밀접한 특성을 지니고 있다. 어떤 직무를 담당해 수행하는 사람은 자신이 담당하는 직무가 그 자신의 성장 욕구의 실현에 의미와 가치를 지닌 특성이 있다고 생각할 경우에 강하게 동기가 유발되고, 그러한 동기에 따라 직무를 수행함으로써 개인과 조직에 긍정적인 결과를 가져오게 될 것이라고 설명하는 것이 직무특성이론이다.

이와 같은 직무특성이론은 해크먼(J. R. Hackman)과 올드햄(G. R. Oldham)이 제안했다. 그 내용은 ① 직무의 특성을 구성하는 다섯 가지 핵심적 차원, ② 핵심적 직무 차원과 직무담당자의 심리, 그리고 개인 및 직무의 결과 간의 관계, ③ 직무의 특성에 따른 동기부여(동기 유발) 잠재력 점수 등으로 이뤄져 있다는 것이다.

(2) 직무 특성

모든 직무는 다음과 같은 다섯 가지 특성이 핵심에 포함돼 있다고 본다.

① 기술의 다양성

기술의 다양성(skill variety)이란 일정한 직무를 수행하는 데 요구되는 기술의 종류나 수를 말하는 것으로, 그 종류나 수가 많으면 다양한 것이다. 성장 욕구가 높은 사람은 다양한 기술이 요구되는 직무 수행에 더 의미를 둔다.

② 과업의 정체성

과업의 정체성(task identity)이란 직무가 다른 직무와 구분 혹은 독립돼 있는 상태와 자기완결성의 정도를 말한다. 그 구분·독립 및 자기완결성이 높으면 정체성이 높은 것이다.

③ 과업의 중요성

과업의 중요성(task significance)이란 직무가 조직 내외의 다른 사람들의 작업이나 생활에 미치는 영향의 정도를 말하는 것으로 그 정도가 높으면 그만큼 중요한 것이다.

④ 과업의 자율성

과업의 자율성(autonomy)이란 직무를 수행하는 자에게 직무 수행에 관한 계획과 절차와 방법을 결정하는 재량권이 부여되는 정도를 말하는 것으로 재량권이 높은 경우는 자율성이 있는 것이다.

⑤ 과업의 환류

과업의 환류(task feedback)란 직무 수행자가 직무를 수행하는 과정의 진척, 과업의 효과성 및 성과의 상태에 관해 직접적이고 명확한 정보와 지식을 얻는 정도를 말한다.

(3) 직무 특성 차원-직무담당자의 심리-개인 및 직무 결과의 관계

위에 설명한 다섯 가지의 직무 특성과 직무담당자의 심리 상태, 그리고 개인의 직무 수행 동기 및 작업의 성과 등은 어떤 관계를 갖는가?

첫째, 핵심적 직무 차원 중 기술의 다양성·과업의 정체성·과업의 중요성이 높은 직무는 그것을 담당해 수행하는 사람에게 그 직무가 중요하고 가치있고 보람있는 의미가 있음을 경험하게 한다.

둘째, 직무 수행 계획과 방법의 결정에 자율성이 높으면 그 일을 담당하는 사람이 작업의 결과에 대해 높은 책임감을 경험하게 한다.

셋째, 또한 과업의 환류가 잘 이뤄지면 작업자가 담당 작업의 실제적 결과에 대한 지식과 정보를 쉽게 획득하는 경험을 하게 된다.

따라서 이와 같은 심리적 상태를 경험함으로써 다음과 같은 결과를 나타낸다.

① 개인의 내적 동기부여를 높이고, ② 조직의 작업 성과와 질을 높이며, ③ 개인의 직무 만족 수준을 높이고, ④ 조직구성원의 결근과 이직을 줄인다.

그런데 이러한 핵심적 직무 특성 차원과 결과 간의 관계는 개인이 지니고 있는 성장 욕구(예: 머슬로의 욕구 단계에서 존경 및 자아실현과 같은 욕구)의 강도(growth need strength: GNS)에 따라 완화되거나 조정된다. 예를 들면 높은 성장 욕구를 가진 사람은 질이 높고 중요하고 가치있는 직무에 대해 긍정적으로 반응하고 자신의 성장 욕구가 충족되는 심리적 경험을 하게 되며, 동기부여 · 성과 · 직무 만족 수준을 높이고 이직과 결근을 줄이는 것이다.

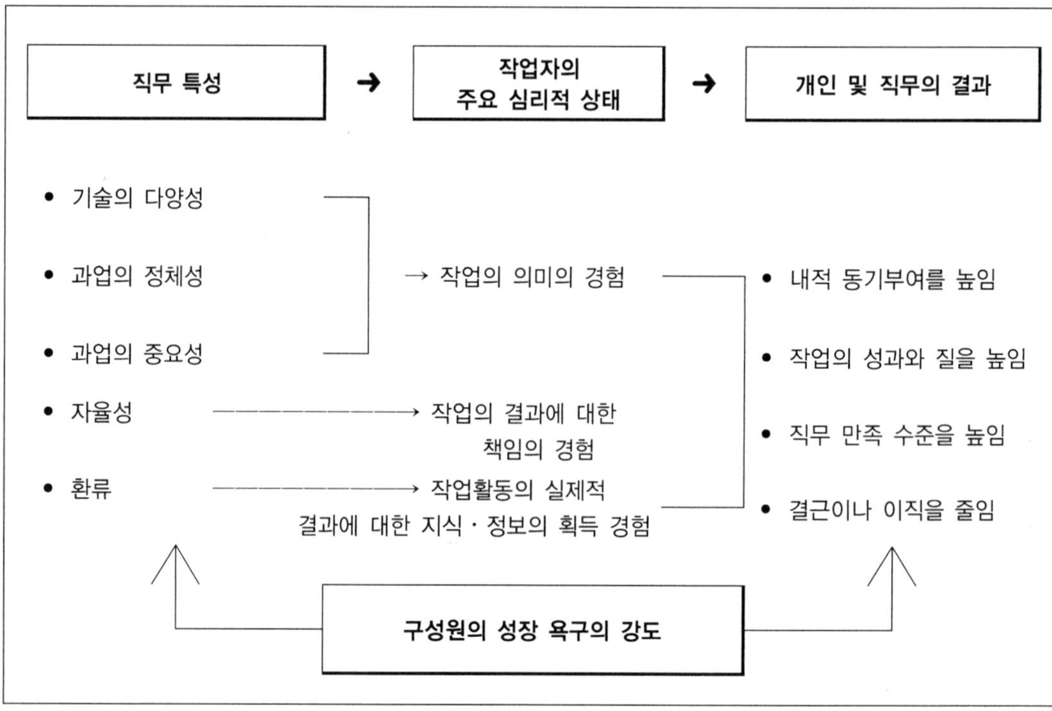

그림 13-11 직무특성모형

Hackman & Suttle(1977: 29).

(4) 동기부여 잠재력 점수(motivating potential score: MPS)

직무는 그것이 지니는 특성에 따라 직무 수행자에게 동기를 부여하는 잠재력이 있으며, 그 잠재력은 다음과 같은 공식을 적용해 점수로 표현할 수 있다.

$$\text{동기부여 잠재력 점수 (MPS)} = \frac{\left(\text{기술의 다양성} + \text{과업의 정체성} + \text{과업의 중요성}\right)}{3} \times \text{자율성} \times \text{환류}$$

기술의 다양성, 과업의 정체성, 과업의 중요성은 모두 작업의 심리적 의미와 관계되므로 셋을 합해 평균 점수를 계산하고 자율성과 환류는 각각의 심리적 상태와 관련되므로 그대로 공식에 포함시키고 있다. 잠재적 동기 점수는 공식을 구성하는 각 요소의 점수를 곱해 계산하므로 요소별 점수가 높은 경우에 전체 점수가 높아지고 그 반대인 경우는 낮아지는 것이다. 전체적으로 점수가 높은 경우 높은 동기부여가 이뤄진다. 만약 중요 요소 중의 하나의 요소 점수가 0이면 동기부여의 잠재력 점수는 0이 된다.

(5) 직무재설계

기존의 직무를 재설계(job redesign)하거나 수정해 조직구성원에게 부여하는 방법을 통해 동기를 관리할 수 있다. 직무재설계의 대표적인 방법은 다음과 같다.

① 직무확장

직무확장(job enlargement)이란 어떤 사람이 기왕에 수행하는 직무 외에 새로운 직무를 수평적으로 증가시켜 직무의 다양성을 높이는 것이다. 직무를 확장함으로써 반복적이고 틀에 박힌 직무 수행에서 비롯되는 지루함과 불만족을 벗어나 직무에 대한 관심과 만족도를 높일 수 있다. 그러나 적절한 보상이 수반되지 않는 직무와 책임의 증가는 오히려 조직구성원의 새로운 불만 요소가 된다.

② 직무충실화

직무충실화(job enrichment) 혹은 직무풍요란 조직구성원의 직무를 수직적으로 늘리는 것을 말한다. 어떤 계층의 직위에 있는 사람에게 더욱 큰 책임이 되는 상위계층 직위의 직무를 부여해 직무를 늘리는 것이다. 직무충실화를 통해 좀 더 중요하고 질이 높은 직무에 대한 의사결정권을 행사하고 그 직무 수행 능력을 발휘하게 함으로써 직무만족도를 높일 수 있다.

③ 직무순환

직무순환(job rotation)이란 수평적인 수준에서 조직구성원이 담당하는 직무를 바꿔주는 것을 말한다. 예를 들면, 수평적인 수준에서 직원의 보직을 재배치하는 것이다. 직무순환을 통해 조직구성원들의 다양하고 폭넓은 직무 수행 능력을 발전시키고 직무에 대한 새로운 관심과 만족감을 높일 수 있다. 그러나 직무순환을 잘못 이용하면 조직의 안정과 생산성이 저하될 수도 있다.

(6) 장점과 문제점

직무특성이론은 주관적인 주체인 사람이 아니라 객관적인 직무 특성이나 작업환경에 의해 사람을 동기부여하는 이론이라는 점에 특색과 장점이 있다.

그러나 문제점으로는 ① 직무 특성의 규정이 객관적인 사실보다는 사람의 주관적인 지각에 근거해서 규정되는 경우가 많다는 것이다. 예를 들면, 어떤 직무의 자율성의 정도가 어떤 수준인가에 관한 규정은 그 직무와 관계되는 사람이 그 직무에 대해 생각하고 지각하는 바에 따라 다를 수 있다. ② 직무의 핵심적 차원과 결과 간의 관계를 조절하는 변수로서 개인의 심리, 즉 성장 욕구의 강도를 제시하고 있는데 그것이 타당한 것인가? 예를 들면, 사회적 자극의 존재 유무, 비교집단과의 형평성 문제 같은 변수도 중요하지 않는가 하는 의문을 갖는다.

6) 동기부여이론의 통합론

(1) 동기부여이론 통합의 가능성

위에 설명한 다섯 가지 동기부여이론은 각각 독특하고 유용한 내용을 함축하고 있다. 그러나 그 이론들은 상호간에 배타적이거나 경쟁 관계에 있기보다는 하나의 큰 이론적 틀 속에서 상호 보완하고 통합해 설명할 수도 있지 않은가 생각된다(Klein, 1989: 150-170; Robbins, 2001: 174-175 참조). 로빈스와 클라인 등은 동기부여론의 통합모형을 제시하고 있다.

(2) 동기부여이론의 통합모형

[그림 13-12]를 보면 동기부여에 관한 여러 이론이 어떻게 하나의 이론적 틀 안에 통합될 수 있는가를 확인할 수 있다.

① 기대이론과 목표설정이론의 통합가능성

우선 통합의 중심 토대로 삼을 수 있는 이론은 개인의 노력-성과-보상을 연결해 설명하는 기대이론이다. [그림 13-12]에서 보는 바와 같이 개인의 노력은 그 개인에게 주어지는 어떤 기회의 인식에 영향을 받는다. 또한 개인의 노력은 개인의 목표로부터 나온다. 목표는 지시된 행동을 통해 노력으로 연결되고 노력은 성과를 낳는다. 이러한 일련의 과정은 목표설정이론과 일치한다. 그리고 개인은 자신의 노력-성과-보상-목표 만족의 관계가 높다고 인식하고 기대할 경우에 높은 동기부여가 이뤄진다. 이것은 또한 기대이론에 해당한다.

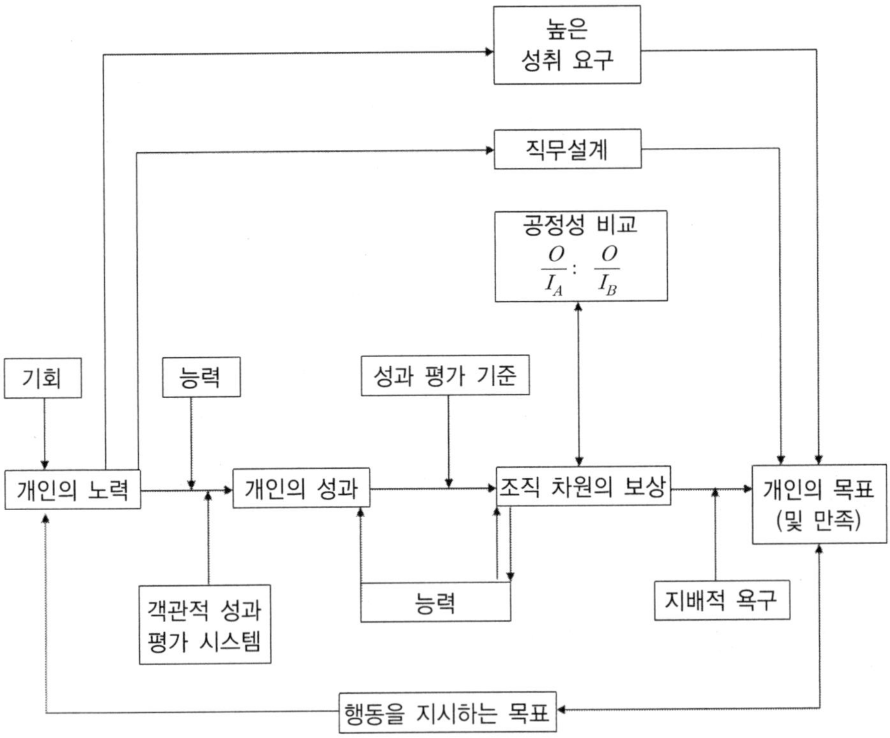

그림 13-12 동기부여이론의 통합모형

Robbins(2001: 174)의 그림을 재작성.

② 기대이론과 공정성이론의 연계성

기대이론의 기본 요소인 노력이 좋은 성과로 이어지려면 노력하는 사람 자신에게 능력이 있어야 하고, 조직에 객관적인 평가 시스템이 존재해야 한다. 그리고 일정한 성과를 낸 경우에는 그것을 객관적이고 공정한 평가 기준(예를 들면 근무평정)을 적용해 평가해야 하며, 그러한 평가에 근거해 공정하게 보상해야 한다. 이것은 공정성이론과 연계되는 것이다.

③ 기대이론과 강화이론의 연계

개인의 노력-성과-보상을 중요하게 설명하는 것이 기대이론이다. 그런데 개인의 성과에 대한 보상이 표창이나 승진과 같은 긍정적인 것이라면 그것을 받는 사람은 긍정적인 행동이 강화될 것이다. 이것은 강화이론적 설명이다.

④ 기대이론과 성취욕구이론의 연계

자신이 수행하는 일의 성과에 대해 자율적인 환류와 책임감이 강하며 어느 정도의 리스크를 감수하는 직무를 선호하는 높은 성취 욕구(high n ach)를 가진 사람은 조직 차원에서 이뤄지는 성과평가와 그에 따라 주어지는 외재적 보상보다는 스스로 목표를 정하고 노력해 만족에 이르는 것이다. 이것은 성취욕구이론이다. 개인의 노력-성과-보상 개념을 중요시하는 기대이론과 연계되는 설명이다.

⑤ 직무특성이론의 성격

개인의 성장 욕구 실현을 중요하게 생각하고 직무와 작업의 설계를 의미있고 가치있게 설계함으로써 개인 노력이 유발되고 목표 만족에 도달하게 된다고 설명하는 것이 직무특성이론 및 직무설계이론이다. 이 이론은 기대이론 · 직무특성이론 · 목표설정이론 · 성장욕구론 등이 함축돼 있다.

제 14 장

리더십

제 1 절 리더십의 의의와 역할

1 리더십의 의의와 특징

1) 의의

리더십(leadership)이란 간단히 말하면 조직이나 집단의 과업과 목표의 달성을 위해 어떤 행위자가 그 구성원들(추종자들)에게 영향을 미치는 행동·능력 및 과정이라고 할 수 있다.

리더십의 개념은 매우 다양하게 정의되고 있다. 몇 가지 예를 들면 다음과 같다.

- 리더십이란 집단구성원이 목표 달성을 위해 노력하도록 그들에게 영향력을 행사하는 활동이다(Terry, 1960: 493).
- 리더십이란 목표 달성을 지향하도록 집단의 행위에 영향력을 미치는 과정이다(Stogdill, 1974: 411).
- 리더십이란 조직구성원에 대한 조직의 일상적 지시(routine directives)에 그들이 기계적으로 복종(mechanical compliance)하는 것 이상의 (결과를 가져오게 하는) 영향력의 행사다(Katz & Kahn, 1978: 528).
- 리더십이란 공동의 과업을 성취하고자 할 때 어떤 사람이 다른 사람들의 협력과 지지를 얻기 위해 사회적 영향력을 미치는 과정이다(Chambers, 1997: 1).

2) 특징

위에서 살펴본 바와 같이 리더십에 관한 정의는 그것을 정의하는 사람의 관점에 따라 차이를 나타내고 있다. 그러나 이들 정의 속에서 다음과 같은 몇 가지 함축적인 특징을 찾아볼 수 있다.

(1) 조직과 집단 안에서 이뤄지는 과정

리더십은 조직과 집단 안에서 이뤄지는 과정이다.

첫째, 리더십은 조직이나 집단의 목표 달성을 위해 리더가 그 구성원(추종자 혹은 부하)들에게 영향력을 미치는 과정이다.

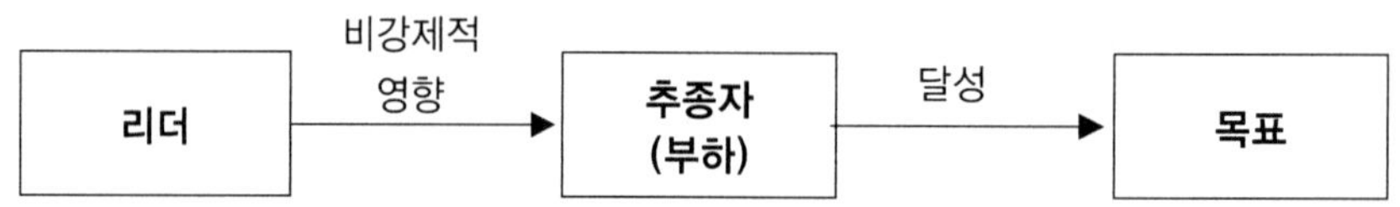

• 리더십이란 어떤 사람(리더)이 비강제적 방법(noncoercive manner)으로 추종자(부하)에게 영향력을 행사해 목표를 달성하는 과정이다.

그림 14-1 리더십의 과정

Greenberg & Baron(2003: 471).

둘째, 리더십은 리더가 추종자들에게 비강제적으로 영향력을 행사하는 과정(noncoercive influence process)이다. 이상적인 리더십은 강제적 수단을 배제한다. 강제적 영향력은 그 영향을 받는 사람이 그것을 자기의 자유로 받아들이거나(accept) 거부(reject)할 수 없다. 그러나 비강제적 영향력은 그 행사 대상자가 받아들이거나 거부할 수 있는 선택의 여지가 있다. 강제적 영향력 행사자는 독재자(dictator)이고 비강제적 영향력의 행사자는 리더다(Locke, 1991).

셋째, 리더십은 리더가 사람들의 욕구를 만족시키고 힘을 실어주며(empowering), 아이디어와 가치를 진작시키는 과정을 통해 이뤄진다(Tichy, 1998: 29-33).

(2) 과학이며 예술

리더십은 하나의 과학(science)이다. 과학적인 가설의 수립과 그 검증을 거쳐 확립된 일련의 명제와 원리에 근거해서 리더십이 수행될 수 있다는 점에서 그것은 과학이다. 그러나 리더십은 예술(art)의 성격도 갖는다. 쿤츠(H. Koontz)와 오도넬(C. O'Donnel)이 말하는 바와 같이 "리더십이란 부하들이 열정과 신념을 가지고 주어진 과업을 성취하도록 유도하는 예술(art of inducing)이다"(Koontz & O'Donnel, 1972: 557). 리더십은 객관적·분석적으로 연구하고 일반화한 원칙을 중요시할 뿐만 아니라 주관적·감성적·직관적인 생각이나 행동을 통해 추종자들을 고취하며 이끌어가는 능력도 중요시된다. 화이트(L. D. White)가 언급하는 바와 같이 리더는 오케스트라의 지휘자와 같은 능력이 요청된다(White, 1955: 38).

(3) 리더와 추종자의 상호관계

리더십은 인간관계의 한 형태다. 즉, 리더십은 리더와 추종자(follower) 및 부하(subordinate) 간의 유기적인 관계와 상호작용 속에서 형성된다. 그것은 리더와 추종자 간에 공식적·비공식적, 사회적·심리적 관계로서 이뤄진다. 이 관계에서 중요한 점은 상호간에 지지하고 협력하며 공통된 목표를 가져야 한다.

(4) 관리자와 리더의 차이

관리(management)란 조직의 목표·계획·예산·집행·구매·인사 등의 활동을 말하며, 이러한 일을 담당하는 사람이 관리자(manager)다. 반면에 리더란 조직의 목표 달성을 위해 그 구성원들의 행동에 영향을 미치는 활동이다. <표 14-1>을 보면 관리자와 리더의 특성적 차이

표 14-1 관리자와 리더의 특성 차이

관리자	리더
• 행정가	• 혁신자
• 복사본(copy)	• 원본(original)
• 현상 유지	• 발전
• 시스템과 구조에 역점	• 사람에 역점
• 통제 의존	• 신뢰의 고취
• 단기적 시각	• 장기적 전망
• 질문 – 언제, 어떻게	• 질문 – 무엇을, 왜
• 눈앞의 현실에 급급	• 지평선 먼 곳에 시선을 둠
• 모방	• 창조
• 현상을 수용	• 현상에 도전
• 명령에 복종하는 고전적 군인	• 자기 본연의 개인
• 일을 올바로 함	• 올바른 일을 함

Bennis(1989: 7).

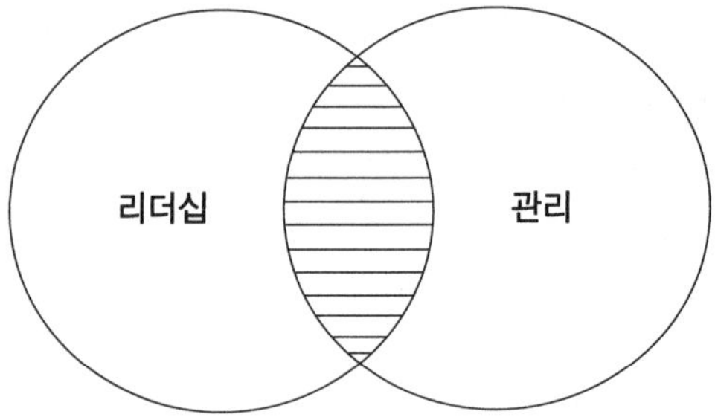

그림 14-2 리더십과 관리의 중첩

가 상세하게 드러나 있다. 예를 들면, 관리자는 행정가이지만 리더는 혁신자다. 물론 관리자와 리더는 여러 면에서 그 활동 영역이 겹쳐서 병행하고 서로 보완한다. 말하자면, 조직의 목표 달성은 리더의 비전과 혁신적 지향과 더불어 효율적인 행정관리가 병행돼야 한다. 따라서 리더십이 관리보다 우위에 있는 것도 아니고 관리가 리더십 위에 존재하는 것도 아니다. 각각은 서로 구별되는 활동 영역을 가지면서 서로를 보완하는 역할을 한다. 양자는 서로 균형을 이루는 것이 좋다.

(5) 헤드십과 리더십의 차이

리더십은 헤드십(headship)과는 다르다. 리더십은 어떤 사람이 공식적이거나 혹은 비공식적인 리더로서 조직이나 집단구성원에게 영향력을 미치는 능력이다. 그러나 헤드십은 어떤 사람이 공식조직의 장(長, head 혹은 boss)의 지위를 차지하고, 그 지위에 공식적으로 부여된 권한(직권)을 가지고, 그 구성원들에게 영향력을 행사하는 것을 말한다. 리더와 헤드는 같은 사람일 수도 있고 다른 사람일 수도 있다. 즉, 어떤 사람이 조직의 헤드이면서 리더인 경우도 있고 헤드는 아니지만 사실상 조직구성원의 행동에 영향을 미치는 리더의 위치에 있는 경우도 있다.

2 리더십의 일반적 역할

1) 조직의 목표와 방향 설정

리더는 조직의 목표와 방향을 설정하는 역할을 한다. 조직이 지향하는 미래상(future image)을 조직의 목표라고 할 수 있다. 리더는 조직의 목표를 구상(design)하고 정의(definition)하며 결정할 경우에 창의적인 생각과 선견지명(先見之明)뿐만 아니라 조직 내외의 인적·물적 상황을 잘 판단하고, 그 목표와 관련되는 사람들을 설득하고 이해시키며 협력을 획득한다.

2) 과업 수행

리더는 설정된 목표를 구체적인 과업(task)과 프로그램으로 편성하며, 그것이 달성되도록 영향을 미치는 역할을 수행한다. 또한 상황적합적인 조직구조를 만들고, 인적 자원을 관리하는 전략과 방법을 강구하며, 물적·금전적 자원의 확보와 배분에 관한 의사결정을 한다.

3) 문제 해결

조직이나 집단 안에는 항상 대소·완급을 가려 해결해야 할 문제가 발생한다. 문제가 일상적이고 사소하며 급하지 않는 것은 확립된 관리절차에 따라서 처리할 수 있지만 전례가 없고 복잡하며 규모가 큰 일이 발생하는 경우에는 그것을 해결하는 데 특별한 리더십이 요구된다. 예를 들면, 조직 내부의 집단이나 개인간에 복잡한 갈등이 있거나 조직과 외부조직과의 사이에 심한 대립이나 마찰이 생겨 조직의 활동이나 자원 확보에 어려운 문제가 일어난 경우에는 그 해결을 위해 특히 리더십이 요구된다.

4) 조직의 변화 추진

리더는 조직의 변화를 추진하는 역할을 한다. 조직이 현상 유지에 머무르지 않고 바람직한 미래를 창조하고 혁신하며 발전하도록 이끌어가는 역할을 한다.

5) 대내외의 관계적 역할

① 리더는 대외적으로 그 소속 조직을 대표하는 역할을 한다. ② 리더는 대외적 교섭자 역할을 수행한다. 자기자신이 아니라 자기 조직이나 집단의 이익을 확보하기 위해 교섭하고 협상하는 구실을 한다. ③ 리더는 대외적·대내적 의사소통의 중심적 역할을 수행한다. ④ 조직 내부의 대인 관계적 역할을 한다. 조직의 목표 달성을 위해 조직구성원을 코치하고 이끌어갈 뿐만 아니라 그들의 욕구와 기대가 무엇인가를 알아내어 그것을 만족시키기 위해 노력하며, 근무 의욕과 동기를 유발하는 역할을 한다.

제2절 리더십이론의 전개

1 특성이론

1) 의의

리더십의 특성이론(trait theories of leadership)이란 어떤 개인의 타고난 특성과 자질에 따라서 리더가 출현하고 리더십이 결정된다고 설명하는 것이다. 특성이론은 어떤 개인이 가지고 있는 자질이나 특성(traits)(예: 지능 · 건강 · 자존심 · 외모 · 사교성 등)에 주목한다. 특히 그 자질이나 특성은 선천적으로 타고난다는 것이다. 이 이론은 사람들이 일반적으로 가지고 있는 위인(great man)에 관한 이미지에서 비롯되는 가장 전통적인 리더십관이다. 이러한 특성과 자질을 가진 자는 어떤 시 · 공간에서나 리더가 될 수 있다는 것이다. 역사적인 영웅이나 카리스마적 인물들을 보면 이러한 관점이 일정한 타당성이 있다고 볼 수 있다.

그러면 리더의 자질 혹은 특성은 무엇인가? 학자들의 견해는 다음과 같다.

버나드(C. I. Barnard)는 활력(vitality) · 인내력 · 설득력 · 책임감 · 지적 능력을 들고 있다(Barnard, 1946: 23-26).

데이비스(K. Davis)는 지성 · 사회적 성숙성 · 내적 동기 · 인간관계적 태도를 들고 있다(Davis, 1959: 162-163).

스톡딜(R. M. Stodgill)은 1949년부터 1970년 사이에 조직관리에 관한 여러 가지 연구문헌에서 리더의 효과성, 리더와 추종자 간의 관계, 효과적인 리더십과 비효과적이 리더십, 고위층과 하위층의 리더십 등을 조사해 <표 14-2>와 같이 리더의 특성을 여섯 가지 큰 카테고리로 나누고 그 조사에서 언급된 빈도 수를 정리해 제시하고 있다.

2) 장점과 문제점

(1) 장점

리더십의 특성이론은 어떤 자질이나 특성을 가진 사람이 리더가 되고 리더십을 효과적으로 발휘할 수 있는가에 대한 견해를 제시하고 있다.

표 14-2 리더의 특성

특성	빈도	특성	빈도
1. 신체적 특성		지배성	31
활동성, 정력	24	정서적 안정 · 통제력	14
2. 사회적 배경		독립성 · 비동조성	13
교육 정도	14	독창성 · 창조성	13
사회적 지위	19	자신감	28
3. 지능 · 능력		5. 일에 관계하는 특성	
지능	25	성취 욕구	21
지식	12	책임 욕구	17
화술	15	과업 지향	13
4. 인격 · 성격		6. 사회적 특성	
적응	11	관리 능력	16
공격성 · 자기주장	12	사회성 · 대인 관계 기술	35

Stogdill(1974: 74-75)에서 요약.

(2) 문제점

현재까지의 수많은 실증적 연구에도 불구하고 리더는 반드시 어떤 일정한 특성을 타고난 사람만이 리더가 되고 리더십을 발휘한다는 일반법칙적인 명제는 확립돼 있지 않다. 리더는 역사적 · 문화적 · 집단적 상황에 따라서 필요하고 적합한 자질이나 특성이 달라진다고 설명하는 것이 근래의 이론이다.

2 행태론적 이론

1) 의의

행태론적 리더십이론이란 리더의 행태(behavior)에 초점을 맞춰 리더십을 이해하고 설명하는 이론이다. 리더의 행동 패턴은 무엇이며 효과적인 리더십을 발휘하기 위해서는 리더가 어떤 유형의 행동과 역할을 하는가를 설명하는 것이 이 이론의 특색이다.

1930년대 이후 많은 행태과학자가 리더의 행동 유형을 분류했다. 예를 들면 파슨스(T. Parsons)와 에치오니(A. Etizioni)는 수단적(instrumental) 행동-표현적(expressive) 행동, 리피트(R. Lippitt)와 화이트(L. D. White)는 권위적 행동-민주적 행동-자유방임적 행동, 리커트

(R. Likert)는 착취적 행동-온정적 행동-협의적 행동-참여적 행동 혹은 생산 지향-인간 지향 등으로 다양하게 분류했다. 이와 같은 리더의 행동 유형을 정리해 보면 <표 14-3>에서 볼 수 있는 바와 같이 대체로 조직의 과업이나 생산에 관심을 갖는(혹은 그것을 강조하는) 행동 유형과 인간에 대해 관심을 갖는 행동 유형으로 나눌 수 있다.

표 14-3 리더의 행동 유형

관심 / 이론가	조직의 과업 및 생산	인간	기타
Etzioni/Parsons	수단적 행동	표현적 행동	
Cartwright/Zander	목표 달성	집단 유지	
Halpin	구조주도	배려	
Lippitt/White/ Tannenbaum/Schmidt	권위적	민주적	자유방임적
Kahn	생산 지향	인간 지향	
Bales	과업적	사회적	
Brown	체제 지향	인간 지향	
Likert	착취적(체제 1) 온정적(체제 2)	협의적(체제 3) 참여적(체제 4)	
McGregor	X이론	Y이론	
Blake/Mouton	생산	인간	
Reddin	과업	인간	

행태론적 리더십이론모형을 대표하는 몇 가지를 소개하면 다음과 같다.

2) 화이트와 리피트의 이론모형

1939년부터 1940년에 걸쳐 화이트와 리피트는 11세의 소년들을 대상으로 리더십에 대한 실증적 연구를 했다. 이 연구에서 리더십을 리더의 행동 및 역할을 기준으로 권위형(authoritarian) · 민주형(democratic) · 자유방임형(laissez-faire)으로 나누고, 그 각각의 특징을 다음과 같이 설명한다.

(1) 권위형 리더십

리더는 그 추종자(follower)의 의견을 들으려 하지 않으며, 조직의 목표와 그 운영 방침 및 상벌을 리더가 독단적으로 결정하고 수행한다.

(2) 민주형 리더십

조직의 계획과 운영 방침이 리더의 조언과 집단구성원의 참여와 토의를 거쳐 결정되며, 업적평가나 상벌의 시행은 객관적 자료에 근거해 이뤄진다.

(3) 자유방임형 리더십

리더는 조직의 계획이나 운영상 결정에 관여하지 않고, 국외자(局外者)와 같은 수동적 입장에서 행동하며, 조직의 일을 그 구성원들에게 맡겨버린다.

화이트와 리피트는 그들의 연구 결과에서 볼 때 민주형 리더십이 조직구성원들의 사기와 생산성의 향상, 그리고 조직의 분위기 조성에 가장 좋은 유형이라고 설명한다.

3) 오하이오주립대학교의 리더십 연구

오하이오주립대학교의 경영연구소(The Bureau of Business Research)는 1945년부터 리더의 행동조사표(Leader Behavior Description Questionaire: LBDQ)를 사용해 그 행동의 차원을 분류하고, 그것을 토대로 조직구성원의 심리적 만족과 생산성(업적)을 연구했다. 특히 헴필(J. K. Hemphill), 쿤스(A. E. Coons) 및 핼핀(A. W. Halpin) 등이 연구에 기여했다.

이 조사표는 리더가 실제로 어떻게 행동하고 있는가를 기술하도록 작성된 것이다. 이 연구소의 연구진은 "리더십이란 목표의 달성을 위해 집단을 지도하는 개인의 행동"이라고 규정하고, 리더의 행동을 두 가지 차원으로 좁혔다. 즉 하나는 '구조 주도(initiating structure)'이며, 또 하나는 '배려(consideration)'다.

(1) 구조 주도

구조 주도란 리더가 조직의 목표 달성을 위해 조직성원의 역할을 규정하고 구조화하는 것을 말한다. 즉, 조직구성원의 관계, 조직 내의 역할 패턴, 의사소통 통로, 업무 수행 절차, 감독 체계, 작업 관계 등을 명백하게 하는 데 중점을 두었다.

(2) 배려

배려란 리더와 조직성원 간의 우정 · 상호 신뢰 · 존경 · 지지 · 친밀성 · 의사소통의 개방 등을 말한다. 구조 주도는 일종의 과업 지향적(task oriented)이며, 조직의 요구를 강조하는 데 있다. 반면에 배려는 인간관계 지향적(human relations oriented)이며, 조직성원들의 욕구와 감정을 강조하는 차원이다.

위의 두 차원, 즉 구조 주도와 배려를 두 개의 분리된 축 위에 그림으로 표시할 수 있다([그림 14-3]). 이를 소위 '오하이오주립대학교의 리더십 4구분도(Ohio State Leadership Quadrants: OSLQ)'라고 부른다.

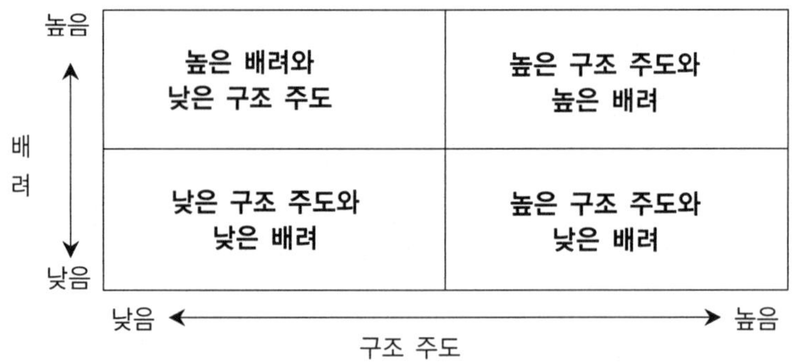

그림 14-3 오하이오주립대학교의 리더십 4구분도

이 표를 보면 리더십이 네 가지 범주(유형)로 나뉜다. 즉, ① 낮은 구조 주도와 낮은 배려, ② 높은 배려와 낮은 구조 주도, ③ 높은 구조 주도와 낮은 배려, ④ 높은 구조 주도와 높은 배려다.

여기에서 가장 효과적이고 바람직한 리더십은 높은 구조 주도와 높은 배려의 능력, 즉 조직을 위한 과업구조를 훌륭하게 편성할 리더십과 조직구성원들에 대한 인간관계적 관리를 능숙하게 수행할 수 있는 리더십이라는 것이다.

4) 미시간대학교의 리더십연구

미시간대학교 조사연구소(University of Michigan's Survey Research Center)는 오하이오주립대학교와 같은 시기에 리더십에 관한 연구를 했다. 이 연구에 관여한 대표적인 학자는 리커트, 칸과 카츠, 그리고 만(R. D. Mann) 등이다.

이 연구소에서는 주로 조직의 성과 및 효과성(performance/effectiveness)과 리더의 행동 특성(behavioral characteristics of leaders)이 어떤 관계를 갖는가를 찾아내는 일이었다. 연구팀은 우선 리더의 행동 유형을 [그림 14-4]에서 보는 바와 같이 직원 지향적(employee oriented) 유형과 생산 지향적(production oriented) 유형의 두 차원으로 나눴다.

(1) 직원 지향적 리더

직원 지향적 리더는 인간관계를 강조하고, 의사결정을 위임하며 지원적인 작업환경을 조성하고 직원들의 개인적 발전과 성취에 관심을 갖는다.

(2) 생산 지향적 리더

생산 지향적 리더는 조직구성원이 해야 할 직무절차와 계획 등 기술적 측면과 과업적 측면을 강조한다. 그들의 주요 관심은 조직의 과업을 성취하는 데 있으며, 직원은 그것을 성취하는 도구로 간주하는 것이다.

연구를 통해 얻은 결론은 대체로 직원 지향적 리더십이 생산 지향적 리더십보다 상대적으로 직원들의 만족감과 생산성을 높인다는 것이다. 이러한 결론은 리커트의 연구에서 엿볼 수 있다(Likert, 1961: 8-11 참조).

리커트는 산업조직과 정부조직의 리더십 연구를 통해 리더십의 유형을 ① 체제 1(system 1: 착취적 · 권위적 유형), ② 체제 2(system 2: 온정적 · 권위적 유형), ③ 체제 3(system 3: 협의적 · 민주적 유형), ④ 체제 4(system 4: 참여적 · 민주적 유형)로 분류했다. 이 중 연속선상의 한쪽 끝에 있는 체제 1은 직무 중심 혹은 생산 지향적 리더십, 반대편 끝에 있는 체제 4는 직원 지향적 리더십에 해당한다.

<table>
<tr><td colspan="2">생산 지향형
(직무 중심)</td><td colspan="2">――――――――</td><td colspan="2">직원 지향형
(인간 중심)</td></tr>
<tr><td>체제1
(착취적 권위형)</td><td colspan="2">체제2
(온정적 권위형)</td><td colspan="2">체제3
(협의적 민주형)</td><td>체제4
(참여적 민주형)</td></tr>
</table>

그림 14-4 미시간대학교의 리더십 유형

5) 블레이크와 모튼의 관리그리드

블레이크(R. Blake)와 모튼(J. S. Mouton)은 리더십훈련 및 조직 발전(OD)을 위한 방법을 탐구하는 과정에서 관리그리드(management grid) 모형을 개발함으로써 리더십의 행동 유형에 관한 새로운 개념을 정립했다. 그들은 우선 리더의 행동 유형을 기본적으로 생산에 대한 관심과 인간에 대한 관심으로 이원화했다. 그것은 앞에 살펴본 오하이오주립대학교와 미시간대학교의 분류와 유사하다. 그러나 그들은 거기에서 더 나아가 [그림 14-5]에서 보는 바와 같이 횡축에 생산에 대한 관심을 9칸으로 배열하고 또한 종축에 인간에 대한 관심을 9칸으로 배열해 두 가지 차원을 결합시킨 일종의 관리그리드(management grid, 管理格子)를 구성했다.

여기에는 생산에 대한 관심 정도 9×인간에 대한 관심 정도 9＝81개의 리더의 관심 유형(즉, 리더의 행동 유형)이 나타나고 있다. 이 중에 대표적인 리더의 행동 유형이 1-1, 1-9, 5-5, 9-1, 9-9 등 다섯 가지다. 이 모형은 생산에 대한 관심과 인간에 대한 관심을 결합하는 방식에 따라 리더십 행동 유형이 어떻게 달라지며, 그 결과가 어떻게 되는가를 보여준다. 다섯 가지 유형의 기본적인 특성을 살펴보면 다음과 같다.

(1) 1-1: **무기력형**(impoverished)

조직구성원에 대한 인간적 관심과 조직이 추구해야 할 생산에 대한 관심이 가장 낮은 리더십 유형이다. 조직이 겨우 생존할 수 있는 상태다.

(2) 1-9: **컨트리클럽형**(country club)

조직구성원에 대한 인간적 관심은 매우 높으나 생산에 대한 관심이 매우 낮은 리더십 유형이다. 리더는 인간관계를 만족스럽게 유지하기 위해 인간의 욕구를 만족시키는 데 주의를 기울이며, 온화하고 친근한 조직의 분위기를 조성하는 데 주력한다.

(3) 9-1: **과업형**(task)

조직구성원에 대한 인간적 관심보다는 조직의 생산과 과업의 성취에 주력하는 리더십 유형이다. 과업의 효율적 성취를 위해 조직구성원의 철저한 기능적 조직화와 감독 및 통제를 강조한다.

(4) 5-5: **중도형**(middle-the-road)

조직구성원에 대한 적당한 수준의 인간적 관심과 조직의 생산적 과업에 대한 적당한 수준의 관심을 타협·조정해 균형을 유지하는 리더십 유형이다. 조직 속의 인간에 대한 배려와 조직이 달성해야 할 과업의 최고 이상적 상태의 도달보다는 현실보다 다소간 향상된 수준에서 만족하는 유형이다.

(5) 9-9: **팀형**(team)

조직구성원에 대한 최고의 인간적 관심과 조직의 생산적 과업에 대한 최고의 관심을 통합해 추구하는 리더십 유형이다. 조직 내의 인간들 간의 상호 신뢰와 존경을 바탕으로 팀워크를 형성해 높은 사기를 조성하고 높은 생산성의 창출에 주력한다. 블레이크와 모튼은 팀형이야말로 가장 이상적인 리더십 유형이라고 규정한다.

관리그리드이론은 앞서 살펴본 오하이오주립대학교와 미시간대학교의 연구모형과 같은 맥

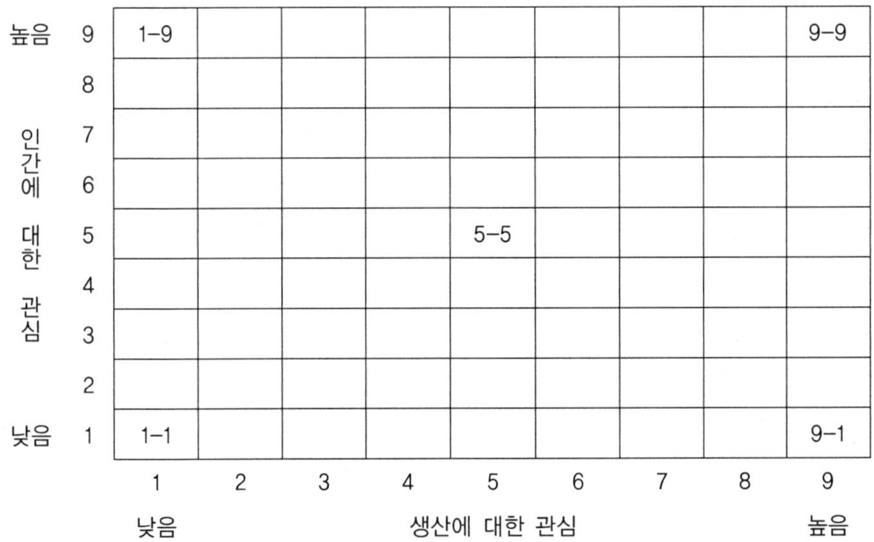

그림 14-5 관리그리드와 리더십 유형

Blake, Mouton, Barnes, & Greiner(1964: 136).

락에서 이해할 수 있다. 그러나 이 모형은 리더의 행동의 경향성 및 태도의 차원을 이해하는 데 훨씬 도움을 주는 한편 리더가 9-9형(팀형)에 도달하기 위해 어떻게 해야 할 것인가에 대해 구상하고 실행하도록 한다. 블레이크와 모튼은 그 방법으로서 리더십훈련 및 조직 발전(OD)의 전략 및 기법을 상당히 정교하게 제시하고 있다.

6) 장점과 문제점

(1) 장점

위에서 보는 바와 같은 행태론적 리더십이론들이 지니는 주요 장점은 다음과 같다.

첫째, 리더십이 이뤄지고 발휘되는 근원을 리더의 특성이나 자질보다는 리더의 행동에 둠으로써 리더십에 관한 실증적 연구와 이론을 발전시키는 데 기여했다.

둘째, 조직 및 집단의 생산성과 성과를 높이고 구성원의 심리적 만족을 주는 효과적인 리더십 행동 유형을 발전시키는 데 도움을 준다.

셋째, 미래의 리더를 육성하는 교육훈련 프로그램의 설계와 그 적용에 도움을 준다. 성공적이고 효과적인 리더십 행동모형을 발견하고, 그러한 수준으로 미래의 리더를 육성하는 교육훈련 프로그램을 개발할 수 있는 것이다. 특히 블레이크와 모튼의 관리그리드에서 그것을 엿볼 수 있다.

(2) 문제점

행태론적 리더십이론은 다음과 같은 문제점을 지니고 있다.

첫째, 리더의 행동 유형과 집단의 성과 및 효과성 간의 일관된 상관성을 확인할 일반화된 이론을 정립하기 어렵다.

둘째, 리더의 행동 유형만을 리더십 결정의 변수로 파악한다. 따라서 리더의 행동 유형에만 초점을 집중해 "하나의 최선의 이론(one-best-way theory)"을 정립하려고 한다. 리더십은 행동 이외에도 리더의 특성이나 자질, 기타 여러 환경 요소의 복합적 상호작용을 바탕으로 형성되는 것을 간과하고 있다. 예컨대, 민주형의 리더십이나 인간관계를 중요시하는 리더십이 어떤 조직의 상황에서나 효과적이고 이상적이라고 말할 수는 없는 것이다.

3 상황조건적합이론

1) 의의

상황조건적합 리더십이론(contingency theory of leadership)이란 조직이나 집단의 상황 조건에 리더의 행동이나 특성이 적합(fit)하게 됨으로써 효과적인 리더십이 형성되고 발휘된다고 설명하는 이론이다.

앞에 설명한 리더의 특성론이나 행태론은 모든 상황에 타당한 보편적 리더십 유형을 연구하고 탐색하는 것이다. 그러나 상황조건적합 리더십이론은 모든 상황에 타당한 최선 유일한 리더십은 존재하지 않는다고 본다. 리더의 특성이나 행동은 특정한 상황 조건과 적합한 관계를 이뤄야 상대적으로 효과적이라는 것이다. 지능이 탁월한 사람이 반드시 효과적이고 적합한 리더라고 단정할 수 없으며, 민주적 행동을 하는 사람이 반드시 최선의 리더라고 단정할 수 없다는 것이다. 그것은 조직의 구조, 과업, 부하들의 특성, 외부환경의 종류와 성격 등의 상황 변수와의 관계 속에서 규정하고 설명해야 한다는 것이다.

2) 피들러의 상황조건적합 리더십이론

(1) 피들러 이론의 의의

피들러(F. E. Fiedler)는 상황조건적합 리더십이론을 연구한 초기의 학자다(Fiedler, 1964:

149-190; 1967; 1984 참조). 그는 리더십의 유형을 ① 관계 지향적 리더십 ② 과업 지향적 리더십으로 분류하고 리더를 둘러싸고 있는 상황적 조건 및 변수를 ① 리더와 조직구성원의 관계, ② 과업구조, ③ 리더가 가지고 있는 지위 권력 등 세 가지로 규정한다.

그는 두 가지 유형의 리더십 중 어느 것이 효과적인 것인가를 세 가지 상황 조건 및 상황변수에 비춰 규정하고 있다. 어떤 유형의 리더십이 절대로 좋거나 나쁘다고 규정하지 않고, 상황이 이렇다면 이런 유형의 리더십이 적합하고 상황이 저렇다면 저런 유형의 리더십이 적합하다고 설명한다.

(2) 리더십의 유형

① 관계 지향적 리더십

관계 지향적(relationship-motivated) 혹은 관계 동기적 리더는 다른 사람과의 원만한 인간적 관계에 만족을 느끼는 사람이다. 사람들이 자기를 어떻게 보는가, 그들과의 관계가 어떤가에 따라 자부심이 크게 좌우되는 사람이다. 따라서 그의 리더십은 원만한 인간관계를 지향하는 데 있다.

② 과업 지향적 리더십

과업 지향적(task-motivated) 혹은 과업 동기적 리더는 그 주된 관심을 과업(직무)의 수행에 두고 그 성과에 만족을 느낀다. 따라서 과업을 부여하고 그것을 수행하는 기준과 절차를 중요시한다.

(3) 리더십 유형의 확인

피들러는 리더십의 유형을 두 가지로 나눴지만 조직 안에서 리더의 지위에 있는 사람이 자기가 어떤 형의 리더인가를 어떻게 알 수 있겠는가? 피들러는 리더가 어떤 유형인가를 확인(identifying)하고 알아내는 조사 방법을 고안해 적용했다. 소위 LPC 척도다. LPC란 최소 선호 동료, 즉 가장 덜 선호하는 동료(Least-Preferred Co-Worker)라는 말이다. 리더는 조직이나 집단 속에서 동료와 함께 작업한다. 피들러는 리더가 작업 상대로서 함께 일하기 가장 싫은 사람이 누구인가를 알아내기 위해 대인인지 척도(對人認知尺度)를 개발했다. 그것을 LPC 척도라고 한다.

그는 <표 14-4> LPC 척도에서 보는 바와 같이 18개의 설문조사 항목(때로는 16개 항목을 조사한 경우도 있음)을 정하고 각 설문 항목의 양쪽에 어의적(語義的, semantic)으로 대조되는 말을 쓰고 8개의 평가 등급(척도)을 정했다. 리더는 기왕에 함께 일해온 동료들 중에서 함께 일하기를 가장 선호하지 않는 동료를 각 항목별 평가 등급에 기재하도록 했다.

표 14-4 LPC 척도

귀하는 귀하와 더불어 과거에 가장 일을 잘할 수 없었던 사람이나 현재 잘할 수 없는 사람을 생각해 보시오. 그 사람은 귀하와 개인적으로나 감정적으로 가장 싫어하는 사람일 필요는 없고 다만 함께 일하기에 가장 어려웠거나 어려운 사람이어야 합니다. 18개 항목의 양쪽에 어의적(semantic)으로 다른 말들이 짝지어져 있습니다. 그 사이의 숫자 하나를 골라 ×표를 하십시오.

			점 수
유쾌한 사람	:8 7 6 5 4 3 2 1:	불쾌한 사람	
친절한 사람	:8 7 6 5 4 3 2 1:	불친절한 사람	
거부적인 사람	:1 2 3 4 5 6 7 8:	수용적인 사람	
긴장하는 사람	:1 2 3 4 5 6 7 8:	여유 있는 사람	
거리감이 있는 사람	:1 2 3 4 5 6 7 8:	친근한 사람	
냉정한 사람	:1 2 3 4 5 6 7 8:	다정한 사람	
지지적인 사람	:8 7 6 5 4 3 2 1:	적대적인 사람	
따분한 사람	:1 2 3 4 5 6 7 8:	흥미있는 사람	
싸움을 잘하는 사람	:1 2 3 4 5 6 7 8:	조화 · 화목하는 사람	
침울한 사람	:1 2 3 4 5 6 7 8:	쾌활한 사람	
개방적인 사람	:8 7 6 5 4 3 2 1:	폐쇄적인 사람	
비겁한 사람	:1 2 3 4 5 6 7 8:	충실한 사람	
신뢰할 수 없는 사람	:1 2 3 4 5 6 7 8:	신뢰할 수 있는 사람	
사려 깊은 사람	:8 7 6 5 4 3 2 1:	사려 깊지 못한 사람	
더러운 사람	:1 2 3 4 5 6 7 8:	멋진 사람	
마음에 드는 사람	:8 7 6 5 4 3 2 1:	마음에 맞지 않는 사람	
불성실한 사람	:1 2 3 4 5 6 7 8:	성실한 사람	
친절한 사람	:8 7 6 5 4 3 2 1:	불친절한 사람	
		총점	

Fiedler, Chemers, & Mahar(1984).

조사 결과 LPC 점수가 비교적 높은 64점 이상인 경우는 우호적이며 긍정적으로 최소 선호 동료를 평가한 것이며, 57점 이하인 경우는 비우호적이고 부정적으로 최소 선호 동료를 평가한 것이다(점수의 높고 낮음은 피들러의 논문이나 저서에 따라 약간 차이가 있음).

그러면 위와 같은 LPC 점수가 리더십의 유형과 무슨 관계를 갖는가? 피들러는 LPC 점수를 기준으로 리더십의 기본적 유형을 확인할 수 있다고 믿었다.

64점 이상의 높은 점수로 최소 선호 동료를 평가하는 리더는 관계 지향적 리더십이라는 것이다. 마음에 들지 않는 동료도 우호적으로 평가하고 인간관계를 중요시하기 때문이다. 57점 이하의 낮은 점수로 최소 선호 동료를 평가하는 리더는 과업 지향적 리더십이라는 것이다. 마음에 들지 않는 동료에 대해 비우호적이며 다만 과업만을 중요시하기 때문이다.

위에 말한 64점 이상과 57점 이하 사이에 속하는 사람들이 있다. 피들러는 이들의 리더십 유형은 뒤에 언급하는 바와 같은 상황에 관계없이 항상 일정하다고 가정했다. 말하자면, 관계 지향적 리더십은 항상 관계 지향적이고, 과업 지향적 리더십은 항상 과업 지향적이라고 보는 것이다.

(4) 리더십 선택에 영향을 미치는 상황변수

피들러는 LPC를 통해 리더십의 유형을 확인한 후 효과적인 리더십의 선택과 관계되는 상황변수들에 주목했다. 그는 리더와 그를 둘러싼 상황이 일치(match)하는 경우에, 다른 말로 표현하자면 리더에게 주어진 상황이 리더에게 호의성(favorableness of the situation)을 갖는 경우에 효과적인 리더십이 확립된다고 본다. 따라서 그는 다음과 같은 세 가지 상황변수를 들어 설명한다.

① 리더와 구성원의 관계

리더와 구성원의 관계(leader-member relation)란 집단구성원이 리더를 지지하고 따르는 정도가 어떠한가, 그 정도가 리더에게 호의적인가 아닌가를 말한다.

② 과업구조

과업구조(task structure)란 집단이 해결해야 할 문제와 목표, 작업 방법과 절차의 구조적 명확성과 구체성이 어느 정도인가를 말한다.

③ 직위의 권력

직위의 권력(position power)이란 리더의 직위에 부하를 지휘할 수 있는 공식적 권력이 부여되는 정도를 말한다. 즉, 부하에 대해 명령·지시·감독 및 상벌을 시행할 수 있는 공식적 권력이 강한가, 약한가를 말한다.

(5) 상황 조건과 적합적 리더십 유형

피들러는 위와 같은 세 가지 상황변수를 조합해 여덟 가지 상황 조건을 설정하고, 각 상황을 리더와 매칭(matching)해 각 상황 조건에 적합하고 효과적인 리더십 유형을 규정했다([그림 14-6] 참조). 여덟 가지 상황 중 세 가지만 설명하면 다음과 같다.

① 상황 Ⅰ

리더와 구성원의 관계가 좋고, 과업이 잘 구조화돼 있으며 리더의 직위 권력이 강한 경우는 과업 지향적 리더십이 적합하다.

② 상황 Ⅳ

리더와 구성원의 관계가 좋지만, 과업이 구조화되지 않고 리더의 직위 권력이 약한 경우는 관계 지향적 리더십이 적합하다.

③ 상황 Ⅷ

리더와 구성원의 관계가 나쁘고, 과업이 구조화돼 있지 않지만 리더의 직위 권력이 강한 경우는 과업 지향적 리더십이 적합하다.

전체적으로 보면 상황이 리더에게 호의적인 상황(Ⅰ,Ⅱ,Ⅲ)과 비호의적인 상황(Ⅶ,Ⅷ)은 과업 지향적 리더십이 적합하다고 규정하며, 호의적이지도 비호의적이지도 않은 상황(Ⅳ,Ⅴ,Ⅵ)은

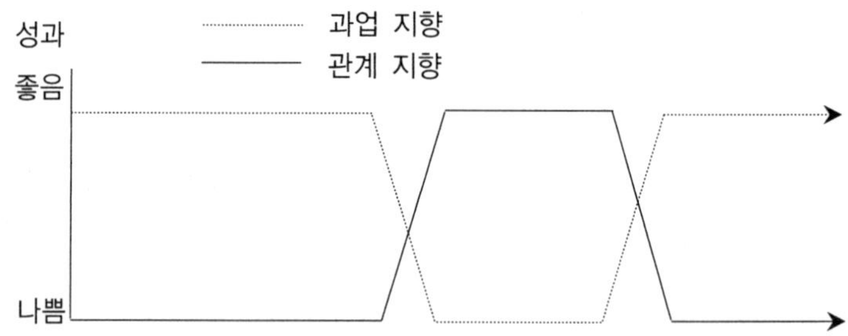

<table>
<tr><td></td><td rowspan="2">LPC 점수와 리더십 유형</td><td colspan="2">높음</td><td colspan="6">관계 지향적 리더십</td></tr>
<tr><td></td><td colspan="2">낮음</td><td colspan="6">과업 지향적 리더십</td></tr>
<tr><td></td><td>상황의 호의성 정도</td><td colspan="8">호의적 ⟵⟶ 비호의적</td></tr>
<tr><td rowspan="3">상황변수</td><td>리더와 구성원 관계</td><td>좋음</td><td>좋음</td><td>좋음</td><td>좋음</td><td>나쁨</td><td>나쁨</td><td>나쁨</td><td>나쁨</td></tr>
<tr><td>과업구조</td><td colspan="2">구조화</td><td colspan="2">비구조화</td><td colspan="2">구조화</td><td colspan="2">비구조화</td></tr>
<tr><td>직위 권력</td><td>강</td><td>약</td><td>강</td><td>약</td><td>강</td><td>약</td><td>강</td><td>약</td></tr>
<tr><td></td><td>상황</td><td>Ⅰ</td><td>Ⅱ</td><td>Ⅲ</td><td>Ⅳ</td><td>Ⅴ</td><td>Ⅵ</td><td>Ⅶ</td><td>Ⅷ</td></tr>
<tr><td></td><td>적합한 리더십 유형</td><td colspan="3">과업 지향적 리더십</td><td colspan="3">관계 지향적 리더십</td><td colspan="2">과업 지향적 리더십</td></tr>
</table>

그림 14-6 피들러의 상황적합 리더십이론 요약도

Fiedler(1972: 455; 1978: 114) 참조해 재작성.

관계 지향적 리더십이 적합하다고 규정한다. 리더는 조직과 집단 상황이 자신에게 좋고 유리한 경우에는 조직과 집단을 효과적으로 통제하는 과업 지향이 적합하며, 자신에게 상황이 비호의적이고 불리한 경우에도 오히려 과업 지향적 통솔을 함으로써 조직과 집단을 통제한다고 설명한다. 또한 자신에게 상황이 좋지도 나쁘지도 않은 경우에는 인간관계적 리더십을 행사하더라도 중간 상태의 과업 수행 성과를 확보할 수 있는 것으로 설명한다.

(6) 장점과 문제점

피들러의 이론은 효과적이고 적합한 리더십 유형을 규정하고 설명하는 데 리더와 조직을 둘러싸고 있는 특정한 상황적 조건이나 변수를 고려하는 접근 방법을 도입함으로써 리더십 연구에 새로운 지평을 개척했다.

그러나 그의 이론에서는 특정한 리더십 유형은 특정한 상황에 좀 더 적합하다고 설명하지만 왜 그런지를 충분히 설명하지 않고 있으며 상황변수로 제시하는 리더와 구성원의 관계 등이 좋다 혹은 나쁘다고 규정하는 것은 무엇에 근거하는 것인지 불명확하다. 그리고 LPC 척도와 그 적용이 어느 정도의 객관적 타당성을 지니고 있는지 의문이다.

3) 허시와 블랜차드 등의 상황적 리더십이론

(1) 허시와 블랜차드 등의 이론의 의의

허시(P. Hersey)와 블랜차드(K. H. Blanchard) 등도 상황적 리더십이론(situational leadership theory: SLT)을 구성했다. 그들이 제시한 상황적 리더십이론은 부하의 성숙도(능력과 의욕)를 여러 가지로 분류하고, 각각의 성숙도에 상응하는 적합적 리더십 유형이 무엇인가를 설명하는 것이다.

허시와 블랜차드 등은 1969년에 간행한 저서(Hersey & Blanchard, 1969)에서 SLT 이론을 내놓은 후 여러 차례에 걸쳐 내용을 수정하고 공동 저자도 약간의 변화가 있었다. 그러므로 언제, 어떤 공저자들이 내놓은 저서의 내용을 소개하는가에 따라 설명 내용에 다소의 차이가 있다. 여기에서는 허시, 블랜차드와 존슨(D. E. Johnson)이 공저한 저서(Hersey, Blanchard, & Johnson, 1996)와 블랜차드와 지가미(P. & D. Zigarmi) 등의 저서(Blanchard, Zigarmi, & Zigarmi, 1985)에 근거해 설명한다.

허시, 블랜차드와 존슨 등은 리더십을 설명하면서 리더와 추종자, 즉 리더와 부하의 관계에 초점을 맞춘다. 그들은 리더의 행동을 지시적 행동과 협조적 행동으로 나누고, 효과적이고 적합한 리더십 유형을 결정하는 조건으로 부하의 성숙도(능력과 의욕)를 중요시한다. 부하의 성숙도(성숙 수준)를 넷으로 분류하고, 각 수준에 적합한 네 가지 리더십 유형을 제시한다. 좀 더 상세히 설명하면 다음과 같다.

(2) 리더의 행동

허시 등은 리더의 행동을 지시적 행동과 협력적 행동으로 나눈다. 지시적 행동은 집단의 목표 달성을 위해 부하들에게 행동할 바를 세세하게 명령하고 지시하는 것을 말한다. 그리고 협력적 행동이란 부하들과의 의사소통과 인간관계를 중요시하고 지원하며 고무하는 등의 행동을 말한다. 이와 같은 지시적 행동과 협력적 행동을 조합하면 [그림 14-7]에서 보는 바와 같이 네 가지 행동 유형(style: S)이 도출된다.

S1: 높은 지시 · 낮은 협력적 행동 – 지시적 행동
S2: 높은 지시 · 높은 협력적 행동 – 설득적 행동
S3: 높은 협력 · 낮은 지시적 행동 – 참여적 행동
S4: 낮은 지시 · 낮은 협력적 행동 – 위임적 행동

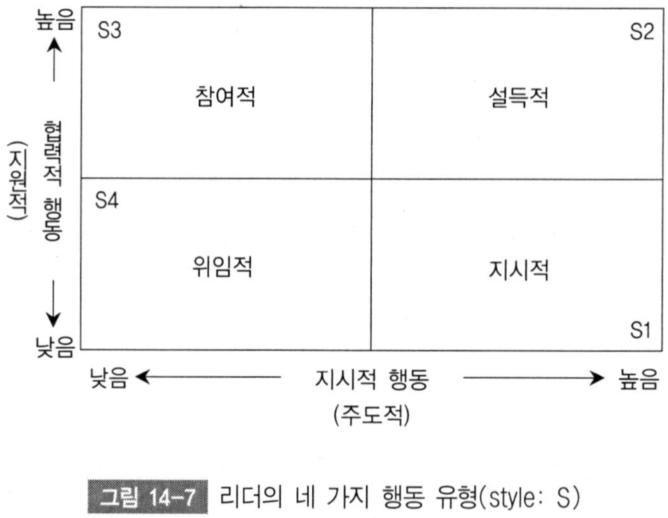

그림 14-7 리더의 네 가지 행동 유형(style: S)

(3) 부하의 성숙도

부하의 성숙도(readiness: R)란 조직이나 집단이 수행하는 특정한 과업의 달성을 위해 필요한 부하들의 능력(abillity)과 자발적 의욕(willingness)의 수준 혹은 그것들이 준비돼 있는 상태를 말한다. 능력이란 지식 · 경험 및 기술을 말하며, 의욕이란 자신감 및 동기 등을 말한다

(허시와 블랜차드 등은 부하의 성숙도를 함의하는 개념으로 readiness(R) 외에 maturity(M)와 development(D)를 쓰기도 한다). 부하의 성숙도(R)는 다음과 같이 네 가지 수준의 연속체(continuum)를 이룬다. 즉, 낮은 수준(R1), 중간에서 낮은 수준(R2), 중간에서 높은 수준(R3), 그리고 가장 높은 수준(R4)으로 나뉜다.

R1: 낮은 수준의 성숙도－능력이 낮고 의욕이 약하며 불안하다.
R2: 중간에서 낮은수준(中下)의 성숙도－능력은 낮지만 의욕과 확신이 있다.
R3: 중간에서 높은수준(中上)의 성숙도－능력은 높지만 의욕이 약하고 불안하다.
R4: 높은 수준의 성숙도－능력이 높고 의욕과 확신이 있다.

표 14-5 부하의 성숙도의 연속선

높음	중간 정도		낮음
R4	R3	R2	R1

(4) 부하의 성숙도에 적합한 리더십 유형

허시와 블랜차드 등은 위와 같이 리더의 행동을 넷으로 분류하고 또한 부하의 성숙도를 넷으로 나눈 후, 부하의 각각의 성숙도에 상응하며 적합한 네 가지 리더십 유형(appropriate leadership style)을 제시하고 있다.

① 지시적 리더십

가장 성숙도가 낮은 부하들, 즉 능력이 낮고 자발적인 의욕이 약하며 심리적으로 불안한 부

표 14-6 부하의 각 성숙도에 적합한 리더십 유형

R 성숙도(성숙 수준)	S 적합한 리더십 유형
R1 낮은 수준의 성숙도 • 능력이 낮고 의욕이 약하며 불안함	S1 지시적 리더십 • 높은 지시 - 낮은 협력
R2 중간에서 낮은 수준(中下)의 성숙도 • 능력은 낮지만 의욕과 확신이 있음	S2 설득적 리더십 • 높은 지시 - 높은 협력
R3 중간에서 높은 수준(中上)의 성숙도 • 능력은 높지만 의욕이 약하고 불안함	S3 참여적 리더십 • 높은 협력 - 낮은 지시
R4 높은 수준의 성숙도 • 능력이 높고 의욕과 확신이 있음	S4 위임적 리더십 • 낮은 협력 - 낮은 지시

Hersey, Blanchard, & Johnson(1996).

하들에게는 지시적 행동을 하는 리더십이 적절하다. 지시적 리더십(telling leadership)은 부하들에게 지시의 정도가 높고 지원하고 고무하기보다는 교도(guiding)하고 지휘하며, 단정적(establishing)인 통솔 행동을 하는 것이다.

② 설득적 리더십

성숙 수준이 중간에서 낮은 정도에 있는 부하들에게는 설득적 리더십(selling leadership)이

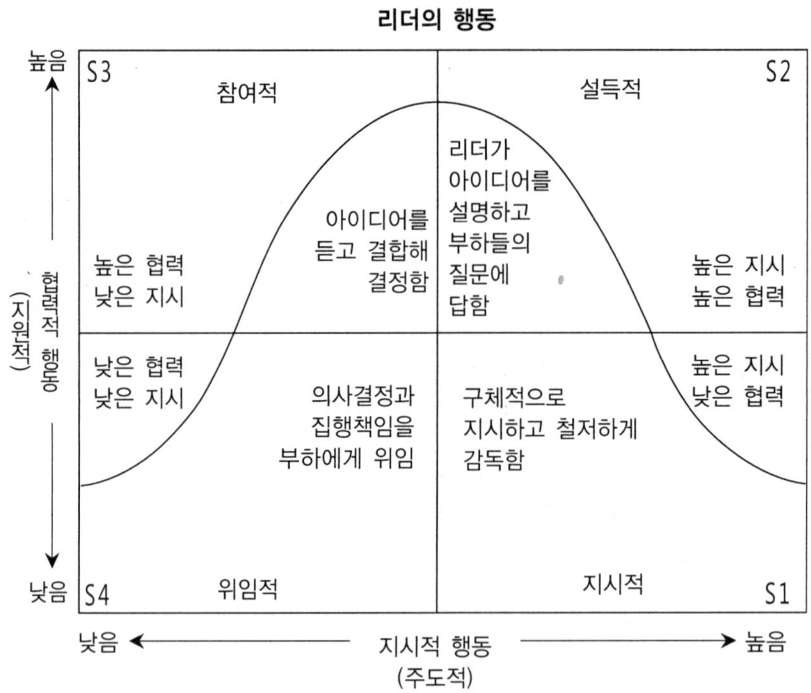

부하의 성숙도

높음	중간 정도		낮음
R4	R3	R2	R1
능력이 높고 의욕과 확신이 있음	능력은 높지만 의욕이 약하고 불안함	능력은 낮지만 의욕과 확신이 있음	능력이 낮고 의욕이 약하며 불안함

자율적 (R4–R3) / 타율적 (R2–R1)

그림 14-8 허시와 블랜차드 등의 상황적 리더십 모형도

Hersey, Blanchard, & Johnson(1996).

적절하다. 부하의 능력은 낮지만 의욕은 있으므로 높은 지시와 더불어 설득하고 설명하며 설복(persuading)하는 방법이 좋은 것이다.

③ 참여적 리더십

성숙 수준이 중간에서 높은 정도에 있는 부하들에게는 참여적 리더십(participating leadership)이 적절하다. 부하들이 의욕은 약하지만 능력은 높으므로 지시의 수준을 낮추고 고무(encouraging)하며, 협동(collaborating)하는 방법이 좋은 것이다.

④ 위임적 리더십

성숙도가 가장 높은 부하들에 대해서는 위임적 리더십(delegating leadership)이 적절하다. 부하들이 능력과 의욕이 모두 높으므로 그들에게 과업 수행을 위임하고 지시와 협력을 낮추며 일하는 것을 관찰(observing)해 때때로 부족한 것을 채워서 완성하게 하는 것이 좋은 것이다.

(5) 장점과 문제점

허시와 블랜차드 등이 제시한 상황적 리더십 이론은 부하들의 성숙도에 맞춰 적합한 리더십 행동을 탐구한 것으로서 상황조건 적합적 관점에서 리더십이론을 발전시키는 데 기여했다. 그러나 상황변수를 부하의 성숙도에만 한정함으로써 이론적 논리는 명쾌하지만 너무 단순하게 구성됐고 성숙도를 지칭하는 능력과 의욕 등의 개념이 모호하다.

4) 하우스 등의 경로-목표이론

(1) 경로-목표이론의 의의

경로-목표 리더십이론(path-goal theory of leadership)은 하우스(R. J. House) 등이 내놓은 상황적합적 리더십이론이다. 이 이론은 리더가 그 부하들과 더불어 달성할 조직의 목표(goal)를 설정하고 목표의 달성 경로(path)를 명확하게 제시하며, 부하들이 목표 달성을 위해 일하도록 동기를 부여하는 리더십 유형을 구상하고 설명하는 데 초점을 두고 있다.

따라서 이 이론의 내용은 리더의 기능 및 역할은 무엇이고, 리더의 행동은 어떤 유형으로 분류되며, 부하들이 지닌 특성과 그들의 직무 및 작업 상황에 적합한 리더십 유형은 무엇이며, 부하들의 동기부여는 어떻게 하는가 등에 집중돼 있다.

(2) 리더의 기능과 역할

경로-목표이론에서 강조하는 리더의 기능과 역할은 조직 및 부하들이 달성해야 할 목표를 설정하고, 목표 수행의 경로를 명시하며, 부하들이 목표 달성을 위해 노력하도록 동기를 부여하고, 목표 달성을 방해하는 장애물(roadblocks)을 제거하는 것이다. 경로-목표이론이 강조하는 동기부여의 방법은 동기의 기대이론(expantancy theory)에 근거한다.

(3) 리더의 행동 유형

경로-목표이론에서는 리더의 기본적인 행동 혹은 리더십 유형을 다음과 같이 네 가지로 분류한다.

① 지시적 행동

지시적(directive) 행동은 수단적(instrumental) 행동이라고도 한다. 이것은 리더가 부하들에게 구체적인 행동 기준과 지침 및 방법을 제시하고 무엇을 그들에게 기대하는지를 상세하게 말하고 지도하고 통제하는 것이다.

② 지원적 행동

지원적(supportive) 행동이란 리더가 부하들의 욕구를 배려하고 그들의 복지에 관심을 가지고 지원하며 구성원들의 인간관계를 강조한다.

③ 참여적 행동

참여적(participative) 행동이란 리더가 의사결정에 부하들을 참여시키고 그들이 자유롭게 의견을 제시하도록 하며 그것을 수렴해 결정하는 것이다.

④ 성취 지향적 행동

성취 지향적(achievement-oriented) 행동이란 리더가 부하들에게 도전적인 목표를 정해 제시하며 작업 수행 시에 의욕적인 개선을 강조하고 높은 수준의 목표 달성을 이끌어가는 것이다.

(4) 상황변수

리더는 기본적으로 위에 언급한 네 가지 행동 유형을 모두 지니고 있어야 한다. 그러나 리더가 어떤 유형의 행동을 선택해 이용하는 것이 효과적이고 적합한가는 상황에 따라 달라야 한다. 상황이 달라지면 상이한 유형의 리더 행동이 요구된다고 생각하는 것이다. 경로-목표모형에서는 두 가지 상황변수(부하의 특성과 직무·작업환경)가 효과적인 리더의 행동 및 리더십을 결정하는 데 영향을 미친다고 설명한다.

① 부하의 특성(상황변수 1)

부하의 특성에는 그들이 가지고 있는 통제의 위치(locus of control), 경험, 능력 및 욕구 등이 포함된다. 첫째, 통제의 위치란 부하들이 어떤 일의 결정이나 일의 결과에 대한 책임을 어

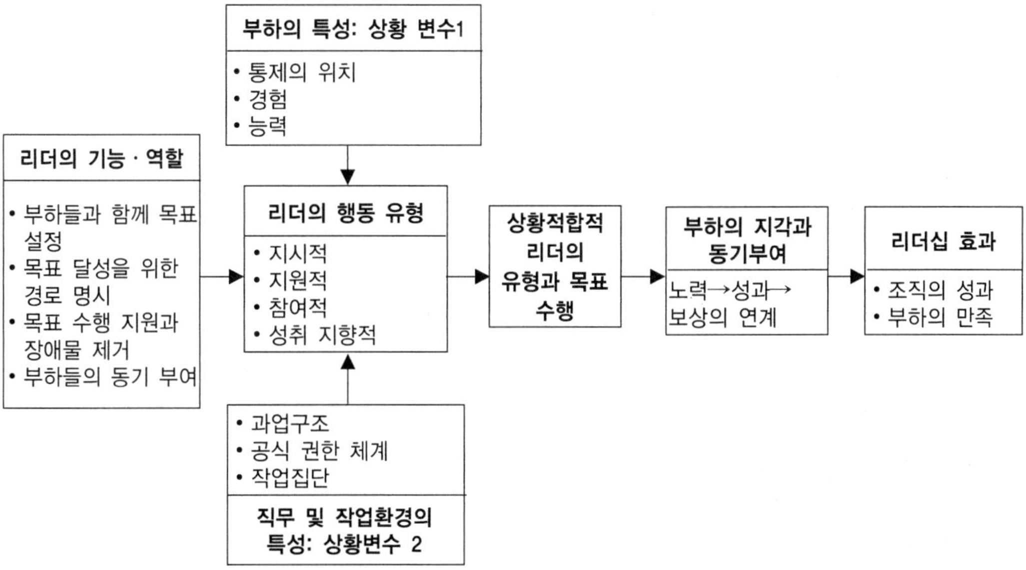

그림 14-9 경로-목표리더십이론의 틀

디에 두느냐에 관한 것이다. 이것은 내부적 통제 위치(internal locus of control)와 외부적 통제 위치(external locus of control)로 나뉜다. 내부적 통제 위치란 자신의 일과 운명을 스스로 결정하고 그 결과를 자신의 책임으로 돌리는 것을 말한다. 반면에 외부적 통제 위치란 외부적 원인이나 영향에 의해 자신의 일이나 운명이 결정되는 것으로 생각하고 결과가 좋지 않으면 책임을 외부(타인이나 운수 등)에 돌리는 것을 말한다. 둘째, 경험이란 담당해 수행하는 과업을 과거에 견문했거나 실행한 것을 말한다. 셋째, 능력이란 그 과업을 수행하는 데 필요한 정신적 · 육체적 · 기술적 역량의 유무와 고저를 말한다.

② 직무 및 작업환경의 특성(상황변수 2)

작업환경에는 과업의 구조 · 공식적 권한 체계 및 작업집단(primary work group) 등의 상태가 포함된다. 첫째, 과업의 구조란 과업의 내용과 구성 요소들 사이에 확립된 관계의 패턴을 말한다. 그것은 구조적-비구조적, 일상적(반복적)-비일상적(비반복적), 명확-불명확의 형태로 나타난다. 둘째, 공식적 권한 체계란 과업 수행과 관련되는 공식 권한의 체계를 말한다. 그것이 충분하게 있는 경우와 없는 경우로 나눠 생각할 수 있다. 셋째, 작업집단이란 함께 과업을 수행하는 구성원들의 집합체를 말한다. 집단구성원들은 성숙도의 고저, 규범 의식의 강약, 인간관계의 호오(好惡) 등을 지니고 있다.

(5) 상황적합적 리더십 유형의 선택

리더는 위와 같은 상황변수를 고려해 부하들에게 만족을 주고 조직의 목표 수행에 적합하고 효과적인 리더십을 발휘해야 한다. 리더는 부하들이 바라는 것, 그들에게 필요한 것을 제공하고 그들을 만족시켜야 한다. 그들의 욕구에 합치되는 것, 또는 그들에게 필요하지만 그것이 상황변수 속에는 결여된 것(부족한 것)을 제공해 보충할 수 있는 행동을 함으로써 그들의 동기와 노력을 유발해야 한다.

부하들의 욕구에 합치되지 않는 것, 혹은 그들이 이미 가지고 있는 것은 그들에게 제공해도 동기와 노력을 유발하는 데 도움이 되지 않는다. 예를 들면 과업의 목표와 경로를 모르거나 그 수행 능력이 부족한 부하에게는 그것을 상세하게 알려주고 지시하는 행동이 필요하지만, 유능한 부하에게는 지시적 리더의 행동이 적합하지 않다.

그러므로 리더는 다음과 같이 상황변수를 잘 파악하고 고려해 효과적이고 적합한 리더십을 발휘해야 한다(Daft & Noe, 2001: 394; Yukl, 1981: 146-152 참조).

① 지시적 리더십

부하들이 과업 수행 경험과 능력이 낮고, 과업이 불명확하게 할당돼 역할이 모호하며, 과업의 구조화 정도가 낮고 규정과 절차의 확립 정도가 낮은 상황에서는 지시적 리더십이 적합하다. 리더가 세밀하게 과업 수행을 지시하고 과업 내용, 역할 및 구조를 명확하게 해주고 지시함으로써 조직의 성과를 증대하고 성과에 따라 부하의 보상을 증대하며 그들의 만족도를 증진할 수 있다.

② 지원적 리더십

부하들이 과업과 관련해 자신감이 부족하거나 권태 및 불안감을 갖는 경우에는 리더가 지원적 리더십을 발휘함으로써 부하가 자신감을 얻고 불안이나 권태의 감정을 줄여 과업을 위해 노력하고 큰 만족감을 갖는다.

③ 참여적 리더십

모호성이 높고 도전적인 과업을 수행하는 부하들, 또는 통제의 위치가 내부적인 부하들(자기의 운명을 스스로 통제할 수 있다고 믿는 부하들)에게는 참여적 리더십이 적합하다. 참여적 리더십을 통해 그들의 과업과 역할을 명확하게 하며 욕구를 파악해 보상함으로써 그들의 노력과 만족을 증대시킨다.

④ 성취 지향적 리더십

부하들이 도전적이고 성취 지향적임에도 불구하고 그들에게 부여된 과업이 단순하고 반복적인 경우에는 성취 지향적 리더십이 효과적이고 적합하다. 좀 더 도전적이고 새로운 목표와 과업을 부여함으로써 그들이 더욱 높은 자존심과 기대 속에서 노력하고 만족하게 된다.

(6) 장점과 문제점

경로-목표이론은 여러 가지 장점과 더불어 문제점도 지니고 있는 이론이다(Northouse, 2007, 김남현 옮김, 2009: 184-188 참조).

장점을 말하면, ① 상황의 특성에 적합한 리더의 행동이 부하들의 만족과 업무 성과에 미치는 영향을 논리적으로 설명하는 이론 체계를 제시한다. ② 동기부여이론의 하나인 기대이론을 리더십이론에 접목한 독특한 이론 체계를 세웠다. ③ 리더가 부하들과 그 작업환경의 상황적 특성을 파악해 부하들을 도울 수 있는 실제적 유용성을 지닌 이론이다.

그러나 몇 가지 단점을 말하면, ① 개념적으로 복잡하고 여러 가지 상이한 리더십의 측면을 통합하고 있기 때문에 이론의 의미를 해석하는 데 혼동을 일으킨다. ② 목표의 달성을 위해 부하들을 만족시키고 동기를 유발하는 데 초점을 두지만 리더의 영향력과 지원하는 자원의 수준과 같은 요인들이 명확하지 않다. ③ 이론의 타당성 검증이 충분하지 않다.

5) 브룸과 예튼 등의 규범적 리더십이론

(1) 규범적 이론의 의의

브룸(V. H. Vroom)과 예튼(P. W. Yetton) 등은 리더를 의사결정자로 규정하고 의사결정자로서 리더의 역할에 초점을 맞춰 상황적합이론을 개발했다. 리더는 좋은 의사결정을 함으로써 효과적인 리더가 된다고 설명한다. 다시 말하면, 리더가 의사결정에서 고려해야 할 처방을 제시하고 그것을 따름으로써 효과적인 리더가 된다고 한다. 그래서 그들의 이론을 규범적 리더십 이론모형(normative model of leadership)이라고 한다.

브룸은 예튼과 함께 1973년에 이론을 개발하고, 1988년에는 야고(A. G. Jago)와 공동으로 수정이론을 내놓았다(Vroom & Yetton, 1973; Vroom & Jago, 1988). 1973년에 내놓은 초기의 이론을 보면 집단구성원이 의사결정에 참여하는 수준을 기준으로 리더십을 권위형 · 협의형 · 참여형으로 분류하고, 상황 조건 변수로서 일곱 가지의 의사결정규칙을 제시한다. 리더는 제시된 규칙을 적용해 적합한 리더십 유형을 판단한다.

(2) 리더십의 유형

브룸과 예튼은 조직의 의사결정을 리더가 독단적으로 하는 수준으로부터 조직구성원이 참여하는 수준에 이르기까지 일련의 참여 수준(levels of particapation)에 따라 리더십을 다음과 같이 권위형·협의형·참여형으로 크게 분류하고, 그것을 세부적으로 다섯 가지 유형으로 나눈다(Vroom & Yetton, 1973: 13).

■ 권위형(autocratic) 리더십 (A)

① AⅠ: 리더는 입수한 정보를 이용해 독단적으로 문제를 해결하거나 의사결정을 한다.

② AⅡ: 리더는 부하들로부터 필요한 정보를 얻지만 의사결정은 독단적으로 한다.

■ 협의형(consultative) 리더십(C)

③ CⅠ: 리더는 개별적으로는 부하들과 문제를 공유하지만 의사결정은 독단적으로 한다.

④ CⅡ: 리더는 집단회의(group meeting)에서 부하들과 문제를 공유하지만 의사결정은 독단적으로 한다.

■ 참여형(group decision) 리더십(G)

⑤ GⅡ: 리더는 집단회의에서 부하들과 문제를 공유하고 토론과 합의를 통해 의사결정을 한다.

기본 유형	권위형(A)	협의형(C)	참여형(G)
세부 유형	AⅠ AⅡ	CⅠ CⅡ	GⅡ
의사결정 주도 수준	리더의 주도		구성원의 주도

그림 14-10 리더십의 유형

(3) 상황 조건 변수와 규범적 의사결정 규칙

브룸은 위와 같은 리더십 유형 중 어느 것이 효과적이고 적합한 것인가는 상황 조건 변수 혹은 상황의 속성을 판단해 제외할 것이 무엇인가를 가려내어 의사결정을 해야 한다고 제안하며, 다음과 같이 일곱 가지의 규범적 의사결정규칙(normative decision rules)을 제시한다.

■ 의사결정의 질(quality)을 확보하기 위한 규칙

① 리더의 정보규칙(information rule)

의사결정에는 질이 중요하다. 따라서 리더가 충분한 정보나 전문성이 없으면 권위적 의사결정 스타일(AⅠ)은 제외한다.

② 목표 일치 규칙(goal congruence rule)

의사결정의 질이 중요한데 부하들이 올바른 결정을 할 수 없다면 높은 수준의 참여적 의사결정 스타일(GⅡ)은 제외한다.

③ 비구조적인 문제의 규칙(unstructured problem rule)

의사결정의 질이 중요하지만 리더가 충분한 정보나 전문성을 갖지 못하거나 해결해야 할 문제가 구조화돼 있지 않은 경우에는 권위적 의사결정 스타일(AⅠ, AⅡ)은 제외한다.

■ 의사결정의 수용(acceptance)을 확보하기 위한 규칙

④ 수용 규칙(acceptance rule)

결정한 사항을 효과적으로 집행하기 위해 그것을 부하들이 수용하는 것이 중요하다면 권위적인 결정 스타일은 제외한다.

⑤ 갈등 규칙(conflicting rule)

결정한 사항을 효과적으로 집행하려면 부하들이 그것을 수용하고 갈등이 없어야 하는데, 목표의 달성 수단을 둘러싸고 견해가 상충하고 갈등이 있다면 권위적 결정 스타일은 제외한다.

⑥ 공정성 규칙(fairness rule)

의사결정의 질은 별로 중요치 않지만 부하들의 수용이 중요한 경우에는 최고의 참여적 결정 스타일이 유용하다.

⑦ 수용의 우선순위 규칙(acceptance priority rule)

권위적인 의사결정을 하는 경우에 그 결과가 불확실하거나 부하들이 조직의 목표 달성을 위한 동기부여가 돼 있지 않은 상태라면 높은 참여적 의사결정 스타일이 유용하다.

(4) '의사결정나무'와 상황조건 적합적 리더십 유형의 발견

브룸은 위와 같은 의사결정규칙을 적용해 각 상황 조건 변수 및 상황 속성에 적합한 리더십 유형이 무엇인가를 발견하려고 한다. 그 방법으로서 소위 '의사결정나무(decision tree)'를 고안했다. [그림 14-11]에서 보는 바와 같이 A부터 G까지의 질문에 답하면서 의사결정 나뭇가지의 경로를 따라가 보면 리더가 각각의 상황 속에서 효과적이고 적합한 의사결정이 무엇인가를 발견하게 된다. 다시 말하면, 의사결정자인 리더의 상황조건적합적 리더십이 무엇인가를 확인하

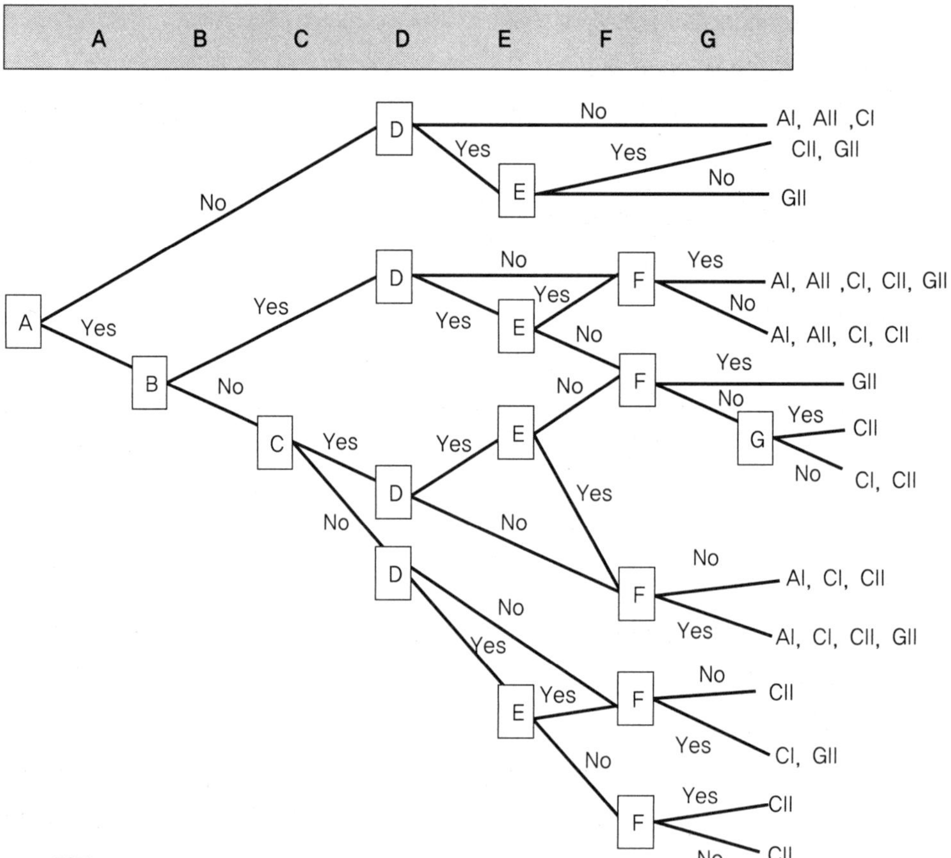

• 질문:

A: 질적 수준이 높은 의사결정이 요구되는가?
B: 리더가 홀로 질이 높은 의사결정을 하는 데 필요한 충분한 정보를 가지고 있지 않는가?
C: 결정할 문제가 구조화돼 있지 않는가?
D: 결정 내용을 부하가 수용하는 것이 그것을 집행하는 데 중요한가?
E: 리더가 홀로 의사결정을 하는 경우에 그것을 부하가 수용할 가능성이 있는가?
F: 부하들은 이 문제의 해결을 통해 달성할 목표를 공유하고 있는가?
G: 부하들이 목표 달성 방법에 관해 동의하지 않는 경우에 의사결정을 하면 부하들 간에 갈등이 일어날 수 있는가?

그림 14-11 의사결정나무와 상황적합적 리더십 유형

게 되는 것이다. [그림 14-11]을 보면서 한 가지 예를 들면 A에서 '질적 수준이 높은 의사결정이 요구되는가?'라는 질문에 '아니오(No)'라는 답이 나왔다. 그리고 D로 질문이 연결돼 '결정 내용을 부하가 수용하는 것이 중요한가?'라는 물음에 아니오(No)라고 답하고 있다. 이러한 상

황에 효과적인 의사결정, 혹은 적합한 리더십 유형은 AⅠ, AⅡ 및 CI이라는 것이다.

(5) 수정이론

브룸은 1988년에 야고와 공동으로 기존 이론을 수정해 제시했다(Vroom & Jago, 1988; Vroom, 2000: 82-93). 과거의 이론에서 제시한 다섯 가지 리더십 유형을 좀 더 명확한 개념으로 바꾸고, 상황 조건 변수를 새롭게 제시했으며, 그것을 높음(H)과 낮음(L)의 기준으로 평가하는 방법을 제시했다. 또한, 과거의 이론에서는 다루지 않았던 사항들을 포함시켰다. 예를 들면 의사결정에서 시간에 대한 관심과 결정규칙에 수학적 함수를 도입한 것 등이다. 이와같이 새롭게 제시한 여러 이론 중에서 몇 가지를 설명하면 다음과 같다.

① 리더십 유형

리더가 부하들에게 권한을 부여하고 의사결정에 참여를 허용하는 수준을 기준으로 리더십 유형을 다섯 가지로 분류했다. 즉, 지시형(decide style), 개별 협의형(consult individually style), 집단협의형(consult group style), 촉진형(facilitate style), 위임형(deligate style)이다. 이 다섯 가지 유형의 리더십은 1973년에 제시한 AI, AII, CI, CII, GII의 내용과 대동소이하다.

② 상황 조건 변수

브룸과 야고는 일곱 가지의 상황 조건 변수를 제시하고 리더는 각 상황 조건 변수를 높음(H)과 낮음(L)의 기준에 따라 평가해 그것을 효과적이고 적합한 리더십 유형의 선택에 적용할 것을 제안한다. 그들이 제시한 상황 조건 변수는 ① 결정의 유의성(decision significance)-문제의 중요성 및 질 높은 결정이 필요한 정도, ② 몰입의 중요성(importance of commitment)-의사결정에 대한 부하들의 몰입의 중요도, ③ 리더의 전문성(leader expertise)-리더가 질적 수준이 높은 의사결정을 할 수 있는 능력 및 정보 능력, ④ 몰입가능성(likelihood of commitment)-리더의 결정에 대한 부하들의 지지와 추종의 가능성, ⑤ 팀의 지원(team support)-문제 해결에서 부하들의 이해관계의 연관 정도 및 목표의 공유 정도, ⑥ 팀의 전문성(team expertise)-부하들의 질적 수준과 정보 능력, ⑦ 팀역량(team competence)-팀원들이 문제를 해결하고 갈등을 해소하며 의사결정을 위해 노력할 수 있는 능력 등이다.

③ 상황변수의 평가와 상황적합적 리더십 유형의 권고

상황적합적 리더십 유형을 판단하고 권고하기 위해 우선 일곱 가지 상황변수를 각각 높음(H)과 낮음(L)의 등급으로 평가하고, 다섯 가지 리더십 유형 중에서 어느 유형이 각 상황에 적합한가를 판단하고 권고한다. 예를 들면, [그림 14-12]에 명시된 바와 같이 결정의 유의성-H,

몰입의 중요성-H, 리더의 전문성-H, 몰입가능성-H인 경우에는 지시형 리더십이 적합하다고 판단해 권고하는 것이다.

	결정의 유의성	몰입의 중요성	리더의 전문성	몰입 가능성	팀의 지원	팀의 전문성	팀의 역량	
문제의 진술	H	H	H	H	—	—	—	지시형
				L	H	H	H	위임형
							L	집단협의형
						L	—	
					L	—	—	
			L	H	H	H	H	촉진형
							L	개인별 협의형
						L	—	
					L	—	—	
				L	H	H	H	촉진형
							L	집단협의형
						L	—	
					L	—	—	
		L	H	—	—	—	—	지시형
			L	—	H	H	H	촉진형
							L	개인별 협의형
						L	—	
					L	—	—	
	L	H	—	H	—	—	—	지시형
				L	—	—	H	위임형
							L	촉진형
		L	—	—	—	—	—	지시형

그림 14-12 브룸과 야고의 리더십 모형

Vroom(2000: 84).

(6) 장점과 문제점

브룸의 이론이 나오고 나서 몇 년이 경과된 뒤에 보비트(H. R. Bobbitt)는 "이 이론은 오늘날까지 발표된 리더십 이론 중 가장 정밀한 것"(Bobbitt et al., 1978: 272)이라고 평했다. 이 이론은 부하들이 의사결정에 참여하는 수준을 기준으로 리더십의 유형을 분류하고 의사결정의 여러 상황을 개념화했으며 규칙을 정해 상황에 적합한 리더십을 선택하는 과정과 방법에 관한 정밀한 이론을 수립한 점에 장점이 있다.

그러나 문제점도 있다. 예를 들면, 이 모형은 의사결정이 어떤 상황 속에서 단 한 번의 규범적이며 논리적인 과정에 따라서 이뤄지는 것으로 가정하고 있다. 의사결정이란 여러 번의 복잡한 순환 과정을 통해 이뤄지는 현실을 다루지 않고 있다.

4 카리스마적 리더십과 변혁적 리더십

위에서 살펴본 바와 같이 1970년대까지의 리더십 이론의 주류는 대체로 리더의 특성과 자질에 관한 이론으로부터 리더의 행동에 관한 이론을 거쳐 조직의 상황적 맥락과 관련시켜 리더십을 설명하는 것이었다.

1980년대 이후 조직 내외의 환경이 급속하고 광범위하게 변화함에 따라 조직의 유형과 역할 및 과정에서 많은 변화가 일어났으며, 리더십 이론도 새롭고 다양하게 나타났다.

새로운 이론 중에서 가장 대표적인 것은 변화 및 변혁을 다루는 리더십이론들이다. 최근에 조직의 변화·경쟁·혁신 및 성과가 중요한 이슈로 떠오르고, 리더와 부하 간의 상호작용 관계에 대해 새로운 관심이 고조되면서 나타난 이론들이다. 특히 카리스마적 리더십과 변혁적 리더십이론이 여기에 해당한다.

1) 카리스마적 리더십이론

(1) 카리스마적 리더십이론의 의의

카리스마란 그리스어인 'Kharis'에서 연원한다. 그것은 신의 은혜(은총)를 의미하는 것이다. 따라서 카리스마적 인간 혹은 카리스마를 가진 사람이란 신으로부터 특별한 은혜나 은총 및 계시를 받은 사람을 말한다. 이 뜻을 리더에 적용해서 말하면 카리스마적 리더란 신의 은총(혹은 계시)을 받았거나 마술적 능력이 있거나 특별한 정신력이나 행위 능력이 있고, 그것에 근거해서 다른 사람들의 행동에 강한 영향력을 행사할 수 있는 인물을 지칭하는 것이다. 예언자-예수·영웅-나폴레옹·선동가(demagog)-페리클레스 등이 이에 해당한다.

정치, 사회 및 조직을 연구하는 데 카리스마 개념을 사용한 고전적인 학자는 베버(M. Weber)다. 그는 '카리스마'란 그것이 실질적(actual)이든 근거없이 주장되거나(alleged) 추정되거나(presumed)에 상관없이 어떤 사람이 가지고 있는 비범한 자질(an extraordinary quality of a person)(Gerth & Mills, 1947: 295)이라고 한다. 비범한 자질이란 보통 사람보다 뛰어난 정신력, 감성, 도덕적 힘, 재능, 설득력, 매력, 사람을 끌어당기는(magnetic) 힘, 영감, 결단력 및 지배력 등이다.

조직 차원에서 카리스마적 리더란 무엇인가? 그것은 개인적인 매력(personal charm), 사람을 끄는 힘(자력-磁力-magnetic), 영감(inspiration) 및 감성(emotion)에 근거해서 다른 사람들을 이끌어가며 그들에게 영향을 미치는 능력을 가진 리더를 말한다. 바꿔 말하면, 사람들이 특정한 방식으로 행동하도록 할 수 있는 개성·열정 및 자기 확신을 가진 리더(Vogelstein, 2003: 60-74)를 말한다. 또한 "부하들로 하여금 그들에게 기대하는 바 이상의 성과를 낼 수 있도록 그들을 고취하고 동기부여할 수 있는 능력을 가진 리더"(Daft & Noe, 2001: 402)라고도 말할 수 있다.

위와 같은 설명을 통해 본다면 카리스마적 리더십이란 리더가 자기의 카리스마, 즉 자신이 가지고 있는 비범한 자질을 근거로 해서 다른 사람들에게 비전을 제시하고 영향력을 행사하는 행위이며 능력이라고 말할 수 있다.

(2) 카리스마적 리더의 특성

조직이나 집단의 행태론적 맥락에서 볼 때 카리스마적 리더는 다음과 같은 특성을 가지고 있는 것으로 묘사된다.

하우스(R. J. House)와 하월(J. M. Howell)은 카리스마적 리더는 ① 성취지향성이 강하고, ② 창의적, 혁신적, 영감적인 경향성이 높으며, ③ 정력과 참여 의식이 높고, ④ 자신감이 높으며, ⑤ 권력을 도덕적이며 비이기적으로 사용하는 것에 관심을 가지며, 그와 관련된 사회적 영향력에 대한 욕구가 강하며, ⑥ 업무 수행의 모험성이 높고, ⑦ 교육적·사회적인 일에 민감하며, 부하를 배려하는 성향이 높다고 한다(House & Howell, 1992: 81-108).

또한 콩거(J. A. Conger)와 카눙고(R. B. Kanungo)는 카리스마적 리더는 ① 현상보다 더 나은 미래의 비전을 제시하고, ② 비전을 달성하는 일에 개인의 위험과 희생을 무릅쓰며, ③ 환경 및 상황의 변화와 부하들의 능력 및 욕구에 민감하고, ④ 인습에 사로잡히지 않는 행동지향성을 갖는다고 한다(Conger & Kanungo, 1998: 94).

위의 두 가지 묘사는 다소간의 차이가 있으나 비전, 행동 스타일 및 부하들의 감성적인 면을 강조하는 점에서 유사하다고 말할 수 있다.

(3) 부하의 특성

카리스마적 리더십은 리더에 대한 부하의 감성적·심리적 반응과 수용에 따라서 성립되는 것이다. 카리스마적 리더십 하에서 부하 및 추종자들은 리더의 비범한 자질과 행동에 대해 ① 감성적(emotional)인 애착(attachment)과 신뢰(trust)를 가지며, ② 리더에게 강하게 의존하고 자발적으로 복종하며, ③ 리더가 제시하는 비전과 사명에 매우 열성적으로 몰입하고 추종한다.

(4) 리더와 부하의 관계

카리스마적 리더십이 확립돼 있는 조직에는 리더와 부하 간에 다음과 같은 관계와 현상이 나타난다.

① 동일화

리더와 부하 간에 높은 감성적·심리적 동일화(identification) 현상이 나타난다. 특히 조직구성원 및 부하들은 리더의 카리스마에 매료돼 그의 언어·행동·사고 방식 및 기호 등을 이상적인 모델로 생각하고, 그것을 모방해 그와 같이 되고자 하거나 자기도 그와 같다고 생각하기도 한다.

② 내면화

카리스마적 리더는 비범한 판단과 결정을 통해 조직이 지향할 가치와 비전을 제시하고 부하들의 욕구를 만족시키고 동기를 유발해 의도하는 목적을 수행한다. 부하들은 리더가 제공하는 외적인 자극에 열성적으로 호응하고 순종하며 조직의 과업 수행에 참여한다. 이러한 내면화(internalization) 과정에서 부하들은 리더가 제시하는 가치와 비전에 동조(conform)하게 되고 그것을 자기의 의식 속에 내면화한다.

③ 힘 실어주기

추종자 및 부하들은 리더에게 헌신·경외·신뢰하는 감성과 행동을 통해 강력한 지도력을 지지하고 추종하며, 리더는 그들을 옹호하고 고무하며 긍정적인 동기를 부여하고 상황에 적합한 권한과 권력을 배분(empowering)해 준다.

(5) 조직의 상황적 특성과 카리스마적 리더십

카리스마적 리더는 초인간적으로 태어나며 타고난 비범한 자질을 바탕으로 어떠한 상황에서나 리더가 되며 리더십을 발휘할 수 있다는 것이 전통적인 주장이며 견해다. 그러나 그러한 주장과 믿음은 보편·타당하다고 말할 수 없다. 현실적·경험적으로 볼 때 카리스마적 리더십은 사회나 조직의 특정한 상황적 특성과 맥락 속에서 출현한다고 봐야 한다. 카리스마적 리더십을 성립시키는 중요한 요소와 조건은 틀림없이 어떤 사람이 가지고 있는 자질이다. 그러나 그것은 카리스마적 리더십을 출현시키고 작용케 하는 충분 조건이 아니라 필요 조건에 지나지 않는다. 사회나 조직의 특정한 상황과 어떤 사람이 가지고 있는 특정한 자질, 즉 카리스마가 적합하게 연결되고 결합될 경우에 카리스마적 리더와 카리스마적 리더십이 출현한다고 말할 수 있다. 조직에 다음과 같은 두 가지 상황이 존재한다고 가정하고 그 상황적 특성과 카리스마적 리더십의 관계를 설명할 수 있다.

① 혁신적 변화 상황

조직이 새로운 이념·가치관·제도 및 관리 방식을 도입하고 확립하는 일은 과거에서 탈피해 모험과 불확실성이 존재하는 미래의 방향을 선택하고 수행하는 과정이다. 이러한 상황 속에서 어떤 사람이 조직구성원에게 비범한 혁신적·창의적 아이디어와 비전을 제시하고 주장하며, 그것을 열렬하게 지지하는 추종자를 만들고 그들과 더불어 조직을 혁신적으로 변화시키는 능력을 효과적으로 발휘한다면 바로 거기에 카리스마적 리더십이 성립하는 것이다.

② 위기 상황

전쟁·공황 및 재난 등은 사회적 위기(crisis) 상황이다. 사회 체제의 구성 요소인 조직도 그 생존이 위태로운 위기에 빠질 수 있다. 위기에 빠진 조직은 그 생존과 적응의 방향이 혼미하고 불확실하며 그 구성원의 사기는 매우 저하될 수 있다. 이러한 경우에 어떤 탁월한 능력을 가진 인물이 나타나 조직구성원들에게 위기를 극복할 비전을 제시하고 설득해서 그들을 추종자로 만들고 고무하며 그들의 열렬한 지지와 동조를 얻어 위기를 극복할 수 있는 역할을 수행한다면 거기에 카리스마적 리더십이 성립돼 작용하는 것이다.

(6) 카리스마적 리더십의 과정과 결과

카리스마적 리더가 그 추종자 및 부하들에게 영향을 미치는 과정과 방법에 대해 사미르(B. Shamir) 등은 다음과 같이 설명한다(Shamir, House, & Arthur, 1993: 577-594).

첫째, 비전을 표현한다. 조직의 현재의 상태에서 더 바람직하고 매력적인 미래를 지향하는 비전을 명확하게 표현한다.

둘째, 기대되는 높은 성과 수준을 제시한다. 추종자들에게 기대하는 높은 성과 수준을 제시하고 그들이 그것을 달성할 수 있다는 믿음을 주며 자존심과 자신감을 부여해 적극적으로 동기를 유발한다.

셋째, 힘을 실어주고 모범을 보인다. 부하들에게 적절한 권한을 부여하여 힘을 실어주고(empowering) 스스로 모범(example)을 보여 부하들이 모방하도록 한다.

넷째, 인습에 사로잡히지 않는 행동을 한다. 리더는 자신의 용기와 비전에 대해 자신이 가지고 있는 확신을 보여주기 위해 자기를 희생하고 인습에 사로잡히지 않는 행동(unconventional behavior)을 한다.

카리스마적 리더십은 위와 같은 과정을 통해 여러 가지 결과를 발생시킨다. 그것은 조직과 조직 내부의 개인(추종자・부하)적 차원으로 나눠 설명할 수 있다(Conger, Kanungo, & Associates, 1988: 80-81). 조직적 차원에서 보면 내부적 응집성을 높이고 갈등을 낮추며 가치의 적합성(value congruence)과 합의(consensus) 수준을 높인다. 또한 개개의 추종자 차원에서 보면 리더에 대한 감성적 애착, 조직의 비전과 목표에 대한 심리적 몰입 및 과업 수행의 성과를 높인다.

(7) 카리스마적 리더십의 장점과 문제점: 긍정적인 면과 부정적인 면

카리스마적 리더십은 긍정적이고 윤리적인 장점과 더불어 부정적이고 비윤리적인 문제점을 지니고 있다.

① 장점

사람들은 마틴 루터 킹 목사나 루스벨트 대통령의 카리스마적 리더십은 긍정적으로 평가하는 반면, 히틀러의 리더십은 부정적으로 규정한다. 앞에 설명한 카리스마적 리더십이 가져오는 개인 및 조직 차원의 결과들은 긍정적・윤리적인 장점에 해당되는 것이다. 요컨대, 카리스마적 리더가 긍정적이고 윤리적인 판단을 하고 행동하는 경우에는 조직의 문제를 혁신적・창의적으로 해결하며 조직구성원들의 만족과 성과를 높이는 데 효과적으로 작용하는 것이다(House, Woycke, & Foder, 1998: 103-104 참조).

② 문제점

한편 카리스마적 리더십은 사회나 조직에 부정적인 결과를 초래하기도 한다. 예를 들면, 리더가 권력을 자기 개인을 위해 집중하고 행사하는 경우에는 나쁜 독재자가 되기 쉽다. 추종자들을 자기 권력에 종속시키고 오도할 수 있으며 감정에 치우친 리더십을 행사함으로써 합리적이고 안정적이며 예측 가능한 조직행동을 저해하기 쉽다. 특히 조직이 카리스마적인 인물에 의해 지배되는 경우에는 객관적인 제도보다는 그러한 인물의 주관적인 생각과 결정에 지나치게 의존하게 된다. 따라서 그의 카리스마가 약해지거나 그 사람이 조직을 떠나는 경우에는 조직의 방향이 혼미해지고 큰 혼란이 발생할 수 있다. 카리스마적 리더의 윤리적・비윤리적인 특성에 관해 하월(J. M. Howell)과 아발리오(B. J. Avalio)는 <표 14-7>과 같이 요약해 설명하고 있다.

표 14-7 카리스마적 리더의 윤리적 · 비윤리적 특성

윤리적	비윤리적
• 다른 사람을 섬기기 위해 권력을 사용한다. • 추종자들의 욕구와 열망을 고려해 비전을 설정한다. • 자기에 대한 비판을 고려하고 학습한다. • 추종자들이 독립적으로 생각하게 하고 리더의 견해에 대해서도 이의를 제기할 수 있도록 자극한다. • 개방적-쌍방적 의사소통을 중요시한다. • 추종자들을 지도 · 개발 · 지원한다. • 조직과 사회의 이익 충족을 도덕적 기준으로 삼는다.	• 자기 개인의 이익을 위해 권력을 이용한다. • 자기 개인의 욕구를 실현하기 위해 비전을 설정한다. • 비판과 반대 의견을 혹평하고 통제한다. • 자신의 결정이 의심없이 받아들여지기를 요구한다. • 리더로부터 추종자에게 일방적인 의사전달을 원한다. • 추종자들의 욕구에 민감하지 못하다. • 자신의 이익 충족을 행위 기준으로 삼는다.

Howell & Avalio(1992: 25).

2) 거래적 리더십이론

(1) 의의

거래적 리더십이론(transactional leadership theory)이란 리더가 제공하는 보상과 부하의 성과를 상호간에 교환 혹은 거래하는 과정으로 리더십을 설명하는 이론이다. 다시 말하면, 리더와 부하 간의 호혜성을 바탕에 두고 구성되는 이론이다. 리더는 조직의 목표 · 부하들의 과업 및 역할을 명확하게 표준화해 제시하며 그들이 달성한 성과에 적합한 적극적 보상(금전의 지급 · 칭찬 · 표창 · 승진 등)이나 소극적 보상(감봉 · 징벌 등)을 통해 영향력을 행사하고, 그들이 계획된 목표와 방향으로 가도록 동기를 유발하고 이끌어가는 것이다. 거래적 리더십의 성패는 리더가 계층제 조직 안에서 명확한 목표와 계획을 세워 조직구성원의 노력을 조정하고 통제하며 그들과 교환 및 거래하는 능력에 달려 있다(Burns, 1978; Kreitner & Kinicki, 2007: 525 참조).

(2) 특징

거래적 리더십의 주요 특징은 다음과 같다(Bass, 1990: 22).

① 성과에 적합한 보상(contingent rewards)

리더는 부하의 노력과 달성 성과에 대해 조직이 지급할 보상의 조건을 약정하고 노력과 성과에 적합한 보상을 한다(성과와 보상의 연계).

② 적극적 예외관리(active management by exception)

리더는 부하들이 이뤄야 할 성과 기준을 정해놓고 부하들이 수행하는 행위와 성과를 예의

(銳意) 주시하고 체크하면서 부하들의 행위와 성과가 기준에 미달하거나 벗어나는 경우에 그때그때 시정 조치(예: 통제 · 처벌 등)를 취한다.

③ 수동적 예외관리(passive management by exception)

리더는 부하들의 행위와 성과가 목표 기준에 미달하거나 이탈하는 현상이 나타난 경우에만 사후적으로 개입해 조치를 취한다.

④ 자유방임(laissez-faire)

리더는 책임을 지지 않고(abdicates responsibilities) 의사결정을 회피하기도 한다.

(3) 장점과 문제점

거래적 리더십은 리더와 부하 간에 상호 관계를 비교적 확실하게 설정함으로써 그들 간에 상호작용을 성숙하게 수행할 수 있는 기반을 형성하며(Avolio, 2005: 15), 기존의 조직구조 · 목표 · 규칙 및 문화 안에서 단기적이고 일상적이며 표준화된 과업을 수행하는 데 장점이 있다고 할 수 있다. 그러나 기존의 조직의 구조나 규칙 등을 벗어나서 새롭고 창의적으로 일을 구상해 수행하는 데는 한계가 있다.

3) 변혁적 리더십이론

(1) 의의

변혁적 리더십이론(transformational leadership theory)이란 리더가 변혁적인 비전과 가치를 가지고 조직이나 집단구성원에게 영향을 미쳐 조직과 집단을 창의적 · 혁신적인 것으로 변화시키는 과정과 방법 등을 설명하는 이론이라고 할 수 있다.

누가 변혁적 리더인가? 대프트(R. L. Daft)는 "변혁적 리더란 비전 · 가치 공유 및 아이디어에 의해 부하들이 변화되도록 그들에게 동기를 부여하는 리더"(Daft & Noe, 2001: 402)라고 하며, 로빈스(S. P. Robbins)는 "변혁적 리더란 부하들에게 개인적인 배려와 지적인 자극을 주며 카리스마를 지닌 리더"(Robbins, 2001: 329)라고 한다.

(2) 변혁적 리더의 요소 및 특징

바스(B. M. Bass)는 변혁적 리더는 다음과 같은 네 가지 요소 및 특징들로 구성된다고 설명한다(Bass, 1990: 22; Avolio, 1999: 43-49).

① 이상적 영향력

이상적 영향력(idealized influence)이란 리더가 부하들에게 본보기가 되는 여러 가지 이미지를 전달하고 또한 그러한 역할을 수행하는 것이다. 부하들은 리더가 매우 높은 도덕적·윤리적 행동 기준을 가지고 항상 올바로 행동하는 것으로 간주한다. 따라서 리더는 부하들의 존경과 신뢰를 받으며 부하들은 리더와 자신을 동일시한다. 리더가 지니는 이상적 영향력은 긍정적인 카리스마적 능력과 유사하다. 리더는 이러한 영향력을 통해 부하들에게 효과적으로 비전을 제시하고 사명감을 불러일으키며 자긍심을 부여하면서 조직이나 집단의 목표를 달성한다.

② 영감적 동기부여

리더가 부하들의 마음과 감정을 움직여 그들이 조직의 목표 달성을 위해 적극적으로 헌신하도록 하는 것을 영감적 동기부여(inspirational motivation)라고 말할 수 있다. 영감적으로 동기를 부여하려면 리더가 부하들과 더불어 의미있고 성취 가능한 비전과 기대를 형성하고 소통하며, 특히 부하의 욕구와 감정을 존중하는 말과 행동을 하는 것이 중요하다.

③ 지적 자극

변혁적 리더는 부하들이 기존의 지식이나 기본적인 가정들(assumptions)에 대해 성찰하고 비판적으로 보며, 문제를 새롭게 인식해 재구성하도록 지적 자극(intellectual stimulation)을 한다. 그렇게 함으로써 부하들의 창의와 혁신적 태도를 고취한다.

④ 개별적 배려

변혁적 리더는 부하 개개인의 성취 및 성장 욕구에 관심을 가지고 배려(individualized consideration)한다. 리더는 부하들의 개인적 욕구와 가치를 인정하고 코치·멘토·상담자·안내자 및 동료의 역할을 수행하면서 부하들이 그 잠재력을 실현하고 성취하도록 돕는다.

변혁적 리더들은 위와 같은 네 가지 요소 중 하나 이상을 사용해 리더십을 발휘함으로써 조직을 변화시키고 높은 수준의 성과를 얻는다.

(3) 장점과 문제점

변혁적 리더십은 리더가 복합적이고 상호 연관적인 여러 가지 행동과 능력을 통해 부하들에게 영향력을 행사하는 특징을 지니고 있다. 변혁적 리더는 조직이나 집단구성원들이 마음속에 이상적으로 그리고 있는 이미지에 가깝다. 이러한 이미지를 통해 부하들의 사기를 진작하고 만족감을 부여하며, 조직에 창의적·혁신적 변화를 가져오고 더 높은 성과와 생산성을 확보하는 장점을 갖는다.

그러나 문제점도 있다. 우선 변혁적 리더라는 말이 개념적으로 명확하지 않다는 것이다. 부하들에게 동기를 부여하는 사람, 개인적 배려자, 지적 자극자, 영감을 주는 자 등과 같이 여러 가지 행동과 능력을 가진 자로 기술되고 있다. 그것은 또한 다른 개념과 중복되기도 한다. 특히 카리스마적 리더십과 혼동된다. 그리고 변혁적 리더십이론은 이상적인 리더에 초점을 둠으로써 현실적·경험적인 면에서 볼 때 엘리트주의적이고 권위적이며 영웅적인 리더십을 옹호하는 견해로 빠질 수도 있는 것이다.

제 15 장

조직의 권력과 정치

제 1 절 조직의 권력

1 권력의 의미와 특색

1) 권력의 의미

러셀(B. Russel)은 "에너지가 물리학의 기본 개념인 것과 마찬가지로 권력은 사회과학의 기초적 개념"이라고 말한다(Russel, 1938: 10). 권력 개념의 정의는 매우 복잡하고 다양하다. 그러나 간단히 정의하면, 권력이란 어떤 사회적 행위자가 다른 사회적 행위자의 행동을 통제하거나 행동에 영향을 미쳐 자신의 의사와 의도를 관철할 수 있는 가능성이나 능력 및 잠재력을 의미한다고 할 수 있다.

베버(M. Weber)에 의하면, "권력이란 사회적 관계 안에서 어떤 사람이 다른 사람의 저항에도 불구하고 자신의 의사를 관철할 수 있는 가능성"이라고 한다(Weber, 1947: 27). 또한 달(R. Dahl)은 "권력이란 A가 B로 하여금 그 작용이 없다면 하지 않을 행동을 하도록 할 때 A는 B에 대해 권력을 갖는다"고 말한다(Dahl, 1957: 202-203).

2) 권력의 특색

첫째, 권력은 사회적 대인 관계 속에서 발생한다. 그것은 행위자 A가 다른 행위자 B를 일정한 방법으로 행동시키려고 하는 데서 비롯한다. 따라서 행위자 간에 대인 관계 혹은 대인 교환

(interpersonal exchange) 관계를 함축한다.

둘째, 권력의 행사에는 상대방의 저항이 존재하며 그것을 배제하는 것이 중요하다. 에머슨(R. M. Emerson)은 "행위자 A의 B에 대한 권력은 A에 의해 잠재적으로 배제하는 B측의 저항의 크기"라고 한다(Emerson, 1962: 33-41).

셋째, 권력은 사회적 행위자 간의 의존 관계(dependence relations)에서 발생한다. A행위자에 대한 B행위자의 의존성(예: 자원의존성)이 크면 클수록 A의 B에 대한 권력은 커지며, B의 A에 대한 종속성은 증대한다.

넷째, 권력이란 그것을 행사하는 사람이 다른 사람의 행동을 자기자신에게 이득이 되도록 제어하는 힘의 작용이다.

다섯째, 권력은 상황 조건의 제약을 받는다. A가 B에게 권력을 행사하는 것은 어느 곳, 어느 때나 가능한 것이 아니다. 어떤 시·공간 등의 상황 조건에 의해 제약을 받는다.

2 권력의 유형

1) 로빈스의 권력유형론

로빈스(S. P. Robbins)는 그 기반 혹은 수단에 따라서 권력을 강제적 권력, 보상적 권력, 설득적 권력, 지식적 권력으로 나누고, 그와 같은 권력이 비롯되는 원천(source)에 따라 지위 권력, 개인적 권력, 전문적 권력 및 기회 권력으로 분류한다(Robbins, 2001: 353-356).

(1) 강제적 권력

강제적 권력(coercive power)은 징계·처벌·위협 및 억압적 수단을 기반으로 다른 행위자에게 영향을 미쳐 복종시키는 능력이다.

(2) 보상적 권력

보상적 권력(reward power)은 돈이나 물질·인정·승진 등과 같은 보상을 배분할 수 있는 능력에 기반을 두고 행사되는 권력이다.

(3) 설득적 권력

설득적 권력(persuasive power)이란 설득 수단을 통해 다른 행위자의 신념이나 행위에 영향력을 미치는 능력이다.

(4) 지식적 권력

지식적 권력(knowledge power)이란 지식이나 정보 등을 수단으로 이뤄지는 권력이다.

(5) 지위 권력

지위 권력(position power)이란 권력 행사자의 계급이나 지위에서 발생하는 권력을 말한다.

(6) 개인적 권력

개인적 권력(personal power)이란 행위자 개인이 지니고 있는 카리스마, 인간적인 매력, 존경받고 호감받을 수 있는 인품 등에서 발생하는 권력을 말한다.

(7) 전문적 권력

전문적 권력(expert power)이란 어떤 행위자가 소유하는 전문적 지식이나 기술적 능력에서 발생하는 권력을 말한다.

(8) 기회 권력

기회 권력(opportunity power)이란 어떤 행위자가 특정한 시간에 특정한 장소에 존재함으로써 발생하는 권력을 말한다. 말하자면 특정한 상황이 권력을 발생시키는 조건이 된 경우다.

2) 프렌치와 레이븐의 권력유형론

프렌치(J. R. P. French)와 레이븐(B. Raven)은 권력을 다음과 같이 다섯 가지로 분류하고 있다(French & Raven, 1959: 150-167).

(1) 보상적 권력

보상적 권력(reward power)이란 어떤 행위자가 다른 행위자에게 물질적 · 정신적 보상을 줌으로써 그의 복종을 획득하는 능력을 말한다.

(2) 강제적 권력

강제적 권력(coercive power)이란 어떤 행위자가 다른 행위자에게 처벌이나 징계 및 위협 등을 행사해 그가 복종하도록 하는 능력을 말한다.

(3) 준거적 권력

준거적 권력(referent power)은 어떤 행위자가 지니고 있는 매력 · 인품 · 카리스마를 다른 행위자가 존경하고 동조하며 추종할 경우에 성립되는 권력이다.

(4) 전문적 권력

전문적 권력(expert power)이란 어떤 행위자의 전문지식과 기술적 능력을 믿고 다른 행위자가 그의 지시나 의사를 따를 때 성립되는 권력이다.

(5) 합법적 권력

합법적 권력(legitimate power)이란 어떤 행위자가 다른 행위자를 통제하거나 조종할 수 있는 합법적인 정당한 권한(공식적인 규정이나 지위에 부여된 권한)에 근거해서 이뤄지는 권력이다.

3 조직의 권력 현상

1) 조직의 권력을 보는 세 가지 시각

조직은 목표를 설정하고 의사결정을 하며 정해진 업무를 수행하는 과정에서 조직 내부의 단위 간 및 외부 조직과의 사이에 여러 가지 권력 관계를 갖는다. 권력은 조직의 본질적 속성이며 기본적 조건이다. 그러나 조직의 권력에 관한 시각은 조직의 관점에 따라 차이가 있다. 조직은 일원론적 관점(unitary view), 다원론적 관점(pluralist view) 및 급진론적 관점(radical view)으로 나눠 이해할 수 있으며, 이러한 관점에 따라 권력을 보는 시각의 차이를 드러낸다(Burrell & Morgan, 1979: 202-207, 365-390, 윤재풍 옮김, 1990: 239-243, 449-470 참조).

(1) 일원론적 조직관

일원론적 조직관은 조직의 권력이 계층제의 한 정점(頂點)에 집중되고 거기에서 나오는 권력의 작용에 따라 공식적인 전체적 목표가 설정되고, 그것을 달성하기 위해 일사불란하게 작동하는 합리적 도구로서 해석하는 관점이다. 이러한 조직에는 가부장과 같은 특권(prerogative)을 가진 수장(首長)이 존재하며, 그의 리더십과 통솔에 따라서 조직구성원의 행동이 이뤄진다.

(2) 다원론적 조직관

다원론적 조직관은 조직이란 이해관계가 다양한 집단과 개인들로 구성된 체제로 해석하는 관점이다. 조직을 구성하는 각 단위는 각각의 권력 기반과 원천을 갖는다. 따라서 권력은 다양한 조직의 행태와 활동을 이해하는 데 필요한 주요 변수이며, 조직 내의 여러 가지 요구와 이익을 조정하고 문제를 해결하는 데 중요한 역할을 수행한다.

(3) 급진론적 조직관

급진론적 조직관은 마르크스(K. Marx)의 사회계급이론에 근거하는 것으로 사회란 적대적인 계급적 이해로 구성되고 지배계급의 강제적인 억압에 의해 유지된다는 견해를 조직에 적용하는 것이다. 권력을 조직의 핵심적 부분으로 보며, 그것은 계급 간에 불평등하게 배분되고 계급투쟁을 통해 쟁취된다는 것이다.

2) 조직의 유형과 주요 권력

모든 조직은 그것이 어떤 종류의 조직이든지 각각의 권력을 소유하고 행사한다. 조직에 따라 상대적으로 어떤 기반·수단·원천에 근거를 두는 특정한 권력을 가지며 그것을 사용한다. 어떤 조직은 특히 강제적 권력을 표출하며 또 다른 조직은 보상적 권력이나 설득적 권력을 현저하게 표출한다.

첫째, 경찰서·교도소·포로수용소와 같은 조직의 목적은 주로 질서 유지와 통제에 관련되는 것이다. 따라서 이러한 조직들은 강제적 및 억압적 권력의 사용을 두드러지게 사용한다.

둘째, 기업이나 경제적 조직들은 물자와 서비스를 생산하고 판매 관리하는 일을 주로 수행한다. 따라서 이러한 조직들은 돈과 물자와 같은 수단을 통해 이뤄지는 보상적 권력의 사용이 두드러진다.

셋째, 연구와 그 성과를 중요시하는 연구소나 대학조직에서는 전문적 권력이 중요시된다.

넷째, 환자를 치료하는 병원이나 고객의 법적인 문제 해결을 위해 서비스하는 변호사 조직 등은 전문지식과 기술에 근거하는 전문적 권력을 중요시한다.

다섯째, 학생들의 인성을 바르게 육성해야 하는 각급 학교나 신자의 신앙심이나 종교적 신념의 강화를 추구하는 교회조직은 설득적 권력을 중요시한다.

여섯째, 정부에 속하는 수많은 조직도 각각의 목적과 기능의 특성에 따라 특정한 유형의 권력을 사용한다.

3) 조직 내 부서 간의 상대적 권력의 결정 변수

하나의 조직은 여러 부서로 구성된다. 정부조직은 여러 개의 부처로 이뤄져 있다. 사회조직 안의 각 부서 혹은 정부조직 속의 각 부처는 각각의 역할과 기능을 수행하며, 그들이 보유 및 행사하는 권력의 크기가 상대적으로 다르다. 그러면 조직 내 부서 간의 상대적인 권력을 결정하는 변수나 조건은 무엇인가? 힉슨(D. J. Hickson)과 히닝스(C. R. Hinnings) 등에 의하면 ①

조직 내의 어떤 부서가 다른 부서보다 조직의 불확실성에 대처할 능력이 상대적으로 강하거나, ② 그 활동 능력을 대체할 수 있는 가능성이 낮거나, ③ 작업의 중심성이 높거나, ④ 다른 부서의 작업 성과에 미치는 영향력이 큰 경우에는 상대적으로 큰 권력을 획득해 행사할 수 있다고 설명한다(Hickson, Hinnings, Lee, Schneck, & Pennings, 1971: 212-229; Pfeffer & Salancik, 1978, 이종범 외 옮김, 1988: 292-295 참조).

(1) 조직의 불확실성에 대처하는 능력

조직 안에서 일상화되고 예측 가능하며 확실성이 있는 일을 수행하는 부서보다는 비일상적이고 예측하기 어려우며 불확실성(uncertainty)이 높은 업무를 담당하는 부서가 상대적으로 큰 권력을 갖는다. 조직의 불확실성은 투입 부문이나 전환 부문, 혹은 산출 부문에 존재할 수 있다. 정부조직의 경우 인사 혹은 민원 업무에 불확실성이 존재할 수도 있다. 조직에 중요한 불확실성이 우수 인적 자원의 확보에 있다면 그것을 다루는 인사부서가 권력을 갖게 되며, 민원 문제가 중요한 불확실성을 지닌 문제라면 민원 처리부서의 권력이 클 것이다. 대학의 불확실성이 외부 연구비의 획득에 있는 경우는 연구비를 잘 획득해 배분하는 학과가 상대적으로 큰 권력을 갖게 될 것이다.

(2) 대체 불가능하며 필수불가결한 활동

조직 내의 특정 부서의 일을 다른 부서로 대체해 수행할 가능성이 낮은 경우에 그 특정 부서는 그 일에 관련되는 권력을 가질 수 있다. 그리고 어떤 부서가 맡은 일을 수행하는 데 필요한 자원을 충분하게 가지고 있고 다른 부서에 비해 능력이 있는 경우에는 그 부서를 대체하기 불가능한 것(non-substitutable)이다. 따라서 그만큼 그 부서는 권력을 갖는다.

(3) 작업의 중심성

조직 내의 어떤 부서의 작업이 다른 부서의 작업의 흐름에 침투(pervasiveness) 혹은 연결성이 높고 중심성(centrality)을 갖는 경우에 그 부서는 관련되는 다른 부서에 대해 권력을 행사할 수 있는 것이다. 크로지어(M. Crozier)는 담배공장의 권력 상태에 대한 연구에서 그것을 실증했다. 즉, 담배공장의 생산 과정은 그 공장의 기계정비 부서의 기술에 크게 의존하며 기계정비 부서는 담배 생산 과정에 중요한 권력을 가지고 있음을 발견했다(Crozier, 1964).

(4) 작업의 최종 결과에 대한 영향력

조직 내의 어떤 부서에서 수행하는 작업이 다른 부서에서 수행하는 작업의 최종 성과에 영향을 미치는 속도와 강도가 높을수록 그 부서는 다른 부서에 대해 권력을 행사할 가능성이 높은 것이다.

4) 조직의 권력 격차 현상과 조직구조

어떤 조직이든 그 내부에는 권력이 존재한다. 조직을 구성하는 단위 간, 혹은 사람 간에는 권력의 거리 및 격차(power distance)를 지니고 있다. 조직 내의 권력 격차란 조직을 구성하는 단위 간 및 사람들 간에 존재하는 권력의 불평등 정도를 의미한다. 조직 내의 권력 격차 및 권력의 불평등 상태는 조직의 수직적 분화, 공식화 및 집권화 등에서 살펴볼 수 있다.

(1) 수직적 분화

조직의 수직적 분화란 조직이 수직적인 계층을 이루고 계층 간에 권한과 책임이 나뉘는 것을 말한다. 조직에 수직적 계층이 많은 계층제 조직은 대체로 상·하 권력 격차가 크며, 계층이 적은 수평적 조직구조(flat structure)는 권력 격차가 작다.

(2) 공식화

조직관리의 절차와 방법을 법과 규칙 등으로 제도화하는 것을 공식화라고 한다. 공식화 구조가 발전된 조직은 조직을 구성하는 단위와 사람들을 획일적이며 효과적으로 통제하는 권력을 갖기 쉽다.

(3) 집권화

의사결정권을 조직의 고위층에 집중시키는 집권화구조를 갖는 조직은 고위층과 하위 단위 간에 권력 격차가 크다.

제 2 절 권위

1 권위의 의의와 기능

1) 의의

권위(authority)라는 개념은 비교적 모호한 의미로 쓰일 경우가 많지만 여러 문헌에서는 다음과 같이 그것을 정의한다.

(1) 정당한 권력 혹은 무엇인가 할 권리

카츠(D. Katz)와 칸(R. L. Kahn)에 의하면, 권위란 "합법적인 정당한 권력(legitimate power)"이다. 즉, 조직이나 사회구조 내에서 그의 역할과 지위로 인해 특정한 행위 주체에게 생기는 정당한 권력이다. 따라서 그것은 타인에게 복종을 강요하는 수단인 단순한 강제적 권력과 다른 것이다(Katz & Kahn, 1966: 220).

힉스(H. G. Hicks)는 "권위란 무엇인가 할 권리(the right to do something)"를 의미하며, "권력이란 무엇인가 할 수 있는 능력(ability to do something)"(Hicks, 1976: 304-308)이라고 정의한다. 공식조직의 상급자가 법과 규정에 따라 상급자로서 부하에게 명령해 일을 시키고 부하가 상급자의 명령을 따르도록 하는 것은 상급자의 당연한 권리 및 권한이며 그것이 바로 권위라는 것이다. 또한 상급자가 어떤 수단(물리적 · 보상적 · 규범적 수단)을 써서 자신의 뜻대로 부하를 복종시킬 수 있는 능력이나 영향력을 발휘하는 것은 권력이라는 것이다. 이와같이 권위란 "무엇을 할 권리"이며 그것은 구체적으로 어떤 "결정을 내리고 명령을 할 권리로 구성된다"(Davis & Filley, 1963: 164).

이상에서 우리는 권위라는 개념을 권력과 비교하면서 설명했다. 그런데 권위와 권력 개념은 상호간에 배타적이기보다는 중복된 의미를 갖는다. 그것은 마치 동전의 양면과 같다. 예컨대, 조직의 관리자가 권위(즉, 권리 및 권한)는 가지고 있으나 권력(즉, 능력)이 없는 경우, 혹은 권력(능력)은 가지고 있으나 권위(권리 및 권한)가 없는 경우는 효율적으로 조직을 운영할 수 없다. 조직의 특정한 사람이나 지위에 권력과 권위가 적합하게 부여되는 것이 바람직한 것이다. 그러한 조건이 갖춰진 상태를 우리는 "합법적인 정당한 권력" 혹은 "실현 가능한 권위(workable authority)"라고 한다(Hicks & Gallett, 1976: 309).

(2) 의사전달: 명령의 수용가능성

버나드(C. I. Barnard)는 '권위수용이론(acceptance theory of authority)'에 근거해 권위를 설명한다. 권위란 의사전달(communication), 즉 상급자의 명령을 부하들이 수용하는가, 않는가에 따라서 확인 또는 인정된다고 말한다(Barnard, 1938/1956: 163). 의사전달 혹은 명령이 피전달자에 의해 수용되는 경우에는 그 전달이나 명령이 권위가 있는 것이며, 그것이 행위의 기초로서 인정된다. 그러나 피전달자가 그 전달에 불복종하는 경우 혹은 그것을 수용치 않는 경우는 권위가 없는 것으로 된다. 그러므로 이러한 설명에서 보면 어떤 의사전달이나 명령의 권위는 피전달자의 수용가능성 여하에 달려 있는 것이다.

(3) 타인의 행동을 인도할 수 있는 의사결정을 할 수 있는 힘

버나드의 '권위수용이론'을 자신의 이론 전개에 원용하는 입장에서 사이먼(H. A. Simon)은 "권위란 타인의 행동을 인도할 수 있는 의사결정을 행할 수 있는 힘"(Simon, 1945/1957: 125)이라고 정의한다. 상급자와 부하의 관계에서 상급자는 부하가 자기의 결정을 수용하기를 기대하고 의사결정을 하며 그것을 전달한다. 이 경우 상급자의 결정에 따라 부하의 행동이 잘 이뤄진다면 상급자의 의사결정은 권위를 갖는다고 설명한다.

2) 권위의 기능

조직이나 집단에서의 권위는 다음과 같은 기능을 수행한다(Simon. 1945/1957: 135-140).

(1) 조직 및 집단구성원의 행위의 인도

조직이나 집단 속에 권위가 존재해야만 그 구성원의 행위를 인도하기 쉽다.

(2) 조직 및 집단의 의사결정과 활동의 조정

조직이나 집단에서는 수많은 대소의 의사결정이 이뤄지며 결정 과정에는 이해관계의 대립과 갈등이 발생하기도 한다. 이러한 과정에서 합리적이고 적절한 의사결정이 이뤄지도록 하기 위해서는 조직 내에 일정한 권위가 존재해야 한다. 또한 조직 안에서 이뤄지는 활동들이 체계적이며 질서있게 수행되기 위해서는 조직의 관리자가 권위를 가지고 조정하는 능력을 발휘해야 한다.

2 권위의 유형

1) 베버의 권위의 유형

베버(M. Weber)는 권위를 전통적 권위·합법적 권위·카리스마적 권위로 나눈다(Weber, 1946: 78-79, 295-299).

(1) 전통적 권위

전통적 권위란 전통과 관습은 신성한 것이며, 그것에 따르는 것이 정당하다는 생각이나 주장에 동조해 성립되는 권위를 말한다.

(2) 합법적 권위

합법적 권위란 법규는 신성하며 그것을 지키는 것이 정당하다는 생각에 근거해서 성립되는 권위다.

(3) 카리스마적 권위

카리스마적 권위란 카리스마를 지닌 인물의 비일상적이고 초인간적 능력과 정서적인 매력을 존경하고 동조해 성립되는 권위다.

2) 사이먼의 권위의 유형

사이먼 등은 조직성원이 타인의 의사결정과 명령에 복종하는 이유와 동기에 따라서 권위의 유형을 분류하고 있다(Simon, Smithburg, & Thompson, 1950/1956: 188-201).

(1) 신뢰의 권위

신뢰의 권위(authority of confidence)란 의사결정을 하고 명령하는 사람의 인격, 전문적 능력 및 경륜 등을 조직구성원들이 신뢰하고 따름으로써 성립되는 권위다.

(2) 동일화의 권위

동일화의 권위(authority of identification)란 조직에서 상급자가 수행하는 어떤 명령이나 결정을 조직구성원이 자신의 생각과 동일화해 받아들일 때 성립하는 권위다.

(3) 제재의 권위

제재의 권위(authority of sanctions)란 어떤 사람에게 물질적 보수를 제공하거나 처벌을 가해 명령이나 결정을 수용하게 하는 권위다.

(4) 정당성의 권위

정당성의 권위(authority of legitimacy)란 조직구성원이 그 상급자나 조직에서 정한 규칙이나 절차의 정당성을 인정하고 거기에 복종할 때 성립되는 권위다.

3 권위의 수용: '무차별권'과 '수용권'

조직에서의 의사결정이나 명령은 조직구성원이 수용함으로써 권위를 갖게 된다. 권위의 수용과 관련되는 두 가지 주요 개념이 있다. 하나는 '무차별권(zone of indifference)'이고, 또 하나는 '수용권(zone of acceptance)'이다.

1) 무차별권

버나드는 '무차별권(無差別圈)' 혹은 '무관심권'이라는 개념을 제시했다. 그것은 상급자의 명령 혹은 의사전달을 부하가 아무 이의 없이 받아들이는 범위(수용 범위)를 말한다. 명령은 ① 분명히 받아들여질 수 없는 것, ② 중립적인 것, ③ 이의 없이 받아들여지는 것으로 분류할 수 있는데, 이 가운데 ③의 경우를 '무차별권' 혹은 '무관심권'이라 하는 것이다(Barnard, 1938/1956: 168-169).

버나드는 부하가 상급자의 권위를 수용할 수 있기 위해서는 네 가지 조건, 즉 ① 의사전달(명령)을 이해하고, ② 의사전달이 조직 목적에 부합한다고 믿으며, ③ 상급자의 의사전달(명령)이 자신의 개인적 이익과 부합되고, ④ 정신적으로나 육체적으로나 의사전달에 순응할 수 있어야 한다고 설명하고, 명령은 의심할 바 없는 수용권(受容圈)에 들어야 준수될 수 있다고 설명한다(Barnard, 1938/1956: 165).

2) 수용권

사이먼은 심리적인 견지에서 본다면 권위의 행사는 두 명 이상의 사람의 관계를 포함한다. 즉, 한편으로는 타인의 행동에 대해 제의를 하는 사람이 있고, 다른 한편으로는 그 제의를 수용하는 사람(복종하는 사람)이 있는 것이다. 그 수용 혹은 복종이 이뤄지는 조건은 다음과 같은 세 가지의 경우다(Simon et al., 1950/1956: 182).

① 타인의 제의나 의사결정의 장단점을 검토하고 확신하고서 따르는 경우, ② 그 장단점에 대해 충분히 검토치 않고 따르는 경우, ③ 그것이 잘못됐다고 생각하면서도 따르는 경우다. 이러한 세 가지 조건 중 ②, ③의 경우를 권위의 수용권이라고 하는 것이다.

제 3 절 조직의 정치

1 개념의 정의

1) 정치의 의의

정치(politics)란 매우 복잡한 현상이며, 따라서 그것을 한마디로 정의하기는 어려운 일이다. 레프위치(A. Leftwich)는 "정치란 인간의 집단·제도 및 사회에서 일어나는 집단적 사회활동의 핵심으로서 거기에는 공식적·비공식적 활동과 공적·사적 활동을 포함한다"고 한다 (Leftwich, 1984: 64).

정치란 권력의 행사 양식이고 가치의 합법적·권위적 배분을 위한 결정 행위이며, 이익을 추구하는 개인이나 집단들 사이에 일어나는 경쟁이나 갈등을 해결하는 과정이라고 할 수 있다 (Danziger, 1991: 5; 진덕규, 1995: 19 참조).

이와 같은 의미에서 본다면 정치란 세계와 국가·사회와 조직 및 집단 안에 보편적으로 존재하는 현상으로서 그것은 사회적 가치나 자원의 배분을 둘러싸고 개인과 집단 간에 벌어지는 경쟁과 갈등을 조정하고 통합하는 집단적 활동이라고 할 수 있다..

2) 조직의 특징과 조직의 정치의 의미

(1) 조직의 특징

조직은 기계적인 구조적 관점에서 보면 합리적이고 질서정연한 시스템이며 인적 자원의 관점에서 보면 인간주의적이고 협조적인 사회심리적 구성체라고 할 수 있다. 그러나 자세히 관찰해 보면 첫째, 조직은 다양한 이해집단, 하위단위 및 하위문화집단과 개인들로 구성된 복잡한 시스템이다. 둘째, 조직은 공통된 목표와 이익을 설정하고 추구하지만 다른 한편에서 보면 그것을 구성하는 여러 집단과 개인들이 각기 자신의 목표와 이익을 추구하며 경쟁·갈등·교섭을 벌이는 장소다. 조직에서 벌어지는 이러한 현상들은 정치적 시각과 개념을 통해 이해할 수 있는 것이다. 간드즈(J. Gandz)와 머레이(V. Murray)가 428명의 관리자들을 대상으로 조사해 내놓은 글을 보면 "정치는 대부분의 조직에 공통적으로 존재하며(93.2%), 성공한 관리자는 훌륭한 정치가(89.0%)"라고 설명하고 있다(Gandz & Murray, 1980: 237-251). 조직관리자는 이와같이 조직의 다양하고 복잡한 구성 단위와 그들 간에 상충되는 목표와 이익, 그리고 개별적인 집단과 개인들이 이익 획득 과정에서 벌이는 경쟁과 갈등을 부단히 통합하고 조정하는 정치적 노력을 해야 한다.

(2) 조직의 정치의 의미

조직은 그 구성원 및 집단 간에 한정된 자원·보상 및 인사상의 기회 배분에 관한 의사결정이 이뤄지는 곳이다. 일반적으로 조직에서 배분하는 자원과 보상과 인사상의 기회 등은 한정돼 있으므로 그것을 얻고자 하는 구성원과 집단 간에 경쟁·교섭·갈등 및 협상이 전개된다. 이러한 과정은 누가 무엇을 얻고 잃느냐의 정치적 게임이라고 할 수 있으며, 그러한 일이 벌어지는 조직은 일종의 정치판(political arena)이라고 말할 수 있다(Bolman & Deal, 1991: 225-227 참조). 이러한 맥락에서 볼 때 조직의 정치(organization politics)란 "조직에 존재하는 권력과 영향력의 행사"라고 정의할 수 있다(Quick & Nelson, 2009: 290).

앨런(R. W. Allen) 등은 "조직의 정치적 행동이란 조직에서 개인이나 집단이 자기이익(self-interest)을 증진 및 촉진하기 위해 의도적으로 다른 개인이나 집단에 영향력을 행사하는 행동"이라고 정의한다(Allen, Madison, Porter, Renwick, & Mayes, 1979: 77). 또한 페퍼(J. Pfeffer)는 "조직의 정치적 행동이란 조직의 개인 및 집단이 의사결정에 불확실성과 의견 불일치가 있을 때 원하는 결과를 얻기 위해 조직 내에서 권력이나 자원을 획득 또는 활용하는 행동"이라고 한다(Pfeffer, 1981: 70).

(3) 조직의 정치에 관한 부정적 견해와 긍정적 견해

사람들은 조직의 정치 및 정치 행동에 관해 한편으로는 부정적인 태도와 견해를 갖고 있지만 다른 한편으로는 긍정적인 태도와 견해를 갖고 있다.

① 부정적 견해

조직의 정치와 정치적 행동은 조직 내부의 구성원과 집단이 조직의 전체 목적과 이익을 망각하거나 경시하고 자기의 이익 획득만 고집하고 추구하는 행동이며, 조직에서 합법적으로 인정할 수 없는 갈등과 불화·분열·대립·적대관계를 조성하고 증폭시키며 결과적으로 조직구성원의 사기를 저하시키고 조직의 성과를 떨어뜨리며 의사결정을 왜곡한다는 것이다.

② 긍정적 견해

조직의 정치 및 정치적 행동은 조직에 존재하는 것이며, 긍정적인 기능도 수행한다. 조직의 정치를 나쁜 것으로 규정하기보다는 가치중립적인 입장에서 좋은 것은 좋다고 설명해야 한다. 즉, 조직에 정치가 존재하므로 조직 내부의 다양한 이익과 주장이 현실로서 드러나 상호 교섭하고 협상을 통해 문제를 해결하며 갈등을 조정 혹은 해소하고 구성원의 응집성과 연대성을 강화할 수도 있는 것이다.

요컨대 조직에 정치 및 정치적 행동이 존재하는 것이 문제가 아니라 어떤 정치 및 정치적 행동이 존재하느냐가 문제다. 즉, 개인 및 집단의 사적인 목적이나 이익을 위한 정치가 아니라 조직 전체를 위한 생산적이고 건설적인 정치는 바람직한 것이다.

2 조직에서 정치적 행동을 유발하는 요인들

조직에서 정치적 행동을 유발하는 요인은 개개의 조직이 처하고 있는 상황에 따라 다르다. 그러나 크게 나눠서 말하면 개인적 요인과 조직적 요인으로 나눠 설명할 수 있다(Robbins, 2001: 365-367).

1) 개인적 요인

조직구성원 개인들의 특성, 욕구 수준에서 정치적 행동을 유발하는 요인은 다음과 같다.

(1) 자기감시 능력이 높은 사람

스스로 자기를 잘 감시하는 사람들(high self-monitors)은 비교적 사회적인 어떤 신호(social cue)에 민감하고 순응을 잘하며 자신의 이익을 위해 필요한 경우에는 정치적 행동을 할 가능성이 높다.

(2) 내적인 통제 위치

자신의 운명이나 일을 스스로 결정하고 통제할 수 있다고 믿는 사람들, 즉 자신의 내부에 자율적인 통제 의지와 힘이 있다고 생각하는 사람들(internal locus of control)은 적극적인 정치적 행동을 통해 상황을 통제하려고 한다.

(3) 마키아벨리적 성격

마키아벨리적 성격(machiavellian personality)을 가진 사람들은 권력에 대한 열망과 선호가 강하고 상황을 조작하는 데 뛰어나다.

(4) 조직의 투자

미래를 위해 조직에 많은 투자(organizational investment)를 한 사람은 조직에서 불이익을 당하면 잃을 것이 많으므로 비합법적인 정치적 행동을 할 가능성이 높다.

(5) 직업의 대안에 대한 지각

비교적 뛰어난 지식・기술・명성을 가진 사람들은 현재의 직장이나 직업을 그만두더라도 진로의 대안이 많다. 따라서 자신의 직장이나 직업에 대한 대안을 지각(perceived job alternatives)하는 사람들은 기존 조직에 순응하기보다는 기회주의적인 정치행동을 할 가능성이 높다.

(6) 성공에 대한 기대

조직구성원은 조직에서 자신이 정치행동을 할 경우에 그 성공에 대한 믿음과 기대가 낮으면 그러한 행동을 하지 않을 것이지만 성공할 것이라는 주관적인 믿음(expectations of success, 기대)이 크면 정치적 행동을 할 가능성이 있는 것이다.

2) 조직적 요인

정치적 행동을 유발하는 요인은 조직의 상황적 특성에도 존재한다.

(1) 자원의 재분배

조직의 자원이 줄어들거나 자원의 유형이 변화할 때(reallocation of resources)는 조직 안에서 자신이 기왕에 보유했던 자원의 감소나 상실의 두려움을 극복하기 위해 정치적 행동을 할 수 있다.

(2) 승진 기회

조직에서의 승진 기회(promotion opportunities)는 조직구성원의 사기 및 동기부여에 매우 중요한 요소다. 따라서 조직구성원들은 한정된 기회를 둘러싸고 매우 치열한 경쟁을 벌이며, 정치적 행동을 통해 결정에 영향을 미치려고 한다.

(3) 낮은 신뢰

조직 내부 구성원이나 집단 간에 신뢰성이 낮을수록(low trust) 정치적 행동이 일어날 확률은 더 높아진다.

(4) 역할모호성

역할모호성(role ambiguity)이란 조직구성원에게 주어진 직무 행동이 무엇인지 불명확함을 말한다. 역할모호성이 클수록 조직구성원은 정치적 행동에 개입할 가능성이 높아진다.

(5) 불명확한 성과평가 시스템(unclear performance evaluation system)

조직에서 사용하는 성과평가 기준이 주관적이고 단일의 성과 측정지표만을 쓰며 기왕에 이뤄진 행동에 대한 평가를 시간이 많이 경과한 후에 하는 경우에는 조직구성원에게 정치적 행동의 구실을 준다.

(6) 제로섬 보상 관행

조직에서 그 구성원에게 제로섬 보상(zero-sum reward practices)이나 승패 보상(win-lose reward) 방법을 적용하면 보상의 파이(pie)를 고정시켜서 어떤 사람이나 집단에게는 전적으로 이익을 주는 반면 다른 사람이나 집단에게는 전적으로 손해를 끼친다. 이러한 조직에서는 조직구성원 간에 질투와 적대감이 심하다. 따라서 기어코 자기 이익을 얻고자 하는 개인과 집단의 정치적 행동을 극도로 자극한다.

(7) 형식적인 민주적 의사결정

조직 내부의 권위주의를 줄이기 위해 조직구성원이 의사결정에 참여하는 제도를 도입하고 위원회 등을 설치하지만 관리자들이 그것을 형식적으로 운영하는 경우(democratic decision making)에는 조직 내부의 정치적 행동 발생의 구실을 제공한다.

(8) 높은 성과 압력

조직구성원들은 조직으로부터 높은 성과 압력(high performance pressures)을 받을수록 정치행동에 더욱 관여할 가능성이 높아진다.

(9) 이기적인 고위관리자들

조직구성원들은 때때로 고위관리자들이 그들 자신의 이기적인 동기(self-serving senior managers)에 따라 행동하는 것을 목격한다. 이러한 현상은 하위 구성원들의 정치행동을 자극한다.

끝으로 한 가지만 더 언급하면 조직의 재편성 및 재구조화에 관련되는 것이다. 조직이 기존의 구조를 개편 혹은 재구조화하는 일은 그 조직의 권력 기반 혹은 조직 간의 권력 관계의 변화를 수반한다. 따라서 이러한 변화에 대응해 관련 조직이나 집단의 정치적 행동이 유발되는 경우도 많다.

3 조직 내부의 정치적 전술

1) 정치적 행동과 전술

조직 내부의 정치적 행동은 조직구성원이나 집단이 다른 구성원이나 집단에 영향력을 행사해 자기의 목적을 달성하고 이익을 얻고자 할 때 나타난다. 그러므로 정치적 행동은 당연히 어떤 전술과 관계된다. 즉, 영향력 행사를 위해 권력을 구축하고 그것을 행사해 목적을 달성하는 방법의 선택과 관계를 갖는 것이다. 조직의 정치적 전술에는 부정적인 것도 있고 긍정적인 것도 있다. 예를 들어 상대방에 대한 비난, 공격, 권모술수, 권력 구축 게임, 파벌 조성, 정보의 왜곡, 지나친 경쟁, 권력자에게 아부, 상대방에게 속임수를 쓰는 언행 등은 부정적인 전술이라고 할 수 있으며, 타협, 불필요한 논쟁의 자제, 경쟁의 제한, 건설적인 대안의 탐색 등은 긍정적인 전술이라고 할 수 있다(Miles, 1980: 175, Buchanan & Badham, 1999: 64 참조).

2) 정치적 전술의 유형

이와같이 조직에 나타나는 정치적 전술은 매우 다양하다. 대프트(R. Daft)는 <표 15-1>에 요약한 바와 같이 조직 내의 정치적 전술을 일련의 체계적인 과정의 맥락에서 설명하고 있다. 즉, ① 조직 내부의 어떤 집단이 권력을 증대 및 구축하는 전술, ② 구축된 권력을 행사하기 위한 정치적 전술, 그리고 ③ 경쟁 혹은 대립 관계에 있는 집단 간에 협력을 증진하는 전술을 하나의 연속적인 과정으로 언급하고 있다(Daft, 2001: 460-467).

표 15-1 조직 내의 권력 및 정치적 전술

권력 증대 전술	권력 행사를 위한 정치적 전술	협력 증진 전술
• 불확실성에 대한 대처 • 의존성의 창출 • 자원 제공 • 전략적 상황 조건의 충족	• 연합 세력 형성 • 네트워크 확대 • 의사결정의 전제 조건 통제 • 합법성과 전문성 제고 • 선호는 명백히 하면서 권력은 암묵적으로 행사하는 전술	• 통합장치의 형성 • 대면과 교섭 • 집단 간 상담 • 구성원의 순환 • 상위 목표의 설정

Daft(2001: 461).

(1) 집단의 권력 증대 전술

① 불확실성에 대한 대처

조직 안에서 조직의 중요한 불확실성이 무엇인가를 정확하게 인지하고, 그것에 효과적으로 대처할 수 있는 능력이 있는 부서나 집단은 상대적으로 다른 부서나 집단에 영향력을 행사할 수 있는 위치를 확보하는 것이다. 다시 말하면, 비교 우위의 권력 기반을 구축하는 것이다. 따라서 조직 안에서 권력이나 영향력을 증대 혹은 확대하고자 하는 부서나 집단은 조직 안에 어떤 핵심적인 불확실성이 있는가를 인지하고 대처하는 능력을 향상시킨다.

② 의존성의 창출

조직 안에서 중요하고 풍부한 지식·기술 및 정보를 가지고 있는 부서나 집단은 상대적으로 그것을 열악하게 가지고 있는 다른 부서나 집단을 종속적으로 의존시키고 영향력을 발휘할 수 있는 위치에 놓이게 된다. 따라서 조직 안에서 영향력 및 권력을 확보하려면 상대적으로 높은 지식, 기술 및 정보 능력을 가져야 한다.

③ 자원의 획득과 제공

자원은 조직의 생존에 필수적인 요소다. 중요하고 필요한 자원을 획득해 다른 부서나 집단에 제공할 수 있는 능력을 가진 부서나 집단은 조직 내에서 상대적인 영향력과 권력이 강하다. 특히 희소자원을 획득해 그것을 조직에 공급·배분할 수 있는 능력을 가진 부서나 집단의 권력은 상대적으로 강한 것이다.

④ 전략적 상황 조건의 충족

여기서 말하는 전략적 상황 조건(strategic contingencies)의 충족이란 조직의 외부 환경이나 내부의 상황 요소 중에서 조직의 성공에 특히 중요한 요소(예: 사건 혹은 직무 등)가 무엇인가를 잘 파악해 가장 적절하게 대처하는 것을 의미한다. 이러한 대처 능력이 상대적으로 우월한 부서나 집단은 조직 내부에서 강한 권력을 갖게 된다.

(2) 집단의 권력 행사를 위한 정치적 전술

① 연합체의 형성

조직 내부의 집단 간에 이해관계가 대립하면서 권력이 비슷한 경우에는 한 집단의 선호에 따라 어떤 결정을 하기 어렵다. 이러한 상황에서는 집단 간에 공동의 목표를 선택해 자유로운 동맹을 맺는다. 즉, 연합체(coalitions)를 형성해 행동하는 것이다. 연합은 상호 유대 및 지지적 관계를 이루는 비공식적 집단의 성격을 갖는다.

② 네트워크 확대

네트워크 확대란 자기 부서나 집단의 지지 세력을 확대하는 방법의 하나다. 그 방법으로는 새로운 멤버를 영입하거나 기왕에 그 부서나 집단에 좋지 않은 태도나 감정을 가진 사람과도 적절한 관계를 형성해 지지자로 만드는 것이다.

③ 의사결정 기본 조건의 통제

의사결정의 기본 조건의 통제(control of decision premises)란 의사결정의 사항이나 대상 범위 등을 제한하거나 조종하는 것을 말한다. 의사결정 참여자들에게 어떤 정보나 조건을 제시해 자기 부서나 집단에 유리한 사항은 결정하도록 하고, 어떤 사항은 결정 못하도록 하는 방법을 사용한다.

④ 합법성과 전문성 제고

합법성과 전문성을 정치적 행동에 이용할 수도 있다. 예를 들면 조직의 관리자가 어떤 직원을 해고시키고자 할 경우에 관리자는 전문가에게 의뢰해 그 직원이 직무 수행을 합법적으로 했는가를 조사하게 하거나 직원의 직무성적의 우열을 평가하도록 한다. 이와같이 관리자가 합법성과 전문성을 강조하거나 제고하는 방법을 이용해 영향력을 행사할 수 있다.

⑤ 선호는 명백히, 권력 행사는 암묵적으로

조직에서 효과적인 정치적 행동을 하려면 의사 표시 및 선호(preferences)는 명백(explicit)하게 하되, 권력의 행사는 암묵적(implicit)으로 해야 한다. 즉, 채찍은 보여주되 그것을 휘두르는 것은 신중하게 해야 하는 것이다. 유력한 권력자는 함부로 채찍을 쓰지 않는다.

(3) 집단 간에 협력을 증진해 조직에 도움을 주는 전술

① 통합장치의 형성

조직의 공동 문제 해결을 위해 각 부서의 대표자로 팀을 구성해 역할을 수행하게 하거나 통합 역할을 수행하는 전담자(full-time integrator)를 둠으로써 각 부서 및 집단들의 협력을 증진할 수 있다.

② 대면과 교섭

갈등 상황에 있는 당사자들이 서로 만나서 문제를 해결하는 것이 대면(confrontation) 방법이다. 또한 대립하는 당사자들이 만나 문제 해결의 조건을 제시하고 상호 교환 및 거래하는 것을 교섭(negotiation)이라고 한다. 당사자 간에 대면이나 교섭하는 방법은 때로는 감정적으로 더욱 나빠질 수 있는 위험성도 있지만 상호 이해하고 존중하는 계기를 마련해 문제를 해결하고 협력적 관계로 발전할 수 있다. 이상적인 교섭은 당사자가가 모두 승리하는(win-win) 상태에 도달하게 하는 것이다.

③ 집단 간 상담

집단 간 상당(intergroup consultation)이란 조직의 최고관리자나 제3자에게 상담을 의뢰해 집단 간 갈등을 해소하는 방법이다. 일종의 직장 중재 방법이다. 이 과정에는 분쟁 당사자를 한자리에 참석시켜 각자의 견해를 밝히게 한 후 상담자가 조정 혹은 중재하는 형식을 취한다.

④ 조직구성원의 순환

조직구성원의 순환이란 직무순환과 같은 말이다. 직원의 근무부서를 순환시킴으로써 조직 내의 각 부서의 목표·문화·직무 등을 이해하고 좀 더 큰 공동체 의식을 갖도록 한다.

⑤ 상위 목표의 설정

최고관리자는 조직 전체의 공통된 목표, 즉 조직의 상위 목표를 명확하게 설정하고, 조직의 모든 구성원과 집단이 그것을 공유하고 협동해 달성하도록 유도해야 한다. 상위 목표는 조직구성원들에게 실질적인 가치가 인식되도록 내용을 갖춰 설정함으로써 그들의 협동적 노력을 강화할 수 있다.

조직의 구성원과 집단의 협력을 증진하기 위해서는 조직에 불확실성을 감소시키는 방법도 적극적으로 확립해야 한다. 예를 들면, 직원의 근무평정, 보상, 승진과 관련되는 규정이 객관적이고 합리적이며 그 운영이 공정하고 투명해야 한다.

4 조직의 정치적 행동윤리

1) 정치적 행동윤리의 필요성

조직의 정치적 행동 및 전술은 긍정적인 것도 있지만 부정적인 것도 있다. 그러므로 조직의 관리자는 끊임없이 그 목적과 방법을 판단하고 선택해야 한다. 조직에서 발생하고 이뤄지는 정치적 행동 가운데 어느 것이 바람직한 것이며 바람직하지 않은지 판단해 선택해야 한다.

여기에 정치적 행동의 선과 악, 옳고 그름(善·惡, 正·邪)의 문제가 제기된다. 조직의 정치적 행동에서 선과 옳음이 무엇인가를 탐구해 적용함으로써 정치적 행동의 윤리성을 확실하게 한다.

2) 정치적 행동의 윤리적 조건 및 기준

조직의 정치적 행동이 윤리성을 가지려면 다음과 같은 조건 및 기준을 만족시켜야 한다(Velasquez, Moberg, & Cavanagh, 1983: 65-79 참조).

첫째, 정치적 행동이 개별 집단이나 개인적 목적과 이익을 위해서가 아니라 조직의 공통된 목표의 달성과 이익을 위해 이용돼야 한다.

둘째, 조직의 정치적 행동이 조직의 구성원 및 집단 간의 신뢰성과 응집성을 해쳐서는 안 된다.

셋째, 정치적 행동은 그 행동과 관련이 있고 그 행동에 영향을 받는 조직구성원과 집단의 권리와 이익을 존중하고 증진시키도록 행사돼야 한다.

넷째, 정치적 행동은 정당하고 공정하며, 공평하게 이뤄져야 한다. 배분적 정의뿐만 아니라 절차상의 정의에 부합해야 한다. 어떤 특정한 개인이나 집단의 이익을 위해 다른 개인이나 집단의 이익을 해치는 정치적 행동은 행사하지 않아야 한다.

다섯째, 조직의 정치적 행동은 궁극적으로 조직의 분열이나 해체가 아니라 조직을 새로운 통합과 변화와 발전의 기회가 되도록 이용돼야 한다.

제 16 장

갈등관리

제 1 절 갈등의 의의와 특징

1 의의

조직은 다양한 욕구 · 가치관 · 이해관계 및 동기를 가진 인간들의 집합체다. 따라서 단순히 선험적으로 주어진 조화와 균형과 안정만을 유지하기는 힘들다. 경험적으로 살펴보면, 조직을 구성하는 개인은 조직 속에서 때때로 상충되고 모순되는 요구와 기대에 직면해 스스로 행동을 선택하는 데 어려움을 겪으며 개인 간, 집단 간 및 조직과 조직 간에도 크든 작든, 잠재적이든 현재적이든 상호간의 이해 대립 · 양립 불가능한(incompatible) 주장 및 마찰로 인해 부적 정서(負的情緖)와 긴장 등의 심리적 상태에 직면한다. 조직에 존재하는 그와 같은 심리적 상태를 조직의 갈등(conflict) 현상이라고 말할 수 있다.

머레이(E. J. Murray)에 의하면, "갈등이란 어떤 사람이 둘 이상의 상호 정반대되는 행위에 종사하도록 동기가 부여된 상황을 의미한다"(*International Encyclopedia of the Social Sciences*, 1968, Vol.3: 220). 또한 폰디(L. R. Pondy)는 조직의 갈등이란 조직 내의 개인 간, 집단 간에 대립적 심리와 행동을 내포하는 동태적 과정이라고 정의한다(Pondy, 1967: 296 참조). 또한 마치(J. G. March)와 사이먼(H. A. Simon)은 "갈등이란 의사결정의 표준 메커니즘(standard mechanism)에 고장(breakdown)이 생겨 행동대안의 선택에서 개인이나 집단이 곤란을 겪는 상황"이라고 정의한다(March & Simon, 1958: 112, 윤재풍 옮김, 1977: 155).

2 특징

이와 같은 여러 정의에서 볼 때 갈등은 다음과 같은 특징을 지닌다.

첫째, 조직에서의 갈등이란 둘 이상의 행위 단위 혹은 행위자 사이에 양립할 수 없는 이해관계, 목표, 태도 및 정서가 존재하는 상황이다.

둘째, 갈등이란 둘 이상의 행위자 간에 대립하고 마찰하는 행태 및 사회심리적 상태다.

셋째, 갈등이란 둘 이상의 의사결정자들 간에 의견의 불일치로 대립하고 마찰하는 현상이다.

제 2 절 갈등을 보는 시각

갈등이란 조직이나 집단에 부정적이고 역기능적이며, 병리적인 현상이라고 보는 입장이 있다. 이것은 전통적인 시각이다. 반면에 갈등이란 오히려 긍정적이며 순기능적이고 정상적인 현상이며, 그것을 잘 관리함으로써 조직이나 집단의 바람직한 변화를 이끌어갈 수 있다는 시각이 있다. 이것은 최근에 전개되고 있는 견해다. 이러한 입장과 견해들은 조직에 관한 다음과 같은 세 가지의 시각에서 설명될 수 있다.

1 일원적 조직의 시각

일원적(一元的) 조직의 시각(unitary organization perspective)에서는 조직이란 주어진 공동의 목표 달성을 위한 하나의 인간의 집합체로 간주한다. 따라서 조직은 공동의 목표 아래 최고관리자를 정점으로 삼아 그 구성 단위나 행위자들을 하나로 결합시키고 잘 통합된 하나의 체제로 관리돼야 한다고 강조한다. 조직이나 집단 속의 개개의 행위자들은 공통의 목표 달성을 위한 수단으로서 전체 조직이나 집단에 종속되도록 유도된다. 조직의 관리자는 그 구성 단위나 행위자들에게 '우리는 한 팀이니 항시 화합 · 단결해 주어진 목표를 일사불란하게 달성하자'고 주장한다. 여기에서는 갈등이란 있어서는 안 되는 것, 피해야 하는 것, 만약 갈등이 발생한다면 그것은 악(惡)이고 병리이며 조직이나 집단에 문젯거리를 만들어 내는 비정상적인 현상이므로 제거해야 할 대상으로 본다. 이것은 특히 고전적 조직관리론에서 강조한 견해다.

2 다원적 조직의 시각

다원적(多元的) 조직의 시각(pluralistic organization perspective)에서는 조직이란 다양한 경쟁적인 이해관계를 갖는 행위자들로 구성된 느슨한 연합체와 같은 것으로 본다. 따라서 여기에서는 조직 속의 여러 행위 단위나 행위자들의 이익과 다양성을 강조한다. 조직이나 집단을 다양한 이익을 추구하는 행위 단위나 행위자들의 연합체라는 면에서 볼 때, 거기에 갈등이 존재하는 것은 오히려 정상적이라고 보며, 긍정적이고 순기능적인 작용이 있음을 인정한다.

이러한 시각에서 조직이나 집단을 관리하는 사람은 그 구성원들 각자의 선호나 이해가 다를 수 있음을 인정하고 서로 타협해 모두가 이득을 얻는 방법으로 조직을 관리하려고 한다. 코저(Lewis Coser)가 말하는 바와 같이 현실적으로 "어떤 집단도 전적으로 내부의 조화를 이루기는 어렵다. 조화가 있고 부조화가 있으며 통합이 있고, 해체가 존재한다. 갈등은 다만 파괴적일 수만은 없다. 협력과 마찬가지로 갈등은 그 나름의 사회적 기능을 가지고 있는 것이며, 어느 정도의 갈등은 집단의 형성과 활동의 유지에 본질적인 요소가 되는 것이다"(Coser, 1956: 20).

3 급진적 조직의 시각

마르크스의 전통을 이은 급진적 조직의 시각(radical organization perspective)에서는 사회나 조직이란 적대적인 계급 이해로 구성되고 상호 경쟁적인 세력들(예: 노동자와 사용자)이 서로 자기의 목적을 성취하기 위해 투쟁하는 공간으로 간주한다. 따라서 조직이나 집단의 갈등은 필연적인 것이며, 궁극적으로 전반적인 사회 및 조직구조를 변화시키는 요소로서 작용한다고 본다.

제 3 절 조직갈등의 원인과 진행 과정

1 갈등의 원인

갈등을 일으키는 원인은 갈등의 사례에 따라 독특하며 다양하지만 다음과 같이 일반적인 몇 가지를 언급할 수 있다.

1) 목표의 차이

서로 관계를 갖는 행위자 상호간 및 행위 단위 간에 달성하고자 하는 목표의 선호가 다르거나 설정된 목표를 수행하는 방법에 관해 의견이 불일치한 경우는 그 목표를 둘러싸고 갈등을 빚기 쉽다.

2) 지각 · 욕구 · 가치관 및 성격의 차이

사람의 개인적 행동의 기초를 이루는 지각, 욕구, 가치관 및 성격이 다른 사람들이 함께 어떤 일을 결정하거나 수행하는 경우에는 행동 방안의 선택과 실제 행동을 수행할 때 대립과 마찰을 일으킬 수 있다.

3) 한정된 자원

한정된 자원을 놓고 그것이 필요한 행위 단위 간에 "내 것이 아니면 네 것"이라는 식의 제로섬 게임(zero-sum game)을 벌이는 경우나, 한정된 자원을 여러 행위 주체들이 공동 이용하는 경우에는 잠재적 혹은 현재적 갈등이 존재한다.

4) 과업의 상호의존성

어떤 행위 단위 간에 과업이 상호 의존된 경우는 공동의 목표를 선택하고 자원의 배분에 관한 계획을 공동으로 결정하고 수행해야 하는 것이다. 따라서 거기에 관련되는 각 행위 단위는 자기에게 유리한 결정이 이뤄지도록 여러 전략·전술을 구사한다. 그러한 상황에서는 관련 행위자 간에 의식적 혹은 무의식적, 현재적 혹은 잠재적 갈등이 벌어질 수 있다.

5) 의사소통의 부적절 및 불완전

관련된 행위 단위들이 의사소통을 왜곡 및 지연하거나 불완전하고 부적절한 의사소통 경로와 방법을 사용함으로써 서로간에 오해와 이해 부족을 일으키고 갈등을 야기하는 경우가 많다.

6) 평가 기준과 보상 체제의 차이

조직 내부 부서의 업적을 평가하고 보상할 때 그 평가 기준과 보상 체제가 불공평하거나 부적절한 경우에는 조직의 각 단위 간 혹은 부서 간에 갈등이 발생할 수 있다.

7) 조직의 높은 분화(전문화)와 낮은 공식화

조직의 분화(혹은 전문화)에 따라서 조직 내의 단위 간 및 부서 간의 경계가 견고하거나 높아지면 각 단위 체제 간에 유연한 협조와 공생보다는 대립·마찰 등의 갈등을 일으킬 수 있다. 또한 조직 내 행위 단위들의 권한, 책임 및 역할에 관한 공식화가 높지 않은 조직에서는 행위 단위들 사이에 권한과 책임이 불명확한 나머지 권한은 뺏고 책임은 미루고 전가하는 갈등 행태가 나타난다.

8) 구성원의 이질성

조직이나 집단구성원들의 가치관·성격·욕구·교육 수준·연령·경력 배경 등의 차이가 심할수록 그들 간에 부조화와 갈등을 일으킬 가능성이 증가한다.

2 갈등의 진행 과정

갈등의 과정을 하나의 공식처럼 설명할 수는 없다. 갈등의 원인·갈등 당사자·갈등 정도에 따라 다르기 때문이다. 그러나 일반적으로 말하면 조직에서의 갈등은 대체로 구성원 간에 이해와 의견 불일치(disagreement)로 입씨름하다가 마찰 및 대결(confrontation) 국면에 들어가며 그것이 더욱 격화(escalation)되는 상태를 지나서 진정(de-escalation) 및 해소(resolution)의 단계에 이른다고 말할 수 있다.

폰디는 갈등이 발생·진행되는 과정을 잠재적 갈등 → 지각적 갈등 → 감정적 갈등 → 표출된 갈등 → 갈등의 여파 단계의 순서로 설명하고 있으며(Pondy, 1967: 296-320), 로빈스(S. P. Robbins)와 저지(T. A. Judge)는 잠재적 대립 및 상충 → 인지와 개인화 → 갈등 처리의 의도 → 행동 → 결과 단계의 순서로 설명한다(Robbins & Judge, 2009: 521).

여기에서는 폰디와 로빈스의 설명을 참고해 다음과 같이 5단계로 갈등 과정(conflict stage)을 설명한다.

1) 잠재적 갈등 단계 혹은 갈등의 선행 조건 단계

조직에서의 갈등은 우연히 발생하지 않는다. 조직안에 일정한 갈등의 조건이나 원인이 잠복한 상태로 있다가 어떤 때와 상황을 계기로 갈등이 표출되는 것이다. 이러한 갈등 단계를 잠재적 갈등 단계(potential conflict stage) 혹은 갈등의 선행 조건(antecedent conditions) 단계라고 말할 수 있다. 그러면 조직의 어디에 갈등의 원인이 잠복하는가? 그것은 갈등을 발생시키는 조건과 원인에 관해 앞에서 여러 가지로 설명한 바와 같다.

2) 지각적 갈등 단계

지각적 갈등(perceived conflict)이란 조직구성원이 조직 안에 존재하는 갈등의 조건과 그 정체가 무엇이며 갈등의 개연성이 있음을 지각하는 것이다. 그런데 지각의 과정은 사람마다 차이가 발생할 수 있다. A라는 사람은 조직 안에 의사소통이 문제가 있다고 지각하지만 B라는 사람은 문제가 없다고 지각하는 경우에는 두 사람 사이에 지각적 차이가 발생하고 상호간에 의견 불일치 현상이 나타난다.

3) 감정적 갈등 단계

조직 안의 구성원 및 집단 간에 지각적 갈등이 깊어지면 당사자들 간에 감정적인 의견 대립·긴장·불안 등을 경험하게 된다. 이것이 감정적 갈등(felt conflict)이다.

4) 표출적 갈등 단계

조직 안에 지각적 갈등이 표면으로 심하게 드러나는 갈등을 표출적 갈등(manifest conflict)

혹은 명백한 가시적 차원의 갈등이라고 한다. 표출적 갈등은 그 강도(intensity)에 따라 여러 가지 형태로 나타난다. 죽기 아니면 살기 식으로 상대방을 공격하고 적대적으로 대립하는 갈등도 있고 사소한 의견 불일치 수준의 갈등도 있다. 로빈스는 그 강도를 기준으로 여러 가지 갈등을 일련의 연속선(continuum)상에 배치하고 있다.

5) 갈등의 처리 및 해결을 위한 접근 단계

갈등이 표출되면 조직이 전체적 혹은 부분적으로 기능이 마비되거나 침체하게 된다. 그러므로 갈등은 그 상태에 따라 처리 · 관리되고 해결돼야 한다. 갈등의 처리 및 해결은 갈등의 종류와 상태에 따라서 다르지만 일반적으로 갈등 관계에 있는 당사자 간에 화해 · 타협하는 방법을 이용한다(갈등의 처리 및 해결 방법에 관한 상세한 설명은 이 장 제5절을 볼 것).

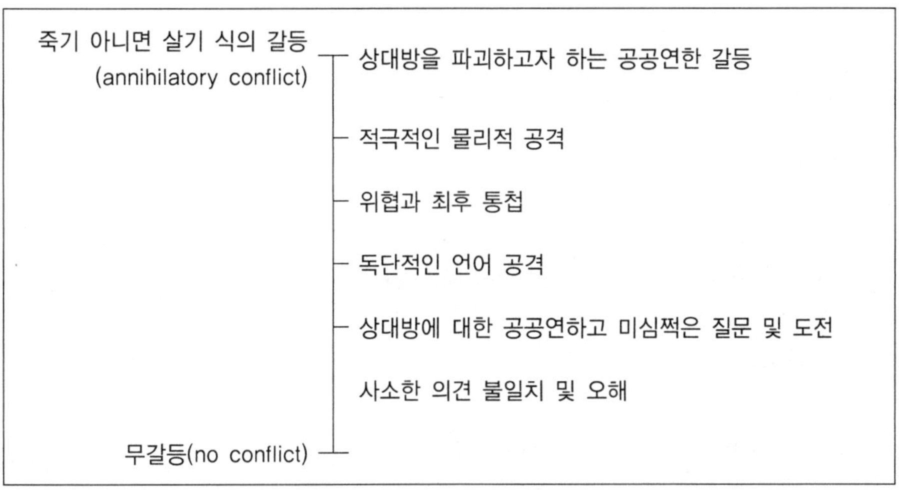

그림 16-1 갈등 강도의 연속선

Robbins(1974: 93-97).

제 4 절 갈등의 유형

갈등의 유형은 여러 기준에 따라 분류될 수 있다. 여기에서는 의사결정자가 겪는 갈등과 조직의 여러 차원에서 발생하는 갈등을 중심으로 다음과 같이 분류한다.

1 개인적 갈등

개인적 갈등은 정확히 표현하자면 개인 내부적 갈등(intrapersonal conflict)이다. 개인에게 어떤 양립할 수 없는 목표·가치·요구 및 인지 등이 동시에 동일한 강도로 발생할 때 선택이 어렵고 긴장감을 주는 심리적 상태를 말한다. 개인 내부적 갈등은 다음과 같은 세 가지 유형으로 나눠 설명할 수 있다.

1) 접근-접근갈등

접근-접근갈등(approach-approach conflict)은 어떤 개인에게 두 개의 긍정적인 목표나 가치를 함축하는 대상이 동시에 나타나는 경우에 선택이 어려운 갈등 상태다.

2) 회피-회피갈등

회피-회피갈등(avoidance-avoidance conflict)은 개인에게 두 개의 부정적인 목표나 가치가 함축된 대상이 동시에 나타날 때 선택이 어려워 겪는 갈등 상태다.

3) 접근-회피갈등

접근-회피갈등(approach-avoidance conflict)은 긍정적인 목표 및 가치와 부정적인 목표 및 가치가 함축된 대상이 동시에 나타날 때 선택이 어려워 개인이 겪는 갈등을 말한다.

2 조직적 갈등

조직 및 집단의 갈등이란 둘 이상의 집단이나 조직이 상충하는 이익이나 주장을 둘러싸고 서로 대립·마찰 및 긴장하는 상태를 말한다.

폰디는 조직 및 집단적 갈등을 협상적 갈등, 관료제적 갈등, 체제적 갈등, 마찰적 갈등, 전략적 갈등으로 분류한다(Pondy, 1967: 296-320).

1) 협상적 갈등

협상적 갈등이란 희소자원을 둘러싸고 이해당사자 간에 발생하는 갈등(노사관계나 예산 획득 과정의 갈등)을 말한다.

2) 관료제적 갈등

관료제적 갈등은 계층제 내부의 상하 간의 관계에서 발생하는 갈등이다.

3) 체제적 갈등

체제적 갈등은 계층제의 수평적 지위에 있는 기관 간의 갈등을 말한다.

4) 마찰적 갈등

마찰적 갈등은 당사자 간에 의견 대립이나 충돌과 같은 갈등이 있지만 집단이나 조직의 구조에 변화를 초래하지 않는 갈등이다.

5) 전략적 갈등

전략적 갈등은 집단이나 조직구조의 질적인 변화를 수반하는 갈등이다.

3 역할 갈등

역할(role)이란 사회나 조직 안에서 어떤 지위(status) 및 직위(position)를 차지하고 있는 사람에게 기대되는 행동 체계나 행동의 유형을 말한다(Biddle, 1979: 56-57; Polzer, 1998: 574 참조).

사람들은 일반적으로 사회구조 내에서 일정한 지위를 가지며 조직 안에서 직무 수행과 관련되는 일정한 직위를 차지하고 있다. 따라서 각자의 지위와 직위에 따라 담당하는 역할이 있다.

조직의 구성원은 조직의 공식적 규정과 그를 감독하고 지도하는 사람들(예: 조직의 상급자)이 공식적·비공식적으로 기대하는 행동이 있으며, 또한 조직 내외의 여러 사람(동료, 부하, 외부 고객이나 가족 등)이 기대하는 행동이 있다. 그의 행동은 역할 규정과 역할기대자들의 기준에 따라 관찰되고 평가된다.

그런데 역할 담당자와 역할기대자의 기준이나 생각이 양립할 수 없거나 불일치해 역할 담당자가 심리적 곤란을 겪는 경우가 있다. 그러한 심리 상태를 역할 갈등(role conflict)이라고 한다. 역할 갈등은 다음과 같은 네 가지 유형으로 나눠 설명할 수 있다(Hellriegel & Slocum Jr., 2004: 229).

1) 역할 부여자 내부적 갈등

역할 부여자 내부적 갈등(intrasender role conflict)은 역할을 부여 혹은 전달하는 사람이 역할 담당자에게 상충되는 행동을 하도록 지시하는 경우에 그것을 받아 수행하는 사람이 갈등을 겪는 것을 말한다. 예를 들면 상급자가 부하에게 한편으로는 엄격하게 규정을 지키라고 지시하면서 다른 한편으로 융통성 있게 행동하라고 지시하는 경우다.

2) 역할 부여자들 간의 갈등

역할 부여자들 간의 갈등(Intersender role conflict)은 한 사람의 역할 담당자에게 역할을 부여하는 사람이 다수이고 그들이 역할 담당자에게 상충하는 역할을 부여하고 그것을 수행하도록 요구하는 경우에 역할 담당자가 겪는 갈등을 말한다.

3) 역할 간 갈등

역할 간 갈등(Interroler conflict)은 역할 담당자가 근무하는 조직에서 요구하는 행동과 그가 관계를 갖는 다른 집단이 그에게 요구하는 행동이 다른 경우에 역할 담당자가 겪는 갈등이다. 예를 들면, 자신이 근무하는 조직에서는 조직의 이익을 위해 행동하도록 요구하는데 그가 회원으로 관계를 가지고 있는 외부조직(예: 시민단체)에서는 다른 행동을 하도록 요구하는 경우에 겪는 갈등이다.

4) 개인-역할갈등

개인-역할갈등(person-role conflict)은 조직에서 역할 담당자 개인이 담당하는 역할이 자신의 가치관 · 인지 및 동기와 어긋날 경우에 겪는 갈등을 말한다.

역할 갈등은 역할 담당자에게 부여되는 역할이 모호한 경우, 즉 역할모호성(role ambiguity)에 의해서도 발생한다. 역할모호성이란 역할 담당자가 무슨 행동을 어떻게 해야 할지 불분명하거나 불확실한 경우에 발생한다.

또한 역할 갈등은 부여된 역할이 그 수행자의 능력에 비춰 과중(overload)하거나 가벼울 경우(underload)에도 발생한다.

4 의사결정 주체의 갈등

의사결정자는 대안의 선택 과정에서 많은 갈등을 겪는다. 의사결정이란 갈등의 연속인 동시에 그 해결 과정이라고 할 수 있다. 마치와 사이먼은 의사결정 과정에서 발생하는 의사결정 주체의 갈등을 개인적 갈등과 조직 및 집단 간 갈등으로 나눠 설명한다.

1) 의사결정자 개인의 갈등

여기서 말하는 개인의 갈등(individual conflict)이란 의사결정자인 개개의 행위 주체가 겪는 갈등을 말하며, 그것이 발생하는 원인과 형태를 다음과 같이 분류한다(March & Simon, 1958: 113-115).

(1) 비수용성

비수용성(unacceptability)이란 결정자가 각 대안의 성격을 잘 알고 그 대안이 초래할 결과(즉, 개연성)를 예상하며 제시된 대안들 중에 어느 것도 그의 만족 기준에 미달함에도 그 중에서 하나를 선택해야만 하는 상황에서 겪는 심리적 상태를 말한다.

(2) 비비교성

비비교성(incomparability)이란 결정자에게 제시된 각 대안이 초래할 결과를 짐작은 하지만 어느 것이 최선의 대안인지 상호 비교할 수 없는 경우에 곤란을 겪는 상태를 말한다.

(3) 불확실성

불확실성(uncertainty)이란 결정자에게 제시된 어떤 대안을 선택한 경우 그것이 초래할 결과를 알지 못해 곤란을 겪는 상태를 말한다.

2) 의사결정 주체인 조직 및 집단 간 갈등

여기서 말하는 조직 갈등(organizational conflict) 및 집단 간 갈등(intergroup conflict)은

복수인으로 구성된 의사결정 행위 주체 간에 겪는 갈등을 말한다. 이러한 갈등이 일어나는 원인에 대해 마치와 사이먼은 복수 의사 결정 주체 간에 목표 및 지각의 차이에 있다고 말한다 (March & Simon, 1958: 121-129).

제 5 절 갈등의 기능과 해소 방법

1 갈등의 순기능과 역기능

1) 갈등의 순기능

갈등의 순기능(eufunctions)이란 조직이나 집단에 약간의 갈등이 존재하는 것은 정상적인 현상이며, 그러한 갈등이야말로 조직의 생존과 발전에 여러 가지 유익한 기능을 수행함을 의미하는 것이다. 갈등이 조직과 집단에 도움을 주는 몇 가지 기능을 살펴보면 다음과 같다.

(1) 의사결정의 질(質)의 개선

의사결정을 할 때 관련 당사자 간에 서로 비판하고 대립하는 가운데 여러 가지 대안이 제시되고 대안의 장단점이 평가돼 결정된다면 어떤 비판이나 의견 대립도 없이 결정해 버리는 것보다 훨씬 더 좋은 결정을 할 수 있게 된다.

(2) 창의적 · 혁신적 문제 해결 능력의 향상

적당한 갈등이 존재함으로써 조직이나 집단의 침체와 보수화를 막고 좀 더 창의적이고 혁신적인 문제 해결 능력을 향상시킬 수 있다.

(3) 조직 및 집단의 학습 효과

조직이나 집단에 적당한 갈등이 존재함으로써 그에 관련되는 당사자들은 자신들이 경험한 갈등의 내용과 의미를 해석하고 학습해 갈등적 사고방식과 행동양식을 개선하고 새로운 방향으로 발전할 수 있는 동기를 갖게 될 것이다.

(4) 개방적인 상호 관계를 통한 상호적응력의 강화

서로 관련된 행위 단위 간 혹은 행위자 간에 자신의 입장을 개방하고 뚜렷하게 자기 주장을 함으로써 오히려 상호간의 관계를 조정하고 공동의 환경 변화에 상호 적응케 하는 능력을 키울 수 있다.

2) 갈등의 역기능

갈등의 역기능(dysfunctions)이란 조직이나 집단에 발생하는 갈등이 건전하지 못하고 과도해 조직의 생존과 발전을 방해하거나 파괴하는 현상을 말한다. 갈등이 초래하는 몇 가지 역기능 현상을 살펴보면 다음과 같다.

(1) 불신 · 긴장 · 적대적 태도의 형성

개인 간 · 집단 간에 갈등이 심해지면 그에 관계되는 행위자 간에 불신 · 긴장 · 적대적 태도가 형성된다.

(2) 전체 목표보다는 하위의 목표 및 이익의 추구

조직 내부의 집단 간 혹은 개인 간에 갈등이 발생하면 각 집단 및 개인들은 조직 전체의 공통된 목표나 이익보다는 자기들 중심의 목표나 이익의 추구에 몰입하기 쉽다.

(3) 협동적 결속의 와해

갈등이 심화되면 조직과 집단을 구성하는 개인과 단위들 간의 협동적 결속이 와해되기 쉽다.

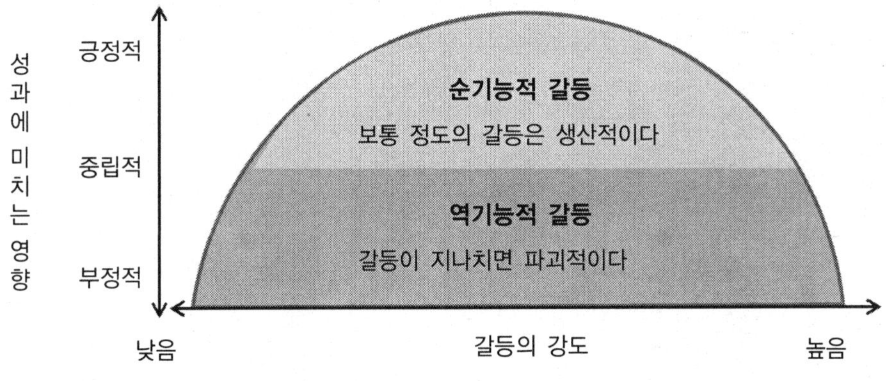

그림 16-2 순기능적 갈등과 역기능적 갈등

Schermerhorn, Jr. et al.(2012: 222).

(4) 조직 및 집단 기능의 마비

조직 내의 집단 간, 혹은 집단 내의 개개 행위자 간에 갈등이 만연되면 조직이나 집단이 수행해야 할 기능이 마비되어 효율성·생산성이 저해된다.

2 갈등의 처리 및 해소 방법

조직의 갈등은 적절히 처리·해소됨으로써 갈등을 벌이는 행위 단위나 행위자 간에 통합적인 관계를 이뤄 조직의 기능을 원활하게 수행하게 되는 것이다.

1) 토머스 등의 갈등처리 유형론

러블(T. L. Ruble)과 토머스(K. Thomas) 등은 갈등 관계에 있는 당사자가 가지고 있는 자기주장성(assertiveness: 자기 이익 충족의 동기)과 협조성(cooperativeness: 상대의 이익을 충족시키려는 동기)이라는 이원적 입장을 서로 관계지어 [그림 16-3]과 같이 다섯 가지 갈등 처리 유형(five conflict handling orientation)을 제시했다. 즉, 회피·화해·경쟁·타협 및 협동이다(Ruble & Thomas, 1976).

(1) 회피

회피란 갈등당사자가 자기 이익을 주장하지도 않고 상대방을 배려하거나 협조하지도 않는 것이 회피(avoiding)다. 갈등이 존재함을 알면서도 표면상으로는 그것을 무시하거나 인정하지 않음으로써 갈등 상황에 소극적으로 대응한다. 이것은 갈등을 소극적으로 다루는 것(handling)일 뿐이다.

(2) 화해

화해(accommodating)란 자기 주장을 줄이고 상대방의 이익을 배려해 협조하는 것이다. 이것은 일종의 양보(appeasement)라고 할 수 있다.

(3) 경쟁

경쟁(competing)은 갈등당사자가 자기 이익의 주장이 높은 반면 상대방의 이익의 배려는 매우 낮은 것이다. 경쟁적인 사람은 상대를 이기고 종속시켜 지배(domination)하기를 바란다. 경쟁은 갈등을 적극적으로 해결하는 접근 방법이 아니다.

(4) 타협

타협(compromising)은 자기 이익의 주장을 절반쯤 낮추고 상대방의 이익을 어느 정도 배려하는 것이다. 따라서 갈등당사자가 부분적인 만족과 승리감을 공유하는 해결책이다. 그러나 타협은 갈등당사자에게 부분적인 불만과 패배감을 갖게 할 수 있는 방법이기도 하다.

(5) 협동

협동(collaborating)은 갈등당사자가 서로 상대방의 주장을 존중하고 상대방의 이익을 최대한 배려하는 해결 방법이다. 협동은 갈등당사자 간에 진정한 협력과 협조가 이뤄지는 통합(integration)의 방법이며, 서로 승자(winner)가 되는 'win-win' 상태다.

이상의 다섯 가지 방법은 갈등의 종류와 상황에 따라 선택적으로 이용될 수 있는 것이지만 가장 이상적인 갈등 처리 유형은 협동이다. 그것은 갈등당사자 모두를 만족시키고 승자가 되게 하기 때문이다.

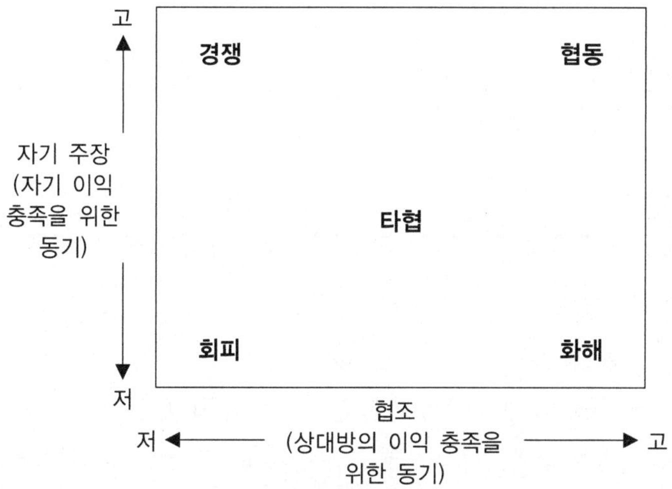

그림 16-3 갈등 처리 유형

Thomas(1976: 889-936); Ruble & Thomas(1976: 145).

2) 갈등 해소를 위해 이용하는 방법들

(1) 상위 목표의 설정

갈등을 빚고 있는 당사자들이 공동으로 달성할 상위 목표를 도입해 함께 그것을 추진해 나가도록 하면 갈등을 감소시키는 데 도움이 될 것이다. 다만 그러한 목표는 당사자들 모두에게 가치와 매력이 있고 실현가능성이 있어야 한다.

(2) 자원의 확충

갈등을 빚는 당사자들이 서로 의존하는 자원을 더욱 충분하게 확충해 주면 그들 간의 경쟁과 대립이 훨씬 완화될 것이다.

(3) 대면과 설득

갈등을 벌이는 당사자가 회의 등을 통해 대면해 상호간에 자신의 입장을 설명하고 설득함으로써 상호 의사소통과 이해에 도달하게 될 것이다.

(4) 감수성훈련

갈등 관계에 있는 당사자들을 한 곳에 모아 감수성훈련을 함으로써 자신들의 생각과 행태에 대한 통찰을 하게 되고 역지사지(易地思之)의 경지에서 타인의 입장을 이해하며 상호간에 갈등을 일으키는 행동을 삼가게 될 것이다.

(5) 보상 체제의 확립

조직 내부집단 및 개인에 대해 공정·공평한 평가와 보상 체제를 확립해 실시함으로써 조직 구성원들의 불만과 갈등의 요소를 제거하게 될 것이다.

(6) 조직과 직무의 재설계

갈등을 벌이는 조직 단위의 통합, 직무 배분의 변경, 작업 흐름의 개편, 직무순환 등의 방법을 적용해 갈등을 완화시킨다.

(7) 공동 노력을 통한 문제 해결

갈등을 벌이고 있는 당사자들이 그들에게 관계되는 갈등의 문제를 공동으로 분석하고 평가해 원인을 밝히고 해결 방법을 함께 찾도록 한다. 그렇게 함으로써 상호 신뢰와 개방, 협력적 태도를 조성해 문제를 해결하게 된다.

(8) 협상

갈등 관계에 있는 당사자들이 직접 교섭을 통해 서로 양보하고 서로 필요한 것을 교환함으로써 갈등으로부터 벗어나도록 할 수 있다.

(9) 정략

갈등을 벌이는 당사자간에 직접 교섭 방법으로 해결이 어려운 경우에는 제3자가 개입해 갈등을 해결하기도 한다. 이러한 갈등 해결 방법을 정치 혹은 정략(政略, politics)이라고 한다.

제 17 장

의사소통

제 1 절 의사소통의 의의와 특징

1 의의

의사소통(communication) 혹은 의사전달이라는 개념은 라틴어의 'communis'와 'communicatus'에서 나왔다. Communis는 공유(share) 혹은 공통(common)이라는 것이며, communicatus는 다른 사람과 서로 교환한다는 말이다. 이와 같은 근원적 개념을 기초로 해서 오늘날의 학자들은 대체로 다음과 같이 의사소통의 뜻을 규정하고 있다.

1) 정보 및 메시지를 전달 교환하는 과정

의사소통이란 어떤 사람이나 집단 혹은 조직이 언어·문자·상징, 혹은 비언어적 행동을 통해 다른 사람이나 집단 혹은 조직에 일정한 내용의 메시지나 정보를 전달 혹은 교환하는 과정이다. 예를 들면, 블레이크(R. H. Blake)와 해롤드센(E. O. Haroldsen)은 "의사소통이란 말이나 글자·그림 등의 기호를 사용해 정보·아이디어·감정 및 기술 등을 전달하는 과정"(Blake & Haroldsen, 1975: 3)이라고 하며, 그린버그(G. Greenberg)와 배런(R. A. Baron)은 "의사소통이란 개인·집단 혹은 조직이 다른 개인·집단 및 조직에 정보(메시지)를 전달하는 과정"(Greenberg & Baron, 2003: 318)이라고 한다. 또한 대프트(R. L. Daft)와 노(R. A. Noe)는 "의사소통이란 둘 이상의 사람들이 공유하는 일련의 상징을 이용해 정보를 교환하는 과정"(Daft & Noe, 2001: 304)이라고 한다.

2) 정보와 메시지를 통한 영향 및 사회적 상호작용 과정

의사소통이란 전달자(송신자, sender)와 피전달자(수신자, receiver) 간에 정보와 메시지를 통해 영향을 미치거나 상호작용하는 과정이다. 체리(C. Cherry)는 "의사소통이란 어떤 유기체(개인·조직)가 기호라는 수단을 통해 다른 유기체의 행동에 영향을 미치는 과정"(Cherry, 1961: 219)이라고 하며, 거브너(G. Gerbner)는 "의사소통이란 기호와 메시지 체계를 통한 사회적 상호작용"(Gerbner, 1958: 85)이라고 한다.

3) 의미의 이해와 공유 과정

의사소통이란 전달자와 피전달자 간에 메시지나 정보를 통해 의미(meaning)를 전달하고 이해(understanding)를 공유(share)하는 과정이다. 예를 들면 루단스(F. Luthans)는 "의사소통이란 상징을 이용해 의미를 전달하는 것"(Luthans, 1998: 468)이라고 하며, 로빈스(S. P. Robbins)는 "의미의 전달과 이해"(Robbins, 2001: 284)라고 한다. 또한 의사소통은 전달자와 피전달자 간에 의미의 전달과 이해를 넘어 서로간에 이해를 공유하는 것이라고 규정하는 견해도 있다. 예를 들면 오라일리(C. A. O'Reilly)와 폰디(L. R. Pondy)에 의하면 "의사소통이란 두 사람 이상의 개인이나 집단이 정보를 공유하여 공통의 이해(common understanding)에 도달하는 것"(O'Reilly & Pondy, 1979: 513에서 인용)이라고 한다.

이와 같은 여러 가지 정의에서 보듯이 의사소통이란 개인·집단 및 조직이 어떤 목적과 의도를 실현하기 위해 다른 개인·집단 및 조직에게 일정한 메시지나 정보를 전달하고 교환하며, 그것을 상호간에 이해하고 공유하는 과정이라고 말할 수 있다.

2 특징과 기능

1) 특징

의사소통의 개념 속에는 다음과 같은 특징이 함축돼 있다.

(1) 전달자와 피전달자

의사소통은 한편에 전달자(송신자)가 있고 다른 편에 피전달자(수신자)가 있어서 그들 사이에 메시지나 정보가 전달 및 교환되는 과정이다.

(2) 목적

의사소통에는 그 전달자 및 교환자가 얻고자 하는 목적(purpose)이나 결과가 있다. 예를 들면 상대방에게 어떤 사실이나 정보를 알려주고자 하거나, 명령해 복종시키고자 하거나, 격려하고 칭찬하고자 하는 등의 목적이 있는 것이다.

(3) 상징의 사용

상징(symbol)이란 사물의 성질이나 사람들의 생각과 느낌을 나타내는 구체적인 표시다. 어떤 조직구성원들이 특정한 제복을 입는 것은 그 조직의 하나의 상징이다. 의사소통을 위해 사용되는 메시지는 일정한 싱징들의 집합으로 이뤄지며 그러한 상징들을 사용해 의사소통을 한다. 메시지는 언어 · 제스처 · 문자 등의 상징을 사용해 전달되고 교환된다. 그들이 사용하는 상징은 의사소통의 내용을 규정하고 결과에 영향을 미친다.

(4) 상호작용

의사소통은 메시지와 정보를 보내고 받는 단순한 과정으로 규정할 수도 있지만 보내고 받고 되돌리고 교환하는 역동적인 상호작용 과정이라고 할 수 있다. 메시지의 전달은 처음에는 전달자로부터 시작되지만 일단 전달하고 접수하는 행동이 이뤄지면 상호간에 원인과 결과, 자극과 반응, 전달자와 접수자로서 행동하게 된다.

(5) 의미의 생산과 공유

의사 전달자와 피전달자는 메시지를 서로 전달하고 교환하는 상호작용 속에서 상호간에 메시지의 의미를 생산하고 이해하며 공유하게 된다.

(6) 행동의 선택

의사전달자와 피전달자는 의사소통 과정에서 상호간에 공유한 이해 및 의미에 근거해서 무엇을 실현하고자 하는 행동을 선택한다.

2) 의사소통의 기능

의사소통은 세상의 모든 인간과 집단과 조직들 사이에 존재한다. 따라서 그 기능은 간단히 말하기 어렵다. 의사소통이 이뤄지는 단위와 수준 및 필요성에 따라 차이가 있기 때문이다.

의사소통 기능을 조직관리 차원에서 조명해 보면 구체적인 여러 가지 기능을 이해할 수 있다. 조직의 관리란 조직을 구성하는 사람들이 협력해 달성할 목표를 설정하고 실행하며 조정하고 통제하는 일련의 행위이며 과정이라고 말할 수 있다. 조직의 행위와 과정은 관련된 모든 행위 주체들 간에 필요한 정보와 의견 및 사실의 전달·교환·연결 및 조정을 통해 이뤄진다. 다시 말하면, 조직이 수행하는 모든 관리행위와 과정에는 의사소통이 존재하는 것이다. 몇 가지 예를 들어 설명하면 다음과 같다.

(1) 합리적 의사결정의 촉진

조직관리는 계속적인 의사결정 과정을 통해 수행된다. 의사결정은 합리성을 지니는 것이 바람직하며, 합리적 의사결정을 하려면 의사결정 관련자에게 적시에 적절하고 정확하며 충분한 정보가 전달돼야 한다. 의사소통은 조직이 합리적 의사결정을 하는 데 필요한 기본적인 요소이며 기능이다.

(2) 과업 수행의 활성화

조직의 목표와 목적은 여러 가지 과업(task)과 활동(activity)을 통해 수행된다. 또한 그러한 과업과 활동들은 그것에 관련되는 사람과 단위들 간에 명령·지시·반응·보고 및 신호 등과 같은 다양한 의사전달 행위를 통해 진행된다. 그것이 활발하게 이뤄짐으로써 조직의 과업과 활동의 수행이 적절하게 활성화되는 것이다.

(3) 인간관계의 형성과 강화

조직에서의 의사소통은 내부 구성원들 사이에 감정·태도·신념·가치관 등의 사회적·심리적 요소들을 서로 연결해 유기적인 인간관계를 형성하고 강화하는 작용을 한다.

(4) 조직구성원의 동기부여

조직 안에서 의사소통이 활발하게 이뤄짐으로써 조직의 구성원들이 안정감·성취감 및 만족감 등을 느끼며, 그러한 심리적 상태에 따라서 조직의 목표 달성을 위한 행동의 동기가 부여된다.

(5) 통합과 조정의 촉진

조직은 수직적·수평적·공간적으로 분화된 여러 단위를 통해 일을 수행한다. 분화된 단위 간에는 상호 구분되는 경계가 존재하고 각 단위들은 그 경계 안에서 독립성·차이성·할거성을 지니며, 다른 단위들과 이해를 다투는 경쟁 및 갈등 관계를 갖기도 한다. 특히 이해 다툼과 갈등을 지양하기 위해서는 의사소통이 활발하게 이뤄져야 한다. 의사소통은 각 단위들을 조직의 공통된 목표에 연결하고 통합하며 조정하는 기능을 한다.

제 2 절 의사소통의 과정

1 의의

과정이란 시간에 따라 연속적인 변화를 보이는 어떤 현상 또는 작용이라고 말할 수 있다. 따라서 의사소통의 과정(communication process)이란 어떤 일정한 시간 속에서 정보나 메시지를 전달하는 자와 전달받는 자 사이에 매체를 수단으로 해서 상호작용하는 경로라고 정의할 수 있다. 의사소통 과정은 일반적으로 역동성, 연속성, 상변성(常變性, ever-changing) 및 이행성(移行性, on-going)을 지니고 있기 때문에 한마디로 규정하기 어렵지만 그 과정을 언어적(verbal) 혹은 도형적(pictoral)으로 설명하면 다음과 같다.

2 의사소통 과정모형

라스웰(H. D. Lasswell)은 의사소통 과정이란 "누가 무엇을 어떤 경로를 통해 누구에게 말해서 어떤 효과를 초래하는가"라고 표현했다(Lasswell, 1948: 37).

샤논(C. Shannon)과 위버(W. Weaver)는 의사소통 과정은 ① 정보원(information source), ② 송신자(transmitter), ③ 신호(signal), ④ 수신자(receiver), ⑤ 목적지(destination)의 순으로 이뤄진다고 설명한다(Shannon & Weaver, 1949: 7). 또한 벌로(D. K. Berlo)는 의사소통 과정은 ① 정보원(source), ② 기호자(encoder), ③ 메시지, ④ 경로(channel), ⑤ 수신자(receiver), ⑥ 해독자(decoder), ⑦ 의미(meaning), ⑧ 환류(feedback)의 순서로 이뤄지며 이 과정에 소음(noise)을 포함시키고 있다(Berlo, 1960: 23-28).

이와 같은 학자들의 이론을 참고해 [그림 17-1]과 같이 의사소통 과정을 도식화해서 설명할 수 있다.

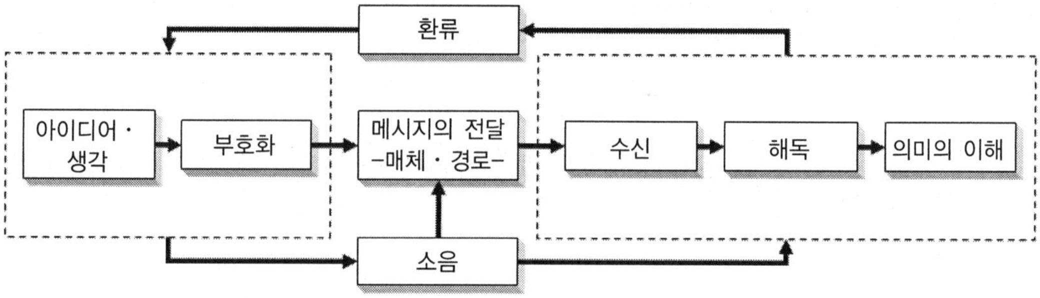

그림 17-1 의사소통 과정 모형

1) 송신자

송신자(sender)란 의사전달을 하는 사람이다. 송신자는 의사전달의 목적, 의도, 아이디어, 생각 및 정보를 가지고 있는 행위자로서 자신의 아이디어와 생각을 부호화해서 메시지를 만들어 수신자에게 전달한다.

2) 아이디어의 구상

송신자는 수신자에게 전달하고자 하는 생각과 사실들 중에 무엇을 어떻게 전달할 것인가에 관해 구상(ideation)한다. 이 과정은 특히 메시지의 내용과 기초를 형성하는 데 중요하다.

3) 부호화

송신자가 가지고 있는 아이디어 · 생각 · 개념 및 사실 등을 언어 · 문자 · 숫자 혹은 제스처 등과 같은 일련의 상징 혹은 부호로 표현하는 과정을 부호화(encoding)라고 한다. 부호화 과정은 송신자의 사회적 배경이나 경험이 많이 반영될 수 있다. 이와 같은 과정을 통해 구체적인 결과물로 나오는 것이 메시지(message)다. 메시지에는 수신자에게 전달될 일정한 언어나 문장 등의 형식과 내용이 포함된다.

4) 메시지의 전달: 매체 · 경로

메시지는 일정한 매체 혹은 경로를 통해 수신자에게 전달된다. 예를 들면 대면(face to face), 전화, 컴퓨터, 메모, 집단회의 및 우편 등이 메시지를 전달하는 매체 혹은 경로의 구실을 한다.

5) 수신자

송신자가 전달한 메시지를 받는 사람이 수신자(receiver)다. 수신자는 메시지를 받아 해석하고 그 의미를 이해하며 송신자에게 환류하는 기능을 한다.

6) 해독

수신자가 접수한 메시지의 내용을 해석하는 과정을 해독(decoding)이라고 한다. 메시지의 해석은 객관적이어야 하지만 해석자의 지식이나 가치관에 따라 주관성이 개입할 수 있다. 따라서 송신자와 수신자 간에 해석이 다를 수도 있다.

7) 의미의 이해

수신자는 전달받은 메시지를 해독한 후 그 속에 함축된 의미(implication)를 이해(understanding)해야 한다. 송신자가 보낸 메시지의 함의를 수신자가 이해할 수 없거나 다르게 생각할 수도 있다. 그런 경우에 수신자는 자기가 해석해 규정한 의미를 송신자에게 묻고 송신자는 성실하게 응답함으로써 상호간에 이해를 공유하도록 해야 한다.

8) 환류

의사소통이 원래 의도한 대로 이뤄졌는가를 확인하는 과정이 환류(feedback)다. 다시 말하면, 수신자가 메시지의 내용을 얼마나 정확하게 이해했는지 송신자에게 반응하고 되돌려 알려주는 것을 말한다. 이러한 환류작용이 활발하게 이뤄짐으로써 의사소통의 문제점이 발견되고 시정돼 더욱 활성화된다.

9) 소음

의사소통의 과정에서 소음(noise)이란 의사를 전달하고 접수하며 환류하는 과정에 작용하는 사회적·심리적·정치적 요소들로서, 의사소통 행위와 과정을 왜곡하고 방해하며 혼란을 일으킬 수 있다.

제 3 절 의사소통 네트워크

1 의의

우리는 그물 모양으로 구성된 사물이나 망(網)을 네트워크(network)라고 말한다. 다른 말로 하면 네트워크란 분산돼 존재하는 점들(points)이 선(line)으로 연결돼 일정한 관계를 이루는 하나의 시스템 혹은 구조라고 말할 수 있다. 이와 같은 정의를 의사소통에 적용해서 말하면 의사소통 네트워크(communication network)란 복수의 의사소통 행위자들이 어떤 고리(net)를 통해 서로 연결되고 관계를 이루는 하나의 망(網) 혹은 시스템이라고 정의할 수 있다. 의사소통 네트워크는 개인 간, 조직 간 혹은 집단 간에 이뤄진다.

학자들 중에는 의사소통 네트워크란 의사소통이 이뤄지는 패턴 혹은 의사소통 흐름(flow)의 구조라고 정의하는 경우도 있다(Wofford, 1982: 203; Daft & Noe, 2001: 316; Griffin, 2002: 562 참조). 이러한 정의는 의사소통 행위자들이 서로 연결돼 관계를 갖는 패턴 혹은 정보와 메시지의 흐름의 구조에 초점을 두고 있는 것이다.

조직 간 혹은 조직 내부 구성원 간에 이뤄지는 의사소통 행위를 관찰해 보면 여러 가지 네트워크 혹은 패턴을 볼 수 있다. 예를 들면 A조직의 경우 구성원이 세 사람인데 한 사람은 국장, 또 한 사람은 과장, 그리고 또 한 사람은 직원이다. 이들 간의 의사소통 행위를 보면 국장이 과장에게 명령하고, 과장은 직원에게 명령하며, 직원은 과장에게 보고하고, 과장은 국장에게 보고하는 패턴이 확립돼 있다. 즉, 3자간에 수직적인 연결 및 관계의 패턴이 확립돼 있다. 또한 B조직의 예를 들면 국장, 과장 및 직원 등 3인으로 구성돼 있고, 그들은 조직에 어떤 일이 발생하면 한자리에 모여서 서로 의사를 전달하고 교환하는 패턴을 이루는 경우도 있다.

2 의사소통 네트워크의 유형과 조직의 행태

1) 의사소통 네트워크 유형

의사소통 네트워크를 설명하는 문헌들을 보면 일반적으로 다섯 가지의 기본 유형을 제시하고 있다(Bavelas & Barrett, 1951; Leavitt, 1951; Shaw, 1976 참조). 이들을 보면 대체로 각각 5명으로 구성된 다섯 개의 소집단(small group)을 설정하고 각 집단 속에서 5명의 의사소통 행위자가 어떤 모습으로 연결돼 소통을 하는가, 다시 말하면 그들 간에 형성된 소통의 패턴 혹은 소통의 구조가 어떤가를 다섯 가지의 그림(diagram)으로 표시해 설명한다. 사슬형(chain) · 바퀴형(wheel) · Y형 · 원형(circle) · 완전연결형(all channel)이 그것이다. 이 유형들은 집단이나 조직에서 이뤄지는 의사소통 네트워크를 설명하는 매우 초보적이고 기초적인 것이다.

(1) 사슬형

사슬형은 여러 개의 고리를 이어놓은 쇠줄과 같이 조직이나 집단의 구성원들이 미리 정해진 일정한 순서(①②③ · ⓝ)에 따라서 의사전달하는 패턴을 말한다. 연쇄형(連鎖型)이라고 말하기도 한다. 사슬형은 두 가지 형태가 있다. 하나는 수직형이다. 이것은 조직의 수직적 계층(예: 장관-차관-국장-과장-직원)을 따라서 하향적 혹은 상향적으로 정보와 메시지가 전달되는 패턴이다. 또 하나는 수평형이다. 동등한 수준에 있는 개인이나 집단이 과업의 수행과 관련해 서로 정보와 메시지를 전달하는 패턴이다.

(2) 바퀴형

바퀴형은 집단 안에 중심인물이나 단위(①)가 있고 정보나 메시지가 그 중심에 있는 사람이나 단위로부터 다른 사람이나 단위(②, ③, ④, ⑤)로 전달되며 또한 그들은 중심인물이나 단위에 반응하는 의사전달을 한다. 중심인물은 모든 사람과 의사 전달과 교환행위를 하지만 다른 사람들은 오직 중심인물에게만 전달하고 교환하는 행위를 할 뿐이다.

(3) Y형

Y형은 집단 내부에 확고하지는 않지만 한 사람의 중심인물(①)이 존재하고, 그를 중심으로 하위집단과 상위집단이 연결 관계를 갖는 의사소통 네트워크다. 이것은 사슬형(①, ②, ③)과 바퀴형(①, ④, ⑤)이 결합돼 있는 형태다.

(4) 원형

원형은 네트워크 안에 서열 · 계층 및 중심인물이 있거나 없거나 그것이 별로 중시되지 않는다. 집단구성원들이 수평적으로 연결돼 관계를 이루는 의사소통 네트워크다. 태스크포스형 조직이나 위원회조직에서 흔히 볼 수 있다.

(5) 완전연결형

완전연결형 혹은 전방위적 연결형은 집단의 모든 구성원이 상호간, 전방위적으로 완전하게

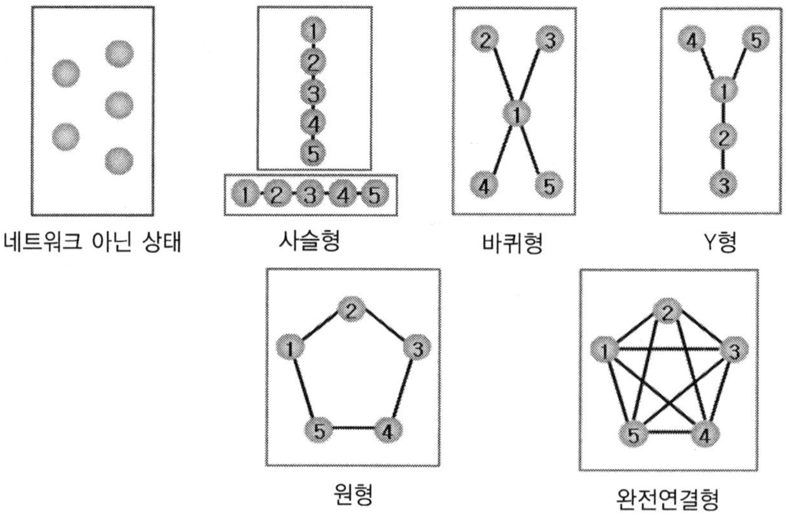

그림 17-2 의사소통 네트워크의 유형

연결돼 관계를 갖는 의사소통 네트워크다. 그레이프바인(grapevine)과 같은 비공식적 의사소통에서 흔히 볼 수 있는 패턴이다. 그레이프바인형 네트워크란 마치 포도넝쿨이 연결되는 것처럼 이뤄지는 의사소통이다. 완전연결형 그림에서 보는 바와 같이 ①은 ②, ③, ④, ⑤로 연결되고, ②는 ①, ③, ④, ⑤로 연결되어 있다.

2) 의사소통 네트워크와 조직

조직의 의사소통 네트워크는 조직의 과정 및 행태와 여러 가지 상관 관계를 갖는다. 말하자면 조직에 나타나는 권력 및 권한의 집중도, 의사소통의 속도, 중심성(centrality)의 정도, 리더의 출현, 조직화, 구성원의 만족도, 의사결정의 속도, 의사결정에 대한 집단의 수용 및 몰입도 등은 의사소통 네트워크와 일정한 관계를 가지고 있다.

(1) 권력 및 권한의 집중도

권력과 권한의 집중 현상을 보면 사슬형의 경우, 특히 수직적 사슬형에서는 고위 계층 및 고위 직위에 권력과 권한이 집중된다. 바퀴형과 Y형의 경우는 중심인물에 권력이 어느 정도 집중하지만 중심인물이 여러 구성원과 의사소통 관계를 가지므로 사슬형보다는 집중도가 낮다. 원형은 수평적 의사소통의 정도가 높으며 권력집중도는 낮다. 완전연결형의 경우는 전방위적 의사소통이 이뤄지며 권력집중도가 매우 낮다.

(2) 의사소통의 속도

사슬형은 의사가 여러 단계를 순차적으로 경과해 전달·소통되므로 의사소통의 속도가 중간 정도의 수준이며 Y형도 그렇다. 바퀴형은 단순 과업의 경우에는 빠르지만 복잡한 과업인 경우는 느리다. 원형은 구성원이 한곳에 모여 있는 경우는 빠르지만 분산돼 있는 경우에는 느리다. 완전연결형은 의사소통이 활발하고 빠르다.

(3) 중심성의 정도

중심성(中心性, centrality)의 정도란 어떤 집단 안에 중심적 위치를 차지하는 개인이나 단위가 존재하는가, 존재한다면 어느 정도인가를 말한다. 바퀴형에는 확고한 중심인물이 존재하므로 중심성의 정도가 매우 높다. 반면에 완전연결형은 중심성이 매우 낮다.

(4) 리더의 출현

중심성이 높은 바퀴형에는 강력한 리더의 출현가능성이 매우 높지만 중심성이 낮은 완전연결형은 강력한 리더의 출현가능성이 낮다.

(5) 조직화

여기서 말하는 조직화란 조직의 안정화 정도와 관계되는 개념이다. 바퀴형은 중심인물의 통솔과 리더십을 통해 조직을 안정시킬 수 있는 가능성이 매우 높지만 구성원 간에 역동적인 연결과 상호작용이 심한 완전연결형은 조직의 안정성이 낮다.

(6) 구성원의 만족도

집단구성원의 만족도 면에서 보면 수직적·계층적인 사슬형 네트워크나 중심인물을 구심점으로 해서 이뤄지는 바퀴형 네트워크에서는 구성원의 만족도가 낮지만 구성원들이 적극적으로 참여하고 상호작용하는 원형 및 완전연결형 네트워크에서는 만족도가 높다.

(7) 의사결정의 속도

권력집중도가 높은 수직적·계층적인 사슬형은 의사결정의 속도가 빠르지만 여러 구성원이 참여해 상호작용하는 원형은 의사결정 속도가 느리다.

(8) 의사결정에 대한 집단구성원의 수용 및 몰입도

집단에서 이뤄진 의사결정을 그 구성원들이 수용하고 그것을 실행하는 데 몰입(commitment)하는 정도를 보면 집권적 의사결정을 하는 사슬형에서는 구성원이 집단의 결정을 수용하고 몰입하는 정도가 낮지만 구성원의 활발한 참여와 상호작용 과정을 통해 의사결정을 하는 원형에서는 구성원들의 수용과 몰입도가 높다.

표 17-1 조직 행태와 의사소통 네트워크의 특징

조직 행태	사슬형	바퀴형	Y형	원형	완전연결형
권력 및 권한의 집중도	높음	중간	중간	낮음	매우 낮음
의사소통의 속도	중간	• 단순과업: 빠름 • 복잡과업: 느림	중간	• 구성원이 모여 있는 경우: 빠름 • 구성원이 분산된 경우: 느림	빠름
중심성(centrality)의 정도	중간	매우 높음	높음	낮음	매우 낮음
리더의 출현	중간	매우 높음	높음	낮음	매우 낮음
조직화	안정	매우 안정	안정	불안정	불안정
구성원의 만족도	낮음	낮음	–	높음	높음
의사결정의 속도	빠름	중간	중간	느림	–
의사결정에 대한 집단의 수용 및 몰입도	낮음	중간	중간	높음	–

Babelas & Barret(1951: 366-371); Leavitt(1951: 38-50); Shaw(1976); Wofford(1982: 203-205); Callahan & Fleemer (1988: 141)에서 발췌 작성.

제 4 절 의사소통의 유형

의사소통은 기준에 따라 여러 가지 유형으로 분류해 설명할 수 있다.

첫째, 공식성 여부에 따라 공식적-비공식적 의사소통

둘째, 피드백 및 상호작용의 유무에 따라 일방적-쌍방적 의사소통

셋째, 메시지의 기호(sign)에 따라 언어적-비언어적 의사소통 등으로 분류할 수 있다.

1 공식적 의사소통과 비공식적 의사소통

1) 공식적 의사소통

공식적 의사소통(formal communication)은 공식조직 내에서 공식적 경로와 매체(수단)에

의해 공식적으로 의사가 전달되고 교환되는 것을 말한다. 그러므로 이것은 일정한 공식적 요건을 갖춰 누가 누구에게 무엇을 어떤 경로를 통해 어떻게 전달하고 교환할 것인가를 규정하고, 그에 근거해 의사소통하는 것이다. 따라서 그 결과와 효과도 공식적으로 파악하거나 확인할 수 있는 것이다. 공식적 의사소통은 다음과 같은 유형으로 나뉜다.

(1) 하향적 의사소통

하향적 의사소통(downward communication)은 조직의 상층부 및 상급자의 의사·정보 및 메시지가 계층을 따라서 조직 하위층 및 부하에게 전달되고 소통하는 것을 말한다. 카츠와 칸에 의하면 하향적 의사소통의 목적은 ① 부하에게 업무에 관한 특정한 지침과 조직의 절차나 관행에 관한 정보를 제공하고, ② 부하들의 업적에 관해 전달하며, ③ 조직의 목표를 주입시키기 위해 정보를 제공하는 데 있다(Katz & Kahn, 1966: 239)고 한다. 하향적 의사소통은 명령·지시·훈령·지령·규칙·규정·고시 등을 수단으로 이용한다. 이러한 수단은 구체적인 언어나 문서로써 이뤄진다.

(2) 상향적 의사소통

상향적 의사소통(upward communication)은 하급자가 상급자에게 행하는 의사소통이다. 상향적 의사소통을 통해 조직의 하급자들의 의사·감정·태도·업적 등이 상부에 전달된다. 상향적 전달 역시 언어나 문서로써 이뤄지며, 보고·면접·직원들의 의견 및 제안 등의 형식을 갖는다.

(3) 수평적 의사소통

수평적 의사소통(horizontal communication)은 조직계층 구조 안에서 동일한 수준에 있는 개인 또는 단위 간에 행해지는 의사소통을 말한다. 이것은 조직 내의 동일 계층에 있는 여러 단위 간의 활동을 조정하고 협조를 촉진하는 데 목적이 있다. 그 방법으로는 사전심사·회람·각서·통지·회의 및 위원회 등이 있다.

(4) 대각적 의사소통

조직의 수준(예: 과-계)과 업무 영역(예: 기획-인사)을 초월해서 대각선적으로 정보나 메시지가 전달되고 교환되는 것을 대각적 의사소통(diagonal communication)이라고 말한다. 다시 말하면, 조직의 명령 계통 체계(chain of command)나 업무 영역을 가로질러 상·하로 의사소통이 이뤄지는 현상이다. 예를 들면 인사부서의 계(係) 단위 조직이 계획부서의 과(課) 단위 조직과 인사와 관련된 계획에 관해 정보를 전달하고 교환하는 경우다. 대각적 의사소통은 조직

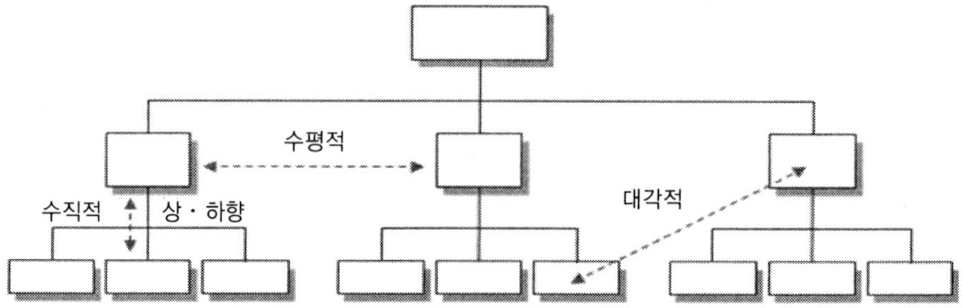

그림 17-3 조직 내부의 공식적 의사소통

단위 및 구성원 간에 필요한 정보의 흐름을 촉진하고 이해를 증진하며, 조직의 전체 목표 달성에 도움이 될 수 있다.

2) 비공식적 의사소통

비공식적 의사소통(informal communication)은 비공식적 네트워크나 비공식적 경로(unofficial networks or channels)를 통해 비공식적으로 이뤄지는 의사소통을 말한다. 주로 조직 내부의 비공식적인 인간관계 속에서 사회적 · 개인적 관심과 필요에 따라서 비공식적으로 정보와 메시지가 흐르는 현상이다. 정보의 전달은 대체로 대면(face to face), 전화 혹은 우연한 만남을 통해 이뤄진다. 비공식적 의사소통은 공식적 의사소통이 지니는 형식성과 경직성을 보완하는 장점을 지니고 있다. 따라서 조직관리자는 공식적 의사소통 못지않게 비공식적 의사소통의 구조와 기능을 잘 파악해 관리하고 이용해야 한다. 비공식적 의사소통의 전형적인 패턴은 이른바 '그레이프바인(grapevine)'이다.

(1) 그레이프바인과 그 패턴

그레이프바인이란 간단히 말하자면 포도넝쿨형 의사소통을 말한다. 포도넝쿨을 따라서 포도가 열리는 것처럼 정보나 메시지가 그와 비슷하게 전달되고 퍼져 나아가는 것이다. 요컨대, 그레이프바인이란 비공식적 의사소통 시스템 혹은 비공식적 의사소통의 구조를 상징하는 개념이다. 그레이프바인은 다음과 같은 여러 가지 패턴으로 나눠 설명할 수 있다(Kreps, 1986: 202-206; Davis, 1953: 43-49 참조).

① 루머

루머(rumor)란 소문 혹은 풍문을 말한다. 조직에는 비공식 경로를 통해 전달, 전파되는 소문들이 발생한다. 그것은 아직 다듬어지지 않고 때때로 객관적인 사실적 근거가 없는 것을 사람들이 불확실한 추측·상상 혹은 희망적 생각을 함축하는 정보의 형태로 전달된다.

② 가십

가십(gossip)은 일종의 뜬소문 혹은 항설(巷說)을 말한다. 어떤 사람이 많은 사람에게 일시에 뜬소문이나 정보를 전달하고 퍼뜨리는 것이다.

③ 클러스터

클러스터(cluster) 역시 소문의 일종으로 정보를 비공식적으로 전달하고 퍼뜨리는 것을 말한다. 이것은 어떤 사람이 다수의 사람 중에서 자신이 선택한 소수의 사람들에게 정보를 전달해 퍼뜨린다. 그리고 이어서 그 소수의 사람들 중에 어떤 사람이 또 소수의 사람들을 선택해 그들에게 정보를 퍼뜨리는 현상이다. 마치 포도나무 줄기를 따라서 포도송이가 열려가는 것과 같은 것이다.

(2) 그레이프바인의 장점과 문제점

비공식적 의사소통, 즉 그레이프바인은 다음과 같은 장점과 문제점이 있다.

① 장점

그레이프바인은 공식적 의사소통보다 빠르게 정보가 전달된다. 둘째, 그레이프바인은 일반

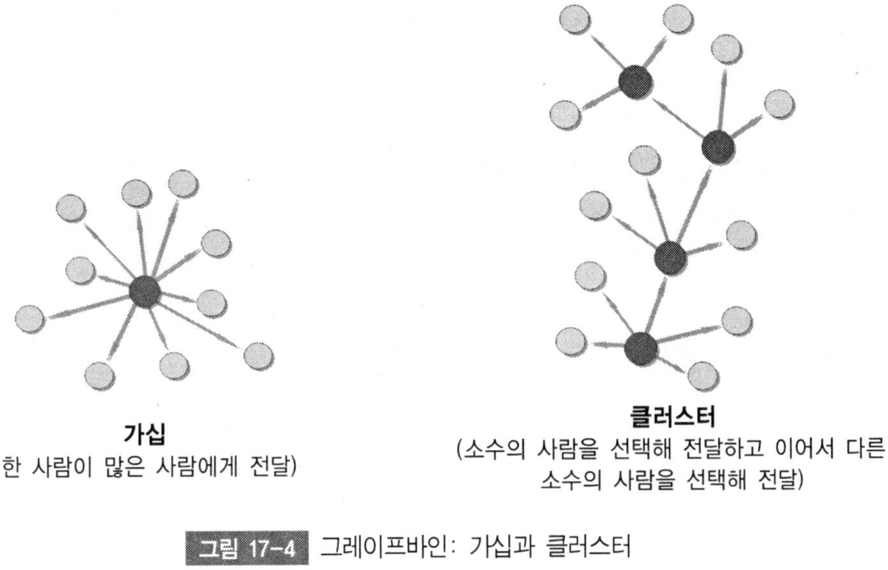

그림 17-4 그레이프바인: 가십과 클러스터

Davis & Newstrom(1985).

적으로 정확하다는 것이다. 셋째, 그레이프바인은 해당 정보에 관심을 가진 사람에게 전달되므로 소통이 매우 효율적으로 이뤄진다. 넷째, 그레이프바인은 조직구성원의 욕구를 충족시키는데 도움을 준다(Bedelian, 1984: 421).

② 문제점

그레이프바인은 조직에 부정적이며 역기능적인 영향을 미칠 수 있다. 사실을 확인하기 어려운 악성 루머나 사실을 과장하거나 왜곡하는 말들이 퍼져 조직구성원들을 분열시키고 불안하게 하며, 사기를 저하시킬 수 있고, 조직의 목표 달성을 불확실하게 하는 작용을 할 수도 있다.

2 일방적 의사소통과 쌍방적 의사소통

의사소통은 송신자와 수신자 간에 피드백이 있는가, 없는가에 따라 일방적 의사소통과 쌍방적 의사소통으로 나뉜다.

1) 일방적 의사소통

일방적 의사소통(one-way communication)은 한쪽에서 다른 쪽으로 의사가 전달될 뿐 사실상 상호간 소통이 없는 것을 말한다. 다시 말하면, 말하는 사람(speaker)에서 시작해서 말을 듣는 사람(listener)에서 끝나버리는 것, 정보의 송신자에서 시작해 정보의 수신자에서 멈추는 것을 말한다. 일방적으로 지시하고 설명하며 고시(告示)하는 형식이다. 일방적 의사소통은 정보나 메시지의 전달을 신속하게 할 수는 있으나, 송신자가 수신자에게 전달만 할 뿐 교환, 상호작용 및 환류 과정이 없는 것이다. 이것은 진정한 소통이라고 말할 수 없다. 전달하는 정보나 메시지의 내용이 좋다 하더라도 수신자를 단순한 수동적인 정보 접수자로 두는 것이며, 정보와 메시지의 내용이 함축하는 의미를 송신자와 수신자가 공유하기 어렵다.

2) 쌍방적 의사소통

쌍방적 의사소통은 양방향적으로 상호간에 이뤄지는 의사소통(two-way communication)을 말한다. 정보의 송신자가 수신자가 될 수 있고 수신자가 송신자가 될 수 있는 것이다. 의사소통 행위자들이 상호 관계되는 정보와 메시지에 관해 서로 대화·토론하고 전달하며 교환하는 과정에 참여한다. 이러한 가운데 서로 영향을 미치고 서로 관계되는 정보와 메시지의 의미를 공유한다. 쌍방적인 상호작용적 전달과 교환을 통해 진정한 소통이 이뤄지는 것이다.

3 언어적 의사소통과 비언어적 의사소통

사람들은 의사소통을 위한 수단으로 언어적 혹은 비언어적 상징 체계를 이용한다.

(1) 언어적 의사소통

언어란 어떤 공동체(조직 · 집단) 구성원들이 어느 정도 일관성 있게 공유하는 말이나 문자로 된 상징적 체계다. 언어적 의사소통(verbal communication)이란 사람들이 언어적 상징을 수단으로 이용해 정보나 메시지를 전달하는 것을 말한다. 언어적 의사소통은 두 가지 형식으로 나뉜다. 하나는 구두(口頭, oral)로 하는 것이고, 또 하나는 문서(written)로 하는 것이다.

① 구두

구두 의사소통이란 말(oral 혹은 spoken word)을 사용해서 의사소통하는 것을 의미한다. 즉, 연설 · 대화 · 토론 · 지시 · 전화 등을 통한 의사소통이다. 구두 의사소통은 의사소통의 필요성과 상황에 대응해 융통성 있게 할 수 있으며 효과성이 높다. 예를 들면 전달자가 피전달자의 수준과 감정에 적합한 말을 융통성 있게 선택해 할 수 있고 전달자의 말에 대한 피전달자의 환류가 즉각적으로 이뤄질 수 있으므로 좀 더 효과적이고 쉽게 상호 이해에 도달한다. 그러나 구두 의사소통은 말의 내용, 말하는 사람의 목소리, 말의 속도 등에 영향을 받는다. 그리고 말하는 사람과 듣는 사람이 직접하지 않고 중간에 여러 사람을 거쳐서 전달하고 듣는 경우에는 전달하고자 하는 본래의 내용과 의도가 왜곡되거나 과장 혹은 축소될 수 있다. 또한 대부분의 말은 보존하기가 어렵다.

② 문서

문서에 의한 의사소통(written communication)이란 단어나 기호를 사용해 정보를 전달하고 교환하는 것을 말한다. 예를 들면, 메모 · 보고서 · 편지 · 품의서 · e-mail · 팩스 · 고지서 등의 형식으로 이뤄지는 의사소통을 말한다. 문서에 의한 의사소통은 전달하고 교환하는 내용을 좀 더 신중하게 작성해서 객관적으로 드러내며, 지리적 거리가 먼 곳에 있는 수신자들에게 보낼 수 있고, 문서를 기록으로 보존할 수 있는 장점이 있다. 그러나 문서를 준비하는 데 많은 시간이 걸리고, 융통성 없는 형식주의에 빠지며, 수신자가 문서를 받아 그 내용과 목적을 잘 이해했는지 알기 어려운 경우도 많다. 다시 말하면, 전달자와 수신자 간에 환류가 적시에 융통성 있게 이뤄지지 않을 수 있다. 그리고 구두 의사소통과 마찬가지로 문서에 의한 의사소통에서는 거기에서 쓰는 말(개념)이 유형적인 사물(예: 의자)을 지시할 경우에는 누구나 알기 쉽지만 무형적인 것(예: 행복)을 지시할 경우에는 모호하며, 하나의 단어 및 개념이 함축하는 뜻이 다양하고 복잡할 경우에는 진정한 의미를 파악하기 어렵다.

(2) 비언어적 의사소통

비언어적 의사소통(nonverbal communication)이란 간단히 말하면 말을 사용하지 않는 대신 몸짓·얼굴 표정 등과 같은 신호 체계를 통해 메시지를 전달하고 교환하는 의사소통이다. 의사소통은 앞에 설명한 언어(구두, 문자, 목소리의 크기와 속도)에 의한 방법 외에 얼굴 표정과 같은 비언어적 방법이 사용된다. 하나의 조사에 의하면 사람들의 의사소통 방법은 언어(spoken words)가 7%, 목소리(voice)가 38%, 얼굴 표정(facial expressions)이 55%라고 한다(Mehrabian, 1968: 53-55). 의사소통에 비언어적 방법이 매우 많이 쓰이고 그 중요함을 알 수 있는 증거를 보여준다.

비언어적 방법 혹은 비언어적 신호 체계의 예를 들면 손발놀림 같은 몸짓(gesture), 얼굴 표정, 서 있거나 앉아 있는 자세(posture), 눈맞춤(eye contact), 신체 접촉, 대면(對面) 거리(distance), 복장, 환경적 맥락(시간·공간 등), 목소리(크기·속도, 침묵) 등이다. 여기에 언급하는 목소리는 의사소통에 영향을 미치는 준언어(paralanguage)다. 어떤 상급자가 부하를 자기 옆에 가깝게 앉히고 웃는 표정을 지으며 부드럽게 눈을 맞추는 경우도 있지만 상급자가 부하와 거리 간격을 두고 꼿꼿하게 서서 부하에게 화난 표정을 지으며 바라보는 경우를 상상해 볼 수 있다. 이것은 매우 대조적 의사소통 장면이라고 할 수 있다.

비언어적 의사소통은 언어로 표현할 수 없는 것을 보충하고 메시지의 의미를 언어보다도 더 효과적으로 전달하고 교환하는 수단이 될 수 있다. 그러나 비언어적 의사소통에서 사용되는 몸짓이나 얼굴 표정 등에는 인간의 주관적이고 복잡한 감정과 문화적 특성이 함축돼 있어서 그 의미를 쉽게 해석하기 어려운 경우도 많다. 예를 들면 일본 사람들과 대화를 해보면 그들은 일반적으로 상대방의 말을 정중하게 듣고 "네네"하면서 고개를 끄덕인다. 그러한 외견상의 겉치레(建前, 다테마에)를 보면 그들이 상대방의 말을 찬성하는 듯이 보이지만 내면적인 진정한 속내(本音, 혼네)가 무엇인가를 알기 어려운 경우가 많다.

제 5 절 의사소통의 장애 요인과 향상 방안

의사소통이란 행위 주체 간(송신자와 수신자 간)에 메시지를 전달하고 교환해서 어떤 의미를 공유하고 공통된 이해에 도달하는 현상이다. 그런데 조직이나 집단에서 이뤄지는 의사소통은 여러 가지 요인에 의해 장애를 받는다. 따라서 의사소통이 원활하게 이뤄지려면 그 장애 요인의 종류와 성격을 잘 파악해 개선하고 향상토록 해야 한다.

1 의사소통의 장애 요인

1) 계획의 부족

의사소통은 목적과 수단을 체계적으로 연구하고 계획해서 수행해야 효과적이다. 그런데 의사소통의 목적이 명확치 않고 메시지의 기호화, 채널의 선택, 전달하고 교환하는 메시지의 양 및 시기 등에 관한 계획이 부족하고 부실한 가운데 의사소통 행위를 하는 경우가 있다.

2) 조직구조의 지나친 분화와 분산

조직구조는 조직과 집단 안에서 이뤄지는 의사소통의 경로이며 네트워크다. 그런데 조직의 내부구조가 너무 분화되고 조직을 구성하는 부분들이 각각의 경계 안에 갇혀 상대적인 차별성과 독립성을 강화하게 되면 내부 구성원 및 부문 간의 원활한 의사소통을 제약한다. 조직의 계층적 · 수직적 분화는 의사소통의 속도를 제약하고 메시지가 전달-교환되는 과정에서 장애적 요소가 될 수 있다. 조직의 전문적 · 수평적 분화가 심한 경우에는 각자의 전문적 기능 단위 사이에 놓여진 경계 안에 갇혀서 수평적인 의사소통을 제약한다. 또한 조직을 구성하는 부분들이 공간적 · 지리적으로 분산돼 존재하는 경우에도 활발한 의사소통을 어렵게 한다.

3) 전달자와 수신자의 차이

의사소통의 장애는 의사소통 행위자인 전달자(송신자)와 수신자 간의 다음과 같은 차이에서 비롯되는 경우가 많다.

(1) 가치관 및 사고 기준

전달자와 수신자는 그들이 주관적으로 선호하는 가치와 사고 기준(frame of reference)에 따라서 의사소통의 목적과 수단을 선택하고 메시지를 해석하고 수용하는 경우가 많다.

(2) 사회적 배경

전달자와 수신자 간에 사회적 지위(계급・학력 등), 나이, 성, 직업의 차이가 있는 경우에는 같은 메시지라도 다르게 이해하고 다른 견해를 가질 수 있다.

(3) 지식의 종류와 수준

전달자와 수신자가 각자 가지고 있는 지식의 종류와 수준의 차이 혹은 격차(gap, distance)가 있으면 의사소통이 원활하게 되지 않을 수 있다.

(4) 정보원의 신뢰성

정보원(情報源, 정보 원천)이란 정보나 메시지를 만들고 전달하는 사람이나 조직을 말한다. 정보원의 신뢰성(information source credibility)이란 정보를 만들고 전달하는 사람이나 조직을 믿고 수용하는 정도를 말한다. 우리는 어떤 사람이 하는 말을 의심없이 믿고 받아들이지만 의심하고 수용하지 않는 경우도 있다. 그것은 우리가 그 사람에 대해 평소에 가지고 있던 지각과 관계된다. 전달자의 정직함・전문성・언행 일치 및 신용 등은 정보원의 신뢰성을 확보하는 기초다. 의사소통 과정을 보면 전달자가 신뢰성을 결여하기도 하고 수신자가 전달자의 신뢰성을 의심하고 불신해 소통이 잘 되지 않는 경우도 많다.

(5) 문화적 차이

사람들 간에 의사를 전달하고 해석하는 데 문화적 차이로 인해 그것이 잘 이뤄지지 않는 경우도 많다. 사람들 간에 말이 안 통하면 손짓・발짓 같은 비언어적 방법을 쓰면 된다. 하지만 손짓의 의미도 문화적 차이에 따라 다르다. 예를 들면, 한국 사람들이 친구들 앞에서 새끼손가락을 세워보이는 것은 애인이나 이성을 상징하지만 인도나 네팔 등에서는 화장실에 가고 싶다는 뜻이라고 한다.

4) 과정 및 방법의 부적절

의사소통은 그것이 이뤄지는 과정과 거기에서 이용되는 방법 자체에 여러 가지 장애 요인이 존재한다. 예를 들면 부호화 과정에서 적절한 부호를 사용치 않거나, 정확하고 충분한 정보 전달을 마음속으로 억제하거나, 전달하고 교환하는 경로에 물리적 소음이나 사회적 · 정치적 잡음이 개입하거나, 문서의 분실이나 파손이 있는 경우, 그리고 해독 과정에 정보 처리가 과하거나, 선택적 지각을 하거나, 해석의 차이가 발생하는 것 등이다. 구체적으로 몇 가지를 설명하면 다음과 같다.

(1) 부적절한 언어와 문자

언어와 문자는 의사소통을 위한 가장 중요한 수단이고 상징이며 기호이지만, 사용하는 언어(외국어 · 전문용어 · 은어)가 전달자와 수신자 간에 나이 · 교육 수준 · 경험 · 문화적 배경 등의 차이 때문에 잘 소통되지 않을 수 있다.

(2) 선택적 지각

의사소통에서 선택적 지각(selective perception)이란 정보의 수신자가 어떤 부분적인 단서만을 보고 정보를 선택해 지각하는 것을 말한다. 무작위로 선택하는 것이 아니다. 자신의 편견 · 고정 관념 · 선입관 · 경험 · 욕구 · 관심에 근거해 선택적으로 지각하는 것이다. 예를 들면, 사람들은 자신이 듣고 싶은 것만을 듣고, 듣기 싫더라도 들어야 할 것은 듣지 않으려는 심리적 현상이 있다. 일종의 확증편견(confirmation bias)이다. 그렇게 함으로써 편안하고 단순하게 생각을 정리하지만 그것은 부적절한 의사소통 현상이다.

(3) 여과

여과(filtering)란 전달자가 수신자의 선호나 감정에 맞춰 정보를 조작해 전달할 때에 발생한다. 예를 들면 여러 가지 정보 중에서 수신자가 좋아하는 것만을 선택해 전달하는 것이다. 여과는 계층제 조직에서 특히 많이 일어난다. 어떤 계층조직에서 하급자가 상급자에게 정보를 전달할 때 이러한 현상이 나타난다. 하급자는 자신을 평가하고 통제하는 상급자에게 잘 보이고자 하는 이기적 · 계산적 동기를 가질 수 있기 때문이다. 수직적인 계층 수가 많은 조직일수록 많은 여과 현상이 존재한다.

(4) 정보 과중

정보 과중(information overload)이란 어떤 개인이 수용 · 처리할 수 있는 능력을 초과할 정도로 정보가 전달되는 상태를 말한다. 사람들은 정보가 과중하게 되면 정보 속에 함몰돼 그 중의 일부분만 추려내 취하고 나머지는 빠뜨리게 되므로 전체적인 뜻을 망각해 버릴 수 있다.

(5) 부주의한 청취와 성급한 평가

"말을 잘하는 사람보다 잘 듣는 사람이 적다"는 말이 있다. 전달자가 말을 하면 수신자는 그것을 신중하고 주의깊게 들어야 한다. 그러나 어떤 수신자들은 주의를 기울여 듣고 생각하지 않고, 소홀하게 듣고 성급하게 판단함으로써 메시지의 전달을 방해하고 전달자를 당황스럽게 하는 경우도 있다.

(6) 시간 압박

정보의 전달자와 수신자가 때로는 시간적 압박을 받는 상황 속에서 전달하고 수신하며 해석함으로써 정확하고 충실한 의사소통이 이뤄지지 않는 경우도 있다.

2 의사소통의 개선과 향상 방안

의사소통에 어떤 장애가 있는지를 확인한 다음에는 그것을 개선하고 향상시킬 적절한 방법을 찾아야 한다. 커틀립(S. M. Cutlip)과 센터(A. H. Center)는 의사소통의 일곱 가지 기본 원칙을 제시하고 있다. 소위 '의사소통 7C's(The 7C's of Communication)라는 것이다. 즉, 신뢰성(credibility), 상황(context), 내용(contents), 명확성(clearity), 계속성과 일관성(continuity and consistency), 경로(channels), 능력(capability) 등이다. 이러한 일곱 가지 사항은 원활한

표 17-2 의사소통의 원칙: 의사소통의 7C's

① **신뢰성(credibility)**: 의사소통은 신뢰의 분위기에서 이뤄져야 한다. 수신자는 전달자를 신뢰해야 하며, 의사소통의 문제가 되고 있는 사항에 대해 전달자의 능력을 의심 없이 믿어야 한다.
② **상황(context)**: 의사소통은 그 상황적 현실과 일치돼야 한다. 상황적 현실과 일치되지 않는 의사소통은 허구일 수밖에 없다.
③ **내용(contents)**: 메시지는 수신자에게 의미있는 것이어야 한다.
④ **명확성(clearity)**: 메시지는 명료한 용어로 표현돼야 하며, 용어는 전달자에게나 수신자에게 동일한 뜻을 갖는 것이어야 한다. 복잡한 문제들은 단순하고 명확하게 요약돼야 한다.
⑤ **계속성(continuity)과 일관성(consistency)**: 의사소통은 계속적·반복적 과정이다. 그것이 성공하기 위해서는 내용의 전후 맥락이 모순없이 일관돼야 한다.
⑥ **경로(channels)**: 의사소통은 수신자가 사용하고 있거나 중요하게 생각하는 경로를 이용하는 것이 좋다.
⑦ **수신자의 능력(capability)** : 의사소통에는 수신자의 능력을 참작해야 한다. 그것은 수신자의 능력·관심 및 지식 등의 요소에 알맞아야 하는 것이다.

Cutlip & Center(1958: 140-141).

의사소통을 위한 일반적인 원칙론이다. 의사소통을 개선하고 향상시키는 방안은 실제로 조직이나 집단 안에서 일어나는 장애 요인들에 적절하게 대응해 방안을 강구하는 것이 바람직하다. 다음과 같이 몇 가지 방안을 설명한다.

1) 적절한 계획

의사소통은 적절한 계획을 세워 수행해야 한다. 우선 명확한 목적을 설정해야 한다. 상대방에게 정보를 알려주는 것이 목적인가, 명령이나 지시를 통해 어떤 행동을 유발시키는 것이 목적인가, 설득하고자 하는 것이 목적인가를 명확하게 해야 한다. 그리고 그와 같은 목적 달성을 위해 적합한 의사소통의 시기 · 내용 · 과정 및 방법과 수단을 심사숙고해 계획하고 그에 따라서 수행해야 한다.

2) 유연한 통합적 조직구조

계층제 조직구조는 가능한 한 수직적인 계층 수를 줄여 수평적 구조(flat structure)로 편성함으로써 상급자와 하급자의 권력과 지위 격차에서 비롯되는 소통 장애를 줄이고 소통의 지연과 왜곡 현상을 줄일 수 있다. 또한 의사소통을 공식적 규정에 따라 너무 기계적이고 경직하게 하지 말고 비공식적이고 유연하게 할 수 있는 방법도 강구해야 한다. 그리고 조직의 수평적 분화와 공간적 분산을 적정하게 함으로써 조직의 통합(integration)과 내부 의사소통을 향상시켜야 한다.

3) 전달자와 수신자 간의 차이 극복을 위한 노력

전달자와 수신자 간에 가치관과 사회적 · 지식적 · 문화적 · 인지적 차이를 극복하기 위해 노력해야 한다.

(1) 차이의 진단과 극복 노력

전달자와 수신자 간의 가치관 · 사고 기준 · 직업 · 경험 · 성(性)의 차이로 인해 의사소통이 장애를 받을 경우에는 그 차이의 종류와 성격이 무엇인가를 진단하고 그것을 극복하기 위한 방법을 강구해야 한다. 의사소통 행위자 간에 차이가 있다고 해서 의사소통이 불가능하다고 단정해서는 안 된다.

(2) 민주적 · 인간적인 태도와 참여적 의사결정 시스템의 발전

의사소통 행위자 간에 사회적 지위나 권력 격차가 있는 경우에는 지위가 높고 큰 권력을 가진 사람이 민주적이고 인간적인 태도를 가져야 하며, 조직구성원들이 조직 안의 의사소통에 장애를 받지 않도록 하려면 조직 내부의 분권화와 참여적 의사결정 시스템을 발전시켜야 한다.

(3) 상호 이해 가능한 메시지의 전달과 교환

의사소통 행위자 간에 지식의 종류와 수준의 차이로 의사소통이 방해받지 않도록 해야 한다. 상호간에 이해하기 쉬운 말이나 문서로 메시지를 전달하고 교환하는 것이 바람직하다.

(4) 전달자의 언행의 진정성

정보나 메시지를 만들고 전달하는 사람(정보의 원천)은 수신자들이 정보나 메시지를 신뢰할 수 있도록 언행의 진정성을 보여야 한다.

4) 적절한 과정과 방법의 적용

의사소통을 개선 · 향상시키려면 적절한 과정과 방법이 적용돼야 한다.

(1) 적합하고 효과적인 메시지의 이용

메시지에 이용되는 언어(말과 문자)는 정확하고 분명하며 적절해야 한다. 적절이라는 말은 상황적합성을 말한다. 즉, 언어의 사용 목적과 그것을 수신하는 대상 · 언어가 사용되는 시 · 공간 등에 비춰 적합하고 효과적인 것이어야 한다.

(2) 정보나 메시지에 대한 정확한 지각

의사소통 행위자들은 상호간에 정보나 메시지에 대해 좀 더 완전하고 정확하게 지각(perception)하도록 노력해야 한다. 선입관, 고정 관념, 편견 및 후광 효과(halo effect) 등에 근거해 선택적 · 부분적으로 지각하지 않도록 주의해야 한다.

(3) 정보의 여과 및 유실에 주의

조직에서 정보가 상하계층을 통해 전달될 때에는 전달자가 고의적이며 이기적 목적을 위해 정보를 여과하거나 유실하지 않도록 해야 한다. 이것을 막기 위해서는 하급자로부터 정보를 전달받는 상급자가 주의해야 한다. 하급자가 어떤 정보를 여과 혹은 유실하는지, 자신이 하급자의 직무 수행 관리를 공정하게 하고 있는지를 성찰해야 한다.

(4) 정보와 메시지의 과부하 방지

수신자에게 한꺼번에 많은 정보와 메시지가 집중적으로 전달됨으로써 과부화(overload)되는 현상을 방지해야 한다. 그 방법을 소개하자면 첫째, 발신자와 수신자 사이에 문지기(gate-keeper)를 두어 그 사람이 일단 메시지를 걸러 수신자에게 적정량이 전달되도록 하는 것이다. 물론 이때는 고의적이며 이기적인 여과를 주의해야 한다. 둘째는 메시지의 전달 순서를 정해 급한 것부터 순차적으로 전달되도록 해야 한다.

(5) 적극적인 경청과 신중한 평가

의사소통 행위자들은 서로 상대방의 말을 적극적인 관심을 가지고 경청(listening)해야 한다. 단순히 듣는 것(hearing)에 그쳐서는 안 된다. 상대방의 말을 경청하는 것이 그 사람에 대한 존중과 배려를 나타내는 것이고 말의 내용에 대해 관심을 보이는 것이며 원만한 의사소통을 위한 성의 있는 태도다. 자기 중심으로만 생각해서 판단하지 말고 말하는 사람의 입장에서 생각하며(감정이입, empathy) 신중하게 평가하고 판단해야 한다. 특히 권력이 있는 쪽이나 지위가 높은 쪽에서 성의 있게 경청하는 것이 의사소통의 효과성을 높이는 방법이다.

(6) 시의적절한 소통

의사소통은 때(timing)를 잘 맞춰 해야 한다. 의사소통의 목적이 상대방에게 정보를 알리는 데 있거나 행동을 지시하는 데 있거나 간에 적시(適時)에 하는 것이 중요하고 효과적이다.

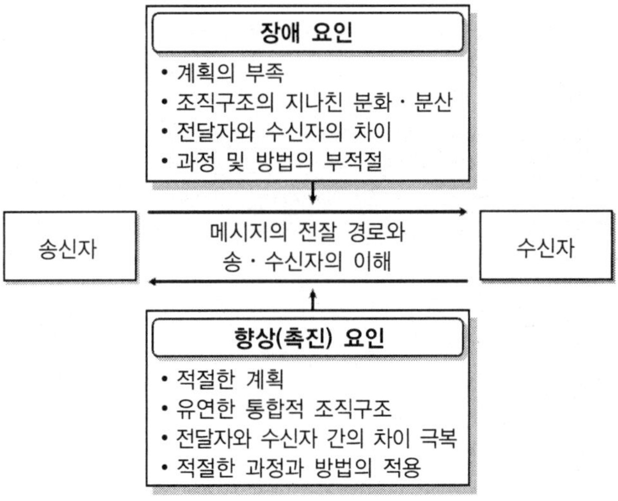

그림 17-5 의사소통의 장애 요인과 향상(촉진) 요인

(7) 적극적인 환류 이용

의사소통 행위자들은 메시지나 정보를 상대방에게 전달하고 교환할 때 상대방에게 "제가 한 말, 제가 보낸 문서나 문자를 잘 받았습니까? 어떻게 생각하고 이해하십니까?"라고 묻고 대답하는 상호작용을 적극적으로 해야 한다. 이와같이 환류함으로써 원만한 의사소통을 하게 되는 것이다.

제 18 장

조직문화

제 1 절 조직문화의 의의

1 문화의 의미

조직문화(organizational culture)의 개념은 문화인류학 · 사회학 · 심리학 등에서 형성된 문화 개념을 조직에 적용한 것이다. 오늘날 문화(culture)에 관한 정의를 보면 관점(예: 기술적 · 구조적 · 발생론적 · 심리학적 · 역사적 관점 등)에 따라 다양하다.

문화인류학자 타일러(E. B. Tylor)는 1871년에 저술한 『원시문화(*Primitive Culture*)』라는 저서에서 기술적(記述的, descriptive)인 관점에 따라서 사회의 문화를 정의했다. 즉, "문화란 지식 · 신념 · 예술 · 도덕 · 법률 · 관습, 그리고 사회구성원으로서의 인간이 습득하는 모든 습관과 능력을 포함하는 복합체(complex whole)"라고 한다(Tylor, 1871; Cole & Scribner, 1974: 6에서 재인용). 이것은 인류학자가 행한 최초의 정의이며, 오늘날까지 가장 많이 인용되고 있다. 그는 문화를 한마디로 정의하지 않고 문화에 포함되는 여러 가지 개념 항목을 나열해 기술하고 그것들의 복합적 총체를 문화로 규정한다.

크뢰버(A. L. Kröber)와 클럭혼(F. Kluckhohn)은 "문화란 상징을 통해 습득되고 전수되는 행동 패턴들로 구성되며, 그것은 갖가지 인위적 구성물(artifacts)에 구현돼 있다"고 정의한다(Kröber & Kluckhohn, 1952: 181). 이 정의는 발생론적이며 구조적 측면에 초점을 맞춰 정의한 것이다.

캐럴(M. P. Carrol)은 문화를 정의하는 대신 그 개념이 지니는 특징을 세 가지로 요약하고 있다. 즉, 문화란 "사회집단의 구성원들이 공유하는 것이고, 집단의 기존 구성원들이 새로운 구성원들에게 전수하고자 하는 것이며, 세계에 대한 구성원들의 지각을 구조화시키거나 행동을 틀짓는 것(도덕 · 법 · 관습 등)"이라고 한다(Carrol, 1982: 19).

2 조직문화의 의미

위에 설명한 문화의 개념을 조직에 미시적으로 적용하는 것이 조직문화다. 문화에 관한 정의와 마찬가지로 조직문화에 관한 정의는 매우 다양하다. 그러나 고전적인 기술적(descriptive) 관점에서 말하자면 조직문화란 어떤 조직의 구성원들이 집단적으로 공유하는 기본적 가정, 인지의 틀, 의미의 체계, 가치 · 신념 · 규범 · 상징 · 신화 · 관습 · 인식 · 태도, 언어 · 복장 · 의례 · 행동양식 및 사물 등의 총체라고 기술할 수 있다. 여기서 '총체'라고 말하는 이유는 개념뿐만 아니라 인식 수준에 차이가 있는 다양한 항목들을 집합해 정의하고 있기 때문이다.

조직문화의 뜻이 얼마나 다양한가를 다음과 같은 여러 학자의 정의에서 살펴볼 수 있다.

- 던컨(W. J. Duncan): 조직문화란 현재의 조직구성원들이 공유하고 미래의 새로운 구성원에게 가르치는 주요 가치 · 가정 · 신념 · 이해(understanding) 및 규범이다(Duncan, 1989: 229-236).
- 그린버그(J. Greenberg)와 배런(R. A. Baron): 조직문화란 조직구성원들이 공유하는 태도 · 가치 · 행동규범 및 기대로 구성돼 있는 하나의 인지의 틀(cognitive framework)이다(Greenberg & Baron, 2003: 515).
- 오우치(W. Ouchi): 조직문화란 조직에 내재하는 가치와 신념을 그 구성원들에게 전달하는 상징 · 의식 및 신화다(Ouchi, 1981: 41).
- 윌킨스(A. Willkins)와 패터슨(K. Patterson): 조직문화란 조직의 구성원들이 무엇을 해야 하고 무엇을 하지 말아야 하는가에 대한 믿음으로 구성돼 있다(Willkins & Patterson, 1985: 265).

제 2 절 조직문화론의 대두 배경과 경향

1 조직문화론의 대두 배경

1970년대 후반에 조직의 연구에 문화 개념이 대두하고 1980년대 이후 조직문화론이 개화해 조직이론과 실제에 중요한 분야로 발전해 왔다. 그 대두의 배경을 이론과 실제의 시각에서 살펴볼 수 있다.

(1) 이론적 배경

조직문화론이 나오게 된 배경의 하나는 20세기 초 이후 1970년대까지 이뤄진 조직연구의 경향 안에서 찾아볼 수 있다. 20세기 전반의 주류 이론인 과학적 관리론과 관료제이론은 조직의 공식적 구조와 보편적 원리의 탐구에 치우쳐 개별 조직의 특성과 조직 내부 인간의 사회심리적 문제를 소홀하게 다뤘고, 뒤이어서 나온 인간관계론은 조직구성원의 사회심리와 행태를 중요하게 다뤘지만 그들이 공유하는 문화적 요소에 관심을 두지 않았다. 1960년대에 풍미한 상황조건적합이론(contingency theory)은 개방 체제의 관점에서 어떻게 조직의 구조와 관리가 환경(상황)적합성을 갖는가를 객관적으로 분석 · 연구하는 데 기여했지만 그 한계를 드러냈다. 말하자면 동일한 환경에 존재하는 조직들 간에도 그 관리의 효과성이 다르며, 조직구성원이 공유하는 문화적 요소가 다르면 조직 간에 환경 인식의 차이가 생기고, 그러한 차이가 있으면 행동이 달라진다는 사실을 간과했다. 환언하면, 조직구성원의 인식과 행동은 그들이 공유하는 가치관 · 의미 · 행동양식, 즉 조직문화에 크게 의존함을 알게 됐다. 조직에는 잠재적 혹은 현재적인 고유한 문화가 존재하며, 그 문화는 조직의 의사결정 · 리더십 · 동기부여 · 의사소통 및 성과에 영향을 미치는 중요한 요소라고 설명하는 이론의 발생을 촉진한 것이다.

(2) 실제적 배경

1970년대에 들어 기업경영 분야에서 미국 기업들의 생산성과 경쟁력이 저조한 반면 일본의 기업들은 대약진하는 현상이 나타나므로 일부 구미 학자와 실무자들은 일본의 기업문화에 주목해 그 우수성을 찬양했다. 파스칼(R. T. Pascals)과 애토스(A. G. Athos)의 일본의 기업문화를 연구(1981)했고, 오우치(W. Ouchi)는 일본과 미국기업 문화를 비교연구(1981)했으며, 피터스(T. J. Peters)와 워터맨(R. H. Waterman)은 미국의 초우량기업(excellent company)의 공통적 특징을 연구한 저서(1982)를 내어서 조직문화 연구의 붐을 일으켰다.

조직문화의 연구는 초기에는 대체로 기업문화(corporate culture)의 개념으로 나타났고, 이어서 조직문화(organizational culture)의 개념으로 일반화됐으며, 오늘날 기업·행정·정치·교육·NGO 등의 분야에서 수많은 조직문화 연구가 이뤄지고 있다.

2 조직문화론의 패러다임

조직문화 연구가 본격적으로 나타나 전개된 것은 1980년대 초부터다. 문헌의 제목을 살펴보면 크게 두 가지로 나뉜다.

하나는 기업문화(corporate culture)라는 제목이다. 딜과 케네디(Deal & Kennedy, 1982), 데이비스(Davis, 1984), 킬먼(Kilman, 1985), 코터(Kotter, 1992) 등은 그 저서나 논문에서 기업문화라는 제목으로 특정화해 조직문화를 연구한 것이다. 기업경영 분야에서 1970년대 말부터 문화에 많은 관심을 가지고 연구한 결과라고 할 수 있다.

또 하나는 조직문화(organizational culture)라는 제목이다. 이 제목은 기업·정부·학교·기타 사회조직의 문화를 특정화하지 않고 쓰고 있는 것이다. 스미리치(Smirich, 1983), 그레고리(Gregory, 1983), 트라이스(Trice, 1984), 앨레어(Allaire, 1984), 샤인(Schein, 1985), 프로스트와 루이스(Frost & Louis, 1985), 미크(Meek, 1988), 영(Young, 1989), 마틴(Martin, 1992), 해치(Hatch, 1993), 캐메런과 퀸(Cameron & Quinn, 2005) 등의 저서나 논문의 제목들이 이에 해당한다.

조직문화론은 그것이 근거하고 있는 패러다임을 기준으로 나눠보면 두 가지다. 그 하나는 기능주의이며 또 하나는 해석주의다.

1) 기능주의 패러다임

기능주의 패러다임은 기능론적 관점에서 사회나 조직을 설명한다. 간단히 말하면, 사회는 그것을 구성하는 여러 부문 및 요소로 구성돼 있는 구조이며, 이러한 구성 부문 및 요소들은 각기 그 사회의 유지·존속·통합 및 안정에 필요한 기능을 수행한다고 설명하는 것이다. 기능주의 관점에서는 사회에 문제가 발생하면 그것을 해결하기 위해 사회를 구성하는 어떤 부문이나 요소의 기능 수행에 문제가 있는가를 발견해 그 기능이 잘 발휘되도록 하는 방법을 연구하고 적용한다.

1980년대에 대두한 기능주의적 조직문화론 패러다임은 과거의 과학적 관리론 · 인간관계론 및 상황조건적합론 등과 같은 기능주의적 조직관리론에 문화적 개념과 접근 방법을 보완해 조직의 적응과 높은 성과를 촉진하는 데 주목했다. 기능적 패러다임의 조직문화론자들은 조직문화를 조직을 위해 조작 가능한 하나의 관리도구로서 본다. 따라서 그들은 주로 객관적이고 실증적이며 양적인 접근 방법을 적용한다.

2) 해석주의 패러다임

해석주의 패러다임은 조직의 기능이 아니라 조직의 실재(reality)가 어떻게 사회적으로 구성되는가, 즉 조직의 실재가 어떻게 조직구성원들 사이에 해석되며 의미가 부여되는가를 밝히는 미시적 접근 방법이다. 해석적 패러다임에서는 조직이란 유기체나 기계와 같은 시스템이기보다는 일종의 문화 시스템, 즉 의례 · 의식 등과 같은 문화적 상징 체계로 은유한다. 조직문화란 조직구성원이 공유하는 상징이나 의미의 체계다. 상징적인 행위가 이해되기 위해서는 해석되고 해독될 필요가 있다는 것이다. 해석적 패러다임의 조직문화론은 현상학 · 민속학적 방법론 및 상징적 상호작용론 등의 이론에 근거하며, 주로 주관주의적이고 정성적(질적) 접근 방법을

표 18-1 조직문화론의 패러다임 분류

<table>
<tr><th></th><th>기본적인
조직관/
조직문화관</th><th>분석 시각</th><th>데이터의
성질</th><th>주된 연구 목적</th><th>대표적인 연구자</th></tr>
<tr><td rowspan="4">조직
문화론
패러다임</td><td rowspan="3">기능주의</td><td rowspan="3">외부인의 시각
객관적 분석</td><td>정량적</td><td rowspan="2">조직문화의 특정(特定)과
유형화</td><td>Gordon & Di Tomaso(1992)
Kotter & Heskett(1992)</td></tr>
<tr><td rowspan="3">정성적</td><td>Peters & Waterman(1982)
Deal & Kennedy(1982)</td></tr>
<tr><td>조직문화의 창조, 변혁의
모형과 방법론 제시</td><td>Davis(1984), Schein(1985)
Kilman et al.(1985)</td></tr>
<tr><td>해석주의</td><td>내부인의 시각
주관적 분석</td><td>조직의
은유(metaphor)로서
조직문화의 해석과 기술</td><td>Gregory(1983),
Young(1989)
Kunda(1992)</td></tr>
</table>

出口將人(2004: 29).

적용해 연구한다. <표 18-1>을 보면 기능주의와 해석주의 패러다임의 분석 시각·중요시하는 데이터의 성질, 주된 연구 목적, 그리고 대표적인 연구자들의 계통이 개략적으로 드러나 있다.

제 3 절 조직문화의 특징과 기능

1 특징

첫째, 조직문화는 공통된 경험과 역사 안에 존재하는 조직구성원들의 관념과 감정 및 행동양식을 통해 나타난다.

둘째, 조직문화는 거시적인(macro) 사회문화를 구성하는 하위문화다. 사회는 여러 조직으로 구성되며, 조직은 여러 개인들로 이뤄진 집합체다. 말하자면 정치 혹은 행정사회는 거시적인 정치문화 및 행정문화를 가지며 정치·행정사회를 구성하는 여러 개별 조직들은 또한 각자의 조직문화를 가지고 있다.

셋째, 조직문화는 조직구성원 개개인이 아니라 그들이 집단적으로(collectively) 공유하는 가치와 행동양식이다. 우리는 개개인이 독특하게 가지고 있는 어떤 가치와 행동양식을 그 개인의 성격(personality), 즉 개성이라고 말한다. 조직문화란 조직구성원 개개인의 성격이 아니라 조직구성원 전체가 공유하는 성격, 즉 조직의 개성이라고 말할 수 있다.

넷째, 조직문화는 그 인식 수준에서 볼 때 명시적이며 구체적인 사물이나 행동양식으로 존재하는 것도 있고 조직원들의 마음속에 잠재적이며 추상적인 가치나 신념으로 존재하는 것도 있다.

다섯째, 조직문화는 조직구성원의 학습과 준행(遵行)을 통해 전승되고 유지되며, 조직의 상황과 문제에 대응해 새롭게 창조되고 변화하는 것이다.

여섯째, 조직문화는 조직이 외부로 드러내는 특정한 정체성(identity)이라고 말할 수 있다.

2 기능

조직문화는 여러 가지 기능을 수행한다. 그린버그는 세 가지 기능을 설명하고 있다. 조직구성원에게 정체감(sense of identity)을 주고, 조직의 사명(mission)에 몰입하도록 하며, 또한 그들의 행동 기준을 명확하게 한다는 것이다(Greenberg & Baron, 2003: 519). 조직문화는 그것이 조직과 조직구성원 및 외부·사회에 작용하는 것이 무엇인가를 기준으로 다음과 같이 그 기능을 설명할 수 있다.

1) 조직에 작용하는 기능

조직문화는 하나의 조직 전체에 작용한다. 즉, ① 인간의 집합체인 조직은 그 안에 가치·규범 및 상징과 같은 문화적 요소를 가짐으로써 마치 정신과 혼을 가진 의미있는 하나의 인격적 유기체와 같은 존재가 되는 것이다. ② 조직문화는 그 조직이 존재하는 의의와 정체성(正體性, identity)을 확립한다. ③ 조직 전체의 통합성 및 연대성을 확립하고 조직이 설정한 목적 달성을 돕는다.

2) 조직구성원들에게 작용하는 기능

조직문화는 조직구성원들에 작용한다. 즉, ① 조직구성원 개개인에게 자신이 그 조직의 일원이라는 정체감(sense of identity) 및 일체감을 부여하고, 구성원들을 응집시키는 사회적 접착제(social glue) 작용을 한다. ② 조직구성원들이 조직의 실재(reality)를 바라보는 틀과 실재를 규정하는 데 작용한다. 예를 들면 유교적 장유유서의 관념을 공유하는 조직에서는 그 구성원들이 선임자나 상급자를 우대하는 것을 당연하게 받아들인다. ③ 조직문화는 조직구성원들에게 조직이 기대하는 행동이 무엇인가를 내보이고 그 행동으로 나아가게 하는 자동항법장치와 같은 구실을 한다. ④ 조직구성원들이 개인의 이익을 초월해 조직의 공통 목적과 임무에 헌신하고 몰입하도록 하는 효과적인 통제 메커니즘 작용도 한다.

3) 외부·사회에 작용하는 기능

조직문화는 그 조직의 밖에 있는 사회에 작용을 한다. 즉, ① 조직문화는 조직 간의 경계를 규정하는(boundary-defining) 기능을 한다. 문화의 차이에 따라 내부집단(in-group)과 외부집단(out-group)이 구분되고, 내부적 동질성(內部的同質性)과 외부적 이질성(外部的異質性)을 형성한다. ② 조직문화는 밖으로 조직의 이미지(image)를 드러나게 한다. ③ 조직문화는 그 조직이 전체 사회 안에서 차지하고 있는 위상과 임무와 존재 의의를 드러내는 기능도 한다.

조직문화는 위에서 열거한 바와 같이 조직에 순기능을 하지만 때로는 역기능을 하는 경우도 있다. 예를 들면, 조직이 지니고 있는 기존의 가정·가치 및 규범에 너무 경직하게 얽매이는 경우에는 새로운 변화를 저해하고 창의와 혁신의 기풍을 질식시킬 수도 있다.

제 4 절 조직문화의 구성 요소와 계층 체계

조직문화란 조직구성원이 공유하는 기본적 가정(믿음과 전제)·가치관·태도·신념·관습·상징·행동양식·복장·언어 및 사물 등과 같은 여러 가지 요소 및 항목(items)으로 구성돼 있다. 이러한 요소 및 항목들을 그 인식 수준에서 살펴보면 비가시적이고 추상적인 수준으로부터 가시적이고 구체적이며 실재적인 수준 사이에 존재한다. 각각의 문화 항목들을 인식 수준별로 분류해 보면 그 항목들 간에 하나의 계층 체계가 이뤄짐을 알 수 있다. 조직문화를 이와같이 인식하고 이론을 구성한 예를 들어 설명하면 다음과 같다.

1 샤인의 조직문화의 계층체계론

샤인(E. H. Schein)은 조직문화의 구성 요소 및 항목들을 세 가지 범주로 나누고 그것을 인식 수준(level)에 따라서 세 개의 계층(layers)으로 체계화해서 설명한다. 여기서 말하는 세 가지 범주란 ① 인공물 및 창작물로서 조직문화, ② 가치관으로서 조직문화, ③ 기본적 가정으로서 조직문화이며, 인식 수준이란 가시적 수준·의식적 수준·잠재적 수준이다. 위와 같은 범주와 인식 수준에 입각해 샤인은 조직문화 계층구조를 다음과 같이 구성해 설명한다.

1) 인공물 및 창작물

인공물 및 창작물(artifacts and creators)이란 조직구성원들이 가시적·명시적 인식 수준에서 공유하는 구체적인 상징과 표현들이다. 예를 들면, 조직에서 볼 수 있는 기술·예술·행동양식 등이다. 더 자세히 추가해서 말하자면 조직구성원들의 특유의 복장(제복), 언어, 조직의 규칙, 시설 및 사무실 배치 등에서 볼 수 있는 구체적인 인위적 구성물 등이 여기에 속한다. 이런 것들은 조직구성원이 공유하고 지향하는 기본적인 가치관과 규범에 정당한 근거를 가지고 있다. 따라서 조직의 표면에 나타나는 인공물들은 그것들이 근거를 두고 있는 가치관이나 규범을 이해함으로써 그 존재의 의미를 알 수 있는 것이다. 예를 들면, 은행 직원들은 깨끗하고 단정한 제복을 입고 근무한다. 그것은 고객 서비스를 중요시하는 은행의 가치관과 규범에 근거한다. 그것을 모르면 그 의미를 해석하기 어렵다.

2) 가치관

가치관(values)이란 조직구성원들이 바람직하고 중요하다고 인식하는 것을 말한다. 가치관은 조직구성원들이 뚜렷하게 보고, 인식해 공유하는 것은 아니지만 어느 정도 공유하면서 지각하고 인식하며 의식(awareness)하는 수준에 존재하는 것이다. 조직구성원들이 공유하는 가치의 개념은 규범(norms)의 개념과 관계를 갖는다. 조직구성원들은 규범에 근거해 조직에서 어떤 행동이 당연하고 옳고 그른가를 의식한다. 이와 같은 의식 수준에서 조직구성원들은 조직에서의 신뢰, 협동, 책임, 팀워크, 목표와 성과의 중요성을 알게 된다. 가치와 규범은 앞에 설명한 인공물로서의 조직문화의 형성과 존재에 의미를 제공한다. 조직에서의 가치와 규범은 조직의 일정한 물리적 환경과 조직구성원들 간에 이뤄지는 사회적 합의를 통해 옳고 그름이 검증되고 결정된다.

3) 기본적 가정

기본적 가정(basic assumptions)이란 어떤 사물이나 일의 존재와 그 존재의 본질 및 당위성에 대해 당연하게 받아들일 수 있는 믿음과 전제라고 말할 수 있다. 사람들은 인간이란 무엇인가, 악한 존재인가 선한 존재인가, 정부는 필요한 것인가 '필요악'인가 등에 관한 기본적인 어떤 믿음이나 전제와 같은 것을 가지고 있다. 그러한 믿음과 전제가 기본적 가정이다. 기본적 가정은 조직문화의 인식에서 가장 핵심적이고 근원적 수준에 존재한다. 따라서 그것은 잠재적이고 비가시적이며 암묵적인 인식 및 의식 수준에 존재하는 상징과 표현이다.

기본적 가정은 매우 추상적이다. 그것은 암묵적인 의식 수준, 환언하면 선의식적(先意識的, preconscious) 영역에 존재하기 때문이다. 그러나 기본적 가정은 조직구성원이 공유하며 표출하는 의식적 혹은 명시적 수준의 여러 문화 항목의 근원을 이룬다.

• 인위적 · 명시적 요소들	**인공물 및 창작물(artifacts and creators)** • 가치 · 예술 · 가시적인 행동양식	**가시적 수준** • 가시적이지만 때로는 그 배후에 있는 의미를 해독하기 어려움
	↑ ↓	↑
• 추구하는 가치	**가치관(values)–추구하는 가치** • 물리적 환경에서 옳고 그름을 가려낼 수 있음 • 구성원 간의 합의(사회적 합의)에 의해 옳고 그름을 가려낼 수 있음	**비교적 높은 의식(awareness) 수준**
	↑ ↓	↑
• 공유하는 암묵적 가정	**기본적 가정(basic assumptions)–믿음과 전제** • 환경과의 관계에 대한 가정 • 현실 · 시간 및 공간의 본질에 대한 가정 • 인간의 본성에 대한 가정 • 인간 행동의 본질에 대한 가정 • 인간관계의 본질에 대한 가정 등	**잠재적 수준** • 당연한 것으로 여기는 것 • 비가시적 • 의식 이전(preconscious)의 영역에 존재 * 가치와 행동을 좌우하는 원천

그림 18-1 샤인의 조직문화의 구성 요소와 수준 및 계층 체계

Schein(1985a: 22; 1985b: 14; 1999)의 도표와 설명문을 근거로 재작성.

2 대프트와 가글리아르디의 조직문화계층론

1) 대프트의 이론

대프트(R. L. Daft)는 샤인의 이론과 유사한 이론을 내놓고 있다. 그는 [그림 18-1]에서 보는 바와 같이 조직문화를 가시적 수준과 비가시적 수준으로 나눈다. 가시적 수준의 문화에 조직구성원의 복장, 조직의 사무실, 상징, 슬로건 및 의식(儀式, ceremonies) 등을 포함시킨다. 그리고 비가시적 문화를 두 가지 수준으로 나눈다. 하나는 표현된 가치관, 또 하나는 기본적인 가정과 신념이다.

2) 가글리아르디의 이론

가글리아르디(P. Gagliardi)는 조직문화의 구성 요소를 네 가지 범주로 분류하고 그것을 4개의 수준으로 체계화해 설명한다.

그는 가정과 기본적 가치(assumption and basic values)를 조직문화의 기층(基層)으로 규정

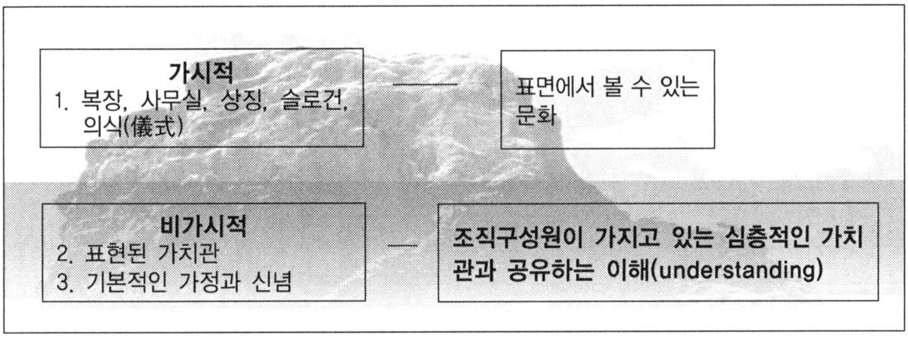

그림 18-2 대프트의 조직문화의 수준 및 계층

Daft & Noe(2001: 588).

하고, 그 위에 조직의 주요 전략(primary strategy), 도구 및 표현적 전략(instrumental and expressive strategy), 그리고 실천 양식(modes of implementation)으로 분류하는 체계를 구성하고 있다.

그가 구성한 이론은 샤인의 이론과 유사하지만 조직의 전략 및 관리 과정과 관련되는 개념을 많이 사용해 문화의 계층을 넷으로 나누고 있는 점이 다르다. 이 이론의 내용을 보면, 가정과 기본적 가치 쪽으로 갈수록 신화적 앎(神話的知, mythical knowledge)의 색채가 강하며, 실천 양식 쪽으로 갈수록 과학적 앎(科學的知, scientific knowledge)의 경향이 강하다.

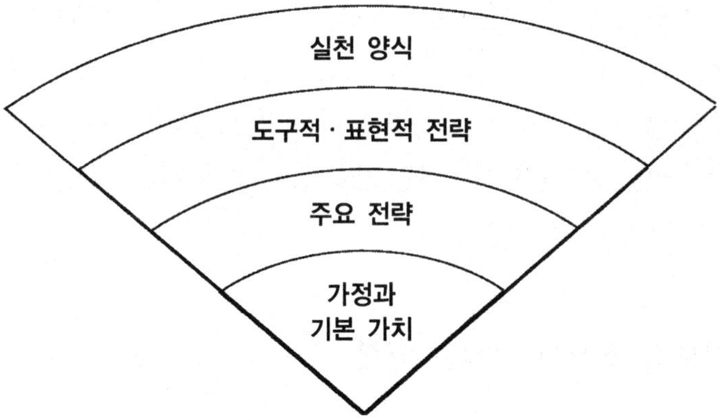

그림 18-3 가글리아르디의 조직문화의 구성 요소와 체계

Gagliardi(1986: 299).

제 5 절 강한 문화와 약한 문화

조직문화는 그 속성이 지니는 강도(强度)에 따라서 강한 문화와 약한 문화로 나눠 설명할 수 있다.

1 의의와 결정 요인

1) 의의

어떤 조직이 추구하는 핵심적인 가치규범은 그것이 뚜렷하고, 구성원들에게 깊게 침투돼 있으며, 넓게 공유돼 있지만 그렇지 않은 경우도 있다. 조직의 구성원들에게 깊게 침투되고 광범위하며 견고하고 지속적으로 공유되고 있는 핵심적 가치나 규범 등을 강한 문화(strong culture)라고 하며, 그렇지 않은 것을 약한 문화(weak culture)라고 한다.

2) 결정 요인

조직문화의 강도를 결정하는 요인은 다음과 같다.

첫째, 역사가 오래되고 그 존재의 사회적 의의가 뚜렷한 조직들은 비교적 강하고 견고하며 지속적인 문화를 가지고 있다.

둘째, 조직이 지향하는 가치·규범 및 상징 등의 문화적 항목이 조직구성원들에게 긍정적으로 인식되고 공유되는 정도가 높은 경우에는 강한 문화가 형성된다. 그러나 그와 반대의 경우에는 약한 문화의 상태로 존재한다.

2 문화의 강도가 조직에 미치는 영향

1) 영향

조직문화의 강·약의 정도는 조직에 여러 가지 영향을 미친다.

첫째, 조직에 강한 문화가 존재하는 경우에는 조직구성원들이 조직이 실현하고자 하는 가치와 규범이 무엇인가를 지각해 기대되는 행동을 하게 된다.

둘째, 조직문화란 공식적인 행동양식이나 규칙이라기보다는 비공식적인 행동양식이나 규범 같은 것이지만 사실상 공식적 규칙이나 마찬가지로 조직구성원의 행동에 영향을 미친다. 특히 조직에 강한 문화가 존재하는 경우에는 그것이 사실상 강한 공식적 규칙처럼 조직구성원의 행동에 작용한다. 강한 조직문화는 공식적인 규칙과 마찬가지로 조직행동의 예측가능성의 확보와 안정과 질서 유지의 토대가 된다.

셋째, 강한 조직문화가 존재하는 조직에서는 그 구성원들이 자기가 소속된 조직에 대한 일체감, 헌신 및 충성심을 강하게 드러내고 높은 사기(morale)를 가지고 직무에 몰입(job involvement)하게 할 수 있는 장점이 있다.

2) 문제점

그러나 강한 조직문화는 문제점도 많다. 예를 들면, 강한 조직문화 속에서는 조직구성원들이 견고하게 확립된 행동규칙과 궤도에 따라서 행동해야 하므로 조직의 환경 변화에 유연하게 대응 혹은 적응하지 못하며 조직을 혁신하는 새로운 생각과 행동을 제약하는 조건이 된다. 또한 조직구성원들이 획일적으로 강력하게 통제됨으로써 심리적으로 경직되고 억압받는 감정을 가질 수 있다.

제 6 절 조직문화의 유형

조직문화는 여러 가지 기준에 따라 분류할 수 있지만 학자들이 분류해 설명하는 세 가지를 소개하면 다음과 같다.

1 캐머런과 퀸의 조직문화 유형

캐머런(K. S. Cameron)과 퀸(R. E. Quinn)은 [그림 18-4]에서 보는 바와 같이 조직의 문화적 차원을 ① 유연성과 자유재량-안정성과 통제, ② 내부 중심과 통합-외부 중심과 통합으로 나눴다. 이들 두 가지 차원은 서로 대치되는 가치를 지향하고 있다. 즉, 자유와 통제, 내부와 외부 지향의 가치다. 이 두 학자는 ①, ②의 차원을 결합해 다음과 같은 네 가지의 조직문화 유형을 도출했다(Cameron & Quinn, 2005).

1) 계층제문화

계층제문화(hierarchical culture)는 조직의 안정성과 통제, 그리고 조직의 내부 중심과 통합을 강조하는 문화다. 이 조직은 통제 지향적이고 능률성·안정성·통일성 등의 가치를 중요시하며, 조직의 리더는 조정자·감시자 및 조직자의 역할을 한다. 이러한 계층제 문화는 전형적인 관료제 조직에서 볼 수 있다.

2) 시장문화

시장문화(market culture)는 조직의 안정성과 통제, 그리고 외부 중심과 통합을 강조하는 문화다. 이 조직은 경쟁 지향적이고 목표 달성·수익·고객의 가치를 중요시하며, 조직의 리더는 경쟁촉진자·생산자·추진자의 역할을 한다. 이것은 기업조직과 시장에서 볼 수 있는 유형이다.

3) 공동체문화

공동체문화((clan culture, 가족 및 씨족문화)는 유연성과 자유재량, 그리고 내부 중심과 통합을 강조하는 문화다. 가족 및 씨족으로 구성되는 공동체는 그 구성원들의 참여와 협동 지향적 행동이 중요시된다. 따라서 구성원 간의 원활한 의사소통, 응집, 집단과 조직에 대한 충성과 헌신 등의 가치를 강조한다. 리더는 지원자·촉진자 및 집단 형성의 역할을 한다.

4) 애드호크라시문화

애드호크라시문화(adhocracy culture)는 조직의 유연성과 자유재량, 그리고 외부 중심과 통합을 강조하는 문화다. 원래 애드호크라시조직은 창의성 지향과 문제 해결을 중요시하는 조직이다. 조직구성원 간의 의사소통, 조직구성원들의 직무몰입, 변화와 혁신 및 문제 해결 등이 강조된다. 리더는 혁신가·기업가 및 비전 제시자의 역할을 한다.

	내부 중심과 통합	외부 중심과 통합
유연성과 자유재량	**공동체 문화**	**애드호크라시문화**
안정성과 통제	**계층제 문화**	**시장문화**

그림 18-4 캐머런과 퀸의 조직문화 유형

Cameron & Quinn(2005: 46)의 내용을 간추려 재작성.

2 카트라이트와 쿠퍼의 조직문화 유형

카트라이트(S. Cartwright)와 쿠퍼(C. L. Cooper)는 조직구성원의 자주성이 허용되는 정도를 기준으로 조직의 문화 유형을 권력형 · 역할형 · 과업달성형 · 사람지원형으로 나눠 설명한다.

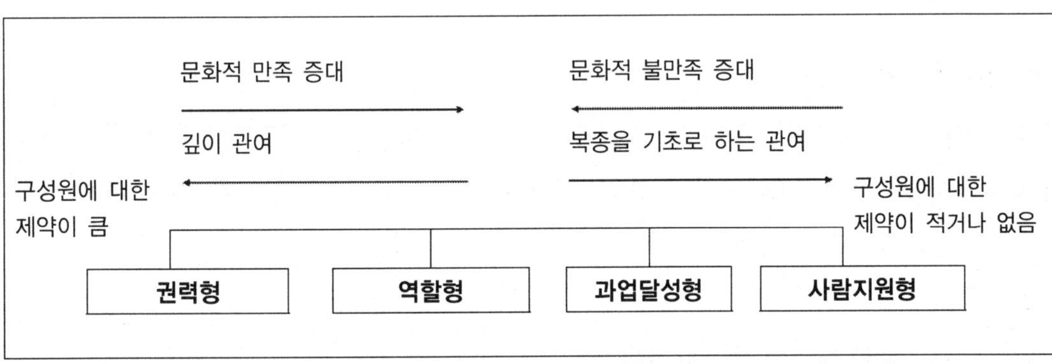

그림 18-5 카트라이트와 쿠퍼의 조직문화 유형

Cartwright & Cooper(1993: 63).

1) 권력형

권력형은 권력이 조직의 보스에게 집중되고 조직구성원의 자주성이 크게 제약을 받는 유형이다. 보스 개인의 결정이 집단적 결정보다 중시되고 보스의 독재에 대해 조직구성원이 도전하는 것은 억압되며 암묵적 규칙의 준수가 명시적인 규칙의 준수보다 실제적으로 중요하다. 조직의 고객을 사회적 지위나 명성을 기준으로 구분하고 관리하며, 조직의 구성원은 보스에게 충성해야 하고 만약 그것을 어길 경우에는 처벌받아야 한다. 권력형 문화가 지배하는 조직의 구성원은 만족도가 매우 낮다.

2) 역할형

역할형은 명확하게 표준화와 공식화된 규칙과 권한의 범위 내에서 조직구성원의 역할과 행동이 이뤄지는 유형이다. 관료제적 조직구조와 관리가 이 유형에 속한다. 조직구성원은 자기 자신의 개성이나 선호에 따라서 행동하지 않아야 하며, 상사의 명령도 임의적이면 안 따라도 된다. 오직 공식적인 규정과 규칙에 따라 역할을 수행하므로 자주성이 제약되고 문화적 만족도가 높지 않다.

3) 과업달성형

과업달성형은 조직구성원에게 많은 자주성을 부여하는 유형이다. 조직구성원 스스로 과업수행에 적합한 방법을 선택해 실행하며 비교적 만족도가 높다.

4) 사람지원형

사람지원형은 조직구성원의 자주성이 매우 높고 조직구성원 간에 평등주의가 강조되는 유형이다. 조직구성원은 조직에서 자신이 해야 할 일과 일하는 방법을 스스로 결정한다. 따라서 이 유형은 구성원의 만족도가 매우 높다.

3 딜과 케네디의 조직문화 유형

딜(T. E. Deal)과 케네디(A. A. Kennedy)는 ① 조직구성원이 의사결정과 일을 할 때에 위험을 무릅쓰는 정도가 높은가 낮은가, ② 의사결정이나 전략의 성공 여부를 환류하는 시간이 빠른가 느린가를 고려해서 다음과 같이 네 가지로 조직문화를 분류해 설명한다(Deal & Kennedy, 1982, 삼성출판사 편집국 옮김, 1990: 167-199).

		위험 부담 정도: 낮음	위험 부담 정도: 높음
결과 피드백 기간	빠름	**열심히 일하고 잘 노는 문화**	**강인하고 억센 남성문화**
	늦음	**과정을 중요시하는 문화**	**기업의 운명을 거는 문화**

그림 18-6 딜과 케네디의 조직문화 유형

Deal & Kennedy, 1982, 삼성출판사 편집국 옮김(1990: 167-199)의 내용을 요약 작성.

1) 강인하고 억센 남성문화

강인하고 억센 남성문화(tough guy, macho culture)란 조직의 구성원들이 조직의 의사결정에서 강렬하며 적극적으로 자기 주장을 하고 위험도가 높은 일을 과감하게 떠맡아 하며, 일의 결과를 적극적으로 매우 빠르게 환류하는 행동의 특징을 나타내는 문화다. 조직구성원들은 나약한 언행과 안일한 태도를 배격한다. 강인하고 억센 남성들과 같은 행태가 존중된다. 일반적으로 경찰조직이나 건설회사 등에서 많이 볼 수 있는 행태다. 강인하고 억센 남성문화는 조직에서 하는 일의 성공 여부에 위험 부담이 있지만 신속하게 좋은 결과를 얻는 장점이 있다. 그러나 장기적인 비전 속에서 지속적으로 발전을 추진해야 하는 조직에는 도움이 되지 않는다. 일시적이고 근시안적이며 임기응변에 능한 조직원들은 대우받으나 대기만성형(大器晩成型)의 인재들은 그 능력을 발휘하는 데 제약을 받는다.

2) 열심히 일하고 잘 노는 문화

열심히 일하고 잘 노는 문화(work hard, play hard culture)란 조직의 구성원들이 위험 부담이 낮은 대신 자기자신이 즐겁다고 생각하는 일을 열심히 하고 즐겁게 놀며 일에 관한 의사결정과 그 결과의 환류를 신속하게 수행하는 행동의 특징을 나타내는 문화다. 이러한 유형의 문화는 일반적으로 백화점과 같은 판매조직에서 많이 볼 수 있다. 대체로 젊은 조직원들이 고객의 기대에 맞춰 친절하고 활발하며 열심히 봉사하고 그 결과를 신속하게 확인하며 근무 중에 발생한 스트레스를 풀기 위해 재미있는 놀이에 몰입한다. 열심히 일하고 잘 노는 조직문화 속에서는 조직원들이 단기간에 열성적으로 많은 양의 일을 하는 장점이 있지만, 즐겁지 않은 일이나 복잡한 문제가 수반되는 일은 열심히 하지 않고 눈가림식으로 양적인 실적만 내려고 한다.

3) 기업(조직)의 운명을 거는 문화

기업(조직)의 운명을 거는 문화(bet your company culture)란 조직의 구성원들이 높은 위험 부담을 무릅쓰고 조직을 위해 일을 하며 조직에서 결정한 일이 장기적으로 볼 때 좋은 결과(성공)를 얻을 것이라고 기대하면서 행동하는 것이다. 시설재(施設財)를 생산하는 회사, 컴퓨터 설계회사, 육군 및 해군 등에서 이러한 조직문화를 엿볼 수 있다. 이러한 조직에서는 구성원들이 의사결정에 심사숙고하는 태도를 가지며, 서열과 권위를 중시하고 기술적인 능력을 존중하는 모습 등을 볼 수 있다. 이러한 조직문화는 조직에 경험의 축적, 탁월한 발명, 지속적인 업적을 유지하는 장점이 있지만 조직이 급변하는 환경에 대응해 활동을 변화시키는 데 불리하다.

4) 과정을 중요시하는 문화

과정을 중요시하는 문화(process culture)는 조직구성원들이 위험 부담의 정도가 낮은 일을 수행하며 조직의 의사결정과 결과의 환류가 느린 행동 특징을 나타낸다. 은행이나 보험회사 등의 조직에서 많이 볼 수 있는 문화다. 이러한 조직에서는 의사결정과 직무 수행에 관해 상세한 과정과 절차를 규정하고 그것에 따라 직무가 완벽하고 정확하며 예측 가능하게 이뤄지도록 하고, 조직구성원이 조직 안에서 차지하는 직급과 서열이 중요시된다. 그러므로 이러한 조직문화는 조직이 거시적인 환경 변화에 유연하게 적응하는 능력을 제약하는 문제점을 지니고 있다.

제7절 조직문화의 형성과 변화

1 조직문화의 형성

조직문화의 형성이란 어떤 가치·규범 및 행동양식 등이 조직구성원들에게 침투되고 그들 간에 공유돼 조직의 문화로 확립되는 과정이라고 말할 수 있다.

조직문화는 조직 외부와 내부에 존재하는 여러 가지 요인의 관계와 상호작용 속에서 형성된다. 말하자면 조직문화는 거시적인 사회문화, 경쟁 관계에 있는 외부조직의 문화, 조직이 지향하는 목적과 이념, 창업자(창설자)의 가치관과 선호, 그리고 조직구성원 간의 상호작용 속에서 형성된다고 말할 수 있다. 여기에서는 누가, 무엇에 근거해서 어떻게 조직문화를 형성하는가를 중심으로 다음과 같이 설명한다.

1) 조직 창업자의 가치관과 권위

조직문화 형성은 조직 창업자의 리더십에서 출발한다. 조직 창업자 개인의 개성, 철학, 가치관, 신념 및 사명감 등은 조직문화 형성에 중요한 영향을 미친다. 이것은 특히 기업이나 특수한 사명을 수행하는 사회조직에서 볼 수 있다. 이 경우 조직의 창업자는 개성과 자기 주장이 강하고 카리스마적 권위와 리더십을 소유하고 있다. 조직의 창업자는 자신이 선호하는 가치관과 신념을 조직구성원에게 강력하게 주입하고 그것을 공유하여 실행하도록 영향을 미친다(Schein, 1996: 61-62).

창업자는 자기와 같은 생각이나 감정을 가진 사람을 직원으로 채용해 조직을 만들고 직무를 부여하며, 자기가 선호하는 가치관이나 규범을 직원들에게 가르치고 주입한다. 따라서 창업자는 직원들이 자기를 이상적인 역할 모델로 생각하고, 자기와 같은 생각·감정·가치관 및 신념 등을 공유해 실행하도록 유도한다.

2) 조직구성원들의 상호작용 과정

조직문화는 조직구성원들 간에 이뤄지는 상호작용 속에서 형성된다. 여기서 말하는 조직구성원이란 조직의 최고관리자를 비롯한 조직 내부의 전체 구성원을 말한다. 사람들은 각자의 가치관이나 신념을 가지고 있다. 그것은 주관적인 것이다. 조직구성원들은 각각의 주관적인 가치관과 신념을 가진 주체(subjectivity)로서 조직에 참여하며, 그 속에서 또한 주관적인 가치관과 신념을 가진 다른 사람들(他者)을 만난다. 그들은 서로 간에 대면적 관계를 이뤄 대화하고 의사소통하는 상호작용을 하게 된다. 이러한 상호작용 속에서 원래 각 주체가 주관적으로 가지고 있었던 가치관과 신념에 대한 상호 이해가 이뤄진다. 다시 말하면 상호간에 상대방의 가치와 신념을 이해하고 의미를 공유하는 상호주관성(intersubjectivity)이 형성된다. 그들은 조직생활 속에서 조직의 가치·신념·규범 및 행동양식에 대해 서로 대화하고 의사를 소통하는 과정을 통해 상호간에 의미를 공유하고 상호주관성을 이루는 단계에 도달함으로써 공통된 조직의 문화를 형성하게 된다(Louis, 1983: 39-54; Berger & Luckmann, 1966: 29-30 참조).

3) 관료제적 조직구조와 과정

조직문화는 관료제적 조직구조와 과정을 통해 형성되는 경우도 많다. 관료제는 법과 규칙, 그리고 기능적 합리성에 근거해 수직적인 계층제(hierarchy)와 수평적인 전문화 구조로 편성되고 관리 운영된다. 조직이 달성할 목표와 가치는 계층제적 구조 안에서 공식적인 법과 규칙 및 합리성에 근거해 설정되고 수행된다. 조직문화의 많은 부분은 이와 같은 구조와 과정을 거쳐 형성된다. 다시 말하면, 관료제 조직에서는 조직의 고위계층에서 공식적 권한을 가지고 조직에 중요하고 바람직한 가치·규범 및 행동양식을 정하고 그것을 수직적 계층구조를 통해 하향적으로 조직구성원들에게 전달하고 조직구성원들이 규칙에 따라 그것을 공식적으로 공유하고 유지하며 실행하는 것이다.

2 조직문화의 전승과 유지

조직문화는 조직의 존속과 더불어 세대에서 세대로 전승되고 유지됨으로써 조직구성원 개개인의 생애보다도 훨씬 길게 유지·존속된다. 물론 이러한 전승 과정 속에서 여러 가지 부분적인 변화가 있을 수 있지만 핵심적이고 본질적인 요소는 일반적으로 상당한 기간 동안 존속함으로써 그 연속성, 항상성(homeostasis) 및 안정성을 유지한다. 조직문화를 전승하고 유지하는 방법 및 매개 수단은 대체로 다음과 같은 것들이다.

1) 리더십과 관리

조직문화는 조직 안에서 그것이 존속돼야 할 가치와 의미를 주장하고, 그러한 방향으로 조직구성원을 인도하는 리더십과 관리(management)를 통해 전승되고 유지된다. 특히 창업정신의 계승이 중요한 조직에서는 리더와 관리자가 조직문화의 원형을 계승하고 전수하는 일이 중요하다. 리더와 관리자는 조직구성원들이 조직의 기존 문화에 동조해 따르도록 모범적인 언행을 하고 헌신하는 모습을 보여야 한다.

2) 새로운 구성원의 선발: 채용과 사회화

조직은 부단히 후속 세대를 선발해 채용하고 그들이 진정한 조직구성원이 되도록 사회화

(socialization) 및 문화화(enculturation)시켜야 한다. 조직은 사람을 선발하는 과정에서 응모자가 그 조직의 문화에 적합한 잠재적 현재적 가치관, 적성, 인품 및 지식 등을 갖추고 있는가를 평가해 적합한 자는 선발하고 부적합한 자는 배제해야 한다. 선발되어 채용된 사람은 적재적소에 배치하고 조직의 문화에 완전히 동화되도록 일련의 조직사회화 및 문화화 과정을 거치도록 해야 한다. 조직사회화 및 문화화란 신참 조직원이 명실상부한 조직원이 될 수 있도록 일정 기간 동안 그 조직의 역사, 언어, 신화, 행사 및 인간관계, 그리고 자신의 일과 역할 등을 익히고 그렇게 함으로써 조직의 문화에 동화되고 통합되도록 하는 것이다.

3) 보상과 인센티브

조직구성원의 행태와 성과를 평가하여 조직의 목적과 문화 발전에 기여하는 사람에게는 표창 · 보수 인상 및 승진 등의 보상과 인센티브를 줘야 한다.

4) 인사의 안정적인 유지관리

조직구성원에 대한 인사가 안정적으로 유지 · 관리돼야 한다. 인사 교체가 너무 빈번하고 광범위하게 이뤄지면 조직구성원이 근무에 불안을 느끼고 또한 조직문화의 안정적 연속성을 확보하기 어렵게 된다.

5) 학습

학습은 조직문화를 전승하고 유지하는 중요한 매개 수단이다. 조직구성원이 자기 조직에 존재하는 상징적인 구성물과 이벤트 등을 배우고 경험함으로써 조직의 기존의 가치관과 규범 및 행동양식 등을 이해하고 동조해 전승하는 동기를 강화하는 것이다. 말하자면 조직문화의 학습은 조직구성원들로 하여금 조직에 존재하는 문화에 지속적으로 세뇌되는(brain washing) 효과적인 방법의 하나다. 무엇을 어떻게 학습하는가를 예를 들면 다음과 같다.

(1) 의례와 의식

조직은 때를 정해 각종 의례와 의식(rituals and ceremonies)을 거행함으로써 조직구성원에게 조직의 문화를 경험하고 배우도록 한다. 특정한 날, 특별한 장소에서 의전에 맞춰 좌석을 배치하고 특정한 예복을 입거나 정장을 하고 관례화된 절차에 따라서 신입사원 환영식, 기관장 이취임식, 신년하례식, 졸업식 및 표창장 수여식 등을 엄숙하고 때로는 화려하게 거행한다. 이와같이 함으로써 조직구성원들에게 조직의 가치를 인식시키고, 조직 전체 안에서 견고한 연대감을 갖게 하며, 각자의 임무를 충실하게 수행케 하는 동기를 부여한다.

(2) 이야기

조직에는 각각 특유한 역사가 있고 그 속에 그 조직을 상징하는 이벤트 · 전설 · 영웅담 · 미담 등이 이야기(stories)로 꾸며져 전해 온다. 어떤 것은 구전으로 어떤 것은 전기나 어록의 형식으로 전해 오는 것이다. 이와 같은 이야기 안에는 조직구성원들에게 교훈이 되는 메시지가 함축돼 있다. 그들은 이야기를 듣거나 읽을 때마다 자기 조직의 역사와 문화에 대해 자긍심을 가지며, 그것을 계승해 발전시키고자 하는 동기가 강화될 것이다.

(3) 언어

언어(language)는 조직의 문화적 이미지와 기대가 전달되는 매개 수단이다. 조직에서 사용되는 독특한 언어는 조직의 문화를 형성하는 중요한 요소다. 예를 들면, 조직에는 표어(標語, 슬로건) · 교훈 · 사훈 · 행동강령이 있고, 조직의 고위층에서 행하는 명령 · 지시 · 연설이 있으며, 조직구성원들 간에는 독특한 약어(略語) · 유머 · 은어(隱語) 등이 쓰인다. 이러한 말 속에 함축된 뜻을 새로 조직에 들어온 사람들은 잘 이해하지 못하는 경우가 많다. 그러나 그들도 조직 속에서 그 구성원들과 상호교호적 작용을 하는 가운데 그것을 익히고 그러한 언어생활 속에서 조직문화를 공유하며 행동하게 된다.

(4) 물질적 상징

조직은 그 정체를 밖으로 나타내는 구체적인 여러 가지 물리적 혹은 물질적 상징(material symbols)을 만들고 유지한다. 이러한 상징물은 비언어적 메시지로서 조직의 이미지를 부각시키고 조직구성원들의 생각과 행동에 영향을 미친다. 예를 들면, 관청이나 회사의 건물, CI (corporate identification), 제복, 사기(社旗), 직원의 직위에 따라 제공되는 사무실의 크기와 배치, 집기의 종류와 품질, 자동차의 등급 등이 조직에서 볼 수 있는 물리적 · 물질적 상징들이다. 조직은 이러한 상징들을 지속적으로 상황에 알맞게 만들고 관리함으로써 조직의 정체성을 유지하고 조직구성원들이 조직이 추구하는 가치와 비전을 공유하며 실행하도록 한다.

3 조직문화의 변혁

1) 조직문화 변혁의 의의와 필요성

일단 형성된 조직문화는 그 원형을 영원 불변의 상태로 유지하기는 어렵다. 시간의 흐름과 조직 내외의 상황 변화에 대응해 변화하지 않으면 안 된다.

조직문화의 변혁이란 조직구성원이 기왕에 공유해 온 가치·규범·행동양식 등을 의도적·계획적으로 새롭게 변화시키는 것이라 말할 수 있다.

조직문화의 변혁은 다음과 같은 이유 혹은 필요성 때문에 발생한다.

첫째, 조직문화는 그 자체가 소속돼 있는 거시적인 사회문화의 변화에 적응하기 위해 변혁돼야 한다. 조직이 외부와 분리되는 경계 안에서 폐쇄적으로 기존의 자기 문화만을 고수하게 되면 보편적인 사회문화에서 고립되는 것이다.

둘째, 조직이 현재와 장래에 당면하는 문제 해결을 위해 요구되는 가치관, 규범 및 행동양식을 확립하기 위해 변혁돼야 한다. 조직의 기존의 문화, 성공 체험, 관성 및 선례는 과거에는 유효한 기능을 수행했다 하더라도 현재와 장래에 오히려 장애 요소가 될 수도 있는 것이다. 따라서 현재와 장래의 문제 해결에 적실한 문화적 변혁이 필요하다.

셋째, 조직 내부 구성원의 세대간 문화적 격차나 모순을 줄이기 위해서도 조직의 변혁이 필요하다. 오랜 역사를 가진 조직, 특히 뿌리 깊은 문화적 전통을 가진 조직은 구세대와 신세대 간의 가치관이나 규범 의식의 격차가 심하고 모순되는 경우도 많다. 이로 인해 조직 내부에 세대 간의 갈등이 발생하고 조직 기능이 마비되는 경우도 있다. 이러한 현상을 극복하기 위해 문화의 변혁이 필요하다.

넷째, 기존의 형식적이고 획일적인 규칙을 답습하는 관료제 조직은 그 경직성과 보수성을 혁신하기 위해 새로운 조직문화를 도입할 필요가 있다.

2) 조직문화 변혁의 동인

조직문화를 변혁하게 되는 동인(動因)은 두 가지로 나눠 설명할 수 있다.

첫째, 조직이 타율적이며 수동적으로 외부의 이문화(異文化)에 영향을 받음으로써 자기의 기존 문화에 변혁이 발생되는 것이다.

둘째, 조직 내부에서 능동적으로 기존 문화의 변혁의 필요성을 자각하고 변혁을 발생시키는 경우도 많다. 이 경우는 조직 내부에서 문화 변혁의 필요성을 인식하고 자각해 주장하는 주체가 있어야 하며, 그러한 주장을 옹호하고 지지해 변혁을 프로그램화해 실천하는 세력이 있어야 한다.

3) 조직문화의 변혁 과정과 방법

(1) 기존의 문화에 대한 진단과 평가

조직문화의 변혁을 위한 행동의 첫 단계는 기존의 문화에 대한 진단과 평가다. 이 작업은 조직 내부인으로 팀을 구성해서 할 수도 있고 외부의 전문가를 위촉해서 할 수도 있다. 진단과 평가를 통해 기존의 조직문화가 현재에도 적합하고 유효한가, 사회적 기대를 실현하는 데 적실한가, 문화의 분화와 통합 수준은 어느 정도인가, 조직구성원들이 기존의 조직문화에 대해 어느 정도나 의미를 부여하고 공유하고 있는가 등을 파악해야 한다.

(2) 조직의 목표 · 사명 · 가치의 재설정

기존의 조직문화를 변혁하려면 조직이 미래에 달성하고자 하는 목표와 사명을 재설정하고 지향할 새로운 가치, 규범 및 행동양식을 선택해야 한다.

(3) 최고관리층의 리더십과 조직구성원의 협력

조직문화의 변혁에서 최고관리층은 조직의 목표, 사명 및 가치를 천명하고, 조직구성원들의 가치관, 생각 및 태도를 조정하고 통합하는 노력을 해야 한다. 또한 조직구성원들은 최고관리층의 노력에 협력해 바람직하고 의미있는 조직문화를 수용해야 한다.

(4) 조직구조와 인적 자원 관리 시스템 등의 변화

조직문화를 새롭게 바꾸려면 조직 내부 구조를 개편하고 구성원 간의 행동의 패턴도 바꿔야 하며, 조직구성원의 배치 · 평가 · 능력 발전 및 보상 등의 인적 자원 관리 시스템을 변화시켜야 한다.

(5) 조직구성원의 새로운 채용과 사회화

기존의 조직문화를 변혁하려면 기존의 조직구성원을 교체하는 것이 가장 확실하고 효과적이다. 소위 '물갈이' 혹은 '새로운 피(fresh blood)'를 주입하는 것이다. 즉, 새로운 조직문화에 적합한 사람들을 선발해 채용하고 기존의 사람들 중에서 부적합한 사람들을 퇴출시켜야 한다. 그리고 새로 채용된 사람들이 조직의 가치와 규범을 신속하게 경험하고 습득하는 조직사회화 과정을 통해 완전한 구성원이 되도록 해야 한다.

(6) 새로운 문화의 학습

조직문화를 변혁하고 확립하기 위해서는 조직구성원을 학습시키는 일이 중요하다. 교육과 학습을 통해 조직구성원들은 조직의 새로운 가치와 규범의 필요성을 인식하고, 그 의미를 넓고 깊게 공유할 수 있는 것이다.

(7) 새로운 상징물의 설치와 상징적 이벤트의 시행

조직의 새로운 문화를 상징하는 인위적 구성물을 설치하고 제복과 로고 등을 제정하며, 슬로건·신화·이야기 및 영웅담을 만들고, 축제와 의례 및 의식행사 등의 이벤트를 시행함으로써 조직구성원들이 조직의 가치와 규범을 알고 조직에 대한 긍지와 구성원 간의 연대감을 강화할 것이다.

제 19 장

조직효과성

제 1 절 조직효과성의 의의

조직효과성(organizational effectiveness)이란 조직이 어떤 행동이나 역할을 수행해 발생시킨 결과나 변화를 함축하는 개념이다. 그러한 결과나 변화는 양적 혹은 질적인 상태로 드러난다. 예를 들면 조직이 어떤 목표를 정해놓고 그것을 달성하기 위한 행동을 해서 100%를 이뤘거나 만족스럽게 이뤘으면 효과성이 높다고 평가하는 것과 같은 것이다.

조직은 하나의 체제(system)로서 생존하고 행동하면서 지속적으로 어떤 효과성을 추구한다. 조직효과성은 조직이 행동을 통해 이뤄낸 가치이고, 조직행동의 정당성의 발현이며, 조직의 실제적 수행 능력을 드러내는 개념이라고 말할 수 있다.

전통적으로 많은 학자와 실무가들은 조직의 효과성이란 어떤 조직이 그 목표를 달성하는 정도(the degree to which an organization achieves its goals)라고 정의해 왔다. 하지만 오늘날의 문헌을 보면 조직의 효과성을 그보다 넓고 다양하며 복잡하게 정의하고 설명한다. 즉, 조직의 효과성이란 조직이 그 목표를 달성하는 정도를 의미할 뿐만 아니라 조직 체제에 필요한 자원을 획득하고 투입하는 능력, 조직 체제의 투입을 산출로 전환하는 과정 및 활동의 효율성, 조직구성원의 인간관계와 욕구의 만족 및 사기, 조직 이해관계자의 욕구와 기대의 만족, 조직의 생산성, 수익성, 성장, 적응, 안정 및 통합을 확보하는 능력 등과 같은 뜻으로 다양하게 규정한다.

오늘날 조직의 종류가 증가하고 구조 및 기능적 분화가 심해지며, 조직구성원 및 이해관계자들의 다양화와 더불어 조직의 효과성에 관한 정의와 설명도 다양하고 복잡하게 나타난다고 말할 수 있다.

제 2 절 조직효과성에 관한 학자들의 연구와 정의

조직효과성이 얼마나 넓고 다양하고 복잡하게 정의되고 있는가를 학자들의 여러 가지 연구와 개념 규정 속에서 살펴볼 수 있다.

1 스티어의 효과성의 기준 개념에 관한 언급 빈도의 연구

스티어(R. M. Steer)는 1957년부터 1975년까지 17개 조직의 효과성을 연구하고 15가지의 효과성 기준(effectiveness criteria)에 관한 개념과 각 개념의 언급 빈도를 확인했다. <표 19-1>에서 보는 바와 같이 효과성 개념으로 언급되는 빈도 순서를 보면 ① 적응성-유연성, ② 생산성, ③ 만족, ④ 수익성, ⑤ 자원획득, ⑥ 긴장 없음, ⑦ 환경에 대한 통제, ⑧ 개발, ⑨ 능률, ⑩ 직원의 유지·보전, ⑪ 성장, ⑫ 통합, ⑬ 열린 의사소통, ⑭ 존속, ⑮ 기타 등이다.

표 19-1 조직효과성의 기준에 관한 언급 빈도(1957~1975)

효과성 기준	언급 빈도 (n=17)	효과성 기준	언급 빈도 (n=17)
• 적응성-유연성	10	• 능률	2
• 생산성	6	• 직원의 유지 · 보전(employee retention)	2
• 만족	5	• 성장	2
• 수익성	3	• 통합	2
• 자원 획득	3	• 열린 의사소통	2
• 긴장(strain)이 없음	2	• 존속(survival)	2
• 환경에 대한 통제	2	• 기타	1
• 개발(development)	2		

Steers(1975: 549).

2 캠벨의 조직효과성에 관한 지표 목록

캠벨(J. P. Campbell)은 학자들이 제시한 조직효과성에 관한 지표 가운데 30가지의 지표목록을 작성했다. <표 19-2>에서 보듯 매우 광범위하고 다양한 지표를 확인할 수 있다.

표 19-2 조직효과성에 관한 30가지 지표 목록

1. 종합적(overall) 효과성	11. 동기부여	21. 관리자의 과업기술
2. 생산성	12. 사기	22. 정보관리와 의사소통
3. 능률	13. 통제	23. 준비성(readiness)
4. 수익	14. 갈등-응집성	24. 환경의 이용
5. 품질	15. 유연성-적응성	25. 외부조직에 의한 평가
6. 사고	16. 계획과 목표 설정	26. 안정성
7. 성장	17. 목표의 합의	27. 인적 자원의 가치
8. 결근	18. 조직 목표의 내부화	28. 참여와 공유 영향(shared influence)
9. 퇴직	19. 역할과 규범의 일치	29. 훈련과 개발의 강조
10. 직무 만족	20. 관리자의 대인기술	30. 달성(achievement)의 강조

Campbell(1978: 36-39).

3 조직효과성에 관한 학자들의 정의

조직효과성에 관한 학자들의 연구와 정의는 1930년대부터 뚜렷하게 나타난다. 1938년 버나드(C. I. Barnard)는 조직의 효과성이란 조직이 그 목적을 달성하는 정도를 의미한다고 정의했다. 그 뒤를 이어 새롭고 다양한 정의와 설명이 계속적으로 나타나고 있다.

1930년대부터 2000년대 초 사이에 조직효과성을 연구한 11명의 학자들의 조직효과성의 정의를 <표 19-3>에서 개략적으로나마 살펴볼 수 있다. 대체로 보면 조직효과성을 정의하는 데 조직의 목표 및 목적의 달성을 우선적으로 중요시하는 것을 확인할 수 있다. 그러나 그 밖에 자원 획득, 내부 과정의 능률성, 이해관계자 만족 및 경쟁가치의 실현 등도 중요하게 고려하고 있음을 알 수 있다.

표 19-3 학자들의 조직효과성에 관한 정의

Barnard(1938)	목적(objectives) 달성의 정도
Bennis(1962)	적응, 자기정체성 인식, 현실 검증 능력, 내적 통합
Katz/Kahn(1978)	경제적 · 기술적 · 정치적 수단에 의해 조직의 성과(return)를 극대화하는 것
Schein(1980)	조직의 생존 · 적응 · 자체 유지 · 성장 능력
Cameron(1980)	목표 달성, 자원 획득, 내부 과정의 효율성, 이해관계자 만족
Connoly et al. (1980)	목표 달성, 자원 획득, 이해관계자 만족
Robbins (1983, 2005)	목표 달성, 자원 획득, 이해관계자 만족, 경쟁적 가치 실현(통합모형)
Bedaian(1984)	목표 달성, 자원 획득, 조직의 이해관계자 만족
Robey(1986)	산출 목표 달성, 자원 획득, 내부 인간관계의 유지와 향상, 조직 내외의 참여자 이익 만족
Daft(2001)	산출 목표 달성, 자원 획득, 내부 과정의 건강과 능률, 이해관계자 만족, 경쟁가치의 실현
Griffin(2002)	목표 달성, 자원 획득, 내부 과정의 능률성, 이해관계자 만족

Barnard(1938: 19, 55); Bennis(1962: 269-283); Katz & Kahn(1978: 250-255); Schein(1980: 231); Cameron(1980: 66-80; 1986: 539-553); Connoly, Conlon, & Deutsch(1980: 211-217); Robbins(1983: 19-39); Bedaian(1984: 142-163); Robey(1986: 73-79); Daft(2001: 64-73); Griffin(2002: 91-93).

제 3 절 조직효과성 모형

조직효과성을 정의하고 설명하는 이론과 모형은 매우 다양하지만 [그림 19-1]과 같이 목표모형(goal model), 체제자원모형(systems resource model), 내부과정모형(internal process model), 구성원 및 이해관계자 모형 혹은 참여자 이익모형(constituency, stakeholder, model or participant interesting model), 그리고 경쟁가치모형(competing values model) 등 다섯 가지로 분류해 설명할 수 있다.

첫째 목표모형은 조직 체제의 산출 쪽(output side)에 위치하며, 산출 목표의 달성에 초점을 둔다.

둘째, 체제자원모형은 조직 체제의 투입 쪽(input side)에 위치하며, 조직이 환경에서 자원을 획득하고 투입하는 능력에 초점을 둔다.

셋째, 내부과정모형은 조직 체제의 내부에서 투입을 산출로 변환(transformation)시키는 과정과 활동을 수행하는 능력에 초점을 둔다.

넷째, 구성원 및 이해관계자모형은 조직 체제의 환류(feedback) 측면에 위치하며 조직을 구성하는 내・외의 사람과 집단, 즉 조직의 이해관계자와 참여자들이 요구하고 기대하는 바를 조직이 실현하고 만족시키는 데에 초점을 둔다.

다섯째, 경쟁가치모형은 조직이란 다양하고 서로 경쟁하는 목표와 가치를 실현하기 위해 활동하는 체제라고 규정한다. 따라서 그 효과성을 조직 체제의 어느 일면에서 규정하지 않고 통합적인 모형을 구성해 정의하고 설명한다.

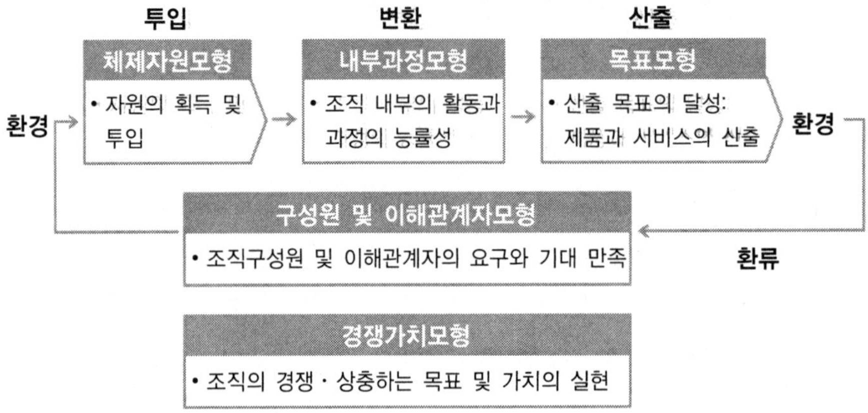

그림 19-1 조직효과성 모형

Robbins(1983: 24-39); Daft(2001: 65); Robey(1986: 74); Griffin(2002: 92)의 그림 및 설명을 참고해 재작성.

1 목표모형

1) 의의

목표모형은 조직의 효과성을 규정하고 설명하는 가장 전통적이며 전형적인 모형이다. 목표모형론자들은 조직이란 특정한 목표를 달성하기 위해 의도적으로 만들어진 인간의 기능적・합리적 협동 체제이며, 조직의 목표란 조직이 미래의 어떤 시점까지 달성하고자 하는 바람직한 상태라고 정의한다. 따라서 조직의 효과성이란 주어진 목표 및 목적을 달성하는 정도라고 정의하고 설명한다(Banard, 1938: 19, 55; Price, 1972: 3-15). 이 모형에서 보면 조직은 그 목표를 달성하는 정도가 높고 클수록 효과성이 높은 것이다.

목표모형은 조직의 목표와 효과성을 직접 관련시켜 접근하며 조직의 효과성을 정의하고 설명하는 가장 기본적인 모형이다. 조직효과성을 논하는 모든 모형은 직접적이든 간접적이든 조직의 목표 개념과 관계를 갖는다. 그 중에서도 목표모형은 가장 직접적인 관련성을 갖는다. 목표모형은 조직의 생산, 서비스 및 수익 등과 같은 산출 측면(output side)에서 조직이 무엇을 어느 정도나 달성하고 성과를 냈는가를 평가해 효과성을 규정한다.

효과성 개념과 관계되지만 그 뜻이 다른 능률성(efficiency) 개념이 있다. 능률성은 조직의 투입(비용·인력·정보 등)에 대한 산출(수익 및 소득 등)의 비율을 말한다. 효과성은 조직의 목표 달성과 직접 관계되는 개념이지만 능률성은 목표 달성을 위한 간접적·수단적 의미를 지니는 개념이다(*efficiency를 효율성이라고 번역해 쓰는 경우도 많다).

2) 지표

목표모형에서는 조직의 목표를 측정 가능한 지표로 표시한다. 그렇게 함으로써 목표 달성의 정도를 명확하게 파악할 수 있기 때문이다. 예를 들면, 기업은 일반적으로 일정 기간의 수익성, 시장점유율 및 성장률을, 학교는 졸업생 배출 수나 학생의 학습성취율 등을 지표로 표시한다. 조직이 달성하고자 하는 목표 및 지표를 설정할 때에는 다음과 같은 몇 가지 사항을 깊이 고려해야 한다.

(1) 명확한 산출 목표

산출 목표를 명확하게 세워야 한다.

(2) 목표-수단의 체계적 연계

목표는 그것을 달성하는 데 필요한 수단과 체계적으로 적합하게 연계돼야 한다.

(3) 구체적·운영적 수치

조직 목표는 추상적·선언적(stated)·공식적(official)인 개념에 머물지 않고 구체적이며 실제적인 운영적(operative)·조작적(operational)인 개념이나 수치로 표현돼야 한다. 그렇게 함으로써 목표 달성의 정도를 정확하게 측정하고 평가할 수 있다.

3) 유용성과 문제점

목표모형은 다음과 같은 유용성과 문제점이 있다.

(1) 유용성

목표모형은 조직의 효과성을 조직이 산출하고자 설정한 목표의 달성 정도에 비춰 규정하고 설명하므로 그 논리성과 타당성이 매우 높은 것이다.

(2) 문제점

목표모형은 다음과 같은 여러 가지 잠재적 혹은 현재적 문제점들이 있다.

첫째, 조직의 목표가 과연 조직 안의 누구의 목표인가를 단정하기 어려운 경우가 많다. 최고관리층의 목표인지, 조직 전체 구성원의 목표인지, 조직 내부의 특정 지배적 세력집단의 목표인지를 쉽게 파악하기 어렵다.

둘째, 조직에는 선언적인 공식적 목표와 실제적인 운영 목표가 있다. 따라서 조직효과성을 측정할 때 어느 것을 기준으로 삼아야 할지 확실치 않은 경우도 있다.

셋째, 조직에는 시간적 차원에 따라 장기적인 목표와 단기적인 목표가 있고, 조직의 계층에 따라서 장기적 목표와 단기적인 목표에 대해 갖는 관심이 다르다. 따라서 조직효과성을 측정할 때 어떤 목표에 초점을 둘 것인가의 문제가 발생한다.

넷째, 조직은 단 하나의 목표만 갖지 않고 다양한 목표(multiple goal)를 설정하고 동시에 그것을 추구하는 경우도 많다. 공식적인 목표나 실제적인 운영 목표 안에 다양한 목표가 존재하며, 장기적인 목표나 단기적인 목표 안에도 다양한 목표들이 존재한다. 그리고 그들 간에 상충하고 경합하는 경우도 있다. 이러한 현상은 목표의 성과측정과 효과성 판단을 어렵게 하는 요소다.

다섯째, 조직구성원들 간에 조직의 목표를 무엇으로 할 것인지에 대하여 합의가 잘 이뤄지지 않는 경우도 있다. 합의가 잘 이뤄지지 않은 목표를 수행하고 그 달성도를 평가하는 것은 비합리적이다.

여섯째, 조직은 기왕에 설정한 목표를 수행하는 과정에서 발생하는 외부 환경 변화를 잘 인지해서 대응하지 못하는 경우도 많다.

2 체제자원모형

1) 의의

체제자원모형론자들은 조직효과성이란 하나의 개방 체제인 조직이 서로 의존하면서 경쟁 관계를 갖는 외부 환경으로부터 희귀하고 가치 있는 자원(scarce and valued resources)을 획득하는 능력 혹은 자원 획득의 성공 정도라고 정의하고 설명한다. 유트만(E. Yuchtman)과 시쇼어(S. E. Seashore)는 조직효과성이란 그 의미가 절대적이든 상대적이든 조직이 자원을 획득해 환경을 개발하는 능력이라고 정의한다(Yuchtman & Seashore, 1962: 898).

체제자원모형의 관점에서 조직효과성을 넓게 정의하면 조직이 환경에서 자원을 획득하고 이용하며 환경과 교환 관계를 갖는 모든 능력이라고 말할 수 있으며, 좁은 의미로 말하면 환경에서의 자원 획득 능력의 정도라고 할 수 있다.

체제자원모형은 자원의 획득, 즉 획득한 자원을 조직 체제에 투입하는 측면에 초점을 둔다. 따라서 산출 목표의 달성에 초점을 두는 목표모형과 다르며, 자원을 이용하고 관리하는 내부과정모형과 다르다.

체제자원의 맥락에서 효과적인 조직은 그 환경과의 관계에서 교섭적 지위(bargaining position)를 최대화하고 교환 및 거래(transaction)의 최적 균형(optimum balance)을 활발하게 하는 조직이다. 대부분의 조직은 개방 체제이며, 다른 조직 및 환경이 가지고 있는 자원에 의존하고 있고, 자원은 한정돼 있으며, 희귀한 경우도 많다. 따라서 조직은 외부 환경에서 자원을 적절하게 확보하고 이용함으로써 생존하고 적응하며 의도하는 목표를 달성한다.

2) 지표

체제자원모형은 조직에 필요한 자원(체제의 투입 요소)을 환경에서 얼마나 잘 획득하느냐를 효과성 측정의 지표로 삼는다. 예를 들면, A국립대학의 효과성 지표는 그 대학이 필요한 재정적 자원을 다른 여러 국립대학과의 경쟁 속에서 정부로부터 상대적으로 많이 획득하는 능력이라고 말할 수 있다.

커닝햄(J. B. Cunningham)은 체제자원모형에서 효과성 지표로 삼아야 할 사항을 다음과 같이 제시하고 있다(Cunningham, 1978: 631-656).

① 환경이 가지고 있는 자원의 변화에 대응하는 조직 능력(ability of organization)

② 희소하고 가치 있는 자원의 획득을 위한 조직의 교섭적(혹은 협상적) 지위(organization's bargaining position)

③ 외부 환경의 진정한 특성(true property)이 무엇인가에 대한 조직관리자의 지각과 해석 능력

④ 조직의 성장을 촉진하는 재정적・비재정적 자원의 양(amount of financial and non-financial resources) 등

3) 유용성과 문제점

체제자원모형이 지니는 유용성과 문제점은 다음과 같다.

(1) 유용성

① 체제자원모형은 조직이 환경에서 자원을 획득하고 생존 및 적응하는 능력을 평가하는 접근 방법으로서 유용하다. ② 조직 간에 효과성을 비교하는 데 무난한 기준을 제시한다. 즉, 조직들(정부・기업・대학 등)은 각각 목표가 다르고 내부 과정도 차이가 있다. 따라서 그들이 달성한 목표의 정도와 종류, 내부 운영의 효율성을 서로 비교하기 어렵다. 그러나 조직들은 재정적・물리적・인적 자원을 확보하고 이용하는 시스템이라는 점은 같다. 따라서 체제자원모형은 다른 모형보다는 조직 간의 효과성을 비교하는 데 무난하다.

(2) 문제점

체제자원모형은 조직에 필요한 자원(수단)의 확보에 초점을 두고 효과성을 평가하는 모형이다. 다시 말하면, 조직의 종합적인 궁극적 목표(end goals)에 초점을 두기보다는 수단적 목표(means goals)를 실현하는 데 초점을 둔다. 자원을 확보하는 능력에 제1차적 관심을 두는 것이지 무엇을 위해 자원을 확보하는 것인가는 제2차적인 것이라고 말할 수 있다. 예를 들면, 직업야구팀에 우수 선수(인적 자원)를 확보하는 일을 하는 조직 단위에서는 우수 선수 확보 그 자체가 제일 중요하다고 생각하는 것이다. 궁극적 목표인 게임에서 이기는 것은 그 다음의 일이다. 체제자원모형은 조직의 효과성을 측정하고 평가하는 중요한 모형이지만 그 자체의 한계성을 지니고 있으므로 목표모형 등과 병행해서 적용해야 한다.

3 내부과정모형

1) 의의

내부과정모형에서 보는 조직효과성이란 조직 체제의 투입을 산출로 변환시키는 기능과 조직 내부의 운영적 목표(operative goals)의 능률적 달성 정도와 조직구성원 및 직원(employee)의 인간관계 및 인적 자원 관리 등의 만족 정도에 초점을 두고 효과성을 정의하고 설명하는 것을 말한다.

내부과정모형은 조직의 외부 환경이나 산출에 관심을 갖지 않는다. 환경에서 자원을 획득하고 생산물이나 서비스를 환경으로 산출하는 목표 달성에 관심을 갖기보다는 확보된 자원을 이용해 생산물이나 서비스를 산출하는 내부 과정의 능률성이나 내부구성원 및 직원의 욕구 만족과 능력 발전을 도모하는 등의 내부 목표와 과정을 중요시한다. 조직에 확보된 자원을 이용해 조직의 주어진 목표 달성을 위해 조직 내부 과정에서 필요한 매개변수적 역할을 능률적으로 수행하는지 여부에 관심을 갖는다.

2) 지표

내부과정모형은 다음과 같은 두 가지를 지표로 삼아 효과성을 측정하고 설명한다.

(1) 조직 내부 운영 과정의 경제적 · 재정적 능률성

조직 내부 과정에서의 경제적 · 재정적 투입에 대한 산출 비율을 측정해 효과성을 규정하는 것이다.

(2) 조직 내부의 인간관계 및 인적 자원의 관리 상태

조직 내부의 인간관계나 인적 자원 관리 상태를 측정해 효과성을 규정하는 것이다. 아지리스(C. Argyris), 리커트(R. Likert), 베커드(R. Beckhard) 및 커냉햄(J. B. Cunningham) 등과 같은 행태과학자들이 주로 이러한 관점에서 의미있는 지표를 제시한다.

커냉햄은 조직 내부의 인적 자원 관리 상태를 측정하기 위해 고려할 사항으로 강한 조직문화와 긍정적인 분위기, 팀정신, 집단의 충성심, 직원들과 관리자들 간의 신뢰, 정보의 원천이 가까운 곳에서의 의사결정, 의사소통, 사실과 감정의 공유, 직원의 능력 발전, 성장 및 성과에 대한 보상, 조직 내부 부문 간의 상호작용과 갈등 해결 등을 들고 있다(Cunningham, 1977: 463-474).

또한 리커트는 조직구성원의 지능, 적성, 훈련 수준, 성과 목표와 그것을 달성하기 위한 동기부여, 리더십, 의사소통, 의사결정, 협동적인 팀워크를 이룰 수 있는 능력, 조직의 통제 과정 및 조정 능력 등을 강조한다(Likert, 1967: 148).

3) 유용성과 문제점

내부과정모형은 다음과 같은 유용성과 문제점을 지니고 있다.

(1) 유용성

① 조직의 산출 목표 달성을 위해 내부 과정의 능률성이 중요함을 강조하는 데 의미가 있다. ② 조직의 효과성에 영향을 미치는 능동적 요소인 인적 자원관리를 중요시하고 있는 점도 유용하다.

(2) 문제점

① 조직의 환경은 다루지 않고 내부 과정의 능률성만을 미시적으로 측정하고 평가하는 한계를 지니고 있다. ② 내부 과정 중에서 특히 조직구성원 및 인적 자원의 주관적·심리적 요소의 평가에 많은 비중을 둠으로써 객관적인 평가 비중을 소홀히 할 수 있다.

4 조직의 구성원 및 이해관계자 모형

1) 의의

조직의 구성원 및 이해관계자 모형은 조직의 구성원(constituency), 이해관계자(stakeholder) 및 참여자(participant)가 선호하는 만족의 지표에 근거해 조직의 효과성을 규정하고 설명하는 것이다. 여기서 말하는 구성원, 이해관계자 및 참여자는 다음과 같은 뜻을 함축하는 개념이다.

(1) 구성원

구성원이란 조직의 활동과 산출에 대해 유사한 선호 혹은 이해관계를 가지고 있는 조직 내·외부의 개인 및 집단을 말한다(Tusi, 1990: 458, 483). 구성원이라는 개념 앞에 전략이라는 말을 넣어 '전략적 구성원(strategic constituency)'이라고 쓰는 경우도 많다(Cameron, 1980: 67). 이러한 의미의 구성원은 예를 들면 기업의 경우 소유자, 직원, 고객, 지역사회, 공급자, 은

행, 정부 등이며, 학교의 경우에는 행정가, 학부모, 학생, 교사, 교육위원, 지역사회 및 납세자 등이다.

(2) 이해관계자

이해관계자란 조직의 활동과 성과에 이해관계(stake)를 갖는 조직 내·외의 개인이나 집단을 말한다. 기업의 경우 소유자, 직원, 고객 및 공급자 등은 모두 조직의 이해관계자들이다(Jones & George, 2003: 89; Freeman, 1984).

(3) 참여자

참여자란 조직의 활동에 의해 무엇을 얻거나 잃는(득실이 있는) 조직 내·외의 사람들이나 집단을 말한다. 예를 들면, 고객, 공급자 및 정치인 등이다(Robey, 1986: 77).

구성원 및 이해관계자 모형에서는 조직이란 그 구성원 및 이해관계자들이 조화롭게 존재하는 통합적인 유기체이기보다는 각자 자기 이익을 추구하면서 상호작용하는 사회구조(social structure)라고 말할 수 있다. 각 구성원 및 이해관계자들은 각자의 관심과 이해관계에 따라 조직의 활동과 성과를 기대하고 요구하며 만족의 종류와 수준을 규정한다.

조직관리자는 어떤 개인이나 집단이 그 조직과 관계를 갖는 이해관계자이며 참여자인가를 명확하게 파악하고 그들의 분포, 목표, 권력의 원천, 이해관계 및 행동의 패턴을 파악해야 하며, 그들이 기대하는 것을 제공해 만족시켜야 한다.

2) 지표

조직에 관계되는 내·외의 구성원 및 이해관계자들은 각자 조직에 대한 요구와 기대 및 만족 기준이 있으며, 그것을 기준 삼아 효과성을 판단한다고 할 수 있다. 예를 들면, 학교의 경우 학부모들은 학생들의 진학률이나 취업에 대해 관심을 가질 것이고, 행정기관은 학교에 투입하는 재정이나 시설 등의 성과에 대해 주시할 것이며, 교사들은 교육과정과 방법의 효과에 대해 생각할 것이다.

기업조직에 관계되는 이해관계자들, 즉 소유자는 수익, 직원은 직무 만족과 보수, 고객은 재화와 서비스의 질, 공급자는 만족스러운 거래, 그리고 정부는 법과 규제의 준수를 그 기업조직의 효과성의 지표로 생각할 것이다.

프리들랜더(F. Friedlander)와 피클(H. Pickle)은 텍사스 주의 97개 소기업에 대한 연구에서 기업조직의 구성원 및 이해관계자와 그들이 선호하는 효과성 기준이 무엇인가를 밝혀 제시하고 있다(<표 19-4>).

표 19-4 구성원 및 이해관계자들이 조직에 기대하고 선호하는 효과성 기준

구성원 및 이해관계자	효과성 기준
1. 소유자	수익
2. 직원	직무 만족, 보수, 감독자의 감독 방법
3. 고객	재화와 서비스의 질
4. 채권자	신용가치
5. 지역사회	지역사회를 위한 기여도
6. 공급자	만족스러운 거래
7. 정부	법과 규제의 준수

Friedlander & Pickle(1968: 289-304).

3) 유용성과 문제점

이 모형은 다음과 같은 유용성과 문제점이 있다.

(1) 유용성

① 조직의 효과성을 조직과 관계를 갖는 다양한 이해관계자의 시각에서 규정하고 평가한다. ② 조직의 효과성을 조직 내외의 다양하고 넓은 시각에서 접근하고 이해하므로 조직이 그 안팎에서 일어나는 변화에 지속적으로 적응하는 능력을 갖는다.

(2) 문제점

① 조직이 관련 이해집단의 정체와 그들과의 관계 수준과 성격, 그리고 그 집단이나 개인들이 인식하는 조직효과성의 기준을 정확하게 파악하기 어려운 경우가 많다. 특히 조직 내외의 환경이 급속히 변화하는 상황에서는 그 어려움이 더욱 증가한다. ② 조직효과성이 다양한 집단의 기준에 따라 다원적으로 정해지므로 조직 전체를 관통하는 효과성의 개념과 지표를 설정하기 어렵다.

5 경쟁가치모형

1) 의의

경쟁가치모형은 조직이란 서로 경쟁하고 상충하는 목표와 가치를 추구하는 복합체라고 인식

하고 조직의 효과성도 그러한 경쟁 가치적인 개념에 근거해 정의하고 설명하는 것이다.

경쟁가치접근모형은 하나의 가정(assumption)에 토대를 두고 있다. 즉, 조직에는 경쟁적이고 상충하는 여러 가지 목표가 있고, 각 목표는 각자의 가치를 함축한다는 것이다. 조직에는 단일 목표 및 단일 가치만 존재하지 않는다. 예를 들면, 대학조직은 사무국·교무처·학생처 등으로 구성되고, 각 조직은 각각 상대적으로 자기가 선호하는 가치에 근거하는 목표를 추구한다. 경쟁가치모형은 조직의 효과성을 경쟁적인 가치를 인식하는 맥락에서 균형적이고 통합적(balanced and integrative)으로 정의하고 설명하는 데 특징이 있다(Quinn & Rohrbaugh, 1983: 363-377).

2) 지표와 모형

퀸(R. Quinn)과 로보(J. Rohrbaugh)는 조직연구자들이 조직의 효과성을 어떻게 인지하고 있는가를 조사했다. 그들은 전술한 캠벨(J. P. Campbell)이 제시한 30가지의 효과성 지표 및 목록 중에서 17가지를 뽑아내고 그 중에서 다음과 같은 세 가지의 인지 척도를 도출했다.

(1) 조직의 초점: 내부와 외부

조직을 초점(focus)에 따라 내부(internal)와 외부(external)로 나눴다. 여기에서 초점을 내부에 두는 것은 조직관리자들이 조직구성원들의 복지(well-being)와 능률성(efficiency)의 가치에 관심을 갖는 것을 의미하며, 초점을 외부에 두는 것은 환경에 대한 조직 자체의 건전성을 강조하는 것을 의미한다.

(2) 조직구조의 선호: 안정성과 유연성

조직구조의 성격을 그 조직이 선호하는 차원에 따라 안정성(stability)과 유연성(flexibility)으로 나눴다. 안정성을 선호하는 것은 조직관리자가 조직의 능률성과 하향적 통제(top-down control)에 가치를 두는 것을 의미하며, 유연성을 선호하는 것은 학습(learning)과 변화(change)에 가치를 두는 것을 의미한다.

(3) 목표와 수단의 체계

조직의 목표와 수단의 체계를 도출했다. 즉, 조직은 목표 설정, 계획, 생산 및 최종 성과의 체계라는 것이다.

퀸과 로보는 위와 같은 인지 척도 중에서 ① 조직의 초점: 내부-외부, ② 조직구조의 선호: 통제(안정성)-유연성을 결합해 조직의 네 가지 효과성 가치모형(four models of effectiveness values)을 제시했다(상세한 설명은 Daft, 2001: 71-73 참조).

(4) 개방체제모형

개방체제모형(open system model)은 조직의 외부에 초점을 두고 조직구조의 유연성을 선호한다. 여기에서의 목표가치는 성장과 자원 획득 등이며, 그것을 달성하기 위한 하위 목표 및 수단으로서 유연성・준비성(readiness) 및 외부의 평가 등이 강조된다.

(5) 합리적 목표모형

합리적 목표모형(rational goal model)은 조직의 외부에 초점을 두면서 조직구조의 통제 및 안정성을 선호한다. 생산성, 능률성, 수익성을 달성하는 것이 목표가치이며, 그것을 달성하기 위한 수단으로서 계획과 달성 목표의 설정이 강조된다.

(6) 인간관계모형

인간관계모형(human relations model)은 조직의 내부에 초점을 두면서 조직구조의 유연성을 선호한다. 달성하고자 하는 목표가치는 인적 자원 개발이며, 그 수단으로서 조직구성원의 응집성, 사기 및 훈련 등이 강조된다.

(7) 내부과정모형

내부과정모형(internal process model)은 조직의 초점이 내부 지향적이며 조직구조의 통제 및 안정성을 선호한다. 조직 내부의 안정성과 균형을 확보하는 것이 목표가치이며, 그 수단으

구조
유연성

초점	내부	외부
	인간관계모형 • 목표가치: 인적 자원 개발 • 하위목표: 응집력・사기・훈련	개방체제모형 • 목표가치: 성장・자원 획득 • 하위목표: 유연성・준비성・외부의 평가
	내부과정모형 • 목표가치: 안정성・균형 • 하위목표: 정보관리・의사소통	합리적 목표모형 • 목표가치: 생산성・능률・수익성 • 하위 목표: 계획・목표 설정

통제
(안정성)

그림 19-2 조직의 네 가지 효과성가치모형

Quinn & Rohrbaugh(1983: 368-369).

로서 정보관리와 의사소통 등이 강조된다.

3) 유용성과 문제점

경쟁가치효과성모형의 유용성과 문제점은 다음과 같다.

(1) 유용성

경쟁가치모형은 조직이 추구하는 다양한 목표와 가치에 근거해 효과성에 관한 여러 가지 개념과 모형을 하나의 틀에 통합해 설명하고 있는 점에서 그 의의와 유용성이 있다.

(2) 문제점

① 하나의 통합된 틀 안에 네 가지 모형을 분류해 설명하는 것이 타당한 것인지에 대한 실증적 뒷받침이 약하다. ② 조직은 살아 움직이는 유기체처럼 변화하고 성장하는 체제라고 할 수 있는데, 이 모형은 그러한 변화와 성장을 적절하게 평가해 효과성을 규정하기 어려운 한계가 있다.

제 6 편

변화와 발전

제 20 장

조직 변화의 의의와 과정

제 1 절 조직 변화의 의의와 대상

1 조직 변화의 의의

하나의 체제로서 조직은 내부와 외부에서 발생하는 여러 가지 원인으로 인해 계속적으로 대・소, 완・급의 변화 속에 존재한다. 조직의 변화란 조직의 구조・관리・구성원 및 이용하는 기술 등이 현재와 다른 모습이나 상태로 바뀌어 가는 역동적인 과정을 말한다.

조직의 변화는 다음과 같은 두 가지 모습으로 나타난다.

1) 수동적이며 점증적인 변화

수동적이며 점증적(incremental)인 변화란 조직에 문제가 발생한 후에 부분적인 대응적 변화를 하는 것을 말한다. 이 방법은 조직의 기존 체제와 구조를 유지하면서 부분적으로만 변화해 가는 일종의 구조유지적(morphostatic) 변화다.

2) 적극적이며 총체적인 계획적 변화

적극적이며 총체적인 계획적 변화란 현재 발생하고 있는 문제를 인식하고 미래를 예측해 적극적이며 총체적으로 계획적 변화(planned change)를 구상하고 실행하는 것을 말한다. 따라서 이 방법은 새로운 구조창조적(morphogenetic) 변화라고 말할 수 있다.

최근의 조직론에서 중요시하는 변화 논의는 주로 적극적 · 계획적인 조직 변화에 관련된다. 오늘날 조직환경에서 일어나는 변화는 급속성 · 복잡성 · 이질성 · 역동성을 띠고 있으며, 조직은 그에 대응해 적극적 · 계획적인 변화가 크게 요구되기 때문이다.

조직은 자신이 존재하는 상황에 적합한 변화를 통해 조직구성원의 심리적 건강과 만족과 자아실현을 돕고, 조직의 생존 · 적응 · 효율성 및 성과를 촉진 · 향상시킬 수 있는 것이다.

2 조직의 계획적 변화의 주요 대상

조직은 무엇을 계획적으로 변화시키고자 하는가? 그 대상 혹은 영역(areas)은 다음과 같이 설명할 수 있다.

1) 조직의 구조와 관리 방법

조직 변화의 주요 대상의 하나는 조직의 구조와 관리 방법이다. 조직구조의 변화란 조직의 규모, 집권화와 분권화, 통합과 분화, 공식화(규칙 · 규정), 집중과 분산의 틀을 바꾸는 것을 말하며, 관리 방법의 변화란 조직을 관리 운영하는 방법, 즉 인사 · 재무 · 문서 및 사무관리 방법 등을 바꾸는 것을 말한다.

2) 조직에서 사용하는 기술

조직은 주어진 목표를 달성하기 위해 기존의 방법과 기술을 부단히 새로운 것으로 바꿔야 한다. 특히 정보기술과 과학기술의 급격한 발달에 따라 오늘날의 조직에서 사용하는 기술의 변화는 매우 광범위하고 급속하게 요구되고 있다.

3) 조직을 구성하고 작동시키는 사람(인간)

조직을 구성하는 요소일 뿐만 아니라 조직의 임무를 담당하고 수행하는 능동적인 요소인 인간을 변화시키는 것이 중요하다. 여기에는 구성원의 규모(수), 의식, 가치관, 태도, 신념, 지식과 기술적 능력을 변화시키는 일이 포함된다.

제 2 절 조직 변화의 과정

1 조직의 변화 과정 모형

1) 레빈의 과정모형

레빈(K. Lewin)은 조직에 변화가 발생·이행·안정되는 순서에 따라서 그 과정을 ① 해동(unfreezing), ② 변화의 이행(moving), ③ 재동결(refreezing)로 나눠 설명한다(Lewin, 1947, 1951). 레빈의 이러한 과정론은 여러 계승자에 의해 더욱더 보완돼 설명되고 있다.

2) 코터의 모형

코터(J. P. Kotter)는 조직이 변화를 추진할 때 고려할 여덟 가지 단계를 제시하고 있다(Kotter, 1996; 1999: 87-99). 즉, ① 긴박감의 조성, ② 변화 추진 세력의 구성, ③ 변화의 비전과 전략의 수립, ④ 비전에 대한 의사소통, ⑤ 구성원이 비전에 따라 행동하도록 하는 권한의 부여, ⑥ 단기적인 성과를 얻기 위한 계획의 수립과 실천, ⑦ 달성된 성과의 통합과 후속 변화의 창출, ⑧ 새로운 접근 방법을 조직문화 및 제도로 정착시키는 단계로 나눠 설명한다. 이러한 단계 중 ①·②·③·④는 조직 변화의 필요성을 인식하고 준비하는 단계로서 레빈이 설명하는 '해동'에 해당하고, ⑤·⑥·⑦단계는 변화의 추진 단계로서 변화 '이행'에 해당하며, ⑧단계는 변화의 형성 및 안정화 단계로서 '재동결'과 같은 성격을 지닌다.

3) 리피트와 웟슨의 모형

리피트(G. L. Lippitt)와 웟슨(J. Watson) 등은 7단계, 즉 ① 탐색(scouting), ② 진입(entry), ③ 진단(diagnosis), ④ 계획(planning), ⑤ 실행(action), ⑥ 안정화 및 평가(stabilization and evaluation), ⑦ 종료(terminition) 단계로 나눠 설명한다. 여기에서 ①, ②, ③은 레빈의 해빙단계, ④, ⑤는 변화 이행, ⑥, ⑦은 재동결에 해당한다(Lippitt, Watson, & Westley, 1958).

Lewin :	해동	변화	재동결
Kotter :	1・2・3・4단계 (변화 필요성의 인식과 변화의 준비-해동)	5・6・7단계 (변화의 추진-변화 이행)	8단계 (변화의 안정-재동결)
Lippitt :	1・2・3단계	4・5단계	6・7단계
Watson :	해동	변화 이행	재동결

그림 20-1 조직 변화의 과정 모형

2 조직 변화의 실행 과정

조직 변화는 어떤 단계를 거쳐 어떻게 실행되는가? 그것은 위에서 설명한 레빈의 과정모형을 중심으로 다음과 같이 설명할 수 있다.

1) 해동

해동이란 조직의 현재의 행태・관성・잠재적 위기 및 문제점을 인식하고 발견하며, 그것을 새로운 바람직한 상태로 변화시키기 위한 비전 목표 및 전략을 개발하고, 조직구성원들이 그것을 이해 및 지지하는 기반을 형성하는 것을 말한다. 이 과정은 조직이 안고 있는 현재의 문제점을 인식하고 새로운 상태로 향해 나아가는 최초의 변화 단계다.

2) 변화 이행

조직 변화의 제2 과정은 해동 과정에서 설정한 전략과 비전에 따라 변화를 이행하고 추진하는 과정이다. 이 과정에서는 변화를 위한 전략 목표와 비전을 달성하기 위해 여러 가지 구체적인 대안을 구상하고 평가해 선택하며 효과적 방법을 적용해 실행한다. 그 방법으로는 변화 대상자들의 설득, 교육, 물질적 지원과 보상, 그리고 때로는 강제적인 명령과 지시적 방법이 이용되기도 한다.

3) 재동결

조직 변화의 마지막 과정은 재동결 과정이다. 재동결이란 변화의 추진을 통해 이뤄놓은 조직의 변화 상태를 정착시키고 유지 및 지속시켜 조직을 안정시키는 과정이다. 따라서 이 과정에서는 변화된 상태를 새롭게 제도화하고 공식화하며 조직의 문화 속에 자리 잡게 하는 일이 중요하다.

제 3 절 조직의 변화에 대한 저항

1 조직의 변화를 추진하는 힘과 저항하는 힘

조직의 변화에 대한 저항이란 조직의 변화를 추진하는 힘의 작용에 대해 그 반대의 방향으로 힘이 작용하는 것, 혹은 변화에 대항하는 것을 말한다. 조직의 변화, 특히 계획적인 변화는 조직의 현재의 상태를 의도적이며 적극적으로 바꾸는 과정이다. 따라서 조직의 변화는 기왕에 확립된 조직의 내부 구조는 물론 조직과 환경 간에 존재하는 관계의 균형 · 안정 및 질서의 변화를 초래하게 된다. 저항은 구체적인 변화의 거부, 지연(delays), 지체(procrastination), 사보타주(sabotage) 등의 형태로 이뤄진다. 따라서 저항은 변화의 성공을 예측하기 어렵게 하는 불안한 상태를 조성한다.

조직의 변화를 담당하고 추진하는 자는 성공적인 변화를 실현하기 위해 반드시 변화를 추진하는 힘과 저항하는 힘을 잘 파악해야 한다. 추진 세력과 저항 세력 혹은 변화에 적극적인 요인과 소극적인 요인을 확인하게 되면 변화를 성취하기 쉬워진다. [그림 20-2]에서 보면 변화 추진 세력은 기존의 조직 상태를 새롭고 바람직한 상태로 변화시키고자 한다. 그러나 저항 세력은 기존의 조직 상태를 유지하려고 한다. 이러한 가운데서 변화를 추진하는 자들은 변화 욕구를 개발하며 변화를 성취하는 데 필요한 방법을 구상하고 행동을 전개해야 한다.

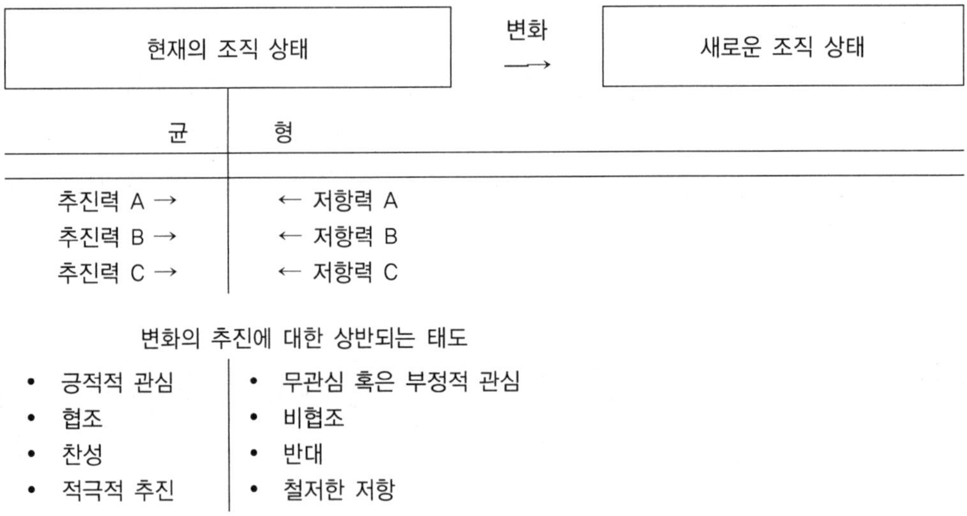

그림 20-2 변화의 추진력과 저항력의 상호작용

2 조직 변화에 대한 저항의 근원 및 요인

1) 저항의 근원

조직의 변화에 대한 저항은 어디에서 발생하는가, 그 근원을 캐보면 대체로 다음과 같이 세 가지로 요약할 수 있다.

(1) 조직구성원

조직은 사람들로 구성된 집합체다. 조직의 구성원들은 협동하고 분업해 조직의 목표를 달성하는 데 기여한다. 그들은 조직의 변화를 적극적으로 계획해 실행하는 주체다. 그러나 때로는 소극적인 태도로 저항하기도 한다. 조직구성원들은 변화에 대한 이해 부족과 기득권 상실에 대한 불안 등의 이유로 변화에 저항할 수 있다.

(2) 조직의 내부구조

조직은 그것을 구성하는 여러 가지 부문 간에 일정한 관계의 패턴을 이뤄 생존하며 기능을 수행하는 구조(structure)다. 조직의 구조는 규모가 큰 것도 있고 작은 것도 있으며, 수직적 계층이 많은 것도 있고 적은 것도 있으며, 집권화된 구조도 있고 분권화된 구조도 있으며, 공식화가 높은 것도 있고 낮은 것도 있다. 이러한 구조속에 권력 관계가 존재하고 조직구성원들 간에 패턴화된 행태가 있다. 조직의 변화란 이와 같은 구조를 바꾸는 것이므로 변화의 내용과 크기와 속도에 따라 그 구조 안에서 저항과 거부 현상이 발생할 수 있다.

(3) 조직환경

조직의 경계(boundary) 밖에서 조직의 목표와 행동에 영향을 미치는 요소와 세력들을 조직의 환경이라고 말할 수 있다. 조직은 정치적·경제적·사회적 요소와 다양한 외부 조직, 공급자, 이해관계자, 제도 및 법적 요소로 이뤄진 환경 속에 존재하며 그것들과 상호 의존하고 작용한다. 따라서 조직은 그러한 환경과 조화를 이뤄야 한다. 그런데 조직의 변화 수행은 환경과의 기존의 안정적 조화와 균형을 깰 수 있으며 이해관계를 혼란시키는 요소가 될 수 있다. 그러므로 외부 환경은 그와 관계되는 조직의 변화에 민감하게 반응할 수 있으며 때로는 반대하고 저항하기도 한다.

2) 저항의 요인

위와 같은 근원에는 여러 가지 저항 요인이 존재한다. 몇 가지 예를 들어 설명하면 다음과 같다.

(1) 변화의 불확실성과 위험 부담

변화는 현재의 상태를 바꿔 미지의 세계로 가는 것이다. 조직의 현재의 구조·기술 및 사람을 변화시킨다 하더라도 그 결과가 현재의 상태보다 반드시 좋을 것이라고 확신할 수도 없다. 변화의 결과는 모호하고 불확실하며 위험 부담이 있는 것이다. 이것이 변화에 저항하는 하나의 요인이다.

(2) 습관과 관성

많은 사람이 조직 속에서 대체로 정형화된 일을 습관적으로 익숙하게 처리하며 지낸다. 그런데 그 습관을 새로운 것으로 고치고 변화시켜야 한다면 불안하고 두렵게 생각할 것이다. 또한 조직은 구조이고 그것은 일정한 관성(intertia)에 따라서 기능을 수행하며 균형과 안정성을 유지한다. 따라서 그러한 구조를 변화시키는 일은 균형과 안정성을 흔들게 되므로 기존의 관성에 익숙한 세력의 저항을 받을 수 있다.

(3) 지각의 차이

조직의 변화에 대한 저항은 조직과 관계되는 여러 행위 주체 간의 지각(perception)의 차이에서도 발생한다. 예를 들면, 변화를 주도하고 추진하는 행위자들은 현재의 조직구조나 조직인들의 행태에 문제점이 있다고 지각하고 그것에 근거해 변화계획을 세워 실행하려고 하지만 다른 행위자들과 세력들은 문제가 없다고 지각하고 변화에 반대하는 경우가 있다.

(4) 변화에 대한 이해 부족

조직 변화의 필요성·대안 및 방법에 대해 잘 이해하지 못하거나 오해하는 사람이나 세력들은 변화에 저항할 수 있다. 특히 변화 대상인 조직구성원들에게 변화와 관계되는 충분하고 정확한 정보를 제공하지 않거나 변화계획이 투명하지 않은 경우에 저항이 발생할 수 있다.

(5) 기득권 상실의 우려

사람들은 조직이 변화하게 되면 조직에서 기왕에 누려온 권력, 권한, 지위, 직업의 안정, 경제적 보상과 사회적 평가를 상실하지 않을까 두려워한다. 특정 조직과 관계를 갖는 외부 조직이나 세력들도 그 조직의 구조나 사람이 변화하면 자기 조직이나 세력에 불리하지 않을까 우려한다. 따라서 기득권이나 이익 상실을 우려하는 세력들은 변화에 저항할 수 있다.

3 조직의 변화전략

계획적인 조직의 변화를 위해서는 그것을 담당해 구상하고 추진하는 주체가 변화에 저항하는 원인이나 세력을 잘 파악하고 변화에 적합한 전략을 잘 선택해서 적용해야 한다. 여기서 말하는 전략(strategy)이란 조직 변화를 위한 기본적인 주요 목표와 행동 수단을 말한다.

1) 강제적 전략

강제적 전략(coercive strategies)은 변화담당자가 일방적이며 우세한 권력을 가지고 변화를 추진하는 것이다. '강제적'이라는 말은 특히 민주주의 사회에서는 좋지 않은 의미를 갖지만 조직의 구조·관리 및 인적 자원에 심각한 문제점이나 위기 상황이 존재할 경우에는 그것을 극복하기 위해 이용할 수 있다. 조직에 긴장을 도입하고 물리적인 힘을 사용하며 계층제의 권위를 이용해 변화를 실현하는 것이다.

2) 규범적 전략

규범적 전략(normative strategies)이란 실증적·합리적인 규범이나 사회적 가치의 강조·

상징 조작 등의 방법을 통해 조직을 변화시키는 것이다. 변화 대상자에게 변화의 적실성과 합리성을 강조하고, 참여의 기회를 주며, 교육·훈련 방법 등을 사용해 그들의 의식·가치관·태도 및 능력을 변화시킨다.

3) 공리적 전략

공리적 전략(utilitarian strategies)은 사람들의 고통을 덜어주고 만족을 증가시킬 수 있는 방법이다. 조직의 변화에 대한 무관심자·비협조자 혹은 저항자들에게 어떤 가치를 배분하거나 부여하는 방법을 사용해 변화에 협조하도록 하는 것이다. 예를 들어 말하면, 변화에 도움이 될 주요 인사를 조직의 전략적인 지위에 영입하거나, 변화에 반대하는 사람들에게 물질적 혜택이나 경제적 보상을 제공하며, 권력 혹은 권한을 배분함으로써 지지와 협력을 얻어 효과적으로 변화를 추진한다.

제 21 장

조직의 성장과 쇠퇴

제 1 절 조직 성장

1 조직 성장의 의의와 성장을 선호하는 이유

1) 조직 성장의 의의

조직은 일종의 생물학적 유기체로 생각할 수 있다. 따라서 그 나름의 생활주기(life cycle)를 갖는다. 예를 들면 나비는 알 → 유충 → 번데기를 거쳐 성충이 돼 살다 죽는다. 이와 같은 생물의 생활주기는 인간 사회의 변화에 유추할 수 있다. 토인비(Arnold J. Toynbee)는 인류가 이룬 여러 역사적 문명들은 생성(genesis) → 성장(growth) → 붕괴(breakdown)의 과정을 거쳐 해체(disintegration)돼 왔다고 설명한다(Toynbee, 1973).

조직의 성장이란 조직이 생존하는 가운데 발생하는 생활주기의 한 현상을 말한다. 그것은 여러 가지 제약 조건 속에서도 장기적으로 소규모 조직이 대규모 조직으로 역동적인 변화를 이뤄가는 과정(예: 작은 개구리가 큰 개구리로 되는 모습)과 같은 현상이며, 질적으로 단순한 상태에서 더 성숙한 상태로 변화해 가는 과정(예: 올챙이가 개구리로 되는 모습)에 비유할 수 있는 현상이다.

조직의 성장 과정에는 조직의 환경·전략·구조·관리, 관리자의 동기와 선호하는 가치 등 여러 가지 요인이 복합적으로 작용한다.

2) 조직의 성장을 선호하는 이유

조직의 관리자나 구성원들은 대체로 자기 조직의 성장을 선호한다. 그 이유는 다음과 같다(Robbins, 1973: 309-312).

(1) "큰 것이 더 좋다(bigger is better)"

사람들은 큰 집과 큰 자동차를 좋아하듯이 일반적으로 큰 조직을 좋아한다. 큰 조직구성원들이 작은 조직구성원들보다 자긍심이 높으며 자기 조직의 미래를 낙관적으로 생각한다.

(2) 생존 가능성의 증대

조직은 생물과 같으며, 생물 유기체인 조직은 생존이 중요하다. 조직은 성장함으로써 여유자원(slack resources)을 갖게 되고, 그러한 자원을 통해 생존의 가능성을 높인다. 사람들은 흔히 '대마불사(大馬不死)' 혹은 '커야 망하지 않는다(Too Big to Fail: TBTF)'는 말처럼 큰 조직의 생존을 믿는다.

(3) 성공 혹은 효과성의 지표

사람들은 조직구성원 수의 증가, 기구의 확대, 지위 승격(정부조직상 청이 부처로 승격하거나 단과대학이 종합대학이 되는 현상)을 조직의 성장 혹은 성공을 판단하는 지표로 삼기도 한다.

(4) 조직의 권력 혹은 영향력

조직의 성장은 그 조직의 권력과 위신(prestige)을 높이고 의사결정과 자원 획득에서 유리한 지위를 확보하도록 한다. 그러므로 특히 권력 지향적인 개인적 동기를 지닌 '제국건설형 관리자(empire state builder)'들은 조직의 성장과 확장을 위해 열성적으로 노력한다.

2 조직 성장의 모형과 성장 단계

조직은 어떤 과정을 거쳐 성장하는가에 관해 스타벅(W. H. Starbuck)은 네 가지 모형을 제시하며, 리피트(G. L. Lippitt)와 그라이너(L. F. Greiner) 등은 단계론을 구성해 설명한다.

1) 스타벅의 조직성장모형

스타벅은 조직의 성장을 ① 세포분열모형(cell-split model), ② 변용모형(metamorphosis model), ③ 도깨비불모형(will-O'-the-wisp model), ④ 의사결정과정모형(decision-making process model)으로 분류한다(Starbuck, 1965: 482).

(1) 세포분열모형

세포분열모형이란 생물체가 세포분열을 반복하면서 수를 증가시키듯이 조직도 그와 같은 과정을 거치면서 연속적으로 규모가 확대된다고 보는 견해다.

(2) 변용모형

조직의 변용모형은 조직이란 생성→성장→성숙으로 이뤄지는 여러 단계의 변용 혹은 탈바꿈하는 과정이라고 보는 견해다. 그것은 마치 나비나 메뚜기가 탈바꿈하면서 새로운 형태로 태어나는 현상과 같이 조직의 성장을 설명한다. 그러므로 이 견해는 조직의 성장을 동질적 형태의 연속적인 분화나 확대 과정으로 파악하는 것이 아니라 이질적인 형태로 변화하는 과정으로 보는 것이다. 따라서 조직은 각 성장 단계마다 그에 고유한 구조나 리더십 유형 및 의사결정 방식이 특유하게 존재한다고 설명한다.

(3) 도깨비불모형

여기에서 말하는 '도깨비불'이란 관리자의 불타오르는 투지와 의욕을 말한다. 따라서 도깨비불모형에서는 조직의 성장이란 관리자의 열렬한 의욕과 노력 여하에 달려 있다고 설명한다.

(4) 의사결정과정모형

의사결정과정모형은 조직의 성장은 저절로 되는 것이 아니라 의사결정 과정의 결과라고 설명하는 것이다. 조직구성원을 늘릴 것인가 줄일 것인가, 환경의 요구에 대응해 조직 산출량을 증가할 것인가 안할 것인가는 모두 의사결정에 달려 있다고 설명한다.

2) 리피트와 슈미트의 조직 성장 단계

리피트와 슈미트(W. H. Schmidt)는 조직이란 인간·절차·설비 등의 집합으로 이뤄진 사회기술 체제(sociotechnical system)라고 규정하고, 마치 인간이 탄생기·청년기를 거쳐 성숙기로 이행하듯이 조직도 탄생기(birth)·청년기(youth)·성숙기(maturity)의 3단계로 분류할 수 있다고 한다. 그리고 각 성장 단계마다 독특한 관심사가 있고, 관리자가 해결해야 할 주요 문제(key issues)가 제기되며, 그 문제를 잘못 해결할 경우에는 조직에 위기가 발생한다는 것이다. 그러므로 관리자는 각 성장단계에서 생기는 문제를 해결하는 데 필요한 지식·기술 및 태도를 가져야 한다는 것이다(Lippitt & Schmidt, 1967: 103-109).

(1) 탄생기

탄생기의 조직의 주요 관심사는 새로운 조직을 만들고 그 조직이 활력있게 생존할 수 있는 토대를 만드는 일이다.

(2) 청년기

청년기의 조직은 안정성을 확보하고 외부로부터 명성을 얻으며 자긍심을 획득하는 일이 중요하다. 따라서 조직관리자는 안정된 조직화와 좋은 명성을 얻도록 자체 평가와 분석을 하는 것이다. 이와 같은 문제가 잘 해결되면 조직은 능률성・활력・변화에 대한 유연한 대응성・산출물의 질적 향상이 이뤄진다. 그러나 문제의 해결이 잘 되지 않을 경우에는 조직에 타율적이고 기회주의적인 태도나 정책이 발생하며, 좋은 인재와 고객의 확보가 어려워지고 과도하게 공격적이며 왜곡된 이미지가 형성된다. 따라서 관리자는 장기계획의 수립과 실행, 그리고 조직을 PR하는 활동을 효과적으로 추진해야 한다.

(3) 성숙기

성숙기의 조직은 독자성(uniqueness)과 적응성, 사회에 대한 공헌에 주된 관심을 갖는다. 이와 같은 과제가 잘 해결되는 경우에 조직은 독자성을 최대한 발휘하고 구성원의 성장 기회를 부여하며 사회로부터 높은 평가와 존경을 받는다. 그러한 과제가 잘 해결되지 않을 경우에는 불필요한 방어적・경쟁적 태도가 발생하고 에너지가 확산되며 창조적인 인재를 상실한다. 따라서 관리자들은 조직의 하위 목표들을 전체 목표에 통합하고 조직이 달성해야 할 사회적 목표와 책임에 대한 이해력을 높이고 실행해야 한다.

3) 그라이너의 성장단계모형

그라이너는 조직의 나이(age)와 규모(size)가 조직의 성장을 규정하는 중요한 요소라고 생각하고 진화(evolution)와 혁명(revolution)적인 변혁이 반복되는 5단계의 조직성장모형을 제시하고 있다(Greiner, 1972: 37-46). 조직의 진화란 비교적 평온하게 조직이 변화해 가는 과정을 말한다. 그러나 조직이 진화하는 과정에는 그 안에 여러 가지 위기적인 문제가 파생하며 그러한 위기는 혁명적인 변혁을 통해 질적으로 다른 새로운 성장 단계로 이행하게 된다는 것이다.

그라이너가 제시하는 5단계의 진화적 성장과 거기에 수반하는 위기 현상은 다음과 같다.

① 창조성에 의한 성장－리더십의 위기
② 지시・명령에 의한 성장－자율성의 위기

③ 권한위임에 의한 성장-통제의 위기

④ 조정에 의한 성장-레드테이프(red tape)의 위기

⑤ 협동에 의한 성장-새로운 위기

조직은 위와 같은 각 성장 단계별로 차별화되는 관리의 중점, 조직구조, 최고관리자의 유형 및 통제 체제를 형성하면서 변화한다. 각 성장 단계의 내용과 성격을 살펴보면 다음과 같다.

(1) 창조성에 의한 성장 단계

이 단계는 조직이 생성되는 단계로서 기업의 경우는 주로 새로운 제품을 생산하고 판매하는 활동이 강조되고, 비공식적 조직구조가 중요시되며, 최고관리자 개인의 의지와 리더십이 조직 운영을 좌우한다. 그러나 조직의 규모가 커짐에 따라 더욱 공식구조가 중요시되며 개인적 리더십에 의한 조직의 관리는 한계에 직면한다. 관리의 전문성과 기능성이 높아짐에 따라 전문관리자와 직원을 채용해 조직문제를 해결할 필요성이 증대한다.

(2) 지시 · 명령에 의한 성장 단계

이 단계는 최고관리자의 지시와 명령이 중요시되는 조직의 단계다. 조직 운영의 효율화가 강

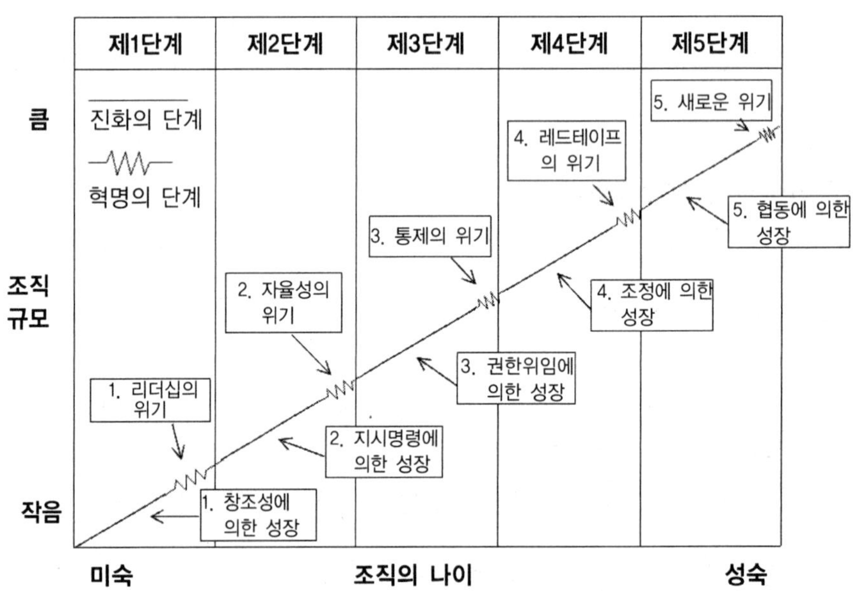

그림 21-1 그라이너의 성장단계모형

Greiner(1972: 41).

조되며 그에 대응해 조직구조도 집권적인 직능별 조직 형태로 변한다. 그러나 관리층에 권한이 집중되고 통제가 증가함에 따라 조직 하부 구성 단위에 권한위임을 통한 분권화가 촉진된다.

(3) 권한위임에 의한 성장 단계

이 단계는 권한위임에 의한 성장 및 분권적인 사업부제 조직구조가 중요시되는 단계다. 따라서 의사결정이 분권화되고 리더십도 위임형으로 변화한다. 그러나 분권적인 구조가 확대됨에 따라 최고관리자는 조직의 하위 체제들에 대한 통제력을 상실할 위기를 맞는다. 다시 말하면, 하위 체제들이 각자의 목표와 행동전략에 몰입함으로써 조직 전체의 목표나 행동전략을 망각하고, 하위 체제들 상호간에도 경쟁과 갈등이 많이 발생한다.

(4) 조정에 의한 성장 단계

이 단계는 집권적 관리와 분권적 관리의 조정·통합을 강조하는 단계다. 그러나 집권적 조정기구와 분권적 기구 간 혹은 계선과 막료 간에 번거롭고 복잡한 업무 관계가 이뤄지고 거기에서 갈등과 마찰이 발생할 수 있다. 다시 말하면, 복잡한 '레드테이프(red tape)' 위기가 나타나며, 이 위기를 해결하기 위해 다음 단계의 새로운 조직구조가 요구된다.

(5) 협동에 의한 성장 단계

이 단계에서는 조직의 문제 해결과 혁신이 중요시되고 프로젝트팀과 매트릭스형의 조직구조가 채택되며, 목표 설정과 참여형 리더십이 강조된다.

3 조직성장단계모형의 함의와 문제점

1) 함의

위와 같은 조직의 성장 단계에 관한 이론모형들은 조직의 탄생에서 성숙에 이르는 과정을 설명하고 있다. 그리고 각 성장 단계에서는 그에 적합한 전략, 조직구조, 관리의 유형 및 리더십을 확립하고자 한다. 일반적으로 조직은 성장과 더불어 규모가 확대되고 구조의 복잡성·공식성 및 정밀성이 높아지는 것으로 설명한다. 조직성장단계모형은 무엇보다도 조직을 살아 있는 유기체로 생각하고 그것이 어떤 단계를 거쳐 성장하는가에 관한 설명의 틀을 제시하고 있는 점에서 중요한 뜻을 지닌다.

2) 문제점

조직의 성장단계모형은 여러 가지 문제점도 내재하고 있다.

첫째, 이 모형은 조직의 성장 단계의 특징에 관해 설명하지만 왜 그와 같은 특징이 나타나는가에 관해서는 거의 설명하지 않는다. 기껏해야 하나의 단계에서 다음 단계로의 이행을 촉진하는 요인이 설명되고 있을 뿐이다(Kazanjian, 1988: 56).

둘째, 조직은 반드시 직선적·전향적으로 연속적인 진화만 하지 않는다. 어떤 단계로 이행하다가 쇠퇴하기도 하고, 어떤 단계에서는 바로 그 윗 단계를 거치지 않고 상위 단계로 추월해 이행하기도 하며 우회해 나아가기도 하는 것이다.

셋째, 조직의 각 성장 단계 안에서의 이행(혹은 과정)이 어떻게 발생하고 작용하며 진행하는가에 관한 일종의 동인 혹은 요인에 관한 설명은 별로 하지 않는다.

넷째, 조직들 간에 존재하는 차이를 무시하고 동일한 패턴의 성장단계모형을 제시하고 있다.

다섯째, 조직이 특정한 성장 단계에 머무는 시간 폭에 관해 고려하고 있지 않다. 다시 말하면, 시간의 흐름에 대한(longitudinal) 연구가 없는 것이다.

요컨대, 조직의 성장단계모형은 위와 같은 여러 가지 비판에 충분히 대답할 수 있는 경험적인 데이터를 축적하고 있지 않은 것이다.

제 2 절 조직 쇠퇴

1 조직 쇠퇴의 의의

조직이란 생성→성장→성숙을 거쳐 쇠퇴에 이르는 일련의 생애주기를 갖는 것으로 생각할 수 있다. 조직의 쇠퇴란 조직의 성장이나 발전이 정체되거나 감소하는 현상이라고 할 수 있다. 조직의 환경 적응 능력의 저하, 자원 확보력의 감소, 환경에 대한 영향력의 약화, 구성원의 사기 저하, 관리자의 창조적 관리 능력의 쇠약, 조직의 효율성 저하 등은 모두 조직의 쇠퇴를 나타내는 현상들이다. 캐머런(K. S. Cameron)과 위튼(D. A. Whetten)에 의하면, 조직의 쇠퇴란 "조직에서 필요한 자원이 어떤 문제에 봉착해 실질적으로나 절대적으로 감소하는 상태"(Cameron, Kim, & Whetten, 1987: 224)라고 정의하고, 이러한 상태에 있는 조직은 "조직의 효과성이 낮아지고 구성원의 만족감이 감소하는" 공통적인 특징을 나타낸다고 말한다. 또한 위첼(W. Weitzel)과 존슨(E. Jonsson)은 조직의 쇠퇴란 "조직이 자신의 장기적인 생존을 위협하는 내·외부의 압력을 예측하고 적응하는 데 실패한 상태"(Weitzel & Jonsson, 1989: 94)라고 정의한다.

모든 조직이 일정한 성장 단계를 거친 후에는 반드시 쇠퇴기에 들어가는 것은 아니다. 성장을 계속해서 유지할 수도 있고 일시적으로 쇠퇴 현상을 보이다가도 다시 성장 혹은 성숙한 모습으로 환원하는 경우도 있다. 그 점이 조직과 일반 생물유기체의 다른 점이다. 조직은 일정한 수명이 없다. 가톨릭 교회조직은 2000년의 장구한 기간 동안 온갖 부침(浮沈)을 거듭하면서도 생존하고 있는가 하면 거대한 소련 공산주의 국가조직은 70여 년 만에 붕괴해 버렸다.

2 조직 쇠퇴를 초래하는 요인

조직의 쇠퇴를 초래하는 요인에 관해 맥켈비(H. McKelvey)는 조직의 외부와 내부 요인으로 나눠 설명한다. 외부 요인으로는 자원이 감소하는 상황(context)의 변화, 내부 요인으로는 환경 변화에 대한 적응의 장애와 능력 상실을 언급하고 있다(McKelvey, 1988: 405). 이와 같은 견해에 근거해 조직 쇠퇴를 초래하는 요인을 다음과 같이 설명할 수 있다.

1) 환경적 요인

(1) 조직에 대한 환경 지원의 변화

캐머런과 자무토(R. Zammuto)는 조직의 쇠퇴와 관련되는 요인을 환경 변화의 특성, 즉 ① 조직에 대한 환경 지원의 변화, ② 환경 변화의 연속성 여부라는 두 가지 요인으로 분류하고 그 두 가지를 결합해 [그림 21-2]와 같이 네 가지로 조직의 쇠퇴 현상을 분류했다(Cameron & Zammuto, 1984: 362).

환경의 지원 규모의 변화란 환경에서 조직에 지원하는 자원의 규모, 즉 자원의 양이 감소함을 의미하며, 환경의 지원 형태의 변화란 환경으로부터 조직에 주어지는 지원 형태나 질이 불리하게 변화하는 현상을 말한다. 그리고 환경 변화의 연속적 변화란 환경의 지원이 서서히 연속적으로 쇠퇴하는 것을 말하며, 비연속적 변화란 환경의 지원이 연속성 없이 갑자기 광범위하게 쇠퇴하는 것을 말한다. 이와 같은 두 가지 차원의 개념들을 결합시켜 네 가지 면에서 조직 쇠퇴 현상을 설명한다. 즉, 침식(erosion)·위축(contraction)·분해(dissolution)·붕괴(collapse)다.

		환경 변화의 연속성	
		연속적 변화	비연속적 변화
환경 지원의 변화	환경의 지원 규모의 변화	침식	위축
	환경의 지원 형태나 질의 변화	분해	붕괴

그림 21-2 조직 쇠퇴의 환경적 요인들

Cameron & Zammuto(1984: 364, 367)에 의거 작성.

① 침식

환경의 지원 규모가 감소하고 환경 변화가 연속적으로 쇠퇴하는 현상을 침식이라고 한다. 쇠퇴는 비교적 서서히 진행되고 예측 가능하다. 이와 같은 현상은 조직의 활동을 정체시키고 필요한 자원 부족을 초래한다. 따라서 조직 내의 단위 간에 희소자원을 획득하기 위한 갈등이 발생한다. 이러한 상황을 극복하기 위해 조직의 집권화 압력이 강하게 나타난다. 쇠퇴는 급격하게 진행되지는 않으므로 그것을 극복할 대안을 마련할 수도 있으나 잘 이뤄지지 않는다.

② 위축

환경의 지원 규모가 감소하고 환경의 변화가 비연속적으로 쇠퇴하는 현상을 위축이라 한다. 위축 현상이 나타나게 되면 조직의 존속이 위험에 처하게 된다. 위축의 극복 방안을 둘러싸고 조직 내부의 구성원 간에 갈등이 일어날 수 있고 독재적인 관리자가 나타날 수도 있다.

③ 분해

조직에 대한 환경의 지원 형태가 연속적으로 불리하게 이뤄지는 현상을 분해라고 한다. 말하자면 조직의 활동에 대한 사회적 지지가 비호의적이고 비판적이며 냉담하게 변하는 현상에서 그것을 엿볼 수 있다. 분해 현상이 발생하면 조직이 생산한 산물이나 서비스가 점차로 환경에서 받아들여지지 않게 되고 조직이 나아갈 방향을 둘러싸고 갈등과 논쟁이 일어나기 쉽다.

④ 붕괴

환경의 지원 형태가 변화할 뿐만 아니라 그것마저 지속되지 않을 경우에 나타나는 현상을 붕괴라고 한다. 붕괴 현상이 일어나면 조직은 생존을 위해 어떻게 해야 할지 알 수 없는 혼돈 속에 빠진다. 어떤 정보가 조직에 유효하고 신뢰할 수 있는 가를 결정하기 곤란하며 조직의 지도자는 조직의 생사를 결단해야 할 입장에 처하게 된다(Cameron & Zammuto, 1984: 364).

(2) 환경에 대한 조직의 부적절한 적응: 과잉 적응 혹은 과소 적응

조직이 그 환경 변화에 부적절하게 적응하는 현상은 두 가지 측면에서 생각할 수 있다.

① 과잉 적응

유기체가 지나치게 그 환경에 적응한 경우에는 급격한 새로운 환경 변화에 자연스럽게 적응하지 못하고 쇠퇴해 버릴 수 있다. 중생대(中生代)에 살았던 공룡은 당시의 지구환경에 지나치리만큼 잘 적응하며 생존했던 까닭에 갑작스런 지구의 환경 변화에 적응하지 못하고 멸종됐다고 한다. 조직도 이와 비슷한 현상이 있다. 조직은 환경이 변화하면 거기에 적응하기 위해 일단 과거의 구조와 체질과 운영 방식을 스스로 파괴하고 바꿔야 하는데, 기존의 환경에 깊이 적응해 버린 조직은 새로운 유연한 적응이 현실적으로 어렵다. 오히려 변화하는 환경에 저항해 기존의 구조·체질 및 운영 방식을 유지하는 데 집착할 수 있다.

② 과소 적응

위와는 반대로 환경 변화에 과소 적응하는 경우에도 조직의 쇠퇴를 초래한다. 환경의 변화에 상응하는 대응과 적응을 하지 못하는 조직은 변화의 소용돌이에 휘말려 쇠퇴하거나 붕괴할 위험에 처하게 된다.

2) 조직적 요인

(1) 조직의 경험과 문화에 몰입

조직은 과거에 자신들이 성취한 성공 경험에 몰입하는 나머지 창조성과 혁신적 방법을 구상해 새로운 문제 해결에 적용하는 것을 도외시하거나 경시하기 쉽다. 과거의 성공 경험에 몰입함으로써 조직은 '죽음에 이르는 병'에 걸릴 수 있다. 또한 조직은 그 구성원들이 집단적으로 공유하는 가치관이나 행동양식, 즉 조직문화 때문에 쇠퇴할 수 있다. 예를 들면, 조직 내에 가족주의 문화가 지배하는 경우 조직구성원들은 공동체 의식과 심리적·사회적 안정감과 일체감을 갖게 되지만 인간의 감정을 초월해 기능적 합리성을 발휘해야 할 공식조직의 생존과 발전을 저해할 수 있다.

(2) 정당성의 상실

한 시대의 어떤 정치적·사회적 이념에 따라 탄생한 조직은 그 바탕이 되는 이념적 기반이 무너지게 되면 존재 가치나 정당성이 상실(loss of legitimacy)돼 쇠퇴하거나 붕괴한다.

(3) 조직구조에서 발생하는 역기능

조직은 일정한 형태를 갖춘 구조를 통해 효율적으로 기능을 수행한다. 그런데 이러한 구조는 그것을 구성한 본래의 의도와 목적을 실현하도록 작용하는 순기능을 수행하기도 하지만 그러한 의도와 목적을 달성하는 데 역행적인 기능(역기능)을 수행함으로써 조직을 침체·쇠퇴시키는 경우도 있다. 예를 들면, 조직의 분화와 전문화 구조는 조직의 효율성을 위해 필요하지만 그것이 심하게 이뤄지는 경우에는 조직의 구성 단위들이 조직 전체의 공통 목표를 망각하고 이탈할 수 있으며, 조직 내에 부서이기주의·할거주의(sectionalism)를 발생시키는 근원이 된다.

(4) 조직구성원의 무능력

조직은 그 구성원의 무능력 때문에 쇠퇴할 수 있다. 조직이 어떤 탁월한 인물의 리더십에 크게 의존해 운영돼 오다가 리더십이 변화하거나 쇠약해지면 조직도 그 활력을 잃게 되는 사례가 많다. 또한 조직구성원들이 각자의 직위에서 업무를 수행하는 데 필요한 지식과 기술적 능력이 없거나 취약한 경우에도 조직이 쇠퇴하게 된다.

3 조직 쇠퇴의 단계와 결과

1) 쇠퇴의 단계

위첼과 존슨은 조직이 쇠퇴하는 단계를 ① 맹목적 단계, ② 대응행동을 하지 않는 단계, ③ 잘못된 행동의 단계, ④ 위기 단계, ⑤ 사멸의 단계로 나누고 있다(Weitzel & Jonsson, 1989: 97).

(1) 맹목적 단계

맹목적 단계란 조직이 내·외에서 일어나는 변화를 인식치 못하는 단계다. 로랜지(P. Lorange)와 넬슨(R. T. Nelson)은 조직 내부에서 일어나는 쇠퇴의 초기 증상으로서 ① 과도하게 개인적인 행위의 관용, ② 무능력에 대한 관용, ③ 취급하기 어려운 관리절차, ④ 서로 융화되지 못하는 스태프(staff)들의 권력, ⑤ 실질보다 형식의 중요시, ⑥ 명백한 목표와 의사결정 기준의 결여, ⑦ 곤혹스러운 대립의 존재, ⑧ 효과적인 의사소통의 결여, ⑨ 낡은 조직구조 등을 들고 있다(Lorange & Nelson, 1987: 42). 그러나 이러한 증상들을 파악하지 못하고 지나쳐 버리기 쉬운 것이 이 단계의 특징이다.

(2) 무대응 단계

무대응 단계란 조직의 업적이나 성과가 악화됨에도 불구하고 아무 대응행동을 취하지 않는 단계다. 조직관리자가 정보를 잘못 해석하고 조직은 결코 망하지 않는다는 신념을 가지고 기존 행동 방식에 강하게 몰입하는 것이다.

(3) 잘못된 행동의 단계

잘못된 행동 단계란 잘못된 결정을 하거나 결정을 잘못 실행하는 단계다. 따라서 능률을 강조하고 예산을 통제하는 등의 노력에도 불구하고 업적 지표가 점차로 저하하는 경향으로 바뀌게 된다.

(4) 위기의 단계

위기 단계란 조직이 잘못된 행동과 문제 해결의 실패로 인해 위기 · 혼돈 및 지체 상태에 이르는 것을 말한다. 이러한 상태를 벗어나기 위해서는 조직의 재편성과 방향 전환을 위한 제도화와 기존의 조직구조 · 전략 · 인사 및 이념의 혁명적인 변혁이 필요하다.

(5) 사멸의 단계

사멸의 단계란 조직이 그 생존을 유지할 수 없는 단계, 다시 말하면 쇠퇴 단계의 최종점에 도달한 상태를 말한다.

2) 조직 쇠퇴의 결과

조직이 쇠퇴함으로써 조직은 그 전체적인 차원에서뿐만 아니라 그것을 구성하는 내부의 집단과 개인 차원에서 여러 가지 결과가 발생한다(Cameron, Sutton, & Whetten, 1988: 6).

(1) 조직적 차원

조직 쇠퇴가 조직 전체적 차원에서 초래하는 결과는 다음과 같다.

① 방향 전환

조직이 쇠퇴하게 되면 조직은 일반적으로 기존의 구조 · 전략 · 이데올로기 · 인사관리 방법을 전환해 새로운 방향으로 나아가고자 한다.

② 규모 축소

조직의 성장이 멈추거나 쇠퇴기에 들면 인원 수를 동결하거나 감원해 규모를 축소하게 된다.

③ 관리자의 계승

조직의 쇠퇴 현상이 나타나면 그것을 극복하기 위해 새로운 인물을 찾아내어 그로 하여금 조직의 관리와 지도를 계승해 담당하도록 한다.

(2) 집단적 차원

조직 내부의 집단적 차원에서도 여러 가지 현상이 나타난다.

① 집단적 갈등

조직이 쇠퇴하게 되면 조직 내의 집단들 간에는 줄어드는 조직의 규모 속에서 자기 집단의 생존을 위한 경쟁과 갈등이 심화되며, 감소하는 자원 중에서 자기 몫을 더 많이 획득하기 위해 경쟁과 갈등이 격화된다.

② 변화에 대한 저항 혹은 응집성의 강화

조직에 쇠퇴 현상이 나타나는 경우 그 조직의 구성원들은 집단적인 공동운명체의 위기 의식을 공유하고 자신들에게 불리한 변화에 저항하게 되며 그 집단 내부의 단결과 응집성을 더욱 강화하는 현상이 발생할 수도 있다. 평소에 공식성보다는 비공식적인 인간관계와 유기적 연대의식이 높은 조직일수록 그러한 현상이 두드러지게 나타난다. 저항과 응집성은 쇠퇴를 인식한 초기에 특히 현저하게 강화되며 성장기에 혜택을 받은 기득권자들이 많은 집단일수록 더욱 강하다.

(3) 개인적 차원

개인적 차원에서 나타나는 현상은 다음과 같다.

① 근무 의욕의 저하

조직이 쇠퇴기에 들면 승진 기회의 지연 혹은 불확실성 · 감원 · 해직 및 보직에 대한 불안 등 일종의 조직구성원들을 '긴장시키는 현상(stress-inducing)'이 일어난다. 이러한 가운데 조직구성원들은 자발적인 근무 의욕이 저하되고 일에 대한 동기 유발과 사기 유지가 어렵게 된다.

② 이직률의 증가

조직이 쇠퇴기에 들게 되면 조직구성원들의 이직 현상이 증가하기 시작한다. 특히 조직의 가장 중요한 인적 자원인 유능한 관리직 직원, 전문가 및 숙련된 기술자들이 먼저 그 조직을 떠나게 된다. 유능한 직원일수록 이동성이 높은 것이 특징이다. 쇠퇴하는 조직은 유능한 인재를 잃게 됨으로써 더욱 쇠퇴가 가속화된다.

③ 조직의 재창조를 위한 창의적 노력의 증대 가능성

조직이 쇠퇴하는 잠재적·현재적 징후를 조직구성원들이 인지하게 되는 경우 그 스스로 위기를 각성해 조직을 재창조하고 그 활력과 효율성을 유지하도록 자극시킬 수도 있다. 궁(窮)하면 좋은 계책을 생각하고 그것을 실행하는 이치와 같은 것이다. 특히 관리자가 조직구성원들이 조직의 위기를 극복하도록 그들의 심리적 에너지를 결집한다면 조직의 재창조를 위한 노력이 결집되고 증대될 수도 있다.

4 조직 쇠퇴의 관리

이미 쇠퇴 단계에 들어선 조직은 그 쇠퇴를 극복하는 관리 방안이 있는가? 쇠퇴를 일으키는 원인에 대응하는 처방으로서 다음과 같은 것을 생각해 볼 수 있다.

1) 환경에서 발생하는 쇠퇴 원인에 대응하는 관리 방안

(1) 행동전술과 영역의 선택전략

캐머런과 자무토는 환경에서 비롯되는 조직의 쇠퇴를 관리하는 방안으로서 행동 전술(behavioral tactics)과 영역 선택의 전략(domain selection strategies)을 제안한다(Cameron & Zammuto, 1984: 366).

① 행동전술

행동 전술이란 조직에 쇠퇴의 징후가 나타날 때 관리자가 취하는 직접적이고 단기적인 행동으로서 위에 언급한 조직 쇠퇴의 환경적 요인(원인)인 침식의 경우에는 사전에 전향적인(proactive) 전술을, 위축의 경우는 대응적(reactive)인 전술을, 분해의 경우는 창발적(enactive)인 전술을, 붕괴의 경우는 실험적(experimental)인 전술을 이용해야 한다고 제안한다.

② 영역 선택의 전략

영역 선택의 전략이란 좀 더 장기적인 관점에서 조직의 관리를 조정하는 활동으로서 쇠퇴의 요인인 침식의 경우에는 영역의 공격(domain offense), 위축의 경우는 영역의 방어(domain defense) 혹은 영역 강화(domain consolidation), 분해의 경우에는 영역 창조(domain creation), 붕괴의 경우에는 영역을 대체(domain substitution)할 것을 주장한다.

(2) 상황 조건에 적합한 대응

조직은 환경 변화에 적정하게 대응해야 한다. 환경의 변화가 조직의 생존과 유지에 위협이 될 정도로 큰데 그에 대한 조직의 대응이 약한 경우는 조직이 환경에 압도돼 급격히 쇠퇴하게 된다. 반면에 환경의 변화가 매우 약하거나 일상적인 것에 불과한데 대응을 너무 강하게 하거나 비상 대응을 취하는 경우는 조직의 에너지를 불필요하게 낭비하는 결과를 초래한다. 그러므로 환경 변화에 대한 조직의 대응은 항시 상황을 잘 파악해 적정하게 해야 한다.

2) 조직에서 발생하는 쇠퇴 원인에 대응하는 관리 방안

(1) 조직의 경험과 문화에 대한 계속적인 학습과 개선

조직의 과거의 성공 경험이 조직이 당면한 현재의 문제 해결에 계속적으로 도움이 되는가 오히려 걸림돌이 되는가, 조직의 과거의 실패 경험이 개선됐는가 반복되고 있는가, 조직구성원들이 집단으로 공유하는 가치관과 행동양식(조직문화)이 조직의 현재의 성패에 어떤 영향을 미치고 있는가를 부단히 성찰하고 평가해서 개선해야 한다. 이러한 일련의 체계적인 노력은 학습(learning) 과정을 통해 가능하다. 학습이 계속적으로 이뤄짐으로써 조직은 과거의 경험과 문화의 몰입에서 벗어나 새로운 활력을 갖게 될 것이다.

(2) 조직의 존재 가치에 대한 사회적 지지 획득과 유지

조직의 존재 가치는 그 조직에 대한 사회적 인식과 지지에 크게 의존한다. 사회구성원 혹은 고객의 수요와 목적에 부합하는 서비스와 물자를 산출하는 조직 혹은 더욱 적극적으로 사회적 수요를 창출하는 조직은 그 사회적 존재 가치를 유지하거나 확장한다. 조직이 사회적 지지를 획득·유지하기 위해서는 자신의 목적과 사회적 수요가 합치되도록 해야 한다. 공공관계(PR)를 통해 조직과 사회의 협조 관계를 형성하고, 정보 공개를 통해 조직 운영의 투명성과 신뢰성을 유지하며, 사회적 책임과 윤리를 실행하는 것도 중요하다.

(3) 조직구조에서 발생하는 역기능의 감소

어떤 조직구조라도 그것이 수행하는 순기능이 있는 반면 역기능이 존재한다. 그러나 상황 조건에 적합하게 조직이 구조화되면 역기능을 감소시키고 순기능을 증가시킬 것이다. 조직의 관리자는 조직을 둘러싸고 일어나는 환경 변화의 성격과 내용을 정확하게 인지하고 해석해서 거기에 적합한 조직의 구조와 관리 방법을 디자인하고 적용해야 한다.

(4) 조직구성원의 능력과 행태의 개선

조직이 쇠퇴하지 않고 그 활력과 건강을 유지하기 위해서는 조직구성원들이 조직의 목표를 인식하고 그것을 달성하는 데 필요하고 충분한 능력과 행태를 가져야 한다. 조직관리자는 목표 수립, 구성원들에 대한 동기 부여, 조직을 위한 자원 획득 능력이 있어야 하며, 조직의 구성원들이 조직의 목표 달성을 위해 유기적인 팀워크를 이뤄 일하는 태도와 직무 수행에 요구되는 전문적 능력을 부단히 증진하고 향상시켜 나아가야 한다. 조직구성원들의 능력과 행태를 개선하는 데 기여할 수 있는 중요한 방법으로 학습조직을 구축하고 발전시켜야 한다.

제 22 장

조직 발전

제 1 절 조직 발전의 의의와 특징

1 의의

1) 개념 정의

'조직 발전(Organization Development: OD)'에 관한 이론은 지난 60여 년 동안 행태과학의 전개와 더불어 발전돼 왔으나 그 개념에 관해 확립된 하나의 정의는 없다. 다만, 여러 학자의 견해를 살펴보면, 그 안에 함축된 의미의 맥락을 이해할 수 있다.

- 프렌치(W. L. French): "조직 발전이란 조직 내외의 행태과학 컨설턴트나 변화 담장자의 도움을 통해 조직의 문제 해결 능력과 외부환경 변화에 대응하는 능력을 향상시키는 장기적인 노력이다"(French, 1969: 23-34).
- 커밍스(T. G. Cummings)와 월리(C. G. Worley): "조직 발전이란 조직의 효과성 향상을 목적으로 조직의 전략·구조 및 과정을 계획적으로 개발하고 강화하는 것으로, 시스템 전반적으로 행태과학 지식을 적용하는 것이다"(Cummings & Worley, 2001: 1).
- 버크(W. W. Burke): "조직 발전이란 행태과학의 기법과 연구와 이론을 이용해 조직문화를 계획적으로 변화시키는 과정이다"(Burke, 1994: 12).
- 베니스(W. G. Bennis): "조직 발전이란 일종의 변화에 대응하는 것, 즉 조직이 새로운 기술과

시장과 도전에 좀 더 잘 적응할 수 있도록 조직구성원의 신념·태도·가치관 및 조직구조를 변경시키고자 의도하는 일종의 복합적인 교육전략이다"(Bennis, 1969: 2).

- 베커드(R. Beckhard): "조직 발전이란 행태과학의 지식을 이용해 조직 과정에 개입(intervention)하는 방법을 통해 조직의 효과성과 건강(health)을 증진시키기 위한 계획적이고 조직 전체적인 노력이며, 최고관리층의 지지하에 관리되는 노력이다"(Beckhard, 1969: 9).

위에서 보는 바와 같이 조직 발전 개념은 어디에 초점을 맞춰 정의하는가에 따라 차이를 나타낸다.

프렌치는 조직의 문제 해결과 환경 대응 능력을 향상시키기 위한 조직의 장기적 노력에 초점을 맞추고 있고, 커밍스는 조직의 전략과 구조와 과정의 계획적 변화에 주목하며, 버크는 조직문화의 계획적 변화 과정을 강조하고, 베니스는 조직구성원의 신념·태도·가치관을 변경시키는 복합적 교육전략에 초점을 맞추고 있으며, 베커드는 행태과학 지식을 이용해 조직 전체를 계획적으로 변화시키는 노력을 강조해 정의하고 있다.

2) 개념의 요의

이상과 같은 여러 학자의 다양한 견해와 정의를 간추려 요의(要義)를 말하자면, 조직 발전이란 조직의 문제 해결과 환경 대응 능력·효과성·건강·자기혁신 능력을 제고 및 강화하기 위해 행태과학의 이론과 기법을 이용하고, 조직 최고관리층의 지원과 변화담당자 및 조직구성원의 노력을 통해 조직 체제 전체의 계획적 변화를 수행하는 지속적·장기적 활동 및 과정이라고 말할 수 있다.

2 특징

1) 조직과 그 구성원의 발전을 위한 목적의 추구

조직 발전은 조직을 구성하는 개인과 집단 및 조직 전체의 발전이 그 목적이다. 조직의 환경변화에 대응하는 능력(적응력)의 향상, 조직구성원의 복지와 만족의 증진, 조직의 구조, 과정 및 문화의 개선, 자기혁신과 협력적이며 참여적 문제 해결 능력의 증진, 효율성과 성과 향상

등이 주요 목적이다.

2) 조직 전체의 계획적 변화를 위한 개입 방법

조직 발전이란 조직을 구성하는 개인의 능력과 행동뿐만 아니라 집단 및 조직 전체의 행태, 과정, 구조 및 문화의 변화를 위한 계획적·의도적인 개입 방법이다.

3) 장기적·지속적인 변화 과정

조직의 발전과 변화는 단기적·일시적으로 완료되지 않는다. 장기적이며 지속적으로 바람직한 조직의 모습을 만들어가는 과정이다.

4) 체제 관점에 입각한 조직의 변화 노력

조직 발전은 조직이 개인과 집단·구조·전략·과정 및 문화 등의 요소로 구성된 하나의 체제(system)라는 관점에서 접근하는 것이며, 전체 체제 안에서 그 요소들 간의 조화와 일치 및 최적의 상태를 발전시키고자 노력하는 과정이다.

5) 행태과학 이론과 기법의 응용

조직 발전은 조직의 행태를 개선하기 위해 행태과학 및 조직 행태를 연구하는 여러 학문의 융합적 이론과 기법을 응용하는 것이다.

6) 복합적인 교육 및 학습전략

조직 발전은 조직 속의 인간의 행태·가치관 및 신념을 변화시키고자 하는 복합적인 교육 및 학습전략이기도 하다. 이를 위해 전통적인 강의식 위주의 교육보다는 경험적 학습 방법(T 집단 및 문제 해결 연습 등)이 이용된다.

7) 컨설턴트의 도움

조직 발전은 컨설턴트(consultant)의 도움을 받으며 수행된다. 조직 발전 컨설턴트는 조직구성원이 자신들의 문제를 파악하고 그것을 해결하는 방법을 찾는 데 도움을 주는 자다. 그는 문제 해결을 주도하고 감독하는 자가 아니라 조직구성원들과 문제 및 그 해결 방법을 공동으로 학습하며 협력자 · 지원자 및 촉진자로서 역할을 수행한다.

8) 조직구성원의 참여와 최고관리층의 지원

조직 발전은 조직 전체의 변화를 위한 노력이므로 조직구성원이 적극적으로 참여해야 하며, 최고관리층이 관심을 가지고 지원해야 한다.

제 2 절 조직 발전의 흐름

조직 발전은 지난 60여 년 동안 다음과 같은 주요 이론 및 기법의 대두와 발전을 기초로 성장 · 발전해 왔다(French & Bell, 1995, 정재창 외 옮김, 1997: 41-67 참조).

1 실험실훈련의 등장과 조직 발전(OD)의 전파

실험실훈련(laboratory training)이란 실험실과 같은 인위적인 장소에서 인간을 훈련하는 것을 말한다. 이 훈련은 1946년 코네티컷 주 뉴브린턴에서 열린 집단관계 워크숍에서 비롯한다. 이 워크숍은 1945년에 설치된 MIT의 집단역학연구소(Research Center for Group Dynamics)의 후원을 받았다. 이 연구소는 레빈(Kurt Lewin)의 주도 하에 창립됐으며 개인과 집단 및 조직 행태의 연구에 크게 기여했다. 이 워크숍의 참여자들이 공유한 인식과 경험에 근거해 1947년에 메인 주의 베텔국립훈련실험실(National Training Laboratory in Group Development: NTL)이 설치되고 이 훈련소는 실험실훈련을 발전시켰다. 그후 실험실훈련은 T그룹훈련(T-group training) 혹은 감수성훈련(sensitivity training)이라는 명칭으로 불리게 됐다.

실험실훈련, T그룹훈련 혹은 감수성훈련은 기업체 · 정신병원 · 사회사업기관 · 교회조직 내의 인간 행태와 문제 해결을 위한 훈련으로 널리 보급됐다. 그러나 그것은 조직이나 집단 속의 개인의 행태나 문제를 개선하는 데 비중을 두었을 뿐 개인과 전체 조직의 성장과 발전을 함께 관리하는 차원으로까지 발전되지 않았다. 그것을 개인과 전체 조직의 성장 및 발전의 차원으로 확대한 것은 1950년대 말에 이르러서다. 블레이크(R. Blake), 셰퍼드(H. A. Shepard), 모튼(J. S. Mouton), 맥그리거(D. McGregor) 등의 행태과학자들은 실험실훈련 혹은 T그룹 프로그램을 '조직 발전(Organization Development: OD)'이라는 새로운 개념에 포괄했으며, 그것을 단순한 교육훈련이나 관리개발 프로그램과 구분했다.

2 조사연구 피드백 기법의 개발

조사연구 피드백(survey feedback)은 조직 발전(OD)의 발전에 기여한 중요한 기법이다. 이것은 조직의 풍토·리더십 및 조직구성원의 직무 만족과 태도 등에 관해 설문조사를 하고 조사에서 수집한 자료를 조직의 모든 계층의 개인과 집단에 피드백해 분석하고 발견된 사실의 의미를 해석해 적절한 행동(혹은 개선)을 계획하는 것을 말한다.

이 기법은 1946년에 미시간대학교에 설치된 조사연구소(Survey Research Center)에서 리커트(R. Likert) 등이 개발한 후 발달돼 왔다. 이 연구소는 특히 1948년부터 대규모 조직을 대상으로 많은 조사를 했으며, 연구소에서 개발한 조사 피드백 기법은 조직 발전(OD)의 핵심적 특성과 가치를 입증해 왔다.

3 액션 리서치의 발전

액션 리서치(action research)의 개념과 방법도 조직 발전의 이론과 실천의 한 기초를 이루고 있다. 여기서 말하는 액션이란 조직의 문제와 상황을 해결 및 개선하기 위해 설계된 프로그램이나 개입을 말하며, 액션 리처치란 변화 대상 조직에 대해 체계적으로 수집한 자료와 그 자료의 분석에 근거해 이뤄지는 변화 과정과 행동에 관한 연구를 말한다.

액션 리서치는 조직의 계획적 변화와 발전을 위해 필요한 과학적 방법을 제공하는 것으로서 1940년대 말부터 50년대에 걸쳐 레빈 등이 이룩한 여러 가지 연구 성과에 토대를 두고 발전해 왔다.

4 사회기술 체제의 발전

여기서 말하는 사회기술 체제(sociotechnical system)란 조직을 인간으로 구성된 사회 체제와 기계를 이용하는 기술 체제의 복합체로 규정하는 것을 말한다. 이 개념은 트리스트(E. Trist) 등이 제2차 세계대전 후에 영국에 설립해 운영한 타비스토크연구소(Tavistock Institute of Human Relations)에서 개념화해 널리 전파했다. 트리스트 등은 광산노동자의 조직과 직무설계에 관한 연구에서 중요한 사실을 발견했다. 타비스토크의 연구자들은 기술적(기계적) 요인과 사회적(인간적) 요인을 통합 및 최적화하는 조직 체제를 개념화했다. 이것이 바로 사회기술 체제다(Trist & Bamforth, 1951: 3-38).

사회기술 체제 개념은 여러 사회조직의 문제를 개선하는 데 응용돼 왔으며, 1960년대 이후 직무설계와 직무생활의 질(quality of working life)을 개선하는 연구와 실천에 영향을 미쳤고, 조직 발전을 위한 이론과 프로그램 발전에 기여해 왔다.

5 제2세대들의 새로운 관심과 탐구

1980년대 이래 조직의 환경은 매우 역동적으로 변화해 왔으며, 그에 대응해 조직구조의 새로운 개편과 관리기술의 부단한 혁신이 요구되고 있다. 그것은 조직을 구성하는 개인과 집단, 그리고 조직 전체 체제의 새로운 발전을 위한 접근 방법의 변화를 의미하는 것이다. 또한 조직의 변화를 연구하고 조직관리를 담당하는 사람들도 변화했다. 1980년대 이후 조직 행태의 연구와 조직의 관리를 담당하는 주역으로 등장한 제2세대들은 다음과 같이 새로운 영역에 관심을 기울여 탐구하고 있다.

첫째, 조직의 변혁(organization transformation)에 대한 새로운 세대의 관심이다. 그것은 단순한 조직의 점진적 변화나 개선이 아니라 근본적인 패러다임, 즉 질적 틀의 변화에 대한 관심이다.

둘째, 조직문화, 학습조직, 팀, 총체적 품질관리(TQM), 조직의 비전 설정 등에 관해 관심을 가지고 탐구하는 경향이 지속적으로 확대돼 왔다.

제 3 절 조직 발전의 과정

조직 발전은 변화 대상과 목적에 적합한 과정을 정해서 수행해야 한다. 그러나 일반적인 과정을 중심으로 설명하면 다음과 같다.

1 문제의 인식

조직 발전은 조직에 어떤 문제가 있는가를 인식하는 데서 출발한다. 문제의 인식이란 조직의 당위적인 소망스러운 모습과 현재 상태의 간극을 발견하고, 현재 상태의 개선과 변화의 필요성을 자각하는 이성적 사고 과정이다. 예를 들면 조직에 효과성의 저하, 갈등의 심화, 구성원의 사기 저하 등의 문제가 있다면 그 사실을 정확하게 지각하고 인식해야 한다.

2 진단과 피드백

진단(diagnosis)이란 조직의 현재적·잠재적 문제가 있다고 인식되는 경우에 그 문제의 진상이 무엇이며 어떤 상태에 있는가를 조사해 판단하는 것을 말한다. 진단 전문가에게 의뢰해 조직의 상태에 관한 정보와 자료의 수집부터 시작한다. 진단 전문가들은 인터뷰·설문조사·관찰 등을 통해 조직의 상태와 사실에 관한 자료를 수집하며, 수집된 자료와 정보를 다면적인 각도에서 분석한다. 이러한 분석을 통해 조직이 안고 있는 문제의 소재와 규모 및 성격, 강점과 약점뿐만 아니라 기회를 확인하고 판단한다.

조직의 상태에 관한 자료는 조직 내부의 관리자와 해당 집단 및 개인들에게 피드백해서 조직의 상황을 정확하게 인식하도록 해야 한다.

3 변화를 위한 행동 계획의 수립

진단의 결과 조직이 안고 있는 문제가 명확하게 발견됐으면 그것을 개선·변화시킬 계획을 수립해야 한다. 계획에는 어떤 대상(예: 조직구조·과정·팀과 개인)을 어떤 상태로 변화시키며, 어떤 개입 방법이나 기법을 적용할 것인가 등이 적합하게 포함돼야 한다.

4 행동계획의 실행

행동계획에 따라서 조직의 문제 해결 혹은 개선활동을 실행해야 한다. 행동계획의 실행이란 구체적으로 변화 대상에 개입해 바람직한 변화를 일으키는 과정을 말한다. 이러한 변화를 위해 각 변화 대상에 적합한 행동개입(action intervention)의 방법과 기법이 선택돼 적용된다. 예를 들면 조직 내의 개인의 변화를 위해 감수성훈련 방법을, 집단과 팀의 발전을 위해 팀 빌딩을, 전체 조직의 발전을 겨냥해서 그리드(Grid) OD 제4·5·6단계의 기법을 이용하는 것 등이다.

5 결과의 평가

위와 같은 과정을 거쳐 실행한 조직 발전 노력이 그 목적한 바를 달성했는가를 비판적으로 검토하고 측정하는 것을 조직 발전의 평가(evaluation)라고 한다. 그것은 계획 실행의 효과성·성과, 그리고 그에 대한 만족 여부를 양적·질적인 면에서 살펴보는 것이다. 이러한 평가는 조직 발전을 위한 행동 프로그램의 수정·보완과 발전을 위한 근거를 이룬다.

제 4 절 조직 발전의 주요 기법

조직 발전의 기법이란 조직의 변화를 위한 접근 방법 혹은 행동 개입(action invention) 방법을 말한다. 조직 발전 기법은 매우 다양하다. 그러나 조직 발전의 차원이나 범위에 따라서 몇 가지 범주로 분류할 수 있다.

프렌치(W. L. French)와 벨(C. H. Bell)은 <표 22-1> 대상별 주요 기법 분류에서 보는 바와 같이 조직 발전의 기법을 조직을 구성하는 개인·집단 및 팀·전체 조직 차원을 기준으로 분류하고 있다. 이러한 기법들 중에서 여섯 가지를 선택해 다음과 같이 설명한다.

1 감수성훈련

1) 의의

감수성훈련(sensitivity training)은 그 개념의 발생 시기와 배경에 차이가 있기는 하지만 실험실훈련(laboratory training), T그룹(T-groups), 훈련집단(training groups) 및 만남의 집단(encounter groups) 등과 동의어로 사용돼 왔으며, 가장 대표적인 조직 발전 기법이다. 감수성

표 22-1 프렌치와 벨의 대상별 주요 조직 발전 기법 분류

대상		기법 (개입 방법)
개인	개인	생애 및 경력계획활동, 지도와 카운슬링, T그룹 (감수성훈련), 그리드 OD 제1단계, 직무재설계, 행태주의적 조직발전(Gestalt OD), 행동모델링
	개인 간 (2자간 · 3자간)	과정자문, 제3자 중재, 역할형성기법, 행태주의적, 조직 발전
집단 및 팀	집단 및 팀	팀 빌딩, 그리드 조직발전 제2단계 장점 탐구(appreciative inquiry), 책임 차트 작성(responsibility charting), 과정자문, 역할 협상, 역할분석기법, 집단 상황에서의 의사결정, 문제 해결, 계획 수립, 목표 설정 교육, 팀목표관리, 인정 및 관심 사항 실습(appriciation and concern exercise), 사회기술 체제(STS), 비전 제시, 근무생활의 질(QWL) 프로그램, 분임조, 힘의 장분석, 자율관리 팀
	집단 및 팀 간	집단 간 활동, 조직거울(organization mirror), 파트너 형성(partnering), 과정자문, 집단 차원의 제3자 중재, 그리드 조직 발전 제3단계, 조사 피드백
전체 조직	전체 조직	사회기술 체제(STS), 병행학습구조, 목표관리, 문화분석, 대면미팅, 비전 제시, 전략계획 및 전략 관리활동, 그리드조직 발전 제4 · 5 · 6단계, 상호의존 연습, 조사 피드백, 장점 탐구, 미래탐색회의, 근무생활의 질(QWL) 프로그램, 총체적 품질관리(TQM), 물리적 환경, 대규모 시스템 변화

French & Bell(1978: 112).

훈련이란 소수의 사람들로 훈련집단을 편성하고 훈련이 진행되는 동안 외부의 영향에서 차단된 장소에서 훈련 참여자들이 비구조적 · 비정형적인 의제를 토론하고 토론 참여자들 간에 상호작용하는 가운데 자기자신과 타인의 감정 · 가치관 · 동기 및 행태를 이해하고 통찰하며 집단과 조직의 문제 해결 능력을 높이는 훈련기법이다.

2) 목적과 적용 대상

감수성 훈련의 목적은 ① 집단 내의 여러 가지 대인관계 속에서 개인이 자신의 감정 · 가치관 및 행태를 심층적으로 이해 · 통찰하고, ② 타인과의 관계의 중요성을 이해하며, ③ 자신이 소속하고 근무하는 조직의 발전을 위해 바람직한 심리와 행태와 능력을 기르는 데 있다. 감수성 훈련은 특히 조직 속의 개인의 변화를 위해 적용되는 조직 발전 기법이다. 조직의 발전 및 변화는 기본적으로 개인의 변화에서 비롯된다고 생각하는 것이다.

3) 과정

감수성훈련의 성립과 진행 과정을 요약하면 다음과 같다.

(1) 훈련집단의 구성

감수성훈련 집단은 10명 정도의 인원으로 구성한다. 구성원은 평소에 알지 못하는 사람들로 이뤄지는 소위 '낯선 사람들 집단(stranger groups)'일 수도 있고, 같은 조직에 소속되지만 근무 단위가 다른 사람들로 이뤄지는 '사촌집단(cousin group)'일 수도 있으며, 같은 조직 · 부서에 근무하는 사람들로 구성되는 '가족집단(family group)'일 수도 있다.

조직 내부의 한정된 문제 해결을 위해서는 사촌집단 및 가족집단이 적합하다고 할 수 있으나 좀 더 넓고 새롭게 문제를 파악하고 해결하고자 할 때에는 낯선 사람들로 이뤄지는 집단이 효과적이라고 할 수 있다.

(2) 훈련 장소와 기간

피훈련자는 훈련 기간 중 외부와 접촉이 차단된 장소에서 생활하며, 훈련은 보통 2~3주간 계속한다. 그리고 집단별 회의 및 훈련은 매회 약 1시간 30분~2시간을 기준으로 한다.

(3) 훈련전문가의 참여

훈련집단에는 1~2명의 훈련전문가가 참여한다. 그는 피훈련자들이 스스로 경험을 통해 학습하도록 개방적 분위기를 조성하고 지원하는 역할을 수행할 뿐 훈련 과정이나 의제 등에 관한 결정에 간섭하지 않는다.

(4) 훈련 과정의 비구조화

감수성훈련에서는 훈련집단의 운영과 진행을 원칙적으로 미리 구조화하지 않는다. 집단 참여자들이 그 집단 과정을 진행하는 과정 속에서 의제를 발견해 토의하고 토의 과정에 상호작용하며 심층적으로 토의를 진행한다.

이러한 과정은 참여자들이 마음을 열고 서로 상대방을 받아들임으로써 효과적으로 이뤄진다. 참여자들은 자신의 출신 · 지위 · 나이 등을 접어놓고 자신이 현재 참여하고 있는 집단에서, 즉 '지금 여기에서(now and here)' 어떤 생각을 하고 무슨 말을 하며 상대방의 생각과 말에 어떤 반응을 하고 그들과 어떤 관계를 이뤄야 하는가에 대해서만 생각하고 말하며 행동해야 한다. 함께 참여하는 타인의 경험과 생각과 언행을 나의 거울로 생각하고 그 거울에 비춰 자신을 객관화해서 자신의 참 모습이 어떤가를 발견해야 한다. 다른 사람의 장점을 관찰해 배울 뿐만 아니라 약점과 실수도 주의깊게 살펴야 한다. 이러한 모든 과정 안에서 참여자 간에 활발하게 피드백이 이뤄짐으로써 참여자 개인뿐만 아니라 전체가 상호 대인 관계와 조직문제에 대한 감수성이 높아지는 것이다. 그리고 이와 같은 경험과 학습을 자신이 근무하는 조직으로 옮겨 실행할 수 있는 행태와 능력을 갖게 되는 것이다.

4) 장점과 문제점

(1) 장점

감수성훈련은 조직을 구성하는 가장 기본적 단위인 개인의 감정 · 가치관 및 행태를 개선 · 향상시키는 데 효과적인 방법이다. 감수성훈련이야말로 조직의 바람직한 변화와 활성화를 위한 기초적 기법이다.

(2) 문제점

감수성훈련에 의해 조직구성원 개개인의 감정이나 행태가 바람직하게 변화됐다 하더라도 그것이 곧 그 개인이 근무하는 조직의 개선으로 옮겨져 효과적으로 작용한다는 보장이 없다. 일반적으로 개인의 변화된 태도와 그것을 수용하는 조직의 상황이나 문화 간에는 갭(gap)이 있기 때문이다.

2 팀 빌딩

1) 의의

“팀(team)이란 공통의 목적을 달성하기 위해 상호 책임을 지며 서로 보완적인 기술을 가진 사람들로 구성된 소집단”(Katzenbach & Smith, 1993: 112)을 말하며, 팀 빌딩(team building)이란 조직 내의 팀이나 집단이 그 팀이나 집단의 작업 성과에 관련되는 문제 혹은 인간관계나 의사소통 등의 문제를 진단하고 해결 방안을 수립해 실행하는 조직 발전의 한 기법이다(Greenberg & Baron, 2000: 605 참조).

2) 목적과 적용 대상

첫째, 팀 빌딩의 목적은 조직 내의 집단구성원의 참여와 상호작용 과정을 통해 구성원의 사회·심리적 욕구를 충족시키고 신뢰와 개방성을 증대하며, 노력과 활동을 조정하고 집단 내부의 문제 해결과 성과를 개선하는 데 있다.

둘째, 팀 빌딩 프로그램의 적용 대상은 집단의 목표 설정, 구성원 간의 인간관계, 구성원의 역할 갈등, 의사결정, 의사소통, 작업 과정 등에 대한 토의와 진단, 행동계획의 수립과 실행 및 평가 등이다.

3) 과정

팀 빌딩의 과정은 그 적용 대상에 따라 차이가 있으나 대체로 보면 문제의 확인→진단→바람직한 변화 목표의 설정→변화를 위한 행동계획의 수립→계획의 실행→평가의 순으로 이뤄진다.

첫째, 문제의 확인은 집단구성원들이 참여해 태도조사와 객관적인 자료(예: 실적통계 자료) 등을 근거로 수행한다.

둘째, 진단은 일반적으로 진단그룹을 구성해 행하며, 집단 및 팀의 장점·약점·문제의 성격 등에 관해 자료를 수집·분석하고 판단한다.

셋째, 진단에 근거해 바람직한 변화를 위한 목표를 개발하고 행동계획을 수립해 실행하며, 실행 결과를 평가한 후 과정을 종료하거나 새로운 과정을 진행한다.

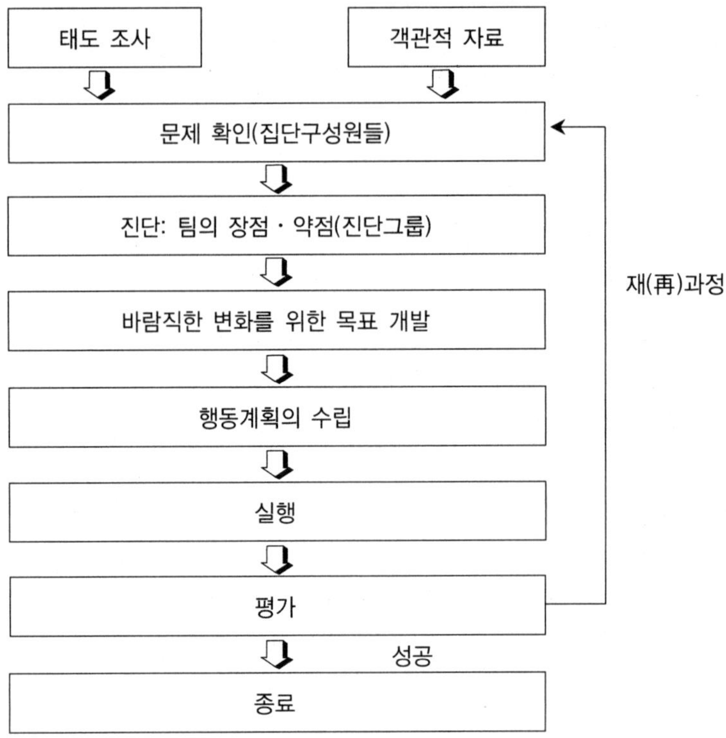

그림 22-1 팀 빌딩의 과정

Greenberg & Baron(2000: 606).

4) 장점과 문제점

(1) 장점

팀 빌딩 기법은 집단구성원의 참여에 근거해 변화 대상에 접근하는 과정을 진행하므로 집단의 문제와 개선 활동에 구성원들의 관심과 몰입의 정도가 높으며, 집단의 팀워크와 문제 해결 능력을 증진하고 성과를 향상시키는 효과적인 방법이라고 할 수 있다.

(2) 문제점

팀을 구축하고 진행하는 과정에서 구성원들 간에 관심과 의견이 분열되고 인간관계의 긴장이 발생할 소지가 많다. 그러므로 팀 빌딩을 성공적으로 수행하려면 구성원들의 참여가 잘 이뤄져야 하고 그들 간에 팀 빌딩의 가치를 공유해야 한다. 그리고 효과적으로 팀 빌딩을 수행한 집단에 대해서는 적절한 보상을 해야 한다. 이러한 일은 특히 최고관리자가 적극적인 관심을 가지고 지원함으로써 효과적으로 이뤄질 수 있다.

3 그리드훈련

1) 의의

그리드훈련(grid training) 혹은 관리그리드훈련(managerial grid training)이란 블레이크와 모튼이 개발한 일종의 종합 체계적 조직 발전 기법으로서, 그것을 적용해 조직 속의 개인과 집단, 그리고 전체 조직 차원의 변화와 발전을 도모한다(Blake & Mouton, 1985).

블레이크와 모튼은 조직 속의 개인, 집단, 조직 전체 차원에서 관리자의 행태와 능력 발전에 관련되는 독특한 개념과 기법으로서 '관리그리드 훈련'을 개발했다. 그들은 조직관리자의 관심을 이원적으로 규정했다. 하나는 인간에 대한 관심이고, 또 하나는 생산(과업)에 대한 관심이다. 그리고 두 가지 관심을 각각 9개의 등급(고·저)으로 나누고 서로 조합해 다섯 가지 관리 행태 유형을 설정했다. 이것을 관리그리드모형([그림 22-2])이라고 한다. 다섯 가지 관리 행태는 다음과 같다.

① 1·1형: 무관심형(impoverished)−생산에 대한 관심과 인간에 대한 관심이 매우 낮은 유형
② 1·9형: 인기형(country club management)−생산에 대한 관심은 낮으나 인간에 대한 관심이 매우 높은 유형
③ 9·1형: 과업형(task management)−생산에 대한 관심은 높으나 인간에 대한 관심이 낮은 유형
④ 5·5형: 타협형(middle-of-the management)−생산과 인간에 대한 관심을 중간에서 적당히 타협 절충한 유형
⑤ 9·9형: 이상형(team management-the ideal style)−생산에 대한 높은 관심과 인간에 대한 높은 존경심을 가지고 조직을 관리하는 유형

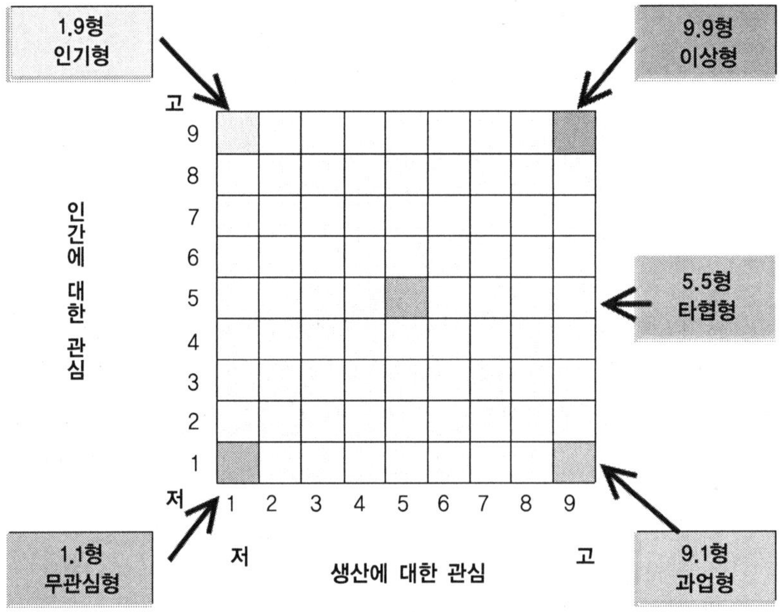

그림 22-2 관리그리드모형

2) 목적과 적용 대상

그리드훈련의 목적은 조직의 관리자를 조직의 생산과 인간에 대한 관심을 만족스럽게 실행하는 이상형(9·9형)의 관리자로 개발하고 조직 전체의 효과성을 향상시키는 데 있다. 그리드훈련은 조직관리자 개인·집단·팀, 그리고 조직 전체 차원에 적용된다.

3) 과정

그리드훈련은 다음과 같은 6단계의 과정으로 이뤄진다(Blake & Mouton, 1969; 61, 79-109 참조).

(1) 실험실 세미나 훈련

실험실 세미나 훈련(laboratory seminar training)의 목적은 참여자들에게 그리드 훈련에서 이용되는 전반적인 개념과 내용을 소개하는 것이다. 여기서는 개인 및 집단통찰을 발전시키기보다는 리더십에 더 많은 관심이 집중된다.

(2) **팀 발전**

여기서는 같은 부서의 구성원들이 9·9형의 위치에 어떻게 도달할 것인가에 관한 방법을 계획하기 위해 집합한다. 팀 발전(team development) 단계에서는 앞 단계에서 학습한 것을 실제 조직 상황에 적용한다.

(3) **집단 간의 관계의 개선 및 발전**

여기서는 9·9형의 기본 척도에 초점을 둔 집단 상호간의 관계의 개선 및 발전(intergroup development)이 포함된다. 전술한 제1·2 단계는 관리 발전(managerial development)에 목적이 있지만 이 단계는 전반적인 조직 발전의 시작이라고 할 수 있다.

(4) **조직 목표의 설정**

이 단계의 참여자들은 조직이 성취하고자 하는 목표 설정(organizational goal setting)에 동의하고, 목표 달성에 기여코자 하는 감정과 의욕을 갖도록 한다.

(5) **목표 달성**

목표 달성(goal attainment) 단계에서는 참여자들이 제4단계에서 설정한 목표를 성취하고자 시도한다. 참여자들은 조직의 주요 문제점을 토의하고 해결하는 훈련을 한다.

(6) **평가 및 안정화**

이 단계에서는 훈련의 의도와 목표에 비춰 전반적인 프로그램의 달성 상태를 평가하고 변화의 안정화(stabilization)를 위한 방안을 찾는다. 이상과 같은 그리드훈련의 6단계는 그것을 수행하는 데 3년 내지 5년이 소요된다고 한다. 그러나 경우에 따라서는 그보다 단기간에 이뤄질 수도 있을 것이다.

4) 장점과 문제점

(1) **장점**

그리드훈련 방법은 조직의 개인·집단·조직 전체 차원의 개선을 위한 장기적이고 체계적인 조직 발전 기법이라는 점에 특징이 있으며, 도달해야 할 이상형 관리 유형이 명백하게 설정돼 있는 점에 장점이 있다. 블레이크와 모튼 등의 후속 연구에 의하면 그리드훈련이 적용된 여러 기업에서 경영 개선과 효율성이 나타나고 있다고 한다.

(2) **문제점**

그리드훈련 결과에 대한 평가 기준과 방법이 객관적으로 확립돼 있지 않은 문제점이 있다.

4 서베이 피드백

1) 의의

서베이 피드백(survey feedback)이란 조직의 구성원들이 조직의 풍토(climate), 보수, 직원 간의 관계, 리더십 스타일, 직무만족도 등에 관해 어떤 생각과 태도를 가지고 있는가를 조사(survey)해 자료를 수집하고, 그것을 조직의 각급 수준의 개인과 집단에 피드백해서 분석하고 해석해 조직의 문제를 해결하거나 개선하기 위한 행동계획(action plans)의 수립에 이용하는 기법을 말한다(Rosenfeld, Edwards, & Thomas, 1993: 3-28 참조).

2) 목적과 적용 대상

서베이 피드백은 조직의 여러 가지 문제에 대한 조사를 통해 자료를 확보·분석하고, 진단하며, 조직의 효과적인 변화와 발전을 위한 행동모형을 개발하는 데 목적이 있다.

이 기법은 조직의 집단·팀 및 조직 전체 차원의 변화와 발전을 위해 적용된다.

3) 과정

서베이 피드백은 자료 수집·피드백·행동계획의 개발 등의 순서로 진행된다(Greenberg & Bason, 2003: 609).

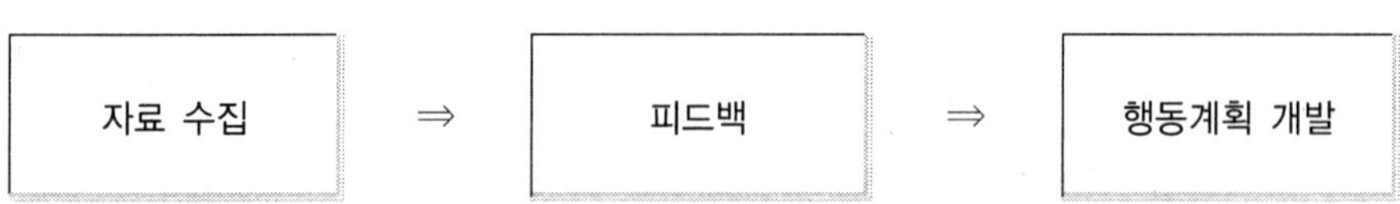

그림 22-3 서베이 피드백의 과정

(1) 자료 수집

조직의 구성원들이 조직의 풍토, 리더십 스타일, 직무 만족 등에 관해 어떤 생각과 태도를 가지고 있는가를 조사해 자료 및 정보를 수집한다. 자료 수집에 앞서 조사 담당자는 조직의 최고관리자의 관심과 지원을 받으며 조사의 목적, 조사 항목 및 방법 등을 정한다. 조사는 조직의 전체 구성원을 대상으로 하는 것이 바람직하지만 비용과 시간의 절약을 위해 표본조사를 할 수도 있다. 조사는 주로 구조적인 질문서(structured questionaire)를 이용하거나 심층면접 방법을 이용한다. 자료 수집 과정에는 흔히 외부의 조사 전문가의 도움을 받는다.

(2) 피드백

조사자료가 수집·정리되면 그것을 먼저 조직의 관리층에 보고하고 피드백한다. 조사자료의 피드백은 일반적으로 조직계층의 상층부에서 시작해서 아래 계층으로 내려오는 방법으로 이뤄지지만 아래 계층으로부터 상향적으로 이뤄지는 경우도 있다. 조사자료를 받은 조직의 각계층에서는 피드백회의(feedback meeting)를 열어 자료를 확인하고 자유롭게 토론하며 조직의 강점·약점·문제점 등을 진단하고 해석한다.

(3) 행동계획의 수립과 실행

피드백 과정에서 파악한 조직의 문제점을 개선하고 조직을 변화·발전시킬 행동계획 혹은 실행계획을 수립한다. 계획 수립은 활발한 집단토론을 통해 이뤄져야 하며 그 내용은 조직이나 집단이 안고 있는 문제의 해결이나 극복에 적합하며 구체적이고 실천 가능한 것이어야 한다.

4) 장점과 문제점

(1) 장점

서베이 피드백 기법은 조직과 집단에 관한 많은 정보와 자료를 신속하고 효율적으로 수집해 문제점을 진단하고 조직의 변화와 발전을 위한 행동계획을 수립해 효과적으로 실행하는 데 유용하다.

(2) 문제점

조사 과정과 방법, 피드백 및 행동계획 수립과 실행에서 조직의 관리자와 구성원·조사 담당자 간의 의견의 일치와 신뢰, 문제점과 사실에 대한 솔직한 수용, 적극적인 참여를 확보하기 어려운 점이 있다(Cummings & Worley, 2001: 138 참조).

5 과정자문

1) 의의

조직의 관리자는 조직 내부의 업무 수행 과정에 문제가 있다고 생각하면서도 조직 스스로 문제를 효과적으로 파악해 해결하지 못하는 상태에 있을 수도 있다. 이때 외부의 전문가를 자문인(consultant)으로 위촉해 그의 도움을 받아 그 조직이 당면한 문제가 무엇인가를 알아내어 그 개선을 위해 필요한 조치를 취할 수 있다.

과정자문(process consultation) 혹은 과정상담이란 조직이 외부 자문인 혹은 상담자를 위촉해 그의 도움을 받아 조직 내부의 개인 간 혹은 집단 간에서 발생하는 여러 가지 과정상의 일(process events)을 진단하고 해결 조치를 취하는 기법이다(이명재, 2003: 179; Schein, 1980: 247-248; 1988: 9 참조).

과정자문은 외부의 변화담당자(external change agents)가 자문인(consultant)이 되고 내부의 변화담당자(internal change agent: 주로 고위관리자 혹은 팀 리더)가 자문인을 위촉하는 관계가 돼 조직의 변화 및 발전을 공동으로 추진하는 것이다. 과정자문 기법은 두 가지 믿음에 근거한다.

첫째, 전문지식을 가진 외부 자문인은 조직이 당면한 문제를 진단하고 해결하는 데 도움을 준다는 것이며, 둘째, 조직은 외부 자문인의 도움을 받으면 궁극적으로 자기의 문제가 무엇인가를 파악하고 그것을 개선하는 데 어떤 활동이 필요한 가를 지각하는 능력이 있다는 것이다.

과정자문을 진행하는 과정에서 자문인이 하는 역할은 조직이 문제를 찾아내어 진단하고 적절한 해결 방법을 선택해서 발전을 위한 행동을 취하도록 도움을 주는 것이다. 조직이 스스로 돕도록 도와주는 전문가 및 코치 역할을 하는 것이다. 자문인은 구체적인 해결 방안을 제시하지는 않는다. 다만, 전문적 지식과 철학에 근거해 방향을 제시하는 조언자 및 상담자 역할을 하는 것이다.

2) 목적과 적용 대상

과정자문 기법은 조직이 외부 자문인의 개입과 도움을 받아 자기의 문제를 진단하고 개선, 발전하는 주체가 되게 하는 데 목적이 있다.

이 방법은 주로 조직 내부의 개인 간 혹은 집단 간에 업무 과정에서 발생하는 일을 진단하고 개선하는 데 적용된다. 예를 들면 집단 속의 의사소통 패턴, 구성원들의 역할과 기능, 의사결정 과정, 집단규범, 리더십과 권위, 구성원들의 갈등 및 집단 간 협력과 경쟁 등이다.

3) 과정

조직은 외부 전문가의 자문이 필요한 경우 그와 접촉해 관계를 형성하고, 이어서 진단 및 자문을 받는 과정을 진행한다. 구체적으로 말하면 다음과 같은 과정을 따른다.

① 외부 자문인과의 접촉, ② 관계의 설정(예: 계약, 보수, 용역 등), ③ 자문 장소와 방법의 결정, ④ 자료 수집과 진단, ⑤ 구체적인 개입(intervention)을 통한 실제적 자문활동, 그리고 ⑥ 종결의 순서로 진행된다(Schein, 1988: 79-131). 여기에서 가장 중요한 과정은 구체적인 개입을 통한 자문활동이다. 이 단계에서 의제 설정, 자료의 피드백, 상담 및 제언이 이뤄진다.

4) 장점과 문제점

(1) 장점

과정자문 기법은 조직의 관리자 및 조직구성원들이 조직 속의 개인 및 집단의 업무 과정에 존재하는 문제점들을 외부 자문인의 전문적 도움을 받아 진단하고 문제 해결을 모색해 조직의 효과성을 증진할 수 있는 장점이 있다.

(2) 문제점

외부 자문인의 개입 범위와 내부 조직인의 관여의 한계가 상황에 따라 달라지며, 과정 진단과 해결 방안을 모색하는 데 시간과 비용이 많이 소요될 수 있는 문제점이 있다.

6 액션 리서치

1) 의의

액션 리서치(action research)는 실행연구·실천연구 혹은 활동연구라는 말로 번역해 쓰이고 있다. 액션(action)이란 조직의 문제를 해결하거나 상황을 개선하기 위해 설계된 프로그램 및 개입 행동을 말하며, 리서치(research)란 행동(action)을 위해 필요한 진단·평가·연구 및 행동 프로그램을 탐구하는 것이다. 액션 리서치란 조직관리자와 구성원 및 조직 발전 전문가 등이 참여·협력해 조직의 문제를 진단·연구하고 행동을 수행하며, 행동이 이뤄진 후에 그 효과를 평가·연구해 새로운 행동을 수행하는 일련의 계속적이고 반복적인 진단과 실행을 진행하면서 조직을 변화·발전시키는 기법이라고 말할 수 있다.

레빈(Kurt Lewin)이 1940년대에 이 개념을 사용해 여러 가지 연구 프로젝트를 실행했고, 그것이 오늘날의 조직 발전의 기초를 세우는 데 공헌해 왔다.

2) 특징

액션 리서치는 조직 발전을 위한 과학적 지식 체계를 수립하는 활동일 뿐만 아니라 조직 발전을 효과적으로 수행하기 위한 행동개입 기법이다.

액션 리서치는 연구와 실행을 계속적·반복적·순환적으로 전개하는 과정이다.

액션 리서치는 조직관리자와 조직구성원 및 조직 발전 전문가 등이 참여해 협력적으로 조직의 문제와 기회를 파악하고 실행하는 것이다.

액션 리서치는 행동에 앞서 연구를 하고, 행동 후에 후속연구가 이뤄지며, 행동을 수행함으로써 조직의 변화를 효과적으로 수행할 수 있다는 생각에 근거하고 있다.

3) 목적과 적용 범위

액션 리서치는 특정한 조직이 그 조직에 적합한 계획적인 변화와 발전을 실행할 수 있도록 도와줄 뿐만 아니라 다른 조직의 상황에도 적용될 수 있는 일반적인 지식을 개발하는 데 목적이 있다.

액션 리서치를 구체적으로 특정 조직에 적용할 경우 그 범위는 조직 내부의 소규모 하위 단위에 적용할 뿐만 아니라 하나의 전체 조직 차원에도 적용된다.

4) 과정

액션 리서치는 조직의 문제 인식과 자료 수집 → 조직구성원에게 자료의 피드백 → 자료에 입각한 행동계획 수립 → 행동 등의 활동을 반복 순환하는 과정으로 이뤄진다. 프렌치는 액션 리서치의 과정을 [그림 22-4]와 같이 나타내고 있다.

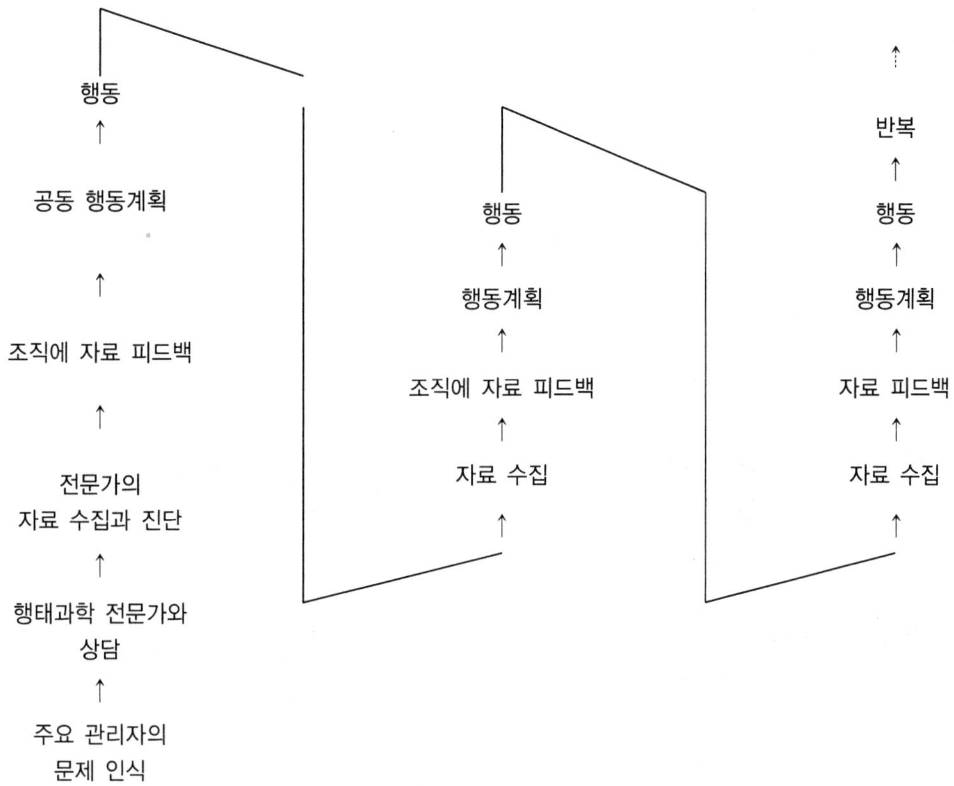

그림 22-4 액션 리서치 과정모형

French(1969: 23-34)에 게재된 내용을 요약 재작성.

5) 장점과 문제점

(1) 장점

액션 리서치는 연구와 행동을 통해 조직의 변화를 일으키고 행동의 결과를 연구해 새로운 지식을 발전시키면서 변화를 계속적으로 이끌어 가는 장점이 있다. 또한 조직관리자, 구성원 및 전문가의 참여와 협력적 과정을 통해 효과적으로 조직을 변화·발전시키는 기법이다.

(2) 문제점

액션 리서치는 위에 언급한 절차에 따라서 조직 변화를 수행하는 경우에 많은 시간과 과도한 비용이 소요될 수 있다.

제 23 장

학습조직

제 1 절

학습의 의미와 주요 이론

1 학습의 의미

학습(學習, learning)이란 훈련이나 경험에 따라서 어떤 행위 주체의 지식이나 행동의 잠재력(behavioral potentiality)에 비교적 영속적으로 나타나는 변화를 말한다(Kimble et al., 1961: 6; Gibson & Ivancevich, 1988: 63-64 참조).

학습은 인간의 행동 변화를 수반하고, 그 변화는 비교적 영속적이어야 하며, 훈련이나 경험에 바로 잇달아서 일어나야 한다. 따라서 학습은 인간의 미래 행동을 조건화하는 데 영향을 미친다.

2 학습에 관한 주요 이론

학습이란 개인의 경험에 따라서 일어나는 비교적 영속적인 행동의 변화를 의미하지만 그 과정을 설명하기는 매우 복잡하고 어렵다. 교육·심리학자들은 학습이 이뤄지는 과정을 설명하는 여러 가지 이론을 내놓았다. 그 대표적인 것을 소개하면 다음과 같다.

1) 행태적 학습이론

행태적 학습이론(behavioral learning theories)에 의하면, 학습이란 인간이 외부의 자극(stimulus)에 반응(response)하는 결과로 발생한다고 가정한다. 이 이론은 고전적 조건형성론과 조작적 조건형성론으로 나뉜다.

(1) 고전적 조건형성론

고전적 조건형성(classical conditioning)이론은 자극과 자극, 자극과 반응적 행동 간의 연계 및 연합 관계를 통해 학습이 이뤄지는 과정을 설명한다. 이 이론은 파블로프(Ivan Pavlop, 1849-1936)가 개를 대상으로 실시한 실험에서 비롯하며, 이 실험은 행태론적 학습에 관한 최초의 실험이라는 점에서 고전적이라고 부른다. 그 실험의 진행 순서와 내용을 요약하면 다음과 같다.

① 무조건 자극과 무조건 반응

개에게 음식물(고기)을 주었더니 개는 침을 흘렸다. 그것은 자연스러운 본능적 · 생리적 현상이다. 이때 개에게 음식물을 주는 것은 무조건 자극(unconditional stimulus: UCS)이고, 개가 침을 흘리는 반응은 무조건 반응(unconditional response: UCR)이라고 한다.

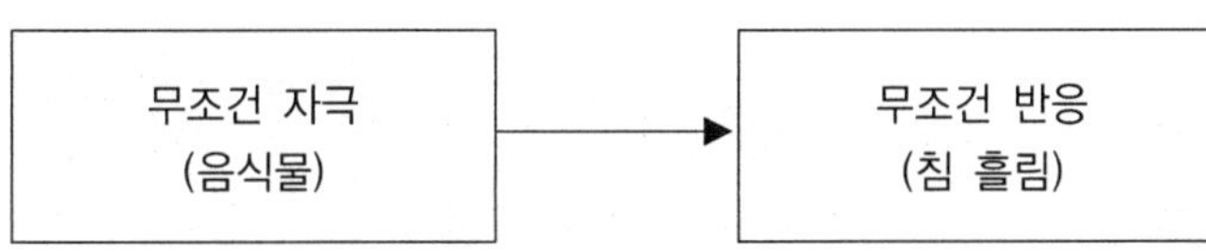

② 조건 자극 · 무조건 자극 · 무조건 반응

이어서 개에게 음식물을 제공하기 2~3초 전마다 벨을 울리는 실험을 했다. 벨소리는 개가 침을 흘리도록 직접 관계하지 않는 중성적 자극(neutral stimulus)에 불과함에도 그것을 이 실

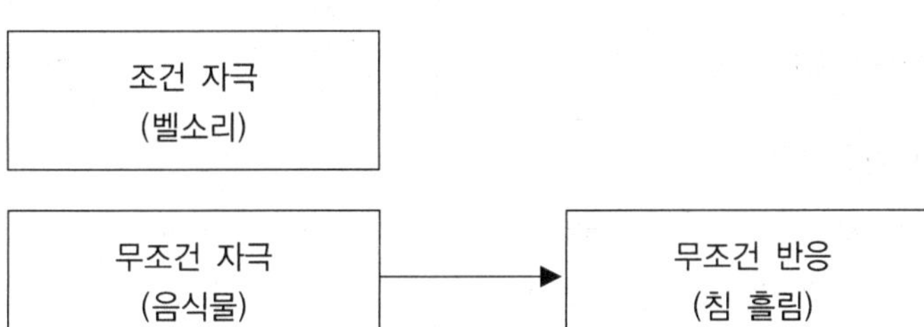

험에서 조건 자극(conditional stimulus: CS)의 요소로 도입한 것이다. 이 실험이 연속적으로 여러 번 진행됐으나 개는 벨소리에는 반응이 없었다. 다만, 무조건 자극인 음식물이 제공될 때 침을 흘리는 무조건 반응을 할 뿐이었다. 벨소리는 중성적 자극으로만 존재했다.

③ 조건 자극과 조건반응

위와 같은 결과가 나타났지만 실험을 계속했다. 드디어 개는 음식물이 제공되기 전에 울리는 벨소리에 반응해 침을 흘리게 됐다. 벨소리만 내고 음식물은 전혀 제공하지 않아도 침을 흘렸다. 개는 조건 자극인 벨소리를 무조건 자극인 음식물과 연계해(학습해) 침을 흘리는 반응을 한 것이다. 말하자면, 조건 자극(벨소리)을 하니까 그것이 무조건 자극(음식물 제공)과 연계돼 반응을 하게 된 것이다. 결과적으로 말하면 조건 자극에 조건반응을 하게 된 것이다.

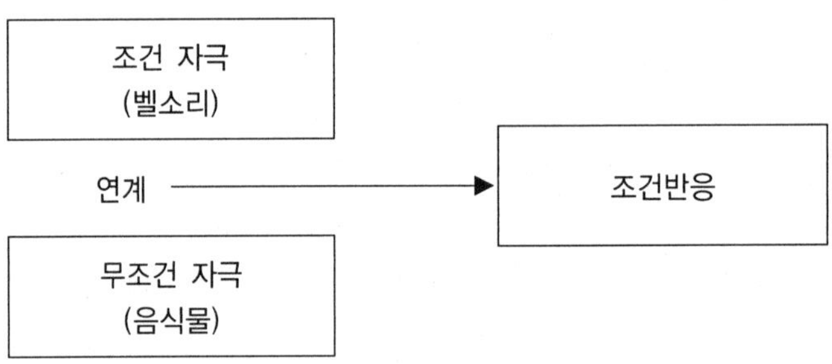

고전적 조건 형성의 예는 우리의 조직생활에서도 찾아볼 수 있다. 예를 들면, 어떤 부하가 권위적인 자기의 상관을 보기만 하면 무섭다고 생각한다. 그런데 그 부하가 어떤 사무실 앞을 지나다가 그 사무실이 자기 상관의 집무실임을 알게 됐다. 그 후 그 부하는 상관의 집무실 앞을 지날 때마다 무서움을 느꼈다. 권위적인 상관은 무조건 자극이고 부하가 그 사람을 무섭게 생각하는 것은 무조건 반응이며, 상관의 사무실(집무실)이라는 시설은 객관적이고 중성적인 사물(중성적 자극)에 지나지 않는다. 그럼에도 중성적 자극이 조건 자극으로서 무조건 자극과 연계·연합해 반응을 일으킨 것이다. 조건 자극이 이와 같은 반응을 유발하는 것을 조건반응(conditional response: CR)이라고 한다.

(2) 조작적 조건형성론

조작적 조건형성(operant conditioning) 이론은 스키너(B. F. Skinner, 1904-1990)의 실험에 의해 확립됐다. 그는 소위 스키너 상자(Skinner box)를 만들어 쥐를 대상으로 실험했다. 상자 안에 지렛대를 설치하고 그것을 누르면 음식물 알갱이가 떨어져 나오도록 했다. 그리고 굶주린 쥐를 상자 안에 넣었다. 쥐는 상자 안에서 왔다 갔다 하다가 우연히 지렛대를 눌렀다. 지렛대를 누를 때마다 음식물 알갱이가 나왔고, 쥐가 지렛대를 누르는 비율이 증가했다. 음식물 알갱이가 쥐로 하여금 지렛대를 누르는 행동을 강화한 것이다. 쥐는 부지런히, 열심히 누르는 행동을 함으로써 그 결과(음식물 알갱이라는 보상)가 많다는 것을 아는 것 같았다. 다음에는 한동안 음식물 투여를 중지했다. 그럼에도 불구하고 쥐는 지렛대를 눌렀다. 쥐에게 조작적 조건 형성이 이뤄진 것이다.

이와같이 동물 혹은 인간이 자신의 환경이나 자극에 반응적으로 작용해 어떤 결과를 수반하는 행동을 하는 것을 조작적 행동이라고 하며, 그것이 이뤄진 것을 조작적 조건 형성이라고 한다. 이때 이뤄지는 행동은 원하는 어떤 결과를 얻기 위한 도구(수단)로 설명할 수 있다. 그런 점에서 조작적 조건 형성이란 도구적 조건 형성(instrumental conditoning)이라는 개념으로도 설명할 수 있다.

스키너의 실험에 의하면, 가정이나 학교 및 사회조직은 하나의 커다란 스키너 상자라고 할 수 있다. 예를 들면 학생들이 공부라는 대상에 열심히 접근해 좋은 성적을 받으면 그 결과로 교사나 부모의 칭찬과 격려를 받는다. 또한 잘못하면 벌을 받는 경우도 있다. 직장이라는 조직 안에서 주어진 직무를 성실하게 수행해 실적을 내는 직원은 그 결과로 표창과 칭찬을 받고 승진하며 명예를 누리지만 잘못한 사람은 징계를 받는 경우도 있다. 여기에서 사람들은 행동과 결과의 연계 및 연합 관계를 학습하게 된다. 바람직한 행동에는 좋은 보상이라는 결과가 수반되지만, 바람직하지 않은 행동에는 좋지 않은 결과(예: 벌·징계)가 수반된다는 것을 학습한다. 바람직한 행동에 수반되는 좋은 보상은 사람들이 조직이나 사회에서 바람직한 행동을 더욱더 반복하도록 강화시키는 요인으로 작용한다. 조직은 이러한 강화 요인을 이용해 인간을 학습시키고 동기를 유발할 수 있다.

2) 인지이론

인지(認知, cognition)란 넓게 말하자면 다양한 사고(思考)가 이뤄지는 과정을 말하며, 좀 더 구체적으로 말하자면 인간이 그 감각을 통해 들어오는 자극(혹은 정보)을 능동적으로 부호화해서 기억 속에 저장해 사용하는 과정을 의미한다(최정훈 외, 2001: 22 참조). 인지적 개념을 근거로 인간의 행동에 대해 연구하는 자들은 인간의 행동을 단순한 자극-반응의 맥락에서 설명하지 않는다. 인간이란 능동적으로 생각하고 기억하며 문제를 해결하는 자로 간주한다. 따라서 인지적 관점(cognitive view)에서의 "학습이란 인간이 지식을 습득하고 기억하며 활용하는 능동적 정신 과정"인 것이다(김아영 외 옮김, 1997: 256).

행태론적 학습이론과는 달리 인지학습이론은 인간 내부의 정신 과정의 중요성을 강조한다. 또한 환경을 정복하기 위해 세상 주위에 있는 정보를 능동적으로 활용하는 문제해결자로 인간을 본다. 인지학습이론은 그 내용이 다양하고 복잡하다. 세 가지 이론을 다음과 같이 소개한다.

(1) 잠재적 학습

잠재적(latent)이란 숨겨진 것을 말하며, 잠재적 학습(latent learning)이란 인간이 어떤 경험을 통해 변화가 있었음에도 그것이 일정한 조건이 갖춰질 때까지는 드러나지 않고 숨겨져 있는 것을 말한다. 즉, 감춰진 학습을 말한다.

세워드(J. P. Seward)의 실험은 잠재적 학습을 설명하는 하나의 사례를 제공한다. 그는 실험집단과 통제집단을 구성해 흰쥐들을 두 집단으로 나눠 배치했다. 실험집단에 속하는 쥐는 미로(迷路)가 있는 큰 상자 속에 넣어두고 일정한 기간 동안 그 속에서 생활하면서 미로를 경험하도록 했다. 그동안에 어떤 반응 행동이 있어도 그에 대한 강화(혹은 보상=먹이)는 주어지지 않았다. 통제집단에 속하는 쥐들에게는 미로를 경험할 기회를 주지 않았다. 그 후 두 집단의 쥐들을 미로가 있는 상자의 한쪽에 집합시키고 미로의 다른 쪽에 먹이를 놓았다. 그리고 동시에 그들이 자유롭게 행동하도록 했다. 그때 원래 실험집단에 속했던 쥐들 중 87.5%가 미로를 달려 먹이가 있는 곳으로 갔으며, 통제집단에 속했던 쥐들 중에는 49%가 그 쪽으로 달려갔다. 실험집단에 속했던 대부분의 쥐들은 기왕의 실험 과정에서 어떤 강화(보상=먹이)를 받지 않았음에도 통제집단에 속했던 쥐들과는 달리 미로를 경험하고 그 구조를 인지하고 있었다. 그런데 특정한 조건이 주어지자 그 경험과 기억을 사용해 행동한 것이다(Seward, 1949: 137-143).

(2) 통찰학습

통찰학습(insight learning)은 넓은 의미의 형태심리학(gestalt psychology)에 속한다. 독일어의 'Gestalt'란 형태(form) 또는 전체적 모양(configuration)을 의미한다. 베르트하이머(Max Wertheimer)와 쾰러(Wolfgang Köhler) 등의 심리학자들은 형태심리학 이론을 형성하는 데 주도적 역할을 했다. 베르트하이머는 일련의 지각(perception) 현상들을 토대로 "전체(gestalt)는 부분들의 단순한 합계가 아니다"는 명제를 내놓았다. 행태주의자들이 인간 행동을 부분적인 자극-반응 요소들로 분석해 설명하는 것을 비판하고 행동이 이뤄지는 전체적인 장, 전후 관계, 행동의 배후에 있는 의식작용 등의 맥락에서 전체적·통합적으로 지각하고 설명할 것을 강조하는 것이다.

쾰러가 수행한 실험을 근거로 통찰학습을 설명하면 이해하기 쉽다. 여기서 말하는 통찰(洞

察, insight)이란 행위자가 자신이 해결해야 할 문제 상황과 방법을 순간적으로 환하게 지각하는 것을 말한다. 쾰러는 큰 실험상자를 설치한 후 그 천정에 바나나를 매달아 놓고 바닥에 약간의 상자를 들여놓았다. 그리고 나서 침팬지를 상자 속에 넣었다. 침팬지는 한동안 바나나를 따먹기 위해 여러 가지 시도를 했으나 실패했다. 그러다가 갑자기 바닥에 있는 상자를 옮기더니 그 위에 올라가서 바나나를 따먹었다. 순간적인 통찰을 통해 문제를 해결한 것이다. 그 행동은 단순한 자극반응이 아니다. 문제와 상황의 맥락을 통찰적으로 지각해 행동한 것이다(Köhler, 1925 참조). 실험에 나타난 내용을 보면 행위자의 목표 의식-의도적 행동-통찰-목표 달성 및 문제 해결 과정이 잘 드러난다고 할 수 있다.

(3) 관찰학습

관찰학습(observational learning)이란 어떤 사람이 다른 사람들의 행동과 그 결과를 관찰 혹은 모방함으로써 학습이 이뤄지는 것을 말한다. 밴두라(A. Bandura)는 이것을 사회적 학습(social learning) 혹은 사회적 인지학습(social cognitive learning)이라고 한다(Bandura, 1986). 이는 학습에 미치는 사회적 영향을 강조하는 것이다. 관찰 및 모방학습, 혹은 사회적 학습이 이뤄지는 과정을 보면 첫째, 사람들은 사회적 관찰을 통해 또는 어떤 문화나 집단의 일원이 됨으로써 다른 사람들로부터 배운다. 둘째, 학습은 다른 사람의 행동을 관찰하는 대리적 경험을 통해서도 발생할 수 있다. 이것을 대리적 학습 혹은 대리적 강화(vicarious reinforcement)라고 한다. 예를 들면, 우리가 어떤 조직에서 동료 직원이 성실하게 일을 하고 그 결과 표창을 받고 승진하는 것을 보면 그것을 모방해 행동하려고 하며, 반대로 징계받는 직원을 보면 자신은 그러한 일을 당하지 않도록 행동을 조심하는 것이다.

제 2 절 조직에서의 학습 형태와 학습조직

1 조직의 각 수준에서 이뤄지는 학습 형태

위와 같은 학습 개념을 조직 차원으로 옮겨서 보자. 우선 조직에서의 학습은 조직을 구성하는 각 수준 및 차원에 따라서 개인학습, 집단학습 및 조직학습의 형태로 이뤄진다.

1) 개인학습

개인학습(individual learning)은 조직을 구성하는 기본 단위인 개인 수준에서 개인별로 이뤄지는 학습이다. 개인이 어떤 계획에 따라서 독서를 하거나 특정한 교육 프로그램이나 세미나 등에 참여해 지식이나 정보를 획득하고 자신의 가치관이나 행태를 변화하며 문제 해결 능력을 향상시키는 것이다.

2) 집단학습

조직 내부의 집단이나 팀 수준에서 이뤄지는 학습을 집단학습(group learning) 혹은 팀학습이라고 한다. 조직 내부의 팀이나 집단이 학습을 통해 지식과 정보를 얻고 가치관이나 행태를 변화시키며 문제 해결 능력을 향상시키는 것을 말한다.

3) 조직학습

하나의 조직 전체 수준에서 수행하는 학습을 조직학습(organizational learning)이라고 한다. 그것은 조직을 구성하는 개인과 집단들을 모두 포함하는 조직 전체 차원의 학습이다. "조직학습은 조직이 좀 더 효과적으로 행동할 수 있도록 조직의 능력을 향상시키는 과정이다"(Kim, 1993: 43).

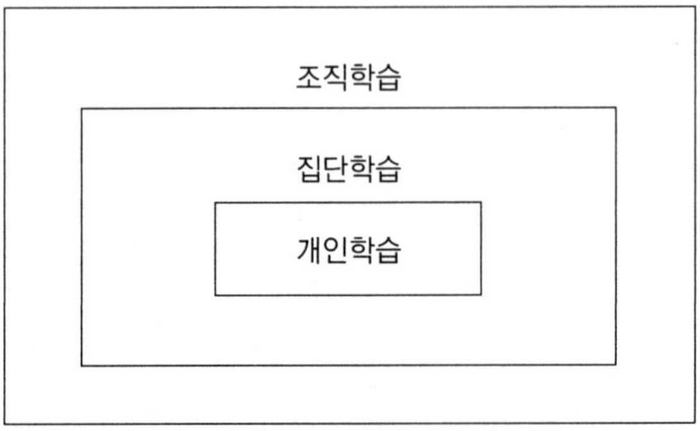

그림 23-1 조직의 각 수준에서 이뤄지는 학습

2 학습조직의 의미

1) 학습조직의 의미

학습조직(learning organization)이란 그 개념의 범위와 강조되는 국면과 초점에 따라 그 뜻이 다양하게 정의되지만 일반적으로 말하면 조직의 구성원들이 조직 전체에 바람직한 지식과 가치를 지속적·반복적으로 창출하고 공유하면서 그것에 기초해 조직의 환경 대응과 문제 해결 및 성과를 높이고 조직구성원의 삶의 질을 향상시키며 고객을 만족시키는 조직이라고 말할 수 있다.

학습조직에 관한 학자들의 정의를 몇 가지 소개하면 다음과 같다.

- 벡(M. Beck): "학습조직이란 조직이 지속적으로 그 자신을 변형시키면서 조직 내의 모든 구성원의 학습과 개인적 발전을 촉진시키는 조직이다"(Beck, 1992: 21-28).
- 가빈(D. A. Garvin): "학습조직이란 정보와 지식을 창출·획득·확산하는 데 능숙하고 새로운 지식과 통찰력을 의식적으로 행동에 반영시키는 능력이 뛰어난 조직이다"(Garvin, 2000, 유영만 옮김, 2001: 35).
- 셍게(P. M. Senge): "학습조직이란 조직구성원들이 진정으로 원하는 성과를 달성할 수 있도록 끊임없이 자신의 역량을 확대하고 새롭고 폭넓은 사고 능력을 함양하며 미래의 비전을 달성하려는 집단적 열망이 자유롭게 추구되고 함께 학습하는 방법을 공유하면서 지속적으로 학습하는 조직이다"(Senge, 1990: 13-14).
- 장승권 외: "학습조직이란 일상적인 업무 활동 속에서 지식과 지혜를 신속하게 효과적으로 창출·공유하며 이를 바탕으로 환경에 적응하고, 더 나아가 환경을 주도함으로써 지속적으로 성과를 향상시키고 고객을 만족시키며 조직원의 삶의 질을 높여가는 조직을 말한다"(장승권 외, 1996: 373).

2) 학습조직과 조직학습의 차이

학습조직은 조직학습이라는 개념과는 일정한 차이가 있다. 두 가지가 모두 '조직'과 '학습'이라는 개념을 쓰는 점에서는 같지만 개념 배열의 앞뒤 순서가 다를 뿐만 아니라 그것을 정의하고 적용하는 데 차이가 있다.

첫째, 학습조직과 조직학습은 별도로 존재할 수 있다. 말하자면 조직학습은 학습조직이라는 일정한 구조와 시스템이 구축돼 있지 않은 조직에도 존재하는 경우가 많다. 조직이 구성원을 훈련시켜 그들의 지식이나 행동을 변화시키는 과정으로서의 조직학습은 학습조직이 구축돼 있지 않은 조직에서도 이뤄지고 있는 경우가 많다.

둘째, 학습조직과 조직학습은 개념적 수준에서 차이가 있다. 학습조직은 일정한 조직구조, 전략, 비전, 학습의 수준과 유형 등의 요소로 구성되며, 자신의 구조와 행동을 지속적으로 새롭게 변화시키면서 조직구성원의 학습을 일으키고 바람직한 변화와 발전을 추진하는 조직이다. 그러나 조직학습은 학습조직 시스템을 구성하는 하나의 시스템으로 존재하며 역할을 수행한다. 다시 말하면, 조직학습은 학습조직의 한 부분이며 과정이다.

3 학습조직의 대두 배경과 특징

1) 대두 배경

학습이라는 개념은 매우 오래전부터 사용돼 왔지만 소위 '학습조직'이라는 말은 1980년대부터 전문적인 연구 분야로 나타나고(Carrat, 1982; Hays et al., 1988 등), 1990년대에 들어 셍게를 비롯한 많은 학자가 연구해 크게 성과를 냄으로써 오늘날의 조직이론에서 중요하게 다루는 하나의 분야로 발전하고 있다.

학습조직의 이론과 그 적용이 1980년대 이후 급속히 대두해 발전하는 배경은 20세기 후반부터 조직의 환경과 상황이 더욱 급속하고 복잡하며 광범위하게 변화하는 데 있다. 동질적인 양적 변화가 아니라 과거에 없던 이질적 변화가 급속하게 이뤄지고 있는 것이다. 후기산업사회·정보화사회·지식사회·글로벌화의 시대가 전개되고 있다.

정부의 공공문제와 기업의 경영문제는 과거의 원리와 접근 방법으로는 해결하기 어려운 부분이 많아지고 있다. 따라서 오늘날의 조직에서는 조직이 당면한 문제를 효과적으로 해결하기 위해 전통적인 지식과 지혜에 도전하고 지식과 지혜의 기반을 새롭게 구축해 관리하며 이용할 필요성이 고조되고 있다. 이러한 필요성에서 나온 이론과 방법이 학습조직이다.

2) 특징

학습조직은 여러 가지 특징을 지니고 있다. 그 특징들은 서로 관계를 가지고 보강하며 작용하는 다음과 같은 요소들로 이뤄진다.

(1) 비전과 방향성

학습조직은 조직구성원이 조직의 현재의 위치를 알고 미래의 바람직한 비전이 무엇인가를 공감·공유하며, 그것을 달성하기 위해 상호 협력하는 조직이다. 조직의 관리에서 인간을 존중하고 신뢰·창조·혁신 및 성장 등의 가치를 중요시한다.

(2) 조직구조

학습조직은 조직을 개방적 유기체로 규정하고 탈관료제적 조직구조를 강조한다. 조직관리에서 상황적응적인 유연성과 신축성을 중요시하며, 조직의 수직적 구조보다는 수평적 구조를, 계층제보다는 네트워크 조직, 집권성보다는 분권성, 조직구성원에게 권한을 주는 것(empowerment) 등을 강조한다.

(3) 조직문화

학습조직은 조직이 지속적으로 새롭게 변화하는 것을 적극적으로 수용하고 추구한다. 조직구성원들은 문제 해결이나 업무 수행에서 기존의 낡은 경험과 사고방식을 지양하도록 한다. 끊임없이 실험하고 새로운 일에 도전하도록 자극받으며 새로운 시도에 실패하는 경우에도 보상을 받는다. 조직구성원 간에 공동체 의식, 존경, 배려의 기풍이 권장되고, 신뢰와 협력, 대화와 토론, 격려와 칭찬, 성찰과 열성 등의 가치와 규범이 존중된다.

(4) 열린 의사 소통

학습조직에서는 구성원들이 조직의 성공에 필요한 정보와 아이디어에 쉽게 접근하도록 하며, 조직 내외의 열린 의사소통을 강조한다.

(5) 인적 자원 관리

학습조직에서는 조직구성원들의 능력을 발전시키고 적극적인 학습인이 되도록 인적 자원을 관리한다.

(6) 학습

학습조직은 조직의 구성원들이 자발적·지속적으로 학습하며 학습하는 방법을 배우는 조직이다. 조직구성원들은 학습이 조직의 현재는 물론 미래의 성공을 위한 필수 요소임을 인식한다. 학습은 전략적 의미를 가지며, 조직구성원들은 학습해야 할 문제가 무엇인가를 제기하고 문제를 비판적으로 성찰하며, 창조적인 해결 방법을 탐구한다. 학습조직에서 강조하는 주요 학습 유형은 생성적(generative) · 변혁적 · 실천적인 학습이다.

(7) 리더십

조직의 리더는 조직구성원들의 사고와 행동을 통제하는 자가 아니라 그들의 자율성을 존중하고 적극적으로 학습을 지원하고 촉진하는 자다.

히트(W. D. Hitt)는 전통적 조직과 학습조직의 특징을 비전 · 리더십 유형 · 팀 · 전략 · 조직구조 · 스태프 · 학습기술 · 성과지표를 기준으로 <표 23-1>에서 보는 바와 같이 비교하고 있다.

표 23-1 전통적 조직과 학습조직의 특징 비교

비교 기준	전통적 조직	학습조직
비전	효율성	탁월성과 변화
리더십 유형	통제자	촉진자
팀	작업집단	시너지 팀
전략	안내지도(road map)	학습지도(learning map)
조직구조	계층제 구조	역동적 네트워크 구조
스태프	지식인(people who know)	학습인(people who learn)
학습기술	적응학습	생성학습
성과지표	재무제표	BSC(Balanced Score Card)

Hitt(1996: 19).

제 3 절 학습의 유형

1 자극 · 반응적 학습과 전략 · 변혁적 학습

1) 자극 · 반응적 학습

자극 · 반응적 학습이란 조직이 자신을 둘러싸고 있는 환경 변화와 자극에 따라 수동적이며 반응적으로 하는 학습을 말한다. 이것은 학습 수준이 비교적 낮고 단순한 적응적 학습 혹은 현상 유지적(morphostatic) 학습이다. 비교적 환경이 안정적이고 불확실성이 낮은 조직은 자극-

반응적 학습을 반복해도 좋다. 그것이 경제적이며 불필요한 시행착오를 일으키지 않기 때문이다. 그러나 이러한 학습에 습관화 및 타성화되다 보면 변화하는 환경에 대한 지각과 인지 능력이 저하되고 적기에 적절한 행동을 취하지 못하는 일이 발생하기 쉽다.

2) 전략 · 변혁적 학습

전략 · 변혁적 학습은 조직의 전략에 따라 의도적 · 주체적 · 자주적 · 능동적 · 자기창조적으로 메타 레벨의 학습을 하는 것을 말한다. 말하자면 필요한 경우에는 전략적으로 기존 패러다임을 폐기 혹은 변경하며 새로운 방법을 탐구하는 학습이다. 이것은 생성적(generative) 학습 및 새로운 형태 형성적(morphogenetic) 학습이라고도 말할 수 있다. 조직의 관성(inertia)과 유전자(DNA)를 바꾸는 성격을 지닌 학습이다. 이러한 학습은 그 수준이 높고 복잡한 성격을 지니는 것으로서, 새로운 사고와 행동이 요구되는 환경과 문제에 대응하는 데 적절한 방법이다. 다만, 이 방법은 급격하고 전면적 · 총체적인 조직의 변화를 수반하기 때문에 조직 내외의 저항과 에너지 소모가 클 수 있다.

2 단일 순환적 학습과 이중 순환적 학습

1) 단일 순환적 학습

단일 순환적 학습(single loop learning) 혹은 단순 고리 학습이란 조직이 그 행동의 선택을 지배하는 기존의 가치 · 전략 및 목표는 그대로 두고 행동 수단만 점진적이며 부분적으로 수정 · 보완하면서 수행해 가는 방법을 탐구하는 학습을 말한다. 이러한 단일 순환적 학습은 학습 수준이 낮은 것으로서 조직의 기존 체제를 안정시키고 현상 유지를 위한 적응적 학습에 해당한다.

2) 이중 순환적 학습

이중 순환적 학습(double loop learning) 혹은 이중 고리 학습은 조직이 기존의 가치 · 전략 및 목표에 따라서 행동함으로써 변화하는 환경에 적응하지 못하고 문제 해결을 잘못하는 경우에는 새로운 가치 · 전략 · 목표를 선택하고 그것을 실행할 행동 방안을 탐구하는 학습을 말한

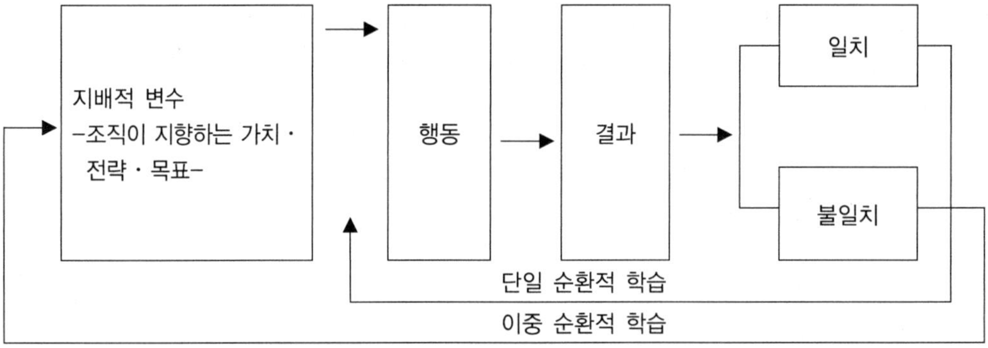

※ 단일 순환적 학습: 지배적 변수(governing variables), 즉 지향하는 가치 · 전략 · 목표에 비춰 그 실행의 결과가 일치하는 경우는 행동을 반복하며, 약간 불일치한 경우는 행동 수단만 부분적 · 점진적으로 수정하면서 순환 · 실행하는 방법을 탐구하는 학습이다.

※ 이중 순환적 학습: 지배적 변수, 즉 지향하는 가치 · 전략 · 목표에 비춰 그 실행의 결과가 완전히 혹은 크게 불일치하거나 조직 내부와 환경에 새로운 문제가 발생한 경우에는 행동 수단은 물론 지배적 변수도 변경하여 순환하는 방법을 탐구하는 학습이다.

그림 23-2 단일순환적 학습과 이중 순환적 학습

Argyris(1982: 50) 참조.

표 23-2 학습의 수준

	낮은 수준	높은 수준
정의	• 제1차 학습	• 제2차 학습
	• 단일 순환(고리)적 학습	• 이중 순환(고리)적 학습(Argyris & Schön, 1978; 1982)
	• 지식의 획득	• 지식 배경의 합리성 기준과 프로세스의 이해(Levitt & March, 1988)
	• 습관적 학습	• 발견적 학습(Hedberg, 1981)
	• 반응학습	• 예견적 학습(Miles & Randolph, 1980)
	• 진화적 학습	• 디자인 학습(Shrivastava & Mitroff, 1982)
특징	• 반복해서 함	• 발견 · 통찰에 의해서 함
	• 일상적	• 비일상적
	• 과업 · 규칙 · 구조의 통제	• 통제보다는 분권화 구조의 촉진
	• 전후 관계(context)가 잘 이해됨	• 전후 관계가 모호함
	• 조직 전체에서 발생	• 주로 상위 레벨에서 발생
결과	• 행위의 변화	• 인지의 변화(사고 방식의 변화)
예	• 규칙의 제도화	• 전략과 의도를 포함한 새로운 사명
	• 관리 체제의 개선	• 새로운 관리 체제 구축
	• 문제 해결 기법의 개선	• 문제 설정 기법의 획득

Yeung, Ulrich, Nason, & Von Glinow(1999: 29).

다. 그러므로 이중 순환적 학습은 학습 수준이 높은 생성적이며 창발적(創發的)인 학습이다.

단일 순환적 학습은 기존의 가치와 전략 안에서 부분적으로 행동만 변화시키는 낮은 수준의 자극-반응적 학습 혹은 적응적 학습이다. 그러나 이중 순환적 학습은 기존의 행동뿐만 아니라 가치와 전략도 바꾸는 높은 수준의 전략-변혁적 학습이다(<표 9-3>의 학습 수준의 정의 · 특징 · 결과 · 예에 관한 비교를 참조할 것).

3 실천학습

조직에서 이뤄지는 학습은 학습을 위한 학습, 혹은 추상적인 수준의 학문적 목적을 위해 필요하기도 하지만 그보다는 현실적으로 조직의 문제 해결과 업무를 성공적으로 수행하는 데 더 필요한 것이다. 말하자면 실천학습(action learning)이 중요한 것이다. 마쿼트(M. J. Marquardt)에 의하면, 실천학습이란 "소집단의 사람들이 실제적 문제를 다루고 해결하면서 그들이 무엇을 배우고 있는지, 그리고 그것이 어떻게 집단구성원 개개인과 조직 전체에 도움이 되는지에 초점을 맞추는 과정 또는 프로그램"이라고 한다(Marquardt, 1999: 4). 실천학습은 업무를 수행하면서 이뤄진다. 그것은 성과 지향적이다. 사람들은 일을 하면서 학습하고 그 속에서 새롭게 학습하는 방법을 연마하고 익히며, 지속적으로 지식과 기술을 습득하고 활용한다. 실천학습은 학습이 조직구성원의 삶의 방식이 되는 조직문화를 생성한다.

제 4 절 학습조직의 구성 요소와 구축

1 학습조직의 구성 요소

학습조직을 효과적으로 실현하려면 먼저 학습조직을 구성하는 요소들을 살펴서 선택하고, 그것들을 서로 보완하고 강화하는 하나의 체계로 잘 구축해야 한다.

학습조직을 구성하는 요소는 학습조직의 목적과 강조되는 초점에 따라서 선택될 수 있다. 가빈(D. A. Garvin) 등은 학습조직을 구성하는 요소 혹은 단위는 ① 협조적인 학습환경, ② 구체적인 학습 과정과 실행, ③ 학습을 강화하는 리더십이라고 규정한다(Garvin, Edmondson, & Gino, 2008: 112-113).

마쿼트는 학습조직의 요소로서 ① 학습, ② 조직, ③ 인적 자원, ④ 지식을 들고 있다(봉현철 · 김종근 옮김, 2003: 137-152).

또한 셍게는 주로 학습 수련(learning discipline)에 초점을 두고, 평생 연구하고 실행해야 할 요소로서 ① 자아의 완성, ② 사고 모형, ③ 비전의 공유, ④ 팀 학습, ⑤ 시스템적 사고를 제시하고 있다(Senge, 1990: 5-16; Senge et al., 1994, 박광량 · 손태원 옮김, 1996: 22-23).

박원우는 학습조직이란 ① 학습 지향적 구성원, ② 학습 지향적 조직구조, ③ 학습 지향적 관리 시스템으로 구성된다고 설명한다(박원우, 2002: 54).

표 23-3 학습조직의 구성 요소

학자	요소
Garvin et al.	학습환경, 학습 과정과 실행, 리더십
Marquardt	학습, 조직, 인적 자원, 지식
Senge	자아의 완성, 사고모형, 비전의 공유, 팀학습, 시스템적 사고
박원우	학습 지향적 구성원, 조직구조, 관리 시스템

표 23-4 셍게의 학습조직의 다섯 가지 구성 요소

- **자아의 완성(psrsonal mastery)** : 학습조직은 원하는 결과를 얻는 데 필요한 개인적 역량을 확장하는 방법을 학습하고 조직원들이 선택한 목표나 목적을 향해 각자 자신을 개발할 수 있는 조직의 여건을 조성하는 수련이다.
- **사고모형(mental models)** : 학습조직은 세계에 관한 우리의 생각과 관점들을 끊임없이 성찰하고 객관화하고 다듬으면서 그것들이 자신의 행동과 선택에 어떤 영향을 미치는지를 깨닫는 수련이다.
- **비전의 공유(shared vision)** : 학습조직은 우리가 만들고자 하는 미래의 이미지를 창조하고 거기에 도달하기 위한 원칙과 관행들에 대한 공감의 확대를 통해 조직 내의 공생 의식을 구축하는 수련이다.
- **팀학습(team learning)** : 학습조직은 조직구성원들이 개개인의 능력의 단순한 합(合)을 뛰어넘는 지혜와 능력을 구축할 수 있도록 대화와 집단적 사고를 하는 수련이다.
- **시스템적 사고(systems thinking)** : 학습조직은 시스템의 동태를 결정하는 요인들과 그들간의 관계를 기술하고 이행할 수 있는 언어 또는 그에 대한 사고 방법을 체득하는 수련이다.

박광량 · 손태원 옮김(1996: 22-23); Senge(1990: 5-16).

2 학습조직의 구축

학습조직은 그것을 구성하는 요소들의 체계적 결합을 통해 구축된다. 학습조직을 구성하는 요소는 위와 같이 여러 가지로 분류된다. 여기에서는 [그림 9-11]에서 보는 바와 같이 학습조직의 구성 요소를 조직·학습·관리로 규정하고, 이들 요소를 연계하고 결합하는 학습조직의 구축을 설명한다.

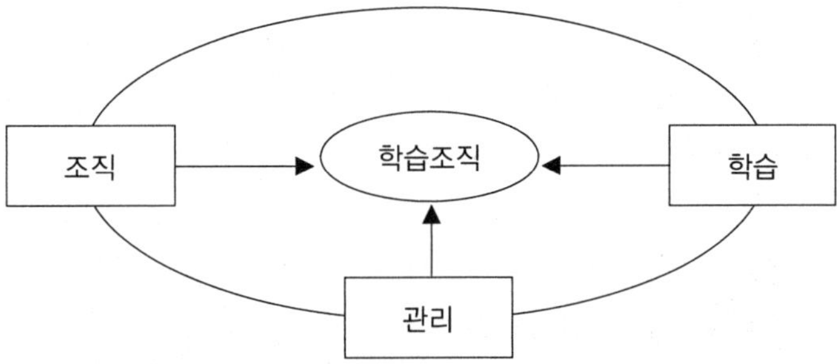

그림 23-3 학습조직의 구성 요소와 구축

1) 조직

조직은 학습조직을 구축하는 하나의 중요한 요소다. 조직은 그 구조, 구성원, 전략과 비전 및 문화 등의 하위 요소들로 구성된다. 따라서 학습조직을 구축하려면 이러한 요소들이 다음과 같이 학습조직의 구축에 유기적으로 관여해야 한다.

(1) 조직구조

구조적인 면에서 볼 때 조직은 개방적 시스템이 돼야 한다. 조직과 환경 사이의 경계를 열어 외부조직 및 고객들과 상호 교류를 활발하게 하고 조직 내부의 수직적 벽(계층 간의 벽)과 수평적 경계(기능적 부문 간의 칸막이)를 낮춰 유연하게 관계함으로써 활발하게 학습이 이뤄질 수 있다. 계층제보다는 유기적 네트워크 조직, 집권성보다는 분권적인 조직, 공식성이 높은 조직보다는 유연성이 높은 조직이 바람직하다.

(2) 조직구성원

조직구성원들은 누구나 어떤 계급·직급·직위에 속하고 각자 공식적인 직무를 수행하는 자들이다. 이들이 효율적으로 조직의 목적 실현에 기여하고 자아실현을 의미있게 이루도록 하기 위해서는 그들을 모두 진정한 학습인이 되도록 해야 한다. 학습하는 개인, 팀 속에서 학습하는 팀원 전체 조직 속에서 학습하는 조직인이 되도록 해야 한다.

(3) 조직의 비전과 전략

조직의 비전과 전략은 조직이 나아갈 방향과 목표 그리고 수행할 행동을 함축하는 것이며, 조직의 이미지다. 따라서 비전과 전략은 조직의 구성원에게 명확하고 가치 있는 의미와 자긍심을 지녀야 하며, 조직의 학습에 연계돼야 한다.

(4) 조직문화

조직문화 역시 학습조직 구축의 중요한 요소의 하나다. 조직문화란 조직구성원들이 공유하는 가치관·신념 및 태도 등이라고 말할 수 있다. 조직문화란 조직의 역사와 경험·학습을 통해 조직에 전승되는 것이며 조직구성원의 행동에 영향을 미치는 요소다. 학습조직의 구축에서 조직의 문화는 긍정적인 기여를 할 수도 있고 부정적인 제약 요인이 될 수도 있지만 긍정적으로 기여할 수 있는 점에 한정해서 말하자면 조직 속에 인간을 존중하고 신뢰하는 가치관이 존재하며 새로운 지식을 창출하거나 도입해 적용하는 것을 장려하고, 조직원이 창의적인 일을 시도하는 것을 격려하며 칭찬하고 서로 배우고 공유하는 기풍을 진작시키는 것이어야 한다.

2) 학습

학습은 학습조직의 중심 부분이다. 학습은 다음과 같은 단위·유형·과정 등의 요소로 구성된 시스템으로서, 다음과 같이 학습조직 구축에 관여해야 한다.

(1) 학습이 이뤄지는 단위와 수준

학습은 조직 내부의 개인·팀(집단)·조직 전체의 수준 및 단위에서 계획되고 수행돼야 한다. 이들이 활발하고 지속적으로 이뤄져 조직 전체적으로 활성화됨으로써 학습조직의 구축에 기여한다.

(2) 학습 유형

학습은 적응적 학습, 변혁, 생성적 학습, 단일 순환적 학습, 이중 순환적 학습으로 나눌 수 있다. 높은 수준의 학습조직의 구축을 위해 필요한 학습 유형은 변혁, 생성적 학습 및 이중 순환적 학습이다.

(3) 학습의 핵심 요소

학습수련은 예를 들면 셍게가 제시하고 있는 자아의 완성, 사고모형, 비전의 공유, 팀 학습 및 시스템적 사고와 같은 핵심적 요소에 초점을 두고 이뤄지는 것이 바람직하다.

(4) 학습을 장려하는 조건

학습조직을 구축하려면 학습 과정에서 학습자인 조직구성원들이 자율적으로 학습을 계획하고 수행하도록 하며 그들 간에 서로 마음을 열고 다른 사람의 견해와 아이디어를 존중하며 활발한 대화와 의사소통이 이뤄지도록 해야 한다. 모험적 실수를 관용하고 학습을 조직의 규율과 권위로 제약하지 않아야 하며 일시적 · 이벤트식 학습을 지양하고 장기적 · 지속적으로 학습을 수행해야 한다. 또한 학습의 내용이 조직의 문제 해결과 연결되는 실천적 학습을 장려해야 한다.

3) 관리와 리더십

조직관리자는 조직을 학습조직화해 조직이 새롭고 바람직한 방향으로 변화하도록 하기 위해 특별한 관리 능력과 리더십을 발휘해야 한다.

(1) 프로그램 작성과 자원 확보

학습조직의 구축과 실현을 위한 프로그램을 작성하고 그 프로그램이 추구하는 목적 달성을 위해 인적 · 물적 자원을 확보하고 공급해야 한다.

(2) 학습의 지원

조직원들의 학습을 촉진하고 지원해야 한다.

(3) 인사 · 교육 및 배치와 연계

조직의 인사평가 · 교육 및 배치 등을 학습조직 운영과 연계해서 수행해야 한다.

(4) 효율적 지식관리

학습조직을 통해 조직에 생성되는 지식을 유효하게 관리해야 한다. 특히 관리자는 명령하고 감독하는 자가 아니라 조직원에게 많은 권한을 부여하고 그들이 자발적으로 활발하게 학습해 조직의 변화에 기여하도록 하는 리더십을 발휘해야 한다.

제 7 편

정부행정조직제도의 성립과 발전

제 24 장

중국 · 한국 · 일본의 6관 중심 정부행정조직제도

특정한 영토 안에서 독립된 주권을 행사하는 정치조직체를 국가라고 말할 수 있으며, 그 국가 안에서 정책을 결정하고 집행하는 조직을 정부행정이라고 정의할 수 있다. 인류가 세계 여러 지역에서 국가를 만들고 정부를 조직해 운영해 온 수천 년의 역사 속에 나타난 정부행정조직의 제도와 형태를 간추려 설명하기는 매우 어려운 일이다. 그러나 동서양의 정치 · 행정사 속에서 각기 다른 정부행정조직제도의 성립과 발전의 원형(原形)을 찾을 수 있다. 그 하나의 원형은 중국에서 나온 6관(六官) 중심 정부행정조직이고, 또 하나의 원형은 독일 · 프랑스 등 서양에서 나온 5부성(五部 · 省) 중심 정부행정조직이다. 이 두 가지 원형은 그것이 성립된 지역(동양-서양)에서 각각 발전하고 존속했으나 19세기 말에 이르러 서양의 제도와 문물이 세계 각국에 전파됨에 따라 동양 각국도 전통적인 제도를 폐지하고 서양식 제도로 변혁했다.

제 1 절 6관제도의 의의와 성립

중국 역대의 정부행정조직은 『주례(周禮)』의 6관(6官) 제도에 연원한다. 주례는 주나라(1027~771B.C.)에서 제정한 것으로 거기에는 주나라의 관직 명칭과 직무 범위가 망라됐다. 주나라의 관직은 6관으로 구성되고, 그 아래 360개의 관직을 뒀다. 주례의 6관제도는 세계에서 가장 오래되고 체계적인 관직제도라고 할 수 있으며, 19세기 말까지 역대 중국왕조 정부의 제도적 골간을 이뤘다. 주나라에서는 정부의 관직을 천지춘하추동(天地春夏秋冬), 즉 하늘과 땅, 그리고 1년 4시(봄 · 여름 · 가을 · 겨울)의 시스템을 비유해 만들었다. 천지 4시와 통치제도(정부조직과 관제 등)를 동형적(同形的) 개념으로 인식했다. 통치제도란 천지 4시의 질서 시스템(system)

에 속하는 하부 시스템으로 생각하고 통치제도의 중심을 이루는 정부의 행정조직을 천관(天官)·지관(地官)·춘관(春官)·하관(夏官)·추관(秋官)·동관(冬官)이라는 여섯으로 구성했다(周禮).

천관이란 나라의 정무를 총괄하며 인사와 궁중의 사무를 관장하는 관직으로서, 그 우두머리는 총재(冢宰) 혹은 태재(太宰)라고 하며, 그 아래 60개의 관직(관서)을 뒀다.

지관이란 나라의 재정·조세·토지에 관한 일을 관장하고, 그 우두머리는 대사도(大司徒)라 하며, 그 밑에 60개의 관직을 뒀다.

춘관이란 나라의 예법(禮法)·제사·교화 및 악(樂)의 사무를 관장하고, 그 우두머리는 대종백(大宗伯)이라 하며, 그 산하에 60개의 관직을 뒀다.

하관이란 나라의 군무 및 병마(兵馬)에 관한 사무를 관장하는 관직으로, 그 우두머리는 대사마(大司馬)이며, 그 산하에 60개의 관직을 뒀다.

추관이란 나라의 모든 형벌에 관계되는 사무를 총괄하고, 그 우두머리는 대사구(大司寇)이며, 그 아래 60개의 관직을 뒀다.

동관은 나라의 토목·공무(工務)를 다루는 관직으로, 그 우두머리는 대사공(大司空)이며, 그 아래 60개의 관직을 뒀다.

여기서 말하는 6관의 명칭은 수(隋)·당(唐) 이래 청(淸)에 이르기까지 역대 정부에서 이부(천관)·호부(지관)·예부(춘관)·병부(하관)·형부(추관)·공부(동관)로 호칭됐다.

표 24-1 주(周)의 6관제도

3공(公)	3고(孤)	6관(官) = 6부 · 조(部 · 曹)					
태사(太師) 태부(太傅) 태보(太保)	소사(少師) 소부(少傅) 소보(少保)	천관 (총재)	지관 (사도)	춘관 (종백)	하관 (사마)	추관 (사구)	동관 (사공)
수 · 당 이래 역대 정부의 6관 명칭		이부	호부	예부	병부	형부	공부

제 2 절 중국의 6관 중심 정부행정조직제도의 발전

주나라의 6관제도는 주가 망한 후 진(秦)·한(漢) 시대의 정부조직 및 관직에 약간씩 반영돼 오다가 위 · 진(魏 · 晋)왕조에 이르러 이부조(吏部曹) · 좌민조(左民曹) · 객조(客曹) · 탁지조(度支曹) · 오병조(五兵曹) · 사부조(祠部曹)라는 관직제도로 나타나고, 수(隋)나라 때(581~617)에 천관을 이랑(吏郎), 지관을 민부(民部), 춘관을 예부(禮部), 하관을 병부(兵部), 추관을 형부(刑部), 동관을 공부(工部)로 제도화하고 드디어 618년에 건국한 당나라에 와서 이 · 호 · 예 · 병 · 형 · 공부 중심의 정부행정조직 및 관직제도가 완전하게 성립됐다. 이후 19세기 말까지 중국 역대 왕조의 정부행정조직 및 관직의 중심을 이루며 유지됐고, 한국 · 월남 등 동아시아 여러 왕국의 정치행정제도 형성과 발전에 큰 영향을 미쳤다.

정부의 최고 정책 결정을 담당하는 기구들인 내사성 · 문하성 · 중서성 · 상서성 및 내각 등의 제도는 왕조에 따라 변화가 있었으나 정책집행기관인 6부조직은 변함없이 그 제도와 형태를 유지해 왔다.

표 24-2 중국 역대 왕조의 6관제도 중심 정부행정조직

<table>
<tr><td rowspan="2">수</td><td rowspan="2">내사성
문하성
상서성</td><td colspan="6">상서 6부</td></tr>
<tr><td>이랑(吏郎)</td><td>민부</td><td>예부</td><td>병부</td><td>형부</td><td>공부</td></tr>
<tr><td>당</td><td>중서성
문하성
상서성</td><td>이부</td><td>호부</td><td>예부</td><td>병부</td><td>형부</td><td>공부</td></tr>
<tr><td rowspan="2">송</td><td rowspan="2">중서문하성
상서성</td><td colspan="6">상서 6부</td></tr>
<tr><td>이부</td><td>호부</td><td>예부</td><td>병부</td><td>형부</td><td>공부</td></tr>
<tr><td rowspan="2">명</td><td rowspan="2">내각</td><td colspan="6">6부</td></tr>
<tr><td>이부</td><td>호부</td><td>예부</td><td>병부</td><td>형부</td><td>공부</td></tr>
<tr><td rowspan="2">청</td><td rowspan="2">내각</td><td colspan="6">6부</td></tr>
<tr><td>이부</td><td>호부</td><td>예부</td><td>병부</td><td>형부</td><td>공부</td></tr>
</table>

제 3 절 한국의 6관 중심 정부행정조직제도의 성립과 발전

한국에서 6관 중심 정부행정조직제도가 성립된 것은 고려왕조(918~1392) 초기다. 고려에 성립된 정부행정조직제도는 정치 상황의 변화에 따라 제도의 명칭과 형태에 다소의 변경이 있

었지만 대체로 6관 중심으로 이뤄졌고 그 틀을 유지했다. 고려왕조를 이어 건국한 조선왕조(1392~1910)는 6관 중심 정부행정조직을 더욱 체계적으로 제도화해서 19세기 말까지 500여 년 동안 거의 일관된 형태로 유지해 오다가 1894년(갑오)에 이뤄진 개혁에 따라 서양식 5부·성 중심 정부행정조직으로 바뀌었다.

1 고려왕조

고려의 관제 및 정부행정조직은 개국 초에 신라와 태봉(泰封)의 제도를 참용(參用)했다(『고려사』 권76, '백관(百官)' 서문). 그것은 <표 24-3>에 나열한 건국 초기의 12관부 명칭에서 보는 바와 같다. 그러나 건국 후 여러 해에 걸쳐 새로운 제도를 제정하고 개편해 이어오다가 제6대 임금인 성종 때(981~997)에 이르러 주례·당육전(唐六典) 및 송의 제도 등을 참고해 3성(3省) 6부(6部) 중심의 제도를 확립했다. 3성은 중서성(내사성)·문하성·상서성을 말한다. 중서성은 정부의 조칙(詔勅)을 작성하고, 문하성은 그것을 심의하며, 상서성은 국가의 정책 집행을 담당하는 6부를 총괄하는 관청이다. 6부는 상서이부·상서병부·상서호부·상서형부·상서예부·상서공부를 말한다. 간단히 말하면 이부·병부·호부·형부·예부 및 공부 등의 관청을 말하며, 이들은 각기 국가의 소관별 행정을 담당하는 중심조직이다.

국가정무기구인 중서성과 문하성은 이를 합쳐서 중서문하성이라고 부르고 혹은 재부(宰府)라고도 불렀다(이기백, 1981: 138).

6부의 명칭은 당·송 등의 제도와 같이 이·호·예·병·형·공부라고 호칭했으나 고려에서는 그 순서를 이·병·호·형·예·공부로 정한 점이 독특하다.

6부 조직은 원나라 통치의 영향을 받았던 13세기 말부터 약 100년간(충렬왕~공민왕 시기) 4사(司)·6사(司) 등으로 명칭과 형태가 여러 가지로 변화하다가 1389년(공양왕 원년)에 이르러 6조(曹)로 명칭이 개정돼 1392년에 건국한 조선왕조의 6조제도로 옮겼다.

표 24-3 고려 건국 초기의 12관부

- 광평성 • 내봉성 • 순군부 • 병부 • 창부 • 의형대
- 도항사 • 물장성 • 내천부 • 진각성 • 백서성 • 내군

표 24-4 6부 중심 정부행정조직의 성립과 변천

<table>
<tr><td rowspan="2">성종 14년
(995)</td><td rowspan="2">중서성
문하성
상서성</td><td colspan="6">상서 6부</td></tr>
<tr><td>이부</td><td>병부</td><td>호부</td><td>형부</td><td>예부</td><td>공부</td></tr>
<tr><td rowspan="2">충렬왕 원년
(1275)</td><td rowspan="2">첨의부</td><td colspan="6">4사</td></tr>
<tr><td colspan="2">전리사</td><td>군부사</td><td colspan="2">판도사</td><td>전법사</td></tr>
<tr><td rowspan="2">충렬왕 19～24년
(1293～1298)</td><td rowspan="2">도첨의사사
상서성</td><td colspan="6">6조</td></tr>
<tr><td>전조</td><td>병조</td><td>민조</td><td>형조</td><td>의조</td><td>공조</td></tr>
<tr><td rowspan="2">공민왕 5년
(1356)</td><td rowspan="2">중서문하성
상서성</td><td colspan="6">상서 6부</td></tr>
<tr><td>이부</td><td>병부</td><td>호부</td><td>형부</td><td>예부</td><td>공부</td></tr>
<tr><td rowspan="2">공민왕 11년
(1362)</td><td rowspan="2">도첨의부</td><td colspan="6">6사</td></tr>
<tr><td>전리사</td><td>군부사</td><td>판도사</td><td>전법사</td><td>예의사</td><td>전공사</td></tr>
<tr><td rowspan="2">공민왕 18년
(1369)</td><td rowspan="2">문하부</td><td colspan="6">6부</td></tr>
<tr><td>선부
選部</td><td>총부
摠部</td><td>민부</td><td>이부
理部</td><td>예부</td><td>공부</td></tr>
<tr><td rowspan="2">공민왕 21년
(1372)</td><td rowspan="2">문하부</td><td colspan="6">6사</td></tr>
<tr><td>전리사</td><td>군부사</td><td>판도사</td><td>전법사</td><td>예의사</td><td>전공사</td></tr>
<tr><td rowspan="2">공양왕 원년
(1389)</td><td rowspan="2">문하부</td><td colspan="6">6조</td></tr>
<tr><td>이조</td><td>병조</td><td>호조</td><td>형조</td><td>예조</td><td>공조</td></tr>
</table>

충렬왕 원년(1275)-중서문하성과 상서성을 합쳐 '첨의부'로 함. 충렬왕 19년(1293)-첨의부를 도첨의사사로 개칭, 24년(1298)-상서성을 분리. 공민왕 5년(1356)-중서문하성 · 상서성으로 개편, 11년(1362)-중서문하성을 도첨의부로 개칭하고 상서성은 폐지. 공민왕 18년(1369)-도첨의부를 문하부로 개칭. 공양왕 원년(1389)에 기왕의 6부(部) 혹은 6사(司)제도를 6조(曹)로 개칭(이병도, 1962, 113-117 참조).

2 조선왕조

1) 관제 및 정부행정조직의 정비

1392년 고려왕조의 명운이 종식되고 조선왕조가 세워졌다. 새 왕조의 처음의 관제 및 정부조직은 고려의 제도를 답습했다. 도평의사사(都評議使司 · 2품 이상 재상들의 합의기관) · 문하성 · 중추원 · 삼사와 6조 등이 중심이 돼 정치와 행정을 운영했다. 그러나 새로운 정치적 토대가 강화됨에 따라 조직과 운영을 개편하고 제도화하는 일이 크고 넓게 이뤄졌다. 개국공신 정도전은 태조 3년(1394)에 『주례』를 참고해 『조선경국전』을 사찬했다. 그는 여기에서 재상과 6

조 중심의 제도를 제안했다. 태조 6년(1397)에는 관찬 법전인 『경제육전(經濟六典)』이 공포 실시됐다. 이후 『조선경국전』과 『경제육전』을 토대로 해서 계속적으로 제도 연구와 편찬이 이뤄졌다. 드디어 세조 때 (1466)에 『경국대전』이라는 이름의 6전 체제를 갖추게 되었고, 예종(1469) 때에 수정본이 나왔으며 성종 시기인 1474년에 증보되고 1485년에 최종 완성했다. 『경국대전』은 조선왕조의 관제와 정부행정조직을 규정한 기본 성문법전이다.

조선왕조의 관제 및 정부행정조직은 국왕을 정점으로 하고 의정부와 6조 중심 체계로 이뤄졌다. 그것은 중국의 주례 6관제도와 당(唐)의 제도를 참용하고 고려왕조의 제도를 개편해 새로운 체계를 확립한 것이다. 조선왕조의 제도와 주례의 관계를 『경국대전』(1469 · 1474 · 1485)과 『대전회통』(1865)의 서문에서 보면 다음과 같다.

『경국대전』의 서(序)(1469) : "이른바 여기서 쓰는 6전(典)이라 함은 곧 주나라의 6경이다. … 우리의 『경국대전』 제정은 주관(周官) · 주례(周禮)와 견줄 만하다. 천지 · 4시에 비춰 어그러짐이 없고 옛것에 고증해도 틀리지 않는다."

『대전회통』의 서(序)(1865) : "우리 『경국육전(經國六典)』은 멀리는 주관제도를 본뜨고 가까이는 『대명회전(大明會典)』 6부를 준(準)했다."

(1) 의정부

의정부는 법제상 조선왕조의 국정과 백관을 통섭하는 최고의 정무기관으로 탄생했다. 개국 9년(1400, 정종 2)에 고려조의 합의기구였던 도평의사사를 의정부로 고쳐 세우고, 이듬해(1401, 태종 1)는 고려조의 정권집행기관인 문하부를 폐지해 의정부에 합병했다.

(2) 6조

6조는 정부의 정무를 맡아 수행하는 6개 단위의 행정기관으로서 고려 말에 정해진 이름을 계승해 그대로 사용했다. 그러나 점차 그 조직의 위상은 더욱 높여지고 권한이 강화됐다. 태종 5년(1405) 관제 개혁을 통해 6조의 장관을 정3품(전서)에서 정2품(판서)으로 승격시키고, 의정부의 서무를 6조에 분장시키고, 그 직무를 수행하는 데 의정부를 거치지 않고 왕에게 직접 보고해 시행하도록 하는 소위 6조직계제(六曹直啓制)를 실시했다.

세종 즉위년(1418)에는 고려조의 6조의 서열을 주례에 따라서 바꿔 정했다. 즉, 이 · 병 · 호 · 형 · 예 · 공조를 이 · 호 · 예 · 병 · 형 · 공조로 바꿨다. 또한 이러한 6조 · 6관제도는 승정원 6방(房), 지방관아 6방 등의 제도로 적용됐다.

6조는 위상이 높아지고 권한이 강화됨에 따라 의정부의 권한 및 기능을 축소 · 약화시키는 결과를 가져왔다. 의정부는 설립 초기에는 명실상부한 최고의 정무기관으로서 의정부서사제(議政府署事制)에 따라서 6조의 정무와 행정을 통제했으나 태종과 세조와 같은 힘있는 군주들에 의해 서사제가 폐지되고 6조직계제 등을 실현함으로써 실권이 약화된 명목상의 최고기관으로서 유지 · 존속됐다.

2) 의정부 · 6조 중심 정부행정조직 체제의 확립과 변화

조선왕조의 관직 및 정부행정조직은 건국 초기부터 의정부와 6조 중심의 체제를 갖췄으며, 이어서 왕조의 기본 성문법전인 『경국대전』의 편찬과 더불어 완전하게 확립됐다.

『경국대전』은 이 · 호 · 예 · 병 · 형 · 공전(6전)으로 구성됐으며, 그 내용은 바로 조선왕조의 관직 및 정부행정조직에 관한 것이다. 조선 전기(前期)에 『경국대전』 편찬을 통해 확립된 관직 및 정부행정조직은 조선 후기까지 큰 변화 없이 존속 · 유지됐다.

(1) 조선왕조 전기(前期)의 정부행정조직 체계

『경국대전』에 나오는 조선왕조 전기의 정부행정조직 체제의 내용을 살펴보면 국왕을 정점으로 하고, 그 아래로 최고의 정무기관인 의정부와 정책과 행정을 분장해 다루는 6조를 설치했으며, 여러 실무기관을 6조에 분속시켰다. 그리고 국왕의 명령을 출납하는 기관인 승정원, 정치에 대한 언론과 백관을 규찰하는 사헌부, 왕에 대한 간쟁(諫諍)을 맡은 사간원, 왕족에 관한 사무를 관장하는 종친부 등의 기관을 뒀다.

『경국대전』이 제정된 후에도 새로운 조직들이 생겼다. 그 중 특히 중요한 조직이라고 할 수 있는 것은 비변사(備邊司)다. 비변사는 1555년(명종 10)에 군국기무를 관장하는 상설기관으로 설치됐다. 의정(정승) · 6조판서 및 고위관료들로 구성되는 합좌기관으로 국방 문제뿐만 아니라 일반 정책과 행정에도 간여했다. 의정부의 권한을 능가하는 경우도 있었으며 1865년에 의정부에 합쳐졌다.

(2) 조선왕조 후기(後期)의 정부행정조직 체제

조선왕조의 정부행정조직 체제는 15세기 후반에 『경국대전』 제정과 더불어 완전하게 확립된 후 19세기 후반에 이르기까지 400여 년 사이에 비변사 · 포도청 · 규장각 등이 신설됐으나 의정부−6조 중심의 체제는 변화없이 유지 · 존속되었다. 고려조는 3성 6부 정부조직 체제를 확립했지만 그 체제가 수시로 변화해 안정되지 못했으나 조선왕조의 정부행정조직 체제는 오랫동안 매우 안정된 상태를 지속했다. 15세기에 나온 『경국대전』을 이어서 1865년(고종 2)에 편찬된 『대전회통(大典會通)』을 보면 비변사와 6조 분속의 몇 개 기관이 폐지 혹은 신설됐을 뿐이다.

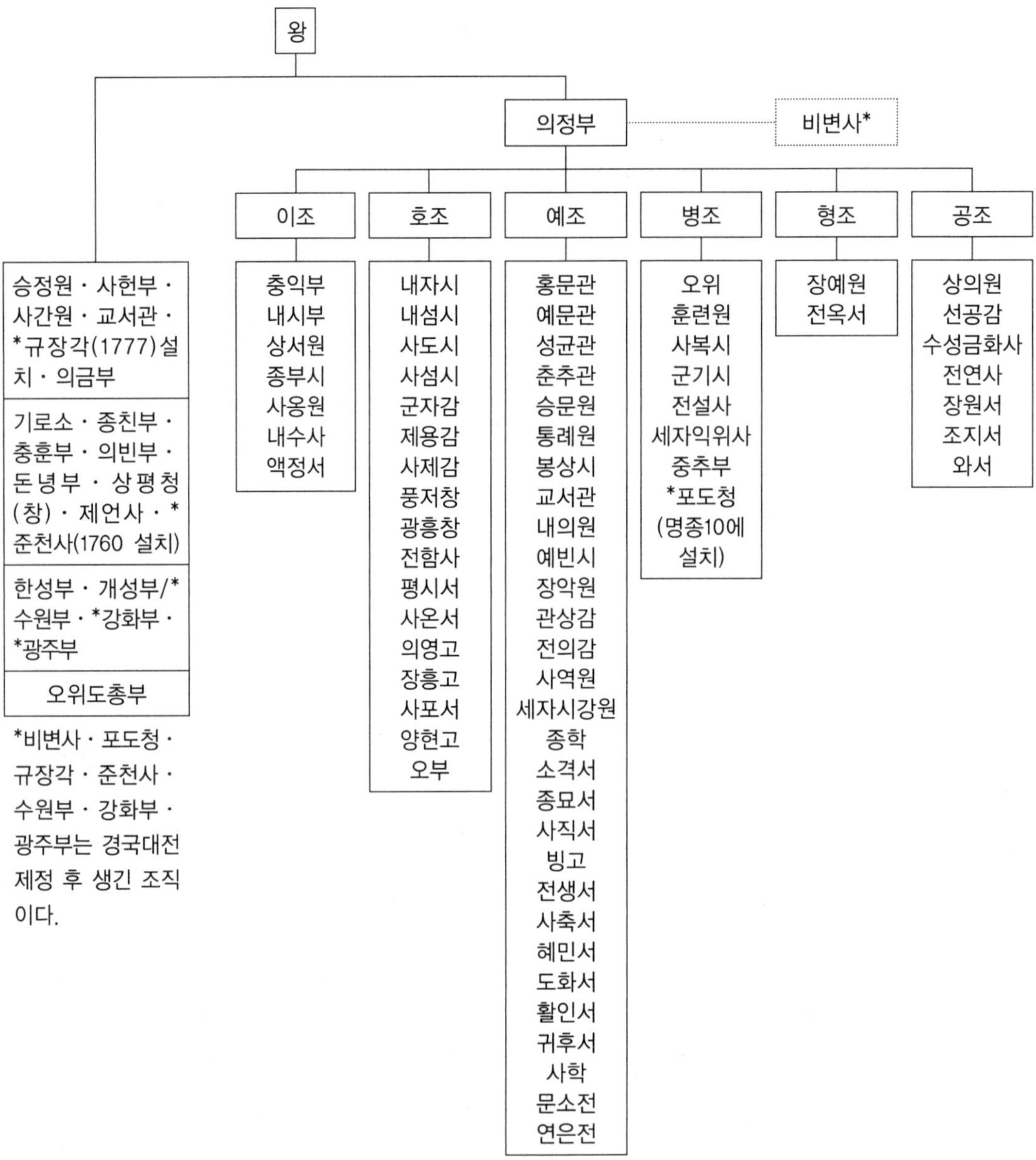

그림 24-1 조선왕조 전기 정부행정조직 체제(경국대전, 1469)

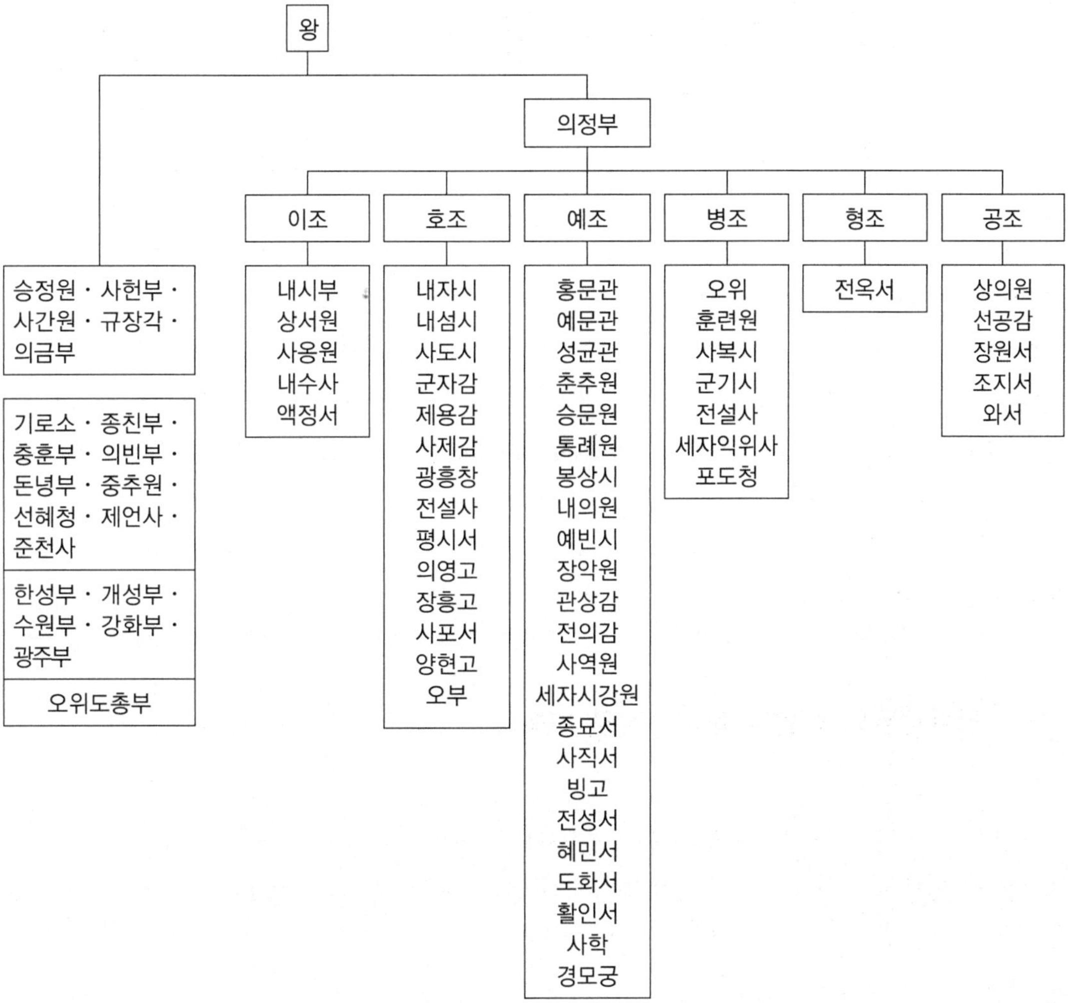

그림 24-2 조선왕조 후기 정부행정조직(대전회통, 1865)

제 4 절 일본의 6관 중심 정부행정조직의 도입과 변화

1 고대 율령국가의 성립과 6관 중심 정부행정조직의 도입

일본은 4세기 중반에 야마토(大和) 정권이 수립되고 7세기 후반부터 8세기 초에 당나라의 제도를 도입해 형법에 해당하는 율(律)과 행정법에 해당하는 령(令)을 편찬해 율령(律令)국가 체제를 확립함으로써 천황을 최고 통치자로 삼는 중앙집권적인 관료제 국가를 이뤘다. 당나라의 관직과 정부행정조직을 모방·변용해 2관(2官)·8성(8省)의 제도를 정해 운영했다. 즉, 국가의 제사를 담당하는 신기관(神祇官)과 일반정무를 담당하는 태정관(太政官: 태정대신·좌대신(左大臣)·우대신(右大臣)), 그리고 국가의 기능별 행정을 담당하는 중무(中務·비서 역할)·식부(式部·인사와 학교행정)·치부(治部·외교행정)·민부(民部·호적과 조세행정)·병부(兵部·군무행정)·형부(刑部·형정)·대장(大藏·재정)·궁내(宮內·궁중사무) 등 8부성을 뒀다. 여기에 태정관 제도는 당나라의 3공(3公 = 3정승)제도를 변용한 것이며, 8부·성의 대부분의 이름은 역시 당나라의 6부(6관) 제도에서 따온 것들이다.

2 막부정권의 성립과 통치조직의 변화

천황 중심의 중앙집권적 통치 체제는 지속적으로 존속하지 못했다. 10세기 중엽 이후 천황의 세력이 약해지고 12세기 말에 이르러 유력한 쇼군(將軍)이 이끄는 막부(幕府) 정권, 즉 무가(武家) 정권이 성립되고 그 후 연이어 막부 체제가 지속됨에 따라 통치조직에 중대한 변화가 일어났다. 막부 체제는 그 주체와 시기에 따라 차이가 있지만 막부를 이끄는 최고의 쇼군(장군)인 주군을 정점으로 여러 번(藩)의 다이묘(大名: 봉건영주)들로 구성된 통치 체제다. 쇼군은 형식적으로는 천황으로부터 임명왔받지만 실제는 일본의 지배자였다. 따라서 막부(막번) 체제는 천황으로부터 독립해 전국을 통치하는 체제다. 12세기 말부터 19세기 말까지 존속한 막부 체제 하에서의 관직과 정부행정조직은 일본 특유의 제도로 형성되고 운영됐다. 특히 17세기 초 도쿠가와(德川)가 정권을 잡아 에도(江戶)에 세운 막부정권을 에도막부(1603~1867)라고 하며 일명 막번 체제(幕藩体制)라고 불렀다. 이는 막부와 약 250개의 번의 수평적 존재를 기초로 체제가 성립 · 유지됐기 때문이다. 막번 체제의 관직과 조직은 [그림 24-3]에 요약돼 있는 바와 같으며, 이 체제가 1868년까지 존속했다.

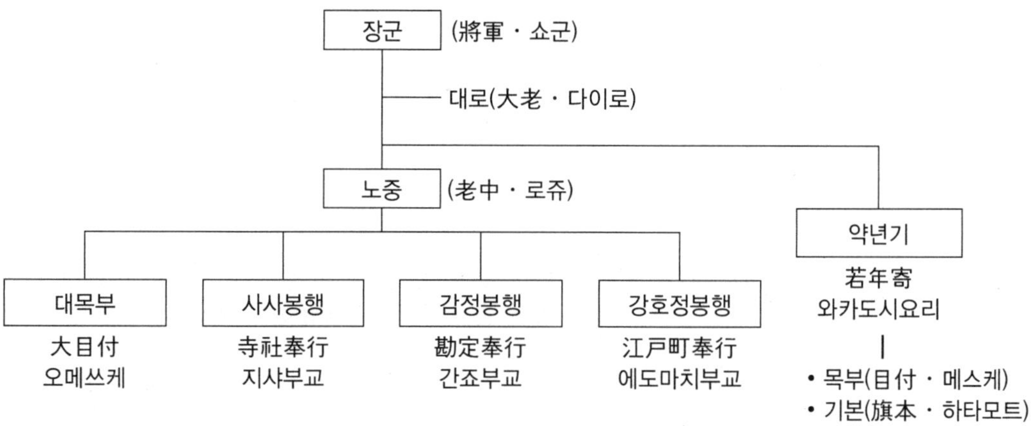

- 장군(쇼군)-형식적으로 천황이 임명하지만 일본의 실제 통치자
- 대로(다이로)-막부의 최고직이지만 비상시에 직무를 수행하는 임시직
- 노중(로쥬)-정무 전반을 총괄하는 최고위직
- 약년기(와카도시요리)-노중(로쥬)을 보좌하고 그의 지휘를 받아, 막신(幕臣 · 목부 - 메스케 및 기본 - 하타모토 등)을 통솔 · 관리 · 감독
- 대목부(오메쓰케)-지방의 번주(藩主)인 대명(大名 · 다이묘)의 관리
- 3봉행(3奉行 · 3부교: 사사봉행 · 감정봉행 · 강호정봉행)

① 사사봉행(지샤부교)-사원 및 신사의 관리와 먼 지방의 재판 담당
② 감정봉행(간죠부교)-막부 직할령의 관리와 관동지역의 재판 담당
③ 강호정봉행(에도마치부교)-에도성의 행정 · 경찰 · 사법 담당

(박영재 옮김(죤 W · 홀 저), 1991: 181-186; 新人物往來社 編, 2010: 24-30 참조).

그림 24-3 막번 체제의 관직 및 행정조직(중앙의 경우)

제 25 장

서구의 5부 · 성 중심 정부행정조직제도

제 1 절 5부 · 성 중심 정부행정조직의 의의

1 5부 · 성 정부행정조직의 개념

역사적으로 서구에는 많은 제국과 왕조가 흥망성쇠해 왔으며, 각 제국과 왕조는 그 나름의 정부조직과 관직을 만들고 유지했지만 중세기 이전에 서양 여러 나라가 공유하고 유지해 온 공통된 정부조직이나 관직제도를 뚜렷하게 알기는 어렵다.

서구의 주요 국가에 공통된 정부행정조직은 국왕을 중심으로 중앙집권과 국가 통일을 이루기 시작한 16세기 이후 절대군주 시대에 형성된 5부 · 성(五部省) 조직이다. 여기서 말하는 5부 · 성 행정조직이란 국가의 행정을 기능을 기준으로 외무 · 내무 · 재무 · 법무 · 군무(국방) 등 다섯으로 나누고, 그것을 관장하는 조직인 부(部) 및 성(省)을 말한다. 절대군주들은 특히 다섯 가지 정부 기능을 중요시하고 그 각각의 기능을 담당하는 정부행정조직을 편성해 운영했다.

2 5부 · 성 행정조직에 관한 슈타인의 사상

5부(성) 행정조직은 인간 유기체 사상에 근원을 두고 있다. 정부조직과 사람을 동형적 개념으로 파악한 것이다. 19세기 중엽 이후 독일의 학자로서 독일 행정학의 학문 체계를 세운 슈타인(Lorenz Von Stein)은 5부(성) 행정조직의 사상적 틀을 설명한 가장 권위있는 학자이기도

하다. 그는 서양의 정부행정조직에 대한 이론적 설명 체계를 세웠다(Stein, 1869: 13-14, 足立忠夫, 1971: 5-26).

1) 개인과 공동체

그의 설명은 우선 개인에서 출발한다. 개인은 자아(ich)이며, 자아는 자기를 규정하는 의지 및 의사(wille)가 있고, 행위(that)를 하고 노동 혹은 노작(勞作, arbeit)하는 존재다. 그러나 하나하나의 개인은 힘 · 지식 · 시간의 관점에서 볼 때 매우 제약돼 있는 존재다. 이것을 극복하기 위해 개인들은 서로 집합해 그들의 힘과 지식과 시간을 증대하고 확대시킨다. 여기에 개인은 다수 속에서 서로를 위해 존재하는 공동체(gemeinschaft)를 형성한다.

2) 사회와 국가

인간 공동체 개념은 사회와 국가로 나뉜다. 국가란 그 나름의 의지 · 의사를 가지고 행위 및 노작하는 인격이며, 그러한 인격을 지닌 공동체다. 국가는 인격을 지니고 있으며, 모든 개인들이 인격을 지닌 유기체이듯이 국가도 인격을 지닌 유기체다. 그러나 공동체로서의 국가는 모든 개인을 그 속에 포함하면서도 그 자체가 독립된 존재를 유지하는 인격이다. 국가는 보편적 인격(allgemeine personlichkeit)으로서 존재한다는 점에서 개개의 인격과는 다르다.

3) 국가의 헌정과 행정

국가는 두 가지 원리에 따라 작용한다. 하나는 헌정 혹은 국헌(國憲, verfassung)이며, 다른 하나는 행정(verwaltung)이다. 헌정이란 국가의 원수(元首)에 따라 나타나는 것으로 국가의 의지 및 의사의 표현이며, 행정이란 국가의 조직적 노작(arbeit)이라는 것이다. 말하자면 행정이란 국가의 의사에 따라 구체적으로 국가의 토지 · 인민 · 경제 및 사회에 관계되는 활동을 하는 것이다. 다시 말하면, 국가는 행정을 통해 외국과 교섭하고 나라를 방위하며 법질서를 유지하고 국민의 경제생활과 복지 및 발전을 위한 서비스를 수행한다.

4) 행정의 다섯 가지 기능 영역과 조직

슈타인은 <표 25-1>에서 보는 바와 같이 국가가 수행해야 할 조직적인 노작으로서 행정을 규정하고, 외교 · 국가 체력 · 법 · 내무 · 국가경제 등 다섯 가지 기능 영역으로 행정을 나눴으며, 또한 그것을 담당하는 각각의 조직을 외무부·국방부·법무부·내무부·재무부로 규정하고 그 기능을 설명한다(Stein, 1869: 3-14; 足立忠夫, 1971: 5-26; 鵜飼信成, 1952: 154-156).

표 25-1 국가의 다섯 가지 기능과 정부조직

국가의 기능		정부조직
• 외교 - 외무(외국과의 교섭)	---------	외무부
• 체력 - 군무(군사제도를 통한 국가 체력의 형성과 유지)	---------	육군·해군부 → 국방부
• 법무(국내질서 유지와 현행법의 실현)	---------	법무부
• 발전 - 내무(질서 유지와 국민의 일반적 발전을 위한 조건들의 조성)	---------	내무부
• 국가경제 - 재무(국가의 경제생활)	---------	재무부

鵜飼信成(1952: 154-156) 참조.

① 외무부는 하나의 국가가 다른 국가와 공존하면서 교섭하고, 그 가운데서 국가 이익을 유지·확보하는 기능을 수행한다. ② 국방부는 국가 유기체의 힘(체력)을 말하며, 국가 안보를 담당한다. ③ 법무부는 국가의 법질서를 유지하는 기능을 수행하고, ④ 내무부는 사회의 안녕과 질서를 유지하고 인사·토지·교통·국토기반행정·경제산업·교육문화행정을 포괄적으로 담당하며, 그 속에서 새로운 부·성을 분화해 탄생시키는 역할을 하고, ⑤ 재무부는 국가재산의 관리와 조세·예산·회계·국세에 관한 업무를 관장한다. 이와 같은 다섯 가지 정부행정조직이 병존하고 그 맡은 기능을 수행함으로써 국가의 목적이 달성된다는 것이 5부·성 중심 정부행정조직론의 핵심 내용이다.

제 2 절 서구 주요 국가의 5부·성 중심 정부행정조직의 성립과 현재의 제도

1 영국

영국은 1780년대에 5부·성 중심 정부행정조직이 완성된 것으로 보인다. 일부 정부조직의 기원은 봉건제 시대인 11세기 및 12세기까지 소급한다고 할 수 있다. 우선 재무부(the Treasury)

는 12세기에 기원하며 국방을 담당하는 해군부(Navy Department)는 1690년, 육군부(Army Department)는 1704년, 법무행정을 담당하는 대법관제도는 11세기까지 소급한다(阿利莫二, 1976: 20-21). 1782년에는 외무부와 내무부가 설치됐다. 1780년대에 이르러 고전적인 5부성 체제인 외무 · 내무 · 재무 · 법무 및 군무를 담당하는 정부행정조직이 완성됐다. 이러한 부성조직에 더해 19세기에는 식민지부(1801) · 체신부(1832) · 빈민청(1834) · 지방자치청(1871) 등이 설치됐다.

20세기 들어 국가 기능의 다양화와 복잡화에 대응해 행정부 조직의 분화 · 신설 등이 계속됐다. 특히 사회 · 경제 · 문화 · 기술 · 교육 · 노동 · 국제 개발 · 지방자치와 관계되는 다양한 부성들이 탄생했다. 2012년 현재 18부의 부성과 그 밑에 여러 산하기관 및 독립행정기관들이 설치돼 있다. 외교 · 내무 · 재무 · 법무 · 국방 등 전통적인 5부성은 지금도 대체로 원래의 이름과 형태를 유지하고 기능을 수행하면서 행정부 조직의 중심에 존재한다.

표 25-2 영국의 행정부조직(2012)

총리 · 내각부	
18부	외교연방부 · 내무부 · 재무부 · 법무부 · 국방부 · 문화미디어체육부 · 보건부 · 교통부 · 교육부 · 기업혁신기술부 · 환경식품농촌부 · 에너지기후변화부 · 북아일랜드부 · 웨일스부 · 스코틀랜드부 · 노동연금부 · 국제개발부 · 지역공동체지방자치부
산하기관 및 독립행정기관들	

2 프랑스

프랑스는 15세기에 일어난 영국과의 백년전쟁 후에 이미 통일국가를 이뤘고, 16세기에는 상비군제도가 발전했으며 국왕의 관료들을 통해 중앙정부의 과세 및 징세제도가 확립됐다. 루이 14세 때에는 재무감독관과 같은 중앙정부의 관청이 생기고 군무행정 · 인사행정 등이 발전했다(縣公一郎 옮김, 1986: 23-24). 1789년 혁명과 더불어 제정된 1791년의 제1공화국 헌법에 규정된 정부행정조직은 6개 부성이었다. 즉 외무 · 내무 · 재무 · 전쟁(군무) · 법무 · 해운이다. 여기에 나타난 해운부를 제외하고 나머지 부성은 모두 고전적인 5부성이다. 18세기 말까지 5부성 중심 정부행정조직이 완전하게 성립됐다. 이러한 다섯 부성조직은 혁명 전부터 시차를 두고 하나씩 나타나기 시작한 제도들에 그 연원을 두고 있다(박연호 · 박균성 옮김, 1997: 73).

위와같이 일찍이 5부성 중심의 행정부조직을 확립한 프랑스는 19세기 이후 계속 조직을 신설 혹은 개편하면서 현재에 이르렀다. 그러나 정부행정조직 안에 전통적인 5부성이 지금도 중심을 차지하고 있다. 다만 기존의 5부성의 명칭에 새로운 명칭들을 덧붙인 복합 명칭의 부성으로 변화된 것들이 많으며, 또한 사회·경제, 문화·교육 등의 분야에 다양하고 새로운 부성조직이 신설돼 있음을 볼 수 있다. 현재의 행정부조직은 16부와 산하조직들로 이뤄져 있다.

표 25-3 프랑스의 행정부조직(2012)

대통령 - 총리	
16부	외교유럽부 · 총무부 · 내무해외영토이민부 · 예산회계개혁부 · 경제재정산업부 · 법무자유부 · 국방재향군인부 · 생태지속개발교통주택부 · 농업식품수산농촌지역개발부 · 노동고용보건부 · 연대사회통합부 · 고등교육연구부 · 교육청소년공동체부 · 문화통신부 · 도시부 · 체육부
산하조직들	

3 독일

독일의 정부행정조직의 생성과 변화를 보면 프러시아 등의 분방(分邦) 수준에서는 프랑스와 유사하게 17~18세기에 일찍 발달했으나 전체적인 제국 및 연방국가 수준의 조직은 19세기 후반에 이르러서야 완성됐다. 특히 분방인 프러시아에서 발달한 모델이 1870년대 이후의 독일제국에 계승되고 기초가 돼 왔다. 프러시아의 행정조직은 대선거후(大選擧侯) 빌헬름(Friedrich Wilhelm, 1640~1688) 시대에 크게 발전했다. 그는 상비군을 육성·유지하기 위해 군무행정을 발전시키고 징세관리를 위해 재무행정을 발전시켰다. 군사원(軍事院)과 세무감독청과 같은 정부기구도 설치했다. 이러한 기초 위에서 1728년에 외무부, 그 후에 법무부·학무부·종무부(宗務部)가 생겼으며, 1810년 군무와 법무조직이 완성되고 추밀원이 구성됐다. 그 후 내무부가 설치되고, 내무부에서 여러 조직과 권한 영역이 분화해 새로운 조직들이 탄생했다(Barker, 1966: 18-21 참조; 縣公一郎, 1986: 24-26).

프러시아를 계승해 독일제국의 5부·성 중심 정부행정조직이 나타났으며, 그것이 완성된 것은 제정(帝政) 시대인 1879년이다. 1867년에 외무부, 1872년 해군부, 1873년 철도부, 1875년 체신부, 1876년 법무부, 1879년 국철관리부·국고부·내무부가 설치됐다. 즉, 1879년에 이르러 외무·군무(해군)·법무·재무(국고)·내무 등의 5부·성 중심 정부행정조직이 확립되고 기타 철도 및 체신을 관장하는 중앙정부조직 등이 설치됐다.

20세기를 지나 현재에 이르기까지 독일 연방행정부조직은 전통적인 5부·성과 사회·경제·교육·교통·환경 행정 등을 관장하는 부성 등, 총 14부와 산하 소속기관들로 이뤄져 있다.

표 25-4 독일 연방정부 행정조직(2012)

연방총리	
14부	연방외무부 · 연방내무부 · 연방재무부 · 연방법무부 · 연방국방부 · 연방노동사회부 · 연방경제기술부 · 연방식품농업소비자보호부 · 연방가족노인여성청소년부 · 연방보건부 · 연방교통건설도시개발부 · 연방환경자연보호원자력안전부 · 연방교육연구부 · 연방경제협력개발부
소속기관들	

4 미국

미국은 1789년 독립과 더불어 근대적인 정부행정조직을 편성했다. 서구의 선진국과 같은 절대군주제를 거치지 않고 민주공화제의 국가로 건국했지만 정부행정조직은 프랑스, 독일 및 영국 등 서구 국가에서 기왕에 발전한 5부성 중심제도를 채택했다.

1789년 건국 당시에는 국무부(외무)·재무부·군사부(군무)의 3부 조직을 설치했다(Gladden, 1972: 274-277). 이어서 1798년에 해군부(군무)를 설치하고, 1849년에 내무부, 1870년에 법무부를 설치했다. 이로써 외무·내무·재무·법무·군무를 다루는 고전적 5부·성 조직이 완성됐고, 이어서 1872년에는 우정부, 1889년 농무부가 설치돼 19세기 말까지 8부·성 조직을 구성했다.

20세기 100년 동안에도 여러 부성조직이 신설·폐지 혹은 개편됐다. 현재의 부성조직은 전통적인 5부·성을 위시해서 총 15개이며, 기타 독립행정기관 및 공사조직들이 있다.

표 25-5 미국 연방정부 행정조직(2012)

대통령	
15부	국무부 · 내무부 · 재무부 · 법무부 · 국방부 · 농림부 · 상무부 · 교육부 · 에너지부 · 보건후생부 · 국토안보부 · 주택도시개발부 · 노동부 · 교통부 · 재향군인부
독립행정기관 및 공사들	

제 26 장

일본과 중국에서 서구식 5부 · 성 중심 정부행정조직제도의 성립과 변화

중국 · 한국 · 일본 등 동아시아 3국은 고대 이래 19세기까지 한자를 공용해 온 국가들이고 유교문화권이라는 공통성을 지닌다. 관직과 정부행정조직제도를 보면 중국과 한국은 중국에서 나온 6관 중심 제도를 19세기 말까지 공유했으나 일본은 고대 시기 한때 중국의 제도를 쓰다가 12세기 이후 700여 년간 지속된 막부통치 체제 하에서 중국 및 한국과 다른 특이한 제도를 만들어 유지했다.

이들 3국은 모두 19세기 중엽 이후 강력한 무력을 앞세워 동양으로 세력을 확장해 오는 서구 열강의 직접적인 강요 혹은 영향에 따라 나라의 문호를 개방하고, 문호의 개방과 더불어 전통적인 정치 · 행정제도를 폐지하고 서구의 제도를 수용했다.

중국은 1840년대에 영국과 프랑스 등의 침략을 받고 동아시아 국가 중 가장 먼저 서구와 수교를 시작했으며 서구식 제도의 도입을 시작했으나 우왕좌왕의 추진을 거쳐 20세기 초에 서구의 5부 · 성 중심 정부행정조직제도로 변화했다.

한국은 앞서 서구의 영향을 받은 일본의 강압으로 1876년에 문호를 열고, 1894년에 서구식 5부 · 성 중심 정부행정조직제도를 도입해 시행했다.

일본은 1854년에 미국의 위압에 굴복해 문호를 열었으며, 1868년 메이지유신(明治維新) 후 '아시아를 벗어나 서구화(脫亞入歐)'를 지향하는 문명 개화와 제도 개혁에 착수해 동아시아 3국 중 가장 먼저 5부성 중심의 정부행정조직 제도를 받아들여 확립했다.

이하에서는 동아시아 3국 중 서구의 5부성 중심 정부행정조직을 가장 앞서 수용해 정착시킨 일본을 먼저 설명하고, 다음에 중국과 한국을 살펴보고자 한다.

제 1 절 일본

1 5부 · 성 중심 정부행정조직의 도입 및 성립

일본은 1854년 문호를 열고 1868년 메이지유신으로 그간 700여 년간의 막번 체제를 무너뜨리고 왕정을 복고했다. 통치권이 천황에게 돌아온 것이다. 다시 말하면, 천황이 최고 통치권자인 중앙집권국가가 성립됐다. 중앙집권국가로 복귀한 일본은 새로운 시대와 세계적 조류에 맞춰 문물과 정부조직제도 등의 개혁을 추진하고 확립했다.

우선 1868년 왕정복고와 더불어 고대 율령국가 시대에 국가의 정무를 총괄하던 재상제도인 태정관(太政官) 제도를 부활시켰다. 그러나 그 밑에 두는 관직과 조직은 완전히 새로운 것이었다. 1868년 태정관제의 실시와 더불어 의정관 · 형정관 · 신기관(神祇官) · 회계관 · 군무관 · 외국관 · 형법관 등 7관제도를 확립했고, 1869년에는 민부성(民部省) · 대장성(大藏省) · 병부성(兵部省) · 형부성(刑部省) · 궁내성(宮內省) · 외무성(外務省) 등 6성(六省)을 설치했으며, 1871년에는 제도를 개편해 외무성 · 대장(재무)성 · 병부(군무)성 · 공부성 · 궁내성 · 신기성 · 문부성 · 사법성 등 8성을 설치하고, 1873년에 내무성을 신설했다. 이로써 1873년에 이르러 외무 · 내무 · 대장(재무) · 법무(사법) · 군무(병부) 등 5부 · 성 중심 정부조직이 나타나게 됐다. 그 후 1885년에 태정관제도를 폐지하고 근대적인 내각제도를 실시해 내각총리대신 · 궁내 · 외무 · 내무 · 대장 · 육군 · 해군 · 사법 · 문부 · 농상무 · 체신성으로 정부행정조직을 구성했다. 이와 같은 제도 형성을 통해 1885년에 외무 · 내무 · 대장(재무) · 군무(육 · 해군) · 사법(법무) 등의 5부 · 성이 중심이 되는 정부행정조직이 완전하게 성립됐다(秦郁彦, 1981: 661-663).

표 26-1 일본의 5부 · 성 중심 행정부조직의 성립 연혁(1868~1885)

- 1868 왕정복고, 태정관제 실시 : 의정관 · 형정관 · 신기관 · 회계관 · 군무관 · 외국관 · 형법관 등 7관제 설치
- 1869 민부성 · 대장성(재무) · 형부성(사법) · 궁내성 · 외무성 등 6성 설치
- 1871 외무 · 대장(재무) · 병부(1872년 2월 육군 · 해군 2성으로 분리) · 공부 · 궁내 · 신기(1872년 3월부터 교부성(敎部省)으로 개칭) · 문부 · 사법 등 8성 설치
- 1873 내무성 설치
- 1885 내각제 실시 : 궁내 · 외무 · 내무 · 대장(재무) · 육군 · 해군 · 사법(법무) · 문부 · 농상무 · 체신성 설치

2 현재의 행정부조직

1885년 내각제의 실시와 5부 · 성 중심 정부행정조직을 확립하고, 그 후 산업화, 제국주의 및 군국주의화, 1 · 2차 세계대전을 겪으며 연이어 정부조직 신설 혹은 개편이 있었다. 특히 제2차 세계대전 후 내무성 폐지, 인사원 설치 등의 개혁이 크게 이뤄졌다. 1999년까지 1부(府) 22성청의 조직을 형성 유지했으며, 2000년에 1부 10성 1청 1위원회로 크게 재편했다. 2012년 현재의 행정(중앙성청) 조직을 보면 1부 · 2원 · 11성 · 1청 · 부성 소속 15청 6위원회로 구성돼 있다.

표 26-2 일본 정부의 행정(중앙성청)조직(2012)

내각총리	
1부(府)	내각부
2원(院)	인사원 · 회계검사원
*11성(省) 1청(廳)	총무성 · 법무성 · 외무성 · 재무성 · 문부과학성 · 후생노동성 · 농림수산성 · 경제산업성 · 국토교통성 · 환경성 · 방위성 부흥청*
부성 소속 15청 및 6위원회	궁내청 · 공정거래위원회 · 국가공안위원회(경찰청) · 금융청 · 소비자청 · 공해등조정위원회 · 소방청 · 공안심사위원회 · 공안조사청 · 국세청 · 문화청 · 중앙노동위원회 · 임야청 · 수산청 · 자원에너지청 · 특허청 · 중소기업청 · 관광청 · 기상청 · 운수안전위원회 · 해산보안청

* 부흥청은 2011년 동일본 대진재(大震災)의 피해지역 복구를 위한 시책의 기획 및 추진을 담당하는 부 · 성급 조직이다.

제 2 절 중국

1 5부 · 성 중심 정부행정조직의 도입 및 성립

중국은 1840년대 이후 영 · 불을 비롯한 서구 열강의 침략에 충격을 받았다. 그에 따라 선진 서구의 문물제도를 수용해 국가를 근대화하려는 '양무운동(洋務運動)'이 일어나고, 양무운동을 담당하는 정부행정조직으로 1861년에 총리각국사무아문(總理各國事務衙門)을 설립해 서양을 상대하는 외교 · 통상 · 해관 · 전신 · 철도 · 광산 · 해군 · 공업과 관련되는 다양한 일을 맡도록 했으며, 총세무사서(總稅務司署) · 기기국(機器局) · 전보국 · 우정국 등 근대적인 기구를 설립했다. 그러나 양무운동은 중국의 전통 사상과 정치제도 등을 유지하면서 서구의 기술이나 수단만을 흡수하려고 하는 데 근본적인 한계를 보였다.

이러한 가운데 1890년대에 이르러 서구 열강과 일본이 중국에 행사하는 군사적 · 외교적 세력과 압박은 더욱 확장되고 강해졌으며 중국 내부의 정치적 혼란은 가중됐다. 따라서 중국은 이와 같은 대내외적 위기를 극복하기 위해 새로운 차원에서 적극적으로 법과 제도를 고치는 운동과 정책을 실시했지만(이른바 '변법자강운동[變法自强運動], 예: 1898 무술변법) 보수파의 반격과 개혁파의 분열 등으로 전통적인 제도를 해체하고 새로운 제도를 수립하는 일이 쉽게 추진되지 못했다. 새로운 정부행정조직제도의 성립은 여러 해에 걸쳐 하나씩 점차로 진행됐다.

1901년에 이르러 앞서 언급한 총리각국사무아문(1861 설치)을 외무부로 개칭하고, 1903년에 상부(商部, 1906년 농공상부)를 설치했으며, 1905년 12월에 기존의 예부를 해체하고 학부를 설치했고, 1906년에는 민정부(民政部, 후에 내무부)를 설치했으며, 호조를 개칭해 탁지부를 설치하고, 형부를 개칭해 법부, 그리고 우전부(郵傳部)를 설치했다. 이와 같은 경향을 살펴볼 때, 중국에서는 청나라 말기인 1906년에 전통적인 6관(6부) 정부행정조직제도가 완전히 폐지되고 근대적인 5부 · 성 중심 정부조직이 성립된 것이다.

1906년에 성립된 5부 · 성 중심 정부행정조직제도는 그것을 시행해 경험을 쌓을 기회를 거의 갖지 못한 상태에서 1911년에 신해혁명이 일어나 전제황제국가 청조가 무너지고, 1912년에 중화민국 정부가 수립됨으로써 중국의 정부행정조직제도는 서구식 제도로 변화됐다. 중화민국은 9부의 체제로 정부행정조직을 편성했다. 외교 · 내무 · 재정 · 군(육군 · 해군) · 법(사법) 등 다섯 기능을 담당하는 부성과 교육 · 농상 · 교통을 담당하는 부성을 추가해 구성한 것이다(日中民族科學硏究所, 1988: 588-594).

2 현재의 행정부조직

중국의 행정부조직제도는 1949년에 두 가지로 나뉘었다. 하나는 공산당이 베이징(北京)에 세운 중화인민공화국의 행정부조직이고, 또 하나는 국민당이 타이베이(臺北)에 세운 대만(일명 '중화민국')정부의 행정조직이다.

표 26-3 중국의 정부조직 변천

청(淸) 초	청(淸) 말	중화민국 초
▪ 이부	내각서전국(內閣叙銓局)	
▪ 호부	순경부(巡警部) → 민정부(民政部)(1906)	내무부
	탁지부(1906)	재정부
▪ 예부	전례원(典禮院)	
	학부(1905. 12)	교육부
▪ 병부	육군부(1906)	육군부
	해군부(1910)	해군부
▪ 형부	법부(1906)	사법부
▪ 공부	상부(1903) → ▪ 농상공부(1906)	농공상부(후에 실업부)
▪ 총리각국사무아문(1861)	외무부(1901)	외교부
	▪ 우전부(1906)	교통부

日中民族科學硏究所(1980: 433); 陳茂同(1988: 588-594); 신승하(2000) 등 참조 작성.

1) 중화인민공화국

중화인민공화국의 행정부조직은 국무원총리 밑에 1청(국무원판공청)·21부(외교·국방 등)·4위원회(국가발전개혁위원회·국방과학기술공업위원회 등)·1행(중국인민은행)·1서(회계검사서)와 각 부 및 위원회 직속기관들로 구성돼 있다. 특히 중심적인 기능부서인 21부는 외교·국방·재정·법(사법) 등 전통적인 부성 외에 과학기술·안전·노동사회보장·철도·교통·정보산업·국토자원·수리·위생 등으로 다양하게 분화된 조직으로 구성됐다.

표 26-4 중화인민공화국 정부의 행정조직(2012)

국가주석	
국무원 총리	
1청	국무원판공청
21부	외교부 · 국방부 · 교육부 · 과학기술부 · 국가공안부 · 국가안전부 · 감찰부 · 민정부 · 사법부 · 재정부 · 인사부 · 노동사회보장부 · 국토자원부 · 건설부 · 철도부 · 교통부 · 정보산업부 · 수리(水利)부 · 농업부 · 상무부 · 위생부
4위원회	국가발전개혁위원회 · 국방과학기술공업위원회 · 국가민족사무위원회 · 인구와 가족계획위원회
1행	중국인민은행
1서	회계검사서
각 부 및 위원회 직속	청 · 국(局) · 사(司) · 처(處) · 과(科) 설치

2) 대만

대만의 정부는 행정원 · 입법원 · 사법원 · 고시원 · 감찰원 등 5원으로 구성돼 있다. 이 중 행정 관련 기관은 행정원 · 고시원 · 감찰원이며, 행정원은 내정 · 외교 · 국방 · 재정 · 교육 · 법무 · 경제 · 교통 등 8부와 몽장(몽고 · 서장) · 교무 등 2위원회로 구성돼 있다. 또한 공무원 인사행정을 담당하는 고시원과 직무감찰 및 회계검사를 관장하는 감찰원이 있다. 행정원 8부 중 전통적인 5부 · 성이 확고한 중심을 이루고 있음을 볼 수 있다.

표 26-5 대만정부의 행정조직(2012)

총통
5원 : 행정원 · 입법원 · 사법원 · 감찰원 · 고시원
• 행정원 8부 : 내정부 · 외교부 · 국방부 · 재정부 · 교육부 · 법무부 · 경제부 · 교통부 2위원회 : 몽장(몽고 · 서장)위원회, 교무(僑務 – 화교)위원회 • 감찰원 • 고시원

제 27 장

한국에서 5부 · 성 중심 정부행정조직제도의 성립과 변화

한국에서의 서구식 5부 · 성 중심 정부행정조직제도는 조선왕조 말에 그 원형이 도입 · 성립됐으며, 일제 식민통치 시기와 미군정 시기를 지나 1948년 대한민국 정부 수립 후 완전한 모습을 갖춰 발전하게 됐다.

제 1 절 조선왕조 말~대한제국 시기

고려왕조 이후 900여 년 동안 유지돼 온 중국식 6관 중심 정부행정조직제도는 조선왕조 말(1894)에 이르러 폐지되고, 서구식 5부 · 성 중심 정부행정조직제도로 바뀌었다. 기존 제도의 개편이 아니라 이질적인 새로운 제도의 도입이었다. 이러한 변화의 배경은 무엇이며, 어떤 내용의 제도가 어떻게 도입되고 성립됐는가를 다음과 같이 설명할 수 있다.

1 문호 개방

19세기 후반에 동아시아는 급격한 역사적 전환기에 직면했다. 산업혁명과 자본주의 체제에 돌입한 서구 열강제국이 아시아에 침입해 강제로 외교통상 관계를 열고 그들의 문물과 제도를 전파했다. 중국은 1840년대에, 일본은 1850년대에 서구에 문호를 개방했으며, 한국은 1876년에 일본의 강요에 따라 조 · 일수호통상조약을 맺고, 1880년대에 들어 미국 · 영국 · 독일 · 프랑스 등 서구 열강국가와 외교통상 관계를 맺었다.

한국은 이와 같은 문호 개방과 더불어 세계의 중심이 동양의 전통적 대국(大國)인 중국을 떠나 서구 열강으로 옮겨졌음을 알고 그에 대응해 문물제도의 변화를 도모했다.

2 근대적 행정조직제도의 부분적 · 점진적 도입

문호 개방 후 조선정부는 급속하게 일어나는 상황의 변화에 부분적 · 점진적인 대응을 시도했다.

첫째, 외국 제도의 시찰 및 견문이다. 예를 들면 1881년에 이른바 신사유람단(일명 조사시찰단, 朝士視察團)을 일본에 파견해 내무성 · 외무성 · 대장성 등의 정부조직제도를 시찰했으며(박정양, 1984 참조), 영선사(領選使)를 청나라에 파견해 신식무기를 제조하는 기기국(機器局) 등을 시찰했다.

둘째, 근대적인 행정기구를 부분적으로 수용 · 신설해 새롭게 대두하는 행정문제를 해결하려고 했다. 예를 들면, 1880년에 통리기무아문을 설치해 외교, 군사, 정치 등의 일을 총체적으로 담당케 했다(전해종, 1962 참조). 이 기구는 청나라가 1861년에 세운 통리기무아문을 모방한 것이다. 이와 더불어 새로운 실무를 다루는 여러 가지 행정기구를 설치했다. 즉, 주전소를 관리하는 전환국(典圜局, 1883) · 군기제조를 담당하는 기기국((機器局, 1883) · 출판기관인 박문국(博文局, 1883) · 경찰기관인 순경부(巡警部, 1883) · 도로와 교량건설 업무를 맡는 치도국(治道局, 1883) · 광산 업무를 담당하는 광무국(鑛務局, 1884) · 체신기관인 우정총국(1884) 등이다.

3 기존 6관 중심제도의 폐지 · 해체와 5부 · 성 중심제도의 도입 · 성립: 갑오개혁(1894)

1) 개혁의 단행

1890년대의 초까지 정부행정조직제도는 위에서 보는 바와 같이 기존의 틀에 약간의 새로운 요소를 부분적으로 도입하고 보완하면서 유지됐다. 그러나 1894년에 정부행정조직제도는 근본적이며 급격한 대변혁(radical transformation)을 하게 됐다. 기존의 제도는 폐지 · 해체되고 완전히 새롭고 이질적인 제도를 도입해 설치했다. 이른바 '갑오경장(甲午更張)'이라는 이름으로 이뤄진 기존의 정치 · 행정 · 사회제도의 총체적 변혁 가운데 정부행정조직제도도 이전의 그것과는 다른 모습으로 변화됐다. 고려왕조 이래 900여 년 간 존속해 온 6관 중심제도가 폐지되고 이미 일본에 이식된 서양의 5부·성 중심제도를 도입한 것이다.

이와 같은 급격한 대변혁은 일본과의 복잡한 정치 외교적 관계 속에서 이뤄졌다. 1894년 일본과 청은 조선에서 전쟁을 벌였으며, 이때 일본은 전쟁을 수행하는 중에, 그리고 전후(戰後)에도 자기의 뜻대로 조선을 지배하고 영향을 미칠 기반을 만들기 위해 한국 정부에 광범위한 내정개혁을 강요하며 구체적인 방안을 제시했다(김운태, 2002: 267-293; 山辺健太郎, 1966: 287-300 참조.).

한국 정부는 한편으로는 일본이 행하는 간섭에 반발했으나, 다른 한편으로는 국정개혁의 필요성을 느껴 개혁을 담당하는 임시특별기구로 군국기무처(軍國機務處)를 설치하고, 이 기구를

표 27-1 1894년 갑오개혁으로 설치된 정부조직

조직명	소속 조직
의정부	군국기무처·도찰원(都察院)·중추원·기록국·전고국(銓考局)·관보국·편사국(編史局)·회계국·기로국(耆老局)
* 내무아문	총무국·판적국(版籍局)·주현국(州縣局)·위생국(衛生局)·지리국·사사국(寺祠局)·회계국 * 경무청
* 외무아문	총무국·교섭국·통상국·번역국·기록국·회계국
* 탁지아문	총무국·주세국(主稅局)·주계국(主計局)·출납국·국채국·저치국(儲置局)·기록국·전환국·은행국·회계국
* 군무아문	총무국·친위국(親衛局)·진방국(鎭防局)·해군국·의무국·기기국(機器局)·군수국·회계국
* 법무아문	총무국·민사국(民事局)·형사국·회계국
학무아문	총무국·성균관 및 상교서원 사무국(庠校書院事務局)·전문학무국·보통학무국·편집국·회계국
공무아문	총무국·역체국(驛遞局)·전신국·철도국·광산국·등춘국(燈椿局)·건축국·회계국
농상아문	총무국·농상국(農桑局)·공상국(工商局)·산림국·수산국·지질국·장려국(獎勵局)·회계국
궁내부	승선원(承宣院)·경연청·규장각·통례원·장악원·내수사·사옹원·상의원(尙衣院)·내의원·시강원·내시사(內侍司)·태복시·전각사·회계사
종백부	종묘·사직·영희전·경모궁·민생전·능·원·묘(廟)·묘(墓)·봉상·전생서(典牲署)
종친부	돈령부·의빈부

*는 5부·성 조직임.
국사편찬위원회(1968: 567-576); 「고종순종실록」(1970: 495-497, 510-511.

통해 200여 건의 주요 제도 및 법령 개혁을 단행했다. 그 가운데 중심을 이루는 부분으로 정부행정조직 및 관제개혁이 포함됐다.

2) 5부 · 성 중심의 제도로 변혁된 새로운 정부조직제도의 내용

1894년 7월 30일 군국기무처는 의정부를 비롯한 정부행정조직 및 중앙관제개혁안을 심의 의결하고 국왕의 재가를 받아 공포했다. 이 개혁의 내용을 살펴보면 왕실기구인 궁내부와 중앙행정기구인 의정부를 구분하고 의정부 밑에 내무 · 외무 · 탁지(재무) · 법무 · 군무 등 다섯 아문(5부 · 성)을 중심에 두고, 학무 · 공무 · 농상 등 세 아문(부성)을 더해 8아문(부성)을 설치했으며, 각 아문의 소속 국(局) 조직을 편제했다. 각 아문과 소속 조직을 요약하면 <표 10-15>와 같다(고종순종실록, 1970: 495-497 참조).

4 5부 · 성 중심 정부조직제도의 개정(1895)

새로운 정부조직제도는 1895년에 일부 명칭이 개정되고 조직 체계가 개편 및 증설됐다. 1895년 3월 25일 반포된 '내각관제'(칙령 318호)와, '관제통칙'(칙령 41호)에 의해 정부행정조직을 내부 · 외부 · 탁지부 · 군부 · 법부 · 학부 · 농상공부 등 7부로 정했다(국사편찬위원회, 1969: 750-758). 전년도의 개혁에서 정한 아문이라는 관청 이름을 '부(部)'로 고쳐 부르고, 농상아문과 공무아문을 하나로 통합해 농상공부를 설치했다. 그러므로 내부 · 외부 · 탁지부 · 군부 · 법부 등 5부에 학부와 농상공부를 합쳐 7부 정부행정조직이 성립된 것이다. 또한 부의 소속기관도 부분적으로 개편됐고, 내각 소속과 각부의 분과규정(分課規程)이 제정돼 국(局) 조직 밑에 과(課) 조직이 설치됐다. 그리하여 한국 행정사상 최초로 부 · 국 · 과(部 · 局 · 課) 조직이 성립된 것이다. 이와같이 정부조직을 기능을 중심으로 7개의 부로 종적(縱的)인 편성을 하고 각 부를 횡단하는 계층으로 국 · 과(局 · 課) 조직 단위를 설치했다.

5 새로운 정부행정조직제도의 변화와 붕괴(1896～1910)

이와같이 성립된 새로운 정부행정조직제도는 그 운영을 통해 뿌리를 내려 발전하기를 기대

표 27-2 1895년(을미) 정부행정조직 개편 내용

조직명	소속 조직
내각	관방 · 참서관실 · 기록국
*내부 (1895. 3. 26 내부관제칙령 제53호)	주현국 – 주현과(州縣課) · 지방비과(地方費課) 토목국 – 토목과 · 지리과 판적국 – 호적과 · 토지과 위생국 회계국 – 회계과 · 용도과 * 소속기관 – 경무청
*외부 (1895. 3. 25 외부관제칙령 제42호)	교섭국 – 제1과 · 제2과 통상국 – 제1과 · 제2과
*탁지부 (1895. 3. 26 탁지부관제칙령 제54호)	사세국 – 지세과 · 잡세과 · 관세과 사계국(司計局) – 경리과 · 감사과 출납국 – 금고과 · 미름과(米凜課) 회계국 – 경비과 · 조도과(調度課) 서무국 – 국채과 · 문서과 * 소속기관 – 관세사(關稅司) · 징세서(徵稅署) · 전환국(1896년 에 소속기관이 됨)
*군부 (1895. 3. 26 군부관제칙령 제55호)	군무국 – 군사과 · 마정과(馬政課) · 외국과 포공국(砲工局) – 포병과 · 공병과 경리국 – 제1과 · 제2과 군법국(軍法局) 의무국(醫務局)
*법부 (1895. 3. 25 법부관제칙령 제45호)	민사국 – 제1과 · 제2과 형사국 – 제1과 · 제2과 검사국(檢事局) 회계국 * 소속기관 – 법관양성소
학부 (1895. 3. 25 학부관제칙령 제46호)	학무국 편집국 * 소속기관 – 관상소 · 성균관 · 한성사범학교 · 외국어학교
농상공부 (1895. 3. 25 농상공부관제칙령 제48호)	농무국 – 농사과 · 산림과 · 산업과 통신국 – 체신과 · 관선과(官船課) 상공국 광산국 – 광업과 · 지질과 회계국
궁내부 (1895. 4. 2 궁내부관제)	관방 – 내사과 · 외사과 시종원 규장원 장례원 회계원 내장원

*는 5부 · 성 조직임.
국사편찬위원회(1968: 750-779; 1970: 544-563).
각부 · 국 소속 과(課)조직에 관한 자료는 한국정신문화연구원 옮김, 「韓國誌」(1984: 611-628) 참조.

했다. 마침 1897년 국호를 대한제국(大韓帝國)으로 고치고 국왕을 황제로 승격시켰으며, 1899년에는 헌법의 성격을 갖는 국제(國制)를 제정 공포해 국정을 새롭게 하려는 분위기가 조성됐다.

그러나 1905년 을사보호조약에 따라 일본에 외교권을 빼앗기고 1906년에 일본통감부가 설치돼 나라의 입법 · 사법 · 군사 · 행정 등의 모든 국정에 일본의 철저한 간섭을 받게 되고, 정부조직과 그 기능 수행의 존폐 역시 그들이 장악했다. 1906년부터 1910년까지 진행된 대한제국 정부행정조직제도의 붕괴 사실을 간단히 살펴보면 다음과 같다(<표 27-3>).

- 일본은 1905년 11월에 을사보호조약을 체결한 후 외교권을 박탈하고 12월에 외부(外部)를 폐지했다.
- 1907년 정미조약을 맺고 군부를 폐지했다.
- 1909년 10월에 법부를 폐지했다.
- 1910년 6월에는 경찰청과 경무국을 폐지했다.

이와같이 한말의 한국 정부행정조직은 사지의 여러 부분이 잘린 사람처럼 완전히 반신불수의 기형적인 것으로 돼 버렸다. 이것은 일본이 한국을 강점 · 식민 통치하기 위해 추진한 계획의 일부였다.

표 27-3 1894년(갑오)~1910년(경술) 정부조직의 변화

연도	정부행정의 통할기구	정부 각부
1894. 7	의정부	내무 · 외무 · 탁지 · 군무 · 법무 · 학무 · 공무 · 농상(8아문) 성립
1895. 3	내각	내부 · 외부 · 탁지부 · 군부 · 법부 · 학부 · 농상공부(7부로 개편)
1896. 9	의정부	상동
1905. 12	의정부	• 외부 폐지 • 내부 · 탁지부 · 군부 · 법부 · 학부 · 농상공부 (6부 존속)
1907. 6	내각	상동
1909. 7	내각	• 군부 폐지 • 내부 · 탁지부 · 법부 · 학부 · 농상공부(5부 존속)
1909. 10	내각	• 법부 폐지 • 내부 · 탁지부 · 학부 · 농상공부(4부만 남음)

제 2 절 일제 강점통치 시기

1 조선총독부 행정조직

1910년 8월 29일 한일합병조약이 공포됨으로써 한국은 주권을 잃고 1945년까지 35년간 일본의 식민 통치를 받게 됐다. 일본은 대한제국이라는 국호를 조선으로 바꾸고(칙령 제318호), 합병 다음달인 9월 30일에 '조선총독부관제'를 공포했다(칙령 제354호). 총독부관제에 앞서 공포한 '조선총독부 설치에 관한 건'(칙령 제319호)에 의하면, "종래 한국 정부에 속했던 관청은 내각과 표훈원(表勳院)을 제외하고 조선총독부 소속 관서로 간주하고 당분간 이를 존치한다"고 했다. '조선총독부관제'에 의해 총독부에는 관방과 총무부 · 내무부 · 탁지부 · 농상공부 · 사법부 등 5부를 뒀다.

총독부 행정조직은 처음에는 대한제국 시기의 부(部)의 명칭을 계승했다. 다만 부조직 중 외교와 국방조직이 없는 점에서 식민지 통치조직의 모습이 드러난다.

표 27-4 조선총독부 행정조직

초기(1910. 9)

총독 - 정무총감						
관방 · 5부	총독관방	총무부	내무부	탁지부	농상공부	사법부
소속관서	중추원 · 취조국 · 경무총감부 · 재판소 · 감옥 · 철도국 · 통신국 · 전매국 · 임시토지조사국 · 세관 · 인쇄국 · 영림창 · 각도 · 제학교 등					

말기(1945. 8)

총독 - 정무총감									
관방 · 8국	총독관방	재무국	광공국	농상국	법무국	학무국	경무국	체신국	교통국
소속관서	중추원 · 철도국 · 전매국 · 재판소 · 형무소 · 세관 · 영림소 · 각도 · 기타								

총독부 행정조직은 식민 통치 기간 중에 여러 차례 개편됐다. 특히 1919년 8월에 단행된 개편을 보면 내무부 · 탁지부 · 농상공부 · 사법부를 내무 · 재무 · 식산 · 법무 등 4국으로 격하시키고 종래에 내무부에 속했던 학무국을 총독 직속으로 옮겼다. 일제의 마지막 해인 1945년 8월의 행정조직을 보면 총독관방 외에 8국을 설치하고 있다. 여기에 드러나는 특징은 조직의 위상을 초기의 제도인 부(部)에서 국(局)으로 격하시켜 유지했다. 다만 관공국 · 체신국 · 교통국 등 새로운 여러 기능 조직이 증설된 것을 볼 수 있다.

2 대한민국 임시정부

일제의 강점 통치에 대한 민족의 울분과 각성에 따라 1919년 3월 1일 전국 각지에서 독립만세사건이 발생했으며, 그것을 계기로 해외에 망명해 독립운동을 하던 인사들이 중심이 돼 중국 상하이(上海)에 대한민국 임시정부를 수립했다(1919. 4). 임시정부는 헌법에 해당하는 '헌장'을 제정 · 공포하고 정부조직을 만들었다.

당시에 만들어진 정부조직을 보면 대통령 직속기관으로 군사참의회 · 회계검사원 등을 설치하고, 국무총리 직속으로 서무국 · 법제국 · 전계국을 뒀으며, 행정부성 조직으로 내무 · 외무 · 군무 · 법무 · 재무 · 학무 · 교통부 등 7부와 노동국을 뒀다. 임시정부조직이긴 하지만 5부 · 성 중심의 현대적인 보편적 정부행정조직을 갖췄다고 할 수 있다.

표 27-5 대한민국 임시정부 행정조직(1919. 11)

대통령	직속기관 : 대본영 · 참모부 · 군사참의회 · 회계검사원
국무총리	직속기관 : 서무국 · 법제국 · 전계국(銓稽局)
7부 · 1국	내무부 · 외무부 · 군무부 · 법무부 · 학무부 · 재무부 · 교통부 · 노동국

제 3 절 미군정 시기

1945년 8월 15일 일본이 연합국에 항복함에 따라 제2차 세계대전이 끝나고, 한국은 일본의 강점 통치에서 해방됐다. 그러나 동시에 한국은 북위 38도선을 경계로 미・소 양국 군이 남・북을 분할 점령해 남한에서는 미군정이, 북한에서는 소련군정이 실시됐다. 남한의 미군정은 1945년 9월 9일부터 1948년 8월 14일까지 실시됐다.

미군정 당국은 처음에 일제의 조선총독부 기구를 그대로 답습, 이용하려고 했으나 한국인들의 반대 여론을 의식해 당초의 계획을 수정했다.

1945년 9월의 미군정청은 군정 장관 밑에 7개의 소속과와 11국의 행정조직을 설치했다. 11국은 종래의 조선총독부의 행정조직인 8개의 국에 공보국・보건후생국・군무국을 더한 것이다. 6개월 후 1946년 3월에 조직을 11부 7처로 개편했다. 이 개편의 특징은 국(局)을 부(部)로, 과를 처(處)로 승격시키고 일부 조직의 명칭을 고침으로써 조선총독부 조직의 모습을 많이 탈피했다. 그 후 1947년 6월에 또 행정조직을 개편해 13부 6처로 만들었다(<표 27-6> 참조).

표 27-6 미군정청 행정조직

1945. 9.

군정 장관	
7소속과	총무과・회계과・외무과・인사과・지방과・기획과・재무관리과
11국	교통국・공보국・보건후생국・경무국・군무국・법무국・재무국・학무국・체신국・상무국・농무국

1946. 3.

군정 장관 – 민정 장관	
11부	농무부・상무부・체신부・문교부・재무부・사법부・국방부・경무부・보건후생부・공보부・운수부
7처	총무처・회계처・외무처・인사행정처・지방행정처・기획처・관재처
각도	8도

1947. 6.

군정 장관 – 민정 장관	
6처	인사행정처・서무처・관재처・물가행정처・식량행정처・외무처
13부	운수부・노동부・농정부・방위부・공보부・토목부・보건후생부・체신부・재무부・상무부・문교부・사법부・경무부
8도	각도

제 4 절 대한민국 정부행정조직의 성립과 변화

1 제1공화국

한국은 1948년 8월 15일에 그간의 외세 통치(일본 식민 통치 35년, 미군정 통치 3년)에서 벗어나 독립국가를 수립하고 민주공화국 정부를 수립했다. 정부 수립 초기인 1948년 8월 15일부터 1960년 4월까지의 이승만 정부의 시기를 제1공화국이라고 한다. 제1공화국 정부행정조직은 헌법과 정부조직법의 제정을 통해 구체적으로 나타났다(당시의 여건과 역사적 맥락의 파악은 서원석, 1998: 189-233 참조).

1948년 7월 12일에 제정된 헌법에 대통령에 관해 규정하고 행정 각부를 규정해 "행정각부의 조직과 직무 범위는 법률로써 정한다"(제75조)고 했으며, 헌법에 따라 같은 해 7월 17일 정부조직법이 제정됐다. 정부조직법 제3조는 "행정기관의 종류와 명칭은 원 · 부 · 처 · 청 또는 위원회로 한다"고 규정했다.

제1공화국 정부의 수립과 더불어 설치된 원 · 부 · 처 · 청 · 위원회는 다음과 같다.

(1) 1원

심계원(심계원법에 의해 설치)

(2) 11부

내무부 · 외무부 · 국방부 · 재무부 · 법무부 · 문교부 · 농림부 · 상공부 · 사회부 · 교통부 · 체신부

(3) 4처

총무처 · 공보처 · 법제처 · 기획처

(4) 3위원회

고시위원회 · 감찰위원회 · 경제위원회

제1공화국 정부행정조직은 내무 · 외무 · 재무 · 법무 · 국방 등 5부성과 문교 · 농림 · 상공 ·

사회 · 교통 · 체신 등 여섯 가지 기능 부처로 편성된 조직 체제로서 그것은 곧 대한민국 정부 행정조직의 원형(archetype)을 이루는 것이다.

1948년 정부 수립 당시의 11부 행정조직은 1949년에 보건부를 추가 신설해 12부로 됐고, 1955년에 국무총리제가 폐지되고 부처 개편이 이뤄져 사회부가 폐지되고 보건사회부와 부흥부 · 전매청 · 해무청 · 외자청이 설치되고, 고시위원회 · 총무처 · 공보처 · 법제처 · 기획처를 폐지했으며, 공보실과 법제실을 신설했다.

표 27-7 제1공화국(1948~1960) 정부행정조직

1948. 8.

대통령-부통령 ‖ 국무총리	
1원	심계원
11부	내무부 · 외무부 · 국방부 · 재무부 · 법무부 · 문교부 · 농림부 · 상공부 · 사회부 · 교통부 · 체신부
4처	총무처 · 공보처 · 법제처 · 기획처
3위원회	고시위원회 · 감찰위원회 · 경제위원회

1955. 2.

대통령 - 부통령	
3원	심계원 · 감찰원 · 국무원
12부	내무부 · 외무부 · 국방부 · 재무부 · 법무부 · 문교부 · 농림부 · 상공부 · 보건사회부 · 교통부 · 체신부 · 부흥부
3청	전매청 · 해무청 · 외자청
2실	공보실 · 법제실
1위원회	부흥위원회

2 제2공화국

1960년 4 · 19 혁명에 따라 제1공화국이 무너지고 제2공화국이 출범했다. 제2공화국은 내각책임제 정부 형태를 채택하고 일부 정부조직을 개편 혹은 신설했다. 국무원 사무처 · 원자력원 · 공안위원회를 신설하고, 감찰원은 감찰위원회로 개칭했으며, 심계원을 대통령 직속으로 옮겼다. 정부행정조직은 <표 27-8>에서 보는 바와 같이 2원 · 12부 · 1처 · 3청 · 3위원회로 구성됐다.

표 27-8 제2공화국의 정부행정조직

1960. 8.

대통령 ‖ 국무총리(내각책임제 정부 형태)	
2원	심계원 · 원자력원
12부	외무부 · 내무부 · 법무부 · 재무부 · 국방부 · 문교부 · 농림부 · 상공부 · 보건사회부 · 교통부 · 체신부 · 부흥부
1처	국무원사무처
3청	전매청 · 해무청 · 외자청
3위원회	공안위원회 · 감찰위원회 · 부흥위원회

3 제3공화국

1961년 5월 16일 군사쿠데타로 제2공화국이 무너지고 군사정부가 들어섰다. 군사정부는 2년 6개월간 존속했으며 1963년 12월 17일 민정으로 바뀌었다. 민정으로 전환한 후 1972년까지를 제3공화국 시대라고 한다.

군사정부와 제3공화국 정부는 정부 주도 하에 경제 개발을 비롯한 여러 가지 국가발전사업을 계획하고 시동했다. 그러므로 이 시기를 '발전행정(development administration)'의 시기 및 '개발연대(development a decade)'라고 말한다. 정부 주도의 국가발전사업의 확대에 따라 그것을 담당하는 새롭고 다양한 행정조직의 신설 · 증대 및 분화가 촉진됐다.

제3공화국 시기 동안에 정부행정조직의 신설 혹은 개편이 여러 번 있었으나, 그 중 대표적인 것으로 1963년 12월과 1970년 8월에 개편된 것을 <표 27-9>에서 볼 수 있다. 1961년부터 1963년 사이에 경제기획원 · 건설부 · 농촌진흥청 · 노동청 · 철도청 · 중앙정보부 등이 신설되고, 민정 이양 후에 국토통일원 · 과학기술처 · 관세청 · 국세청 · 수산청 등이 신설됐다. 특히 경제 · 건설 · 산업 · 자원 동원 관련 조직의 신설 혹은 개편이 많았으며, 청과 외국(外局) 등 일선 실무관청 조직들의 수가 급속히 증가했다.

표 27-9 제3공화국 정부행정조직

1963. 12.

대통령 - 국무총리	
대통령 직속 원 · 부	감사원 · 중앙정보부 · 국민운동본부
2원	경제기획원 · 원자력원
13부	외무부 · 내무부 · 국방부 · 재무부 · 법무부 · 문교부 · 농림부 · 상공부 · 보건사회부 · 교통부 · 체신부 · 공보부 · 건설부
3처	총무처 · 법제처 · 원호처
6청	전매청 · 조달청 · 검찰청 · 농촌진흥청 · 노동청 · 철도청
7외국	조사통계국 · 문화재관리국 · 특허국 · 중앙계량국 · 표준국 · 수로국 · 전파관리국

1970.8

대통령-국무총리	
대통령 직속 원 · 부	감사원 · 중앙정보부
2원	경제기획원 · 국토통일원
13부	외무부 · 내무부 · 국방부 · 재무부 · 법무부 · 문교부 · 농림부 · 상공부 · 보건사회부 · 교통부 · 체신부 · 문화공보부 · 건설부
4처	총무처 · 법제처 · 원호처 · 과학기술처
12청	병무청 · 관세청 · 국세청 · 전매청 · 조달청 · 검찰청 · 산림청 · 수산청 · 농촌진흥청 · 노동청 · 철도청 · 원자력청
7외국	조사통계국 · 특허국 · 중앙계량국 · 표준국 · 수로국 · 전파관리국 · 문화재관리국

4 제4공화국

1972년 10월 유신으로 제4공화국이 출범해 1979년까지 7년간 존속했다. 권위적 · 독재적 통치 시기였다. 4공화국 시기의 1977년 12월 현재의 정부행정조직은 2원 14부 4처 14청 4외국 3위원회로 구성됐다. 동력자원부 · 특허청 · 공업진흥청 · 중화학공업추진위원회 · 전자통신개발위원회 등 에너지 수요와 중화학공업 및 정보화 사회에 대응하는 행정조직의 신설이 특히 주목할 만한 일이다.

표 27-10 제4공화국 정부행정조직

1977. 12

대통령-국무총리	
대통령 직속 원 · 부	감사원 · 중앙정보부
2원	경제기획원 · 국토통일원
14부	외무부 · 내무부 · 국방부 · 재무부 · 법무부 · 문교부 · 농림수산부 · 상공부 · 보건사회부 · 교통부 · 체신부 · 문화공보부 · 동력자원부 · 건설부
4처	총무처 · 법제처 · 원호처 · 과학기술처
14청	조달청 · 산림청 · 병무청 · 관세청 · 국세청 · 전매청 · 검찰청 · 수산청 · 농촌진흥청 · 특허청 · 공업진흥청 · 노동청 · 철도청 · 해운항만청
4외국	조사통계국 · 수로국 · 전파관리국 · 문화재관리국
3위원회	중화학공업추진위원회 · 특정지역종합개발추진위원회 · 전자통신개발추진위원회

5 제5공화국

1979년 유신정권이 무너졌으나, 1980년 군사정변에 따라 새로운 권위적 통치 체제가 등장해 1988년 초까지 8년간 이어졌다. 이 시기의 1986년 12월 현재의 정부행정조직을 보면 2원 · 16부 · 4처 · 13청 · 3외국 · 1위원회로 구성돼 있다. 노동청이 노동부로 승격하고, 체육부가 신설되고, 전매청이 폐지되고, 환경청과 사회정화위원회가 신설됐다.

표 27-11 제5공화국 정부행정조직

1986. 12

대통령 - 국무총리	
대통령 직속 원 · 부	감사원 · 중앙정보부
2원	경제기획원 · 국토통일원
16부	외무부 · 내무부 · 재무부 · 법무부 · 국방부 · 문교부 · 체육부 · 농림수산부 · 상공부 · 동력자원부 · 건설부 · 보건사회부 · 노동부 · 교통부 · 체신부 · 문화공보부
4처	총무처 · 법제처 · 국가보훈처 · 과학기술처
13청	조달청 · 관세청 · 국세청 · 검찰청 · 병무청 · 산림청 · 수산청 · 농촌진흥청 · 특허청 · 공업진흥청 · 환경청 · 철도청 · 해운항만청
3외국	조사통계국 · 수로국 · 문화재관리국
1위원회	사회정화위원회

6 제6공화국

1987년 6월 권위적 통치 체제에 대한 국민의 저항과 민주화 요구에 따라 헌법이 개정되고 국민의 직선에 의한 대통령이 선출돼 1988년 2월에 취임함으로써 제6공화국이 탄생했다. 6공화국 시기(1988. 2~1993. 2)인 1990년 2월 현재의 정부행정조직은 2원 · 16부 · 6처 · 15청 · 2외국 · 1위원회로 구성돼 있다. 문화공보부가 문화부와 공보처로 분리 · 개편되고, 국토통일원을 통일원으로, 문교부를 교육부로, 체육부를 체육청소년부로 개칭했으며, 조사통계국을 통계청으로, 중앙기상대를 기상청으로 격상했고, 내무부 치안본부를 경찰청으로 개편했다.

표 27-12 제6공화국 정부행정조직

1990. 2

대통령 - 국무총리	
대통령 직속 원 · 부	감사원 · 국가안전기획부
2원	경제기획원 · 통일원
16부	외무부 · 내무부 · 재무부 · 법무부 · 국방부 · 교육부 · 체육부 · 문화부 · 농림수산부 · 상공부 · 동력자원부 · 건설부 · 보건사회부 · 노동부 · 교통부 · 체신부
6처	총무처 · 과학기술처 · 환경처 · 공보처 · 법제처 · 보훈처
15청	통계청 · 조달청 · 기상청 · 경찰청 · 국세청 · 관세청 · 검찰청 · 병무청 · 농촌진흥청 · 수산청 · 산림청 · 공업진흥청 · 특허청 · 철도청 · 해운항만청
2외국	문화재관리국 · 수로국
1위원회	비상기획위원회

7 김영삼 정부

1993년 2월에 문민 출신으로 국민 직선에 의해 선출된 김영삼이 대통령에 취임함으로써 1961년 이후 32년간 군 출신 대통령이 통치했던 정부의 시대에서 문민 대통령 정부의 시대로 바뀌었다.

김영삼 정부의 시기(1993. 2~1998. 2)인 1996년 8월 현재의 정부행정조직은 2원 · 14부 · 5처 · 14청 · 1외국 · 2위원회로 구성됐다. 앞 정부에 비해 조직 단위의 수는 다소 줄었으나 조직의 개편이 비교적 많은 편이었다. 개발연대의 상징적 조직이었던 경제기획원이 재정경제원으로 개편되고, 체신부를 정보통신부로, 상공부를 통상산업부로, 보건사회부를 보건복지부로 개칭하고, 문화부와 청소년체육부를 통합해 문화체육부로 개편하고, 환경처를 환경부로 승격시켰으며, 해양수산부 · 중소기업청 · 해양경찰청과 공정거래위원회를 신설했다.

표 27-13 김영삼 정부의 행정조직

1996. 8

대통령 - 국무총리	
대통령 직속 원 · 부	감사원 · 국가안전기획부
2원	재정경제원 · 통일원
14부	외무부 · 내무부 · 법무부 · 국방부 · 교육부 · 문화체육부 · 농림부 · 통상산업부 · 정보통신부 · 환경부 · 보건복지부 · 노동부 · 건설교통부 · 해양수산부
5처	총무처 · 과학기술처 · 공보처 · 법제처 · 국가보훈처
14청	조달청 · 국세청 · 관세청 · 통계청 · 기상청 · 경찰청 · 검찰청 · 병무청 · 농촌진흥청 · 산림청 · 중소기업청 · 특허청 · 철도청 · 해양경찰청
1외국	문화재관리국
2위원회	비상기획위원회 · 공정거래위원회

8 김대중 정부

김대중 정부(1998. 2~2003. 2)의 행정조직은 2002년 1월 현재 18부 · 4처 · 16청 · 9위원회로 구성됐다. 앞 정부에 비해 네 개의 부와 두 개의 청이 늘었고, 위원회 조직이 많이 증가했다. 조직의 명칭을 재정경제원에서 재정경제부로, 교육부를 교육인적자원부로, 외교부를 외교통상부로, 문화체육부를 문화관광부로 하고, 내무부와 총무처를 폐지 · 통합해 행정자치부를 신설하고, 여성부 · 기획예산처 · 문화재청 등을 설립했으며 과학기술처를 과학기술부로 승격시켰다. 여기서 특히 주목되는 바는 전통적인 5부 · 성의 핵심 조직인 내무부의 명칭을 폐지한 것이다. 또한 중소기업특별위원회 · 중앙인사위원회 · 부패방지위원회 · 국가인권위원회 · 국민고충처리위원회 등 다수의 위원회를 신설한 것이 두드러진 특징이다.

표 27-14 김대중 정부의 행정조직

2002. 1. 19

대통령 - 국무총리	
대통령 직속 2원	감사원 · 국가정보원
18부	재정경제부 · 교육인적자원부 · 통일부 · 외교통상부 · 법무부 · 국방부 · 행정자치부 · 과학기술부 · 문화관광부 · 농림부 · 산업자원부 · 정보통신부 · 보건복지부 · 환경부 · 노동부 · 여성부 · 건설교통부 · 해양수산부
4처	기획예산처 · 법제처 · 국정홍보처 · 국가보훈처
16청	국세청 · 관세청 · 조달청 · 통계청 · 검찰청 · 병무청 · 경찰청 · 기상청 · 문화재청 · 농촌진흥청 · 산림청 · 중소기업청 · 특허청 · 식품의약품안전청 · 철도청 · 해양경찰청
9위원회	중소기업특별위원회 · 중앙인사위원회 · 부패방지위원회 · 국가인권위원회 · 공정거래위원회 · 금융감독위원회 · 국민고충처리위원회 · 비상기획위원회 · 청소년보호위원회

9 노무현 정부

노무현 정부 시기(2003. 2~2008. 2)의 마지막 해인 2007년 5월 현재의 정부행정조직은 18부 · 4처 · 18청 · 10위원회로 구성됐다. 조직의 수와 명칭은 김대중 정부 시기와 대체로 비슷하지만 여성부를 여성가족부로 개편하고, 행정자치부와 중앙인사위원회로 2원화돼 있던 중앙인

표 27-15 노무현 정부의 행정조직

2007. 5. 11

대통령 - 국무총리	
대통령 직속 2원	감사원 · 국가정보원
18부	재정경제부 · 교육인적자원부 · 과학기술부 · 통일부 · 외교통상부 · 법무부 · 국방부 · 행정자치부 · 문화관광부 · 농림부 · 산업자원부 · 정보통신부 · 보건복지부 · 환경부 · 노동부 · 여성가족부 · 건설교통부 · 해양수산부
4처	기획예산처 · 법제처 · 국정홍보처 · 국가보훈처
18청	국세청 · 관세청 · 조달청 · 통계청 · 기상청 · 검찰청 · 병무청 · 방위사업청 · 경찰청 · 소방방재청 · 문화재청 · 농촌진흥청 · 산림청 · 중소기업청 · 특허청 · 식품의약품안전청 · 해양경찰청 · 행정중심복합도시건설청
10위원회	중소기업특별위원회 · 중앙인사위원회 · 국민고충처리위원회 · 국가청렴위원회 · 공정거래위원회 · 금융감독위원회 · 국가비상기획위원회 · 국가청소년위원회 · 방송위원회 · 국가인권위원회

사기관을 중앙인사위원회로 단일화했으며, 방위사업청, 행정중심복합도시건설청을 신설한 것 등이 특징이다.

10 이명박 정부

이명박 정부 시기(2008. 2~2013. 2)인 2011년 10월 26일 현재의 정부행정조직은 15부 · 2처 · 18청 · 7위원회로 구성됐다. 노무현 정부 시기에 비해 부 · 처 · 위원회 수를 감축했다. 건설부와 해양수산부를 폐지 통합해 국토해양부로 하고, 정보통신부를 폐지했으며, 산업자원부를 지식경제부로 개칭하고, 기획예산처 국정홍보처 및 중앙인사위원회를 폐지한 것 등이 중요한 특징이다.

표 27-16 이명박 정부의 행정조직

2011. 10. 26

대통령 - 국무총리	
대통령 직속 2원	감사원 · 국가정보원
15부	기획재정부 · 교육과학기술부 · 외교통상부 · 통일부 · 법무부 · 국방부 · 행정안전부 · 문화체육관광부 · 농림수산식품부 · 지식경제부 · 보건복지부 · 환경부 · 노동부 · 여성가족부 · 국토해양부
2처	법제처 · 국가보훈처
18청	국세청 · 관세청 · 조달청 · 통계청 · 기상청 · 검찰청 · 병무청 · 방위사업청 · 경찰청 · 소방방재청 · 문화재청 · 농촌진흥청 · 산림청 · 중소기업청 · 특허청 · 식품의약품안전청 · 해양경찰청 · 행정중심복합도시건설청
7위원회	방송통신위원회 · 공정거래위원회 · 금융위원회 · 국민권익위원회 · 국가인권위원회 · 원자력위원회 · 국가과학기술위원회

11 박근혜 정부

박근혜 정부(2013. 2. 25~)는 이명박 정부의 2원 15부 2처 18청 7위원회 조직을 2원 17부 3처 17청 5위원회 조직으로 개편했다. 부와 처 조직의 수가 늘어나고 청과 위원회 조직의 수는 약간 줄였다. 기획재정부 장관이 경제부총리를 겸임하고, 미래창조과학부가 신설되고, 해양수산부가 다시 설립됐으며, 교육부 · 외교부 · 안전행정부 · 농림축산부 · 산업통상자원부 · 국토교통부 등이 단위 조직 변경과 더불어 명칭을 바꾼 것이 특징이다.

표 27-17 박근혜 정부의 행정조직

2013. 2. 25

대통령 - 국무총리	
대통령 직속 2원	감사원 · 국가정보원
17부	기획재정부 · 미래창조과학부 · 교육부 · 외교부 · 통일부 · 법무부 · 국방부 · 안전행정부 · 문화체육관광부 · 농림축산부 · 산업통상자원부 · 보건복지부 · 환경부 · 고용노동부 · 여성가족부 · 국토교통부 · 해양수산부
3처	법제처 · 국가보훈처 · 식품의약품안전처
17청	국세청 · 관세청 · 조달청 · 통계청 · 검찰청 · 병무청 · 방위사업청 · 경찰청 · 소방방재청 · 문화재청 · 농촌진흥청 · 산림청 · 중소기업청 · 특허청 · 기상청 · 행정중심복합도시건설청 · 해양경찰청
5위원회	공정거래위원회 · 금융위원회 · 국민권익위원회 · 국가인권위원회 · 방송통신위원회

참고 문헌

국내 문헌

「고종순종실록(中)」 (영인본) (1970). 서울: 탐구당.
강신택 (1995). 「사회과학연구의 논리」(개정판). 서울: 박영사.
국사편찬위원회 (1969). 「고종시대사(三)」. 서울: 탐구당.
권기성 · 최진석 (1997). "가상조직에 대한 정체성 고찰." 「한국행정학보」 제31권 제4호.
김난도 (1997). "가상조직의 등장과 조직연구에의 이론적 · 실천적 함의." 「한국행정학보」 제31권 제1호.
김동욱 (2008). 「새정부조직설계」. 서울: 법문사.
김만기 (1990). "한국행정개혁의 접근 방법과 전략." 「한국행정학보」 제24권 제1호.
———편 (1998). 「정부조직의 혁신」. 서울: 대영문화사.
김병섭 · 박광국 · 조경호 (2003). 「조직의 이해와 관리」. 서울: 대영문화사.
김성기 옮김(Michael M. Harmon, R. T. Mayer 저)(1992). 「고급행정이론」. 서울: 형설출판사.
김아영 외 옮김(A. E. Woolfolk 저) (1997). 「교육심리학」. 서울: 학문사.
김영모 (1990). "갑오개혁의 법제적 양상과 일제의 간섭." 한국정신문화연구원. 「한국의 사회와 문화」 제13집.
김운태 (2002a). 「조선왕조 정치 · 행정사」 (근대편). 서울: 박영사.
———(2002b). 「한국정치론 서설 및 한국행정근대화 100년의 성찰」. 서울: 박영사.
김인철 (1999). "우리나라 중앙행정조직의 개혁에 관한 연구." 「사회과학논집」 제17권 제1호. 서울: 한국외국어대 사회과학연구소.
김종덕 옮김(Peter L. Berger & Brigitte Berger 저) (1958). 「교양사회학 입문: 인간 생애의 사회학적 이해」. 서울: 한울.
김호섭 · 김판석 · 유홍림 · 김대건 (2012). 「행정과 조직행태」. 서울: 대영문화사.
김호정 · 박천오 · 유홍림 (2002). "조직문화의 진단과 분석기법." 한국행정학회 조직연구회 편. 「정부조직진단」, 서울: 대영문화사.
남중헌 (1994). 「제로베이스 이론: 조직진단 및 설계」. 서울: 석정.
민 진 (2012). 「조직관리론」. 서울: 대영문화사.
박경원 · 김희선 (2002). 「조직이론 강의」. 서울: 대영문화사.
박광량 · 손태원 옮김(Peter M. Senge 저) (1996). 「조직학습의 다섯 가지 수련」. 서울: 21세기북스.
박상수 (2003). 「경제철학」. 제주대출판부.

박연호・박균성 옮김(C. Debbasch 저) (1997). 「프랑스 행정의 이해」. 서울: 박영사.
박영재 옮김(John W. Hall 저) (1991). 「일본사」. 서울: 역민사.
박우순 (1996a). 「조직관리론」. 서울: 법문사.
——— (1996b). 「현대조직론」 서울: 법문사.
박원우 (2002). "학습조직의 형성 방안." 「인사행정」 제11호, 서울: 중앙인사위원회.
박정양 (1984). 「朴定陽全集」 五. 서울: 아시아문화사.
백완기 (1982). 「한국의 행정문화」, 서울: 고려대학교출판부.
봉현철・김종근 옮김(M. J. Marquardt 저) (2003). 「액션러닝」. 서울: 21세기북스.
서원석 (1998). "초대 정부조직의 편제와 구성 - 중앙정부조직을 중심으로." 「한국현대사 연구」 제1권 제2호.
신승하 (2000). 「중국근대사」. 서울: 대명출판사.
신유근 외 (1987). 「조직환경론」. 서울: 다산출판사.
안병영 (1987a). "행정관료조직의 민주화・인간화." 「자유민주주의를 위한 변론」. 서울: 전예원.
——— (1987b). "집권과 분권의 동학." 「자유민주주의를 위한 변론」. 서울: 전예원.
양종회・임현진 옮김(V. H. Vroom & P. Selznick 저) (1975). 「교양사회학」. 서울: 영문사.
양회수 옮김(S. S. Sargent 저) (1972). 「사회심리학」. 서울: 을유문화사.
어윤중 (1881). 「일본대장성시찰기」 (규장각도서관 소장).
오석홍 (1974). "조직의 목적." 「행정논총」 제12권 제1호.
——— (1978). "목적 설정에 의한 관리." 「행정논총」 제16권 2호.
——— (1996). 「조직이론」. 서울: 박영사.
유길준전서편찬위원회 편 (1971). 「유길준전서」. 서울: 일조각.
유영만 옮김(D. A. Garvin 저) (2001). 「살아 있는 학습조직」. 서울: 세종.
유영익 (1990). 「갑오경장연구」. 서울: 일조각.
유종해 (1988). 「현대조직관리」. 서울: 박영사.
윤우곤 (1990). 「행정행태론」. 서울: 법문사.
윤재풍 (1975). "조직 변화의 역동과 전략." 「한국행정학보」 제9호.
——— (1976). "조직 발전의 이론과 방법." 「한국행정학보」 제10호.
——— (1998). "한국 행정에 있어서 학습조직의 구축에 관한 연구." 「법률행정논집」 제5권. 서울시립대 법률행정연구소.
——— (2000). "Network 조직에 관한 고찰." 「도시행정연구」 제15집. 서울시립대.
이광린 (1987). "통리기무아문의 조직과 기능." 「학술원논문집」(인문・사회과학편) 26.
——— (1988). 「한국사강좌」 V(근대편). 서울: 일조각.
이기백 (1981). 「한국사신론」. 서울: 일조각.
이명재 (1985). "행정조직의 건강성 진단에 관한 연구: 조직 발전(OD)의 진단 과정을 중심으로." 「한국행정학보」 제19권 제1호.
——— (2003). 「조직발전론」・서울: 대영문화사.
이병도 (1962). 「한국사」(중세편). 서울: 을유문화사.
이양수 (1990). "한국행정문화의 바람직한 변화 방향." 「한국행정학보」 24(1).
——— (2001). "한국과 미국의 관리행태에 관한 문화교차적 비교 연구." 「연세행정논총」 제26집.
——— (2004). "조직행태론에 관한 소고: 학문의 정체성분석." 「한국행정학보」, 제38권 제3호.

이종범 (1994). "행정학의 연구와 조직문화: J. Martin의 조직문화에 대한 세 가지 관점." 「한국행정학보」 제28권 제2호.
이창원 · 최창현 (2005). 「새조직이론」. 서울: 대영문화사.
이학종 (1995). 「조직개발론」 · 서울: 법문사.
이형진 옮김(Lester M. Salamon 저)(2000). 「NPO란 무엇인가」. 서울: 아르케.
이 황 (1997). 「퇴계전서」(一). 성균관대 대동문화연구원.
임도빈 (2004). 「한국지방행정조직론」. 서울: 박영사.
——— (2009). 「정부조직과 시간관리」. 서울: 서울대출판부.
임창희 · 가재산 (1998). 「한국형 팀제를 넘어서」 서울: 삼성경제연구소.
장동희 (1988). 「한국행정사」. 서울: 법문사.
장승권 외 (1996). "학습조직과 경영혁신." 「학습조직의 이론과 실제」. 서울: 삼성경제연구소.
전미란 (1990). "통리교섭통상사무아문에 관한 연구." 「梨大史苑」 24-25합집.
전해종 (1962). "통리기무아문 설치의 경위에 대하여." 「역사학보」 17-18합집.
정기호 · 백천현 (2000). 「경영과학」. 서울: 비엔엠북스.
정세구 (1984). 「가치 · 태도교육의 이론과 실제」 · 서울: 배영사.
정시채 (1986). 「한국행정제도사」. 서울: 법문사.
정용덕 외 (1999a). 「신제도주의의 연구」. 서울: 대영문화사.
——— (1999b). 「합리적 선택과 신제도주의」. 서울: 대영문화사.
——— (2002). 「한 · 일국가기구 비교연구」. 서울: 대영문화사.
정우일 · 하재룡 · 이영균 · 박선경 · 양승범 (2011). 「공공조직론」. 서울: 박영사.
조석준 (1993). 「조직론」, 서울: 법문사.
——— (1994). 「한국행정조직론」. 서울: 법문사.
——— (1996). 「조직학개론」, 서울: 박영사.
——— (2004). 「한국행정과 조직문화」, 서울: 대영문화사.
——— · 임도빈 (2010). 「한국행정조직론」. 서울: 법문사.
주성수 (1999). 「시민사회와 제3섹터」. 서울: 한양대출판부.
진덕규 (1995). 「현대정치학」. 서울: 학문과 사상.
최성욱 (2001). "조직문화의 이해와 연구 논쟁점에 관한 고찰." 「정부학연구」 7(2), 고려대정부학연구소.
최정환 (1996). "고려 초기의 정치제도와 3성6부의 성립 및 변천." 「역사학보」 192집. 역사학회.
최정훈 외 (2001). 「인간행동의 이해」. 서울: 법문사.
하연섭 (2003). 「제도분석」. 서울: 다산출판사.
한국정신문화연구원 옮김 (1984). 「한국지」. 한국정신문화연구원.
한철호 (1997). "통리군국사무아문의 조직과 운영." 이기백선생고희기념 「한국사논총」(하). 서울: 일조각.

국외 문헌

Abell, Peter (1995). "The New Institutionalism and Rational Choice Theory," in W. R. Scott, & S. Christiansen(eds.). *The Institutional Construction of Organization*, Thousand Oaks, CA. Sage.

Adams, J. Stacey (1965). "Inequity in Social Exchanges," in L. Berkowitz (ed.). *Advances in Experimental Social Psychology*. New York: Academic Press.

Albrow, Martin (1970). *Bureaucracy*. London: Pall Mall Press.

Alderfer, C. P. (1972). *Existence, Relatedness and Growth*. New York: Free Press.

Aldrich, Howard (1972). "Technology and Organizational Structure: A Reexamination of the Findings of the Aston Group," *Administrative Science Quarterly*, 17.

——— (1979). *Organization and Environment*. Englewood Cliffs, New Jersey: Prentice-Hall.

Aldrich, Haward & Jeffrey Pfeffer (1976). "Environments of Organization," *Annual Review of Sociology*, 2.

Allen, R. W, D. L. Madison, L. W. Porter, P. A. Renwick, & B. T. Mayes (1979). "Organizational Politics: Tactics and Characteristics of Its Actors," *California Management Review*, Fall.

Allport, Gordon W. (1937). *Personality*. New York: Henry Holt.

Ansoff, H. I. (1965). *Corporate Strategy: An Analytic Approach to Business Policy for Growth and Expansion*. New York: McGraw-Hill.

Argyris, Chris (1957). *Personality and Organization*. New York: Harper & Row.

——— (1982). *Reasoning, Learning and Action*. San Francisco: Jossey-Bass.

Avolio. B. E. (1999). *Leadership Development: Building the Vital Forces in Organizations*. Thousand Oaks, CA: Sage.

Bailey, Stephen K. (1968). "Objectives of the Theory of Public Administration," in James C. Charlesworth (ed.). *Theory and Practice of Public Administration: Scope, Objectives and Methods*. Philadelphia: The American Academy of Political and Social Science.

Ballman, Lee G. & T. E. Deal (1991). *Reframing Organizations*. San Francisco: Jossey-Bass.

Bandura, Albert (1986). *Social Foundations of Thought and Action*. Englewood Cliffs, New Jersey Prentice-Hall.

Barker, Ernest (1966). *The Development of Public Service in Western Europe 1660-1930*. Hadden, Connecticut: Archon Books.

Barnard, Chester I. (1938). *The Function of the Executive*. Cambridge, Mass: Harvard University Press.

——— (1946). *The Nature of Leadership: Human Factors in Management*. New York: Harper & Row.

Bass, B. M. (1985). "Leaership: Good, Better, Best," *Organizational Dynamics*, 13.

——— (1990). "From Transactional to Transformational Leadership: Learning to Share the Vision," *Organizational Dynamics*, Winter.

Bavelas, A. & D. Barrett (1951). "An Experimental Approach to Organization Communication," *Personnel*, March.

Beck, M. (1992). "Learning Organizations-How to Create Them," *Industrial Commercial Training*. Vol.21, No.3.

Beckhard, Richard (1969). *Organization Development: Strategies and Models*. Menlo Park, CA: Addison-Wesley.

Bedeian, A. G. (1984). *Organizations: Theory and Analysis*. New York: CBS College Publishing.

——— (1984). *Organizations: Theory and Analysis*. New York: Dryden Press.

Bennis, Warren G. (1962). "Toward a Truly Scientific Management: The Concept of Organization

Health," *General Systems Year Book*, 1962. 7.

——— (1966a). "The Coming Death of Bureaucracy," *Think*, Nov.~Dec.

——— (1966b). *Changing Organization*. New York: McGraw-Hill.

——— (1969a). *Organization Development: Its Nature. Orgins and Prospects*. Menlo Park, CA: Addison-Wesley.

——— (1969b). "Post-Bureaucratic Leadership," *Transaction*, July-August

——— (1989). "Managing the Dream: Leadership in the 21st Century," *Journal of Organizational Change Management*, Vol. 2. No. 1.

Berger, Peter L. & Thomas Luckmann (1967). *The Social Construction of Reality*. Garden City, New York: Doubleday.

Berlo, D. K. (1960), *The Process of Communication*. New York: Holt, Rinehart and Winston.

Biddle, B. J. (1979). *Role Theory: Expectations, Identities, and Behavior*. New York: Academic Press.

Blake R. R. & J. S. Mouton (1969). *Building a Dynamic Corporation Through Grid Organization Development*. Reading, MA: Addison-Wesley.

——— (1985). *The Managerial Grid III*. Houghston: Gulf Publishing Co.

Blake, R. H. & E. O. Haroldsen (1975). *A Taxonomy of Concepts in Communication*. New York: Hasting House.

Blake, Robert, Jane S. Mouton, Louis B. Barnes, & Larry L. Greiner (1964). "Breakthrough in Organization Development," *Harvard Business Review*, Nov.-Dec.

Blanchard, K. H., P. Zigarmi, & D. Zigarmi (1985). *Leadership and The One Minute Manager: Increasing Effectiveness Through Situational Leadership*. New York: William Morrow.

Blau, Peter M. (1956). *Bureaucracy in Modern Society*. Chicago: University of Chicago Press.

Blau, Peter M. & Richard W. Scott (1962). *Formal Organizations*. San Francisco: Chandler.

Blau, P. M & R. A. Schoenherr (1971). *The Structure of Organizations*. New York: Basic Books.

——— (1972). "Interdependence and Hierarchy in Organizations," *Social Science Research*, 1.

Blumer, Herbert (1969). *Symbolic interactionism: Perspective and Methods*. Englewood Cliffs, New Jersey: Prentice-Hall.

Bobbitt, H. Randolph Jr. et al. (1978). *Organizational Behavior*. Englewood Cliffs, New Jersey: Prentice-Hall.

Bolman, Lee G. & Terrence E. Deal (1991). *Reframing Organizations*. San Francisco: Jossey-Bass.

Burke, W. W. (1994). *Organization Development: A Process of Learning and Changing* (2nd ed.). Redding, MA: Addison-Wesley.

Burns, J. M. (1978). *Leadership*. New York: Harper & Row.

Burns, T. & G. M. Stalker (1961). *The Management of Innovation*. London: Tavistock.

Burrell, Gibson & Gareth Moran (1979, 1982). *Sociological Paradigms and Organizational Analysis*. London: Heinemann. 윤재풍 옮김 (1990). 「사회과학과 조직이론」. 서울: 박영사.

Callahan, R. E. & C. P. Fleemer (1988). *Managing Human Relations*. Columus, OH: Merill.

Cameron, K. S. (1980). "Critical Questions in Assessing Organizational Effectiveness," *Organizational Dynamics*, Autumn.

——— (1986). "Effectiveness as Paradox: Consensus and Conflict in Conceptions of Organizational Effectiveness," *Management Science*, May.

Cameron, K. S., M. U. Kim, & D. A. Whetten (1987). "Organizational Effect of Decline and Turbulence," *Administrative Science Quarterly*, Vol. 32.

Cameron, K. S. & R. E. Quinn (2005). *Diagnosing and Changing Organizational Culture: Based on the Competing Values, Framework*. San Francisco: Jossey-Bass.

Cameron, K. S., R. I. Sutton, & D. A. Whetten (1988). "Issues in Organizational Decline," in K. S. Cameron, R. I. Sutton, & D. A. Whetten. *Readings in Organizational Decline-Frameworks, Research, and Prescriptions*. Cambridge, MA: Ballinger.

Cameron, K. S. & R. Zammuto (1984). "Matching Managerial Strategies to Conditions of Decline," *Human Resource Management*, Vol. 22, No. 4.

Campbell, J. P. (1978). "On The Nature of Organizational Effectiveness," in P. Goodman, J. M Pennings, & Associates, *New Perspectives on Organizational Effectiveness*. San Francisco: Jossey-Bass.

Carrol, M. P. (1982). "Culture," in J. Freeman (ed.), *Introduction to Sociology*. Scarborough, Ont., Canada: Prentice-Hall.

Carroll, G. R. (1988). *Ecological Model of Organizations*. Cambrige: Ballinger.

Cartwright, D. & A. Zander (eds.) (1953). *Group Dynamics*(3rd ed.). Ill: Evanston.

——— (1968). *A Group Dynamics: Research and Theory*. New York: Harper & Row.

Cartwright, S. & C. L. Cooper (1993). "The Role of Culture Compatibility in Successful Organizational Marrige," *Academy of Management Executive*, 7-2.

Cattell, R. B. (1973). "Personality Pinned Down," *Psychology Today*. July.

Chambers, M. M. (1997). An Integrative Theory of Leadership. Mahwah, New Jersey: Erlbum.

Chandler, Alfred D. (1962). *Strategy and Structure*. Cambrige, Mass: MIT Press.

Cherry, C. (1961), *On Human Communication*. New York: John Wiley & Sons.

Child, John (1972). "Organization Structure, Environment, and Performance: The Role of Strategic Choice," *Sociology*, January.

Coase, Ronald H. (1937). "The Nature of the Firm," reprinted in Williamson and Winter. 1993. *The Nature of the Firm: Origins, Evolution and Development*. Oxford: Oxford University Press.

Cohen, B. P. (1980). *Developing Sociological Knowledge*. Englewood Cliffs, New Jersey: Prentice-Hall.

Cohen. M. D., J. G. March, & J. P. Olsen (1972). "A Garbage Can Model of Organizational Choice," *Administrative Science Quarterly*, Vol. 17, No. 1.

Cole, M. & S. Scribner (1974). *Culture and Thought: A Psychological Introduction*. New York: John Wiley & Sons.

Conger, J. A. & R. B. Kanungo (1988). *Charismatic Leadership in Organizations*. Thousand Oaks, CA: Sage.

Conger, J. A. R. N. Kanungo, & Associates (1988). *Charismatic Leadership*. San Francisco, CA: Jossey-Bass.

Connellom, T. K. (1978). *How to Improve Human Performance*. New York: Harper & Row.

Connoly, T., E. J. Conlon, & S. J. Deutsch (1980). "Organizational Effectiveness: A Cunningham, J. B.

1977: "Approaches to the Evaluation of Organizational Effectiveness," *Academy of Management Review,* 2.

Coser, Lewis (1956). *The Functions of Social Conflict*. New York: The Free Press.

Crozier, Michael (1964). *The Bureaucratic Phenomenon*. Chicago: University of Chicago Press.

Cummings, Thomas G. & Christoper G. Worley (2001). *Organization Development & Change* (7th ed.). Mason, Ohio: South-Western College Publishing.

Cunningham, J. B. (1978). "A System Resources to Effectiveness," *Human Relations*. Vol. 31, No. 7.

Cutlip, Scott M. & Allen H. Center (1958), *Effective Public Relations*. Englewood Cliffs, New Jersey: Prentice-Hall.

Daft, Richard L. (2001). *Organization Theory and Design*. Cincinnati, OH: South-Western College.

Daft, Richard L. & Raymond A. Noe (2001). *Organizational Behavior*. Mason, OH: South Western.

Daft, Richard L. & Karl E. Weick (1984). "Toward a Model of Organizations as Interpretation Systmens," *Academy of Management Review*, Vol. 9, No. 2.

Dahl, Robert A. (1957). "The Concept of Power," *Behavioral Science,* 2.

Danziger, James N. (1991). *Understanding the Political World*, New York: Longman.

Davis, K. (1953). "Management Communication and the Grapevine," *Harvard Business Review* 31(September-October).

——— (1959). *Human Relations in Business*. New York: McGraw-Hill.

Davis, K. & J. W. Newstrom (1985). *Human Behavior at Work: Organizational Behavior*, New York: McGraw-Hill.

Davis, R. C & A. C. Filley (1963). *Principles of Management*. New York: Alexander Hamilton Institute.

Deal, T. E. & A. A. Kennedy (1982). *Corporate Cultures: The Rites and Rituals of Corporate Life*. Reading MA: Addison Wesley 삼성출판사 편집국 옮김 (1990). 「기업문화」. 서울: 삼성출판사.

Delbecq, A. L., A. H. Van de Ven, & D. H. Gustatson (1975). *Group Techniques for Program Planning*. Glenview IL: Scott, Foresman.

Dimaggio, Paul J. & Walter W. Powell (1983). "The Iron Cage Revisited: Institutional Isomorphism and Collective Rationality in Organizational Fields," *American Sociological Review,* 48.

Downs, Anthony (1967). *Inside Bureaucracy*. Boston: Little, Brown.

Dror, Yehezkel (1971a). *Design for Policy Sciences*, New York: Elsevier.

——— (1971b). *Ventures in Policy Sciences*, New York: Elsevior.

Drucker, Peter F. (1954). *The Practice of Management*. New York: Harper & Row.

Dubrin, Andrew J. (2006a). *Essentials of Management*. Mason, OH: Thompson Higher Education.

——— (2006b). *Essentials of Management*. Mason, OH: Thompson/South-Western.

Duncan, Robert B. (1979). What is the Right Organization Structure?," *Organization Dynamics*, Winter.

Duncun, W. Jack (1989). "Organizational Culture: Getting a 'Fix' On An Elusive Concept," *Academy of Management Executive,* 3.

Emerson, Ralph M. (1962). "Power Dependence Relations," *American Sociological Review,* 27.

Emery, F. E. & E. L. Trist (1965) "The Causal Texture of Organizational Environments," *Human Relations*, 18.

Etzioni, Amitai (1961). *A Comparative Analysis of Organizations: On Power, Involvement and Their Correlates*. New York: The Free Press.
—— (1964). *Modern Organizations*. Englewood Cliffs, New Jersey: Prentice-Hall.
—— (1968). *The Active Society*. New York: The Free Press.
Etzioni-Halevy, Eva (1983). *Bureaucracy and Democracy*. London: Routledge & Kegan Paul 윤재풍 옮김 (1990). 「관료제와 민주주의」. 서울: 대영문화사.
Farber, Marvin (1943). *The Foundations of Phenomenology: Edmund Husserl and Quest for a Rigorous Science of Philosophy*. Cambridge: Havard University Press.
Farrell, D. & J. C. Petersen (1982). "Patterns of Political Behavior in Organizations," *Academy of Management Review*, July.
Fayol, Henri (1916). *Industrial and General Adminstration*. Paris: Dunod.
—— (1949). *General and Industrial Management*. trans by Constance Storrs. London: Sir Issac Pitman & Sons.
Feather, T. N. (1975). *Values in Education and Society*. New York: Free Press.
Festinger, Leon (1957). *A Theory of Cognitive Dissonance*. Stanford, CA: Stanford University Press.
Fiedler, F. E. (1964). "A Contingency Model of Leadership Effectiveness," in L. Berkowitz(ed.), *Advances in Experimental Social Psychology*. New York: Academic Press.
—— (1967). A *Theory of Leadership Effectiveness*. New York: McGraw-Hill.
—— (1972). "The Effects of Leadership Training and Experience: A Contingency Model Interpretation," *Administrative Science Quarterly*, 17.
—— (1978). "Situational Contorl and a Dynamic Theory of Leadership," in B. King, S. Streufert, & F. E. Fiedler(eds.), *Managerial Control and Organizational Democracy*. New York: John Wiley & Sons.
—— (1984). *Improving Leadership Effectiveness: The Leader Match Concept*(2nd ed.). New York: John Wiley & Sons.
Fiedler, F. E., M. M. Chemers, & L. Mahar (1984). *Improving Leadership Effectiveness: The Leader Match Concept*. New York: John Wiley & Sons.
Forsyth, D. L. (1999). *Group Dynamics*. Belmont, CA: Wadsworth.
Freeman, R. E. (1984). *Strategic Management: A Stakeholder Approach*. Marshfield, MA: Pitman.
French, J. R. P. Jr. & B. Raven (1959). "The Bases of Social Power," in D. Cartwright (ed.), *Studies in Social Power*. Ann Arbor, MI: Umiversity of Michigan Press.
French, Wendell L. (1969). "Organization Development: Objectives, Assumptions, and Strategies," *California Management Review*, 12-2.
French, Wendell L. & C. H. Bell Jr. (1995). *Organization Development: Behavioral Science Interventions for Organizational Improvement*. Englewood Cliffs, New Jersey: Prentice-Hall. 정재창 외 옮김 (1997). 「조직개발이론과 적용」. 서울: 박영사.
Freud, Sigmund (1949). *The Future of an Illusion*. London: Hogarth Press.
—— (1905). *Three Contributions to the Theory of Sex: The Basic Writings of Sigmund Freud* (A. A. Bril, trans). New York: The Modern Library.

Friedlander, Frank & Hal Pickle (1968). "Components of Effectiveness in Small Organizations," *Administrative Science Quarterly,* 13.

Gadamer, Hans-Georg (1975). *Truth and Method*(English Copyright). London: Sheed and Word.

Gagliardi, P. (1986). "The Creation and Change of Organizational Culture: A Conceptual Framework," in H. Tosi (ed.), *Organizational Behavior and Management: A Contingengy Approach.* PWS-Kent Publishing.

Gandz, Jeffrey & Victor Murray (1980). "The Experience of Workplace Politics," *Academy of Management Journal,* 23.

Gareth, R. Jones (2007). *Organizational Theory, Design and Change.* Upper Saddle River, New Jersey: Prentice-Hall.

Garfinkel, Harold (1967). *Studies in Ethnomethodology.* Englewood Cliffs, New Jersey: Prentice-Hall.

Garrat, R. (1982). *The Learning Organization.* London: Fontana/Collins.

Garvin, D. A. (2000). *Learning in Action: A Guide to Putting the Learning Organization to Work.* Boston: Harvard Business School.

Garvin, D. A. & M. A. Roberto (2001). "What you Don't Know About Making *Decisions," Harvard Business Review,* September.

Garvin, D. A., A. C. Edmondson, & F. Gino (2008). "Is Yours a Learning Organization?," *Harvard Business Review,* March.

Gawthrop, Louis C. (1984). *Public Sector Management, Systems, and Ethics.* Bdoomington: Indiana University Press.

Gerbner, G. (1958). "Current Analysis and Critical Research in Research Communication," *AV Communication Review,* 6.

Gerth, H. H. & C. Wright Mills (1947). *From Max Weber: Essays in Sociology.* New York: Oxford University Press.

Gibson, J. L. & J. M. Ivancevich (1988). *Organizations: Behavior, Structure, Process.* Plano, TX: Business Publications.

Gibson, J. I., J. M. Ivancevich, & J. H. Donnelly (1982). *Organizations. Plano,* TX: Business Publications.

Gladden, E. N. (1972). *History of Public Administration.* Vol Ⅱ. London: Frank Cass.

Goffman, Erving (1959). *The Presentation of Self in Everyday Life.* Garden City, New York: Anchor.

Goldstein, Kurt (1939). *The Organism.* New York: Harcourt, Brace & Javanovich.

Goodman, P. S., E. Ravlin, & M. Schminke (1987). "Understanding Group in Organizations," in L. L. Cummings, & B. M. Staw (eds.), *Research in Organizational Behavior.* Vol. 9. Greenwich, CT: Jai Press.

Gouldner, Alvin W. (1954). *Patterns of Industrial Bureaucracy.* Glencoe, Il: The Free Press.

Graves, Clare W. (1970). "Levels of Existence: An Open System Theory of Values," *Journal of Humanistic Psychology,* 10.

Greenberg, Gerald & Robert A. Baron (2000). *Behavior in Organizations.* Upper Saddle River, New Jersey: Prentice-Hall.

Greenberg, J. & R. A. Baron (2003). *Behavior in Organizations.* Upper Saddle River, New Jersey:

Pearson Education.

Greenfield, T. Barr (1975). "Theory about Organization: A New Perspective and its Implications for Schools," in Merredydd Hughes(ed.), *Administering Education: International Challenge*. London: The Athlone Press of the University of London.

Greiner, L. E. (1972). "Evolution and Revolution as Organizations Grow," *Harvard Business Review*, Vol. 50, No. 4.

Griffin, R. W. (2002). *Management*. Boston: Houghton Mifflin.

Gulick, Luther & L. Urwick (eds.) (1937). *Papers on the Science of Administration*. New York: Institute of Public Administration, Columbia University Press.

Hackett, R. D., P., Bycio & P. A. Hausdorf (1994). "Further assessments of Meyer and Allen's (1991). three-component model of organizational commitment," *Journal of Applied Psychology*, 79.

Hackman, J. R & J. L. Suttle (eds). (1977). *Improving Life at work*. Glenview, IL: Scott, Foresman.

Hall, R. H. (1977/1982). *Organizations: Structure and Process*. Englewood Cliffs, New Jersey: Prentice-Hall.

Hamner, W. C & S. P. Hamner (1976). "Behavior Modification on the Bottom Line," *Organizational Dynamics*, 4(4).

Hannan, M. T. & J. Freeman (1977). "The Population Ecology of Organizations," *American Journal of Sociology*, Vol. 82, No.2.

Harmon, Michael M. (1981). *Action Theory for Public Administration*. New York and London: Longman.

Harmon, Michael M. & Richard T. Mayer (1986). *Organization Theory For Public Administration*. Boston: Little Brown. 김성기 옮김(1992). 「고급행정이론」. 서울: 형설출판사.

Hass, J. E., R. Hall, & N. J. Johnson (1963) "The Size of Supportive Component in Organizations: *A Multi-Organization Analysis*," *Social Forces*, 42-1.

Hawley, A. H. (1950). *Human Ecology: A Theory of Community Structure*. New York: Ronald.

——— (1968). "Human Ecology," *International Encyclopedia of the Social Sciences*, edited by D. L. Sills, New York: Macmillan.

Heady, F. (1966). *Public Administration: A Comparative Perspective*. Englewood Cliffs, New Jersey: Prentice-Hall.

Hellriegel, Don & J. W. Slocum Jr. (2004). *Organizational Behavior*. Mason, OH: South-Western.

Hersey, Paul & K. H. Blanchard (1969). *Management of Organizational Behavior: Utilizing Human Resources*. Englewood Cliffs, New Jersey: Prentice Hall.

Hersey, Paul, K. H. Blanchard, & D. E. Johnson (1996). *Management of Organizational Behavior: Utilizing Human Resources*(7th ed.). Englewood Cliffs, New Jersey: Prentice-Hall.

Hertzberg, F. (1959). *The Motivation to Work*. New York: John Wiley & Sons.

———(1968) "One More Time; How Do You Motivate Employees?," *Harvard Business Review*, Jan-Feb.

Hicks, Herbert G. (1972). *The Management of Organization: A Systems and Human Resources Approaches*, New York: McGraw-Hill.

Hicks, Herbert G. & C. Ray Gullett (1976). *The Management of Organizations*. New York: McGraw-Hill.

Hickson, David J., C. R. Hinnings, C. A. Lee, R. E. Schneck, & J. M. Pennings (1971). "A Strategic Contingencies Theory of Intraorganizational Power," *Administrative Science Quarterly,* 16.

Hitt, W. D. (1996). *The Learning Organization: Dynamic Manufacturing: Creating Learning Organization*. New York: Free Press.

Hobbes, Thomas (1651/1968). *Leviathan*. Oxford: Clarendon.

House, R. J. (1996). "Path-Goal Theory of Leadership: Lessons, Legacy, and a Reformulated Theory," *Leadership Quarterly*, 7(3).

——— (1971). "A Path-Goal Theory of Leader Effectiveness," *Administrative Science Quarterly*, Vol. 16.

House, R. J & G. Dessler (1974). "The Path-Goal Theory of Leadership: Some Post Hoc and Priori Tests," in J. Hunt & L. Larson (eds.), *Contingency Approaches in Leadership*. Carbondale: Southern Illinois University Press.

House, R. J. & J. M. Howell (1992). "Personality and Charismatic Leadership," *Leadership Quarterly*, 3(2).

House, R. J & R. R. Mitchell (1974). "Path-Goal Theory of Leadership," *Journal of Contemporary Business,* 3.

House, R. J., J. Woycke & E. M. Foder (1988). "Charismatic and Noncharismatic Leaders: Differences in Behavior and Effectiveness," in J. A Conger, & R. N. Kanungo, *Charismatic Leadership in Organizations*. Thousand Oaks, CA: Sage.

Howell, Jane M. (1988). "Two Faces of Charisma: Socialized and Personalized Leadership in Organizations," *in Charismatic Leadership: The Elusive Factor in Organizational Effectiveness*, (ed.). J. A. Conger & R. N. Kanungo San Francisco: Jossey-Bass.

Howell, Jane M. & B. Shamir (2005). "The Role of Followers in the Charismatic Leadership Process: Relationships and their Consequences." *Academy of Management Review,* 30.

Howell, Jane M. & Bruce J. Avalio (1992). "The Effects of Charismatic Leadership: Submission or Liberation?," *Academy of Management Executive*, May.

Hummel, Ralph P. (1970, 1977). *The Bureaucratic Experience*. New York: St. Martin's Press.

Hunt, J. W. (1972). *The Restless Organizations*. Sydney: Wiley and Sons Austalasia.

Husserl, Edmund (1929). "*Entry on 'Phenomenology*," in *Encyclopedia Brittannica*(14th ed).

——— (1936). "Die Krisis der europǎishn Wissenschaften und die transzendentale phǎnomemologie," *Phlosophia*. Bd. 1. Husserliana. Bd. VI.

——— (1970). *The Crisis of European Science and Transcendental Phenomenology: An Introduction to Phenomenological Philosophy,* trans. David Carr. Evanston: Northwestern University Press.

Janis, Irving L. (1971). "Groupthink" *Psychology Today*. 5, November.

——— (1972). *Victims of Groupthink: A Psychological Study of Foreign-Policy Decisions*. Boston: Houghton Mifflin.

——— (1982). *Groupthink: Psychological Studies of Policy Decisions and Disasters*. Boston: Houghton-Mifflin.

——— (1985). "Sources of Error in Strategic Decision Making," in J. M. Pennings (ed.), *Organizational*

Strategy and Change. San Francisco: Jossey-Bass.
Janis, Irving L. & L. Mann (1977). *Decision Making: A Psychological Analysis of Conflict, Choice and Commitment*. New York: The Free Press.
Johns, Gareth R & J. M. George (2003). *Contemporary Management*. New York: McGraw-Hill.
Johnson, C. May (1999). "Teams at Work," *HR Magazine*.
Johnson, Richards A., Fremont E. Kast & James E. Rosenzweig(1973). *The Theory and Management of Syrtem*. Tokyo: McGaw-Hill Kogakusha.
Jones, Gareth R. (2007). *Organizational Theory, Design and Change*. Upper Saddle River, New Jersey: Pearson Educaton.
Jones, Gareth R. & J. M. George (2003). *Contemporary Management*. New York: McGraw-Hill.
Kabanoff, B. (1985). "Potential Influences as Sources of Interpersonal Conflict in Groups and Organizations," *Organizational Behavior and Human Decision Process*, 36.
Kast, F. E. & J. E. Rosenzweig (1974). *Organization and Management*. Tokyo: McGraw-Hill/ Kogakusha.
Katz, Daniel & Robert L. Kahn (1966, 1978). *The Social Psychology of Organizations*, New York: Wiley and Sons.
Katzenbach Jon R. & Douglas K. Smith (1993). "The Discipline of Teams," *Harvard Business Review* 71(March-April).
Kazanjian, R. K. (1988). "Relation of Dominant Problems to Stages of Growth in Techology-Based New Ventures," *Academy of Management Journal*, Vol. 31(2).
Kelly, H. H. (1973). "The Process of Causal Attribution," *American Psychologist*, 28.
Kelly, K. (1994). "The New Soul of John Deere," *Business Week*. January 31.
Kerlinger, Fred N. (1973). *Foundations of Behavioral Research*. New York: Holt, Reinehart and Winston.
Kim, Daniel H. (1993). "The Link Between Individual and Organizational Learning," *Sloan Management Review*. Fall.
Kim, W. Chan & R. Mauborgne (1992). "Parables of Leadership," *Harvard Business Review*, July-August.
Kimberly, J. R. (1976). "Organization Size and Structuralist Perspective: A Review, Critique and Proposal," *Administrative Science Quarterly*, 21.
Kimble, G. A. et al. (1961). *Conditioning and Learning*. Englewood Cliffs, New Jersey: Prentice-Hall.
Kinicki, A. F. Mckee-Ryan, C. Schriesheim, & K. Carson (2002). "Assessing the Construct Validity of the Job Descriptive Index: A Review and Meta-Analysis," *Journal of Applied Psychology*, 79.
Kirkpatrick, S. A. & E. A. Locke (1991). "Leadership: Do Traits Matter?," *The Executive*, 5.
Klein, H. J. (1989). "An Integrated Control Theory Model of Work Motivation," *Academy of Management Review*, April.
Kluckhohn, C. (1951). "Value and Value Orientations," T. Parsons & E. A. Shills(eds.), *Toward a General Theory of Action*. Cambridge, MA: Harvard University Press.
Köhler, Wolfgang (1925). *The Mentality of Apes*. New York: Harcourt Brace & World.
Koontz, Harold & Cyril O'Donnel (1972). *Principles of Management: A Analysis of Managerial*

Functions. New York: McGraw-Hill.

Kotter, J. P. (1996). *Leading Change*. Boston: Harvard Business School Press.

——— (1999). "Leading Change: The Eight Steps to Transformation," in J. A. Conger, G. M. Spreitzer, & E. E. Lawler Ⅲ (eds.). *The Leaders Change Handbook*. Sanfrancisco, Jossey-Bass.

Kravitz, D. A. & B. Martin (1986). "Rigelmann Rediscovered: The Original Article," *Journal of Personality and Social Psychology*, May.

Kreitner, R. & A. Kinicki (2007). *Organizational Behavior*. New York: McGraw-Hill.

Kreps, Gary L. (1986). *Organizational Communication*. White Plains, New York: Longman.

Kröber, A. L. & F. Kluckhohn (1952). "Culture: A Critical Review of Concepts and Definitions," *Peabody Museum Papers*, Vol. 47. No.1, Cambridge: Harvard University Press.

Lasswell, Harold D. (1948). "The Structure and Function of Communication," in L. Bryson (ed.). *The Communication of Ideas*. New York: Harper & Brothers.

Lasswell, Harold D. & A. Kaplan (1950). *Power and Society*. New Haven: Yale University Press.

Latane, B., Williams, K. & S. Harkins (1979). "Many Hands Make Light Work; the Causes and Consequences of Social Loafing," *Journal of Personality and Social Psychology*, 37.

Lauer, Quentin (ed.) (1965). Edmund Husserl: *Phenomenology and the Crisis of Philosophy*. New York: Harper and Row.

Lawrence, Paul R. & Jay W. Lorsh (1967). *Organization and Environment: Managing Differentiation and Integration*. Boston: School of Business Administration, Havard University Press.

Leavitt, H. J. (1951). "Some Effects of Certain Communication Patterns on Group Performance," *Journal of Abnormal and Social Psychology*, 46.

Leftwich, Adrian (1984). *What is Politics? The Activity and Its Study*. Oxford and New York: Blackwell.

Lewin, Kurt (1947). "Group Decisions and Social Change," in T. Newcomb & E. Hartely (eds.), *Readings in Social Psychology*. New York: Holt Rinehart & Winston.

——— (1951). *Field Theory in Social Science*. New York: Harper & Row.

Likert, Rennis (1961). *Patterns of Management*, New York: McGraw-Hill.

——— (1967). *Human Organization*. New York: McGraw-Hill.

Lindblom, Charles E. (1968). *The Policy-Making Process*. Englewood Cliffs, New Jersey: Prentice-Hall

Lippitt, G. L. & W. H. Schmidt (1967). "Crisis in Developing Organizations," *Harvard Business Review*, Vol.45, No. 6.

Lippitt, R., Watson, J. & B. Westley (1958). *The Dynamics of Planned Change*. New York: Harcourt, Brace and World.

Locke, E. A. (1991). *The Essence of Leadership*, New York: Lexington Books.

Locke, E. A. & G. P. Lathorm (1990). *A Theory of Goal Setting and Task Performance*. Englewood Cliffs, New Jersey: Prentice-Hall.

Locke, John (1963). *The Second Treatise of Civil Government*. Cambrige: Cambrige University Press.

Lorange, P. & R. T. Nelson (1987). "How to Recognize and Avoid Organizational Decline," *Management Review*, Spring.

Lord, R. G., C. L. Devader, & G. M. Alliger (1986). "A Meta-Analysis of the Relations Between

Personality Traits and Leadership Perceptions: An Application of Validity Generalization Procedures," *Journal of Applied Psychology*, 71.

Louis, M. R. (1983). "Organization as Culture-Bearing Milieux," in L. R. Pondy, P. J. Front, G. Morgan, & T. C. Dandridge (eds.), *Organizational Symbolism*, Greenwich, CT: JAI Press.

Luthans, Fred (1998) *Organizational Behavior*. New York: Irwin/McGraw-Hill.

Luthans, Fred & Robert. Kreitner (1985). *Organizational Behavior Modification and Beyond: An Operant and Social Learning Approach*. Glenview, IL: Scott, Foresman.

Lyon, H. L., J. M. Ivancevich, & J. H. Donnelly (1976). *Management Science in Organizations*. Pacific Palisades, California: Goodyear.

Macauley, C., C. L. Stitt, K. Woods, & D. Lipton (1973). "Group Shift to Caution at the Race Track," *Journal of Experimental Social Psychology*, 9.

March, James G. & J. P. Olsen (1976). *Ambiguity and Choice in Organizations*, Bergen, Norway: Universitetsforlaget.

March, James G. & Herbert A. Simon (1958). *Organizations*. New York: John Wiley & Sons. 윤재풍 옮김 (1977). 「조직이론」. 서울: 박영사.

Markus, M. L., B. Manville, & C. E. Agres (2000). "What Makes a Virtual Organization Work?," *Sloan Management Review*, 42-1.

Marquardt, M. J. (1996). *Building the Learning Organization*. New York: McGraw-Hill.

——— (1999). *Action Learning in Action: Transforming Problems and People for World-Class Organizational Learning*. Paloalto, CA: Davis-Black.

Maslow, Abraham H. (1943). "A Theory of Human Motivation", *Psychology Review*, Vol. 50.

——— (1954/1970). *Motivation and Personality*. New York: Harper & Row.

——— (1970). *Motivation and Personality*(2nd ed.). New York: Harper & Row.

——— (1971). *The Farther Reaches of Human Nature*. New York: Viking.

Mayo, Elton (1933). *The Human Problems of an Industrial Civilization*. New York: The Macmillan(1945).

McClelland, David C. (1961). *The Achieving Society*. New York: Van Nostrand.

McClelland, David C & D. H. Burnham (1976). "Power in the Great Motivator," *Harvard Business Review*, Mrach-April.

McGregor, Douglas (1960). *The Human Side of Enterprise*. New York: McGraw-Hill.

McKelvey, H. (1988). "Organizational Decline from Population Perspective" in K. S. Cameron, R. I. Sutton, & D. A. Whetten, *Readings in Organizational Decline: Frameworks, Research, and Prescriptions*. Cambridge, MA: Ballinger.

Mead, George H. (1934). *Mind, Self and Society*. Chicago: University of Chicago Press.

Mehrabian, Albert (1968). "Communicating Without Words," *Psychology Today*, September.

Merleau-Ponty, Maurice (1966). *Phenomenology and Art*. 오병남 옮김 (1983). 「현상학과 예술」. 서울: 서광사.

Merton, Robert K. (1940). "Bureaucratic Structure and Personality," *Social Forces*, 18.

——— (1949; 1959; 1968). *Social Theory and Social Structure*. Glencoe, Il: The Free Press.

Meyer, John W. & Brian Rowan(1977). "Institutionalized Organizations: Formal Structure As Myth and Ceremony," *American Journal of Sociology,* 83.

Michels, Robert (1959). *Political Parties*. New York: Dover.

Miewald, Robert D. (1970). "The Great Exaggerated Death of Bureaucracy," *California Management Review*, Winter.

Miles, R. H. (1980). *Macro Organizational Behavior.* Santamonica, CA: Goodyear.

Miles, Raymond E. & Charles C. Snow (1978). *Organizational Strategy, Structure, and Process*. New York: McGraw-Hill.

——— (1992). "Causes of Failure in Network Organizations," *California Management Review,* July.

Miller, David W. & Martin K. Staar (1960). *Executive Decisions and Operations Research.* Englewood Cliffs, New Jersey: Prentice-Hall.

Mintzberg, Henry (1979). *The Structuring of Organizations*. Englewood Cliffs, New Jersey: Prentice-Hall

——— (1983). *Power in and Around Organizations*. Englewood Cliffs, New Jersey: Prentice-Hall.

——— (1993). *Structure in Fives: Designing Effective Organizations*. Englewood Cliffs, New Jersey: Prentice-Hall.

Mintzberg, Henry, D. Raisinghani, & A. Théorêt (1976). "The Structure of 'Unstructured' Decision Processes," *Administrative Science Quarterly*, June.

Mooney, James D. & Alan C. Reiley (1931). *Onward Industry*. New York: Harper & Brothers.

Morgan, Gareth (1986). *Images of Organizations*. Beverly Hills, CA: SAGE.

Morrell, R. W. (1696). *Management: Ends and Means*. San Francisco: Chandler.

Mouzelis, Nicos P. (1967). *Organization and Bureaucracy*. Chicago: Aldine.

Murray, Edward J. (1965). *Motivation and Emotion*, Englewood Cliffs, New Jersey: Prentice-Hall. 임능빈 옮김 (1973). 「동기와 정서」. 서울: 익문사.

Murray, H. A. (1939). *Explorations in Personality*. Oxford: Oxford University Press.

Natanson, Maurice (1973), *Edmund Husserl: Philosopher of Infinite Tasks*. Evanson: Northwestern University Press.

North, Douglas (1994). "Economic Performance Though Time," *American Economics Review*.

Northhouse, P. G. (2007). *Leadership and Practice*. London: Sage Publications. 김남현 옮김 (2009). 「리더십」, 서울: 경문사.

O'Reilly, C. A. & L. R. Pondy (1979), "Organizational Communication," in S. Kerr (ed.), *Organizational Behavior*. Columbia, OH: Grid.

Odiorne, G. S. (1965). *Management By Objectives*. New York: Pitman.

Osborn, A. F. (1963). *Applied Imagination*. New York: Scribner.

Palmer, E. Richard (1969). *Hermeneutics: Interpretation Theory in Schleiermacher, Dilthey, Heidegger, Gadamer*. 이한우 옮김 (1988). 「해석학이란 무엇인가」. 서울: 문예출판사.

Park, Robert E. & E. W. Burgess (1921). *Introduction to the Science of Sociology*. Chicago: University of Chicago Press.

Parsons, Talcott (1951). *The Social System*. Glencoe, IIL: The Free Press.

——— (1957). "The Distribution of Power in American Society" *World Politics,* 10.

——— (1960). *Structure and Process in Modern Societies*. Glencoe, Il: The Free Press.

Pascale, R. T. & A. G. Athos (1981). *The Art of Japanese Management*. New York: Simon & Schuster.

Perrow, Charles (1961). "The Analysis of Goals in Complex Organization," *American Sociological Review*, 26.

——— (1967). "A Framework for the Comparative Analysis of Organizations," *American Sociological Review*, 32.

Peters, T. J. & R. H. Waterman (1982). *In Search of Excellence*. New York: Harper & Row.

Pfeffer, Jeffrey (1977). "Power and Resource Allocation in Organizations," in Barry M. Staw & Gerald R. Salancik (eds.), *New Directions in Organizational Behavior*. Chicago: St. Clair Press.

Pfeffer, Jeffrey & Gerald R. Salancik (1978). *The External Control of Organizations: A Resource Dependence Perspective*. New York: Harper and Row. 이종범 외 옮김 (1988). 「장외 영향력과 조직」. 서울: 정음사.

——— (1982). *Organizations and Organization Theory*. Boston: Pitman

Pfeffer, Jeffrey (1978). *Organizational Design*. Arlington Heights, Ill: AHM Publishing.

——— (1981). *Power in Organizations*. Marshfield: Pitman.

——— (1992). *Managing with Power: Politics and Influence in Organizations*. Boston: Harvard Business School Press.

Polzer, J. T. (1998). "Role Ambiguity," in C. L Cooper, & C. Argyris (eds.), *The Concise Blackwell Encyclopedia of Management*. Oxford: Blackwell.

Pondy, Louis R. (1967). "Organizational Conflicts: Concepts and Models," *Administrative Science Quarterly*, 12-2.

Pondy, Louis R., P. J., Frost, G. Morgan, & T. C. Dandridge (eds.) (1983). *Organizational Symbolism*. San Francisco: JAI Press.

Porter, Lyman W. & Edward E. Lawler III (1968). *Managerial Attitudes and Performance*. Homewood, Ill: Richard D. Irwin.

Pounds, W. (1969). "The Process of Problem Finding," *Industrial Management Review*, Fall.

Presthus, Robert (1978). *The Organizational Society*. revised ed. New York: St. Martins Press.

Price, James L. (1972). "The Study of Organizational Effectiveness," *The Sociological Quarterly*. 13.

Pugh, D. S., D. J. Hickson, C. R. Hinnings, & C. Turner (1969). The Context of Organization Structure," *Administrative Science Quarterly*, 14.

Quick, James, C. Debra, & L. Nelion (2009). *Principles of Organizational Behavior* Mason, OH.: South Western.

Quinn, Robert & J. Rohrbaugh (1983). "A Spatial Model of Effectiveness Criteria: Toward a Competing Values Approach to Organizational Analysis," *Management Science*, 29.

Richards, Max D. (1986). *Setting Strategic Goals and Objectives*. St. Paul, Minn: West.

Robbins, Stephen P. (1974). *Managing Organizational Conflict: A Nontraditional Approach*. Uppers Saddle River, New Jersey: Prentice-Hall.

——— (1983). *Organization Theory: The Structure and Design of Organizations*. Englewood Cliffs, New Jersey: Prentice-Hall.

——— (2001). *Organizational Behavior*. Upper Saddle River, New Jersey: Prentise-Hall.

——— (2003). *Organizational Behavior*. (10th ed.). Upper Saddle River, New Jersey: Prentice-Hall.

Robbins, Stephen P. & Mary Coulter (2005). *Management*. Upper Saddle River, New Jersey: Prentice-Hall.

Robbins, Stephen P., D. A. Decenzo, & Mary Coulter (2011). *Fundamentals of Management*. Upper Saddle River, New Jersey: Pearson.

Robbins, Stephen P. & Timothy A. Judge (2011). *Organizational Behavior*. Upper Saddle River, New Jersey: Prentice-Hall.

Robey, Daniel (1986). *Designing Organizations*. Homewood, IL: Irwin.

Roehlisberger, F. J. & W. J. Dickson (1939). *Management and the Worker*. Cambridge, Mass.: Harvard University Press.

Rogers, Carl (1942). *Counselling and Psychotherapy*. Boston: Houghton Mifflin.

——— (1951). *Client-Centered Therapy*. Boston: Houghton Mifflin.

——— (1961). *On Becoming a Person*. Boston: Houghton Mifflin.

Rokeach, Milton (1973). *The Nature of Human Values*. New York: Free Press.

Romani, P. N. (1997). "MBO by Any Other Name in Still MBO," *Supervision*, December.

Rosenfeld, P., J. E Edwards, & M. D. Thomas (eds.) (1993). *Improving Organizational Surveys: New Directions, Methods and Applications*. Newburry Park, CA: Sage.

Rousseau, Jean Jacque (1969). *Emile, ou de l'education*. Paris: Gallinard.

Rowe, A. J. & R. O. Mason (1987). *Managing with Style: A Guide to Understanding, Assesing, and Inproving Decision Making*. San Francisco: Jossey-Bass.

Ruble, T. L & K. Thomas (1976). "Support for a Two-Dimensional Model of Conflict Behavior," *Organizational Behavior and Human Performance,* 16.

Rush, Harold M. F. (1969). *Behavioral Science: Concepts and Management Application*. New York: National Industrial Conference Board.

Russel, Bertrand (1938). *Power*. London: George Allen & Unwin.

Salamon, Lester M. (1999). NPO: *America's Nonprofit Sector*. 이형진 옮김 (2000). 「NPO란 무엇인가」. 서울: 아르케.

Sanders, Patricia (1982). "Phenomenology: A New Way of Viewing Organizational Research," *Academy of Management Review,* Vol. 7, No.3.

Sappington, Lewis B. & C. G. Browns (1962). "The Skills of Creative Leadership," in William Lazer & Eugene J. Kelly (eds.), *Managerial Marketing: Perspectives and Viewpoints*. Homewood, Ill: Richard D. Irwin.

Schein, E. H. (1980). *Organizational Psychology*(3rd ed.). Englewood Cliffs, New Jersey: Prentice-Hall.

——— (1985a). "How Culture Forms, Develops and Change," R. H. Kilman, M. J. Saxton, R. Serpa, & Associates (eds.). *Gaining Control of the Corporate Culture*. San Francisco: Jossey-Bass.

——— (1985b). *Organizational Culture and Leadership*. San Francisco: Jossey-Bass.

——— (1988). *Process Consultation: It's Role in Organizational Development*. Reading, MA: Addison-Wesley.

——— (1996). "Leadership and Organizational Culture," in F. Hesselbein, M. Goldsmith & R. Beckhard

(eds.), *The Leaders of Future*. San Francisco: Jossey-Bass.
——— (1999). *The Corporate Culture Survival Guide.* San Francisco: Jossey-Bass.
Schermerhorn, John R., Richard N. Osborn, Mary Uhl-Bien, & James G. Hunt (2012). *Organizational Behavior*. River Street, Hoberken, New Jersey: John Wiley & Sons.
Schlesinger, Arthur, Jr. (1965). *A Thousand Days*. New York: Mariner Books.
Schultz, D. P. (1978). *Psychology and Industry Today.* New York: Macmillan, 이훈구 옮김 (1985). 「산업 및 조직심리학」. 서울: 법문사.
Schutz, Alfred (1962). *Collected Papers Ⅰ: The Problem of Social Reality* (ed.). Maurice Natanson. The Hague: Martinus Nijhoff.
——— (1964). *Collected Papers Ⅱ: Studies in Social Theory* (ed.). Arvid Broderson. The Hague: Martinus Nijhoff.
——— (1966). *Collected Papers Ⅲ: Studies in Phenomenological Philosophy*. The Hague: Martinus Nijhoff.
——— (1967). *The Phenomenology of the Social World.* Evanston: Northwestern University Press.
Scott, William G. & Torrence R. Mitchell (1972). *Organization Theory: A Structural and Behavioral Analysis.* Homewood, Ill.: Richard D. Irwin.
Selznick, Philip (1943). "An Approach to a Theory of Bureaucracy," *American Sociological Review,* Vol.8.
——— (1949). *TVA and the Grass Root: A Study in the Sociology of Formal Organization.* Barkeley: University of California Press.
——— (1957). *Leadership in Administration.* New York: Harper & Row.
Senge, Peter M. (1990). *The Fifth Discipline: The Art and Practice of Learning Organization.* New York: Doubleday.
——— et al. (1994). *The Fifth Discipline Fieldbook.* New York: Doubleday.
Seward, J. P. (1949). "An Experimental Analysis of Latent Learning," *Journal of Experimental Psychology,* Ⅱ.
Shamir, B., R. J. House, & M. B. Arthur (1993). "The Motivational Effects of Charismatic Leadership: A Self-Concept Theory," *Organizational Science*, November.
Shannon, C. & W. Weaver (1949). *The Mathmatical Theory of Communication.* Chicago, Ⅲ: University of Illinois Press.
Shaw, M. E. (1976). *Group Dynamics*: The Psychology of Small Group Behavior. New York: McGraw-Hill.
Sheldon, W. H. (1954). *Atlas of Man: A Guide to Somatotyping the Adult Male at all Ages*, New York: Harper & Row.
Shepard, Hebert A. (1965). "Changing Interpersonal and Intergroup Relationship in Organizations," in James G. March (ed.). *Handbook of Organizations.* Chicago: Rand Mcnally.
Sherif, M. & C. W. Sherif (1956). *An Outline of Social Psychology*. New York: Harper & Row.
Sills, D. L. (1957). *The Volunteers.* Glencoe, Il.: The Free Press.
Silverman, David (1970). *The Theory of Organizations*. New York: Basic Books.

Simon, Herbert A. (1945; 1947; 1957; 1967). *Administrative Behavior*. New York: The Free Press.

Simon, Herbert A., Donald W. Smithburg, & Victor A. Thompson (1956). *Public Administration*. New York: Alfred A. Knopf.

——— (1957). *Models of Man*. New York: John Wiley & Sons.

——— (1960). *The New Science of Management Decision*. New York: Harper & Row.

——— (1965). *The Shape of Automation*. New York: Harper & Row.

Skinner, B. F. (1938). *The Behavior of Organisms*. New york: Appleton-Century-Crofts.

——— (1953). *Science and Human Behavior*. New York: Macmillan.

——— (1969). *Contingencies of Reinforcement: A Theoretical Analysts*. New York: Appleton-Century-Crofts.

——— (1971). *Beyond Freedom and Dignity*. New York: Knopf.

Starbuck, W. H. (1965). "Organizational Growth and Development," in J. G. March(ed.), *Handbook of Organizations*. Chicago: Rand McNally.

Steers, Richard M. (1975). "Problems in the Management of Organizational Effectiveness," *Administrative Science Quarterly*, Vol. 20. No. 4.

Stein, Lonenz Von (1866~1884). *Die Verwaltungslehre* 1-8 Teil. Neudruck Der Ausgabe Stuttgart.

Steiner, I. D. (1978). *Group Process and Productivity*. New York: Academy Press.

Stogdill, R. M. (1976). *Handbook of Leadership*, New York: The Free Press.

Straus, G. (1964). "Workflow Frictions, Interfunctional Rivalry, and Professionalism," *Human Organization*, 23.

Taylor, Frederick W. (1911). *The Principles of Scientific Management*. New York: Harper & Brothers.

——— (1947) "Taylor's Testimony Before the Special House Committee" *Scientific Management*. New York: Harper & Brothers.

Terrien, F. W & D. L. Mills (1955). "The Effect of Changing Size Upon the Internal Structure of Organizations," *American Sociological Review*, 20.

Terry, G. R., (1960). *Principles of Management*. Homewood, IL: Richard D. Irwin.

Thibault, J. W. & H. H. Kelly (1959). *The Social Psychology of Groups*. New York: John Wiley & Sons.

Thomas, K. (1976). "Conflict and Conflict Management" in *Handbook of Industrial and Organizational Psychology*. Chicago: Rand McNally.

Thompson, James D. (1967). *Organization in Action*. New York: McGraw-Hill.

Thompson, James D. & William J. McEwen (1958). "Organizational Goals and Environment: Setting as an Interaction Process," *American Sociological Review*, Vol.23.

Tichy, N. M. (1998). "The Teachable Point of View," *Journal of Business Strategy*, Jan./Feb.

Toffler, Alvin (1970). *Future Shock*. New York: Bantam Book.

Tosi, H. L & W. C. Hamner (eds.) (1974). *Organization Behavior and Management: A Contingency Approach*. Chicago: St. Clair Press.

Toynbee, Arnold J. (1973). *A Study of History*. London: Oxford University Press.

Trist, Erich & K. W. Bamforth (1951). "Some Social and Psychological consequences of the Longwall Method of Coal Getting," *Human Relations*, Vol. 4, No. 1.

Tuckman, B. W. & M. A. Jensen (1977). "Stages of Small Group Development Revisited," *Group and Organization Studies,* 2.

Tusi, Anne S. (1990). "A Multiple-Constituency Model of Effectiveness: An Empirical Examination and the Human Resource Subunit Level," *Administrative Science Quarterly,* 35.

Tylor, Edward B. (1871). *Primitive Culture.* New York: Holt.

Ulrich, David & Jay B. Barrey (1984). "Prespecives in Organization: Resource Dependence, Efficiency, and Population," *Academy of Management Review,* 9-2.

Urwick, Lyndall F. (1937). "Organization as a Technical Problem" in Luther H. Gulick & Lyndall F. Urwick (eds.), *Papers on the Science of Administration.* New York: Institute of Public Administration, Columbia University.

Useem, J. (2005). "American's Most Admired Companies; *Fortune,* 7. March.

Van de Ven, A. H. & A. L. Delbecq (1971). "Nominal Versus Interaction Group Processes for Committee Decision Making Effectiveness", *Academy of Management Journal,* Vol. 14.

Velasquez, M., D. J Moberg, & G. F. Cavanagh (1983). "Organizational Statesmanship and Dirty Politics" *Organizational Dynamics,* 13. Autumn.

Vickers, G. (1967). *Towards a Sociology of Management.* New York: Basic Books.

Vogelstein, F. (2003). "Mighty Amazon," *Fortune,* May 25.

Vroom, Victor H. (1964). *Work and Motivation.* New York: John Wiley & Sons.

——— (2000). "Leadership and the Decision-Making Process," *Organizational Dynamics,* Vol.28, No.4.

Vroom, V. H. & A. G. Jago (1988). *The New Leadership.* Englewood Cliffs, New Jersey: Prentice-Hall.

Waldo, Dwight (1963). "Theory of Organization: Status and Problems," *Prepared for delivery at 1963 Annual Meeting,* the American Political Science Association. New York City, September 4-7.

Wall, J. A. & R. R. Callister (1995). "Conflict and It's Management," *Journal of Management,* 21.

Wallack, M. A., N. Kogan, & D. J. Bem (1962). "Group Influence on Individual Risk Taking," *Journal of Abnormal and Social Psychology,* 65.

Weber, Max (1946). *From Max Weber: Essays in Sociology.* edited by H. H. Gerth & C. Wright Mills. New York: Oxford University Press.

——— (1947). *The Theory of Social and Economic Organization.* translated by A. M. Henderson & T. Parsons. New York: Oxford University Press.

——— (1968). *Economy and Society: An Outline of Interpretive Sociology.* Vol. 3. edited by G. Roth & C. Wittich. New York: Bedminster Press.

Weick, Karl E. & Richard L. Daft (1983). "The Effectiveness of Interpretation Systems," in K. S. Cameron & D. A. Whetten (eds.), *Organizational Effectiveness: A Comparison of Multiple Models.* Orlando, Florida: Academic Press.

Weitzel, W. & E. Jonsson (1989). "Decline in Organizations: A Literature Integration and Extension," *Administrative Science Quarterly,* Vol. 34.

White, L. D. (1955). *Introduction to the Study of Public Administration.* New York: The Macmillan.

Wildavsky, Aaron (1966). "The Political Economy of Efficiency: Cost-Benefit Analysis, Systems Analysis, and Program Budgeting," *Public Administration Review,* Vol. 26, No.4.

Wilkins, Alan & Kerry Patterson (1985). "You Can Get there from Here: What Will make Culture-Change Projects Fail," in R. H. Kilman, M. J. Saxton, & R. Serpa (eds.). *Gaining Control of the Corporate Culture*. San Francisco: Jossey-Bass.

Williamsons, Oliver E. (1975). *Markets and Hierarchies*. New York: The Free Press.

——— (1985). *The Economic Institution of Capitalism*. New York: The Free Press.

Wilson, Thomas P. (1970). "Normative and Interpretive Paradigms in Sociology," in Jack. D. Douglas (ed.), *Understanding Everyday Life*, Chicago: Aldine Publishing Co.

Witzel, Morgen (2002). *Builders and Dreamers: The Making and Meaning of Management*. New York: Pearson Education Limited.

Wofford, J. C. (1982). *Organizational Behavior*. Boston: Kent.

Woodward, Joan (1965/1980). *Industrial Organization: Theory and Practice*. London: Oxford University Press.

Yeung, A. K., D. O. Ulrich, S. W. Nason, & Von Glinow (1999). *Organizational Learning Capability*. London: Oxford University Press.

Yuchtman, E. & S. E. Seashore (1962). "A System Resource Approach to Organizational Effectiveness," *American Sociological Review*, Vol. 32.

Yukl, G. A. (1981). *Leadership in Organizations*. Englewood Cliffs, New Jersey: Prentice-Hall.

Zajonc, R. B. (1965). "Social Facilitation," *Science*, 149.

——— (1980). "Compresence"in P. B Pauls (ed.), *Psychology of Group Influence*. Hillsdale, New Jersey: Lawrence.

Zald Mayer N. (ed.). (1970). *Power in Organizations*. Nashville, TN: Vanderbilt University Press.

山辺健太郎 (1966).「日韓併合小史」. 東京: 岩波書店.

木田元 (1970).「現象學, 東京: 岩波書店.

阿利莫二 (1976), "現代行政の歷史的展開と行政國家の形成." 辻淸明編,「行政學講座 2」. 東京: 東京大出版會.

日中民族科學硏究所 (1980).「中國歷代官職辭典」. 東京: 國書刊行會.

鵜飼信成 (1952).「行政法の歷史的展開」. 東京: 有裴閣.

足立忠夫 (1971).「行政學」. 東京: 日本評論社.

陳茂東 (1988).「歷代職名沿革史」. 上海: 華東師範大學出版社.

秦郁彦 (1981).「戰前期日本官僚制の制度・組織・人事」. 東京: 東京大學出版會.

出口將人 (2004).「組織文化のマネジメント」, 東京: 白桃書房.

縣公一郎譯(Renate Maymtz 著) (1986).「行政の機能と構造」. 東京: 成文社.

新人物往來社 編 (2010).「日本史に出てくる組織と制度」. 東京: 新人物往來社.

찾아보기

[인명]

[사항]

[ㄱ]

[ㄴ]

[ㅈ]

[ㅊ]

[ㅋ]

[ㅌ]

저자 소개

윤재풍(尹在豊)

- 중앙대 행정학과 · 서울대 행정대학원 졸업
- 동국대 행정학박사
- 전남대 교수, 서울시립대 도시행정학과 교수 및 부총장, 한국행정학회 회장 역임.
- 현재 서울시립대 명예교수

[조직론 관련 주요 저서와 역서]

- 「조직관리론」(공저, 1978)
- 「조직학원론」(1985)
- 「조직이론」(역)(마치 · 사이먼 공저)(1977)
- 「관료제와 민주주의」(역)(에바에치오니-할레비 저)(1990)
- 「사회과학과 조직이론」(역)(버렐 · 모오간 공저)(1990)

조직론

펴낸날 / 제1판 제1쇄 2014년 4월 15일
지은이 / 윤재풍
펴낸이 / 임춘환
펴낸곳 / 도서출판 대영문화사
주소 / 서울특별시 용산구 청파로 61길 5(청파동 1가) 제일빌딩 2층
등록 / 1975년 12월 26일 제3-16호
전화 / (02)716-3883, (02)714-3062
FAX / (02)703-3839
홈페이지 / http://www.dymbook.co.kr

ISBN 978-89-7644-482-0

〔값 35,000원〕